KB262049

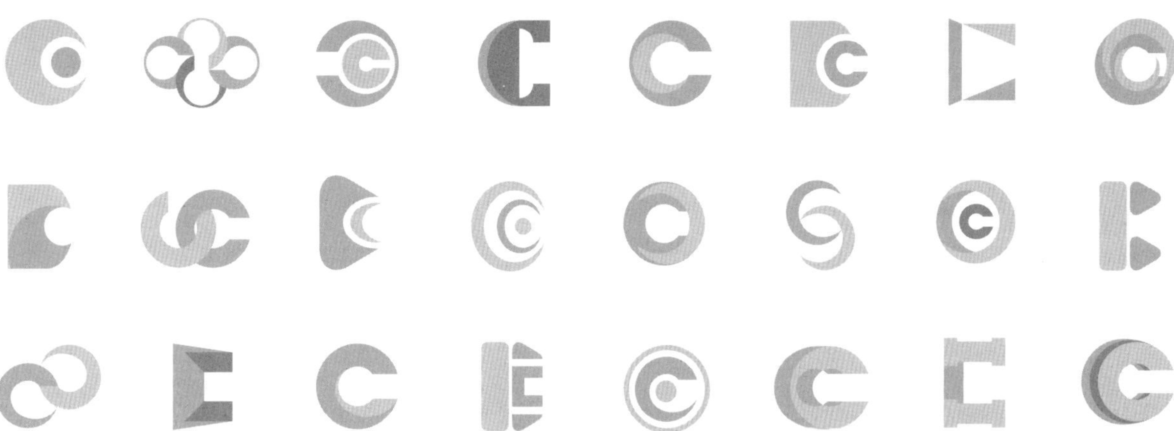


# 처음 시작하는 C 프로그래밍

스티븐 G. 코찬 **지음** | 안철진, 남양섭 **옮김**

처음 시작하는
# C 프로그래밍

초판 1쇄 인쇄 | 2015년 6월 25일
초판 1쇄 발행 | 2015년 6월 30일

지 은 이 | 스티븐 G. 코찬
옮 긴 이 | 안철진, 남양섭
발 행 인 | 이상만
발 행 처 | 정보문화사

책임편집 | 최동진
편집진행 | 오운용

주    소 | 서울시 종로구 대학로 12길 38 (정보빌딩)
전    화 | (02)3673-0037(편집부) / (02)3673-0114(代)
팩    스 | (02)3673-0260
등    록 | 1993년 8월 20일 제1-1013호
홈페이지 | www.infopub.co.kr

I S B N | 978-89-5674-632-6

# 역자의 글

이 책을 처음 받아 들었을 때, C 언어 소스 코드를 비교적 자주 접하고 있는 입장인 나도 "요즘 C 언어를 배우려는 사람이 얼마나 될까?"라는 약간은 걱정스러운 생각이 먼저 떠올랐던 것이 사실이다. 하지만 이러한 생각은 내용을 보면서 얼마 지나지 않아 말끔히 떨쳐낼 수 있었다. 누구에게나 부담 없는 전개와 군더더기 없는 깔끔한 내용 전달을 보면서, 역시 함부로 판단할 수 있는 책이 아니라는 생각과 함께 긴 시간 동안 다져진 저자의 내공이 느껴졌다. 그리고 어느 순간, 서적 번역이라는 '일'을 하고 있다기보다 C 언어를 다시 공부하면서 재미를 느끼고 있는 자신을 문득 발견하고 기분 좋은 희열을 느끼기도 했던 기억이 난다.

돌이켜보면, 지금의 내가 알고 있는 개발 언어의 근간은 누가 뭐래도 C 언어다. C 언어를 배웠기에 C++를 보다 쉽게 접근할 수 있었고, C와 C++ 덕분에 이후에 나타난 Java나 C#도 비슷한 맥락에서 큰 언어적인 어려움 없이 활용할 수 있었다고 생각한다. 물론 무조건 이런 식이 옳다고 볼 수는 없지만, 적어도 진심으로 개발자가 되고자 한다면 긴 시간에 걸쳐 하나의 생명체와 같이 성장해 온 프로그래밍 언어를 근본부터 배워 보는 것도 큰 의미가 있을 거라 생각한다.

저자도 밝히고 있지만, 이 책의 장점이라면 이론적인 부분을 짧고 명료하게 소개한 다음 이것을 눈으로 확인해 볼 수 있도록 완결성을 지닌 다양한 예제들을 적극적으로 활용하고 있다는 점, 교재로 활용할 수 있도록 각 장의 마지막에 꽤 신경 쓴 흔석이 엿보이는 언습문세를 두고 있다는 점, 그리고 보다 나은 코드를 작성하기 위한 다양한 노하우를 책의 전반에 걸쳐 꾸준히 언급하고 있다는 점을 빼놓을 수 없다. 바이블이 아니라 교과서라고 생각하고 차근차근 공부해 나간다면 마지막에는 누구에게나 뿌듯함을 선사할 것이라 믿어 의심치 않는다.

끝으로, 여전히 모자란 저를 믿고 맡겨 주신 정보문화사 관계자 분들, 제가 하자는 대로 불평 없이 끝까지 깔끔하게 작업해 주신 남양섭 역자님께 감사의 마음을 전합니다. 그리고 번역을 마칠 무렵 태어나 언제나 환한 웃음으로 응원해준 우리 딸 빈이와 이제는 빈이 엄마라 불리는 유진씨, 고맙고 또 사랑합니다.

안철진

## 저자에 대해

스티븐 G. 코찬(Stephen G. Kochan)은 30년 이상 C 프로그래밍 언어를 이용한 소프트웨어 개발에 몸담아 왔으며 『프로그래밍 오브젝티브 C 2.0』(인사이트, 2013), 『Topics in C Programming』(Wiley, 1991) 등 C 언어에 대한 다수의 베스트셀러 저자이기도 하다. 또한 Unix에 관해서도 광범위한 저술 활동을 펼쳐 『Exploring the Unix System』(Prentice Hall, 1992), 『Unix Shell Programming』(Sams, 2003)의 저자 혹은 공저로 참여했다.

### 기고 작가

딘 밀러(Dean Miller)는 출판과 소비재 비즈니스 분야에 20년 이상 몸담은 저자이자 편집자로 『Teach Yourself C in One hour a Day』(Sams, 2013), 『Teach Yourself Beginning Programming in 24 Hours』(Sams, 2013)에 공저로 참여했다.

## 감사의 글

이 책의 다양한 버전을 준비하는 데 많은 도움을 주신 Douglas McCormick, Jim Scharf, Henry Tabickman, Dick Fritz, Steve Levy, Tony Ianinno, Ken Brown, 또 집필에 대해 많은 것을 가르쳐 주고 내가 출판 사업을 시작하는 데 있어 큰 도움을 주신 뉴욕대의 Henry Mullish님께 깊은 감사의 마음을 전합니다.

피어슨에서는 Mark Taber와 내 프로젝트의 편집을 맡은 Mandie Frank 씨께 감사드립니다. 아울러 편집을 도와주신 Charlotte Kughen, 편집 기술자인 Siddharhta Singh, 그리고 마지막으로 직간접적으로 이 프로젝트를 지원해 주신 피어슨의 모든 분들께 감사드립니다.

# 서문

C 프로그래밍 언어는 1970년대 초반 AT&T 벨 연구소에 근무하던 데니스 리치(Dennis Ritchie)의 주도로 탄생했다. 벨 연구소 내에서만 주로 사용되다가 1970년대 후반이 되어서야 상용으로 광범위하게 사용되기 시작했다. 기본적으로 C의 저변 확대는 Unix 운영체제의 성장으로부터 일정 부분 영향을 받았다. Unix는 C와 마찬가지로 벨 연구소에서 개발했으며 C를 '표준' 프로그래밍 언어로 포함하고 있었다. 실제로 Unix의 90% 이상이 C 언어로 개발됐다.

이후 IBM PC와 유사 제품군의 엄청난 성공은 곧 MS-DOS를 C 언어의 가장 보편적인 환경으로 만들어 놓았다. 이처럼 C 언어가 다양한 운영체제를 넘나들며 인기를 얻으면서 점점 더 많은 벤더들이 앞다투어 자신만의 C 컴파일러를 홍보하기에 열을 올리게 되었다. 이들은 대개 브라이언 커니핸(Brian Kernighan)과 데니스 리치(Dennis Ritchie)가 저술한 최초의 C 프로그래밍 서적인 C 프로그래밍 언어(The C Programming Language)의 부록 내용을 근간으로 하고 있었는데, 이 부록은 C에 대한 완전하고 절대적인 정의를 제공하기에는 부족한 면이 있었기 때문에 벤더들은 이러한 부분들을 스스로 해석해야만 했다.

1980년대 초에 이르자 드디어 C 언어의 정의에 대한 표준화의 필요성이 대두된다. 이러한 요구를 처리하기 위한 기구인 미국표준협회(ANSI)는 1983년에 ANSI C 위원회(X3J11로 불림)를 구성했고, 1989년에 비준을 거쳐 1990년 드디어 C에 대한 ANSI 표준 정의가 공식적으로 발표되있다.

C는 전세계적으로 사용되는 언어였기에 곧 국제표준화기구(ISO)에서도 이 표준을 수용하여 ISO/IEC 9899:1990으로 지정했다. 이후로도 C 언어에는 꾸준히 추가변경이 이뤄졌으며 가장 최근의 표준화 버전(2011년)은 ANSI C11, 혹은 ISO/IEC 9899:2011로 지칭한다. 이 책은 이 버전을 기준으로 삼고 있다.

C는 '고급 언어'의 일종이면서도 사용자가 하드웨어를 훨씬 더 저수준에서 접근할 수 있는 기능을 제공한다. 이것은 C가 범용의 구조적 프로그래밍 언어임에도 불구하고 근본적으로는 시스템 프로그래밍 응용 프로그램을 대상으로 설계되었기 때문이며 따라서 그와 같은 강력한 파워와 유연성을 제공할 수 있게 되었다.

이 책은 독자들에게 C 언어로 프로그램을 작성하는 방법을 가르치기 위한 것으로 C 언어를 처음 접한 초보부터 어느 정도 프로그래밍 경험이 있는 독자 모두를 대상으로 한다. 프로그래밍 경험이 있는 독자라면 아마도 기존에 사용했던 언어와 다른 C 언어만의 독자적인 처리 방식을 발견할 수 있을 것이다.

이 책에서는 C 언어의 모든 특징들을 다루고 있으며, 새로운 특징을 소개할 때마다 작지만 완전한 프로그램 예제를 통해 해당 특징을 직접 보여줄 것이다. 이러한 방식은 바로 이 책의 전반적인 저술 철학인 "예제를 통한 학습"을 반영한다. 백 번 듣는 것보다 한 번 보는 것이 낫다는 말처럼 글보다는 예제를 통해 확실한 학습이 가능하도록 엄선된 예제들을 수록하려고 노력했다. C 언어로 프로그래밍이 가능한 컴퓨터를 가지고 있다면 책에 소개된 예제를 다운로드 받아서 실행하고 책에 나온 것과 실제로 화면에 나타난 결과를 비교해보기 바란다. 이렇게 함으로써 C 언어와 그 문법을 배우는 것뿐만 아니라 자연스럽게 소스 코드 작성, 컴파일 및 프로그램 실행 과정을 익힐 수 있을 것이다.

책을 진행하는 동안 책의 전반에 걸쳐 프로그램 가독성을 꾸준히 강조하고 있다는 것을 알게 될 것이다. 이것은 프로그램은 작성자뿐만 아니라 타인도 쉽게 읽을 수 있어야 한다는 필자의 강한 믿음 때문이다. 독자들도 아마 계속해서 경험을 쌓아가면서 이러한 프로그램이 거의 항상 작성하기 더 쉽고 디버그나 변경도 용이하다는 것을 알게 될 것이다. 더 나아가 읽기 쉬운 프로그램을 개발하는 것은 구조화 프로그래밍 훈련을 적절히 수행함에 따른 자연스러운 결과물이다.

이 책은 일종의 교과서나 지침서처럼 작성되어 있기 때문에 각 장에서 다루는 내용은 앞선 장의 내용을 바탕으로 하고 있다. 따라서 학습 효과를 극대화하는 방법은 각 장을 순서대로 학습하는 것이며 띄엄띄엄 학습하는 방법은 권장하지 않는다. 또, 다음 장으로 진행하기 전에 각 장의 마지막 부분에 위치한 연습문제를 풀어보도록 한다.

1장 "기본 사항"에서는 고급 프로그래밍 언어와 컴파일 과정에 대한 기본적인 용어들을 소개함으로써 이후의 장들을 진행할 때 어려움이 없도록 했다. 2장 "첫 번째 프로그램 컴파일 및 실행"부터는 서서히 C 언어에 대한 소개를 시작해서 15장 "C 언어의 입·출력 연산"에 이르러서는 기본적인 특징들을 모두 다루게 될 것이다. 특히 15장은 C 언어의 입·출력에 대해 보다 깊이 있게 살펴볼 것이다. 16장 "여러 가지 고급 기능들"은 C 언어의 좀 더 깊고 심오한 본질적인 특징들을 포함하고 있다.

17장 "디버깅"에서는 C 전처리기를 프로그램 디버그에 활용하는 방법을 알아보고, 대화형 디버깅에 대한 소개도 이루어질 것이다. 대화형 디버깅 설명 과정에서는 대중적인 gdb 디버거를 이용할 것이다.

OOP, 즉 객체지향 프로그래밍은 십 년 넘게 프로그래밍 세계를 떠들썩하게 한 장본인이다. C는

OOP 언어가 아니지만 C를 근본으로 삼고 있는 몇몇 OOP 언어들이 있다. 18장 "객체지향 프로그래밍"에서는 OOP와 관련 용어들에 대해 간략히 소개하고, C 언어를 기반으로 하는 OOP 언어인 C++, C#, Objective-C에 대해 간단히 알아볼 것이다.

부록 A "C 언어 요약"에서는 참고를 위해 C 언어에 대한 완전한 요약본을 제공한다.

부록 B "표준 C 라이브러리"는 C를 지원하는 시스템이라면 어디서나 사용할 수 있는 표준 라이브러리 함수들에 대한 요약을 제공한다.

부록 C "gcc를 이용한 컴파일"에서는 GNU의 gcc 컴파일러를 이용해서 프로그램을 컴파일할 때 자주 사용하는 선택사항들에 대한 요약을 제공한다.

부록 D "자주하는 프로그래밍 실수들"에서는 제목 그대로 흔히 저지르는 프로그래밍 실수들에 대해서 살펴볼 것이다.

마지막으로 부록 E "참고자료"에서는 C 언어와 향후의 학습에 도움이 될만한 보다 많은 정보를 찾아볼 수 있도록 참고자료를 제공한다.

이 책에서는 C 언어로 프로그램을 구현하는 컴퓨터 시스템이나 운영체제를 특정하지 않고 있으며, 대중적인 GNU C 컴파일러인 gcc를 이용해서 프로그램을 컴파일하고 실행하는 방법에 대해서만 간략히 소개한다.

# 차례



## 1 기본 사항 21



## 2 첫 번째 프로그램 컴파일 및 실행 29

## 8 구조체   203



## 9   문자열   237

## 10  포인터   281

## 16 여러 가지 고급 기능들   441



## 17 디버깅   461

# Chapter

# 1

# 기본 사항

이번 장에서는 C 언어 프로그래밍을 배우기에 앞서 반드시 알아야 할 기초적인 용어들에 대해 기술한다. 고급 언어를 이용한 프로그래밍의 본질에 대해 개괄적으로 살펴보면서 컴파일 과정에 대한 논의를 곁들일 것이다.

## 프로그래밍

사실 컴퓨터는 굉장히 멍청한 기계다. 그저 정확하게 시킨 것만 할 뿐이다. 대부분의 컴퓨터 시스템은 매우 원시적인 수준에서 작업을 수행한다. 예를 들면, 대다수의 컴퓨터는 숫자에 1을 더하는 방법이나 어떤 수가 0과 같은지 비교하는 방법을 알고 있다. 이와 같은 기본 연산은 복잡하고 정교하다 해도 이 수준을 크게 벗어나지 않는다. 컴퓨터 시스템의 기본 연산들을 묶어 흔히 컴퓨터의 명령어 집합이라고 한다.

컴퓨터를 이용해서 문제를 해결하고자 한다면 그 문제를 해결할 수 있는 방법을 대상 컴퓨터의 명령어들로 표현해야 한다. 컴퓨터 프로그램이란 이처럼 어떤 문제를 해결하는 데 필요한 명령어들의 모음이라고 할 수 있다. 여기서 문제를 해결하기 위해 사용한 접근 방법을 알고리즘이라고 부른다. 예를 들어 어떤 수가 홀수인지 짝수인지 확인하는 프로그램을 개발하려는 경우, 이 문제를 풀 수 있게 구성된 문들의 집합을 이용하게 되는데 이것이 프로그램이 된다. 여기서 알고리즘은 프로그램에서 주어진 숫자가 홀수인지 짝수인지를 확인하기 위해 사용한 방법을 말한다. 일반적으로 특정 문제를 해결하기 위한 프로그램을 개발하기 위해서는 먼저 문제에 대한 해법을 알고리즘 관점에서 표현하고 다음으로 이 알고리즘을 구현하는 프로그램을 개발하게 된다. 그렇다면, 홀수/짝수 문제를 해결하기 위한 알고리즘은 다음과 같이 표현할 수 있을 것이다: 먼저 주어진 숫자를 2로 나누어 나머지가 0이라면 짝수이고 그렇지 않으면 홀수다. 이제 이 알고리즘을 컴퓨터에서 구현하는 데 필요한 명령어들을 작성해 나갈 수 있다. 명령어들은 Java나 C++, Objective-C, C 등의 특정 컴퓨터 언어에서 제공하는 문으로 표현할 수 있다.

## 고급 언어

컴퓨터가 처음 만들어졌을 당시 프로그램을 할 수 있는 유일한 방법은 기계어 명령어에 직접적으로 대응되는 2진수를 이용해서 컴퓨터 메모리 내에서 처리하는 것이었다. 다음으로 나타난 소프트웨어 기술의 진보는 바로 어셈블리 언어의 개발로 이를 통해 개발자는 보다 높은 수준에서 기계를 다룰 수 있게 됐다. 어셈블리 언어를 이용하면 특정 작업을 수행하기 위해 일련의 2진수로 이루어진 시퀀스를 구성하던 방식에서 탈피해 기호화된 이름을 이용해서 다양한 연산을 수행하고 지정된 메모리 영역을 참조할 수 있었다. 어셈블러(assembler)라는 특별한 프로그램은 어셈블리 언어 프로그램의 기호 형식을 컴퓨터 시스템의 기계 명령어로 변환했다.

하지만, 어셈블리 언어와 기계어 명령어 간의 1:1 관계가 유지되고 있기 때문에 어셈블리 언어는 하위 수준의 언어로 취급된다. 프로그래머는 여전히 특정 컴퓨터 시스템의 명령어 집합을 익혀야 어셈블리 언어로 프로그램을 개발할 수 있고, 이렇게 개발한 프로그램은 이식이 불가능하다. 즉, 다른 프로세서에서 실행하려면 다시 개발해야 한다. 이런 현상이 일어나는 이유는 프로세서 종류에 따라 명령어 집합이 달라지고 어셈블리 언어로 개발한 프로그램은 이 명령어 집합을 이용하고 있으므로 기계에 대한 의존성이 존재하기 때문이다.

그러다가 드디어 일명 고급 언어들이 나타났는데, 포트란(FORTRAN)이 그중 하나이다. 포트란을 이용하는 개발자는 더 이상 특정 컴퓨터 아키텍처를 고려할 필요가 없었고, 지정된 기계의 명령어 집합이라는 제약에서 벗어났을 뿐만 아니라 훨씬 더 정교하고 수준 높은 연산을 처리할 수 있게 됐다. 어셈블리 언어와 기계어 명령어 간의 1:1 대응 관계를 유지하는 어셈블리 언어와 달리 하나의 포트란 명령어나 문은 실행되는 환경에 따라 수많은 서로 다른 기계어 명령어로 변환되었다.

고급 언어에서 이루어낸 구문 표준화는 프로그램을 기계 의존성으로부터 독립할 수 있게 했다. 다시 말해 고급 언어로 개발한 프로그램은 극히 적은 수정 혹은 아무런 변경 없이 해당 언어를 지원하는 어떠한 기계에서도 실행할 수 있다.

고급 언어를 지원하기 위해서는 고급 언어로 개발한 프로그램의 문들을 컴퓨터가 이해하는 형태로 변환해 주는 특별한 컴퓨터 프로그램이 필요한데, 이것이 컴파일러이다.


## 운영체제

컴파일러에 대해 살펴보기에 앞서 운영체제(Operating System)라고 불리는 컴퓨터 프로그램의 역할을 이해하고 넘어가도록 하자.

운영체제는 하나의 컴퓨터 시스템 전체에 걸친 동작을 제어하는 프로그램이다. 컴퓨터에서 이루어지는 모든 입력 및 출력(I/O) 작업은 물론 시스템 자원, 프로그램의 실행 역시 운영체제가 관리한다.

Unix는 현재 가장 대중적인 운영체제 가운데 하나로 벨 연구소에서 개발했다. Unix는 고유한 운영체제라기보다 다양한 종류의 컴퓨터 시스템에서 사용되는데, 이렇게 나타난 서로 다른 유형에는 Linux나 Mac OS X와 같은 것이 있다. 역사적으로 운영체제는 단 한 가지의 컴퓨터 시스템과 연관되는 것이 일반적이다. 하지만 Unix는 기본적으로 C 언어를 이용해서 개발되었고 컴퓨터 아키텍처에 거의 제약을 두고 있지 않기 때문에 비교적 적은 노력으로 다양한 컴퓨터 시스템에 성공적으로 이식되어 왔다.

Microsoft Windows 역시 널리 사용되는 운영체제다. 이 운영체제는 기본적으로 인텔(Intel) 혹은 인텔 호환 프로세서에서 사용된다.

좀 더 최근으로 오면 휴대 전화나 태블릿과 같은 휴대 기기를 위한 운영체제들이 개발되고 있으며, Apple의 iOS나 Google의 Android 운영체제 등이 여기에 해당한다.

## 컴파일

컴파일러는 훨씬 복잡하기는 하지만 원칙적으로는 이 책에서 마주치게 될 프로그램들과 같은 하나의 프로그램이다. 컴파일러는 특정 컴퓨터 언어로 개발된 프로그램을 분석하고 이것을 실행하려는 컴퓨터 시스템에 적합한 형태로 변환해준다.

그림 1.1은 C 언어를 이용해서 프로그램을 편집하고 컴파일 및 실행하는 과정과 명령줄에서 흔히 사용하는 몇 가지 Unix 명령어들을 보여준다.

컴파일 대상 프로그램은 먼저 컴퓨터 시스템 내에서 하나의 파일로 만들어진다. 파일 이름에 대한 명명 규칙은 매우 다양하지만, 보통 선택은 사용자에게 달려 있다. C 프로그램의 경우 일반적으로 '.c'라는 마지막 두 문자를 제외한 이름을 자유롭게 지정한다(이것은 요구사항이라기보다 하나의 규칙이다). 따라서, prog1.c는 독자의 시스템에서 C 프로그램 이름으로 적합한 형태다.

C 프로그램을 파일로 입력하기 위해서는 텍스트 편집기를 주로 이용한다. vim은 Unix 시스템에서 사용하는 일반적인 텍스트 편집기의 예다. 파일에 입력된 프로그램을 소스 프로그램이라고 하는데, C 언어로 표현된 프로그램의 원본 형태를 대변하기 때문에 이렇게 부른다. 소스 프로그램을 파일에 입력하는 과정이 마무리되면 컴파일 단계로 진행할 수 있다.

컴파일 프로세스는 시스템에 특별한 명령어를 입력함으로써 시작된다. 이 명령어를 입력할 때는 반드시 소스 프로그램이 담긴 파일 이름도 지정해야 한다. 예를 들어 Unix에서 컴파일을 지시하는 명령어는 cc이다. GNU C 컴파일러를 이용한다면 gcc를 이용하도록 아래와 같이 입력하면 된다.

```
gcc prog1.c
```

이 명령은 prog1.c에 포함된 소스 프로그램에 대한 컴파일 프로세스를 시작하게 한다.

컴파일러는 컴파일 프로세스의 첫 번째 단계에서 소스 프로그램에 포함된 개별 프로그램문을 검사하고 언어에서 정의하고 있는 문법 및 의미 체계에 부합하는지 확인한다[주 1]. 컴파일러는 이 단계에서 오류를 발견하면 이를 사용자에게 보고하고 컴파일 프로세스를 중단한다. 발견된 에러는 소스 프로그램 수준에서 정정해야 하며 컴파일 프로세스는 재시작되어야 한다. 이 단계에서 주로 발견되는 오류에는 괄호를 빼먹었다거나(구문 오류) 정의되지 않은 변수를 사용한 경우(의미 체계상 오류) 등이 있다.

---

주 1. 기술적으로 보면 C 컴파일러는 보통 특수문들에 대한 검색을 먼저 처리하는데, 이와 같은 선처리 단계는 12장 "전처리기"에서 보다 자세히 다룬다.

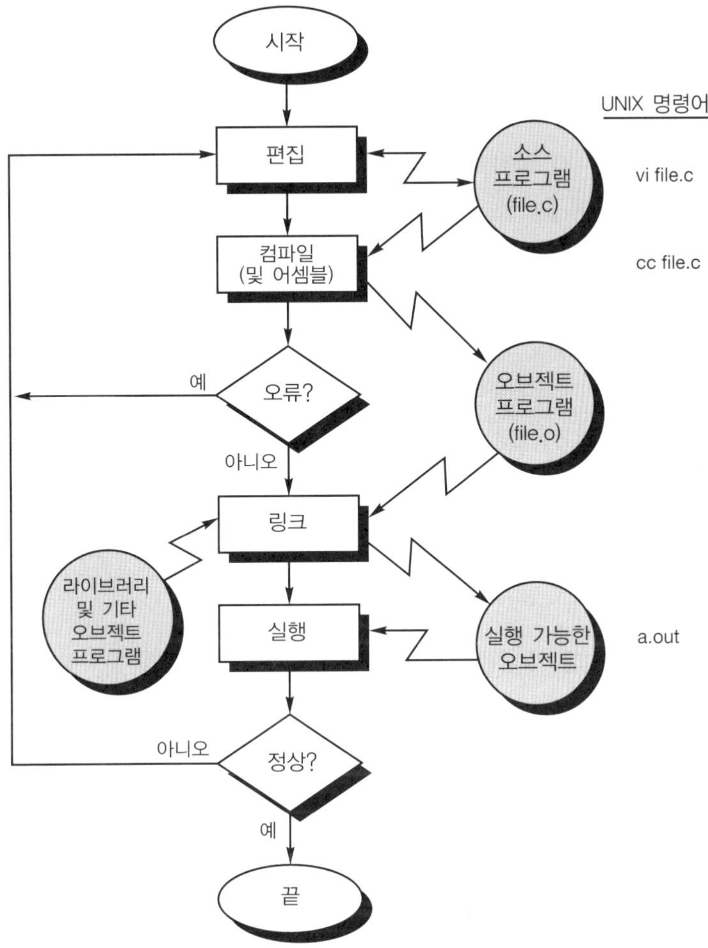



**그림 1.1** 명령줄을 통한 일반적인 C 프로그램의 입력, 컴파일, 실행 과정

프로그램에서 모든 구문 오류와 의미 체계 오류가 제거되면 컴파일러는 프로그램을 구성하는 각 문을 보다 하위 수준의 형태로 변환한다. 대부분의 시스템에서 이 변환은 개별문과 똑같은 작업을 수행하기 위한 어셈블리 언어 형태의 단일 혹은 다중문으로의 변환을 의미한다.

이와 같이 어셈블리 언어 프로그램으로 변환하는 과정 다음의 컴파일 프로세스는 어셈블리 언어로 된 문을 다시 기계어 명령어로 변환하는 단계다. 이 단계는 별도로 존재하는 어셈블러라는 프로그램의 실행을 포함할 수도 있다. 대부분의 시스템에서 어셈블러는 컴파일 프로세스의 일부로서 자동으로 실행된다.

어셈블러는 어셈블리 언어를 오브젝트 코드라고 불리는 2진 형식으로 변환하고 새로운 파일로 저장한다. 이 파일은 Unix의 경우 보통 소스 파일과 같은 이름을 갖고 마지막 문자로 'c' 대신 'o'(object를 나타냄)를 사용한다. Windows의 경우 'obj'라는 확장자가 사용된다.

프로그램을 오브젝트 코드로 변환하고 나면 링크(Link)가 가능하다. 이 과정은 Unix에서 cc나 gcc 명령을 이용한 경우 자동으로 수행된다. 링크 단계는 컴퓨터에서 대상 프로그램을 실행하기 위한 최종 형태로 만들기 위한 것이다. 대상 프로그램이 컴파일러가 앞서 처리한 다른 프로그램을 사용한다면, 링크 단계에서 이 프로그램들은 서로 링크(연결)된다. 시스템의 프로그램 라이브러리를 사용하는 경우도 마찬가지로 이 단계에서 검색하고 오브젝트 프로그램과 이들을 서로 링크하게 된다.

컴파일과 링크 과정 전체를 가리켜 빌드(Build)라고 하기도 한다.

링크가 끝난 파일은 실행 가능한 오브젝트 코드 형식으로 시스템에 별도로 저장되며 실행이 가능하다. Unix에서는 a.out으로 지칭하는 것이 기본이며, Windows의 경우, 보통 실행 파일은 소스 파일과 같은 이름을 가지며 확장자는 exe다.

프로그램을 실행하려면 실행 가능한 오브젝트 파일의 이름을 입력하기만 하면 되며, 아래와 같이 실행할 수 있다.

```
a.out
```

이 명령은 a.out 프로그램을 컴퓨터의 메모리로 읽어들이고 실행을 시작하게 한다.

프로그램이 실행되면 프로그램이 포함하고 있는 문이 순서대로 실행된다. 프로그램에서 사용자 입력을 요구하면, 프로그램은 일시적으로 실행을 멈추고 사용자가 데이터를 입력하도록 대기하기도 하고 마우스 클릭과 같은 이벤트가 발생하기를 기다리기도 한다. 보통 출력이라고 부르는 프로그램의 결과는 윈도우 혹은 콘솔에 나타나거나 시스템 내에 직접 파일로 저장되기도 한다.

모든 것이 정상(프로그램을 매번 실행할 때마다)이라면 프로그램은 의도된 기능을 수행한다. 만약 프로그램을 실행해서 원하던 결과를 얻지 못했다면 프로그램의 내부 논리를 다시 분석해야 한다. 이를 디버깅(Debugging) 단계라고 부르며, 이 단계에서는 프로그램의 문제점 혹은 버그를 모두 제거하려는 시도가 이뤄지는데, 대체로 원본 소스 프로그램의 변경을 필요로 하는 경우가 많다. 따라서 원하는 결과를 얻기까지 전체 프로세스를 계속해서 반복해야 한다.

## 통합개발환경

앞에서 C 프로그램의 개발을 구성하고 있는 단계들에 대해 개괄적으로 살펴보면서 각 단계별로 사용되는 통상적인 명령어들에 대해서도 설명했다. 편집, 컴파일, 실행, 디버깅에 걸친 이와 같은 개발 프로세스를 관리하기 위한 단일 통합 응용 프로그램을 사용하기도 하는데 이런 도구를 통합개발환경(Integrated Development Environment) 혹은 IDE라고 부른다. IDE는 윈도우(창) 기반 프로그램으로 대규모 프로그램을 손쉽게 관리하고 윈도우 형태의 파일 편집 환경을 제공하며 컴파일, 링크, 실행과 디버깅이 모두 가능한 특징을 가진다.

Mac OS X의 경우 많은 개발자들이 Apple에서 제공하는 Xcode라는 IDE를 사용하고 있으며, Windows에서는 Microsoft의 Visual Studio를 예로 들 수 있다. 모든 IDE는 프로그램 개발 프로세스의 전반을 굉장히 단순화 해 주기 때문에 IDE 사용법을 배워 두는 것이 좋다. 또한 대부분의 IDE는 C 뿐만 아니라 Objective-C, Java, C#, C++등 몇 가지 다른 언어들을 지원하기도 한다.

IDE에 대해 좀 더 자세히 살펴보려면 부록 E를 참고하자.

## 언어 해석기

컴파일 프로세스에 대한 논의를 끝내기 전에 또 하나 알아둘 것은 고급 언어로 개발된 프로그램을 분석하고 실행하는 또 다른 방법이 있다는 사실이다. 이 방식을 이용하면 프로그램을 컴파일하지 않고 해석한다. 해석기(Interpreter)는 프로그램에 포함된 문을 분석과 동시에 실행한다. 그렇기 때문에 보통 보다 쉽게 디버깅이 가능하다. 반면 해석기를 이용하는 언어는 일반적으로 컴파일러를 이용하는 비슷한 언어에 비해 느린데, 이유는 실행하기 전에 프로그램문을 저수준의 형태로 변환하는 과정을 거치지 않기 때문이다.

BASIC과 JavaScript는 이처럼 컴파일 없이 해석기를 이용하는 대표적인 언어다. 다른 예로는 Unix 시스템의 쉘(shell)과 Python을 들 수 있으며, 일부 벤더에서는 C 언어에 대한 해석기를 제공하기도 한다.

Chapter

# 2

# 첫 번째 프로그램 컴파일 및 실행

이번 장에서는 C 언어에 대해 소개할 것이며, 그 과정을 통해 C 언어로 프로그래밍한다는 것이 무엇인지 알게 될 것이다. 이 언어에 대해 제대로 이해하기 위해 실제로 C로 작성한 프로그램을 살펴보는 것보다 좋은 방법이 있을까?

이번 장은 짧은 분량에도 불구하고 다루고 있는 광범위한 영역에 독자들은 놀라움을 금치 못할 것이다. 다음은 이번 장에서 살펴볼 내용이다.

- 첫 번째 프로그램 작성
- 출력을 변경하기 위한 프로그램 수정
- `main()` 함수에 대한 이해
- `printf()` 함수를 이용한 정보의 출력
- 주석을 이용한 프로그램 가독성 개선

우선 간단한 예제를 살펴보는 것으로 시작하자. 예제 2.1은 "Programming is fun."이라는 문장을 출력하는 C 프로그램이다.

**예제 2.1 첫 번째 C 프로그램 작성하기**

```c
#include <stdio.h>

int main (void)
{
    printf ("Programming is fun.\n");

    return 0;
}
```

C 언어는 소문자와 대문자를 구별한다. 또, 라인(행)을 어디에서 시작하느냐에 대한 제약이 없기 때문에 원하는 위치(열)에서부터 문을 작성하면 된다. 이런 특징들은 프로그램의 가독성 측면에서 장점으로 작용한다. 탭 문자를 이용하면 간편하게 들여쓰기가 가능하다.


## 컴파일하기

다시 첫 번째 C 프로그램 예제로 돌아가서, 가장 먼저 해야 할 일은 소스 코드를 파일에 저장하는 것이다. 이와 같은 소스 코드 작성에는 어떤 텍스트 편집기를 사용해도 되는데, Unix 사용자들의 경우 vi나 emacs와 같은 편집기를 자주 사용한다.

C 컴파일러는 "."과 "c" 두 개의 문자로 끝나는 파일 이름을 C 프로그램으로 인식한다. 예제 2.1을 prog1.c라는 파일로 저장했다고 하면, 다음으로 해야 할 일은 컴파일이다.

GNU C 컴파일러를 사용한다면 터미널에서 다음과 같이 gcc 명령어를 사용하면 간단하게 컴파일이 가능하다.

```
$ gcc prog1.c
$
```

만일, 표준 Unix C 컴파일러를 사용하려면 gcc 대신 cc 명령어를 사용하면 된다. 달러($) 기호는 명령줄에서 컴파일하는 경우에 나타나는 명령 프롬프트이며, 그 외의 굵은 서체로 된 부분이 입력해야 하는 텍스트다. 명령 프롬프트 기호는 시스템에 따라 조금씩 다르게 나타날 수 있다.

프로그램을 입력하는 과정에서 실수가 있었다면, gcc 명령어를 실행한 이후에 컴파일러가 오류

내역을 보여주는데, 보통 오류를 포함하고 있는 프로그램 라인 번호를 알려준다. 이런 오류 내역에 대한 출력 없이 앞서 살펴본 것처럼 다음 명령 프롬프트가 나타난다면 프로그램에 오류가 없음을 의미한다.

컴파일러는 컴파일과 링크 과정에서 실행 가능한 형태의 프로그램을 생성하게 되는데, GNU나 표준 C 컴파일러의 경우에는 기본적으로 a.out 형태를 가지며 Windows라면 a.exe 형태로 만들어진다.

## 실행하기

이제 명령줄에 컴파일 결과로 생성된 실행 파일 이름을 입력하기만 하면 프로그램을 실행할 수 있다[주1].

```
$ a.out
Programming is fun.
$
```

컴파일할 때 -o 옵션을 사용하면 원하는 이름으로 실행 파일을 만들 수 있는데, 간단히 옵션 다음에 원하는 파일 이름을 지정하면 된다. 다음 예를 참고한다.

```
$ gcc prog1.c -o prog1
```

이 명령은 prog1.c를 컴파일하고 실행 가능한 프로그램을 prog1이라는 이름의 파일로 만드는데, 이 실행 파일 역시 다음과 같이 실행할 수 있다.

```
$ prog1
Programming is fun.
$
```

## 첫 번째 프로그램 이해하기

이제 처음으로 만들어본 프로그램을 좀 더 자세히 살펴보자. 프로그램의 첫 번째 라인은 다음과 같다.

---

주1. a.out: No such file or directory와 같은 오류가 발생한다면 현재 디렉터리가 PATH에 등록되어 있지 않을 가능성이 높다. 이 경우, PATH를 편집해서 경로를 추가하거나 명령 프롬프트에 ./a.out와 같이 입력할 수 있다.

```
#include <stdio.h>
```

이것은 여러분이 개발하는 거의 모든 프로그램에서 첫 번째 라인으로 포함해야 하는데, 컴파일러에게 이후에 프로그램에서 사용하는 `printf()` 출력 함수에 대한 정보를 제공한다. 이 라인의 역할에 대한 자세한 논의는 12장 "전처리기"에서 다룬다.

다음 라인을 살펴보자.

```
int main (void)
```

이 라인은 시스템에 프로그램의 이름이 `main()`이며 정수값(int)을 반환한다는 것을 알린다. `main()`은 프로그램 실행의 시작점을 의미하는 특별한 이름이다. 바로 뒤에 이어지는 괄호는 `main()`이 함수의 이름임을 나타내며, 괄호 안에 사용한 void 키워드는 `main()` 함수가 어떠한 인수도 사용하지 않는다는 것을 의미한다. 이와 같은 개념에 관해서는 7장 "함수"에서 자세히 설명한다.

### Note

IDE를 사용한다면, `main()`을 자동으로 만들어줄 수도 있는데, 많은 경우, 아래와 같은 모습을 하고 있을 것이다.

```
int main ( int argc , char * argv [])
```

모습이 다르다고 해서 프로그램의 동작에 영향을 주지는 않을 것이므로, 지금은 그냥 무시하고 넘어가도록 하자.

이제 시스템에 `main()`을 알렸으니 정확히 이 루틴이 무엇을 하고자 하는지 알려줄 때가 되었다. 이 과정은 쌍을 이루는 중괄호 내에 포함된 모든 프로그램문들이 맡은 역할이다. 시스템은 중괄호 내에 포함된 모든 프로그램문들을 `main()` 루틴의 구성요소로 취급한다. 예제 2.1은 두 개의 문을 사용하고 있으며 첫 번째 문은 `printf()` 루틴을 호출하고 있다. `printf()` 루틴의 매개 변수 혹은 인수로는 다음 문자열이 전달된다.

```
"Programming is fun.\n"
```

`printf()` 루틴은 C 라이브러리에 속한 함수로 전달된 인수(여러 개를 전달할 수도 있으며, 조금 뒤에 살펴볼 예정이다)를 단순히 화면에 출력한다. 문자열을 구성하는 마지막 두 개의 문자(백슬래시(\)와 n)는 합쳐서 줄바꿈 문자라고 한다. 줄바꿈 문자는 말 그대로 새로운 라인으로 이동해야 함을 시스템에 전한다. 줄바꿈 문자를 뒤따르는 문자들은 다음 라인에 출력된다. 이미 알고 있을지도 모르지만, 사실 줄바꿈 문자는 타자기에 있던 캐리지 리턴 키와 비슷한 개념이다.

C 언어에서는 모든 문의 끝에 반드시 세미콜론(;)이 있어야 한다. `printf()` 호출의 괄호 바로 뒤에 세미콜론이 위치하고 있는 이유가 바로 이것 때문이다.

다음은 `main()`의 마지막 문이다.

```
return 0;
```

이 문은 `main()`의 실행을 끝내고 시스템에 상태값으로 0을 반환하라는 의미다. 0 대신에 다른 정수값을 사용할 수도 있다. 0은 프로그램이 오류 없이 정상적으로 완료됐을 때 사용하는 값으로 일종의 규칙이다. 0 이외의 값은 프로그램 실행 중 발생한 오류의 유형을 구분해서 알리기 위해 사용할 수 있다. Unix 쉘과 같은 다른 프로그램에서 C 프로그램이 정상적으로 수행됐는지 판단하기 위해 이 상태값을 사용할 수 있다.

첫 번째 프로그램에 대한 분석은 이것으로 마치고, 이제 프로그램을 변경해서 "And programming in C is even more fun."이라는 문장을 추가로 출력해 보도록 하자. 예제 2.2와 같이 그저 `printf()` 루틴을 한 번 더 호출하면 간단히 구현해볼 수 있다. C 프로그램을 구성하는 모든 문은 세미콜론으로 끝나야 한다는 점을 잊지 않도록 한다.

**예제 2.2 첫 번째 프로그램 수정**

```c
#include <stdio.h>

int main (void)
{
    printf ("Programming is fun.\n");
    printf ("And programming in C is even more fun.\n");

    return 0;
}
```

예제 2.2와 같이 프로그램을 수정한 다음 컴파일하고 실행하면 다음과 같은 결과를 출력 윈도우 혹은 콘솔에서 확인할 수 있다.

**예제 2.2 결과**

```
Programming is fun.
And programming in C is even more fun.
```

다음 예제에서 알게 되겠지만, 출력된 개별 라인에 대해 `printf()`를 각각 호출할 필요는 없다. 예제 2.3을 분석해 보고 실행 결과를 보기 전에 결과가 어떻게 출력될지 예측해 보자.

**예제 2.3 다중 라인 출력**

```c
#include <stdio.h>

int main (void)
{
    printf ("Testing...\n..1\n...2\n....3\n");

    return 0;
}
```

**예제 2.3 결과**

```
Testing...
..1
...2
....3
```

## 변수값 출력하기

`printf()`는 이 책에서 가장 많이 사용하는 루틴인데, 프로그램 결과를 손쉽게 출력할 수 있는 기능을 제공한다. 간단한 구문 출력에서부터 변수값 뿐만 아니라 연산 결과도 출력할 수 있다. 예제 2.4는 50과 25를 더한 결과를 출력하기 위해 `printf()` 루틴을 사용한 예다.

**예제 2.4 변수 출력**

```c
#include <stdio.h>

int main (void)
{
    int sum;

    sum = 50 + 25;
```

```c
    printf ("The sum of 50 and 25 is %i\n", sum);

    return 0;
}
```

## 예제 2.4 결과

```
The sum of 50 and 25 is 75
```

예제 2.4의 첫 번째 문에서는 sum이라는 변수를 정수 형식으로 선언한다. C 언어 프로그램 내에서 모든 변수는 사용하기 전에 선언해야 한다. 변수의 선언은 C 컴파일러에게 선언된 변수가 프로그램에서 어떻게 사용될 것인지를 정의한다. int 형식으로 선언된 변수는 소수점 아래 수가 없는 정수값만 보관할 수 있다. 3, 5, -20, 0 등은 정수값의 예다. 3.14, 2.455, 27.0처럼 소수점 아래 값을 포함하는 수는 부동 소수점 수라고 한다.

정수형 변수 sum은 50과 25를 더한 결과를 저장하는 데 사용된다. 변수를 선언한 바로 다음 라인은 의도적으로 비워둔 것으로 프로그램문들과 변수 선언부를 시각적으로 분리하는 한 가지 방식이다. 이처럼 그저 한 줄 띄우는 것만으로도 프로그램 가독성을 향상시킬 수 있다.

다음 문을 살펴보자.

```
sum = 50 + 25;
```

이 문은 다른 대다수의 프로그래밍 언어와 같은 의미로 해석할 수 있다. 즉, 50에 25를 더하고(더하기 기호) 그 결과는 변수 sum에 저장(할당 연산자)된다.

예제 2.4의 printf() 루틴은 이제 괄호 내에 두 개의 인수를 포함하고 있으며, 인수들은 쉼표로 구분한다. printf() 루틴의 첫 번째 인수는 항상 출력하고자 하는 문자열이다. 하지만 문자열뿐만 아니라 프로그램에서 사용하고 있는 변수값을 출력해야 하는 경우도 허다하다. 예제에서는

```
The sum of 50 and 25 is
```

라는 문자열 다음에 sum 변수의 값을 출력하기를 원하는 경우라 할 수 있다. 첫 번째 인수에 포함된 퍼센트 문자는 printf() 함수에서 특수한 용도로 인식하는데, 이 퍼센트 기호 바로 다음에 오는 문자는 해당 위치에 출력하고자 하는 값의 형식을 지정한다. 예제에서 사용한 i는 정수값을 출력하고자 할 때 사용한다[주2].

---

주 2. %d를 이용해도 printf에서 정수를 출력할 수 있지만, 이 책에서는 일관성을 위해 %i를 사용한다.

printf() 루틴은 첫 번째 인수로 지정된 문자열에서 %i를 마주칠 때마다 printf() 루틴의 다음 인수를 자동으로 출력한다. 예제에서는 sum이 다음 인수이므로 sum의 값이 "The sum of 50 and 25 is" 다음에 자동으로 출력된다.

이제 예제 2.5의 결과를 예측해 보자.

**예제 2.5 여러 개의 값 출력하기**

```c
#include <stdio.h>

int main (void)
{
    int value1, value2, sum;

    value1 = 50;
    value2 = 25;
    sum = value1 + value2;
    printf ("The sum of %i and %i is %i\n", value1, value2, sum);

    return 0;
}
```

**예제 2.5 결과**

```
The sum of 50 and 25 is 75
```

예제 프로그램의 첫 번째 문은 value1, value2, sum이라는 세 개의 int 형식 변수를 선언한다. 하나의 문으로 선언한 형태인데, 다음과 같이 세 개의 개별문으로 표현할 수도 있다.

```c
int value1;
int value2;
int sum;
```

세 개의 변수를 선언한 다음에는 value1에 50, value2에는 25를 할당한다. 그리고 나서 이 두 변수의 합을 계산하고 그 결과는 sum에 저장된다.

다음에 오는 printf() 루틴은 이제 4개의 인수를 가지고 있다. 다시 말하지만 첫 번째 인수는 나머지 인수를 어떻게 출력할지를 기술하며, 그런 의미에서 보통 형식 문자열이라고 불린다. value1의 값은 "The sum of" 다음에 출력되며, 비슷하게 value2와 sum의 값도 형식 문자열에 포함된 %i 기호의 위치에 따라 적절한 곳에 출력된다.


## 주석

이번 장에서 살펴볼 마지막 예제(예제 2.6)에서는 주석의 개념을 소개한다. 주석문은 프로그램을 문서화하고 가독성을 높이기 위해 프로그램 내에 사용된다. 다음 예제를 통해 알게 되겠지만, 주석은 프로그램 소스 코드를 보는 사람(개발자 자신 혹은 프로그램을 유지 · 보수해야 하는 다른 누군가)에게 특정 프로그램이나 일련의 문에 대한 개발 당시의 내용을 전달한다.

**예제 2.6 주석 이용하기**

```c
/* 이 프로그램은 두 개의 정수를 더하고
   그 결과를 출력한다. */

#include <stdio.h>

int main (void)
{
    // 변수 선언
    int value1, value2, sum;

    // 값 할낭 빛 합 계산
    value1 = 50;
    value2 = 25;
    sum = value1 + value2;

    // 결과 출력
    printf ("The sum of %i and %i is %i\n", value1, value2, sum);

    return 0;
}
```

```
The sum of 50 and 25 is 75
```

C 프로그램에 주석을 삽입하는 방법은 두 가지다. 먼저, /와 * 두 개의 문자로 주석을 시작하는 방법이 있다. 이렇게 시작한 주석은 반드시 종료 처리가 필요한데, 주석의 끝을 표기하려면 *와 / 를 붙여서 사용하면 된다. /*와 */ 사이에 위치하는 모든 문자는 주석문의 일부로 간주되어 C 컴파일러는 이 부분을 건너뛴다. 이 형태의 주석은 흔히 여러 줄에 걸쳐 주석을 작성해야 하는 경우에 사용한다. 두 번째 방법은 슬래시 두 개를 연속(//)으로 사용하는 형태로 그 뒤로부터 해당 라인의 끝까지는 컴파일러가 주석문으로 인식한다.

예제 2.6에는 네 개의 주석이 있다. 주석을 제외하면 예제 2.6과 예제 2.5는 같다. 예제를 위해 약간 억지스럽게 주석을 사용한 것인데, 사실 첫 번째 주석 외에는 쓸모가 없다(쓸데없이 주석을 남용하면 오히려 프로그램 가독성을 저해할 수도 있다).

프로그램 내에서 주석의 적절한 사용은 굉장히 중요하다. 흔히, 6개월 정도가 지나면 대부분의 개발자가 자신이 작성한 프로그램의 특정 루틴을 왜 만들었는지 기억하기 어렵다는 말이 있다. 적재적소에 작성된 짧은 주석문 하나가 논리를 다시 생각해 내기 위해 버려질 엄청난 시간과 노력을 절약해 줄 수 있다.

프로그램을 작성할 때 적극적으로 주석을 사용하는 것은 바람직한 자세다. 첫 번째 이유는 개발 과정 중에는 프로그램 논리에 대해 생생하게 기억하기 때문에 프로그램 완성 이후보다 문서화가 쉽기 때문이다. 두 번째로 프로그램 작성 단계에 주석을 삽입해 두면 디버깅 단계에서 논리 오류를 찾고 수정해야 할 때 큰 도움을 얻을 수 있다. 적절하게 작성된 주석은 프로그램을 읽는 데 도움을 줄 뿐만 아니라 논리 오류의 근원을 찾는 데도 많은 도움이 된다. 마지막으로, 필자는 여태 프로그램 문서화를 좋아하는 개발자를 본 적이 없다. 디버깅이 끝난 다음에 다시 되돌아가서 주석 작업을 하고 싶은 사람은 아마 없을 것이다. 이처럼 밀린 숙제를 한 번에 하듯 힘들게 하기보다는 프로그램을 개발하는 동안 주석 작업을 병행하는 것이 때로는 지루하게 느껴지는 작업을 좀 더 쉽게 만들어 준다.

이것으로 C 언어 프로그래밍에 대한 개론을 마무리하려 한다. 이제 독자는 C 언어로 프로그램을 작성하는 것이 무엇인지 이해하고 간단한 프로그램을 스스로 개발할 수 있을 것이다. 다음 장에서는 이 놀랍도록 강력하면서도 유연한 프로그래밍 언어에 대해 몇 가지 좀 더 세부적으로 살펴보기 시작할 것이다. 하지만 그 전에 이번 장에서 배운 내용에 대한 이해를 좀 더 다지는 의미로 다음 연습문제를 꼭 풀어보기 바란다.

# 연습문제

1. 이번 장에 소개된 여섯 개의 예제를 입력하고 실행해 보고 책에 소개된 출력 결과와 실제로 실행한 결과를 비교해보자.

2. 다음 텍스트를 출력하는 프로그램을 작성해보자.
   1. In C, lowercase letters are significant.
   2. main() is where program execution begins.
   3. Opening and closing braces enclose program statements in a routine.
   4. All program statements must be terminated by a semicolon.

3. 다음 프로그램의 실행 결과는 무엇인가?

```
#include <stdio.h>

int main (void)
{
    printf ("Testing...");
    printf ("....1");
    printf ("...2");
    printf ("..3");
    printf ("\n");

    return 0;
}
```

4. 87에서 15를 뺀 결과를 적절한 메시지 형태로 터미널 상에 출력하는 프로그램을 작성해보자.

5. 다음 프로그램의 구문 오류들을 모두 찾아낸 다음, 오류를 수정한 프로그램을 작성해서 실행하고 오류를 정확하게 찾아냈는지 확인해보자.

```
#include <stdio.h>

int main (Void)
(
    INT sum;
    /* 결과 연산
    sum = 25 + 37 - 19
    /* 결과 출력 //
    printf ("The answer is %i\n" sum);
```

```c
        return 0;
    }
```

6\. 다음 프로그램의 실행 결과는 무엇인가?

```c
#include <stdio.h>

int main (void)
{
    int answer, result;

    answer = 100;
    result = answer - 10;
    printf ("The result is %i\n", result + 5);

    return 0;
}
```

# 3

# 변수 , 데이터 형식 , 산술식

프로그램의 강력함은 데이터 처리 능력에 기인한다 해도 과언이 아니다. 따라서, 이것을 제대로 이용하려면 다양한 데이터 형식에 대해 잘 이해하고 적절하게 사용할 수 있는 능력을 키워야 한다. C 언어는 데이터 처리를 위한 다양한 산술 연산자들을 제공하고 있다. 다음은 이번 장에서 다룰 주요 내용이다.

- `int`, `float`, `double`, `char`, `_Bool` 데이터 형식
- `short`, `long`, `long long`을 이용한 데이터 형식 변경하기
- 변수 명명 규칙
- 기본 수치 연산자와 산술식
- 형식 캐스팅

## 데이터 형식과 상수에 대한 이해

C 언어의 기본 데이터 형식인 int는 앞 장에서 이미 접해 보았다. int 형식으로 선언된 변수는 정수값만 저장할 수 있으며 소수점 아래 값을 가질 수 없다.

int 외에 C 언어에서 제공하는 네 가지 기본 데이터 형식에는 float, double, char, _Bool이 있다. float 형식의 변수는 부동 소수점 수(소수점 아래 값을 가지는 값)를 저장할 수 있다. double도 float과 마찬가지인데 다른 점이라면 float보다 대략 두 배 정도 더 정밀한 값을 표현할 수 있다. char 데이터 형식은 하나의 문자를 저장할 수 있는데, 이러한 문자값에는 'a', '6', ';' 등이 있으며 뒤에서 좀 더 다루도록 하겠다. 마지막으로 _Bool 형식은 0 혹은 1 값만 저장할 수 있으며, 이 형식의 변수는 켜지거나 꺼진 상태(ON/OFF), 예 혹은 아니요(YES/NO), 또는 참과 거짓(TRUE/FALSE)을 구분해서 상태를 나타내는 용도로 사용한다. 이처럼 두 가지 중 하나를 선택하는 것을 이원 선택이라고도 한다.

C 언어에서는 임의의 숫자, 단일 문자 혹은 문자열을 하나의 상수로 취급한다. 예를 들어 숫자 58은 정수 상수값이다. 문자열 "Programming in C is fun.\n"은 문자열 상수의 예다. 다음과 같이 상수값들로만 이루어진 식은 상수식이라고 한다.

```
128 + 7 - 17
```

만일 여기서 다음과 같이 i라는 변수를 함께 사용하면 더 이상 상수식이라 할 수 없다.

```
128 + 7 - i
```

왜냐하면 이 식의 값이 i의 값에 따라 변할 수 있기 때문이다. 만일 i가 10이면 이 식은 125이고 i가 200이면 −65다.


## 정수 형식 int

C에서 정수형 상수는 하나 이상의 숫자가 순서대로 나열된 하나의 시퀀스로 구성된다. 이 시퀀스 앞에 마이너스 부호가 붙으면 값이 음수임을 나타낸다. 158이나 −10, 0은 모두 정수형 상수다. 시퀀스를 구성하는 숫자들 사이에는 공백을 허용하지 않으며 999를 초과하는 숫자에 쉼표를 이용해서 표현할 수 없다. 따라서 12,000은 정수가 아니며 12000이 올바른 정수 형태 표기다.

C는 10진수 이외의 정수 표현을 위해 두 가지 특별한 형태를 제공한다. 정수값의 첫 번째 숫자가 0이면 8진법 표기로 간주하는데, 이 경우, 뒤에 오는 모든 숫자는 8진수에서 유효한 값이 돼야 하므로 0~7이어야 한다. 따라서 10진수 40과 같은 값인 8진수 50을 C로 나타내려면 050으로 표기하면 된다. 비슷한 방식으로 8진수 0177은 10진수 127($1 \times 64 + 7 \times 8 + 7$)이다. printf()의 형

식 문자열에서 8진수를 출력하기 위해서는 형식 문자 %o를 사용한다. 이 경우, 출력된 8진수는 첫 번째 숫자 0을 제외한 형태이며, 8진수를 구분하는 0을 함께 출력하려면 %#o를 이용하면 된다.

정수 앞에 0과 x(소문자 혹은 대문자)를 사용하면 16진법을 의미하며, 이후에 따라오는 숫자값은 16진수로 숫자 0부터 9, 그리고 영문자 a부터 f(혹은 A부터 F)의 조합으로 표현할 수 있다. 문자 부분은 순서대로 10~15를 의미한다. 예를 들어, rgbColor라는 변수에 16진수 FFEF0D를 대입하는 문은 다음과 같다.

```
rgbColor = 0xFFEF0D
```

printf() 형식 문자열에서 %x를 이용하면 8진수와 마찬가지로 0x 부분은 제외한 나머지 16진수가 출력되며 문자 부분은 소문자로 처리된다. 0x를 포함해서 출력하려면 다음 예와 같이 %#x를 이용한다.

```
printf("Color is %#x\n", rgbColor);
```

%X나 %#X와 같이 대문자 X를 사용하면 0x의 x나 값을 구성하는 문자 부분을 대문자로 출력할 수 있다.


### 저장 크기와 범위

값의 형식이 문자든 정수든 혹은 부동 소수점 숫자이든 모든 값은 표현할 수 있는 값의 범위가 있다. 이 범위는 해당 형식의 데이터를 저장하기 위해 할당된 저장소의 크기에 따라 결정되는데, 일반적으로 저장소 할당의 크기는 언어에서 정의하지 않는다. 이것은 보통 실행하는 컴퓨터에 의존하기 때문에 구현 혹은 시스템에 종속적이라고 한다. 예를 들어, 정수는 사용하는 컴퓨터에 따라 32비트인 경우도 있고 64비트인 경우도 있다. 따라서 데이터 형식의 크기에 대해 어떤 가정을 가지고 프로그램을 개발해서는 안된다. 하지만, 모든 기본 데이터 형식에 할당되는 최소한의 크기는 보장된다. 예를 들면, 정수값은 최소한 32비트 크기를 가지는데, 이것은 많은 컴퓨터에서 '워드(Word)'의 크기로 채용하고 있다.


### 부동 소수점 숫자 형식 float

float 형식으로 선언한 변수는 소수점 아래 수를 값으로 저장할 수 있다. 그러므로 부동 소수점 상수는 소수점의 존재로 구분할 수 있다. 소수점 위나 아래의 숫자를 생략하고 사용할 수는 있지만 둘 다 생략할 수는 없다. 3., 125.8, -.0001은 모두 정상적인 부동 소수점 상수다. printf 함수를 이용해서 터미널에서 부동 소수점 값을 출력하려면 %f 변환 문자를 사용한다.

부동 소수점 상수는 과학적 표기법으로도 표현이 가능하며, 1.7e4는 1.7 x $10^4$의 과학적 표기예다. e 앞에 표기된 수는 가수라고 하고 뒤에 오는 수는 지수라고 부른다. 지수 바로 앞에는 더하기 혹은 빼기 기호를 사용할 수 있고, 가수에 곱할 10의 거듭제곱 수를 나타낸다. 따라서 상수 2.25e-3에서 2.25는 가수이고 -3은 지수다. 이 상수는 2.25 x $10^{-3}$ 즉, 0.00225다. 가수와 지수를 구분 짓는 e는 대문자와 소문자 구별 없이 사용할 수 있다.

과학적 표기법에 따라 값을 출력하려면 printf() 함수의 형식 문자열에 %e를 사용해야 한다. %g를 이용하면 부동 소수짐 수를 값에 따라 일반 부동 소수짐 표기 형식 혹은 과학직 표기법을 자동으로 선택적으로 적용할 수 있는데, 선택의 기준은 지수 값의 크기가 결정한다. 즉, 지수가 -4보다 작거나 5보다 크면 %e(과학적 표기법) 기준을 따르고 그렇지 않은 경우에는 %f 기준에 따라 값을 출력한다.

아마도 %g를 이용하는 방법이 부동 소수점을 가장 보기 좋게 출력해 줄 것이다.

16진 부동 소수점 상수는 0x 혹은 0X 다음에 10진수 혹은 16진수 형태의 한개 이상의 숫자가 따르고 그 뒤로 p나 P, 그리고 선택적으로 마지막에 부호 있는 2진 지수를 표기한다. 예를 들어, 0x0.3p10은 3/16 x $2^{10}$ = 192이다.


## 확장 정밀도 형식 double

double 형식은 float과 매우 비슷하지만 float 변수의 표현 범위로는 부족한 수를 표현하기 위해 사용한다. double 형식의 변수는 대략 float 형식에 비해 두 배 정도 많은 유효 숫자 자리수를 표현할 수 있다. 대부분의 컴퓨터에서 double 값은 64비트를 사용한다.

특별히 표기하지 않은 경우 C 컴파일러는 모든 부동 소수점 상수를 double 값으로 취급한다. float 상수를 명시적으로 사용하려면 숫자 옆에 f나 F를 붙여 다음과 같이 사용해야 한다.

```
12.5f
```

double 값을 출력하려면 float과 마찬가지로 %f, %e, %g와 같은 형식 문자를 사용할 수 있다.


## 단일 문자 형식 char

char 변수는 한 개의 문자를 저장하는 데 사용할 수 있다[주1]. 문자 상수는 작은따옴표로 문자를 둘러싸는 방법으로 나타낼 수 있으며, 따라서 'a', ';', '0'은 모두 정상적인 문자 상수다. 첫

---

주 1. 부록 A에서는 특수 이스케이프 시퀀스, 범용 문자, 와이드 문자를 통해 확장 문자를 저장하는 방법에 대해 알아본다.

번째 상수는 문자 a, 두 번째는 세미콜론, 그리고 마지막은 문자 0(숫자가 아니다)을 나타낸다. 여기서 주의할 것은 이처럼 작은따옴표를 이용하는 문자 상수와 큰따옴표를 이용하는 문자열을 혼동해서는 안 된다는 점이다.

문자 상수 '\n'(줄바꿈 문자)는 언뜻 위에서 언급한 규칙에 부합하지 않아 보이지만 유효한 문자 상수다. 왜냐하면 백슬래시는 C 시스템에서 특수 문자이므로 하나의 개별 문자로 인식되지 않기 때문이다. 즉, C 컴파일러는 실제 두 문자로 이뤄진 '\n'을 단일 문자로 취급한다. 백슬래시를 이용하는 특수 문자들은 부록 A "C 언어 요약"에서 전체 목록을 제공하고 있다.

형식 문자 %c를 이용하면 터미널에서 printf()를 이용해 char 변수를 출력할 수 있다.

## 부울 데이터 형식 _Bool

C 언어에서 _Bool 변수는 0과 1만 저장할 수 있도록 정의하고 있다. 이것을 위해 필요한 정확한 메모리 크기는 정의하지 않고 있으며, _Bool 변수는 프로그램 내에서 부울 조건을 지시하고자 할 때 사용한다. 예를 들어, 이 형식의 변수를 이용해서 파일의 모든 데이터를 읽었는지 여부를 나타낼 수 있다.

부울 데이터 형식에서 0은 거짓(false), 1은 참(true) 값을 나타내는 것이 관례다. _Bool 변수에 값을 할당할 때 0은 변수 내에 0 그대로 저장되지만 0 이외의 값은 1로 저장된다.

_Bool 변수의 사용을 간편하게 하기 위해 표준 헤더인 <stdbool.h>에서는 bool, true, false 를 정의하고 있으며, 사용 예는 5장 "판단하기"의 예제 5.10A를 참고한다.

예제 3.1은 기본적인 C 데이터 형식들을 사용한 예다.

### 예제 3.1 기본 데이터 형식의 이용

```c
#include <stdio.h>

int main (void)
{
    int     integerVar = 100;
    float   floatingVar = 331.79;
    double  doubleVar = 8.44e+11;
    char    charVar = 'W';

    _Bool boolVar = 0;
```

```c
    printf ("integerVar = %i\n", integerVar);
    printf ("floatingVar = %f\n", floatingVar);
    printf ("doubleVar = %e\n", doubleVar);
    printf ("doubleVar = %g\n", doubleVar);
    printf ("charVar = %c\n", charVar);

    printf ("boolVar = %i\n", boolVar);

    return 0;
}
```

**예제 3.1 결과**

```
integerVar = 100
floatingVar = 331.790009
doubleVar = 8.440000e+11
doubleVar = 8.44e+11
charVar = W
boolVar = 0;
```

예제 3.1의 첫 번째 문은 정수 형식의 integerVar를 선언하고 초기값으로 100을 할당하고 있으며, 이 문은 다음과 같이 두 개로 표현할 수도 있다.

```c
int integerVar;
integerVar = 100;
```

실행 결과의 두 번째 라인에서 floatingVar에 할당된 331.79가 실제로 331.790009로 출력된 것에 주목하자. 실제로 출력되는 값은 프로그램을 실행하는 컴퓨터 시스템에 의존한다. 이처럼 오차가 발생하는 이유는 컴퓨터에서 내부적으로 숫자를 표현하는 특정 방식 때문이며, 아마도 거의 모든 휴대용 계산기 역시 같은 문제점을 내포하고 있다. 계산기에서 1을 3으로 나누면 결과는 .33333333 혹은 여기에 3이 몇 개 더 붙은 형태다. 이 3들은 1을 3으로 나눈 것에 대한 계산기의 근사값이다. 이론적으로는 무한히 이어지는 3이 돼야겠지만, 계산기가 표현할 수 있는 길이의 한계로 인해 감수해야 하는 기기의 오차라 할 수 있다. 이처럼 어떤 부동 소수점 값은 컴퓨터 메모리에서 정확하게 표현하는 것이 불가능하기 때문에 오차가 발생하기도 한다.

float이나 double 값을 출력할 때는 세 가지 형식을 선택적으로 사용할 수 있다. %f 형식 문자를 이용하면 가장 표준적인 수준에서 값을 출력할 수 있는데, 별도의 표기를 하지 않으면 printf()

에서는 float이나 double 값을 소수점 아래 6자리까지 출력한다. 출력하고자 하는 소수점 아래 수의 길이를 지정하는 방법에 대해서는 뒤에서 살펴볼 것이다.

%e 문자는 과학적 표기법에 따라 float과 double을 출력해 주며, 마찬가지로 소수점 아래 6자리가 기본이다.

%g를 이용하는 경우, printf() 함수는 자동으로 %f와 %e 방식 가운데 하나를 선정하고 마지막에 붙은 0을 제거한다. 소수점 뒤에 표시할 값이 없다면, 소수점도 생략한다.

끝에서 두 번째 printf() 문은 %c 형식 문자를 이용하고 있으며, charVar 변수를 선언하면서 할당했던 'W' 문자를 출력한다. printf()의 첫 번째 인수로 사용하는 경우처럼 문자열은 큰따옴표로 표기하는 것과 달리, 단일 문자 상수는 반드시 작은따옴표를 이용한다는 것에 주의한다.

마지막으로 _Bool 변수는 예제에서 본 것처럼 정수 형식 문자인 %i를 이용해서 출력할 수 있다.

## 형식 지정자: `long`, `long long`, `short`, `unsigned`, `signed`

int 선언의 바로 앞에 long 지정자를 사용하면 일부 컴퓨터 시스템에서 해당 정수 변수로 표현할 수 있는 범위를 확장할 수 있으며, 다음과 같이 사용한다.

```
long int factorial;
```

이 문은 factorial이라는 long 정수 형식의 변수를 선언한다. float이나 double과 마찬가지로 long 변수의 정확성은 컴퓨터 시스템에 의존하는 면이 있는데, 많은 시스템에서 int와 long int는 같은 범위를 가지며 32비트 크기의 값($2^{31}$ − 1 혹은 2,147,483,647)을 저장할 수 있다.

long int 형식의 싱수값은 징수 상수의 끝에 문자 L(소문자노 사용 가능)을 붙여서 사용할 수 있다. 이때 숫자와 L 사이에는 공백을 허용하지 않는다. 다음은 numberOfPoints라는 long int 형식의 변수를 선언하면서 131,071,100이라는 값으로 초기화하는 방법을 보여준다.

```
long int numberOfPoints = 131071100L;
```

long int 값을 printf() 함수에서 출력하려면 문자 l을 정수 형식 문자인 i나 o, x 바로 앞에 사용하면 된다. 따라서 형식 문자 %li를 이용하면 long int 값을 10진수 형태로 출력할 수 있으며, 비슷하게 %lo는 8진수, %lx는 16진수 형태로 출력할 수 있다.

한편, long long int 데이터 형식도 존재하는데 예문은 다음과 같다.

```
long long int maxAllowedStorage;
```

이 형식으로 지정된 변수는 보다 큰 값을 표현할 수 있으며, 적어도 64비트 크기를 보장한다. printf()를 통해 long long 값을 출력하려면 "%lli"와 같이 문자 l 두 개를 사용해야 한다.

long 지정자는 다음과 같이 double 선언 시에도 사용할 수 있다.

long double US_deficit_2004;

long double 상수는 부동 소수점 상수 뒤에 l이나 L을 붙여서 다음 예와 같이 표기한다.

1.234e+7L

long double을 출력할 때는 L 한정자를 사용한다. 따라서, %Lf는 long double 값을 부동 소수점 표기법에 따라 출력하고 %Le는 과학적 표기법으로, 또 %Lg는 printf()에서 자동으로 %Lf나 %Le 가운데 적절한 것을 선택해서 사용하게 한다.

short 지정자를 int 선언 앞에 사용하면 해당 변수가 매우 작은 정수값을 위한 것임을 뜻한다. short 형식의 변수는 제한된 메모리 용량 내에서 동작해야 할 프로그램이 많은 메모리를 필요로 하는 경우에 처할 수 있는 위험에 대한 대안이 될 수 있다.

많은 컴퓨터에서 short int는 일반 int 형식 변수에 비해 절반 크기의 메모리를 사용하는데, 어떠한 경우에도 short int의 크기가 16비트보다 작을 수는 없다.

C 언어에서 short int 형식의 상수를 명시적으로 작성할 수 있는 방법은 없다. short int 형식의 변수를 출력하려면 %hi, %ho, %hx처럼 h를 일반 정수 형식 문자 앞에 붙이면 된다. 또, printf() 루틴에 인수로 넘기는 경우, short int는 정수로 변환이 가능하기 때문에 정수에 대한 형식 문자를 그대로 사용해도 출력에 문제가 없다.

int 변수 앞에 사용할 수 있는 마지막 지정자는 해당 변수가 양수만 저장할 때 사용할 수 있는 것으로 다음과 같이 사용한다.

unsigned int counter;

이 선언은 컴파일러로 하여금 counter에 양수만 저장할 수 있게 한다. 이처럼 정수 변수에 양수만 저장할 수 있게 하면, 정수 변수의 정밀도 확장 효과를 얻을 수 있다.

unsigned int 상수는 u(혹은 U)를 상수 뒤에 붙이는 방법으로 다음과 같이 나타낼 수 있다.

0x00ffU

u(혹은 U)와 l(혹은 L)을 함께 사용하면 unsigned long 형식의 상수를 표현할 수 있으며 다음 예와 같다.

20000UL

정수 상수가 u나 U, 1, L을 사용하지 않으면서 일반 int에 보관하기에 너무 큰 값을 가지면 컴파일러는 이 상수를 unsigned int로 취급한다. insigned int에도 할당하기 어렵다면 long int로 인식하며, 이마저도 작다면 unsinged long int 형식을 적용한다. 또한 이보다 커야 하는 경우에는 long long int 그리고 unsigned long long int 형식으로 처리한다.

long long int, long int, short int, unsigned int 등의 형식 선언에서는 int를 생략하고 사용할 수 있다. 따라서 unsigned 변수인 counter는 다음과 같이 선언할 수 있다.

unsigned counter;

한편, char 변수를 unsigned로 선언하는 것도 가능하다.

signed 한정자는 특정 변수가 부호가 있는 값을 가진다는 의미를 컴파일러에 명시적으로 알리는 수단이다. 기본적으로는 char 선언 앞에 사용하는데, 보다 자세한 논의는 13장까지 잠시 보류하기로 한다.

여러 가지 지정자들을 살펴보고 있는데, 조금 생소하더라도 지금 걱정할 필요는 없다. 이후의 장들을 진행하면서 지금까지 살펴본 다양한 형식들을 실제 프로그램 예제를 통해 살펴볼 것이며, 13장에서는 데이터 형식과 변환에 대해 좀 더 깊이 다룰 것이다.

**표 3.1** 기본 데이터 형식 및 한정자

| 형식 | 상수 예 | printf 문자 |
| --- | --- | --- |
| char | 'a', '\n' | %c |
| _Bool | 0, 1 | %i, %u |
| short int | – | %hi, %hx, %ho |
| unsigned short int | – | %hu, %hx, %ho |
| int | 12, -97, 0xFFE0, 0177 | %i, %x, %o |
| unsigned int | 12u, 100U, 0XFFu | %u, %x, %o |
| long int | 12L, -2001, 0xffffL | %li, %lx, %lo |
| unsigned long int | 12UL, 100ul, 0xffeeUL | %lu, %lx, %lo |
| long long int | 0xe5e5e5e5LL, 50011 | %lli, %llx, &llo |

| unsigned long long int | 12ull, 0xffeeULL | %llu, %llx, %llo |
| float | 12.34f, 3.1e-5f, 0x1.5p10,0x1P-1 | %f, %e, %g, %a |
| double | 12.34, 3.1e-5, 0x.1p3 | %f, %e, %g, %a |
| long double | 12.341, 3.1e-5l | %Lf, $Le, %Lg |

## 변수

초기 컴퓨터 프로그래머들은 대상 컴퓨터의 2진 언어로 프로그래밍해야 하는 어려움을 겪었다. 즉, 프로그래머는 컴퓨터에 입력하기 전에 컴퓨터 명령어들을 손수 2진 숫자들로 변환해야 했고, 저장이나 참조를 위한 메모리 주소 역시 정확한 주소값을 명시적으로 사용해야 했다.

다행히 오늘날의 프로그래밍 언어들은 특정 기계의 코드값이나 메모리 주소에 대해 신경 쓰지 않고 풀고자 하는 문제에 보다 더 집중할 수 있게 해 준다. 변수 이름이라는 형태의 기호화된 이름을 이용하면 프로그램의 연산 결과를 저장할 수 있다. 변수 이름은 변수에 저장할 값의 형식을 반영하는 의미를 갖는 것으로 프로그래머가 자유롭게 선택할 수 있다.

앞서 살펴본 2장 "첫 번째 프로그램 컴파일 및 실행"에서 정수값을 저장하기 위해 몇 가지 변수를 사용했는데, 예를 들어 예제 2.4에서 사용한 sum 변수는 50과 25라는 두 정수값의 합을 저장하기 위해 사용했다.

C 언어에서는 정수뿐만 아니라 다른 데이터 형식도 변수에 저장할 수 있는데, 프로그램 내에서 변수는 반드시 사용하기 전에 선언해야 한다. 따라서 변수를 이용하면 부동 소수점 수, 문자뿐만 아니라 컴퓨터 메모리 내의 위치를 의미하는 포인터를 저장할 수도 있다.

변수 이름을 작성하는 규칙은 단순하다. 변수 이름은 반드시 문자나 밑줄(_)로 시작해야 하며 그 뒤에는 문자(대/소문자 모두 허용), 밑줄, 숫자(0~9)를 자유롭게 조합해서 사용할 수 있다. 다음은 유효한 변수 이름의 예다.

```
sum
pieceFlag
i
J5x7
Number_of_moves
_sysFlag
```

다음은 잘못된 변수 이름의 예와 그 이유다.

```
sum$value      $는 변수 이름에 사용할 수 없다.
piece flag     변수 이름 내에 공백을 사용할 수 없다.
3Spencer       변수 이름은 숫자로 시작할 수 없다.
int            int는 예약어 이다.
```

int는 C 컴파일러에서 특별한 의미로 인식하기 때문에 변수 이름으로 사용할 수 없다. 이런 단어들을 예약 이름 혹은 예약어라고 한다. 이처럼 C 컴파일러에서 특수한 중요성을 가지는 특정 이름은 변수 이름으로 사용할 수 없는 것이 일반적이며, 부록 A에서 전체 예약어 목록을 확인할 수 있다.

C 언어는 대/소문자를 구별한다는 사실을 항상 기억해야 한다. 그러므로 C 언어에서 sum과 Sum, SUM은 서로 다른 변수 이름이다.

변수 이름의 길이는 자유롭게 사용할 수 있지만 앞에서부터 63자리까지만 유효하며, 경우에 따라 31자리만 유효하기도 한데 자세한 내용은 부록 A에서 설명한다. 변수 이름이 너무 길면 과도한 입력을 야기하므로 바람직하지 않다. 예를 들어 다음은 정상적인 라인이다.

```
theAmountOfMoneyWeMadeThisYear = theAmountOfMoneyLeftAttheEndOfTheYear -
        theAmountOfMoneyAtTheStartOfTheYear;
```

하지만, 이것을 다음과 같이 변경하면 훨씬 적은 공간으로 거의 같은 정보를 표현할 수 있다.

```
moneyMadeThisYear = moneyAtEnd - moneyAtStart;
```

이처럼 변수 이름을 결정할 때는 의도를 반영하는 간결하면서도 효과적인 이름에 대한 고민이 반드시 필요하다는 사실을 꼭 기억하도록 하자. 이유는 분명하다. 주석의 경우와 마찬가지로 적절한 변수 이름은 프로그램 가독성을 높이고 디버깅 및 문서화 단계에서 많은 도움이 된다. 사실, 자기 기술적인 프로그램일수록 문서화 작업이 줄어드는 것은 당연한 결과다.


## 산술식

대다수의 다른 프로그래밍 언어처럼 C에서도 더하기 기호(+)는 두 값을 더할 때 사용하고 빼기 기호(-)는 두 값의 차를 계산하며, 별표(*)와 슬래시(/)는 각각 곱셈과 나눗셈에 사용한다. 이와 같이 두 개의 값에 대한 작업을 처리하는 연산자들을 이항 산술 연산자라고 한다.

C 언어에서 덧셈과 같은 간단한 연산이 어떻게 이뤄지는지는 이미 살펴보았다. 예제 3.2는 추가로 뺄셈, 곱셈, 나눗셈을 보여준다. 마지막 두 개의 연산은 연산자 간의 우선순위에 대한 예제다.

사실 C 언어에서 사용하는 모든 연산자에는 우선순위가 있다. 이 우선순위는 하나 이상의 연산자를 이용하는 식을 계산하는 기준으로 사용되며, 더 높은 우선순위의 연산자를 먼저 처리한다. 같은 우선순위의 연산자들은 연산자의 특성에 따라 좌측에서 우측 혹은 우측에서 좌측 방향의 처리 순서를 따른다. 이것을 연산자의 결합법칙이라고 한다. 전체 연산자 우선순위 및 결합 규칙에 대해서는 부록 A에서 다룬다.

## 예제 3.2 산술 연산자의 이용

```c
// 다양한 산술 연산자에 대한 사용 예

#include <stdio.h>

int main (void)
{
    int a = 100;
    int b = 2;
    int c = 25;
    int d = 4;
    int result;

    result = a - b; // 빼기
    printf ("a - b = %i\n", result);

    result = b * c; // 곱하기
    printf ("b * c = %i\n", result);

    result = a / c; // 나누기
    printf ("a / c = %i\n", result);

    result = a + b * c; // 우선순위
    printf ("a + b * c = %i\n", result);

    printf ("a * b + c * d = %i\n", a * b + c * d);

    return 0;
}
```

```
a - b = 98
b * c = 50
a / c = 4
a + b * c = 150
a * b + c * d = 300
```

정수 형식 변수 a, b, c, d, result를 선언한 다음, a에서 b를 뺀 결과를 result에 할당하고 printf() 함수를 이용해서 값을 출력한다.

다음 문은 c 값에 b 값을 곱한 결과를 result에 저장한다.

```
result = b * c;
```

곱셈 결과는 역시 printf() 함수를 이용해서 출력한다.

다음 문은 나누기 연산자인 슬래시를 사용하는 방법을 보여주기 위해 a를 c로 나누는데, 100을 25로 나눈 결과인 4는 뒤이은 printf() 문에서 출력한다.

컴퓨터 시스템에 따라 숫자를 0으로 나누면 프로그램이 비정상적으로 종료된다.[주 2] 비정상 종료가 없다고 해도 이와 같은 연산의 결과는 무의미하다.

5장에서는 나누기 연산을 수행하기에 앞서 0으로 나누는 상황이 발생할지를 확인할 수 있는 방법에 대해서 살펴볼 것이다. 만일 제수(나누는 수)가 0인 경우에는 나누기 연산 대신 적절한 처리를 할 수 있다.

printf() 문이 출력한 결과를 보면, 다음 식의 결과는 2550(102 × 25)이 아니라 150이다.

```
a + b * c
```

그 이유는 C 언어도 다른 프로그래밍 언어들처럼 다중 연산 작업을 평가함에 있어 순서에 대한 규칙을 적용하고 있기 때문이다. 식에 대한 평가는 일반적으로 좌측에서 우측으로 진행한다. 하지만 곱셈이나 나눗셈이 덧셈과 뺄셈에 비해 높은 우선순위를 가지므로 이 식은 C 언어에서 다음 식과 같이 평가된다(대수에서의 기본 규칙을 적용하는 경우와 같은 결과다).

```
a + (b * c)
```

---

주 2. 이러한 현상은 Windows 시스템에서 gcc 컴파일러를 이용할 때 발생한다. Unix 시스템의 경우, 비정상 종료는 발생하지 않는데, 정수를 0으로 나눈 경우에 반환되는 결과는 0이며, float을 0으로 나누면 무한대를 반환한다.

식을 구성하는 항에 대한 평가의 순서를 변경하고자 하는 경우에는 괄호를 이용하면 된다. 사실 위 식은 C 언어에서 그대로 사용할 수 있는 형태이므로, 다음 문을 사용하더라도 예제 3.2와 같은 결과를 얻을 수 있다.

```c
result = a + (b * c);
```

하지만, 식을 다음과 같이 적용하면 a(100)와 b(2)의 덧셈 계산이 c를 이용한 곱셈보다 먼저 이뤄지기 때문에 결과적으로 result에는 2550이 할당된다.

```c
result = (a + b) * c;
```

괄호는 중첩이 가능한데, 중첩된 괄호를 포함하는 경우 식에 대한 평가는 가장 안쪽의 괄호에서부터 바깥쪽 괄호로 진행된다. 중첩된 괄호를 이용할 때는 열린 괄호 개수만큼 정확하게 괄호를 닫아야 한다는 점을 기억해야 한다.

예제 3.2의 마지막 문은 식의 결과를 변수에 할당하지 않고 식 자체를 printf()의 인수로 사용하고 있으며, 이것은 전혀 문제가 되지 않는다. 연산에 사용된 식을 다시 살펴보면 다음과 같다.

```c
a * b + c * d
```

앞서 살펴본 규칙에 따라 이 식은 다음과 같이 평가된다.

```c
(a * b) + (c * d)
```

즉, (100 * 2) + (25 * 4)이며, 연산 결과인 300은 printf() 루틴에 전달된다.

### 정수 연산과 단항 빼기 연산자

다음 예제 3.3을 통해 앞에서 배운 것을 복습하고 정수 산술 연산의 개념에 대해 살펴보도록 하자.

**예제 3.3 추가 예제 및 산술 연산자**

```c
// 추가 산술 연산자

#include <stdio.h>

int main (void)
{
    int a = 25;
```

```c
    int b = 2;

    float c = 25.0;
    float d = 2.0;

    printf ("6 + a / 5 * b = %i\n", 6 + a / 5 * b);
    printf ("a / b * b = %i\n", a / b * b);
    printf ("c / d * d = %f\n", c / d * d);
    printf ("-a = %i\n", -a);

    return 0;
}
```

**예제 3.3 결과**

```
6 + a / 5 * b = 16
a / b * b = 24
c / d * d = 25.000000
-a = -25
```

처음 네 개의 문에서 int와 변수 이름인 a, b, c, d 사이에 공백을 삽입한 것은 프로그램을 읽기 좋게 하기 위해서다. 그리고 지금까지의 예제에서 연산자의 좌우에 공백을 배치한 것도 같은 이유이며 필수 사항은 아니다. 공백이 하나라도 허용되는 위치에는 얼마든지 더 많은 공백을 사용할 수 있으며 이처럼 스페이스 바를 약간 더 사용하면 가독성의 향상을 꾀할 수 있다.

예제 3.3의 첫 번째 printf() 호출에서 사용하고 있는 식은 연산자 우선순위에 따라 다음 순서에 따라 진행된다.

1. 나누기는 더하기보다 우선순위가 높으므로 먼저 a(25)를 5로 나누고 중간 결과로 5가 계산된다.
2. 곱하기 역시 더하기보다 높은 우선순위를 가지므로 중간 결과인 5에 변수 b의 값인 2를 곱해서 새로운 중간 결과인 10을 얻는다.
3. 마지막으로 6과 10을 더해서 최종 결과인 16을 얻는다.

두 번째 printf() 문은 약간 색다른 결과를 보여준다. 독자들은 어쩌면 a를 b로 나누고 다시 b를 곱했기 때문에 당연히 a의 값이 반환될 것이라고 생각했을 수 있다. 하지만 출력 결과인 24는 컴퓨터가 계산 과정의 어딘가에서 일부 값을 소실했다는 것을 보여준다. 이처럼 계산 결과가 많은 이의 예상을 빗나간 이유는 이 식이 정수 기반 산술 연산을 통해 처리됐기 때문이다.

변수 a와 b는 int 형식으로 선언되었다. 두 개의 정수로 이루어진 식 또는 식의 일부를 처리할 때 C 언어는 항상 정수 산술 연산을 사용해서 이들을 처리한다. 이 경우 숫자의 소수점 이하 자리는 모두 무시된다. 따라서 위 예제에서 a를 b로 나누면 25 나누기 2의 결과로 12.5가 아닌 12를 얻게 된다. 여기에 2를 곱하면 예제와 같은 결과인 24가 계산되며, 이것이 바로 잃어버린 값에 대한 설명이다. 정수 두 개를 이용해서 나누기를 한 결과는 정수형이라는 것을 잊지 말자. 덧붙여 어떠한 올림 처리도 없기 때문에 소수점 아래 값은 모두 버려져서 나눈 값이 12.01이든 12.5 혹은 12.99든 결과로 반환되는 값은 12로 모두 같다.

예제 3.3의 끝에서 두 번째 printf() 문과 같이 같은 계산에 정수 대신 부동 소수점 값을 이용하면 기대하던 값을 얻을 수 있다.

float 변수를 이용할지 int 변수를 이용할지는 변수의 용도에 따라 결정하면 된다. 소수점 아래 자리의 값이 아무런 의미가 없는 경우에는 정수 변수를 이용하면 대부분의 컴퓨터에서 더 빠른 처리 속도를 기대할 수 있다. 하지만 소수점 아래 값이 의미를 가진다면 float, double, long double 가운데 하나를 선택해야 하며, 변수를 통해 처리해야 할 값에 요구되는 정확도 및 크기에 따라 적절하게 선택한다.

마지막 printf() 문에서는 단항 빼기 연산자를 이용해서 a 변수의 부호를 변경하고 있다. 단항 연산자는 하나의 값에 대한 연산을 수행하며, 이와 대조적인 이항 연산자는 두 개의 값을 필요로 한다. 빼기 기호는 사실 두 가지 역할을 한다. 이항 연산자로 사용할 때는 두 값의 차를 계산하며 단항 연산자로 사용할 때는 값의 부호를 바꾼다(부정).

단항 빼기 연산자는 같은 우선순위에 있는 단항 더하기 연산자를 제외하고 모든 다른 산술 연산자들보다 높은 우선순위에 있다. 따라서 다음 식은 -a와 b의 곱셈을 뜻한다.

```c
c = -a * b;
```

다양한 연산자들과 그들의 우선순위에 대한 정보는 부록 A를 참고한다.

### 모듈러스 연산자

퍼센트 기호(%)로 표현하는 모듈러스 연산자는 굉장한 가치를 지니고 있다. 예제 3.4를 통해 이 연산자가 어떻게 동작하는지 생각해 보자.

### 예제 3.4 모듈러스 연산자

```c
// 모듈러스 연산자

#include <stdio.h>
```

```c
int main (void)
{
    int a = 25, b = 5, c = 10, d = 7;

    printf("a = %i, b = %i, c = %i, and d = %i\n", a, b, c, d);
    printf ("a %% b = %i\n", a % b);
    printf ("a %% c = %i\n", a % c);
    printf ("a %% d = %i\n", a % d);
    printf ("a / d * d + a %% d = %i\n",
                a / d * d + a % d);

    return 0;
}
```

**예제 3.4 결과**

```
a = 25, b = 5, c = 10, and d = 7
a % b = 0
a % c = 5
a % d = 4
a / d * d + a % d = 25
```

main()의 첫 번째 문은 하나의 문에서 변수 a, b, c, d를 모두 초기화한다.

확인하는 의미에서 첫 번째 printf() 문은 프로그램에서 사용하는 네 변수의 값을 출력한다. 꼭 필요한 것은 아니지만 이런 방식은 프로그램을 보는 사람에게 많은 도움이 된다. 나머지 printf() 문에서 퍼센트 문자 바로 다음에 오는 문자는 다음 인수를 출력하는 방법을 결정한다. 하지만 퍼센트 다음에 또 다른 퍼센트 문자를 사용하면 printf() 루틴은 퍼센트 기호 하나를 지정한 위치에 그대로 출력한다.

예제를 잘 분석했다면 모듈러스 연산자 %는 첫 번째 값을 두 번째 값으로 나눈 나머지를 반환한다는 것을 알 수 있을 것이다. 첫 번째 예에서는 25를 5로 나누고 있으므로 모듈러스 연산 결과로 0을 출력한다. 다음으로 25를 10으로 나눈 나머지인 5를 출력하고, 다음 라인에는 25를 7로 나눈 나머지 4를 출력하고 있다.

예제 3.4의 마지막 라인에 대해서는 조금 설명이 필요하다. 이 라인을 출력하는 문은 두 개의 라인으로 구성되는데 이것은 C 언어에서 지극히 정상적인 모습이다. 사실 문에서 공백을 사용할 수 있는 곳이라면 어디에서든 다음 라인에서 작성을 계속할 수 있다(문자열의 공백 위치에서 라인을 변경하면 예외가 발생하는데 이에 대해서는 9장 "문자열"에서 논한다). 때로는 이와 같은 줄바꿈이 그저 원해서가 아니라 필요에 의한 것일 수도 있다. 예제 3.4의 `printf()` 호출에서는 현재 라인이 앞 라인의 연속임을 시각적으로 나타내기 위한 의도로 들여쓰기를 활용했다.

이제 마지막 분의 식을 평가하는 방법에 대해 생각해 보자. 앞서 배운 대로 C 언어에서 두 정수값 사이의 연산은 항상 정수 연산을 기반으로 한다. 그러므로 두 정수값을 나눈 값에서 나머지 부분은 버려진다. 25를 7로 나누는 식인 a / d의 결과는 3이다. 이 값에 d(7)을 곱하면 다시 21을 얻는다. 마지막으로 a를 d로 나눈 나머지가 a % d 식에 의해 계산되고 이 값과 21의 합인 25가 최종 결과가 된다. 이 값이 변수 a의 값과 같은 것은 우연이 아니다. 일반적으로 a와 b가 정수값인 경우 다음 식은 항상 변수 a의 값과 일치한다.

```
a / b * b + a % b
```

모듈러스 연산자 %는 정수값에만 사용할 수 있다.

모듈러스 연산자는 곱셈 및 나눗셈 연산자와 같은 우선순위를 가진다. 그러므로 `table + value % TABLE_SIZE`는 다음과 같다고 할 수 있다.

```
table + (value % TABLE_SIZE)
```

### 정수와 부동 소수점 수의 변환

효과적으로 C 프로그램을 개발하려면 부동 소수점 수값과 정수값 사이의 암시적인 변환 규칙을 이해해야 한다. 예제 3.5는 수치 데이터 형식들 간의 몇 가지 간단한 변환 예를 보여준다. 컴파일러에 따라 이러한 형식 변환에 대한 경고 메시지를 출력할 수 있다는 점을 알아두자.

### 예제 3.5 정수와 부동 소수점 수 간의 변환

```
// C 언어에서 제공하는 기본적인 변환

#include <stdio.h>

int main (void)
{
    float f1 = 123.125, f2;
    int i1, i2 = -150;
```

```c
    char c = 'a';

    i1 = f1; // 부동 소수점 수에서 정수로 변환
    printf ("%f assigned to an int produces %i\n", f1, i1);

    f1 = i2; // 정수에서 부동 소수점 수로 변환
    printf ("%i assigned to a float produces %f\n", i2, f1);

    f1 = i2 / 100; // 정수를 정수로 나눈 경우
    printf ("%i divided by 100 produces %f\n", i2, f1);

    f2 = i2 / 100.0; // 정수를 부동 소수점 수로 나눈 경우
    printf ("%i divided by 100.0 produces %f\n", i2, f2);

    f2 = (float) i2 / 100; // 형식 캐스팅 연산자
    printf ("(float) %i divided by 100 produces %f\n", i2, f2);

    return 0;
}
```

## 예제 3.5 결과

```
123.125000 assigned to an int produces 123
-150 assigned to a float produces -150.000000
-150 divided by 100 produces -1.000000
-150 divided by 100.0 produces -1.500000
(float) -150 divided by 100 produces -1.500000
```

C에서 부동 소수점 값을 정수 변수에 할당하면 소수점 아래 숫자들은 버려진다. 따라서 예제에서 f1을 i1에 할당하면 123.125에서 소수점 아래 숫자들을 잘라낸 123이 i1에 저장된다. 이러한 특징은 예제의 첫 번째 출력 결과를 통해 확인된다.

반면 정수 형식의 변수를 부동 소수점 변수에 할당하는 것은 값에 아무런 영향을 미치지 않으며, 시스템에 의해 변환 과정을 거쳐 부동 소수점 형식의 변수에 저장된다. 예제의 실행 결과에서 두 번째 라인을 보면 i2(-150)의 값이 정상적으로 float 변수 f1에 형식이 변환되어 저장된 것을 확인할 수 있다.

예제의 실행 결과에서 이어지는 다음 두 라인에서는 산술식을 만들 때 반드시 기억해야 할 두 가지를 제시한다. 첫 번째는 정수 산술 연산에 관한 것으로 이번 장의 앞 부분에서 이미 살펴본 바 있다. 식을 구성하는 피연산자 두 개가 모두 정수(short, unsigned, long, long long 형태의 정수)인 경우, 정수 기반의 산술 연산을 기반으로 처리된다. 따라서 나누기 연산의 결과로 생기는 소수점 아래 값은 버려지게 되는데, 이것은 결과값을 부동 소수점 형식의 변수에 할당하는 경우(예제 참고)에도 마찬가지다. 그러므로 정수 변수인 i2를 정수 상수인 100으로 나누면 시스템은 정수 사이의 나눗셈 규칙에 따라 연산을 수행하고, -150을 100으로 나눈 결과인 -1을 float 변수 f1에 저장한다.

예제의 다음 나눗셈은 정수 변수와 부동 소수점 상수 간에 이뤄진다. C 언어에서는 두 개의 값을 이용하는 모든 연산에서 어느 하나라도 부동 소수점 변수 혹은 상수값이라면 부동 소수점 기반의 연산 기준에 따라 처리된다. 그러므로 예제에서 i2의 값을 100.0으로 나누면 시스템은 부동 소수점 나눗셈을 수행하고 결과인 -1.5를 float 변수 f1에 할당한다.

### 형식 캐스팅 연산자

예제 3.5의 마지막 나눗셈은 다음과 같이 형식 캐스팅(변환) 연산자를 사용하고 있다.

```
f2 = (float) i2 / 100; // 형식 캐스팅 연산자
```

예제에 사용된 형식 캐스팅 연산자는 식을 평가할 때 변수 i2의 값을 float 형식으로 변환하는 역할을 한다. 이 캐스팅 연산자는 단항 연산자처럼 동작하며, 따라서 절대 변수 i2의 값에 영구적인 변경을 가할 수 없다. 즉, -a가 a의 값에 아무런 영향을 주지 않는 것과 마찬가지로 (float) a도 a의 값에 영향을 미치지 않는다.

형식 캐스팅 연산자의 우선순위는 단항 빼기 및 단항 더하기 연산자를 제외한 모든 산술 연산자보다 우위에 있다. 물론 경우에 따라 괄호를 이용하면 계산 순서를 원하는 대로 조정할 수 있다.

형식 캐스팅 연산자를 이용한 또 다른 예로 다음 라인을 살펴보자.

```
(int) 29.55 + (int) 21.99
```

부동 소수점 수를 정수로 캐스팅하면 소수점 이하의 값이 버려지므로 이 식은 C에서 다음과 같이 평가된다.

```
29 + 21
```

또한, 다음과 같은 두 식의 결과는 1.5로 일치한다.

```
(float) 6 / (float) 4
```

```
(float) 6 / 4
```

## 할당 연산자

C 언어에서는 op=의 형식으로 산술 연산자와 할당 연산자를 연결해서 사용할 수 있다.

이 형식에서 op는 산술 연산자로 +, -, *, /, %를 사용할 수 있으며 뒤에서 살펴볼 시프트와 마스킹을 위한 비트 연산자를 사용할 수도 있다.

다음과 같은 문이 있다고 하자.

```
count += 10;
```

"플러스 이퀄"(plus equals)이라고 부르기도 하는 += 연산자는 연산자 우측의 식을 좌측 식에 더한 결과를 연산자 좌측에 위치한 변수에 저장한다. 따라서 이 식은 다음 식과 동등하다.

```
count = count + 10;
```

다음 식은 "마이너스 이퀄"(minus equals) 할당 연산자를 이용해서 counter 변수에서 5를 뺀다.

```
counter -= 5;
```

이 식은 +=의 경우와 유사하게 다음 식과 동등하다.

```
counter = counter - 5;
```

다음은 약간 더 복잡한 식의 예다.

```
a /= b + c;
```

이 식은 할당 기호 이후에 오는 식의 결과(즉, b와 c의 합) 값으로 a를 나눈 값을 a에 저장한다. 덧셈이 먼저 진행되는 이유는 더하기 연산자가 할당 연산자보다 우선순위에서 앞서기 때문이다. 쉼표 연산자를 제외한 모든 연산자는 할당 연산자류보다 높은 우선순위에 있으며, 할당 연산자들은 동등한 우선순위를 갖는다.

이 식과 다음 식은 동등하다.

```
a = a / (b + c);
```

이와 같은 복합 할당 연산자의 필요성은 세 가지 측면으로 생각해 볼 수 있다. 첫째, 연산자의 좌변을 우변에 반복적으로 사용하지 않아도 되기 때문에 프로그램문을 작성하기가 더 쉽다. 둘째, 복합 할당 연산자를 이용한 식이 더 읽기 쉽다. 셋째, 때에 따라 복합 할당 연산자를 이용한 프로그램은 컴파일러에 의해 수행되는 식 평가가 보다 간편하게 이뤄지기 때문에 더 빨리 실행될 수 있다.

## _Complex, _Imaginary 형식

다음 장으로 진행하기에 앞서 복소수와 허수를 표현하기 위해 C 언어에서 제공하는 _Complex와 _Imaginary 형식에 대해 간단히 언급하고 넘어가고자 한다.

_Complex와 _Imaginary 형식은 C11 표준에서 선택사항이었으며, C99 이후에 ANSI C의 일부로 자리 잡게 되었다. 사용하고 있는 컴파일러가 이 형식들을 지원하는지 여부를 확인하려면 부록 A에 있는 데이터 형식에 대한 요약 부분을 참고하기 바란다.


## 연습문제

1. 이번 장에 소개된 여섯 개의 예제를 입력해서 실행해 보고 책에 소개된 출력 결과와 실제로 실행한 결과를 비교해보자.

2. 다음 중 잘못된 변수 이름을 찾고, 이유를 설명해보자.

```
Int             char            6_05
Calloc          Xx              alpha_beta_routine
floating        _1312           z
ReInitialize    _               A$
```

3. 다음 중 잘못된 상수를 찾고 이유를 설명해보자.

```
123.456         0x10.5          0X0G1
0001            0xFFFF          123L
0Xab05          0L              -597.25
123.5e2         .0001           +12
98.6F           98.7U           17777s
0996            -12E-12         07777
1234uL          1.2Fe-7         15,000
1.234L          197u            100U
0XABCDEFL       0xabcu          +123
```

**4.** 다음 식을 이용해서 화씨 27도를 섭씨로 변환할 경우 몇 도인지 계산하는 프로그램을 작성하자.[주3]

```
C = ( F - 32) / 1.8
```

**5.** 다음 프로그램의 실행 결과를 작성해보자.

```c
#include <stdio.h>

int main (void)
{
    char c, d;

    c = 'd';
    d = c;
    printf ("d = %c\n", d);

    return 0;
}
```

**6.** 다음 다항식을 계산하기 위한 프로그램을 작성해보자(단, x = 2.55).

$$3X^3 - 5X^2 + 6$$

**7.** 다음 식을 계산하고 결과를 출력하기 위한 프로그램을 작성해보자(결과 출력은 지수 형식을 따름).

$$(3.31 \times 10^{-8} \times 2.01 \times 10^{-7}) / (7.16 \times 10^{-6} + 2.01 \times 10^{-8})$$

**8.** 다음 식을 이용하면 정수 i보다 크면서 j로 나눌 수 있는 첫 번째 수를 구할 수 있다.

```
Next_multiple = i + j - i % j
```

예를 들어 256일보다 크면서 일주일 단위로 정확히 나눌 수 있는 일수를 구하려는 경우, 위 식에 i = 256, j = 7을 식에 대입하면 다음과 같이 결과를 얻을 수 있다.

```
Next_multiple    = 256 + 7 - 256 % 7
                 = 256 + 7 - 4
                 = 259
```

---

주 3. (역자주) C(섭씨), F(화씨)

다음 i와 j 값들에 대한 Next_multiple 값을 구하는 프로그램을 작성해보자.

```
i          j
365        7
12,258     23
996        4
```

# 4

# 반복하기

반복적인 연산 처리는 컴퓨터의 강력함이 잘 드러나는 부분 가운데 하나다. C 언어에서는 이와 같이 코드를 반복적으로 수행해야 할 경우에 사용할 수 있도록 특화된 몇 가지 구조를 제공하고 있다. 이번 장에서는 다음 문들을 통해서 반복 구조에 대해서 살펴 보도록 하자.

- for 문
- while 문
- do 문
- break 문
- continue 문

## 삼각수

다음은 점 15개를 이용해서 삼각형 모양을 만들어 본 모습이다.

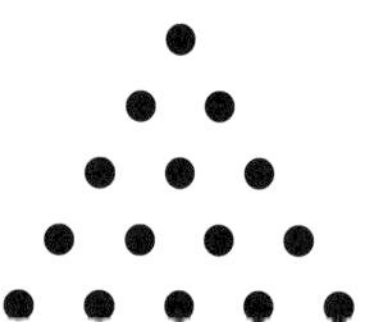

삼각형의 첫 번째 행은 하나의 점으로 구성되며, 행이 증가할수록 점이 하나씩 늘어난다. 일반적으로 n개의 행으로 이루어지는 이와 같은 삼각형을 구성하는 점의 수는 1부터 n까지 정수의 합과 같은데 이 값을 삼각수라고 부른다. 1에서 시작하는 경우 네 번째 삼각수는 1에서 4까지 정수(1 + 2 + 3 + 4)의 합인 10이다.

여덟 번째 삼각수를 구하는 프로그램을 작성하려 한다고 생각해 보자. 이 정도는 아마도 암산으로 손쉽게 계산 가능하겠지만, 학습을 위해 이 기능을 C 언어로 개발한다고 가정하자. 예제 4.1은 이 문제를 해결하기 위한 프로그램이다.

**예제 4.1 여덟 번째 삼각수 계산하기**

```c
// 여덟 번째 삼각수를 구하는 프로그램

#include <stdio.h>

int main ()
{
    int triangularNumber;

    triangularNumber = 1 + 2 + 3 + 4 + 5 + 6 + 7 + 8;

    printf ("The eighth triangular number is %i\n", triangularNumber);

    return 0;
}
```

**예제 4.1 결과**

```
The eighth triangular number is 36
```

예제에서 사용한 기법을 이용하더라도 비교적 작은 삼각수를 계산하기에는 무리가 없다. 그런데, 만약 200번째 삼각수를 찾아내고자 한다면 어떨까? 예제 4.1의 방법으로 이 값을 찾아내려면 1부터 200 사이의 모든 정수를 하나하나 명시적으로 소스 코드에 작성해야 하는 괴로운 과정을 거쳐야 한다. 하지만 다행히 이런 작업을 쉽게 할 수 있는 방법이 있다.

일련의 문들을 반복적으로 실행하는 기능은 매우 기본적인 컴퓨터의 속성 가운데 하나다. 이와 같은 컴퓨터의 반복(looping) 능력을 이용하면 반복적인 프로세스를 모두 구현하기 위해 자칫 수천 혹은 수백만 개의 문이 필요할 수도 있는 프로그램을 매우 간단하게 구현할 수 있다. C 언어는 반복 처리를 위해 for 문, while 문, do 문을 제공한다. 이 문들에 대해서 이제부터 자세히 살펴보도록 하겠다.

## for 문

단도직입적으로 for 문을 사용하는 예제를 살펴보도록 하자. 예제 4.2의 목적은 200번째 삼각수를 계산하는 것인데, 여기에 사용된 for 문의 동작 원리를 유추해보자.

**예제 4.2 200번째 삼각수 계산하기**

```c
/* 200번째 삼각수를 구하는 프로그램
   for 문 소개                         */

#include <stdio.h>

int main (void)
{
    int n, triangularNumber;

    triangularNumber = 0;

    for ( n = 1; n <= 200; n = n + 1 )
        triangularNumber = triangularNumber + n;

    printf ("The 200th triangular number is %i\n", triangularNumber);

    return 0;
}
```

```
The 200th triangular number is 20100
```

예제 4.2에 대해서는 약간 설명이 필요하다. 200번째 삼각수를 계산하기 위해 예제에서 사용한 방법은 예제 4.1에서 여덟 번째 삼각수를 구할 때 사용한 것과 같다(즉, 1부터 200 사이의 정수의 합). 예제와 같이 for 문을 이용하면 이 계산 과정에서 1부터 200까지 숫자를 명시적으로 작성할 필요가 없다. 다시 말해 for 문이 숫자들을 대신 생성해준다고 할 수 있다.

for 문의 일반적인 형식은 다음과 같다.

```
for ( init_expression; loop_condition; loop_expression )
      프로그램문
```

프로그램 내에서의 반복은 괄호 안에 포함된 세 개의 식(init_expression, loop_condition, loop_expression)에 의해 환경이 구성된다. 뒤따르는 프로그램문(세미콜론으로 종료)은 C 형식의 문이라면 무엇이든 가능하고 반복의 본문을 구성하게 되는데, for 문에 설정한 매개 변수에 의해 정해지는 횟수만큼 반복적으로 실행된다.

for 문의 첫 번째 구성요소인 init_expression은 반복을 시작하기 전에 초기값을 설정하기 위해 사용한다. 예제 4.2의 경우 이 부분에서 n의 값을 1로 초기화(할당)하고 있으며, 할당은 당연히 유효한 식의 형태다.

for 문의 두 번째 구성요소는 for 문에서 반복을 계속 할 수 있도록 하기 위한 조건(혹은 조건들)을 담당한다. 즉, 이 조건을 만족하는 한 반복은 계속된다. 다시 예제 4.2를 살펴보면 예제에서 for 문의 loop_condition은 다음 관계식이다.

```
n <= 200
```

이 식은 'n이 200보다 작거나 같으면'이라고 읽을 수 있다. '작거나 같으면'을 의미하는 연산자(<=)는 C 언어에서 제공하는 몇 가지 관계 연산자 가운데 하나다. 관계 연산자는 특정 조건을 확인하고자 할 때 이용하며, 연산의 결과는 조건이 만족하는 경우 '예' 즉, 일반적으로 TRUE이며, 조건을 만족하지 않는 경우에는 '아니오', 즉 FALSE이다.

## 관계 연산자

표 4.1은 C 언어에서 사용할 수 있는 모든 관계 연산자들이다.

| 연산자 | 의미 | 예 |
| --- | --- | --- |
| == | 같은가 | count == 10 |
| != | 다른가 | flag != DONE |
| < | 작은가 | a < b |
| <= | 작거나 같은가 | low <= high |
| > | 큰가 | pointer > endOfList |
| >= | 크거나 같은가 | j >= 0 |

관계 연산자는 산술 연산자보다 낮은 우선순위를 가지고 있는데, 다음과 같은 식을 생각해 보자.

```
a < b + c
```

우선순위에 따라 이 식은 다음과 같이 평가할 수 있다.

```
a < (b + c)
```

그리고 a의 값이 b + c의 값보다 작으면 식의 값은 TRUE이고 그렇지 않은 경우 FALSE다.

"같은가"를 비교하는 == 연산자를 사용할 때는 할당 연산자 =과 혼동하지 않도록 주의해야 한다. 즉, a == 2는 a의 값이 2와 같은가를 비교하는 한편, a = 2는 a에 2를 할당한다.

관계 연산자의 선택은 확인하고자 하는 조건이 무엇인가에 따라 이뤄지는데, 일부 개발자의 취향에 따라 선택되는 측면도 있다. 예제 4.2에서 사용된 다음 관계식을 살펴보자.

```
n <= 200
```

이 식은 다음과 같이 표현해도 같은 결과를 얻을 수 있다.

```
n < 201
```

다음은 for 반복의 본문을 구성하고 있는 프로그램문이다.

```
triangularNumber = triangularNumber + n;
```

for 문의 본문은 관계 연산자를 이용한 반복 조건식이 TRUE인 한 반복해서 실행되는데, 예제에서는 n의 값이 200보다 작거나 같은 경우이다. 이 문은 triangularNumber 변수의 값에 n의 값을 더한 결과를 triangularNumber에 저장한다.

`loop_condition`이 더 이상 만족되지 않으면 프로그램 실행은 `for` 반복 구조의 바로 다음 문으로 이동해서 계속 진행된다. 예제의 경우에는 `for` 문을 탈출하는 것과 동시에 `printf` 문으로 실행이 이어진다.

`for` 문의 마지막 구성요소는 하나의 식으로 개별 반복 시, 본문 블록을 실행한 다음에 항상 실행된다. 예제 4.2에서 `loop_expression`은 반복될 때마다 n에 1을 더한다. 따라서 n의 값은 1에서 시작해서 `triangularNumber`에 자신의 값을 더한 직후에 1씩 증가되어 최종적으로 201에 도달한다.

n의 값이 마지막으로 도달하는 201이 `triangularNumber`에 더해지지 않는다는 점에 주목하자. 그 이유는 앞서 설명한 것처럼 반복 조건이 참(TRUE)이 아니면, 즉 n이 201이 되면 반복이 종료되기 때문이다.

`for` 문의 실행을 요약하면 다음과 같다.

1. 가장 먼저 초기화 식을 처리한다. 주로 반복문 내에서 사용할 변수를 0이나 1 등의 초기값으로 설정하게 되는데, 일반적으로 인덱스 변수의 기능을 하는 경우가 많다.
2. 반복 조건을 평가한다. 조건이 만족되지 않으면(식의 평가 결과가 FALSE), 반복을 즉시 종료하고 반복문 바로 다음의 문에서부터 실행을 이어간다.
3. 반복문의 본문을 구성하고 있는 프로그램문을 실행한다.
4. 반복식을 처리한다. 이 식은 일반적으로 인덱스 변수의 값을 변경하는데 이용하며, 인덱스 변수에 증분 변수를 더하거나 감소 변수를 빼는 방식을 자주 사용한다.
5. 2번 단계로 돌아간다.

반복 조건의 검사는 본문의 최초 실행이 이루어지기 전에 진행된다는 것과 반복문 끝에서 괄호를 닫은 이후에 세미콜론을 사용하지 않는다는 점에 주의한다.

예제 4.2는 최종 결과를 계산하는 과정에서 200개의 삼각수를 모두 생성하는데, 이 숫자들을 표로 만드는 것도 좋은 방법이다. 공간의 절약을 위해 처음부터 10개의 삼각수만 출력하고자 한다고 가정하고 이것을 처리하기 위한 예제 4.3을 살펴보자.

**예제 4.3 삼각수 표 출력하기**

```c
// 삼각수 표를 생성하기 위한 프로그램

#include <stdio.h>

int main (void)
{
```

```c
    int n, triangularNumber;

    printf ("TABLE OF TRIANGULAR NUMBERS\n\n");
    printf (" n      Sum from 1 to n\n");
    printf ("---     ---------------\n");

    triangularNumber = 0;

    for ( n = 1; n <= 10; ++n ) {
        triangularNumber += n;
        printf (" %i              %i\n", n, triangularNumber);
    }

    return 0;
}
```

**예제 4.3 결과**

```
TABLE OF TRIANGULAR NUMBERS

 n      Sum from 1 to n
---     ---------------
 1              1
 2              3
 3              6
 4              10
 5              15
 6              21
 7              28
 8              36
 9              45
10              55
```

printf 문을 이용해서 프로그램 실행 결과에 대한 부가적인 설명을 가미하는 것은 바람직한 생
각이다. 예제 4.3의 첫 번째 printf() 문은 전체 제목과 결과 컬럼들에 대한 헤더를 출력하고

있다. 주목할 점은 이 printf() 문에서 두 개의 줄바꿈 문자를 사용하고 있다는 것인데, 이것은 쉽게 예상할 수 있듯이 줄바꿈에 더해 빈 줄을 하나 더 삽입하기 위함이다.

제목과 헤더 부분을 출력한 다음, 프로그램은 열 개의 삼각수를 계산하기 시작한다. 변수 n은 현재값, 즉 1부터 어디까지 더할지를 결정하는 값이며 triangularNumber는 n에 해당하는 삼각수를 저장한다.

예제의 for 문은 변수 n에 1을 할당하면서 시작한다. for 문 바로 다음에 오는 문은 반복부의 본문을 구성한다. 그런데 반복적으로 실행하고자 하는 문이 하나가 아니라 여러 개인 경우에는 어떻게 해야 할까? 여기에 대한 답은 예제에서 보는 바와 같이 반복 실행의 대상인 문들을 한 쌍의 중괄호로 감싸는 것이다. 이렇게 하면 시스템은 중괄호로 묶인 한 무리의 문들을 하나의 단위로 취급한다. C 프로그램에서는 보통 하나의 문이 허용되는 곳이면 어디라도 중괄호를 이용한 블록을 사용할 수 있으며 블록은 중괄호로 구분한다.

따라서 예제 4.3에서 triangularNumber에 n을 더하는 식과 바로 다음에 오는 printf 문이 반복 구조의 본문이다. 이때 들여쓰기를 적절하게 사용하면 for 반복문을 구성하는 문을 쉽게 구분할 수 있다. 이와 같은 들여쓰기는 프로그래머에 따라 조금씩 다른 형태를 사용하기도 하는데, 다음과 같은 형태도 많이 사용된다.

```
for ( n = 1; n <= 10; ++n )
{
    triangularNumber += n;
    printf (" %i                %i\n", n, triangularNumber);
}
```

여기서는 for 다음 라인에서 중괄호를 열고 있는데, 프로그램상 어떠한 차이도 없으며 단지 작성법의 차이일 뿐이다.

다음 삼각수는 그저 이전 삼각수에 n 값을 더함으로써 계산하고 있는데, 여기서는 3장 "변수, 데이터 형식, 산술식"에서 소개했던 += 연산자를 이용하고 있다.

```
triangularNumber += n;
```

이 식은 다음과 같은 의미를 가진다.

```
triangularNumber = triangularNumber + n;
```

첫 번째 반복시의 이전 삼각수는 0이므로 triangularNumber는 간단히 n의 값과 같은 1이다. 그리고 나면, n의 값과 triangularNumber를 출력하는 형식 문자열에 적절하게 공백을 사용해서 두 변수의 값들이 컬럼 헤더 위치에 맞게 출력되도록 한다.

본문의 실행이 끝나면 반복식을 처리한다. 예제에서 사용한 독특하게 생긴 반복식(++n)을 처음 보면 입력 실수가 아닌가 하고 생각하고 다음과 같이 바꾸려 할 수도 있다.

```
n = n + 1
```

하지만, 사실 ++n은 완벽하게 정상적인 C 언어의 식이다. 이 독특하고 새로운 C 언어의 연산자는 증가 연산자라고 한다. 두 개의 더하기 기호 즉, 증가 연산자의 기능은 피연산자에 1을 더하는 것이다. 프로그래밍에서 1을 더하는 작업을 워낙 자주 사용하기 때문에 이것만 처리하기 위한 특별한 연산자가 만들어진 셈이다. 그러므로 ++n과 n = n + 1은 동등하다. 사실 n = n + 1이 좀 더 읽기에 편해 보이지만, 써보면 곧 익숙해지고 그 명료함에 고마움마저 느끼게 될 것이다.

어떤 프로그래밍 언어든 1씩 증가시키는 연산자가 있다면 반대로 1씩 감소시키는 연산자도 제공하기 마련이다. 이 연산자는 감소 연산자라고 하며 빼기 기호 두 개로 표현한다. C 언어에서 다음은 1을 빼는 식의 일반적인 모습이다.

```
bean_counter = bean_counter - 1
```

이 식에 감소 연산자를 적용하면 다음과 같다.

```
--bean_counter
```

++, -- 연산자를 n++나 bean_counter--처럼 변수 이름 뒤에 사용하는 것을 선호하는 개발자들도 있는데, 예제의 for 문과 같은 경우에 대해서는 그저 개인적인 기호로 보아도 된다. 하지만 위치에 따라 다른 결과를 가져오기도 하는데, 이것에 대해서는 10장 "포인터"에서 살펴보도록 한다.

## 실행 결과의 징렬

눈치챘을 수도 있지만, 예제 4.3의 출력에서 살짝 마음에 들지 않는 부분이 있는데, 사실 열 번째 삼각수가 아홉 번째 값과 비교해서 살짝 삐뚤어져 보인다. 이유는 1부터 9까지와 달리 10은 두 자리 수이므로 출력 시에 두 자리를 차지하기 때문이다. 그로 인해 값 55는 한 자리가 뒤로 밀려 출력된다. 이 문제점은 printf() 문을 다음과 같이 수정함으로써 간단히 해결할 수 있다.

```
printf ("%2i                 %i\n", n, triangularNumber);
```

이렇게 변경한 프로그램을 예제 4.3A라고 하면 실행 결과는 다음과 같다.

```
TABLE OF TRIANGULAR NUMBERS

 n   Sum from 1 to n

---  ----------------

 1                1
 2                3
 3                6
 4               10
 5               15
 6               21
 7               28
 8               36
 9               45
10               55
```

수정한 printf() 문의 가장 큰 변화는 필드 너비를 지정하고 있다는 점이다. %2i는 printf() 루틴에 값을 출력할 위치를 알려줄 뿐만 아니라 출력할 자릿수까지 두 자리로 지정한다. 이 경우 한 자리 정수(즉, 0부터 9)는 앞에 공백 하나가 먼저 출력되는데, 이와 같은 출력 형식을 오른쪽 정렬이라고 한다.

따라서 필드 너비를 지정하기 위해 %2i를 이용하면, 적어도 두 개의 열에 걸쳐 n의 값을 출력하므로 결과적으로 삼각수를 보기 좋게 정렬할 수 있다.

만일, 필드 너비로 지정한 값보다 더 넓은 자릿수를 요구하는 값을 출력해야 하는 경우, printf()는 자동으로 지정된 필드 너비를 무시하고 값을 출력하기 위해 필요한 만큼의 열을 이용한다.

정수 이외의 형식에 대해서도 필드 너비를 지정할 수 있는데 이에 대해서는 조금 뒤에 살펴보도록 하겠다.


## 프로그램 입력

예제 4.2는 200번째 삼각수를 구하는 프로그램이다. 그런데, 50번째나 100번째 삼각수를 구하려면 프로그램을 그에 맞게 수정해야 할 뿐만 아니라 정확한 메시지를 출력하기 위해 printf() 문도 변경해야 한다.

이렇게 매번 변경하지 않고 원하는 삼각수를 구하려면 프로그램이 어떤 식으로든 구하고자 하는 삼각수를 입력받을 수 있게 하는 방법이 우선 떠오른다. 그러면, 프로그램은 사용자가 제공한 값을 이용해서 원하는 삼각수를 계산할 수 있다. scanf() 루틴은 printf() 루틴과 개념적으로 매우 닮아있다. printf() 루틴을 이용하면 터미널을 통해 값을 보여줄 수 있는 반면, scanf() 루틴을 이용하면 사용자가 프로그램에 값을 입력할 수 있다. 예제 4.4는 사용자에게 계산하고자 하는 삼각수를 질의하고 사용자가 입력한 값에 따라 계산된 결과를 출력한다.

## 예제 4.4 사용자 입력받기

```c
#include <stdio.h>

int main (void)
{
    int n, number, triangularNumber;

    printf ("What triangular number do you want? ");
    scanf ("%i", &number);

    triangularNumber = 0;

    for ( n = 1; n <= number; ++n )
        triangularNumber += n;

    printf ("Triangular number %i is %i\n", number, triangularNumber);

    return 0;
}
```

아래 예제 4.4의 실행 결과는 사용자가 입력한 값(100)을 눈에 띄도록 굵은 글씨로 보여주고 있다.

## 예제 4.4 결과

```
What triangular number do you want? 100
Triangular number 100 is 5050
```

결과를 보면, 사용자는 100을 입력했다. 사용자가 값을 입력하면 프로그램은 100번째 삼각수를 계산하고 결과인 5050을 터미널에 출력한다. 사용자는 100뿐만 아니라 10, 30 등 원하는 삼각수를 계산하기 위한 값을 자유롭게 입력할 수 있다.

예제 4.4의 첫 번째 printf() 문은 사용자의 입력을 요구하기 위해 사용된다. 이처럼 사용자가 입력하는 값의 의미를 알려주는 것은 좋은 관례다. 메시지를 출력하고 나면 scanf() 루틴을 호출한다. scanf()의 첫 번째 인수는 형식 문자열인데 printf()의 그것과 매우 비슷하다. scanf()에서 사용하는 형식 문자열은 어떤 형식의 값이 출력될 것인가에 대해 시스템에 전달하는 것이 아니라 어떤 형식의 값을 터미널로부터 입력받을 것인가를 알려주는 역할을 한다고 볼 수 있다. 한편, %i는 printf()와 마찬가지로 정수 형식의 값을 지정하기 위해 사용된다.

scanf() 루틴의 두 번째 인수는 사용자가 입력한 값을 어디에 저장할 것인지 지정한다. 이 경우, 변수 number 앞에는 반드시 문자 &를 붙여야 하는데, 지금은 이 정도만 알고 넘어가도록 하자. 이 문자의 역할에 대해서는 10장에서 자세히 다룰 예정인데, 사실 이것도 하나의 연산자다. 지금 기억할 것은 scanf() 함수에서 사용하는 변수의 앞에는 반드시 &를 사용해야 한다는 사실이며, 이것을 빠트리면 예상할 수 없는 결과로 이어져 프로그램이 비정상 종료될 수도 있다.

지금까지 배운 내용을 토대로 다시 살펴보면 예제 4.4의 scanf() 호출은 터미널에서 정수값 하나를 입력받아 number라는 변수에 저장할 것을 의미한다. 이 값은 사용자가 계산하고자 하는 특정 삼각수를 대변한다.

사용자가 입력한 값이 프로그램에 전달되면(즉, 값을 입력하고 엔터 키를 누름으로써 숫자 입력 작업의 완료를 통보하면), 프로그램은 입력값에 기초한 삼각수 계산을 진행한다. 예제 4.2와 비교하면 200이라는 한계점이 지정되었던 것에서 number라는 변수를 사용하도록 바뀐 것을 제외하고는 같은 방법을 이용해서 삼각수를 계산하고 있다.

## Note

숫자 키패드에 위치한 엔터 키를 사용하면 프로그램에 입력값이 제대로 전달되지 않을 수 있으므로 키보드의 엔터 키를 이용하도록 한다.

삼각수 계산을 끝내면 계산 결과를 출력하며 프로그램 실행이 완료된다.

### for 반복의 중첩

예제 4.4는 사용자가 원하는 삼각수를 계산할 수 있는 유연함을 보여준다. 그런데, 만약 사용자가 5개의 삼각수를 계산해야 한다면 어떨까? 예제 4.4를 그대로 이용한다면 프로그램을 5번 실행하고 매번 입력값을 바꿔가며 계산해 낼 수 있다.

같은 결과를 얻을 수 있는 또 다른 방법은 프로그램에서 이 상황을 제어할 수 있게 하는 것인데, C 언어 학습의 측면에서 기존 방법에 비해 훨씬 흥미로운 방법이라 할 수 있다. 이 방법을 구현하기 위해서는 프로그램 내의 전체 계산 과정을 다섯 번 수행할 수 있도록 반복문을 추가해야 한다. 여기까지 잘 학습해 온 독자라면 for 문을 이용하면 될 거라는 생각이 들 것이다. 다음 예제 4.5를 통해 이 기법을 살펴보도록 하자.

**예제 4.5** for 반복문의 중첩

```c
#include <stdio.h>

int main (void)
{
    int n, number, triangularNumber, counter;

    for ( counter = 1; counter <= 5; ++counter ) {
        printf ("What triangular number do you want? ");
        scanf ("%i", &number);

        triangularNumber = 0;

        for ( n = 1; n <= number; ++n )
                triangularNumber += n;

        printf ("Triangular number %i is %i\n\n", number, triangularNumber);
    }

    return 0;
}
```

**예제 4.5** 결과

```
What triangular number do you want? 12
Triangular number 12 is 78


What triangular number do you want? 25
Triangular number 25 is 325


What triangular number do you want? 50
Triangular number 50 is 1275


What triangular number do you want? 75
```

```
Triangular number 75 is 2850

What triangular number do you want? **83**
Triangular number 83 is 3486
```

---

예제는 두 개의 수준으로 구성되는 for 문을 사용하고 있다. 다음은 외부 for 문이다.

```
for ( counter = 1; counter <= 5; ++counter )
```

여기서 counter는 1로 초기화된 다음 반복할 때마다 1씩 증가되어 5보다 작거나 같은 조건을 만족하지 않을 때까지 증가(즉, counter의 값은 6에 도달)되므로 결국 이 for 문은 다섯 번의 반복을 처리하게 된다.

이전 예제와 달리 counter 변수는 프로그램 내의 다른 곳에서 사용되지 않는다. 이 변수는 전적으로 외부 for 문의 반복 카운터 용도로만 사용되지만, 여전히 변수이기 때문에 프로그램 내에서 사용하기 전에 선언되어야 함은 다른 변수들과 마찬가지다.

이 외부 for 문은 모든 남아있는 프로그램문들을 중괄호를 이용해서 감싸고 있다. 다음은 이해를 돕기 위해 이 프로그램을 개념적으로 표현한 것이다.

```
다섯 번 실행
{
        사용자로부터 숫자를 입력받는다.

        요청된 삼각수를 계산한다.

        결과를 출력한다.
}
```

'요청된 삼각수를 계산한다'라고 정의된 단계는 실제로 triangularNumber 변수를 0으로 설정하는 부분과 삼각수를 계산하는 for 반복문으로 구성된다. 따라서 for 문 내에 다른 for 문이 포함된 형태를 취하게 된다. 이와 같은 구조는 C 언어에서 매우 자연스러운 것으로 원하는 만큼 더 많은 단계로 중첩하는 것도 얼마든지 가능하다.

중첩된 for 문과 같은 매우 복잡한 프로그램 구조를 다룰 때는 적절한 들여쓰기의 의미가 훨씬 더 크다고 할 수 있다. 들여쓰기가 잘 되어 있다면 특정 수준의 for 문에 속한 프로그램문을 손쉽게 구분할 수 있다(들여쓰기를 무시한 프로그램이 얼마나 알아보기 어려운지 확인해 보려면, 이번 장의 연습문제 5번을 참고한다).

## 변형 for 문

for 문은 몇 가지 구문상 변형을 허용하고 있다. for 문을 사용하다 보면, 반복을 시작하기에 앞서 하나 이상의 변수를 초기화하고 싶다거나 매번 반복을 수행할 때마다 하나 이상의 식을 계산하고 싶은 경우가 있을 수 있다.

### 다중 식

for 반복문을 구성하는 모든 필드에는 쉼표로 구분되는 하나 이상의 식을 사용할 수 있다. 다음 for 문을 살펴보자.

```
for ( i = 0, j = 0; i < 10; ++i )
    ...
```

여기서 변수 i와 j는 반복을 시작하기 전에 0으로 초기화된다. i = 0과 j = 0은 쉼표로 구분되며 두 식은 반복문의 init_expression 필드를 구성하는 일부로 인식된다. 또 다른 예로 다음 for 문을 살펴보자.

```
for ( i = 0, j = 100; i < 10; ++i, j = j - 10 )
    ...
```

이 for 문에서는 반복을 시작하기에 앞서 i, j 두 개의 인덱스 변수를 각각 0과 100으로 초기화한다. 그리고 매번 반복문의 본문을 실행하고 나면 i는 1씩 증가하고 j는 10씩 작아진다.

### 필드 생략

for 문의 개별 필드에서 처리하고자 하는 식의 개수를 늘렸던 것과 반대로 필드를 사용할 필요가 없는 경우도 있다. 필드가 필요 없을 때는 간단히 대상 필드를 생략하고 세미콜론만 표기하면 된다. 이처럼 for 문에서 필드를 사용하지 않는 대표적인 경우는 초기화 시에 처리할 것이 아무것도 없을 때이며, 다음 예와 같이 init_expression 필드는 비워두고 세미콜론만 사용한다.

```
for ( ; j != 100; ++j )
    ...
```

이와 같은 for 문의 형태는 j가 for 문에 앞서 이미 초기화되어 있는 경우에 사용할 수 있다.

for 반복문에서 looping_condition 필드를 생략하면 무한히 반복하는 반복문을 만들 수 있다. 무한 반복은 반복 중 별도의 종료 수단이 있는 경우에 사용할 수 있다(return, break, goto 등에 의해 가능하며 이들에 대해서는 이후에 다루도록 하겠다).

**변수 선언**

for 반복문의 초기화 식에서는 앞에서 배운 변수 선언 방법을 이용해서 변수를 선언할 수 있다. 예를 들어 다음 for 문처럼 정수 형식의 변수 counter를 선언하고 1로 초기화할 수 있다.

```c
for ( int counter = 1; counter <= 5; ++counter )
```

counter는 이 for 반복 내에서만 유효하며 반복 구조 외부에서는 참조할 수 없다. 다음 예는 두 개의 정수 변수를 정의하고 초기화하는 방법을 보여준다.

```c
for ( int n = 1, triangularNumber = 0; n <= 200; ++n )
    triangularNumber += n;
```

## while 문

while 문은 C 언어의 반복 기능을 더욱 유연하게 확장한다. while 문은 다음과 같은 구조를 따른다.

```c
while ( expression )
    프로그램문
```

괄호 내의 식 expression을 평가한 결과가 TRUE이면 뒤따르는 프로그램문이 실행된다. 이 프로그램문(혹은 중괄호로 감싼 하나 이상의 문)을 실행하고 나면 expression에 대한 평가가 다시 이뤄진다. 결과가 다시 TRUE인 경우 프로그램문은 또 다시 실행된다. 이 프로세스는 expression의 평가 결과가 FALSE일 때까지 계속된 다음 반복을 종료하고 반복문 바로 뒤의 문에 대한 실행으로 이어진다.

예제 4.6은 while 문을 이용해서 1부터 5를 출력하는 과정을 보여준다.

**예제 4.6** while 문

```c
// while 문 소개

#include <stdio.h>

int main (void)
{
    int count = 1;

    while ( count <= 5 ) {
```

```c
        printf ("%i\n", count);
        ++count;
    }

    return 0;
}
```

**예제 4.6 결과**

```
1
2
3
4
5
```

예제 프로그램은 먼저 count를 1로 초기화하고 while 반복문을 시작한다. count는 5보다 작거나 같으므로 바로 다음 문을 실행하는데, printf() 문과 count 값을 증가시키는 문을 while 문의 본문으로 지정하기 위해 for 문의 경우와 마찬가지로 중괄호를 이용하고 있다. 예제를 실행한 결과를 보면 반복문은 count 값이 6이 될 때까지, 즉 정확히 다섯 번 반복을 진행한다는 것을 알 수 있다.

조금 더 생각해 보면 for 문을 이용해서 똑같은 작업을 할 수 있다는 것을 쉽게 알아챌 수 있을 것이다. 사실 모든 for 문은 while 문으로 전환할 수 있으며 그 반대도 가능하다. 다음은 일반적인 for 문의 구조다.

```c
for ( init_expression;  loop_condition;  loop_expression )
    프로그램문
```

이 for 문 구조를 while 문으로 변형하면 다음과 같다.

```c
init_expression;
while ( loop_condition ) {
    프로그램문
    loop_expression;
}
```

while 문에 익숙해지면 상황에 따라 for 문과 while 문 중에서 어느 것을 사용해야 할지 판단할 수 있는 안목을 가지게 될 것이다.

일반적으로 반복할 횟수가 미리 정해진 경우는 `for` 문을 사용하는 것이 나은 대표적인 예다. 또 `init_expression`, `loop_expression`, `loop_condition`이 모두 같은 변수와 연관된 경우 역시 `for` 문을 사용하는 것이 좋다.

다음 예제는 `while` 문을 이용한 또 다른 사례다. 이 프로그램은 두 정수의 최대공약수를 구하는데, 최대공약수는 두 정수를 모두 나눌 수 있는 정수 가운데 가장 큰 값이다. 예를 들어 10과 15의 최대공약수는 5다.

임의의 두 정수에 대한 최대공약수(Greatest Common Divisor)를 알아낼 수 있는 알고리즘은 기원전 300년경 유클리드(Euclid)가 최초로 발견한 방법을 기초로 하는데, 다음과 같이 기술할 수 있다.

> **문제**: 두 개의 양의 정수 u와 v에 대한 최대공약수를 구하시오.
> **1 단계**: v가 0이면 최대공약수는 u와 같은 값이다.
> **2 단계**: temp = u % v, u = v, v = temp를 계산하고 1 단계로 돌아간다.

여기서 이 알고리즘이 어떻게 동작하는가에 대해서 너무 세부적으로 파고드는 것은 무의미하니 바로 이 알고리즘을 프로그램으로 구현하는 것에 집중하도록 한다.

이와 같이 최대공약수를 찾기 위한 해법을 알고리즘으로 표현하고 나면 이것을 프로그램으로 구현하는 것이 한층 간단해진다. 알고리즘의 각 단계를 분석하면, v의 값이 0이 아니라면 2 단계를 반복적으로 실행한다는 것을 알 수 있다. 이 알고리즘을 C로 구현하고자 할 때 `while` 문은 자연스러운 선택이라 할 수 있다.

예제 4.7은 사용자가 입력한 두 개의 양의 정수에 대한 최대공약수를 구한다.

### 예제 4.7 최대공약수 구하기

```c
/* 양의 두 정수에 대한 최대공약수를 구하는 프로그램 */

#include <stdio.h>

int main (void)
{
    int u, v, temp;

    printf ("Please type in two nonnegative integers.\n");
    scanf ("%i%i", &u, &v);
```

```c
    while ( v != 0 ) {
        temp = u % v;
        u = v;
        v = temp;
    }

    printf ("Their greatest common divisor is %i\n", u);

    return 0;
}
```

**예제 4.7 결과**

```
Please type in two nonnegative integers.
150 35
Their greatest common divisor is 5
```

**예제 4.7 결과(재실행)**

```
Please type in two nonnegative integers.
1026 405
Their greatest common divisor is 27
```

scanf() 호출에서 사용한 두 개의 %i는 키보드로부터 두 개의 정수값을 입력받기 위한 것이다. 입력받은 첫 번째 값은 정수형 변수 u에 저장되며 두 번째 값은 변수 v에 저장된다. 터미널을 통해 값을 입력받을 때 두 값은 공백 혹은 캐리지 리턴을 이용해 구분된다.

키보드로부터 입력받은 두 값을 u, v에 저장하고 나면 프로그램은 최대공약수를 계산하기 위해 while 반복문에 진입한다. while 문 실행이 끝나면 u의 값이 바로 v와 최초의 u값에 대한 최대공약수이며 이 값은 다른 메시지와 함께 터미널로 출력된다.

예제 4.8은 while 문을 이용하는 또 다른 예로 터미널에서 입력된 정수값을 구성하는 각 자리수의 숫자를 역순으로 출력한다. 예를 들어 사용자가 1234를 입력하면 4321이 출력되어야 한다.

이런 프로그램을 개발하려면 앞서 살펴본 것처럼 먼저 알고리즘을 세워야 한다. 주어진 문제를 해결하고자 자신만의 방법을 분석하는 과정은 알고리즘 개발로 이어지는 경우가 많다. 주어진 문제와 같이 수를 뒤집기 위한 방법은 간단히 "주어진 값의 각 자릿수를 우측에서 좌측으로 순서대로 읽는 것"이라고 정의할 수 있다. 이 정의에서 각 자릿수를 "순서대로 읽는" 프로그램은 오른쪽 첫 번째 숫자에서 시작해서 순서대로 하나씩 값을 "추출"하는 과정을 구현함으로써 만들 수 있다. 추출된 숫자들은 뒤집힌 순서에 따라 터미널에 출력할 수 있다.

주어진 값의 오른쪽 첫 번째 값은 10으로 나눈 나머지 정수를 취함으로써 얻을 수 있다. 예를 들어, 1234 % 10의 결과는 가장 오른쪽 숫자인 4이며, 최종적으로 원하는 뒤집힌 값의 첫 번째 숫자이다(모듈러스 연산자는 정수를 다른 정수로 나눈 나머지를 반환한다). 다음 숫자를 추출하려면 우선 주어신 정수를 10으로 나눈 결과값에 대해 위에서 4를 추출했던 방법을 다시 적용하면 된다. 이 모든 것이 정수 간의 나눗셈 규칙으로 인해 가능한 것이라는 점을 기억한다. 따라서 1234 / 10의 결과인 123을 얻은 후 123 % 10을 계산하면 3을 얻게 되는데, 이것은 바로 4 다음에 추출하고자 했던 값이다.

이 과정은 마지막 자릿수를 추출할 때까지 반복된다. 마지막 자릿수는 10으로 나눈 값이 0일 때 얻을 수 있다.

**예제 4.8 자릿수 뒤집기**

```c
// 주어진 수의 자릿수를 뒤집는 프로그램

#include <stdio.h>

int main (void)
{
    int number, right_digit;

    printf ("Enter your number.\n");
    scanf ("%i", &number);

    while ( number != 0 ) {
        right_digit = number % 10;
        printf ("%i", right_digit);
        number = number / 10;
    }

    printf ("\n");

    return 0;
}
```

```
Enter your number.
13579
97531
```

각 자릿수는 추출되는 즉시 출력되는데, 순서대로 같은 줄에 출력되는 이유는 while 반복문에 포함된 printf() 문에서 줄바꿈 문자를 사용하지 않았기 때문이다. 마지막 printf() 문에서는 줄바꿈 문자를 이용해서 다음 줄로 커서를 옮긴다.

## do 문

지금까지 살펴본 두 개의 반복문은 본문을 실행하기에 앞서 반복 조건을 확인하므로 조건을 만족하지 않는 경우 본문은 절대 실행되지 않는다. 프로그램을 개발하다 보면 반복 조건을 반복의 처음이 아닌 뒤에서 확인해야 할 때가 있다. 이와 같은 경우를 위해 C 언어에서 제공하는 특별한 반복 구조가 바로 do 문이다. do 문의 구조는 다음과 같다.

```
do
    프로그램문
while ( loop_expression );
```

do 문의 실행은 먼저 본문을 구성하는 프로그램문을 실행함으로써 시작된다. 다음으로 괄호 내의 loop_expression을 평가하고 결과가 TRUE면 프로그램문을 다시 실행한다. loop_expression이 TRUE인 한 프로그램문은 계속해서 실행되며, loop_expression 평가 결과가 FALSE면 반복을 종료하고 do 문의 뒤에 있는 문을 실행한다.

do 문은 단순히 while 문에서 반복 조건의 위치를 앞에서 뒤로 옮겨 놓은 것이다.

for나 while 문과 달리 do 문은 본문을 최소한 한 번 반드시 실행한다는 점을 유념해서 사용해야 한다.

예제 4.8에서는 정수의 자릿수를 뒤집기 위해 while 문을 이용했다. 이 프로그램에 13579가 아니라 0을 입력했을 때 어떤 결과를 얻을지 생각해 보자. 이 경우 while 문은 절대 실행되지 않으며 마지막 printf() 문이 실행됨에 따라 커서만 한 줄 아래로 내려갈 것이다. 만일 while 문 대신 do 문을 이용한다면 반복 본문이 최소한 한 번 실행되기 때문에 어떠한 경우에도 기본적으로 한 자리 숫자는 출력된다. 예제 4.9는 do 문을 이용하도록 수정한 프로그램이다.

**예제 4.9 자릿수 뒤집기 프로그램의 개선**

```c
// 주어진 수의 자릿수를 뒤집는 프로그램

#include <stdio.h>

int main ()
{
    int number, right_digit;

    printf ("Enter your number.\n");
    scanf ("%i", &number);

    do {
        right_digit = number % 10;
        printf ("%i", right_digit);
        number = number / 10;
    }
    while ( number != 0 );

    printf ("\n");

    return 0;
}
```

**예제 4.9 결과**

```
Enter Enter your number.
13579
97531
```

**예제 4.9 결과(재실행)**

```
Enter your number.
0
0
```

실행 결과를 통해 0을 입력한 경우에도 프로그램이 정확하게 0을 출력하고 있음을 알 수 있다.

## break 문

때로는 반복문의 실행 중에 특정한 조건이 발생하는 경우에 즉시 반복을 중단해야 하는 경우가 있다(오류가 인지된 경우 혹은 더 이상 처리할 데이터가 없는 경우 등). 바로 이런 경우에 break 문을 사용한다. break 문이 실행되면 프로그램은 즉시 실행 중이던 for, while, 혹은 do 반복문을 탈출한다. 이때 반복문의 본문에서 break 문 뒤에 있는 문들은 실행되지 않으며, 반복문 다음에 이어지는 문으로 실행이 계속된다.

break 문이 중첩된 반복문 안에서 실행되면 해당 break 문을 포함하는 반복문 하나만 탈출하게 된다.

break 문은 다음과 같이 간단히 break 키워드 뒤에 세미콜론을 붙이는 형태로 사용한다.

```
break;
```

## continue 문

continue 문은 break 문과 비슷하지만 반복을 종료하지 않는다는 점에서 차이가 있다. 이름에서 암시하듯이 continue 문은 현재 실행하고 있는 반복을 계속하게 한다. continue 문이 실행되면 반복문의 본문에서 해당 continue 문의 뒤에 있는 모든 문은 건너뛰지만 반복은 계속한다.

continue 문은 주로 특정 조건이 발생했을 때 반복 내의 나머지 문을 건너뛰고 다음 반복을 이어나가야 할 때 사용한다. continue 문의 형식은 다음과 같다.

```
continue;
```

반복문을 자유자재로 사용할 수 있을 때까지 break나 continue 문을 사용하는 것은 자제하는 것이 좋다. 이 문들은 남용하기 쉽고 프로그램 가독성을 떨어뜨리게 된다.

이번 장에서는 C 언어에서 제공하는 기본적인 반복 구조를 모두 알아보았으니 이제 프로그램 실행 중에 각종 판단을 내릴 때 사용하는 문들에 대해 배울 준비가 되었다. 프로그램 내의 판단을 도와주는 기능에 관해서는 이어지는 5장 "판단하기"에서 자세히 다룬다. 우선 C 언어의 반복문에 대해 충분히 이해하기 위해 다음 연습문제를 풀어보도록 하자.

# 연습문제

1. 이번 장에 소개된 아홉 개의 예제를 입력해서 실행해 보고 책에 소개된 출력 결과와 실제로 실행한 결과를 비교해보자.

2. 1~10인 정수 n에 대해 적절한 컬럼 헤더와 함께 n과 $n^2$을 표 형태로 출력하는 프로그램을 작성해보자.

3. 다음은 임의이 정수 n에 대한 삼각수를 구하는 또 다른 식이다.

   ```
   triangularNumber = n (n + 1) / 2
   ```
   예를 들어 10 번째 삼각수인 55를 구하려면 위 식의 n에 10을 대입하면 된다. 이 식을 이용해서 5부터 50 사이의 5의 배수(즉, 5, 10, 15, …, 50)에 대한 모든 삼각수를 계산하고 결과를 표 형태로 출력하는 프로그램을 작성해보자.

4. 정수 n의 계승(n!)은 1부터 n까지 정수를 모두 곱한 값이다. 예를 들어 5의 계승은 다음과 같이 계산된다.

   ```
   5! = 5 x 4 x 3 x 2 x 1 = 120
   ```
   1부터 시작해서 10개의 정수에 대한 계승을 계산하고 표로 출력하는 프로그램을 작성해보자.

5. 다음은 전혀 오류가 없지만 작성 시 형식에 전혀 신경을 쓰지 않은 예다. 보다시피 가독성이 매우 떨어진다 (심지어 더 읽기 어렵게 만드는 것도 가능하다). 이번 장에서 살펴본 예제들을 참고해서 이 프로그램을 읽기 좋은 형태로 바꾸어 컴퓨터에 입력하고 실행해보자.

   ```c
   #include <stdio.h>
   int main(void){
   int n,two_to_the_n;
   printf("TABLE OF POWERS OF TWO\n\n");
   printf(" n 2 to the n\n");
   printf("--- ---------------\n");
   two_to_the_n=1;
   for(n=0;n<=10;++n){
   printf("%2i %i\n",n,two_to_the_n); two_to_the_n*=2;}
   return 0;}
   ```

6. 필드 너비 지정값 앞에 마이너스를 표기하면 필드값을 왼쪽 정렬할 수 있다. 예제 4.2의 `printf()` 문을 다음과 같이 변경하고 원래의 결과와 비교해보자.

   ```c
   printf ("%-2i %i\n", n, triangularNumber);
   ```

7. `printf()` 문에서 필드 너비 지정값 앞에 소수점을 사용하면 특별한 의미를 가진다. 다음 프로그램을 작성해서 실행해 보고 그 의미를 파악해 보자(효과적인 확인을 위해 각각의 입력 프롬프트에는 서로 다른 값을 입력한다).

```c
#include <stdio.h>

int main (void)
{
    int dollars, cents, count;

    for ( count = 1; count <= 10; ++count ) {
        printf ("Enter dollars: ");
        scanf ("%i", &dollars);
        printf ("Enter cents: ");
        scanf ("%i", &cents);
        printf ("$%i.%.2i\n\n", dollars, cents);
    }
    return 0;
}
```

8. 예제 4.5는 단지 다섯 개의 숫자만 입력받는다. 사용자가 원하는 삼각수의 개수를 입력할 수 있도록 예제 4.5를 수정해보자.

9. 예제 4.2에서부터 예제 4.5를 while 문을 이용해서 다시 작성하고 실행 결과가 for 문을 사용한 경우와 같은지 비교해보자.

10. 예제 4.8에 음수를 입력해 보고 어떤 결과를 얻게 되는지 확인해보자.

11. 사용자가 입력한 임의의 정수를 구성하는 각 자릿수들의 합을 계산하는 프로그램을 작성해보자. 예를 들어 2155의 각 자릿수의 합은 2+1+5+5 =13이다.

# Chapter
# 5

# 판단하기

4장 "반복하기"에서는 컴퓨터의 고유한 기능 가운데 일련의 명령어들을 반복적으로 실행하는 방법에 대해 배웠다. 그런데 무엇인가 판단하는 능력 또한 빼놓을 수 없는 컴퓨터의 기본 속성이다. 독자들은 이미 다양한 예제에서 반복을 종료하기 위한 판단이 어떻게 이루어지는지 살펴본 바 있다. 판단을 내리는 기능이 없다면 반복을 끝낼 수 없기 때문에 영원히 반복문을 탈출하지 못할 것이다.

C 언어는 반복문에서 살펴본 것 외에도 디음과 같이 판단을 처리하기 위한 구조들을 제공하고 있다.

- `if` 문
- `switch` 문
- 조건 연산자

# if 문

if 문을 이용하면 C 언어에서 제공하는 일반적인 판단 기능을 사용할 수 있는데, 기본적인 형태는 다음과 같다.

```
if ( expression )
    프로그램문
```

"비가 오지 않는다면, 수영을 하러 가겠다."라는 문장을 위 if 문 형식을 이용해서 C 언어로 번역한다면 다음과 같다.

```
if ( 비가 오지 않는다 )
    수영을 하러 가겠다.
```

if 문은 지정된 조건을 기반으로 프로그램문(혹은 블록)의 실행을 제어하는 데 사용한다. 다음 문을 살펴보자.

```
if ( count > COUNT_LIMIT )
    printf ("Count limit exceeded\n");
```

여기서 printf() 문은 count가 COUNT_LIMIT보다 큰 경우에만 실행되며 그렇지 않으면 무시된다.

이제 실제 프로그램 예제를 살펴보도록 하자. 터미널에서 정수 형식의 값을 하나 입력받고 이 값의 절대값을 출력하는 프로그램을 만들어 보자. 절대값을 계산하려면 입력받은 값이 음수인 경우 부호를 바꾸기만 하면 된다. 여기서 "음수인 경우" 부분에 판단의 필요성이 대두된다. 예제 5.1에서 이 판단을 위해 if 문을 사용하는 방법을 살펴보자.

### 예제 5.1 정수의 절대값 계산하기

```c
// 정수의 절대값을 구하는 프로그램

#include <stdio.h>

int main (void)
{
    int number;

    printf ("Type in your number: ");
    scanf ("%i", &number);
```

```c
    if ( number < 0 )
        number = -number;

    printf ("The absolute value is %i\n", number);

    return 0;
}
```

**예제 5.1 결과**

```
Type in your number: -100
The absolute value is 100
```

**예제 5.1 결과(재실행)**

```
Type in your number: 2000
The absolute value is 2000
```

두 차례 실행한 이유는 프로그램의 기능이 정상인지 확인하기 위한 것이다. 좀 더 확신을 가지려면 더 많이 실행해 보는 것이 좋겠지만 이 정도면 적어도 프로그램에서 사용하는 판단문의 모든 경우의 수는 확인한 셈이다.

사용자에게 메시지가 출력되고 입력된 정수값을 number 변수에 저장하고 나면 number의 값이 0 보다 작은지 검사한다. number가 0 보다 작다면 바로 다음 문을 실행함으로써 number의 부호를 바꾸며, number가 0 보다 작지 않다면 이 문을 실행하지 않는다(이미 양수이므로 부호를 뒤집을 필요가 없다). 그런 다음 프로그램은 number의 절대값을 출력하고 실행을 종료한다.

예제 5.2는 if 문을 사용하는 또 다른 예로 주된 기능은 주어진 점수 목록의 평균을 계산하는 것이다. 또 평균을 계산함과 동시에 목록에서 낙제점을 받은 개수도 세어야 하는데, 65점보다 작으면 낙제로 본다.

낙제점의 개수를 세어야 하므로 주어진 점수가 낙제점인지 아닌지에 대한 판단이 먼저 필요한데 이것이 바로 if 문이 필요한 이유다.

```c
/*  주어진 점수 목록에 대해 평균과 낙제점 개수를 구하는 프로그램  */

#include <stdio.h>

int main (void)
{
    int numberOfGrades, i, grade;
    int gradeTotal = 0;
    int failureCount = 0;
    float average;

    printf ("How many grades will you be entering? ");
    scanf ("%i", &numberOfGrades);

    for ( i = 1; i <= numberOfGrades; ++i ) {
        printf ("Enter grade #%i: ", i);
        scanf ("%i", &grade);

        gradeTotal = gradeTotal + grade;

        if ( grade < 65 )
            ++failureCount;
    }

    average = (float) gradeTotal / numberOfGrades;

    printf ("\nGrade average = %.2f\n", average);
    printf ("Number of failures = %i\n", failureCount);

    return 0;
}
```

**예제 5.2 결과**

```
How many grades will you be entering? 7
Enter grade #1: 93
```

```
Enter grade #2: 63
Enter grade #3: 87
Enter grade #4: 65
Enter grade #5: 62
Enter grade #6: 88
Enter grade #7: 76

Grade average = 76.29
Number of failures = 2
```

gradeTotal 변수는 0으로 초기화되며, 이후에는 입력된 점수를 누적한 결과를 저장하기 위해 사용된다. 낙제점을 받은 개수는 failureCount 변수에 저장되는데, 이 변수 역시 0으로 초기화된다. 평균을 저장하기 위해 사용하는 average 변수가 float 형식인 이유는 정수 집합의 합에 대한 평균값은 정수가 아닐 수 있기 때문이다.

초기화가 마무리되면 사용자로부터 평균을 계산할 점수가 몇 개인지 입력받아 numberOfGrades 변수에 저장한다. 다음은 입력받은 개수만큼 반복하는 반복문이 위치하고 있는데, 이 반복은 사용자로부터 점수를 입력받는 것으로 시작한다. 입력받은 점수는 grade라는 변수에 저장된다.

다음에는 grade 변수의 값을 gradeTotal 변수에 더하고 나서 grade 값이 낙제점인지 판단하게 된다. grade가 낙제점이라면 failureCount를 1 증가시키고 다음 점수를 입력받기 위한 과정을 다시 반복한다.

점수를 모두 입력하고 또 입력된 점수의 합을 구하고 나면 평균 점수를 계산한다. 간단히 생각해서 평균을 아래와 같이 계산하려 할 수 있다.

```
average = gradeTotal / numberOfGrades;
```

하지만 이 식을 그대로 사용하면 소수점 아래 값은 그대로 버려질 것이다. 왜냐하면 나눗셈의 분자와 분모가 모두 정수로 구성되어 있으므로 정수 기반의 나눗셈 규칙이 적용되기 때문이다.

이 문제점을 해결하기 위한 방법은 두 가지 정도가 있다. 첫 번째 방법은 numberOfGrades 또는 gradeTotal 가운데 하나를 float 형식으로 선언하는 것인데, 이렇게 하면 소수점 아래 값을 포함한 나눗셈의 결과를 얻을 수 있다. 이 방법의 단 한 가지 문제점은 실제 프로그램에서 numberOfGrades와 gradeTotal 변수에 정수값만 저장된다는 점이다. 이와 같은 변수를 float 형식으로 선언하는 것은 프로그램 내에서 변수의 용도를 모호하게 하며 일반적으로 권장하는 방식이 아니다.

두 번째 방법은 예제에서 사용한 것으로 계산 시에만 변수 중 하나의 값을 부동 소수점 값으로 변환하는 것이다. 예제를 보면 식을 계산하는 시점에 gradeTotal 변수의 값을 float 형식으로 변환하기 위해 형식 캐스팅 연산자(float)를 이용하고 있다. 나누기 계산을 하기에 앞서 gradeTotal의 값이 부동 소수점 값으로 변환되므로 이 나눗셈은 부동 소수점 값을 정수로 나누는 것으로 취급하며, 따라서 나눗셈의 피 연산자 하나가 부동 소수점 수가 되어 결국 부동 소수점 기반의 연산이 이뤄진다. 물론 나눗셈의 결과인 평균값은 소수점을 포함하는 값으로 얻을 수 있다.

이후 계산된 평균 점수는 터미널을 통해 소수점 두 자리까지 출력된다. 예제에서 보는 것처럼 printf() 문의 형식 문자열의 형식 문자 f(또는 e) 바로 앞에 소수점과 숫자를 붙이면(정밀도 한정자라고 한다) 이것을 통해 출력할 값은 지정된 숫자만큼의 소수점 아래 자릿수로 반올림한 값이 출력된다. 따라서 예제 5.2에서는 평균값을 소수점 아래 두 자리까지 출력하기 위해 .2를 사용하고 있다.

이후, 프로그램은 낙제점을 받은 수를 출력한 다음에 종료된다.

기록할 시험 점수의 개수를 0으로 입력하는 경우에 대해서는 주의를 기울일 필요가 있다. 이 경우 시스템에서 0으로 나누는 행위에 대해 어떻게 정의하고 있느냐에 따라 NaN(Not a Number) 혹은 무언가 예상치 못한 결과가 발생한다. 굳이 프로그램을 실행해서 0을 입력할 사람은 없을 거라고 생각할 수도 있지만 이 유형은 프로그램의 오류 검사로서 충분한 의미를 지니고 있다.

## if~else 구조

누군가 어떤 숫자가 짝수인지 홀수인지 묻는다면 아마 대다수의 사람들은 마지막 자릿수를 검사해서 판단하려 할 것이다. 마지막 자릿수가 0, 2, 4, 6, 8 가운데 하나라면 짝수이고 그 외의 경우는 홀수라고 판단할 수 있다.

컴퓨터를 이용해서 짝수인지 홀수인지를 판단할 때는 이 방법보다 주어진 수를 2로 나눠보는 방법이 더 쉽다. 만일 정확하게 균등하게 나눠지면 짝수이고 그렇지 않으면 홀수로 볼 수 있다.

앞서 살펴본 것처럼 모듈러스 연산자 %는 정수 간 나눗셈의 결과 중 나머지 부분을 반환한다. 이러한 특성으로 인해 모듈러스 연산자는 어떤 정수가 2로 정확하게 나눠지는지 여부를 확인하기 위한 완벽한 조건을 갖추고 있다고 할 수 있다. 즉, 주어진 수를 2로 나눈 나머지가 0이면 짝수이고 그렇지 않은 경우는 홀수이다.

예제 5.3은 사용자가 입력한 정수값이 짝수인지 홀수인지를 터미널로 출력하는 프로그램이다.

## 예제 5.3 홀짝수 판단하기

```c
// 입력된 값의 홀짝수 여부를 판단하는 프로그램

#include <stdio.h>

int main (void)
{
    int number_to_test, remainder;

    printf ("Enter your number to be tested.: ");
    scanf ("%i", &number_to_test);

    remainder = number_to_test % 2;

    if ( remainder == 0 )
        printf ("The number is even.\n");

    if ( remainder != 0 )
        printf ("The number is odd.\n");

    return 0;
}
```

## 예제 5.3 결과

```
Enter your number to be tested: 2455
The number is odd.
```

## 예제 5.3 결과(재실행)

```
Enter your number to be tested: 1210
The number is even.
```

첫 번째 if 문은 입력된 값을 2로 나눈 나머지가 0인지를 검사하고, 0이면 "The number is even"
을 출력한다.

이어지는 두 번째 if 문은 나머지 값이 0이 아닌지를 검사하고, 그렇다면 홀수임을 알리는 메시
지를 출력한다.

사실, 첫 번째 if 문의 조건식 판단 결과가 TRUE이면 두 번째 if 문은 무조건 반대의 결과를 얻게 되며 반대의 경우도 마찬가지다. 이해가 어렵다면 이번 절을 시작하면서 설명했던 짝수와 홀수의 판별 방법에 대한 부분을 다시 살펴보도록 한다.

즉, 2로 나누어 떨어지면 짝수이고 그 외의 모든 경우는 홀수다. 여기서, "그 외의 모든 경우"(else)라는 개념은 프로그래밍에서 굉장히 많이 사용되며 거의 모든 현대 프로그래밍 언어에서 이런 상황을 처리할 수 있는 특수한 구조를 제공하고 있다. C 언어에서는 이를 위해 if~else 구조를 지원하고 있으며 일반적인 형태는 다음과 같다.

```
if ( expression )
            프로그램문1
else
            프로그램문2
```

if~else는 간단히 일반 if 문을 확장한 것이라고 볼 수 있다. expression의 평가 결과가 TRUE면, **프로그램문**1을 실행하고 그렇지 않은 경우에는 **프로그램문**2를 실행하며 둘 다 실행되는 경우는 절대 없다.

이제 if~else 문을 이용해서 예제 5.3의 if 문을 수정할 수 있는데, 이처럼 if~else를 이용하면 예제 5.4에서 보는 것처럼 프로그램의 복잡도는 낮추고 가독성은 향상시키는 데 도움이 된다.

### 예제 5.4 홀짝수 판단 프로그램에 대한 개선

---

```c
// 홀짝수를 판단하기 위한 프로그램 (Ver. 2)

#include <stdio.h>

int main ()
{
        int number_to_test, remainder;

        printf ("Enter your number to be tested: ");
        scanf ("%i", &number_to_test);

        remainder = number_to_test % 2;

        if ( remainder == 0 )
                printf ("The number is even.\n");
        else
```

```c
        printf ("The number is odd.\n");

        return 0;
}
```

## 예제 5.4 결과

```
Enter your number to be tested: 1234
The number is even.
```

## 예제 5.4 결과(재실행)

```
Enter your number to be tested: 6551
The number is odd.
```

다시 한 번 강조하지만 ==는 동등 비교 연산자이며 =는 할당 연산자다. 자칫 `if` 문 내에 실수로 할당 연산자를 사용했다가는 엄청난 대가를 치를 수 있다는 점을 명심하자.


## 복합 조건 판단

지금까지 살펴본 `if` 문은 두 개의 숫자를 비교하는 단순 관계 연산이었다. 예제 5.1에서는 number 의 값과 0을 비교했고, 예제 5.2에서는 grade를 65와 비교했다. 하지만, 때로는 좀 더 복잡한 비교가 필요하기도 한데, 예를 들어 예제 5.2에서 낙제 점수의 개수가 아니라 70점 이상이면서 79점 이하인 점수가 몇 개인지 알고 싶다고 생각해 보자. 이 경우 아마도 대부분의 독자들은 grade 를 하나의 경계값과 비교하기보다는 주어진 두 개의 경계 안에 들어가는지를 한 번에 비교하고 싶을 것이다.

C 언어에서는 이와 같은 복합적인 관계를 검사하기 위한 메커니즘을 제공하고 있다. 복합 관계 테스트(검사)는 하나 이상의 단순 관계 테스트를 논리곱 혹은 논리합 연산자로 연결한 것을 말한다. 이 연산자들은 각각 &&와 ||로 표기한다. 다음 예를 살펴보자.

```c
if ( grade >= 70 && grade <= 79 )
    ++grades_70_to_79;
```

이 문은 grade가 70 이상 79 이하인 경우에 grades_70_to_79 변수의 값을 증가시킨다. 이와 비슷한 예로 다음 문은 index가 0 보다 작거나 99 보다 크면 printf() 문을 실행한다.

```c
if ( index < 0 || index > 99 )
    printf ("Error - index out of range\n");
```

복합 연산을 이용하면 굉장히 복잡한 식을 구현할 수 있다. C 언어는 이 부분에 대해 개발자들에게 최대한의 유연성을 보장하고 있는데, 때문에 남용에 빠지기도 그만큼 쉽다. 식은 거의 항상 간단할수록 더 읽기 쉽고 디비깅도 용이하다는 사실을 명심하도록 하자.

복합 관계식을 작성할 때는 가독성을 높이고 식을 구성하는 연산자의 처리 순서를 명확히 하기 위해 자유롭게 괄호를 사용할 수 있다. 공백 역시 적절하게 사용하면 가독성 향상에 도움이 된다. &&나 || 양쪽으로 공백을 사용하면 이 연산자에 의해 연결되는 두 식을 시각적으로 쉽게 구분할 수 있다.

복합 관계 연산에 대한 예로 특정 연도가 윤년인지를 검사하는 프로그램을 만들어 보자. 어떤 해가 4로 나누어 떨어지면 윤년인데 100으로는 나누어지지 않아야 하며 400으로 나누어떨어져야 한다.

자, 이제 이 조건을 어떻게 테스트할 것인지를 생각해 보자. 우선 주어진 해를 4, 100, 400으로 나눈 나머지를 rem_4, rem_100, rem_400이라는 변수를 두어 각각 저장할 수 있다. 그러고 나면 이 변수들을 이용해서 윤년인지 여부를 확인하는 과정을 진행할 수 있을 것이다.

앞서 설명한 윤년의 정의는 주어진 연도가 4로 나누어 떨어지면서 100으로 나누어지지 않고 400으로 나누어지는 경우라고 할 수 있다. 이 정의가 애초에 설명한 정의와 일치하는지 잘 검토하는 것을 잊지 않도록 한다. 이제 새로 작성한 정의를 기반으로 다음과 같은 프로그램문을 작성할 수 있다.

```c
if ( (rem_4 == 0 && rem_100 != 0) || rem_400 == 0 )
    printf ("It's a leap year.\n");
```

이 식에서 rem_4 == 0 && rem_100 != 0을 감싸고 있는 괄호는 없어도 되며 전체 식의 평가에 아무런 영향을 주지 않는다.

이 조건 확인문에 앞서 변수를 선언하고 사용자로부터 터미널을 통해 연도를 입력받는 부분을 추가한 프로그램의 모습은 예제 5.5를 참고한다.

### 예제 5.5 윤년 판단하기

```c
// 주어진 해가 윤년인지 판단하는 프로그램

#include <stdio.h>
```

```c
int main (void)
{
    int year, rem_4, rem_100, rem_400;

    printf ("Enter the year to be tested: ");
    scanf ("%i", &year);

    rem_4 = year % 4;
    rem_100 = year % 100;
    rem_400 = year % 400;

    if ( (rem_4 == 0 && rem_100 != 0) || rem_400 == 0 )
        printf ("It's a leap year.\n");
    else
        printf ("Nope, it's not a leap year.\n");

return 0;
}
```

### 예제 5.5 결과

```
Enter the year to be tested: 1955
Nope, it's not a leap year.
```

### 예제 5.5 결과(재실행)

```
Enter the year to be tested: 2000
It's a leap year.
```

### 예제 5.5 결과(재실행)

```
Enter the year to be tested: 1800
Nope, it's not a leap year.
```

예제의 실행 결과는 순서대로, 먼저 4로 나누어지지 않기 때문에 윤년이 아닌 해(1955), 400으로 나누어 떨어지기 때문에 윤년인 해(2000), 그리고 마지막으로 100으로 나눠지지만 400으로 나눠지지 않기 때문에 윤년이 아닌 해(1800)에 대해 처리한 결과다. 모든 경우에 대해 확인해 보려면 4로 나눠지면서 100으로 나눠지지 않는 경우에 대해서도 처리해 보아야 하는데 이것은 연습문제를 위해 남겨두기로 하자.

앞에서 언급했듯이 C 언어는 식의 표현에 있어 엄청난 유연성을 제공하고 있다. 예제 5.5를 예로 들면 중간 계산 결과인 rem_4, rem_100, rem_400을 예제와 같이 따로 만드는 대신 다음과 같이 if 문에서 직접 계산하도록 할 수 있다.

```
if ( ( year % 4 == 0 && year % 100 != 0 ) || year % 400 == 0 )
```

이 문을 살펴보면 다양한 연산자들을 구분하기 위해 공백을 적절히 사용함으로써 가독성을 높이고 있는 것을 확인할 수 있는데, 만약 공백을 사용하지 않고 꼭 필요한 것이 아닌 괄호들을 제거하면, 이 식은 다음과 같은 모습이 된다.

```
if(year%4==0&&year%100!=0||year%400==0)
```

이 식은 아무런 문제가 없으며 바로 앞에서 살펴본 식과 일치하는 실행 결과를 보인다. 하지만, 공백과 괄호를 적절히 추가로 사용한 경우가 훨씬 이해하기 쉽다는 것은 분명한 사실이다.

### 중첩 if 문

일반적인 if 문에서 괄호 내의 식이 TRUE이면 바로 다음에 이어지는 문을 실행한다는 것을 기억할 것이다. 이때 이어지는 문이 또 다른 if 문인 경우에도 이 규칙은 그대로 적용된다. 다음 문을 살펴보자.

```
if ( gameIsOver == 0 )
    if ( playerToMove == YOU )
            printf ("Your Move\n");
```

여기서, gameIsOver가 0이면 바로 다음에 이어지는 새로운 if 문이 실행된다. 이 두 번째 if 문은 playerToMove와 YOU를 비교하고 결과가 TRUE면 "Your Move"라는 메시지를 터미널에 출력한다. 결과적으로 보면 gameIsOver가 0이면서 playerToMove가 YOU인 경우에 printf 문이 실행되므로 다음과 같이 복합 관계 연산 형식으로 바꿀 수 있다.

```
if ( gameIsOver == 0 && playerToMove == YOU )
    printf ("Your Move\n");
```

다음은 좀 더 현실적인 모습으로 앞서 살펴본 중첩 if 문을 변경한 모습이다.

```
if ( gameIsOver == 0 )
    if ( playerToMove == YOU )
```

```
        printf ("Your Move\n");
    else
        printf ("My Move\n");
```

이 구조 역시 실행 방식은 앞에서 설명한 것처럼 진행된다. 하지만, gameIsOver는 0이면서 playerToMove가 YOU와 다른 경우에 else 절이 실행된다는 점에서 차이가 있다. else 절에서는 "My Move"를 터미널에 출력하고 있다. 한편, gameIsOver가 0이 아니면, else 절을 포함해 뒤따르는 전체 if 문의 실행을 건너뛴다.

여기서 한 가지 짚고 넘어가야 할 부분은 else 절이 playerToMove의 값을 확인하는 if 문에 대해서만 연관성을 가진다는 점인데, 여기서 보는 것처럼 else 절은 항상 가장 최근의 else 절을 포함하지 않은 if 문과 연관된다.

한 걸음 더 나아가 다음과 같이 외부 if 문에도 else 절을 추가할 수 있으며 이 else 절은 gameIsOver가 0이 아닌 경우에 실행된다.

```
if ( gameIsOver == 0 )
    if ( playerToMove == YOU )
        printf ("Your Move\n");
    else
        printf ("My Move\n");
else
    printf ("The game is over\n");
```

보다시피, 복잡한 구조일수록 적절한 들여쓰기는 프로그램에 녹아있는 논리를 이해하는 데 큰 도움을 줄 수 있다.

하지만 들여쓰기는 작성자의 의도와 보는 이의 이해를 돕기 위한 것이지 컴파일러의 구문 분석과는 차이가 있을 수 있다. 예를 들어, 다음은 앞서 살펴본 코드에서 첫 번째 else 절을 제거한 것이다.

```
if ( gameIsOver == 0 )
    if ( playerToMove == YOU )
        printf ("Your Move\n");
else
    printf ("The game is over\n");
```

들여쓰기만 보면 else 문은 첫 번째 if 문과 쌍을 이루는 것으로 보이는데, 컴파일러는 else 절을 앞서 나타난 if 문 가운데 else 절이 없는 가장 최근의 if 문과 연관시키기 때문에 이 if 문을 다음과 같이 해석한다.

```c
if ( gameIsOver == 0 )
    if ( playerToMove == YOU )
        printf ("Your Move\n");
    else
        printf ("The game is over\n");
```

이처럼 개발자의 의도와 컴파일러의 해석에 차이가 발생하는 경우에는 중괄호를 이용해서 연관 관계를 강제로 지정할 수 있다. 중괄호는 if 문의 조건을 만족하는 경우 실행할 문 블록의 시작과 if 문의 끝을 지정하는 역할을 한다. 따라서 중괄호를 이용해서 개발자의 의도대로 컴파일러가 코드를 분석하게 하려면 다음과 같이 수정할 수 있다.

```c
if ( gameIsOver == 0 ) {
    if ( playerToMove == YOU )
        printf ("Your Move\n");
}
else
    printf ("The game is over\n");
```

이제 gameIsOver가 0이 아닌 경우에 "The game is over" 메시지가 출력된다.

## else if 구조

지금까지 살펴본 것처럼 else 문을 이용하면 홀/짝수 구분이나 윤년 여부 검사와 같이 두 가지 조건으로 나눌 수 있는 경우의 선택적 처리가 가능하다. 하지만 프로그램에서 모든 것을 흑백 논리로 판단할 수는 없다. 간단한 예로 사용자가 입력한 수가 음수인 경우 -1을 화면으로 출력하고 0이면 0을, 양수를 입력한 경우에는 1을 출력하는 프로그램을 만들어야 한다고 생각해 보자(일반적으로 자주 사용하는 부호 판단 기능이다). 이 판단을 정확하게 내리려면 음수인지 양수인지 혹은 0인지 비교하는 세 번의 확인이 필요하다. 그런데, 앞서 배웠던 단순 if~else 구조로는 여기에 적절히 대응할 수가 없다. 물론 세 개의 분리된 if 문을 이용할 수 있겠지만, 이 방법은 특히 비교 조건들이 상호 배타적인 경우가 아니면 문제를 일으킬 수 있다.

이에 대한 해결책은 그저 else 절에 if 문을 더해서 사용하는 것이다. else 절 바로 뒤에는 어떠한 문을 사용해도 무방하므로 if 문을 사용하는 것 역시 당연히 가능하며, 일반화된 형식으로 표현하면 다음과 같다.

```c
if ( expression 1 )
    프로그램문 1
else
```

```
if ( expression 2 )
    프로그램문 2
else
    프로그램문 3
```

이 형식은 두 가지 가운데 하나를 선택하던 if 문을 효과적으로 확장해서 세 가지 경우에 대한 판단이 가능하도록 하고 있다. 앞서 설명한 방식대로 else 절이 있다면 얼마든지 if 문을 붙여서 원하는 만큼 확장할 수 있다.

이와 같이 else와 if를 붙여 사용하는 것은 워낙 일반적이어서 else if 구조로 지칭하며, 앞서 살펴본 것과 달리 보통은 다음과 같은 형식으로 사용한다.

```
if ( expression 1 )
    프로그램문 1
else if ( expression 2 )
    프로그램문 2
else
    프로그램문 3
```

이 표기 방법은 보다 뛰어난 가독성을 제공하며, 세 개의 조건에 대한 판단을 위한 구조라는 것을 보다 명시적으로 보여준다.

예제 5.6은 else if 구조를 이용해서 입력받은 값의 부호를 판단하는 프로그램이다.

### 예제 5.6 부호 판단 기능의 구현

```
// 부호 판단 프로그램

#include <stdio.h>

int main (void)
{
    int number, sign;

    printf ("Please type in a number: ");
    scanf ("%i", &number);

    if ( number < 0 )
        sign = -1;
    else if ( number == 0 )
```

```c
        sign = 0;
    else // 무조건 양수
        sign = 1;

    printf ("Sign = %i\n", sign);

    return 0;
}
```



**예제 5.6 결과**

```
Please type in a number: 1121
Sign = 1
```

**예제 5.6 결과(재실행)**

```
Please type in a number: -158
Sign = -1
```

**예제 5.6 결과(두 번째 재실행)**

```
Please type in a number: 0
Sign = 0
```

입력 값이 0보다 작으면 sign에 -1이 할당되고 0이 입력된 경우에는 sign에 0이 할당되며, 그 외의 경우는 무조건 양수이므로 sign의 값은 1이 된다.

예제 5.7은 터미널에서 입력한 값을 알파벳(a-z 혹은 A-Z), 숫자(0-9), 혹은 특수 문자(알파벳과 숫자를 제외한 나머지)로 분류하는 프로그램이다. 터미널을 통해 하나의 문자만 입력받기 위해 scanf() 문에 %c를 사용하고 있다.

**예제 5.7 입력 문자 분류하기**

```c
// 터미널로부터 하나의 문자를 입력받아 분류하는 프로그램

#include <stdio.h>

int main (void)
```

```c
{
    char c;

    printf ("Enter a single character:\n");
    scanf ("%c", &c);

    if ( (c >= 'a' && c <= 'z') || (c >= 'A' && c <= 'Z') )
        printf ("It's an alphabetic character.\n");
    else if ( c >= '0' && c <= '9' )
        printf ("It's a digit.\n");
    else
        printf ("It's a special character.\n");

    return 0;
}
```

**예제 5.7 결과**

```
Enter a single character:
&
It's a special character.
```

**예제 5.7 결과(재실행)**

```
Enter a single character:
8
It's a digit.
```

**예제 5.7 결과(두 번째 재실행)**

```
Enter a single character:
B
It's an alphabetic character.
```

문자를 입력받고 나면 먼저 char 형식의 변수 c의 값이 알파벳 문자인지 확인한다. 이를 위해 사용하고 있는 방법은 값이 소문자 혹은 대문자인지를 검사하는 것인데, 다음은 소문자 여부를 확인하는 식이다.

```
( c >= 'a' && c <= 'z' )
```

이 식은 문자가 'a'에서 'z', 즉 소문자인 경우 TRUE이다. 같은 방법으로 다음은 대문자 여부를 확인하는 식이다.

```
( c >= 'A' && c <= 'Z' )
```

이 식은 입력받은 문자가 'A'에서 'Z', 즉 대문자인 경우 TRUE이다. 이렇게 대/소문자를 확인히는 방식은 ASCII 형식으로 문자를 저장하는 모든 컴퓨터에서 사용할 수 있다[주1].

변수 c의 값이 알파벳이면 첫 번째 if 문을 통과해 It's an alphabetic character.를 출력하며, 그렇지 않은 경우 else if 절이 실행된다. else if 절에서는 입력받은 문자가 숫자인지 확인한다. 여기서 이야기하는 숫자는 정수 0~9가 아닌 문자 '0'~'9'를 의미하는데, 이유는 터미널로부터 문자를 입력받았기 때문이며 문자 '0'~'9'는 숫자 0~9와 전혀 다른 값이다. 실제로 ASCII 형식을 사용하는 컴퓨터에서 문자 '0'은 내부적으로 숫자 48로, 문자 '1'은 49로 표현된다.

이처럼 변수 c가 숫자를 표현하는 문자면 It's a digit.을 출력한다. 알파벳도 아니고 숫자도 아닌 그 외의 경우에는 마지막에 위치한 else 절을 통해 "It's a special character."를 출력하고 프로그램 실행을 종료한다.

한 가지 유의할 점은 비록 scanf()에서 한 개의 문자를 읽도록 구현했다 해도 엔터(리턴) 키를 반드시 눌러야 프로그램에 입력값이 전달된다는 것이다. 이처럼 터미널을 통해 데이터를 입력받는 경우, 프로그램은 사용자가 엔터 키를 누르기 전까지는 입력한 어떠한 값도 읽지 않는 것이 보통이다.

다음으로 살펴볼 예제는 사용자로부터 다음 형태의 간단한 식을 입력받는 프로그램이다.

숫자 연산자 숫자

프로그램은 이 식을 분석한 다음, 결과는 소수점 아래 두 자리까지 터미널로 출력하며 지원하는 연산자는 더하기, 빼기, 곱하기, 나누기 네 가지다. 예제 5.8에서 사용된 if 문은 이처럼 다양한 조건에 따른 연산을 처리하기 위해 많은 else if 절을 포함하고 있다.

---

주 1. 컴퓨터 내부의 표현 방식과 무관하게 동작하게 하려면 표준 라이브러리에서 제공하는 islower()와 isupper() 루틴을 사용하는 것이 좋다. 이 루틴들을 사용하려면 프로그램에 #include <ctype.h>를 추가하면 되며 예제에서 사용하지 않은 것은 본문 내용을 효과적으로 설명하기 위함이다.

```c
/* '숫자 연산자 숫자' 형식의 식을 입력받아 계산하는 프로그램 */

#include <stdio.h>

int main (void)
{
    float value1, value2;
    char operator;

    printf ("Type in your expression.\n");
    scanf ("%f %c %f", &value1, &operator, &value2);

    if ( operator == '+' )
        printf ("%.2f\n", value1 + value2);
    else if ( operator == '-' )
        printf ("%.2f\n", value1 - value2);
    else if ( operator == '*' )
        printf ("%.2f\n", value1 * value2);
    else if ( operator == '/' )
        printf ("%.2f\n", value1 / value2);

    return 0;
}
```

## 예제 5.8 결과

```
Type in your expression.
123.5 + 59.3
182.80
```

## 예제 5.8 결과(재실행)

```
Type in your expression.
198.7 / 26
7.64
```

```
Type in your expression.
89.3 * 2.5
223.25
```

예제에서 scanf()는 세 개의 값을 입력받아 value1, operator, value2 변수에 대입한다. 우선 첫 번째 피연산자인 변수 value1의 값을 입력받기 위해 사용된 %f 형식 문자는 출력할 때와 마찬가지로 부동 소수점 수를 입력받을 수 있게 해 준다.

다음으로 연산자를 입력받는데 연산자는 숫자가 아닌 문자('+', '-', '*', '/')이므로 문자 형식의 변수 operator에 저장한다. 이를 위해 %c 형식 문자를 이용해서 터미널로부터 값을 입력받는다. 형식 문자열에 공백을 사용하면 입력 시에 임의의 수의 공백을 사용할 수 있다. 이러한 특성으로 인해 값을 입력할 때 피연산자와 연산자 사이를 공백으로 구분할 수 있다. 만일 형식 문자열을 "%f%c%f"로 적용하면 첫 번째 숫자를 입력하고 연산자를 입력하기 전에 공백을 허용하지 않는다. 이것은 %c가 이어지는 문자 한 개를 읽기 때문인데 공백을 입력하는 경우 이 공백을 입력값으로 처리한다. 반면, scanf()에서 10진수나 부동 소수점 수를 읽을 때는 항상 앞에 오는 공백을 무시하는 것이 일반적이라는 점에 주의하자. 그러므로 예제의 형식 문자열을 "%f %c%f"로 바꾸어도 아무런 문제가 되지 않는다.

두 번째 피연산자를 value2에 저장하는 과정까지 끝나면 프로그램은 operator의 값과 사용 가능한 연산자를 비교하기 시작한다. 입력값과 일치하는 연산자를 찾으면 계산 결과를 출력하는 printf() 문을 실행하고 프로그램을 종료한다.

이쯤에서 프로그램의 완전성에 대해 몇 가지 짚고 넘어가도록 하자. 예제는 의도했던 작업들을 완벽하게 처리하고 있지만, 사용자의 실수에 대해 아무런 대비가 없기 때문에 완전하다고 할 수는 없다. 예를 들어 사용자가 실수로 연산자를 ?로 입력했다면 어떻게 될까? 예제의 경우 모든 if 문의 조건식 가운데 만족하는 것이 하나도 없기 때문에 사용자의 실수에 대한 아무런 경고나 메시지 출력 없이 그냥 실패로 끝나버린다.

예제에서 또 하나 간과하고 있는 것은 나누기 연산에서 0으로 나누려고 하는 경우에 대한 고려가 없다는 것이다. 알다시피 C언어에서는 절대 0으로 숫자를 나누어서는 안 되므로, 이 경우는 반드시 검사되어야 한다.

이처럼 프로그램의 실행이 실패하거나 원치 않는 결과를 얻을 수 있는 경우를 예측하려고 노력하고 여기에 적극적으로 대처하는 것은 믿을 수 있고 훌륭한 프로그램을 개발하기 위해 반드시 필요한 과정이다. 충분한 테스트 케이스를 이용해서 테스트를 진행하다 보면 종종 프로그램이 미

처 처리하지 못하는 부분이 드러난다. 하지만 이것으로는 충분하지 않다. 개발자는 프로그램을 개발하는 과정에 끊임없이 "만약 … 라면 어떻게 될까?"라는 질문을 던지고 그와 같은 상황에 적절하게 대처할 수 있는 프로그램을 개발하려는 마음가짐을 가지도록 스스로를 다져야 한다.

예제 5.8A는 0으로 나누는 경우와 지원하지 않는 연산자를 입력한 경우에 대해 적절히 대응하도록 예제 5.8을 수정한 것이다.

### 예제 5.8A 간단한 식을 분석하고 계산하는 프로그램(개선)

```c
/* '숫자 연산자 숫자' 형식의 식을 입력받아 계산하는 프로그램 */

#include <stdio.h>

int main (void)
{
    float value1, value2;
    char operator;

    printf ("Type in your expression.\n");
    scanf ("%f %c %f", &value1, &operator, &value2);

    if ( operator == '+' )
        printf ("%.2f\n", value1 + value2);
    else if ( operator == '-' )
        printf ("%.2f\n", value1 - value2);
    else if ( operator == '*' )
        printf ("%.2f\n", value1 * value2);
    else if ( operator == '/' )
        if ( value2 == 0 )
            printf ("Division by zero.\n");
        else
            printf ("%.2f\n", value1 / value2);
    else
        printf ("Unknown operator.\n");

    return 0;
}
```

이제 연산자로 슬래시가 입력된 경우 value2가 0인지를 검사하는 과정이 추가로 진행된다. 만일 0이면 터미널로 적절한 메시지를 출력하고, 그 외의 경우에는 정상적인 나누기 연산 후 결과를 출력한다. 이와 같은 중첩 if 문과 else 절을 연관시킬 때는 특별히 주의를 기울이자.

마지막에 위치한 else 절은 앞 선 모든 if 조건식이 실패한 경우에 대처하기 위한 것으로 예제의 경우에는 입력된 연산자가 프로그램에서 지원하지 않는 것을 의미하므로 "Unknown operator(알 수 없는 연산자)"라는 메시지를 출력한다.

## switch 문

앞에서 살펴본 것과 같은 if~else 문의 연결된 형태(변수의 값을 순차적으로 다른 값과 비교)는 프로그래밍에서 굉장히 흔하게 사용되며, C 언어에서는 이와 같은 요구에 특화된 문을 제공한다. 이 문은 switch 문이라고 부르며 일반적인 형태는 다음과 같다.

```
switch ( expression )
{
    case 값1 :
        프로그램문
        프로그램문
```

```
        ...
        break;
    case 값2 :
        프로그램문
        프로그램문
        ...
        break;
    ...
    case 값n :
        프로그램문
        프로그램문
        ...
        break;
    default:
        프로그램문
        프로그램문
        ...
        break;
}
```

switch 문에서 괄호 안의 expression(식)은 상수 혹은 상수식인 **값**1, **값**2, ..., **값**n과 연속적으로 비교가 이루어진다. 비교 과정에서 expression과 일치하는 값을 가지는 case가 발견되면 해당 case 바로 다음의 문들이 실행된다. 조건을 만족하는 case 다음에 여러 개의 문을 실행해야 하는 경우에도 중괄호를 사용할 필요가 없다는 점에 유의한다.

break 문은 특정 case의 끝을 지시하며 switch 문을 탈출하게 하는 역할을 한다. case가 끝나는 곳에는 break 문을 사용해야 한다는 사실을 반드시 기억하도록 한다. 실수로 case에 break 문을 사용하지 않으면 프로그램 실행은 switch 문을 종료하지 않고 계속해서 다음 case로 이어지게 된다.

default는 특수한 용도의 case인데 expression의 값과 일치하는 case 값이 하나도 없는 경우에 실행된다. 개념적으로 보면 if 문에서 사용했던 else의 역할과 같다고 볼 수 있다. 사실 switch 문의 일반적인 형태는 다음과 같이 if 문으로 표현할 수 있다.

```
if ( expression == 값1 )
{
    프로그램문
    프로그램문
```

```
        ...
    }
    else if ( expression == 값2 )
    {
        프로그램문
        프로그램문
        ...
    }
        ...
    else if ( expression == 값n )
    {
        프로그램문
        프로그램문
        ...
    }
    else
    {
        프로그램문
        프로그램문
        ...
    }
```

이와 같은 switch 문과 if 문의 변환 관계를 이용해 예제 5.8A의 if 문을 switch 문으로 변환해 보면 다음 예제 5.9와 같다.

## 예제 5.9 간단한 식을 분석하고 계산하는 프로그램(버전 2)

```c
/* '숫자 연산자 숫자' 형식의 식을 입력받아 계산하는 프로그램 */

#include <stdio.h>

int main (void)
{
    float value1, value2;
    char operator;

    printf ("Type in your expression.\n");
    scanf ("%f %c %f", &value1, &operator, &value2);
```

```c
    switch (operator)
    {
        case '+':
            printf ("%.2f\n", value1 + value2);
            break;
        case '-':
            printf ("%.2f\n", value1 - value2);
            break;
        case '*':
            printf ("%.2f\n", value1 * value2);
            break;
        case '/':
            if ( value2 == 0 )
                printf ("Division by zero.\n");
            else
                printf ("%.2f\n", value1 / value2);
            break;
        default:
            printf ("Unknown operator.\n");
            break;
    }

    return 0;
}
```

**예제 5.9 결과**

```
Type in your expression.
178.99 - 326.8
-147.81
```

입력값들을 모두 읽고 나면, operator의 값과 개별 case에서 지정하고 있는 값들에 대한 비교가 순서대로 이루어진다. 일치하는 값이 발견되면 해당 case에 포함된 문을 실행하며, break 문을 만나 switch 문을 탈출하면 프로그램이 종료된다. operator의 값과 일치하는 case 값이 하나도 없다면 default가 실행되어 Unknown operator가 출력된다.

여기서는 사실 default case 이후에 어떠한 case도 없으므로 default에서 사용된 break는 없어도 그만이다. 하지만 모든 case에 break 문을 사용하는 것은 여전히 바람직한 습관이므로 잘못된 것이라 할 수는 없다.

switch 문을 작성할 때 기억해야 할 것 가운데 하나는 어떤 경우에도 두 개의 case 값이 같을 수 없다는 것이다. 하지만 하나 이상의 case에 대해 같은 문을 실행하도록 하는 것은 가능하다. 이것은 그저 공통으로 실행하고자 하는 문에 앞서 여러 개의 case를 순서대로 나열하면 된다(case 키워드 다음에 값과 콜론을 사용하는 형식은 준수해야 한다). 예를 들이 다음 switch 문에서 value1과 value2의 곱을 출력하는 printf() 문은 operator가 별 기호 혹은 소문자 **x**인 경우에 실행된다.

```
switch (operator)
{
    ...
    case '*':
    case 'x':
        printf ("%.2f\n", value1 * value2);
        break;
    ...
}
```

## 부울 변수

소수 구하기는 프로그래밍 입문자들에게는 꽤 흔한 예제다. 소수란 양의 정수로 1과 자신을 제외한 어떤 정수로도 나눌 수 없는 수를 말한다. 처음으로 나타나는 소수는 2이며 다음은 3인데 4는 2로 나누어지므로 소수가 될 수 없다.

이와 같은 소수의 목록을 구하는 방법은 몇 가지가 있다. 예를 들어, 50 이하의 소수를 모두 구해야 한다고 생각해 보자. 가장 간단하고 직관적인 알고리즘은 정수 p에 대해 2부터 p-1까지의 모든 수로 나눠보는 것이다. 만일 범위 내의 수 가운데 어느 하나라도 p를 나눌 수 있다면 p는 소수가 아니다. 예제 5.10은 소수의 목록을 표로 출력하는 프로그램이다.

### 예제 5.10 소수 표 만들기

```
// 소수를 표로 출력하는 프로그램

#include <stdio.h>
```

```c
int main (void)
{
    int p, d;
    _Bool isPrime;

    for ( p = 2; p <= 50; ++p ) {
        isPrime = 1;

        for ( d = 2; d < p; ++d )
            if ( p % d == 0 )
                isPrime = 0;

        if ( isPrime != 0 )
            printf ("%i ", p);
    }
    printf ("\n");

    return 0;
}
```

**예제 5.10 결과**

```
2 3 5 7 11 13 17 19 23 29 31 37 41 43 47
```

예제 5.10에는 몇 가지 짚고 넘어가야 할 부분이 있다. 바깥쪽 `for` 문은 2부터 50까지 반복하는데 여기서 사용하고 있는 반복 변수 p가 바로 소수 여부를 확인하고자 하는 값이다. 반복문 내의 첫 번째 문은 `isPrime` 변수에 1을 할당하고 있는데 이 변수에 대해서는 잠시 후에 알아보도록 한다.

두 번째 반복에서는 정수 2부터 p-1까지 반복하면서 p를 나누고 있다. 또 p를 d로 나눈 나머지가 0인지 검사하는데, 만일 0인 경우 p는 정수 1 외에 또 다른 정수로 나누어지므로 소수일 수 없다는 판단을 내릴 수 있다. p가 더 이상 소수일 수 없다는 것을 알리기 위해 `isPrime` 변수를 0으로 설정한다.

내부의 반복문이 끝나면 `isPrime` 값을 확인한다. `isPrime`의 값이 0이면 p를 나눌 수 있는 값을 찾지 못했다는 것을 의미하므로 p를 소수로 판단하고 값을 출력한다.

생각해 보면 isPrime의 값은 0 또는 1 두 가지만 가능하다. 이것이 바로 isPrime을 _Bool 형식으로 선언한 이유다. p가 소수라고 판단되는 한 isPrime의 값은 1이지만 p를 나눌 수 있는 값이 발견되는 즉시 0으로 설정함으로써 p를 소수 후보에서 제외한다. 이런 용도로 사용하는 변수를 일컬어 종종 플래그(flags)라고 부른다. 플래그는 보통 하나 혹은 두 가지 가능한 값 가운데 하나만 취하며, 프로그램 내에서 "켜짐"(TRUE) 혹은 "꺼짐"(FALSE)과 같은 상태를 확인하고 그에 따른 처리를 진행하는 용도로 많이 사용한다.

C 언어에서는 플래그의 상태인 TRUE/FALSE를 가장 잘 표현하는 값은 1과 0이다. 따라서 예제 5.10의 반복문 내에서 isPrime을 1로 설정한 것은 "p는 소수다"라는 가정이 TRUE임을 표기한 것으로 볼 수 있다. 이후에 내부 반복문을 수행하다가 p를 나눌 수 있는 값을 발견하면 isPrime을 FALSE로 설정하는데, 이것은 "p는 더 이상 소수가 아니다"라는 의미를 가진다.

이처럼 1이라는 값이 TRUE 또는 "켜짐" 상태를 의미하고 0은 FALSE 또는 "꺼짐" 상태를 의미하는 것이 일반화된 것은 우연이 아니다. 이것은 컴퓨터 내에서 한 개의 비트가 표현할 수 있는 경우와 같다. 즉, 비트가 "켜짐" 상태면 값이 1이고 "꺼짐" 상태면 값은 0이다. C 언어 측면에서 보면 이 논리적 상태값들은 훨씬 더 큰 의미를 가지는데, 이것은 C 언어가 TRUE와 FALSE라는 개념을 다루는 방식과 밀접한 관계가 있다.

이번 장을 시작하면서 if 문에서 지정된 조건을 "만족하면" 바로 뒤의 문을 실행한다고 했던 것을 기억할 것이다. 여기서 "만족하면"이라는 것은 정확히 무엇을 말하는 걸까? C 언어에서 "만족한다"는 것은 0이 아닌 값을 의미하며 그 이상도 이하도 아니다. 따라서 다음과 같은 문의 경우 if 문의 조건식은 항상 0이 아니므로(만족) 뒤따르는 printf() 문을 실행한다.

```
if ( 100 )
    printf ("This will always be printed.\n");
```

이번 장의 모든 프로그램에서는 이처럼 "0이 아니면 만족"하고 "0이면 만족하지 않는다"는 개념을 사용하고 있다. 이것은 C 언어에서 관계식을 평가할 때 식이 만족하면 1로, 그렇지 않으면 0으로 취급하기 때문이다. 다음과 같은 문의 평가 과정을 생각해 보자.

```
if ( number < 0 )
    number = -number;
```

이 문은 실제로 다음과 같이 진행된다.

1. 관계식 number < 0을 평가한다. number가 0보다 작은 경우 조건이 만족되므로 식의 값은 1이며 그렇지 않으면 0이다.
2. if 문은 식의 평가 결과를 확인한다. 만일 결과가 0이 아니라면 바로 다음의 문을 실행하고 그 외의 경우에는 다음 문을 건너뛴다.

이와 같은 논리는 for, while, do 문의 조건을 판단하는 경우에도 똑같이 적용되며 다음과 같이 복합 관계식을 사용한 경우도 마찬가지다.

```
while ( char != 'e' && count != 80 )
```

이와 같은 복합 관계식에서는 지정된 두 개의 조건이 모두 만족되는 경우에 결과값이 1이 되며, 둘 중 하나라도 만족되지 않으면 조건식 평가 결과는 0이다. 평가 결과값이 0이면 while 반복문을 종료하며 1인 경우 실행을 계속한다.

이제 예제 5.10과 플래그 개념으로 다시 돌아가 보면 다음 식과 같이 플래그 값을 이용한 조건 확인은 C 언어에서 지극히 정상적인 형태이다.

```
if ( isPrime )
```

이 식과 다음 식은 같은 의미이지만 전자가 조금 더 플래그의 용법에 어울린다 할 수 있다.

```
if ( isPrime ! =0 )
```

플래그의 값이 FALSE인지 검사하기 위해서 논리 부정 연산자 !를 이용할 수 있다. 다음 식을 보자.

```
if ( ! isPrime )
```

이 식은 isPrime이 FALSE인지 확인하기 위해 논리 부정 연산자를 사용하고 있으며 일반적으로 식 expression을 부정하기 위해서 다음과 같은 형식을 활용한다.

```
! expression
```

이때 expression이 0이면 논리 부정 연산자는 결과로 1을 반환한다. expression의 평가 결과가 0이 아니면 부정 연산자 적용 결과는 0이다.

논리 부정 연산자는 손쉽게 값을 뒤집는 용도로 사용할 수 있다. 다음 예를 살펴보자.

```
myMove = ! myMove;
```

논리 부정 연산자는 단항 빼기 연산자와 우선순위가 같으므로 모든 이항 산술 연산자들과 관계 연산자들보다 높은 우선순위에 있다. 변수 x의 값이 y의 값보다 작지 않은 경우를 검사하는 식은 다음과 같이 표현할 수 있다.

```
! ( x < y )
```

여기서 괄호는 식을 정확히 평가하기 위해 반드시 필요하다. 물론, 이 식을 다음과 같이 표현할 수도 있다.

```
x >= y
```

3장 "변수, 데이터 형식, 산술식"에서 부울 값과 함께 사용할 수 있는 언어 수준에서 미리 정의된 몇 가지 특수한 값에 대해서 배웠는데, 바로 bool 형식과 true, false 값이 그것이다. 이들을 이용하려면 <stdbool.h> 헤더 파일을 프로그램에 포함시켜야 한다. 예제 5.10A는 bool, true, false를 이용하도록 예제 5.10을 개선한 예다.

### 예제 5.10A 소수표 만들기(개선)

```c
// 소수를 표로 출력하는 프로그램

#include <stdio.h>
#include <stdbool.h>

int main (void)
{
    int p, d;
    bool isPrime;

    for ( p = 2; p <= 50; ++p ) {
        isPrime = true;

        for ( d = 2; d < p; ++d )
            if ( p % d == 0 )
                isPrime = false;

        if ( isPrime != false )
            printf ("%i ", p);
    }

    printf ("\n");
    return 0;
}
```

### 예제 5.10A 결과

```
2 3 5 7 11 13 17 19 23 29 31 37 41 43 47
```

예제에서 보는 것처럼 <stdbool.h>를 포함하면 _Bool 대신 bool 형식의 변수를 선언할 수 있다. 엄밀히 말해 이것은 외형적으로 _Bool 보다 bool이 읽거나 쓰기 쉽고 또 int나 float, char 와 같은 C 데이터 형식들의 표기 방식에 좀 더 부합하기 때문에 고안된 것이다.


## 조건 연산자

조건 연산자는 아마도 C 언어에서 가장 특이한 연산자일 것이다. 단항 또는 이항 연산자 형태를 따르는 다른 연산자와 달리 조건 연산자는 세 개의 피연산자를 필요로 하는 삼항 연산자다. 이 연산자는 물음표(?)와 콜론(:) 두 개의 기호를 사용한다. 첫 번째 피연산자는 ? 앞에 위치하며 두 번째는 ?와 : 사이, 그리고 세 번째 피연산자는 : 다음에 위치한다.

조건 연산자의 일반적인 형태는 다음과 같다.

```
condition ? expression1 : expression2
```

condition은 보통 관계식을 사용하고 조건 연산자에서 가장 먼저 평가되는 부분이다. condition의 평가 결과가 TRUE(즉, 0이 아님)면 expression1을 처리하고 그 결과가 조건 연산의 결과가 된다. condition이 FALSE(즉, 0)인 경우에는 expression2를 처리한 결과가 전체 연산의 결과로 반환된다.

조건 연산자를 가장 많이 사용하는 경우는 주어진 조건에 따라 두 개의 값 가운데 하나를 지정된 변수에 할당하고자 할 때다. 예를 들어, 정수 형식의 변수 x와 s에 대해 x가 0보다 작으면 s에 −1을 할당하고 s에 x의 제곱을 할당하고자 한다면 조건 연산자를 이용해 다음과 같이 표현할 수 있다.

```
s = ( x < 0 ) ? -1 : x * x;
```

이 문은 x < 0의 판단에서부터 실행을 시작하며, 조건식은 괄호를 이용해서 시각적으로 구분하기 쉽게 하는 것이 일반적이다. 조건 연산자는 우선순위가 매우 낮기 때문에 보통 괄호가 필요 없다(할당, 쉼표 연산자를 포함한 모든 연산자들보다 낮은 우선순위를 가진다).

x의 값이 0보다 작으면 ? 바로 뒤의 식을 처리하는데, 예문에서는 단순히 정수형 상수값인 −1이며 이 값이 s에 할당된다.

만약 x의 값이 0보다 작지 않으면 : 바로 뒤의 식을 처리한 결과를 s에 할당한다. 따라서 x가 0보다 크거나 같으면 **x * x**, 즉 $x^2$를 s에 할당한다.

조건 연산자를 사용한 또 다른 예를 보자. 다음 문은 a와 b 가운데 큰 값을 maxValue 변수에 할당한다.

```c
maxValue = ( a > b ) ? a : b;
```

만일 :("else" 부분) 다음에 오는 식이 또 다른 조건 연산자라면 마치 else if 절을 사용한 것과 같은 효과를 얻을 수 있다. 예를 들어 예제 5.6에서 구현했던 부호 판별 기능은 조건 연산자를 이용해서 다음과 같이 단 한 줄로 구현할 수 있다.

```c
sign = ( number < 0 ) ? -1 : (( number == 0 ) ? 0 : 1);
```

number가 0 보다 작으면 sign에 -1을 할당하며, number가 0이면 sign에 0을 할당하고, 그 외의 경우 sign은 1이 된다. 여기서 "else" 부분에 사용한 괄호는 사실상 없어도 된다. 이유는 조건 연산자는 우측에서 좌측으로 연관을 맺는 방향성을 갖기 때문이다. 다음과 같은 식이 있다고 생각해 보자.

```c
e1 ? e2 : e3 ? e4 : e5
```

하나의 식에 여러 개의 조건 연산자를 사용했을 때 우측에서 좌측으로 그룹을 형성하게 되므로 이 식은 다음 식과 동일하다.

```c
e1 ? e2 : ( e3 ? e4 : e5 )
```

조건 연산자는 할당 연산자의 우변뿐만 아니라 식을 사용할 수 있는 곳이면 어디에나 이용할 수 있다. 부호 판단 식을 예로 들면 판단 결과를 변수에 할당하지 않고 다음과 같이 printf() 문에 바로 사용할 수 있다.

```c
printf ("Sign = %i\n", ( number < 0 ) ? -.1 : ( number == 0 ) ? 0 : 1);
```

조건 연산자는 C 언어에서 전처리기 매크로를 작성할 때 특히 유용한데, 이에 대해서는 12장 "전처리기"에서 자세히 다루도록 한다.

이번 장에서는 조건에 대한 판단을 내리는 방법에 대해 살펴보았다. 6장 "배열"에서는 좀 더 복잡한 데이터 형식에 대해 알아볼 것이다. 독자들에게도 앞으로 다양한 프로그램을 개발하면서 배열의 강력함을 실감하게 되는 날이 올 것이다. 배열에 대해 본격적으로 살펴보기에 앞서 다음 연습문제를 통해 이번 장에서 배운 내용을 되짚어 보도록 한다.

## 연습문제

1. 이번 장에 소개된 열두 개의 예제를 입력해서 실행해 보고 책에 소개된 출력 결과와 실제로 실행한 결과를 비교해보자. 책에서 사용한 값 외의 다양한 값을 이용해서 프로그램의 동작을 시험해보자.

2. 터미널을 통해 두 개의 정수를 입력받고 첫 번째 입력값이 두 번째 입력값으로 나누어 떨어지는지 확인하고 결과를 적절하게 출력하는 프로그램을 작성해보자.

3. 사용자로부터 두 개의 정수를 입력받아 첫 번째 정수를 두 번째 정수로 나누고 결과를 소수점 아래 세 자리까지 출력하는 프로그램을 작성하자(이때, 0으로 나누는 오류를 검출할 수 있도록 해야 한다).

4. 다음과 같이 간단한 계산기 프로그램을 작성해보자. 사용자는 다음 형식에 따라 값을 입력할 수 있다.

   값   연산자

   프로그램에서 인식하는 연산자는 아래와 같다.

   +   -   *   /   S   E

   연산자 S는 입력된 숫자에 대해 '누산기'[주2]를 설정하도록 한다. 연산자 E는 프로그램에 실행 종료를 알린다. 나머지 산술 연산은 누산기의 값과 입력된 숫자값을 이용해서 이뤄지는데, 이때 입력받은 값을 두 번째 피연산자로 사용한다. 다음은 프로그램의 실행 예다.

```
계산 시작
10 S                 누산기를 10으로 설정
= 10.000000          누산기 값
2 /                  2로 나누기
= 5.000000           누산기 값
55 -                 55 빼기
-50.000000           누산기 값
100.25 S             누산기를 100.25로 설정
= 100.250000         누산기 값
4 *                  4 곱하기
= 401.000000         누산기 값
0 E                  프로그램 종료
= 401.000000         누산기 값
계산 끝
```

계산기 프로그램은 나눗셈 처리 시 0으로 값을 나누는 경우 및 알 수 없는 연산자를 입력한 경우에 대해 적절한 오류 처리를 제공해야 한다.

---

주 2. (역자주) 연산 결과를 일시적으로 저장해 두는 레지스터를 의미한다.

**5.** 예제 4.9에서 터미널에 입력한 정수의 자릿수를 거꾸로 출력하는 프로그램을 살펴보았다. 하지만 예제는 양수에 대해서만 정상적으로 동작하는데, 음수를 입력하면 어떻게 되는지 알아보고 음수를 입력한 경우에도 잘 동작하도록 수정해보자. 예를 들어, −8645를 입력하면 5468−를 출력해야 한다.

**6.** 정수를 하나 입력받아 각 자릿수를 구성하는 숫자를 영문으로 출력하는 프로그램을 작성해보자. 이 프로그램은 사용자가 932를 입력하면 다음과 같이 출력해야 하며, 0만 입력한 경우, "zero"를 출력해야 한다.

```
nine three two
```

**7.** 예제 5.10은 몇 가지 비효율적인 부분을 포함하고 있다. 이 가운데 한 가지는 짝수를 검사하고 있다는 것에서 기인하는데, 2보다 큰 짝수는 절대 소수가 될 수 없기 때문이다. 따라서 프로그램에서 소수 후보 혹은 제수에서 짝수를 건너뛰게 할 수 있을 것이다. 중첩된 내부의 `if` 문 또한 비효율성을 내포하고 있는데, 문제는 항상 p의 값을 2 ~ p-1까지 모든 d 값으로 나눈다는 것이다. 이 문제점은 `for` 반복문의 조건문에서 `isPrime`의 값을 추가로 확인함으로써 해결할 수 있다. 이렇게 함으로써 `for` 반복문은 제수가 발견되지 않은 경우이면서 d가 p보다 작은 한 반복을 계속하게 된다. 예제 5.10을 변경해서 이 두 가지 비효율성을 제거하고, 실행 결과가 정상인지 확인해보자(참고: 6장에서는 이보다 더 효과적인 방법을 알게 될 것이다).

# 6

# 배열

C 언어는 배열을 통해 순서대로 나열된 데이터의 집합을 정의할 수 있는 기능을 제공한다. 이번 장에서는 배열을 정의하고 조작하는 방법에 대해서 알아볼 것이다. 이후의 장들에서는 함수나 구조체, 문자열, 포인터와 배열이 얼마나 잘 조화를 이루면서 동작하는지 살펴보고 배열에 대해 좀 더 잘 이해할 수 있도록 할 것이다. 고급 주제로 진행하기에 앞서 이번 장에서는 배열의 기초에 대해 다음 주제별로 살펴보도록 하자.

- 간단한 배열의 정의
- 배열의 초기화
- 문자 배열 다루기
- const 키워드
- 다차원 배열의 구현
- 가변 길이 배열의 생성

예를 들어, 컴퓨터에 일련의 점수 집합을 입력하고 이 점수들에 대한 다양한 연산을 이용해 오름차순 정렬을 통한 순위 결정, 평균 계산 등을 처리한다고 생각해 보자. 비슷한 예로 예제 5.2에서 입력된 점수의 평균을 구한 방법은 개별 점수를 입력할 때마다 누적했기 때문에 가능했다. 하지만, 오름차순으로 정렬한 순서로 점수의 순위를 결정하려면 무언가가 더 필요하다. 점수 집합에 대해 순위를 매기는 방법에 대해 조금만 생각해 보면 모든 점수가 다 입력되기 전에는 순위 매기기가 불가능하다는 결론에 쉽게 도달하게 된다. 따라서 지금까지 사용한 방법을 이용한다면 다음과 같이 개별 점수를 저장하는 고유의 변수를 이용하도록 해야 할 것이다.

```c
printf ("Enter grade 1\n");
scanf ("%i", &grade1);
printf ("Enter grade 2\n");
scanf ("%i", &grade2);
. . .
```

모든 점수를 입력받고 나면 이들의 순서를 결정할 수 있을 것이다. 이 과정은 아마도 일련의 if 문을 이용해서 각각의 값들을 비교해서 가장 작은 점수, 그 다음으로 작은 점수 등을 판단해 나가는 식으로 가장 높은 점수까지 판별해 내는 방법을 이용할 수 있다. 가만히 앉아서 적당한 크기의 점수 목록(열 개 정도면 충분하다)에 대해 이 방법에 따라 순위를 결정하는 코드를 작성해 보면 아마 생각보다 꽤 크고 복잡한 프로그램이 필요하다는 것을 깨닫게 될 것이다. 하지만 배열이 있는 한 아직 우리에게 희망이 있다.

## 배열 정의

배열을 이용하면 점수 하나만 저장하는 것이 아니라 점수의 집합을 모두 저장하는 grades라는 변수를 정의하는 것이 가능하다. 집합을 구성하는 개별 요소는 숫자로 표현되는 인덱스(색인)라는 수단을 통해 참조할 수 있는데, C 언어에서는 집합에서 i번째 구성요소인 x에 대한 참조를 다음과 같이 표기한다.

```c
x[i]
```

따라서 grades라는 배열의 다섯 번째 요소를 가리키는 식은 다음과 같이 작성할 수 있다.

```c
grades[5]
```

배열 요소의 인덱스는 0부터 시작하기 때문에 실제로 grades 배열의 첫 번째 요소는 grades[0]이다(이런 이유로, 이것을 배열의 첫 번째 요소라기보다 0번째 요소로 보는 것이 편리하다).

각각의 배열 요소는 일반적인 변수를 사용할 수 있는 곳이라면 어디에나 사용할 수 있다. 예를 들어 다음과 같은 방법으로 배열의 값을 다른 변수에 할당할 수 있다.

```
g = grades[50];
```

이 문은 grades[50]에 저장된 값을 g에 할당한다. 인덱스를 i라는 정수형 변수라고 가정하면 다음과 같이 사용하는 것도 가능하다.

```
g = grades[i];
```

이 문은 grades 배열의 i번째 요소의 값을 g에 할당한다. 따라서 예를 들어, i가 7이라면 grades[7]의 값이 g에 할당된다.

반대로 배열의 요소에 값을 저장할 때는 변수를 사용하는 것과 마찬가지로 다음과 같이 배열 요소를 할당 연산자 좌변에 두면 된다.

```
grades[100] = 95;
```

이 문은 grades 배열의 100번째 요소에 95를 저장한다. 다음은 grades[i]에 g의 값을 할당하는 방법을 보여준다.

```
grades[i] = g;
```

서로 관련있는 데이터의 컬렉션을 하나의 배열로 표현할 수 있게 됨으로써 훨씬 간단하고 효과적인 프로그램 개발이 가능하게 되었다. 예를 들어 배열의 인덱스에 사용된 변수의 값을 변화시키는 방법으로 배열을 구성하는 일련의 요소들에 쉽게 순차적인 접근이 가능하다. 다음 for 반복문을 살펴보자.

```
for ( i = 0; i < 100; ++i )
    sum += grades[i];
```

이 for 문은 배열 grades에 대해 앞에서부터 100개(0번째 요소에서 99번째 요소)의 요소를 순서대로 접근하고 각 요소의 값을 sum에 누적한다. for 반복이 끝나면 sum은 grades 배열로부터 추출한 100개의 값을 더한 결과가 된다(반복문을 시작하기에 앞서 sum은 0으로 설정되었다고 가정한다).

배열을 이용할 때 첫 번째 요소의 인덱스값은 0이며 마지막 요소의 인덱스는 배열에 포함된 요소의 전체 개수에서 1을 뺀 값이라는 것을 항상 기억하자.

또한 배열의 요소를 참조할 때 사용하는 대괄호 내에는 정수 상수값뿐만 아니라 정수값으로 귀결되는 식을 사용할 수도 있다. 따라서 다음 문의 경우, low와 high가 정수 형식의 변수로 정의된 경우라면 식 (low + high) / 2의 결과를 인덱스값으로 가지는 배열의 요소를 next_value 변수에 할당한다.

```
next_value = sorted_data[(low + high) / 2];
```

만일 low가 1이고 high가 10인 경우, 정수 간의 나눗셈 규칙에 따라 11을 2로 나눈 결과가 인덱스값이 되어 sorted_data[5]의 값이 next_value에 할당된다.

변수의 경우처럼 배열 역시 사용하기에 앞서 선언되어야 한다. 배열을 선언할 때는 배열에 저장하고자 하는 요소의 데이터 형식(int, float, char 등)과 배열에 저장할 수 있는 요소의 전체 개수가 필요하다(요소의 개수가 필요한 이유는 C 컴파일러가 해당 배열을 위해 확보해야 할 메모리 공간의 크기를 결정할 때 필요하기 때문이다).

다음은 100개의 정수 요소를 저장할 수 있는 배열 grades를 선언한다.

```
int grades[100];
```

이 배열의 인덱스 범위는 0에서 99인데, C 언어는 배열의 경계를 검사하지 않기 때문에 인덱스를 사용함에 있어서 특별한 주의가 필요하다. 때문에 grades 배열의 150번째 요소를 참조한다고 해서 반드시 오류가 발생하는 것은 아니며, 대부분 원치 않는 결과 혹은 예상치 못한 결과를 초래한다.

200개의 부동 소수점 요소를 저장하는 averages라는 배열을 선언하는 경우를 생각해 보자.

```
float averages[200];
```

이 선언에 따라 200개의 부동 소수점 값을 저장할 수 있는 컴퓨터 메모리 공간을 미리 확보하게 된다.

이와 비슷하게 다음은 values 배열에 대해 정수 10개를 저장할 수 있는 공간을 확보한다.

```
int values[10];
```

그림 6.1은 values 배열의 저장 공간을 이해하기 쉽게 그림으로 표현한 모습이다.

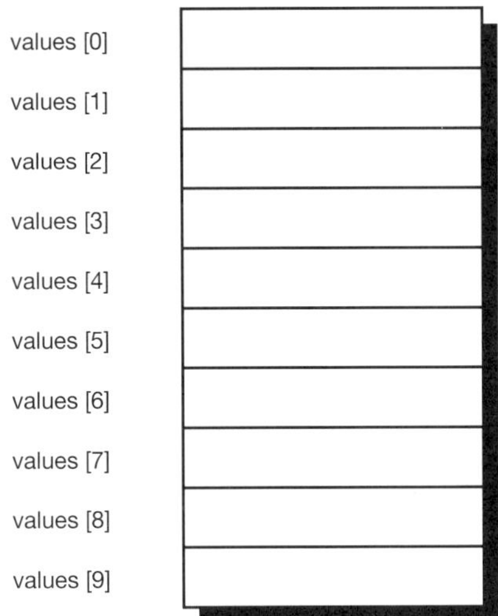

그림 6.1 values 배열의 메모리 내 구조

int, float, char 등으로 선언된 배열의 개별 요소는 일반적인 변수와 같은 방식으로 사용할 수 있다. 즉, 배열 요소에 대해 값 할당, 출력, 더하기, 빼기 등에 대해 변수의 경우와 마찬가지 규칙을 적용할 수 있다. 따라서 프로그램 내에서 다음과 같은 문을 실행한다면 values 배열의 값은 그림 6.2와 같을 것이다.

```
int values[10];

values[0] = 197;
values[2] = -100;
values[5] = 350;
values[3] = values[0] + values[5];
values[9] = values[5] / 10;
--values[2];
```

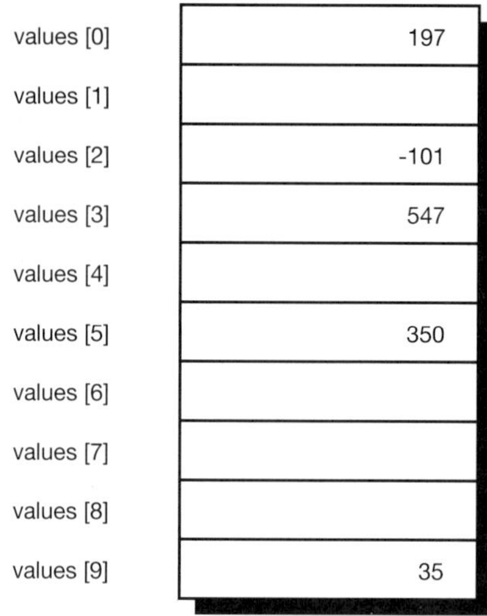



**그림 6.2** 일부 요소의 값 초기화 후 values 배열의 모습

첫 번째 할당문은 values[0]에 197이라는 값을 저장하며, 유사한 방법으로 두 번째 및 세 번째 할당문은 -100과 350을 values[2]와 values[5]에 각각 저장한다. 다음으로 실행되는 문에서는 values[0]의 값과 values[5]의 값을 더한 결과인 547을 values[3]에 저장한다. 그런 다음, 프로그램은 다시 values[5]의 값(즉, 350)을 10으로 나눈 결과를 values[9]에 저장하고, 마지막 문에서는 values[2]의 값을 감소 연산자를 이용해서 -100에서 -101로 변경한다.

예제 6.1은 이 문들이 실제로 사용된 프로그램을 보여준다. 사용된 for 반복문은 배열의 개별 요소를 순서대로 반복하면서 터미널에 값을 출력한다.

**예제 6.1** 배열 이용하기

```c
#include <stdio.h>

int main (void)
{
        int values[10];
        int index;

        values[0] = 197;
        values[2] = -100;
        values[5] = 350;
        values[3] = values[0] + values[5];
        values[9] = values[5] / 10;
```

```c
        --values[2];

    for ( index = 0; index < 10; ++index )
            printf ("values[%i] = %i\n", index, values[index]);

    return 0;
}
```

**예제 6.1 결과**

```
values[0] = 197
values[1] = -2
values[2] = -101
values[3] = 547
values[4] = 4200224
values[5] = 350
values[6] = 4200326
values[7] = 4200224
values[8] = 8600872
values[9] = 35
```

배열의 인덱스는 0부터 시작하기 때문에 예제에서 index 변수는 0에서 9까지 증가되며, 프로그램에서 어떠한 값도 할당하지 않은 5개 요소(1, 4, 6, 7, 8번째 요소)의 값은 의미 없는 값이다. 실제로 예제를 실행해 보면 이 요소들에 대해서는 아마 책에서 보여주고 있는 결과와 다른 값을 보게 될 것이다. 이런 이유로 초기화되지 않은 변수나 배열 요소의 값에 대해서는 절대 임의로 가정해서는 안 된다.

## 배열 요소를 카운터로 이용하기

이제 무언가 조금 더 실용적인 예제를 살펴볼 때가 되었다. 어떤 TV 드라마에 대한 시청자들의 평가를 1점에서 10점까지 점수로 평가하는 전화 설문 조사를 진행했다고 생각해 보자. 5000명을 인터뷰한 결과 5000개의 평가 점수 목록을 수집했으며, 이제 결과를 분석해서 점수별 응답자 분포를 표로 나타내고자 한다.

불가능한 것은 아니지만 답변을 하나하나 보면서 응답 점수를 확인하고 분류하는 과정은 꽤 지루한 과정이 될 것이다. 게다가 분류 기준이 10개 이상으로 변경될 가능성이 충분하다는 점을 고려하면(응답자 연령별 기준을 추가한다고 생각해 보자) 이 방법은 더욱 불합리해 보인다. 결국, 각각의 점수별로 응답 개수를 세는 프로그램을 개발하기에 이른다. 먼저 생각해 볼 수 있는 방법은 rating_1에서 rating_10까지 각 점수의 출현 횟수를 저장하기 위한 변수를 선언하고 해당하는 점수를 입력할 때마다 변수의 값을 증가시키는 것이다. 하지만 앞서 본 것처럼 더 많은 기준에 대해 이와 같은 작업을 해야 한다면 이 방법은 꽤 처리하기 번거로워진다. 이와 같은 경우에 배열을 이용하면 훨씬 깔끔한 구현이 가능하며 분석 기준이 늘어나는 경우에도 보다 잘 대응할 수 있다.

배열을 이용해서 이 문제를 해결하기 위해서는 우선 ratingCounters라는 카운터 값의 배열을 만들고 점수에 해당하는 값이 입력될 때마다 해당하는 카운터를 늘려나갈 수 있다. 지면상의 제약으로 인해 예제 6.2에서는 설문 결과를 20건으로 한정하고 있다. 이처럼 전체 데이터에 대해서 처리를 진행하기에 앞서 작은 테스트 케이스에 대해 프로그램을 실행해 보는 것은 좋은 관례다. 시험 데이터가 작을수록 프로그램에서 발견된 문제점을 격리시키고 디버깅해나가기에 유리하기 때문이다.

## 예제 6.2 카운터 배열 예제

```c
#include <stdio.h>

int main (void)
{
    int ratingCounters[11], i, response;

    for ( i = 1; i <= 10; ++i )
        ratingCounters[i] = 0;

    printf ("Enter your responses\n");

    for ( i = 1; i <= 20; ++i ) {
        scanf ("%i", &response);

        if ( response < 1 || response > 10 )
            printf ("Bad response: %i\n", response);
        else
            ++ratingCounters[response];
    }
```

```c
      printf ("\n\nRating Number of Responses\n");
      printf ("------ -------------------\n");

      for ( i = 1; i <= 10; ++i )
         printf ("%4i%14i\n", i, ratingCounters[i]);

      return 0;
}
```

---

## 예제 6.2 결과

```
Enter your responses
6
5
8
3
9
6
5
7
15
Bad response: 15
5
5
1
7
4
10
5
5
6
8
9

Rating Number of Responses
------ -------------------
1        1
```

| 2 | 0 |
|---|---|
| 3 | 1 |
| 4 | 1 |
| 5 | 6 |
| 6 | 3 |
| 7 | 2 |
| 8 | 2 |
| 9 | 2 |
| 10 | 1 |

ratingCounters 배열은 11개의 요소를 포함한다. 그렇다면, "응답 가능한 점수는 10개인데 왜 11개지?"라는 의문을 가지는 것이 당연하다. ratingCounters의 요소를 11개로 설정한 이유는 다분히 전략적인 이유에서라고 말할 수 있는데, 왜냐하면 설문 결과로 수집한 점수의 범위가 1점에서 10점이기 때문에 특정 점수에 해당하는 값을 점수와 같은 인덱스값을 이용해서 쉽게 액세스 할 수 있게 된다(물론 범위를 벗어난 값이 없는지에 대한 확인이 선행돼야 한다). 예를 들어, 5점이 입력되면 ratingCounters[5]를 1 증가시키면 된다. 이런 방식으로 입력을 계속 해나가면 결국 해당 드라마에 5점을 준 시청자의 수가 ratingCounters[5]에 저장된다.

이제 배열 크기가 왜 10이 아니라 11인지 확실해졌다. 설문시 응답 가능한 최고 점수가 10점이므로 배열의 크기가 항상 인덱스의 최댓값보다 하나 더 크다는 점을 고려하면, 이 배열은 11개의 요소를 가지고 있어야 ratingCounters[10]에 10점 응답자의 수를 저장할 수 있다. 설문시 점수는 1점~10점 범위이므로 ratingCounters[0]은 전혀 사용되지 않는다. 실제로 예제를 보면 배열을 초기화하고 내용을 출력하는 for 문에서 배열의 인덱스로 사용하는 변수 i는 1에서 시작하게 되어 있어 ratingCounters[0]에 대해서는 초기화와 출력을 건너뛴다.

배열 크기를 정확하게 10개로 설정하면 어떤 차이가 있을지에 대해서도 한 번 생각해보자. 이 경우 사용자가 개별 응답 점수를 입력하면 ratingCounters[**점수 - 1**]의 값을 증가시켜야 한다. 이와 같은 방법으로 ratingCounters[0]은 1점을 준 응답의 수를 저장하고 ratingCounters[1]은 2점을 준 응답의 수를 저장하게 된다. 이런 식으로 10점까지의 값들이 저장되며 이 방법을 사용해도 문제될 것은 없다. 예제에서 이 방법을 이용하지 않은 단 하나의 이유는 n점을 부여한 응답자의 수를 ratingCounters[n]에 저장하는 것이 보다 직관적이기 때문이다.

### 피보나치(Fibonacci) 수열 생성

예제 6.3은 처음 15개의 피보나치 수를 표로 보여주는 프로그램인데, 먼저 예제를 분석하고 결과를 예측해 보도록 하자. 개별 값들은 서로 어떤 관계를 가지고 있을까?

```c
// 최초 15개의 피보나치 수열을 만들기 위한 프로그램

#include <stdio.h>

int main (void)
{
    int Fibonacci[15], i;

    Fibonacci[0] = 0; // 초기값 지정
    Fibonacci[1] = 1; // 초기값 지정

    for ( i = 2; i < 15; ++i )
        Fibonacci[i] = Fibonacci[i-2] + Fibonacci[i-1];

    for ( i = 0; i < 15; ++i )
        printf ("%i\n", Fibonacci[i]);

    return 0;
}
```

**예제 6.3** 결과

```
0
1
1
2
3
5
8
13
21
34
55
89
144
```

피보나치 수열에서 $F_0$, $F_1$이라고 부르는 처음 두 개의 값은 0과 1로 정의된다. 그 뒤로 이어지는 i번째 피보나치 수열의 값 $F_i$는 $F_{i-2}$와 $F_{1-1}$을 더한 값이다. 따라서 $F_2$는 $F_0$과 $F_1$의 합이며 이것은 예제에서 `Fibonacci[2]`를 계산하기 위해 `Fibonacci[0]`과 `Fibonacci[1]`을 더하는 것과 같다. 이와 같은 방식으로 `for` 반복문 내에서 $F_2$부터 $F_{14}$를 계산한다(`Fibonacci[2]`에서 `Fibonacci[14]`를 의미함).

피보나치 수열은 수학과 컴퓨터 알고리즘 분야에서 다양하게 사용되고 있다. 역사적으로 볼 때 피보나치 수열은 "토끼 문제"에서 시작했다. 두 마리의 토끼가 있는데, 토끼 한 쌍은 매 달 한 쌍의 새끼를 낳으며, 새로 태어난 새끼들은 태어난 지 두 달이 지나면 새끼를 낳는다고 생각해보자. 죽는 토끼가 없다고 가정하면 1년 후에는 과연 몇 쌍이나 될까? 이 문제의 답은 n번째 달의 토끼 수 $F_{n+2}$로 귀결되는데, 따라서 예제 6.3의 실행 결과로부터 12개월 후에는 377쌍이 된다는 것을 알 수 있다.

## 배열을 이용한 소수 생성

이번에는 5장 "판단하기"에서 만들어본 소수 프로그램을 배열을 이용해 더욱 효과적인 형태로 개선해 보자. 예제 5.10A에서 어떤 수가 소수인지 판단하기 위해 이 값을 2부터 검사 대상인 값 -1까지의 모든 값으로 나누는 방법을 이용했다. 5장의 연습문제 7번에서는 이 예제에 내포된 두 가지 비효율적인 부분에 대해 개선의 여지를 확인했다. 이와 같은 효율성에 관한 이슈들은 50 이하의 소수를 다루는 경우라면 크게 문제되지 않겠지만, 단위가 100,000까지 가면 얘기가 달라진다.

소수를 판단하기 위한 좀 더 나은 방법은 소수는 다른 어떤 소수로도 나눠지지 않는 수라는 것을 이용하는 것이다. 이것은 소수가 아닌 모든 수는 소인수(Prime factor)의 곱으로 표현할 수 있다는 사실에서 기인하는데, 예를 들어 20의 소인수는 2, 2, 5이다. 이 방법을 이용하면 소수 생성 프로그램을 보다 효과적인 형태로 개선할 수 있는데, 프로그램에서 소수인지 확인하고자 하는 값이 앞서 찾아낸 소수 가운데 어떤 값으로도 나눠지지 않는지 검사하도록 할 수 있다. 이쯤이면 독자들도 "앞서 찾아낸 소수"라는 표현으로부터 배열을 사용할 수 있는 가능성을 생각해낼 수 있을 것이다. 즉, 소수로 판단된 값들을 배열에 저장한 다음 이 배열을 이용하는 것이다.

프로그램을 조금 더 최적화하기 위해 고려해 볼만한 것이 하나 더 있다. 소수가 아닌 모든 정수 n은 n의 제곱근보다 작은 소인수를 가져야 한다는 사실이다. 즉, 주어진 정수가 소수인지 확인할 때 이 수의 제곱근보다 작은 소수로만 나눠보면 된다는 결론이다.

예제 6.4는 지금까지 논의했던 내용을 토대로 50 이하의 소수를 구하는 프로그램이다.

**예제 6.4** 소수 표 만들기(버전 2)

```c
#include <stdio.h>
#include <stdbool.h>

// 소수를 표로 출력하는 개선된 프로그램

int main (void)
{
    int p, i, primes[50], primeIndex = 2;
    bool isPrime;

    primes[0] = 2;
    primes[1] = 3;

    for ( p = 5; p <= 50; p = p + 2 ) {
        isPrime = true;

        for ( i = 1; isPrime && p / primes[i] >= primes[i]; ++i )
            if ( p % primes[i] == 0 )
                isPrime = false;

        if ( isPrime == true ) {
            primes[primeIndex] = p;
            ++primeIndex;
        }
    }

    for ( i = 0; i < primeIndex; ++i )
        printf ("%i ", primes[i]);

    printf ("\n");

    return 0;
}
```

```
2  3  5  7  11  13  17  19  23  29  31  37  41  43  47
```

중첩된 for 문이 사용되고 있는데, 그 가운데 내부의 for 문에서 사용하고 있는 다음 식을 살펴보자.

```
p / primes[i] >= primes[i]
```

이 식은 바로 앞에서 논했던 최적화 방법의 일환으로 primes[i]가 p의 제곱근보다 작거나 같은 경우에만 조건이 만족하도록 하기 위해 사용됐다.

예제 6.4는 primes 배열에 2와 3을 저장하면서 시작된다. 참고로 primes 배열은 50개의 요소를 저장할 수 있게 선언되었는데, 50개까지 사용하지 않을 것이라는 것은 직관적으로 알 수 있다. primeIndex 변수는 초기값이 2로 primes 배열의 다음 빈 슬롯에 대한 인덱스값을 나타낸다. 다음으로는 for 문을 이용해서 5부터 50까지 홀수인 정수에 대한 반복을 설정한다. 이 for 문 내로 진입하면 isPrime 변수를 true로 설정하고 또 다른 for 문을 시작한다. 이 반복문은 기존의 primes 배열에 저장된 소수에 순서대로 접근하면서 p를 소수로 나눈다. 여기서 사용된 인덱스 변수 I는 1에서부터 시작하는데 이것은 p가 5부터 50 사이의 홀수이므로 primes[0]의 값인 2로 나눌 필요가 없기 때문이다. 당연한 것이지만 예제에서는 연산 과정에서 어떠한 경우에도 짝수에 대해 소수 여부를 검사하지 않는다. for 문 내에서는 p의 값이 primes[i]로 나누어 떨어지는지(즉, 나머지가 0인지) 확인하고, 만약 그렇다면 isPrime 값을 false로 변경한다. 내부 for 문은 isPrime이 true이면서 primes[i]가 p의 제곱근을 초과하지 않는 한 계속 반복한다.

내부 for 문을 탈출하고 나면 isPrime 플래그의 값을 이용해서 p의 값이 소수인 경우 primes 배열에 이 값을 저장한다.

모든 p 값에 대한 처리가 끝나면 primes 배열에 저장된 모든 소수를 출력한다. 이때 인덱스 변수 i는 0부터 primeIndex-1까지 증가하는데, 이것은 알다시피 primeIndex가 항상 primes 배열의 다음 비어있는 슬롯을 가리키는 인덱스값이기 때문이다.

## 배열 초기화

변수를 선언하면서 초기화할 수 있는 것과 마찬가지로 배열에 대해서도 초기값을 할당할 수 있다. 이것은 그저 첫 번째 요소부터 순서대로 초기값을 나열하는 방법으로 가능하며, 각각의 값들은 쉼표로 구분하고 전체 목록은 중괄호로 감싼다.

다음 문은 다섯 개의 정수값을 가지는 counters 배열의 모든 요소를 0으로 초기화한다.

```c
int counters[5] = { 0, 0, 0, 0, 0 };
```

비슷한 예로, 다음은 integers 배열의 각 요소를 다른 값으로 초기화하는 경우다.

```c
int integers[5] = { 0, 1, 2, 3, 4 };
```

문자들로 구성된 배열도 이와 비슷한 방법으로 초기화할 수 있다.

```c
char letters[5] = { 'a', 'b', 'c', 'd', 'e' };
```

예제에서 문자 배열인 letters는 'a', 'b', 'c', 'd', 'e'라는 다섯 개의 요소로 초기화된다.

배열을 초기화할 때 무조건 전체 요소의 값을 모두 초기화해야 할 필요는 없다. 선언된 요소의 개수보다 적은 초기값을 지정하면, 지정된 만큼만 값이 할당되며 나머지는 0으로 초기화된다. 다음 예를 살펴보자.

```c
float sample_data[500] = { 100.0, 300.0, 500.5 };
```

이 문은 sample_data의 처음 세 개 요소를 100.0, 300.0, 500.5로 초기화하고 나머지 497개 요소를 0으로 초기화한다.

대괄호를 이용해서 특정 요소를 지정해서 초기화하는 것도 가능한데, 다음과 같은 방법으로 앞서 살펴본 예의 경우와 같은 결과를 얻을 수 있다.

```c
float sample_data[500] = { [2] = 500.5, [1] = 300.0, [0] = 100.0 };
```

또 다른 초기화의 형태를 살펴보자.

```c
int x = 1233;
int a[10] = { [9] = x + 1, [2] = 3, [1] = 2, [0] = 1 };
```

예에서는 10개의 요소를 가지는 배열을 정의하면서, 마지막 요소의 값에 x + 1(즉, 1234)을 할당하고 처음 세 개의 요소는 각각 1, 2, 3으로 초기화한다.

안타까운 사실은 C 언어에서 배열 요소의 초기화를 위한 어떠한 간소화된 방법도 제공하지 않고 있다는 것이다. 따라서 초기화 시 반복 카운트와 같은 개념을 적용할 수 있는 방법이 없고, 예를 들어 500개의 요소를 가지는 배열의 모든 값을 1로 초기화하려는 경우, 개별 요소에 대해 명시적으로 값을 지정해야 한다. 이런 경우에는 for 반복문을 이용해서 배열을 초기화하는 것이 좋다.

예제 6.5는 배열을 초기화하는 두 가지 기법을 소개한다.

**예제 6.5 배열의 초기화**

```c
#include <stdio.h>

int main (void)
{
    int array_values[10] = { 0, 1, 4, 9, 16 };
    int i;

    for ( i = 5; i < 10; ++i )
        array_values[i] = i * i;

    for ( i = 0; i < 10; ++i )
        printf ("array_values[%i] = %i\n", i, array_values[i]);

    return 0;
}
```

**예제 6.5 결과**

```
array_values[0] = 0
array_values[1] = 1
array_values[2] = 4
array_values[3] = 9
array_values[4] = 16
array_values[5] = 25
array_values[6] = 36
array_values[7] = 49
array_values[8] = 64
array_values[9] = 81
```

예제에서 array_values의 처음 다섯 개의 요소는 해당 인덱스를 제곱한 값으로 초기화한다(예를 들어 3번째 요소는 3을 제곱한 값인 9로 설정된다). 다음으로 사용된 for 문에서는 반복문을 이용해서 처음 다섯 개 요소를 초기화한 것과 같은 논리로 나머지 배열 요소를 초기화하는 방법을 보여준다. 마지막 for 문에서는 이와 같이 초기화가 끝난 배열의 모든 요소를 터미널에 출력한다.

## 문자 배열

예제 6.6은 문자 배열을 사용하는 방법을 보여주기 위한 간단한 프로그램이다. 그런데 이 간단한 예제는 보기보다 중요한 내용을 한 가지 포함하고 있다. 우선 예제를 보고 무엇일까 각자 생각해 보도록 하자.

**예제 6.6 문자 배열 소개**

```c
#include <stdio.h>

int main (void)
{
    char word[] = { 'H', 'e', 'l', 'l', 'o', '!' };
    int i;

    for ( i = 0; i < 6; ++i )
        printf ("%c", word[i]);

    printf ("\n");

    return 0;
}
```

**예제 6.6 결과**

```
Hello!
```

여기서 가장 주목할 만한 점은 word라는 문자 배열을 선언하는 부분이다. 이 배열의 선언에는 요소의 개수를 지정하고 있지 않다. C 언어에서는 이처럼 요소의 개수를 지정하지 않고 배열을 정의하는 것이 가능하다. 요소의 개수를 지정하지 않으면, 배열의 크기는 자연스럽게 초기화에 사용된 요소의 개수에 의해 결정된다. 예제 6.6의 word 배열의 경우에는 6개의 초기값을 사용했으므로 C 언어는 암시적으로 6개의 요소를 가지는 배열 크기를 적용한다.

배열을 정의하는 시점에 모든 요소를 초기화하는 한 이와 같은 접근은 훌륭하게 동작하며 그 외의 경우에는 배열의 크기를 명시적으로 지정해야 한다.

그렇다면 배열의 인덱스값을 초기화에 사용하는 경우에는 어떨지 다음 문을 통해 살펴보도록 하자.

```
float sample_data[] = { [0] = 1.0, [49] = 100.0, [99] = 200.0 };
```

이와 같은 경우 초기화에 사용한 가장 큰 인덱스값이 배열의 크기를 결정한다. 즉 예의 경우 sample_data는 초기화에 사용한 인덱스값의 최댓값 99에 의해 100개의 요소를 가지게 된다.

## 배열을 이용한 진법 변환

다음 예제를 통해 정수 및 문자 배열의 활용에 대해 조금 더 살펴보도록 한다. 이번 예제의 목적은 10진법으로 표현된 임의의 양수를 최대 16진수까지 진법을 변환해서 표현하는 것이다. 또, 프로그램이 입력받는 두 개의 값은 변환하고자 하는 값과 변환 후 진법을 지정하기 위한 기수이다. 결과적으로 이 프로그램은 입력값에 따라 진법 변환을 처리하고 결과를 출력한다.

이와 같은 프로그램을 개발하기 위한 첫 번째 단계는 우선 주어진 임의의 수를 10진법에서 다른 진법에 맞게 변환하는 알고리즘을 설계하는 것이다. 진법 변환 알고리즘은 간단히 다음과 같이 정의할 수 있다. 먼저 주어진 10진수에 대해 입력받은 기수로 모듈러스 연산을 수행한 결과로 변환 후 값의 자릿수 하나를 얻을 수 있다. 다음으로 이 10진수를 기수로 나누고 소수점 아래 값은 버린다. 입력된 10진수에 대해 이와 같은 과정을 반복해서 결과가 0이 될 때까지 계속한다.

이 알고리즘은 변환 결과값을 구성하는 각 자릿수를 오른쪽에서부터 하나씩 추출해 낸다. 이것이 실제로 어떻게 동작하는지 다음 예를 통해 살펴보자. 10진수 10을 2진수로 변환하고자 한다고 가정하고 단계별 계산 과정을 표로 나타내면 다음과 같다.

**표 6.1** 10진수에서 2진수로의 변환 과정

| 값 | 값 % 2 | 값 / 2 |
| --- | --- | --- |
| 10 | 0 | 5 |
| 5 | 1 | 2 |
| 2 | 0 | 1 |
| 1 | 1 | 0 |

10을 2진수로 변환한 값은 1010으로 이 표의 '값 % 2' 열의 값을 아래에서 위로 읽은 것이다.

이같은 변환 과정을 프로그램으로 구현하려고 할 때 반드시 짚고 넘어가야 할 것들이 있다. 첫째, 이 알고리즘은 변환된 결과값의 자릿수를 거꾸로 추출하고 있는데, 별로 좋아 보이지 않는 부분이다. 사용자가 결과값을 우측에서 좌측으로 읽거나 아래에서 위로 읽어야 하는 끔찍한 상황을 피하려면 이 문제를 해결해야 한다. 이를 위해 개별 자릿수를 추출하자마자 바로 화면에 출력하지 않고 배열에 모아 두었다가 변환 과정이 모두 끝나고 나서 배열을 이용해서 적절한 순서로 출력하도록 할 수 있다.

둘째, 이 프로그램을 이용하면 10진수를 2진수~16진수로 바꿀 수 있다고 했다. 즉, 추출된 숫자가 10에서 15 사이의 값인 경우, 여기에 해당하는 문자인 A부터 F로 표현되어야 한다는 것을 의미한다. 이 문제는 문자 배열을 이용해서 해결할 수 있다.

예제 6.7에서 위에서 소개한 두 가지 문제점을 어떻게 해결하고 있는지 확인해 보도록 하자. 또 예제에서 const 한정자를 사용하고 있는데 const를 변수에 사용하면 프로그램 내에서 값을 고정할 수 있다.

## 예제 6.7 양의 정수에 대한 진법 변환

```c
// 주어진 양의 정수를 다른 진법으로 변환하는 프로그램

#include <stdio.h>

int main (void)
{
    const char baseDigits[16] = {
        '0', '1', '2', '3', '4', '5', '6', '7',
        '8', '9', 'A', 'B', 'C', 'D', 'E', 'F' };
    int convertedNumber[64];
    long int numberToConvert;
    int nextDigit, base, index = 0;

    // 변환하고자 하는 양수와 기수 입력

    printf ("Number to be converted? ");
    scanf ("%ld", &numberToConvert);
    printf ("Base? ");
    scanf ("%i", &base);

    // 지정된 진법으로 변환

    do {
        convertedNumber[index] = numberToConvert % base;
        ++index;
```

```c
        numberToConvert = numberToConvert / base;
    }
    while ( numberToConvert != 0 );

    // 추출 역순으로 결과 출력

    printf ("Converted number = ");

    for (--index; index >= 0; --index ) {
        nextDigit = convertedNumber[index];
        printf ("%c", baseDigits[nextDigit]);
    }

    printf ("\n");
    return 0;
}
```

---

**예제 6.7 결과**

```
Number to be converted? 10
Base? 2
Converted number = 1010
```

---

**예제 6.7 결과(재실행)**

```
Number to be converted? 128362
Base? 16
Converted number = 1F56A
```

---

### const 한정자

C 언어에서는 프로그램 내에서 변치 않는 값을 가지는 변수에 대해 const 한정자를 사용할 수 있다. const를 이용하면 프로그램이 실행되는 내내 지정된 변수가 하나의 상수값을 가지도록 할 수 있다. 초기화 후에 const 변수에 값을 할당하려고 하거나 변경하려고 하면 컴파일러에서 오류 메시지를 발생할 것이다. C 언어에서 const 속성을 이용하면 지정된 변수를 읽기 전용 메모

리에 할당할 수 있다는 것은 이 속성의 도입 의도 가운데 하나다(보통 프로그램에서 사용하는 명령어들도 읽기 전용 메모리에 위치한다).

다음은 const 변수 pi를 선언하는 예다.

```
const double pi = 3.141592654;
```

이 문은 컴파일러에 프로그램 내에서 pi를 변경할 수 없다고 알린다. 그런데 이후에 다음과 같은 문이 있다고 생각해 보자.

```
pi = pi / 2;
```

이 경우, gcc 컴파일러는 다음과 유사한 오류 메시지를 출력할 것이다.

```
foo.c:16: error: assignment of read-only variable 'pi'
```

다시 예제 6.7로 돌아가보자. 문자 배열 baseDigits는 변환된 값에서 출력될 수 있는 16개의 숫자를 포함하고 있는데 이 배열의 값은 초기화 후에 변경되지 않을 것이기 때문에 const 배열로 선언되었다. 이렇게 const를 이용한 경우 역시 프로그램의 가독성을 높이는 데 도움이 된다.

convertedNumber 배열은 최대 64개의 숫자를 포함할 수 있게 선언되었는데, 이것은 대부분의 환경에서 long 형식의 가장 큰 정수값을 가장 작은 기수(2진법)를 기준으로 변경한 값을 담을 수 있는 크기다. 변수 numberToConvert는 long int 형식을 사용함으로써 충분히 큰 값에도 대응할 수 있게 하고 있다. 마지막으로 변수 base(변경 후 기수 저장)와 index(convertedNumber 배열을 위한 인덱스)는 int 형식을 사용한다.

사용자가 변환하고자 하는 정수값과 기수를 입력(scanf()에서 long 정수를 입력받기 위해 %ld를 이용하고 있나는 것에 주의)하고 나면, 실제 변환 처리를 위한 do 반복문에 진입한다. do 문을 이용한 이유는 사용자가 0을 입력한 경우에도 convertedNumber 배열에는 최소 한 개의 숫자가 저장될 것이기 때문이다.

반복문 내에서는 numberToConvert와 base 간의 모듈러스 연산으로 다음 숫자를 얻고, 이 숫자를 convertedNumber 배열에 저장한 다음 index를 1 증가시킨다. 그런 다음 numberToConvert를 기수로 나누고 do 반복문의 조건을 검사하는데 numberToConver가 0이면 반복을 종료하고 그렇지 않으면 다음 숫자를 얻기 위한 반복을 계속한다.

do 반복이 끝나면 index의 값은 변환된 값을 구성하는 숫자의 수와 같다. index 변수의 값은 do 반복문 내에서 변환된 값을 구성하는 숫자 개수보다 한 번 더 증가되기 때문에 이어지는 for 문에서 1 감소시킨다. 이 for 문은 변환된 값을 터미널로 출력하기 위한 것으로 convertedNumber 배열을 역순으로 접근하는 방법으로 최종 결과값을 올바른 형태로 출력한다.

for 문 내에서 convertedNumber 배열의 개별 요소(숫자)는 nextDigit에 순서대로 할당되고, nextDigit을 인덱스값으로 이용해서 baseDigits 배열의 값을 참조함으로써 nextDigit의 값이 10~15인 경우 A~F로 적절한 변환이 이루어진다. nextDigit이 0~9인 경우 참조되는 baseDigits의 값은 단순히 '0'부터 '9'까지의 문자다(정수가 아님에 주의한다). nextDigit이 10~15인 경우에 대한 baseDigits의 값은 'A'~'F'이며, 따라서 nextDigit이 10이라면 baseDigit[10] 즉, 문자 'A'를 출력하고, nextDigit이 8이면 baseDigit[8]의 값인 문자 '8'을 출력한다.

index 값이 0보다 작아지면 for 반복문을 종료하고, 줄바꿈 문자를 하나 출력한 다음 프로그램을 종료한다.

그런데, 조금만 생각해 보면 convertedNumber[index]를 nextDigit에 할당하는 중간 과정 없이 printf()에 사용된 baseDigits 배열의 인덱스를 다음과 같이 직접적으로 지정할 수 있다는 것을 알 수 있다.

```
baseDigits[ convertedNumber[index] ]
```

이렇게 사용하는 경우에도 예제와 같은 결과를 얻을 수 있는데, 다만 표현이 약간 복잡해 보이는 면은 피할 수 없다.

이 예제는 완성된 것으로 보이지만 여전히 보완해야 할 부분이 있다. 입력된 기수가 2부터 16이내에 있는지에 대한 검사가 전혀 이루어지지 않고 있다. 만일 사용자가 기수로 0을 입력하면 do 반복문 내에 있는 나누기 연산에서 0으로 값을 나누는 오류가 발생할 것이다. 앞에서도 이야기한 바 있지만 프로그램 내에서 절대로 0으로 값을 나누는 것을 허용해서는 안 된다. 사용자가 기수로 1을 입력한 경우도 문제가 되는데, 이 경우에는 numberToConvert가 절대로 0에 도달하지 않기 때문에 프로그램이 무한루프에 빠지게 된다. 또, 16보다 큰 기수를 입력하면 baseDigits 배열에서 수용할 수 있는 한계를 벗어나는 문제가 발생한다. 알다시피 C 언어 시스템에서는 배열의 경계를 자동으로 검사해 주지 않기 때문에 이러한 조건이 발생하지 않도록 반드시 사전에 검사가 이루어져야 한다.

이 문제점들은 7장, "함수"에서 해결해 보기로 하고, 이제 배열이 제공하는 한 가지 흥미로운 확장성에 대해 살펴보도록 하겠다.


## 다차원 배열

지금까지 살펴본 배열은 모두 선형, 즉 1차원 배열인데 C 언어에서는 1차원 이상의 다차원 배열을 사용할 수 있다. 이번 절에서는 2차원 배열에 대해 살펴보도록 하겠다.

2차원 배열의 가장 대표적인 사용 예는 행렬이다. 표 6.2와 같은 4 × 5 행렬을 생각해 보자.

**표 6.2** 4 × 5 행렬 예

| 10 | 5 | −3 | 17 | 82 |
|----|----|----|----|----|
| 9 | 0 | 0 | 8 | −7 |
| 32 | 20 | 1 | 0 | 14 |
| 0 | 0 | 8 | 7 | 6 |

수학에서는 두 개의 첨자(역자 주: 인덱스의 개념)를 이용해서 행렬의 요소를 참조하는 것이 일반적이다. 표 6.2의 행렬을 M이라고 하면 $M_{i,j}$는 M의 i행, j열에 위치한 요소를 가리키는데, 이때 i는 1부터 4, j는 1부터 5까지의 값이다. 따라서 $M_{3,2}$는 행렬의 3행 2열에 해당하는 값인 20을 가리키고, $M_{4,5}$는 같은 방법으로 6을 가리킨다.

C 언어에서는 이것과 아주 비슷한 표기법을 이용해서 2차원 배열의 요소를 참조할 수 있다. 하지만 C 언어에서는 숫자를 매기는 경우에 0을 시작점으로 하는 것을 선호하기 때문에 행렬의 첫 번째 행은 0번 행, 첫 번째 열은 0번 열이 된다. 표 6.3은 표 6.2의 행렬에 이와 같은 C 언어의 기준을 적용한 모습이다.

**표 6.3** C 언어에서의 4 × 5 행렬

| 열(j)<br>행(i) | 0 | 1 | 2 | 3 | 4 |
|----|----|----|----|----|----|
| 0 | 10 | 5 | −3 | 17 | 82 |
| 1 | 9 | 0 | 0 | 8 | −7 |
| 2 | 32 | 20 | 1 | 0 | 14 |
| 3 | 0 | 0 | 8 | 7 | 6 |

수학에서 $M_{i,j}$는 C 언어에서 다음과 같이 표현할 수 있다.

```
M[i][j]
```

첫 번째 인덱스는 행 번호를 의미하고 두 번째 인덱스는 열 번호를 의미한다는 것을 잘 기억하고 다음 문을 살펴보자.

```
sum = M[0][2] + M[2][4];
```

이 문은 0행 2열의 값(−3)과 2행 4열의 값(14)을 더한 결과인 11을 변수 sum에 할당한다.

2차원 배열의 선언은 1차원 배열의 경우와 같다. 다음 문은 4개의 행과 5개의 열을 가지는 정수 형식의 2차원 배열 M을 선언하고 있으며, 결과적으로 20개의 정수 요소를 가진다.

```c
int M[4][5];
```

2차원 배열을 초기화하는 방법 또한 1차원 배열을 초기화하는 방법의 연장선상에 있다. 즉, 초기화를 위한 요소의 목록을 작성할 때 목록을 구성하는 값을 행 단위로 작성하면 된다. 이때 각 행의 값들을 초기화하기 위한 값들은 중괄호를 이용해서 다른 행과 구분한다. 따라서 표 6.3의 요소를 가지는 배열 M을 초기화하려면 다음과 같은 문을 이용할 수 있다.

```c
int M[4][5] = {
                { 10, 5, -3, 17, 82 },
                { 9, 0, 0, 8, -7 },
                { 32, 20, 1, 0, 14 },
                { 0, 0, 8, 7, 6 }
        };
```

이 문은 주의 깊게 살펴볼 필요가 있다. 각 행을 구분하기 위해 사용하는 중괄호는 마지막 행의 경우를 제외하면 다시 쉼표를 이용해서 서로 구분하고 있는데, 사실 내부에 사용하고 있는 중괄호는 선택사항이다. 행을 서로 구분하기 위해 사용한 중괄호를 사용하지 않으면 초기화는 행 순서대로 이루어지기 때문에 M을 다음과 같이 초기화하더라도 같은 결과를 얻을 수 있다.

```c
int M[4][5] = { 10, 5, -3, 17, 82, 9, 0, 0, 8, -7, 32,
               20, 1, 0, 14, 0, 0, 8, 7, 6 };
```

한편, 2차원 배열도 1차원 배열의 경우와 마찬가지로 배열의 일부만 초기화할 수 있다. 다음 문을 살펴보자.

```c
int M[4][5] = {
                { 10, 5, -3 },
                { 9, 0, 0 },
                { 32, 20, 1 },
                { 0, 0, 8 }
        };
```

행렬로 볼 때 각 행은 5개의 요소로 구성되는데, 이 문에서는 각 행의 처음 세 개 요소만을 지정된 값으로 초기화하고 있다. 각 행의 나머지 값은 0으로 설정된다. 이처럼 각 행의 일부만 초기화하고자 할 때는 행을 구분하는 중괄호가 반드시 필요하다. 만약 중괄호를 사용하지 않으면 처음 두 개 행과 세 번째 행의 두 개 요소만 지정된 값으로 초기화될 것이다(각자 확인해 보도록 하자).

다음은 2차원 배열에서 인덱스를 지정해서 특정 요소만 지정된 값으로 초기화하는 예이며, 지정되지 않은 모든 요소들은 0으로 초기화된다.

```c
int matrix[4][3] = { [0][0] = 1, [1][1] = 5, [2][2] = 9 };
```

## 가변 길이 배열[주 1]

이번에는 배열에 정해진 크기를 지정하지 않고 사용할 수 있는 기능에 대해 알아보자.

지금까지 다양한 예제들을 통해서 배열의 크기가 어떻게 지정된 크기를 가지게 되는지 살펴보았는데, C 언어는 가변 크기의 배열도 허용하고 있다. 예를 들어, 예제 6.3은 처음 15개의 피보나치 수열만 계산하는 프로그램인데, 15개가 아니라 100개나 500개, 혹은 사용자가 원하는 숫자를 지정하게 하기를 원한다면 어떨까? 예제 6.8을 통해 이 문제를 어떻게 해결하고 있는지 살펴보도록 하자.

### 예제 6.8 가변 길이 배열을 이용한 피보나치 수열 계산

```c
// 가변 길이 배열을 이용해서 피보나치 수열을 계산하는 프로그램

#include <stdio.h>

int main (void)
{
    int i, numFibs;

    printf ("How many Fibonacci numbers do you want (between 1 and 75)? ");
    scanf ("%i", &numFibs);

    if (numFibs < 1 || numFibs > 75) {
        printf ("Bad number, sorry!\n");
        return 1;
    }

    unsigned long long int Fibonacci[numFibs];

    Fibonacci[0] = 0; // 초기값 지정
```

---

주 1. ANSI C11 표준에서는 가변 길이 배열에 대한 지원을 선택사항으로 하고 있다. 현재 사용하고 있는 컴파일러에서 지원 여부를 확인해 보고 사용하도록 한다.

```c
    Fibonacci[1] = 1;  // 초기값 지정

    for ( i = 2; i < numFibs; ++i )
        Fibonacci[i] = Fibonacci[i-2] + Fibonacci[i-1];

    for ( i = 0; i < numFibs; ++i )
        printf ("%llu ", Fibonacci[i]);

    printf ("\n");

    return 0;
}
```

**예제 6.8 결과**

```
How many Fibonacci numbers do you want (between 1 and 75)? 50
0 1 1 2 3 5 8 13 21 34 55 89 144 233 377 610 987 1597 2584
4181 6765 10946 17711 28657 46368 75025 121393 196418 317811 514229
832040 1346269 2178309 3524578 5702887 9227465 14930352 24157817
39088169 63245986 102334155 165580141 267914296 433494437 701408733
1134903170 1836311903 2971215073 4807526976 7778742049
```

예제 6.8에 대해 몇 가지 논하고 넘어가도록 하자. 첫째, 변수 i와 numFibs를 선언하고 있는데 numFibs는 사용자가 원하는 피보나치 수열 값의 개수를 저장하기 위해 사용된다. 예제에서는 numFibs의 범위에 대한 검사 후, 범위를 벗어나는 값을 입력하면(1보다 작거나 75보다 큰 경우) 메시지를 출력하고 1을 반환한다. 이처럼 입력값 검사 과정에서 return 문이 실행되면 프로그램 은 즉시 종료되며 이후의 문들은 실행되지 않는다. 2장 "첫 번째 프로그램 컴파일 및 실행"에서 언급한 것처럼 일반적으로 프로그램 종료 시 0이 아닌 값을 반환하는 경우 프로그램이 비정상적 으로 종료했음을 의미하며, 필요에 따라 다른 프로그램에서 이 반환값을 이용해 후속 처리를 하 기도 한다.

사용자 입력이 완료된 다음에 뒤따르는 문은 다음과 같다.

```c
unsigned long long int Fibonacci[numFibs];
```

이 문은 Fibonacci 배열이 numFibs 개수의 요소를 포함하도록 선언하고 있다. 이와 같이 상수 식이 아닌 변수에 의해 배열의 길이가 정해지는 배열의 형태를 가변 길이 배열이라고 한다. 앞서 살펴본 것처럼 변수는 사용하기 전이라면 프로그램의 어느 곳에서라도 선언할 수 있다. 따라서 위치가 조금 이상해 보이기는 하지만 Fibonacci 배열의 선언에는 문제될 것이 전혀 없다. 하지만 일반적으로 이런 위치에 변수를 선언하는 것이 좋은 프로그래밍 방식은 아니다. 보통은 변수 선언을 모아둠으로써 모든 변수와 그 형식을 한 군데서 확인할 수 있게 하는 것이 일반적이다.

피보나치 수열의 값은 급격하게 커지기 때문에 양의 정수를 저장할 수 있는 가장 큰 형식인 `unsigned long long int`를 이용했다. 연습 삼아 `unsigned long long int` 형식에 저장할 수 있는 피보나치 수열의 최댓값을 구해보는 것도 재미있는 도전이 될 것이다.

예제의 나머지 부분은 비교적 간단하다. 요구된 피보나치 수열의 값들을 계산하고 결과를 사용자에게 출력한 다음 프로그램을 종료한다.

때로는 프로그램 실행 중에 배열의 저장 공간을 할당하기 위해 동적 메모리 할당이라는 기술을 사용하기도 하는데, 표준 C 라이브러리에 포함되어 있는 `malloc()`이나 `calloc()`과 같은 함수들이 이 기능을 지원한다. 동적 메모리 할당에 대해서는 16장 "기타 및 고급 기능"에서 보다 자세히 다루도록 한다.

이번 장에서는 프로그래밍 언어에서 배열이 가지는 강력한 기능에 대해서 살펴보았다. 다차원 배열을 이용한 예제는 7장에서 C 언어의 가장 중요한 개념 가운데 하나인 함수에 대해 살펴보면서 함께 소개할 것이다. 7장으로 진행하기 전에 다음 연습문제를 풀어보자.

## 연습문제

1. 이번 장에 소개된 아홉 개의 예제를 입력해서 실행해보고 실제로 실행한 결과와 비교해보자.

2. `for` 반복문을 이용해서 배열 `values`의 모든 요소를 0으로 초기화하도록 예제 6.1을 수정해보자.

3. 예제 6.2는 20개의 응답 결과만 처리할 수 있다. 사용자가 응답 결과를 얼마든지 입력할 수 있게 프로그램을 수정해보자. 사용자는 원하는 만큼 응답 결과를 계속 입력할 수 있으며 입력이 끝났으면 999를 입력해서 응답 입력 작업을 종료한다(힌트: 반복을 종료하려면 `break` 문을 이용하면 된다).

4. 부동 소수점 수 10개의 평균을 계산하는 프로그램을 작성해보자.

5. 다음 프로그램의 실행 결과를 예측해보자.

```c
#include <stdio.h>

int main (void)
{
```

```c
int numbers[10] = { 1, 0, 0, 0, 0, 0, 0, 0, 0, 0 };
int i, j;

for ( j = 0; j < 10; ++j )
        for ( i = 0; i < j; ++i )
                numbers[j] += numbers[i];

for ( j = 0; j < 10; ++j )
        printf ("%i ", numbers[j]);

printf ("\n");

return 0;
}
```

**6.** 배열을 사용하지 않아도 피보나치 수열을 계산할 수 있다. 세 개의 변수를 이용하면 되는데, 두 개는 앞선 두 개의 피보나치 수열 값을 저장하기 위해 필요하고 나머지 하나는 현재 값을 저장하기 위한 것이다. 이처럼 배열을 사용하지 않도록 예제 6.3을 수정해보자. 단, 배열을 이용하지 않기 때문에 새로운 값(현재 값)이 계산되면 하나씩 즉시 출력해야 할 필요가 있다.

**7.** 일명 에라토스테네스의 체(Sieve of Eratosthenes)라고 알려진 알고리즘을 이용하면 소수를 구할 수 있다. 다음에 기술된 내용에 따라 이 알고리즘을 적용하여 소수를 구하는 프로그램을 작성해보자(단, n = 150까지 모든 소수를 구하도록 한다). 또, 책에서 사용했던 방법과 이 알고리즘을 비교 분석해보자.

**에라토스테네스의 체 알고리즘**
**1부터 n 사이의 모든 소수를 구하기 위해서는 다음 순서를 따른다.**
**1 단계**: 정수값을 저장할 수 있는 배열 P를 정의하고 초기값을 0으로 초기화한다($P_i = 0$, $2 <= i <= n$).
**2 단계**: i를 2로 설정한다.
**3 단계**: i > n이면 알고리즘을 종료한다.
**4 단계**: $P_i$가 0이면 i는 소수이다.
**5 단계**: 모든 양의 정수 j에 대해(단, $i \times j <= n$), $P_{i \times j}$를 1로 설정한다.
**6 단계**: i를 1 증가시키고 3 단계로 이동한다.

**8.** 사용하고 있는 컴파일러의 가변 길이 배열에 대한 지원 여부를 확인하고, 지원한다면 확인할 수 있는 간단한 프로그램을 작성하고 실행해보자.

# 함수

함수는 C 언어로 작성된 뛰어난 프로그램들의 근간이 되는 핵심 기능이며, 지금까지 살펴본 모든 프로그램에서 사용되고 있는 일반적인 기능이기도 하다. `printf()`와 `scanf()` 뿐만 아니라 모든 프로그램에서 사용되는 `main()`도 하나의 함수다. 이쯤에서 "도대체 함수의 어디가 그렇게 좋은 걸까?"라는 의구심을 가질 수 있는데, 답은 간단하다. 프로그램에서 수행하는 작업들을 함수로 나누어서 구현하면 소스 코드의 작성과 읽기, 이해, 디버깅, 수정, 유지·보수 등이 훨씬 쉬워진다. 한 가지 기능을 통해 개선할 수 있는 것들이 이정도면 가히 박수 쳐 줄만 하다. 다음은 이번 장에서 다룰 주요 내용이다.

- 함수에 대한 기본적인 이해
- 지역, 전역, 자동, 정적 변수
- 1차원 배열 및 다차원 배열과 함수의 활용
- 함수의 데이터 반환
- 하향식 프로그래밍에서 함수 사용하기
- 함수 간의 호출 및 재귀 함수

## 함수 정의

우선 함수가 무엇인지 이해해야만 다음 프로그램 개발 과정에서 함수를 가장 효과적으로 사용하는 방법에 대해 배워나갈 수 있다. 맨 처음 예제였던 "Programming is fun."을 출력하는 프로그램으로 되돌아가 보자.

```c
#include <stdio.h>

int main (void)
{
    printf ("Programming is fun.\n");
    return 0;
}
```

다음은 이 예제와 같은 기능을 하는 printMessage()라는 함수다.

```c
void printMessage (void)
{
    printf ("Programming is fun.\n");
}
```

printMessage()와 main() 함수의 차이는 처음과 마지막 라인에 있다. 첫 번째 라인은 함수의 정의로 컴파일러에게 함수에 관한 네 가지 정보(왼쪽에서 오른쪽 순서)를 전달한다.

1. 누가 호출할 수 있는지(14장 "대규모 프로그램 작업" 참고)
2. 반환값의 형식
3. 함수 이름
4. 인수 목록

printMessage() 함수의 첫 번째 라인은 컴파일러에게 이 함수가 값을 반환하지 않으며(첫 번째 void 키워드), 함수의 이름은 printMessage이고 인수가 없음(두 번째 void 키워드)을 전달한다. void 키워드에 대해서는 조금 뒤에서 살펴볼 것이다.

변수에서 그러했듯이 함수의 경우에도 의미를 전달할 수 있는 이름을 사용하는 것은 프로그램의 가독성 향상 측면에서 매우 중요하다.

예제 2.1에 대한 논의를 되새겨보면 main()이라는 함수는 C 언어 시스템에서 특별한 의미를 가지며 항상 프로그램의 실행이 시작하는 위치를 가리킨다. 따라서 main()은 반드시 존재해야 한다. 예제 7.1은 printMessage() 함수에 main() 함수를 더해 완전한 프로그램의 형식을 갖춘 모습이다.

```c
#include <stdio.h>

void printMessage (void)
{
    printf ("Programming is fun.\n");
}

int main (void)
{
    printMessage ();

    return 0;
}
```

**예제 7.1 결과**

```
Programming is fun.
```

예제 7.1은 printMessage()와 main() 두 개의 함수로 구성된다. 프로그램은 항상 main()에서 시작하는데, main() 함수의 내부를 보면 다음과 같은 문이 있다.

```c
printMessage();
```

이 문은 printMessage() 함수를 실행한다는 것을 의미한다. 괄호를 통해 printMessage() 가 함수이며 이 함수에 전달할 인수, 즉 값이 없음(함수의 정의와 일관성을 가져야 한다)을 컴파일러에 알린다. 이와 같은 함수 호출이 실행되면 프로그램 실행은 즉시 해당 함수로 이동한다. printMessage() 함수 내로 진입하면 printf() 문이 실행되어 "Programming is fun."을 출력한다. 메시지를 출력한 다음 printMessage() 루틴이 끝나면(닫는 중괄호) 프로그램 실행은 다시 main() 루틴으로 돌아가 함수 호출이 실행된 곳에서 실행을 계속한다. 설명 중에 함수와 루틴이라는 용어를 번갈아 사용하고 있는데, 기본적으로 두 가지는 같은 의미라고 보면 된다.

예제에서 printMessage()의 마지막에 다음과 같이 return 문을 추가할 수 있다.

```c
return;
```

printMessage()는 값을 반환하지 않기 때문에 return에 어떠한 값도 지정하지 않았다. 이 return 문은 선택적으로 사용할 수 있는데, 왜냐하면 이것을 사용하지 않더라도 함수의 끝에 도달하면 반환값 없이 함수 실행을 종료하기 때문이다. 즉, 예제의 경우 return 문의 사용 여부와 무관하게 printMessage() 함수의 종료 동작은 일정하다.

앞서 언급했듯이 함수 호출은 이미 새로운 것이 아니다. 그 동안 수없이 사용했던 printf()와 scanf()도 함수다. 차이점이라면 printf()와 scanf() 루틴은 예제에서 작성한 것이 아니라 표준 C 라이브러리에서 제공하는 것이라는 것이다. 메시지나 어떤 처리 결과를 출력하기 위해 printf() 함수를 호출하면, 실행은 printf() 함수로 이동해 필요한 처리를 한 다음 printf() 호출 비로 다음 문을 실행할 수 있게 돌아온다.

예제 7.2의 실행 결과를 예측해 보자.

**예제 7.2 함수 호출**

```c
#include <stdio.h>

void printMessage (void)
{
    printf ("Programming is fun.\n");
}


int main (void)
{
    printMessage ();
    printMessage ();

    return 0;
}
```

**예제 7.2 결과**

```
Programming is fun.
Programming is fun.
```

역시 예제의 실행은 main()에서 시작되며, main()은 printMessage() 함수를 두 번 호출한다. 첫 번째 호출이 이뤄지면, 제어는 즉시 printMessage() 함수로 이동하고 "Programming is fun."을 출력한 다음 main()으로 돌아온다. 다음 문에서 printMessage() 루틴을 다시 호출하고 있으므로 동일한 함수 실행 과정이 한 번 더 진행되며, 두 번째 printMessage() 함수 호출이 끝나면 프로그램 실행을 종료한다.

printMessage() 함수를 이용하는 마지막 예제로 다음 프로그램의 실행 결과를 예상해 보자.

**예제 7.3 함수 호출**

```c
#include <stdio.h>

void printMessage (void)
{
    printf ("Programming is fun.\n");
}

int main (void)
{
    int i;

    for ( i = 1; i <= 5; ++i )
        printMessage ();

    return 0;
}
```

**예제 7.3 결과**

```
Programming is fun.
Programming is fun.
Programming is fun.
Programming is fun.
Programming is fun.
```

## 인수와 지역 변수

printf() 함수를 사용할 때는 항상 하나 이상의 값을 전달하는데, 첫 번째 값은 형식 문자열이고 나머지는 형식 문자열을 통해 출력하고자 하는 값들이다. 이와 같은 값들을 인수라고 부르는데, 인수로 인해 함수의 사용성과 다양성이 크게 향상된다. 그 예로, 무조건 같은 메시지만 출력하는 printMessage() 함수와 달리 printf()는 프로그램에서 상황에 따라 요구하는 것을 출력할 수 있다.

함수를 정의할 때 이처럼 인수를 사용하도록 지정할 수 있다. 4장 "반복하기"에서 삼각수를 계산하는 프로그램을 만든 바 있는데, 여기서는 calculateTriangularNumber()라는 삼각수를 계산하는 함수를 정의해 보도록 하자. 이때 함수의 인수로는 계산하고자 하는 삼각수를 지정한다. 함수에서는 인수를 통해 전달받은 값에 따른 계산을 수행하고 결과를 터미널로 출력한다. 예제 7.4는 이 함수와 이것을 호출하는 main() 함수로 구성된 프로그램이다.

**예제 7.4 n번째 삼각수 계산하기**

```c
// n번째 삼각수를 계산하기 위한 함수

#include <stdio.h>

void calculateTriangularNumber (int n)
{
    int i, triangularNumber = 0;

    for ( i = 1; i <= n; ++i )
        triangularNumber += i;

    printf ("Triangular number %i is %i\n", n, triangularNumber);
}

int main (void)
{
    calculateTriangularNumber (10);
    calculateTriangularNumber (20);
    calculateTriangularNumber (50);

    return 0;
}
```

**예제 7.4 결과**

```
Triangular number 10 is 55
Triangular number 20 is 210
Triangular number 50 is 1275
```

## 함수 프로토타입 선언

앞서 살펴본 calculateTriangularNumber() 함수에 대해 조금 더 살펴보도록 하자. 다음은
함수의 첫 번째 라인으로 함수 프로토타입 선언이라고 부른다.

```
void calculateTriangularNumber (int n)
```

이 선언은 컴파일러에 calculateTriangularNumber()가 함수이며 반환하는 값은 없고(void
키워드 이용) int 형식의 n이라는 인수를 가진다는 정보를 전달한다. 인수에 대한 이름은 형식
매개 변수 이름이라고 하며, 3장에서 설명한 변수 명명법을 만족하는 어떠한 이름도 사용할 수
있다. 함수의 이름에 대해서도 같은 규칙이 적용된다. 변수명과 마찬가지로 함수나 형식 매개 변
수 이름도 의미를 전달하기에 적당한 것을 사용하도록 한다.

형식 매개 변수 이름을 정의하고 나면 함수의 본문 내에서 자유롭게 사용할 수 있다.

함수의 정의는 중괄호로 시작된다. n번째 삼각수를 계산하는 것이 목적이므로 결과를 저장하기
위한 변수가 필요하며, 반복문에서 인덱스로 사용할 변수도 필요하다. 이와 같은 목적을 위해 함
수 내에서 int 형식의 변수 triangularNumber와 i를 정의하고 있는데, 이들의 선언과 초기화
과정은 main() 루틴 내에서 모든 것을 구현했을 때와 다를 바가 없다.

## 자동 지역 변수

함수 내에서 선언한 변수는 함수를 호출할 때마다 자동으로 "생성"되고 함수 내에서만 유효하기
때문에 자동 지역 변수라고 한다. 이와 같은 지역 변수의 값은 변수를 선언한 함수 내에서만 접
근할 수 있으며, 다른 함수에서는 액세스할 수 없다. 함수에서 정의한 변수에 초기값을 설정하는
경우 함수를 호출할 때마다 같은 값으로 초기화가 이루어진다.

C 언어에서 함수 내에 지역 변수를 선언할 때 다음과 같이 auto 키워드를 변수 선언 바로 앞에
사용하는 식으로 자동 지역 변수를 정확히 명시할 수 있다.

```
auto int i, triangularNumber = 0;
```

하지만 C 컴파일러는 함수 내에 선언된 모든 변수를 자동 지역 변수로 취급하는 것을 기본으로
하고 있기 때문에 실제로 auto 키워드를 사용하는 경우는 드물고, 이 책에서도 같은 이유로 사용
하지 않는다.

예제로 다시 돌아가서, 지역 변수를 정의하고 나면 함수 내에서 삼각수를 계산하고 결과를 출력
하는 것으로 함수가 끝난다.

이제 main() 루틴을 살펴볼 차례다. main() 안에서는 첫 번째 calculateTriangularNumber() 함수 호출의 인수로 10을 전달한다. 실행은 즉시 함수로 이동하고 인수로 전달된 값 10은 함수 내에서 형식 매개 변수 n의 값이 된다. 이후, 함수를 실행하면서 10번째 삼각수를 계산하고 결과를 출력한다. 두 번째로 calculateTriangularNumber()를 호출할 때는 인수로 20이 전달된다. 앞서 설명한 것과 같은 과정을 거쳐 20번째 삼각수를 계산하고 결과는 첫 번째와 마찬가지로 터미널에 출력된다.

두 개 이상의 인수를 취하는 함수에 대해 살펴보기 위해 최대공약수 프로그램(예제 4.7)을 함수 형태로 수정해 보겠다. 함수의 두 인수는 최대공약수를 구하고자 하는 두 개의 값이다. 예제 7.5 를 살펴보자.

## 예제 7.5 최대공약수 구하기(수정)

```c
/* 양의 두 정수에 대한 최대공약수를 구하는 프로그램 */

#include <stdio.h>

void gcd (int u, int v)
{
    int temp;

    printf ("The gcd of %i and %i is ", u, v);

    while ( v != 0 ) {
        temp = u % v;
        u = v;
        v = temp;
    }

    printf ("%i\n", u);
}

int main (void)
{
    gcd (150, 35);
    gcd (1026, 405);
    gcd (83, 240);

    return 0;
}
```

```
The gcd of 150 and 35 is 5
The gcd of 1026 and 405 is 27
The gcd of 83 and 240 is 1
```

gcd() 함수는 두 개의 정수형 인수를 가지며, 이 인수들은 함수에서 u와 v라는 형식 매개 변수 이름을 통해 사용된다. int 형식의 temp 변수를 선언한 다음 프로그램은 u와 v의 값을 적절한 메시지와 함께 보여주고 두 정수의 최대공약수를 계산한 결과를 출력한다.

gcd 함수 안에서 왜 두 개의 printf() 문을 사용하는지 의아할 수 있다. 이유는 반복문 내에서 u와 v의 값이 변경되므로 while 반복문에 진입하기 전에 u, v 값을 출력해야 하기 때문이다. 반복문이 끝날 때까지 기다렸다가는 함수에 전달한 값과 전혀 다른 값을 출력하게 될 것이다. 두 개의 printf() 문을 사용하고 싶지 않을 때 사용할 수 있는 다른 방법은 반복문에 진입하기 전에 u와 v의 값을 또 다른 두 개의 변수에 담아 두었다가 while 반복이 끝난 다음 하나의 printf() 문에서 이 값들을 u(최대공약수) 값과 함께 출력하는 것이다.

## 함수의 결과 반환

예제 7.4와 7.5에서 사용한 함수는 비교적 간단한 계산 작업 후에 결과를 터미널로 보여주는 것이었다. 하지만 함수의 처리 결과를 화면으로 출력하는 것만으로는 무언가 부족하며 그 이상의 처리를 필요로 하는 경우가 많다. 이와 같은 요구에 대해 C 언어에서는 함수를 호출한 루틴으로 처리 결과를 반환할 수 있는 편리한 메커니즘을 제공한다. 독자들은 main의 반환 처리를 통해 이미 이 메커니즘을 수없이 보아왔다. 이 같은 반환 구조의 일반적인 구문은 다음과 같이 매우 간단하다.

```
return expression;
```

이 문은 함수에서 expression의 결과값을 호출 측으로 반환한다는 의미를 가진다. 개발자에 따라 expression을 괄호로 감싸기도 하는데 이것은 그저 개인적인 취향이며 선택사항이다.

함수 본문에서 return 문을 사용하는 것만으로 값 반환이 이뤄지는 것은 아니며, 이것을 위해 함수를 선언할 때 반드시 반환값의 형식을 함께 선언해야 한다. 반환값의 형식은 함수의 이름 바로 앞에 배치된다. 지금까지 책에서 살펴본 모든 예제는 정수값을 반환하는 main() 함수를 포함하고 있는데, 함수 이름 바로 앞에 int가 있는 이유는 바로 이 때문이다.

다음은 float 형식의 인수 km_speed와 부동 소수점 형식의 반환값을 가지는 kmh_to_mph라는 함수를 선언한 예다.

```
float kmh_to_mph (float km_speed)
```

이와 비슷하게, 다음은 정수형 인수 u, v를 전달받아 정수를 반환하는 gcd 함수의 정의다.

```
int gcd (int u, int v)
```

사실, 예제 7.5의 최대공약수 계산 함수를 이렇게 수정해서 예제 7.6처럼 gcd에서 결과를 출력하는 대신 main() 루틴에 반환하도록 할 수 있다.

### 예제 7.6 계산된 최대공약수의 반환

```c
/* 두 양수의 최대공약수를 계산하고 결과를 반환하는 함수 */

#include <stdio.h>

int gcd (int u, int v)
{
        int temp;

        while ( v != 0 ) {
                temp = u % v;
                u = v;
                v = temp;
        }

        return u;
}

int main (void)
{
        int result;

        result = gcd (150, 35);
        printf ("The gcd of 150 and 35 is %i\n", result);

        result = gcd (1026, 405);
        printf ("The gcd of 1026 and 405 is %i\n", result);
```

```c
        printf ("The gcd of 83 and 240 is %i\n", gcd (83, 240));

        return 0;
}
```

**예제 7.6 결과**

```
The gcd of 150 and 35 is 5
The gcd of 1026 and 405 is 27
The gcd of 83 and 240 is 1
```

예제에서 gcd() 함수는 최대공약수 계산이 끝나면 다음 문을 실행한다.

```c
return u;
```

이 문은 u를 반환하는데, 즉 계산된 최대공약수를 호출한 루틴에 반환해준다.

이쯤 되면 이렇게 반환받은 값을 가지고 무엇을 할 수 있을까 궁금할 것이다. 예제를 보면 gcd() 함수를 호출하는 처음 두 경우는 함수에서 반환한 값을 result에 저장한다. 좀 더 자세히 보면, 예제의 다음 문은 150과 35를 gcd() 함수를 호출하면서 인수로 전달하고 gcd()에서 반환한 값을 변수 result에 저장한다.

```c
result = gcd (150, 35);
```

main() 루틴의 마지막 문처럼 함수에서 반환한 값을 굳이 변수에 할당하지 않고 사용하는 것도 가능하다. 예제에서는

```c
gcd (83, 240)
```

호출의 결과를 printf() 함수에 직접적으로 전달해서 결과를 출력하고 있다.

지금까지 설명한 것처럼 C 함수는 한 개의 값만 반환할 수 있다. 일부 다른 언어와 달리 C에서는 서브루틴(프로시저)과 함수를 구별하지 않는다. C 언어에는 함수 밖에 없으며, 선택적으로 하나의 값을 반환할 수 있다. 이때, 함수의 반환값에 대한 형식을 선언하지 않고 값을 반환하려 하면 C 컴파일러는 반환값의 기본 형식인 int로 취급한다. C 언어의 이와 같은 특징을 이용한답시고 일부러 반환값의 형식을 지정하지 않는 개발자들도 있는데, 이것은 잘못된 습관이며 절대로 이렇게 해서는 안 된다. 함수에서 값을 반환한다면 가독성 향상을 위해서라도 반드시 반환 형식을 지정하도록 한다. 이렇게 함으로써 함수 헤더를 통해 함수의 이름, 인수의 개수와 형식뿐만 아니라 반환값의 형식까지 한 눈에 확인할 수 있다.

앞에서 설명한 것처럼 함수 선언을 void로 시작하면 어떠한 값도 반환하지 않는다는 것을 의미하며 컴파일러도 이점을 인식한다. 이와 같이 선언한 함수를 선언 후에 마치 값을 반환하는 것처럼 호출하면 컴파일러 오류가 발생한다. 예를 들어 예제 7.4의 calculateTriangularNumber() 함수는 값을 반환하지 않으므로 선언할 때 함수 이름 앞에 void 키워드를 사용했다. 만약 이 함수를 다음과 같이 호출하면 컴파일러 오류가 발생할 것이다.

```
number = calculateTriangularNumber (20);
```

사실 void 키워드는 데이터 형식이 없다는 것을 정의한다. 따라서 void를 이용해서 선언한 함수는 식 내에서 값이 필요한 위치에 사용할 수 없다.

5장 "판단하기"에서 절댓값을 구하고 출력하는 프로그램을 작성한 바 있다. 이번에는 인수로 전달받은 값의 절댓값을 계산하고 결과를 반환하는 함수를 만들어 보도록 하자. 예제 5.1에서는 정수를 대상으로 했으나 이 함수는 부동 소수점 형식의 인수를 전달받아 결과로 float 형식의 값을 반환하게 한다. 구현한 모습은 다음 예제 7.7과 같다.

**예제 7.7 절댓값 계산**

```
// 절댓값 계산 프로그램

#include <stdio.h>

float absoluteValue (float x)
{
    if ( x < 0 )
                    x = -x;

    return x;
}

int main (void)
{
    float f1 = -15.5,  f2 = 20.0,  f3 = -5.0;
    int i1 = -716;
    float result;

    result = absoluteValue (f1);
    printf ("result = %.2f\n", result);
```

```c
    printf ("f1 = %.2f\n", f1);

    result = absoluteValue (f2) + absoluteValue (f3);
    printf ("result = %.2f\n", result);

    result = absoluteValue ( (float) i1 );
    printf ("result = %.2f\n", result);

    result = absoluteValue (i1);
    printf ("result = %.2f\n", result);

    printf ("%.2f\n", absoluteValue (-6.0) / 4 );

    return 0;
}
```

**예제 7.7 결과**

```
result = 15.50
f1 = -15.50
result = 25.00
result = 716.00
result = 716.00
1.50
```

absoluteValue() 함수는 비교적 간단하다. 형식 매개 변수 x를 0과 비교해서 더 작으면 부호를 무효화시켜 절댓값을 구한다. 구한 결과는 return 문을 통해 호출 측으로 반환된다.

main() 루틴에서 absoluteValue() 함수를 호출하는 과정에서 몇 가지 흥미로운 부분이 있다. 최초의 호출에서는 -15.5로 초기화된 변수 f1의 값이 인수로 전달되는데 함수 내에서는 다시 변수 x에 이 값이 할당된다. if 문의 조건 검사 결과가 TRUE이므로 x 값의 부호를 무효화하는 처리가 실행되고 결과적으로 x의 값은 15.5가 된다. 이어지는 문에서 x의 값은 main() 루틴으로 반환되어 result 변수에 할당되고 화면으로 출력된다.

absoluteValue() 함수 안에서 x의 값이 바뀌어도 변수 f1의 값에는 어떠한 영향도 미치지 않는다. f1이 absoluteValue() 함수에 전달되면 시스템에 의해 f1의 값이 자동으로 형식 매개 변수 x에 복사된다. 따라서 함수 내에서 x에 대해 이루어지는 모든 변경은 f1과 무관하게 x에 한해서만 적용된다. 이와 같은 사실은 두 번째 `printf()` 문에서 출력하고 있는 f1의 값에 전혀 변화가 없다는 것을 통해 확인된다. 이처럼 함수에서는 전달된 인수의 값을 직접적으로 변경하는 것이 불가능하며, 단지 인수의 사본에 대해서만 변경이 가능하다는 것을 반드시 기억하도록 한다.

이어지는 두 개의 `absoluteValue()` 함수에 대한 호출은 함수의 호출 결과를 산술 연산에 사용하는 방법을 보여주는데, f2의 절댓값과 f3의 절댓값을 더한 값을 `result`에 할당한다.

네 번째 `absoluteValue()` 호출에서는 호출 시 전달되는 인수의 데이터 형식이 함수 내에서 선언된 인수의 형식과 맞아야 한다는 것을 보여준다. `absoluteValue()` 함수에서 인수의 형식을 부동 소수점 값 형식으로 선언하고 있으므로, 예제에서 보는 것처럼 함수를 호출하기에 앞서 정수형 변수 i1을 `float` 형식으로 변환한다. `absoluteValue()` 함수의 인수로 부동 소수점 수가 필요하다는 것을 컴파일러가 이미 알고 있기 때문에 캐스팅 연산을 제거해도 컴파일러가 형식 변환을 자동으로 처리해 준다(다섯 번째 `absoluteValue()` 호출 부분 참고). 하지만, 컴파일러에 의존하기보다는 명시적으로 캐스팅을 해 줌으로써 어떤 일들이 벌어지는지 명확히 기술하는 것을 권장한다.

`absoluteValue()`에 대한 마지막 호출에서는 함수의 반환값에 대한 산술 연산 규칙을 보여준다. `absoluteValue()`의 반환값은 `float` 형식으로 정의되어 있으므로 이 문에서 사용된 나눗셈은 부동 소수점 수와 정수 간의 나눗셈으로 취급한다. 앞서 배운 것처럼 하나의 항에서 피연산자 가운데 하나가 `float` 형식이면 부동 소수점 기반의 산술 연산이 수행된다. 따라서 이 규칙에 따라 −6.0의 절댓값을 4로 나눈 결과는 1.5가 된다.

이제 어떤 수의 절댓값을 구하는 함수를 정의했으므로 절댓값 계산이 필요한 다른 프로그램에서 얼마든지 이 함수를 가져다가 사용할 수 있다. 다음에 나오는 예제 7.8은 바로 이런 활용 예다.


## 함수 사이의 호출

요즘은 대부분의 휴대전화에 계산기 프로그램이 내장되어 있어 어떤 수의 제곱근을 구하는 것이 정말 간단한 일이 되었다. 하지만 수년 전까지만 해도 학교에서 특정 값의 제곱근에 대한 근사치를 직접 계산하는 방법을 가르쳤다. 뉴턴-랩슨법(Newton-Raphson Method)은 손쉽게 컴퓨터에 적용할 수 있는 제곱근 근사치 계산 방법이다. 예제 7.8에서는 이 기법을 이용해서 주어진 수의 제곱근에 대한 근사치를 구하는 프로그램을 작성해볼 것이다.

뉴턴-랩슨법은 간단히 다음과 같이 기술할 수 있다. 먼저 주어진 수의 제곱근에 대해 추측한 값을 선정하는데, 추측이 실제 제곱근에 가까울수록 최종 결론에 도달하기까지의 계산 횟수를 줄일 수 있다. 값을 추측하는 데 소질이 없다는 가정 하에 인수를 통해 전달할 초기 추측값은 항상 1로 정하도록 한다.

제곱근을 구하고자 하는 값을 초기 추측값으로 나눈 다음 추측값에 더하고 이것을 다시 2로 나눈다. 계산 결과로 얻은 값이 새로운 추측값이 되어 다시 같은 계산 과정을 수행한다. 즉, 제곱근을 구하고자 하는 값을 이 새로운 추측값으로 나누고 결과를 추측값과 더한 다음 2로 나누는 과정을 거치게 된다. 이렇게 얻어진 값은 또 다시 새로운 추측값이 되고 다음 반복 계산을 수행하는 데 필요한 입력값이 된다.

이와 같은 반복 과정을 끝없이 계속 할 수는 없으므로 중단해야 할 시점을 판단하기 위한 방안이 필요하다. 반복이 계속될수록 점점 더 제곱근에 가까워지는데, 이런 사실을 이용해서 중단 조건을 결정할 수 있다. 즉, 추측값의 제곱과 제곱근을 구하고자 하는 값의 차이가 어느 정도 이하의 오차 범위에 들었을 때 반복을 중단할 수 있도록 하면 되며, 여기서 사용하는 허용 오차를 보통 입실론($\varepsilon$)이라고 한다.

다음은 이 계산 과정을 알고리즘 형태로 표현한 것이다.

**x의 제곱근을 계산하기 위한 뉴턴-랩슨법**

**1 단계:** guess(추측값)의 값을 1로 설정한다.

**2 단계:** $|\text{guess}^2 - x| < \varepsilon$ 이면, 4 단계를 진행한다.

**3 단계:** guess의 값에 (x / guess + guess) / 2를 대입하고 2 단계를 진행한다.

**4 단계:** guess는 제곱근의 근사값이다.

특히, 2 단계에서 $\text{guess}^2$와 x의 차에 대한 절댓값을 $\varepsilon$과 비교해야 하는 이유는 guess가 x의 제곱근보다 클 수도 있고 작을 수도 있기 때문이다.

이제 마음대로 사용할 수 있는 제곱근 계산 알고리즘이 생겼으며, 비교적 간단하게 함수로 만들 수 있다. 예제 7.8은 제곱근 계산을 구현하고 있으며 $\varepsilon$ 값은 임의로 0.00001을 사용하도록 했다.

**예제 7.8 제곱근 계산하기**

```c
// 주어진 수의 절댓값을 계산하는 함수

#include <stdio.h>

float absoluteValue (float x)
{
    if ( x < 0 )
        x = -x;
```

```c
    return (x);
}

// 주어진 수의 제곱근을 계산하는 함수

float squareRoot (float x)
{
    const float epsilon = .00001;
    float guess = 1.0;

    while ( absoluteValue (guess * guess - x) >= epsilon )
        guess = ( x / guess + guess ) / 2.0;

    return guess;
}

int main (void)
{
    printf ("squareRoot (2.0) = %f\n", squareRoot (2.0));
    printf ("squareRoot (144.0) = %f\n", squareRoot (144.0));
    printf ("squareRoot (17.5) = %f\n", squareRoot (17.5));
    return 0;
}
```

**예제 7.8 결과**

```
squareRoot (2.0) = 1.414216
squareRoot (144.0) = 12.000000
squareRoot (17.5) = 4.183300
```

이 프로그램은 실행하는 컴퓨터 시스템에 따라 결과값의 소수점 하위 숫자에 차이가 있을 수 있다.

예제 7.8에 대해서는 조금 자세한 분석이 필요하다. absoluteValue() 함수를 먼저 정의하고 있는데, 이것은 예제 7.7에서 사용된 것과 같은 함수다.

다음으로 squareRoot() 함수가 나타난다. 이 함수는 x라는 하나의 인수를 전달받아 float 형식의 값을 반환한다. 함수의 본문을 들여다보면, epsilon과 guess라는 두 개의 변수를 정의하고 있는데, 반복 과정을 종료하는 조건으로 사용되는 epsilon의 값은 .00001로 설정된다. epsilon은 필요에 따라 더 작은 값으로 설정해도 된다.

epsilon 값을 작게 가져갈수록 보다 정확한 결과를 얻을 수 있지만 그만큼 더 긴 계산 시간이 필요하다. 변수 guess는 초기값으로 1.0이 할당되며, 이 두 변수는 함수가 호출될 때마다 매번 초기화된다.

지역 변수 초기화가 끝나면 while 문에서 반복 계산이 이뤄진다. while 조건 바로 다음에 위치한 문은 $guess^2$과 x의 차에 대한 절댓값이 epsilon 보다 크거나 같은 한 반복해서 실행된다.

while 문의 조건식을 살펴보면, guess * guess - x 식을 계산한 결과를 absoluteValue() 함수에 전달하고, 반환 받은 값을 epsilon의 값과 비교한다. 만일 값이 epsilon보다 크거나 같으면 제곱근 계산 결과에 대해 요구되는 정확도를 충족시키지 못하는 것이므로 보다 정확한 값을 구하기 위해 반복을 계속하게 된다.

반복을 계속하다 보면 결국 guess 값은 실제 제곱근의 값에 충분히 근접하게 됨에 따라, while 반복을 종료한다. while 반복을 종료한 시점의 guess 값은 함수를 호출한 곳으로 반환된다. 예제의 경우, main() 함수에서 guess 값을 받아 printf() 함수를 이용해 출력하게 된다.

잘 살펴보면, absoluteValue()와 squareRoot() 함수의 형식 매개 변수는 둘 다 x로 같다. 하지만 C 컴파일러에서 이들을 구분해서 처리하는 데는 아무런 문제가 되지 않는다.

함수는 항상 자신만의 형식 매개 변수 집합을 갖기 때문에 absoluteValue() 함수의 x와 squareRoot() 함수의 x는 분명하게 구분된다.

형식 매개 변수의 경우와 마찬가지로 지역 변수 역시 같은 이름의 변수를 서로 다른 함수 내에서 선언할 수 있다. 함수 내에서 선언한 지역 변수는 함수 내에서만 접근할 수 있기 때문에 컴파일러는 이들을 확실하게 구분할 수 있다. 즉, 지역 변수의 접근 가능 범위는 변수를 정의한 함수 내로 제한된다(10장 "포인터"에서는 지역 변수를 선언한 함수 외부에서 간접적으로 참조할 수 있는 메커니즘을 소개한다).

지금까지 살펴본 내용을 통해 독자들은 $guess^2$ - x를 absoluteValue() 함수에 전달함으로써 형식 매개 변수 x에 할당하는 것과 squareRoot() 함수 내의 x 값은 아무런 관계가 없다는 것을 이해할 수 있을 것이다.

## 반환 형식과 인수 형식의 선언

앞에서 설명한 것처럼 C 컴파일러에서는 함수의 반환 형식에 대한 기본값을 int로 정의하고 있다. 좀 더 구체적으로 살펴보면, 어떤 함수를 호출했을 때 컴파일러는 다음 조건 가운데 어느 것이라도 만족하지 않으면 함수의 반환 형식을 int로 가정한다.

1. 함수를 호출하기 전에 선언되었다.
2. 함수를 호출하기 전에 함수가 반환하는 값이 선언되었다.

예제 7.8에서 absoluteValue() 함수는 squareRoot() 함수 내에서 호출이 있기 전에 정의되었다. 따라서 컴파일러는 absoluteValue() 함수에 대한 호출을 발견했을 때, 이 함수의 반환 형식이 float이라는 것을 알 수 있다. 만약 absoluteValue() 함수가 squareRoot() 함수보다 뒤에 정의되었다면 컴파일러는 이 함수가 정수를 반환할 것이라고 가정할 것이다. 대부분의 C 컴파일러는 이것을 오류로 인식하고 적절한 안내 메시지를 출력한다.

absoluteValue() 함수를 squareRoot() 함수보다 뒤에 정의하려면(혹은 다른 파일에 정의하려면(14장 참고)), 반드시 absoluteValue() 함수를 사용하기 전에 반환 형식을 선언해야 한다. 선언은 squareRoot() 함수나 혹은 외부 어느쪽에서도 가능하다. 후자의 경우 보통 프로그램을 시작하는 부분에서 선언하게 된다.

함수의 선언부에서는 반환 형식뿐만 아니라 함수에서 필요로 하는 인수의 개수와 형식도 지정한다.

float 형식의 인수를 하나 전달받아 float 형식의 값을 반환하는 absoluteValue() 함수는 다음과 같이 선언된다.

```
float absoluteValue (float);
```

괄호 안에 인수의 형식만 지정하고 이름은 명시하지 않았는데 다음과 같이 '가짜' 이름을 선택적으로 적용할 수 있다.

```
float absoluteValue (float x);
```

선언 시에 사용한 인수의 이름과 함수 정의에서 사용하는 인수의 이름이 같을 필요는 없다. 어쨌든 컴파일러는 선언 시의 인수 이름을 무시한다.

함수 선언문을 실수 없이 작성하기 위해 실제 함수를 정의하고 있는 코드의 첫 번째 라인을 그대로 복사해서 사용할 수 있는데, 끝에 세미콜론을 붙이는 것을 잊어서는 안 된다.

함수에 인수가 없는 경우에는 괄호 안에 void를 사용하면 된다. 만일, 함수가 어떠한 값도 반환하지 않는다면 다음과 같이 void 키워드를 이용함으로서 반환값이 없음을 확실히 할 수 있다.

```
void calculateTriangularNumber (int n);
```

만약 함수가 가변적인 수의 인수를 취하는 경우에는 컴파일러에게 이 점을 반드시 전달해야 한다 (printf(), scanf()와 같은 경우). 다음은 printf() 함수가 문자 형식의 포인터를 첫 번째 인수로 하며 이후로 정해지지 않은 개수의 인수를 가진다(... 사용)는 의미의 선언을 컴파일러에 전달한다.

```
int printf (char *format, ...);
```

printf()와 scanf() 함수는 stdio.h라는 특별한 파일에서 선언된다. 지금까지 예제의 시작 부분에 다음 라인을 포함시킨 이유가 여기에 있다.

```
#include <stdio.h>
```

이 라인을 사용하지 않으면 컴파일러는 printf()나 scanf()가 고정된 개수의 인수를 가지는 것으로 가정하게 되고 결과적으로 부정확한 코드를 생성할 수 있다.

함수를 호출하면 컴파일러는 자동으로 전달된 인수를 적절한 형식으로 변환하게 되는데, 이것은 호출 전에 함수를 정의했거나 혹은 선언을 통해 인수의 형식을 명시했을 때에 가능하다.

함수에 대해 알고 있어야 할 몇 가지 주요 사항을 정리하고 넘어가도록 하자.

1. 기본적으로 컴파일러는 함수의 반환 형식을 int로 가정한다는 점을 기억한다.
2. 함수가 int를 반환하는 경우에도 이것을 명시적으로 표기하도록 한다.
3. 반환값이 없는 함수를 정의하는 경우에는 void 키워드를 지정한다.
4. 컴파일러는 미리 정의되거나 선언된 함수에 대해서만 인수를 함수에 맞게 적절히 변환해 준다.
5. 안전한 동작을 위해 호출 위치와 무관하게 모든 함수를 선언하도록 한다(특정 위치나 다른 파일에 모아둘 수도 있다).

## 인수 검사

음수의 제곱근이라는 개념은 실수를 떠나 복소수의 영역에서 다루어야 한다. 만약 앞서 만들었던 squareRoot 함수에 음수를 전달하면 무슨 일이 벌어질까? 결론적으로 뉴턴-랩슨법에서는 절대 원하는 값에 수렴하지 않는다. 즉, 아무리 반복을 계속해도 guess의 값이 정확한 제곱근 값에 가까워지지 않는다. 그러므로 while 문의 탈출 조건이 영원히 만족되지 않아 프로그램은 무한 루프에 빠지게 되고, 특별한 명령이나 Ctrl+C와 같은 키 조합을 이용해 비정상적으로 종료시켜야 한다.

이런 상황이 예상된다면 프로그램은 분명히 여기에 대비해 수정되어야 한다. 이를 위해 squareRoot() 함수를 호출하는 루틴에서 음수인 경우에는 절대로 함수를 호출하지 않도록 할 수 있다. 이 방법은 그럴듯해 보이지만 문제점이 있다. 언젠가 squareRoot() 함수를 호출하는 프로그램을 개발하면서 함수를 호출하기 전에 인수를 검사해야 한다는 사실을 잊을 수 있기 때문이며, 이 경우 앞서 설명한 것처럼 프로그램은 무한 루프에 빠지게 된다.

호출하기 전에 인수에 대해 검사하는 것보다 훨씬 안전하고 현명한 방법은 바로 squareRoot() 함수 내에서 전달받은 값을 검사하게 하는 것이다. 이렇게 함으로써 이 함수는 이 함수를 사용하는 어떤 프로그램으로부터도 안전하게 보호된다. 이 방법을 적절하게 구현하려면 우선 인수 x의 값을 함수 내에서 검사하고 음수인 경우에 (선백석으로) 메시지를 출력하도록 할 수 있다. 그런 다음 함수는 계산에 들어가지 않고 즉시 반환할 수 있다. 그리고 반환 시에는 squareRoot() 함수가 정상적으로 작업을 완료하지 못했음을 전달할 수 있는 값을 반환하게 할 수 있다[주1].

다음은 인수에 대한 검사를 포함하도록 squareRoot() 함수를 수정한 모습이며, 추가로 앞 절에서 소개한 것처럼 absoluteValue() 함수의 원형에 대한 선언도 포함하고 있다.

```c
/*  주어진 수의 제곱근을 구하는 프로그램.
전달된 인수가 음수인 경우  메시지를 출력하고 -1.0을 반환한다.  */

float squareRoot (float x)
{
    const float epsilon = .00001;
    float guess = 1.0;
    float absoluteValue (float x);

    if ( x < 0 )
    {
        printf ("Negative argument to squareRoot.\n");
        return -1.0;
    }

    while ( absoluteValue (guess * guess - x) >= epsilon )
        guess = ( x / guess + guess ) / 2.0;

    return guess;
}
```

---

주 1. 표준 c 라이브러리에서도 sqrt() 라는 제곱근 함수를 제공하고 있는데, 이 함수의 인수로 음수를 전달하면 도메인 오류를 반환한다. 실제로 반환되는 값은 구현에 따라 다른데, 값을 출력하는 경우 일부 시스템에서는 nan을 출력한다(수가 아님을 의미).

이 함수에 음수를 전달하면 적절한 메시지를 출력하고 즉시 호출 측으로 −1.0을 반환하며, 인수로 전달한 값이 음수가 아니면 원래의 제곱근 계산 과정을 진행한다.

변경된 squareRoot() 함수에서 보듯이 하나의 함수 내에 여러 개의 return 문을 사용할 수 있다(6장 "배열"의 마지막 예제에서도 확인할 수 있다). return 문이 실행되면 제어는 즉시 호출한 함수로 되돌아가므로 return 문 이후에 있는 문들은 실행되지 않는다. return 문은 값을 반환하지 않는 함수에 대해서도 적절한 용법을 제공하고 있다. 이 경우 어떠한 값도 반환하지 않으므로 이번 장의 초반에서 기술한 것처럼 다음과 같이 간단한 형태로 return 문을 이용하면 된다.

```
return;
```

물론 값을 반환해야 하는 함수에서 위와 같은 return 문을 사용하면 오류가 발생한다.


## 하향식 프로그래밍

지금까지 살펴본 것과 같은 연속적으로 이어지는 함수의 호출 개념은 훌륭한 구조화 프로그램의 근간을 형성한다. 예제 7.8의 main() 루틴은 squareRoot() 함수를 여러 번 호출하고 있다.

여기서 제곱근을 계산하는 데 필요한 모든 세부적인 사항은 main이 아닌 squareRoot() 함수 내에 포함되어 있다. 따라서 함수의 인수와 반환값을 지정한다면 함수 자체의 명령어들을 작성하기 전에 이 함수를 사용하는 코드를 먼저 작성할 수 있다.

이후에 squareRoot() 함수의 코드를 작성할 때도 main()을 작성하는 것처럼 하향식 프로그래밍 기법을 적용할 수 있다. 즉, absoluteValue() 함수 내부의 세부적인 동작에 대한 고민은 뒤로 미루고 이 함수를 호출하는 부분을 먼저 작성할 수 있다. 이때는 그저 주어진 수의 절댓값을 구하는 함수를 구현할 수 있다는 정도만 판단할 수 있으면 된다.

이와 같은 프로그래밍 기법은 코드 작성을 쉽게 해줄 뿐만 아니라 읽기도 편하게 해준다. 따라서 예제 7.8을 보는 사람은 main() 함수를 살펴보는 것만으로 이 프로그램이 세 개의 수에 대한 제곱근을 구하고 화면으로 출력한다는 것을 쉽게 알 수 있다. 프로그램의 주 흐름을 파악하기 위해 제곱근 계산이 어떻게 이루어지는지에 대한 세부적인 부분을 이해해야 할 필요는 없다. 만약 좀 더 자세하게 알고 싶다면 squareRoot() 함수와 관련된 부분만 분석하면 된다. 이 함수 내부로 들어가면 absoluteValue() 함수에 대해 똑같은 상황이 연출된다. squareRoot() 함수의 기능을 이해하는 데 absoluteValue() 함수에서 절댓값을 어떻게 구하는지 알 필요는 없다. 제곱근을 계산하는 논리는 절댓값을 계산하는 논리와 무관하게 바라보는 것이 바람직하며, 절댓값을 계산하는 논리 자체가 궁금한 경우에만 absoluteValue() 함수 내부를 추가로 살펴보면 된다.

## 함수와 배열

보통의 변수나 값처럼 배열의 경우에도 요소의 값뿐만 아니라 배열 자체를 함수의 인수로 사용할 수 있다. 함수에 배열의 요소 하나를 전달하려면(6장에서 printf() 함수를 통해 배열의 요소를 출력했던 것처럼), 지정된 배열 요소를 일반적인 형식에 따라 함수의 인수로 전달하면 된다. 따라서 averages[i]라는 배열 요소의 제곱근을 변수 sq_root_result에 할당하려면 다음과 같이 구현할 수 있다.

```
sq_root_result = squareRoot (averages[i]);
```

squareRoot() 함수 내에서는 인수로 배열 요소가 전달된다고 하더라도 별도의 특별한 처리를 필요로 하지 않는다. 일반 변수를 전달한 경우와 같이 배열 요소의 값은 대응되는 형식 매개 변수의 값으로 복사되어 함수 내에서 사용된다.

함수에 하나의 배열 전체를 전달하는 것은 완전히 새로운 게임으로 볼 수 있다. 배열을 함수에 전달하려면 함수를 호출할 때 인덱스 없이 배열 이름만 사용하면 된다. 예를 들어 gradeScores라는 배열이 100개의 요소를 포함하고 있을 때 다음과 같은 식을 이용하면 **minimum()** 함수에 gradeScores 배열의 모든 요소를 전달할 수 있다.

```
minimum (gradeScores)
```

minimum() 함수의 경우 당연히 배열 전체를 받아서 처리할 수 있도록 형식 매개 변수가 선언되어 있어야 한다. 다음은 gradeScores 배열을 인수로 받아 처리할 수 있는 minimum() 함수의 예다.

```
int minimum (int values[100])
{
    ...
    return minValue;
}
```

minimum() 함수의 선언부를 보면 int 형식을 반환하고 100개의 정수 요소를 갖는 배열을 인수로 포함하고 있다. 형식 매개 변수 배열 values에 대한 참조를 이용하면 함수에 전달된 배열 내의 적절한 요소를 참조할 수 있다. 앞서 살펴본 함수 호출부와 함수 선언을 기준으로 예를 들어 생각해 보면 함수 내에서 values[4]를 참조하는 것은 실제로 gradeScores[4]를 참조하는 것이다.

이제 배열을 인수로 사용하는 첫 번째 예제로 10개의 정수로 구성되는 배열에서 최솟값을 찾는 minimum 함수를 작성해 보자. 예제 7.9에서는 이 함수와 더불어 main 루틴에서 배열을 초기화하도록 하고 있다.

```c
// 배열 내의 값 가운데 최솟값을 구하는 함수

#include <stdio.h>

int minimum (int values[10])
{
    int minValue, i;

    minValue = values[0];

    for ( i = 1; i < 10; ++i )
        if ( values[i] < minValue )
            minValue = values[i];

    return minValue;
}

int main (void)
{
    int scores[10], i, minScore;
    int minimum (int values[10]);

    printf ("Enter 10 scores\n");

    for ( i = 0; i < 10; ++i )
        scanf ("%i", &scores[i]);

    minScore = minimum (scores);
    printf ("\nMinimum score is %i\n", minScore);

    return 0;
}
```

```
Enter 10 scores
    69
    97
    65
    87
    69
    86
    78
    67
    92
    90


Minimum score is 65
```

먼저 main() 함수 내에서 눈길을 끄는 것은 minimum() 함수의 원형 선언이다. 이 선언은 컴파일러에 minimum() 함수가 int 형식의 값을 반환하고 10개의 정수로 이뤄진 배열을 인수로 전달받는다는 것을 알린다. 물론, 예제와 같이 minimum() 함수를 main() 함수보다 먼저 정의하고 있는 경우에는 여기서 mininum() 함수를 선언할 필요가 없다. 하지만 이 책의 나머지 부분에서는 보다 안전한 방식의 일환으로 가능한 사용되는 모든 함수를 선언한다.

배열 scores를 정의한 다음 사용자는 10개의 값을 입력하게 된다. i가 0부터 9까지 증가하는 동안 scanf() 호출을 통해 사용자가 입력한 값을 scores[i]에 저장한다. 모든 값이 입력되면 scores 배열을 인수로 minimum() 함수를 호출한다.

형식 매개 변수 values는 함수 내에서 배열의 요소를 참조하기 위해서 사용되며, 10개의 정수값을 가지는 배열로 선언된다. 지역 변수 minValue는 배열의 최솟값을 저장하는데 이용되며 values[0]의 값으로 초기화된다. 함수 내에서 사용된 for 반복문은 배열 요소를 순서대로 minValue의 값과 비교한다. 만일 values[i]가 minValue보다 작으면 새로운 최솟값이 발견된 것으로 판단한다. 이 경우 minValue에 이 값을 새로 할당하고 다음 배열 요소와 비교를 계속 진행한다.

for 반복문의 실행이 끝나면 minValue를 호출측으로 반환하고, 이 반환값은 minScore에 할당된 다음 화면에 출력된다.

이 범용 minimum() 함수를 이용하면 10개의 정수로 구성된 어떠한 배열에 대해서도 최솟값을 찾을 수 있다. 예를 들어 10개의 정수를 포함하는 서로 다른 다섯 개의 배열이 있다면, minimum()

함수를 다섯 번 호출함으로써 각 배열의 최솟값을 간단하게 구할 수 있다. 나아가 이 함수의 구조를 이용하면 최댓값, 중간값, 평균값 등을 구하는 함수도 쉽게 구현할 수 있다.

이와 같이 잘 정의된 작업을 처리하는 작고 독립적인 함수들을 정의해 두면 이것을 이용해서 보다 복잡한 작업을 처리하거나 다른 프로그래밍 응용 분야에 활용할 수 있다. 예를 들어 하나의 배열을 전달받아 mean(), standardDeviation() 등의 함수를 순서대로 호출하는 statistics()라는 함수를 정의해서 배열에 대한 통계 정보를 모을 수 있다. 이런 형식의 프로그램 방법론은 개발뿐만 아니라 이해하기 쉽고 수정 및 유지·보수도 용이한 프로그램을 개발하기 위한 핵심적인 요소다.

물론 10개의 요소를 가진 배열에 한해서만 동작하는 minimum() 함수를 범용이라고 하기에는 무리가 있다. 하지만 이 문제점은 비교적 쉽게 고칠 수 있다. 이 함수를 보다 유연하게 만들려면 요소의 개수를 인수로 받도록 하고, 형식 매개 변수 배열에서는 요소의 개수를 지정하지 않도록 요소 수를 제거할 수 있다. 사실 C 컴파일러는 함수 선언부 가운데 이 부분을 무시하므로 컴파일러 입장에서 중요한 것은 함수의 인수로 배열이 전달되어야 한다는 것이지 그 배열이 몇 개의 요소를 가지고 있어야 하는지는 중요하지 않다.

예제 7.10은 예제 7.9를 개선한 버전으로 minimum() 함수가 임의의 길이를 갖는 정수 배열을 처리할 수 있도록 수정된 모습을 보여준다.

**예제 7.10 배열에서 최솟값을 구하는 함수에 대한 개선**

```c
// 배열 내의 값 가운데 최솟값을 구하는 함수

#include <stdio.h>

int minimum (int values[], int numberOfElements)
{
    int minValue, i;
    minValue = values[0];

    for ( i = 1; i < numberOfElements; ++i )
        if ( values[i] < minValue )
            minValue = values[i];

    return minValue;
}
```

```c
int main (void)
{
    int array1[5] = { 157, -28, -37, 26, 10 };
    int array2[7] = { 12, 45, 1, 10, 5, 3, 22 };
    int minimum (int values[], int numberOfElements);

    printf ("array1 minimum: %i\n", minimum (array1, 5));
    printf ("array2 minimum: %i\n", minimum (array2, 7));

    return 0;
}
```

**예제 7.10 결과**

```
array1 minimum: -37
array2 minimum: 1
```

이제 minimum() 함수는 두 개의 인수를 가지고 있다. 첫 번째 인수는 최솟값을 구하고자 하는 값들을 포함하고 있는 배열이며, 두 번째 인수는 배열에 포함된 요소의 수다. 함수 헤더에 있는 values 바로 뒤의 대괄호는 values가 배열임을 컴파일러가 알 수 있게 하는 역할을 한다. 앞서 언급했듯이 C 컴파일러에게 인수로 전달된 배열의 크기는 아무 의미가 없다.

형식 매개 변수인 numberOfElements는 함수 내의 for 문에서 최대치로 사용했던 10을 대신한다. 따라서 for 문은 values[1]부터 배열의 마지막 요소, 즉 values[numberOfElements - 1]까지 차례대로 접근한다.

main() 루틴에서는 array1, array2 배열을 정의하는데 이들은 각각 5개와 7개의 요소를 포함한다.

첫 번째 printf() 호출에서는 minimum() 함수를 호출하면서 array1과 5를 인수로 전달하는데, 두 번째 인수인 5는 array1에 포함된 요소의 개수를 지정한다. 호출이 이뤄지면 minimum() 함수는 배열에서 최솟값을 찾아 반환하고 최솟값 -37이 출력된다. minimum() 함수에 대한 두 번째 호출 시에는 array2와 그 요소 개수가 전달되며 최솟값 1이 printf() 문을 통해 출력된다.

## 할당 연산자

예제 7.11을 살펴보고 실행 결과를 보기 전에 어떤 결과가 나올지 예측해 보도록 하자.

**예제 7.11 함수 내에서 배열 요소 변경하기**

```c
#include <stdio.h>

void multiplyBy2 (float array[], int n)
{
    int i;

    for ( i = 0; i < n; ++i )
        array[i] *= 2;
}

int main (void)
{
    float floatVals[4] = { 1.2f, -3.7f, 6.2f, 8.55f };
    int i;
    void multiplyBy2 (float array[], int n);

    multiplyBy2 (floatVals, 4);

    for ( i = 0; i < 4; ++i )
        printf ("%.2f ", floatVals[i]);

    printf ("\n");

    return 0;
}
```

**예제 7.11 결과**

```
2.40 -7.40 12.40 17.10
```

예제 7.11을 분석했다면 다음 문이 주목을 끌었을 것이다.

```
array[i] *= 2;
```

이 문에서 사용된 "곱하기 할당" 연산자(*=)는 연산자를 기준으로 좌변의 값에 우변의 값을 곱한 다음 결과를 좌변에 있는 변수에 할당한다. 따라서 이 문과 다음 문과 동등하다.

```
array[i] = array[i] * 2;
```

다시 예제의 핵심으로 돌아가보자. 지금쯤이면 눈치챘을 수도 있지만 multiplyBy2() 함수는 floatVals 배열의 실제 값을 변경한다. 그렇다면, 이것은 함수가 인수의 값을 변경할 수 없다고 배웠던 사실과 대치되는 것이 아닐까? 그렇지는 않다.

이 예제는 배열을 인수로 사용할 때 항상 명심해야 할 중요한 특성을 보여준다. 함수에서 배열 요소의 값을 변경하면 함수에 전달된 원본 배열의 실제 값이 변경된다. 또한 이 변경은 함수의 실행이 끝나고 호출한 루틴으로 반환된 후에도 여전히 유지된다.

이처럼 일반 변수나 배열의 요소를 인수로 전달한 경우(함수 내의 변경이 실제 변수의 값에 영향을 주지 않음)와 비교해서 배열 자체를 인수로 전달한 경우가 다른 이유는 다음과 같다. 앞서 설명한 것처럼 함수를 호출하면 호출 시 전달한 인수의 값은 대응되는 형식 매개 변수의 값으로 복사된다. 이 사실은 여전히 유효하다. 하지만 대상이 배열인 경우에는 배열의 전체 요소가 형식 매개 변수 배열로 복사되지 않는다. 대신 인수로 전달되는 배열의 컴퓨터 메모리상 위치에 대한 정보를 전달한다. 따라서 함수 내에서 이루어지는 형식 매개 변수 배열에 대한 모든 변경 사항은 사실상 원본 배열에 대한 변경이며, 함수가 반환된 다음에도 변경 사항이 그대로 유지된다.

여기서 주의해야 할 점은 이러한 특징이 배열 자체를 인수로 전달한 경우에만 적용된다는 사실이다. 배열의 개별 요소를 전달한 경우에는 일반 변수를 전달한 것처럼 해당 요소의 값을 형식 매개 변수의 값으로 복사한 것을 함수 내에서 사용하므로 원본 배열 요소의 값에 영향을 주지 않는다.

## 배열의 정렬

인수로 배열을 전달하는 경우에 함수 내에서 원본 배열 요소의 값을 변경할 수 있다는 것에 대해 좀 더 알아보기 위해 이번에는 정수로 구성된 배열을 정렬하는 함수를 만들어 보도록 하자. 정렬 방법은 언제나 컴퓨터 과학자들에게 뜨거운 관심의 대상이 되어 왔는데, 아마도 그만큼 많이 사용되기 때문일 것이다. 그 결과 지금까지 많은 정교한 정렬 알고리즘들이 주어진 정보 집합을 최소한의 시간 내에 가능한 작은 메모리를 이용해서 정렬하는 것을 목표로 개발되어 왔다. 복잡한 알고리즘을 논하는 것은 이 책의 목적을 벗어나는 것이므로 비교적 간단한 알고리즘을 이용해서 배열을 오름차순으로 정렬하는 sort() 함수를 만들어볼 것이다. 오름차순 정렬은 배열의 값들을 재배열해서 값이 점점 커지는 순서로 배치하는 것을 말한다. 정렬이 끝나면 배열의 첫 번째 요소에 최솟값이 위치하고 마지막 요소는 최댓값을 가지며 그 사이에는 값이 커지는 순서대로 요소들이 위치한다.

n개의 요소를 오름차순으로 정렬하려면 개별 배열 요소를 순서대로 비교해나가는 방법을 사용할 수 있다. 우선, 첫 번째 요소를 두 번째 요소와 비교하는 것으로 시작할 수 있다. 첫 번째 요소가 더 크다면 두 값을 서로 교환하면 되는데, 즉 두 개의 요소에 저장된 값을 서로 맞바꾸면 된다.

다음으로 첫 번째 요소를 세 번째 요소의 값과 비교하고(첫 번째 요소의 값이 두 번째 요소의 값보다 작다는 것은 이미 알고 있다), 마찬가지로 첫 번째 값이 더 크면 두 요소의 값을 교환하고 그렇지 않은 경우에는 그대로 둔다. 이제 배열의 첫 번째 요소의 값은 앞에서부터 세 개의 요소 가운데 최솟값이다.

이런 방법으로 배열의 첫 번째 요소의 값을 나머지 요소들과 비교하는 과정(첫 번째 요소가 더 크면 해당 요소의 값과 교환해 나간다)까지 끝마치면 결국 첫 번째 요소의 값은 배열 전체의 최솟값이 된다.

첫 번째 요소에 대해 처리했던 비교 과정을 이번에는 두 번째 요소를 기준으로 적용하면, 배열 전체에서 다음으로 작은 값을 구할 수 있다. 즉, 두 번째 요소의 값을 세 번째 이후의 요소들과 순서대로 비교하고 두 번째 요소보나 작은 값을 발견하면 그 값을 두 번째 요소의 값과 교환하는 식으로 최솟값 다음으로 작은 값을 배열 두 번째 요소로 옮길 수 있다.

이제 순차적인 비교 작업을 진행하면서 필요시 값을 교환하는 방법으로 배열을 정렬하는 과정을 명확하게 이해할 수 있을 것이다. 이와 같은 정렬 과정은 맨 끝에서 두 번째 요소를 마지막 요소와 비교하고 나면 끝나고 전체 배열 요소는 오름차순으로 정렬된다.

다음 알고리즘은 앞서 설명한 정렬 과정을 좀 더 간략하게 나타낸 것이며, n개의 요소를 포함하는 배열 a를 정렬하는 과정을 설명한다.

**간단한 교환 정렬 알고리즘**

**1 단계**: i를 0으로 설정.
**2 단계**: j를 i + 1로 설정.
**3 단계**: a[i] 〉 a[j] 조건을 만족하면 값을 교환.
**4 단계**: j를 j + 1로 설정한다. j 〈 n 조건을 만족하면 3 단계로 이동.
**5 단계**: i를 i + 1로 설정한다. i 〈 n − 1 조건을 만족하면 2 단계로 이동.
**6 단계**: a에 대한 오름차순 정렬 완료.

예제 7.12의 sort() 함수는 교환 정렬 알고리즘을 구현하고 있으며, 인수로 정렬 대상 배열과 배열이 포함하고 있는 요소의 수를 전달받는다.

**예제 7.12 정수 배열의 오름차순 정렬**

```c
// 정수 배열을 오름차순으로 정렬하는 프로그램

#include <stdio.h>

void sort (int a[], int n)
{
    int i, j, temp;

    for ( i = 0; i < n - 1; ++i )
        for ( j = i + 1; j < n; ++j )
            if ( a[i] > a[j] ) {
                temp = a[i];
                a[i] = a[j];
                a[j] = temp;
            }
}

int main (void)
{
    int i;
    int array[16] = { 34, -5, 6, 0, 12, 100, 56, 22,
                      44, -3, -9, 12, 17, 22, 6, 11 };
    void sort (int a[], int n);

    printf ("The array before the sort:\n");

    for ( i = 0; i < 16; ++i )
        printf ("%i ", array[i]);

    sort (array, 16);

    printf ("\n\nThe array after the sort:\n");

    for ( i = 0; i < 16; ++i )
        printf ("%i ", array[i]);
```

```
    printf ("\n");

    return 0;
}
```

## 예제 7.12 결과

```
The array before the sort:
34 -5 6 0 12 100 56 22 44 -3 -9 12 17 22 6 11

The array after the sort:
-9 -5 -3 0 6 6 11 12 12 17 22 22 34 44 56 100
```

sort() 함수는 중첩 for 문을 이용해서 정렬 알고리즘을 구현하고 있다. 외부 for 문은 배열 요소를 첫 번째부터 끝에서 두 번째 요소(a[n-2])까지 순서대로 접근한다. 이 요소들 각각에 대해 두 번째 for 반복이 실행되는데, 이번에는 외부 for 문에 의해 선택된 배열 요소 바로 다음부터 마지막 요소까지를 반복 범위로 한다.

만약 두 요소의 순서가 틀렸다면(즉, a[i]가 a[j] 보다 큰 경우) 두 요소의 값을 교환한다. 변수 temp는 두 값을 교환하는 과정에서 임시로 값을 저장하기 위해 사용된다.

두 for 문이 모두 종료되면 배열에 대한 정렬 작업이 완료되었으므로 함수의 실행도 끝난다.

main() 루틴을 보면, array 배열은 16개의 정수로 초기화된다. 그런 다음 배열의 값을 터미널로 출력하고 sort() 함수를 호출하는데, 이때 함수의 인수로 array와 array에 포함된 요소의 개수인 16을 전달한다. sort() 함수 실행이 끝나면 프로그램은 다시 한 번 array 배열의 값을 터미널로 출력한다. 실행 결과를 보면 함수에서 성공적으로 정렬이 이뤄졌음을 알 수 있다.

예제 7.12의 sort() 함수는 꽤 간단하다. 이렇게 지나치게 단순한 접근법을 사용한 대가는 실행 시간에서 치르게 된다. 만약 엄청나게 큰 배열을 예제에서 구현한 sort() 함수를 이용해서 정렬 한다면 상당한 시간이 필요할 수 있다. 이런 상황에 직면한다면 보다 정교한 알고리즘을 도입해야 할 수도 있는데, 이런 경우 『The Art of Computer Programming 3: 정렬과 검색』(도널드 커누스, 한빛미디어, 2008년)은 훌륭한 알고리즘 참고를 위한 좋은 대안이 되어줄 것이다[주 2].

---

주 2. 표준 C 라이브러리에서 제공하는 qsort() 함수를 이용하면 어떠한 데이터 형식의 배열도 정렬이 가능하다. 하지만, 이것을 사용하려면 우선 10장에서 논할 함수 포인터를 이해해야 한다.

## 다차원 배열

일반 변수나 일차원 배열 요소처럼 다차원 배열의 요소 역시 함수의 인수로 전달할 수 있다. 다음 문은 squareRoot()를 호출하면서 인수로 matrix[i][j]를 전달한다.

```
squareRoot (matrix[i][j]);
```

다차원 배열 전체를 함수에 전달하는 것 역시 일차원 배열과 마찬가지로 배열 이름만 지정하면 된다. 예를 들이 행렬 measured_values가 정수로 구성된 2차원 배열로 선언된 경우 다음과 같은 문을 이용해서 행렬의 각 요소에 constant를 곱하는 함수를 호출할 수 있다.

```
scalarMultiply (measured_values, constant);
```

이것은 물론 함수 자체에서 measured_values 배열의 값을 직접 변경할 수 있다는 것을 암시하고 있기도 한데, 함수 내에서 형식 매개 변수 배열의 요소에 변경을 가하면 함수의 인수로 전달한 원본 배열의 요소가 변경된다는 점은 1차원 배열에서 논했던 것과 같은 논리가 적용된다.

함수 내에서 1차원 배열을 형식 매개 변수로 선언할 때 실제 요소의 개수를 명시하지 않아도 되며 빈 대괄호를 이용해서 해당 매개 변수가 배열임을 컴파일러에게 알려주면 된다는 것을 배운 바 있다. 이 부분은 다차원 배열의 경우 약간 차이가 있는데, 2차원 배열을 예로 들면 행의 수는 생략할 수 있지만 열의 수는 반드시 선언에서 명시되어야 한다. 따라서 다음 두 개의 선언은 100개의 행과 50개의 열로 구성된 형식 매개 변수 배열 array_values에 대한 선언으로 모두 유효하다.

```
int array_values[100][50]
int array_values[][50]
```

하지만, 다음과 같이 열을 수를 명시하지 않고 선언하는 것은 허용되지 않는다.

```
int array_values[100][]
int array_values[][]
```

다음 예제 7.13에서는 2차원 정수 배열에 스칼라 정수값을 곱하는 scalarMultiply() 함수를 정의한다. 예제에서 처리할 배열은 3×5 크기의 2차원 배열이며, main() 루틴에서 scalarMultiply() 루틴을 두 차례 호출한다. 개별 호출이 끝날 때마다 배열을 displayMatrix() 루틴에 넘겨 배열의 요소를 모두 출력한다. scalarMultiply() 및 displayMatrix()에서 2차원 배열의 요소에 접근하기 위해 중첩 for 문을 이용하는 방법을 유심히 살펴보기 바란다.

```c
#include <stdio.h>

int main (void)
{
    void scalarMultiply (int matrix[3][5], int scalar);
    void displayMatrix (int matrix[3][5]);
    int sampleMatrix[3][5] =
        {
            { 7, 16, 55, 13, 12 },
            { 12, 10, 52, 0, 7 },
            { -2, 1, 2, 4, 9 }
        };

    printf ("Original matrix:\n");
    displayMatrix (sampleMatrix);

    scalarMultiply (sampleMatrix, 2);

    printf ("\nMultiplied by 2:\n");
    displayMatrix (sampleMatrix);

    scalarMultiply (sampleMatrix, -1);

    printf ("\nThen multiplied by -1:\n");
    displayMatrix (sampleMatrix);

    return 0;
}

// 3 x 5 배열에 스칼라 값을 곱하는 함수

void scalarMultiply (int matrix[3][5], int scalar)
{
    int row, column;
```

```c
    for ( row = 0; row < 3; ++row )
        for ( column = 0; column < 5; ++column )
            matrix[row][column] *= scalar;
}


void displayMatrix (int matrix[3][5])
{
    int row, column;

    for ( row = 0; row < 3; ++row) {
        for ( column = 0; column < 5; ++column )
            printf ("%5i", matrix[row][column]);
        printf ("\n");
    }
}
```



```
Original matrix:
    7   16   55   13   12
   12   10   52    0    7
   -2    1    2    4    9
Multiplied by 2:
   14   32  110   26   24
   24   20  104    0   14
   -4    2    4    8   18
Then multiplied by -1:
  -14  -32 -110  -26  -24
  -24  -20 -104    0  -14
    4   -2   -4   -8  -18
```

main() 루틴은 sampleValues 행렬을 정의하고 displayMatrix() 함수를 호출해서 초기값을 터미널로 출력한다. displayMatrix() 루틴에서는 중첩 for 문에 주목한다. 첫 번째 for 문은 행렬의 행을 차례로 접근하는데, 따라서 변수 row의 값은 0부터 2까지 변한다. 각각의 row 값에 대해 내부의 for 문이 실행된다. 이 for 문은 특정 행을 구성하는 열을 순서대로 접근하며 변수 column의 값은 0부터 4까지 증가한다.

printf() 문은 지정된 행과 열에 해당하는 요소의 값을 출력하는데, 이때 형식 문자 %5i를 이용해서 출력할 때 줄을 맞출 수 있도록 하고 있다. 내부의 for 문 실행이 끝나면(행렬의 행 하나가 모두 출력되었음을 의미), 줄바꿈 문자를 출력함으로써 행렬의 다음 행을 새로운 라인에 출력할 수 있게 한다.

첫 번째 scalarMultiply() 함수 호출에서는 sampleMatrix에 2를 곱하는데, 함수 내부를 보면 간단한 중첩 for 문을 이용해서 전체 배열 요소를 순서대로 나열하면서 처리하고 있다. 이때 곱하기 할당 연산자 *=을 이용해서 matrix[row][column] 값에 scalar 값을 곱한다. 함수가 끝나고 main() 루틴으로 돌아가면 displayMatrix() 함수를 이용해서 다시 한 번 sampleMatrix 배열을 출력한다. 출력 결과를 통해 배열의 모든 요소에 2가 곱해졌음을 확인할 수 있다.

두 번째로 scalarMultiply() 함수를 호출할 때는 첫 번째 호출로 값이 변경된 sampleMatrix에 −1을 곱한다. 마찬가지로 함수 호출이 끝나면 displayMatrix() 함수를 이용해서 결과를 화면에 출력한 다음 프로그램 실행을 종료한다.

### 다차원 가변 길이 배열과 함수

C 언어의 가변 길이 배열 특성을 이용하면 가변적인 크기의 다차원 배열을 다루는 함수를 만들 수 있다. 예를 들면 예제 7.13의 scalarMultiply()와 displayMatrix() 함수가 행과 열의 크기에 제약을 두지 않고 다양한 크기의 2차원 배열을 수용하도록 할 수 있는데, 예제 7.14를 통해 살펴보도록 하자.

### 예제 7.14 다차원 가변 길이 배열

```c
#include <stdio.h>

int main (void)
{
    void scalarMultiply (int nRows, int nCols,
                         int matrix[nRows][nCols], int scalar);
    void displayMatrix (int nRows, int nCols, int matrix[nRows][nCols]);
    int sampleMatrix[3][5] =
    {
        { 7, 16, 55, 13, 12 },
        { 12, 10, 52, 0, 7 },
        { -2, 1, 2, 4, 9 }
    };
```

```c
    printf ("Original matrix:\n");
    displayMatrix (3, 5, sampleMatrix);

    scalarMultiply (3, 5, sampleMatrix, 2);

    printf ("\nMultiplied by 2:\n");
    displayMatrix (3, 5, sampleMatrix);

    scalarMultiply (3, 5, sampleMatrix, -1);

    printf ("\nThen multiplied by -1:\n");
    displayMatrix (3, 5, sampleMatrix);

    return 0;
}


// 배열에 스칼라 값을 곱하는 함수
void scalarMultiply (int nRows, int nCols,
                     int matrix[nRows][nCols], int scalar)
{
    int row, column;

    for ( row = 0; row < nRows; ++row )
        for ( column = 0; column < nCols; ++column )
            matrix[row][column] *= scalar;
}


void displayMatrix (int nRows, int nCols, int matrix[nRows][nCols])
{
    int row, column;

    for ( row = 0; row < nRows; ++row) {
        for ( column = 0; column < nCols; ++column )
            printf ("%5i", matrix[row][column]);

        printf ("\n");
    }
```

```
}
```



```
Original matrix:
    7    16    55    13    12
   12    10    52     0     7
   -2     1     2     4     9

Multiplied by 2:
   14    32   110    26    24
   24    20   104     0    14
   -4     2     4     8    18

Then multiplied by -1:
  -14   -32  -110   -26   -24
  -24   -20  -104     0   -14
    4    -2   -4     -8   -18
```

scalarMultiply() 함수는 다음과 같이 선언된다.

```
void scalarMultiply (int nRows, int nCols, int matrix[nRows][nCols], int
scalar)
```

matrix의 행과 열의 개수인 nRows와 nCols는 인수 선언 시 반드시 matrix보다 앞에 있어야 컴파일러가 matrix 선언 시에 이들 매개 변수를 미리 알 수 있다. 그렇지 않고 만약 함수를 다음과 같이 선언했다고 생각해 보자.

```
void scalarMultiply (int matrix[nRows][nCols], int nRows, int nCols, int
scalar)
```

이 경우 컴파일러가 matrix의 선언을 분석할 때 nRows와 nCols를 알 수 없기 때문에 오류가 발생한다.

예제 7.14의 실행 결과는 예제 7.13의 실행 결과와 같다. 지금까지 행렬의 크기와 무관하게 사용할 수 있는 두 개의 함수(scalarMultiply(), displayMatrix())를 만들어 보았는데, 이들은 가변 길이 배열을 사용함으로써 얻을 수 있는 장점을 잘 보여주고 있다.

## 전역 변수

이제 이번 장에서 배운 많은 원칙들을 함께 묶어서 살펴보면서 추가로 몇 가지 새로운 것들에 대해 논하도록 하겠다. 예제 6.7은 양의 정수에 대해 진법을 변환하는 프로그램인데, 이것을 가져다가 함수의 형태로 바꾸어보자. 이렇게 하려면 우선 프로그램을 논리적인 구역들로 개념적으로 나눠야 한다. 프로그램을 잠깐만 봐도 main() 안에 사용된 세 개의 주석이 이미 구역을 나누고 있음을 알 수 있다. 주석에 따르면 프로그램은 세 개의 주요 기능을 수행하는데, 사용자에게 변환할 값과 기수를 입력받는 기능, 입력받은 값을 원하는 진법으로 변환하는 기능, 결과를 출력하는 기능이 그것이다.

따라서 이들과 유사한 작업을 수행하는 세 개의 함수를 정의할 수 있다. 첫 번째 함수는 getNumberAndBase()이다. 이 함수는 사용자에게 변환하고자 하는 수와 기수를 입력하도록 요구하고 값을 입력받는다. 단, 이 부분은 예제 6.7에서 했던 것을 약간 개선해 볼 텐데 사용자가 기수로 2보다 작거나 16보다 큰 값을 입력하는 경우 상황에 맞는 메시지를 보여주고 기수를 10으로 설정하게 하는 것이다(다른 방법은 사용자가 새로운 값을 입력하도록 하는 것인데, 이 방법은 연습문제를 통해 독자들이 직접 구현해보기 바란다).

두 번째 함수는 convertNumber()로 사용자가 입력한 값을 지정된 진법으로 변환하고 결과를 convertedNumber 배열에 저장한다.

마지막으로 세 번째 함수인 displayConvertedNumber()는 convertedNumber 배열에 포함된 숫자들을 사용자에게 올바른 순서에 따라 출력한다. 개별 숫자를 출력할 때는 baseDigits 배열을 검색해서 해당 숫자에 대응하는 문자를 선택한다.

이 세 개의 함수는 전역 변수라는 도구를 이용해서 상호작용하게 된다. 지역 변수의 경우 앞에서 배운 것처럼 기본적으로 변수를 정의한 함수 내에서만 접근할 수 있다. 명칭에서 짐작이 가능하겠지만 전역 변수에는 이러한 제약이 없다. 즉, 프로그램 내의 모든 함수에서 전역 변수의 값에 접근할 수 있다.

선언 방법에 있어서 전역 변수와 지역 변수를 구분 짓는 특징은 전자의 경우 어떤 함수 내에서 정의하지 않는다는 것이다. 어떻게 보면 이것은 전역적이라는 본질을 나타내는 부분이라고 볼 수 있는데, 이처럼 전역 변수는 어떠한 함수에도 속하지 않는다. 또 프로그램 내의 모든 함수에서 전역 변수의 값을 참조하고 필요한 경우 변경할 수도 있다.

예제 7.15는 네 개의 전역 변수를 정의하는데, 이들 각각은 프로그램 내에서 적어도 두 개 이상의 함수에서 사용된다. baseDigits 배열과 nextDigit 변수는 displayConvertedNumber() 함수에서만 사용되기 때문에 전역 변수로 정의하지 않고, displayConvertedNumber() 함수 내에서 지역 변수로 정의한다.

전역 변수는 프로그램에서 가장 먼저 정의된다. 이들은 어떤 특정 함수에서 정의되는 것이 아니기 때문에 전역적으로 사용되며 따라서 프로그램 내의 모든 함수에서 참조할 수 있다.

**예제 7.15 양의 정수에 대한 진법 변환**

```c
// 주어진 양의 정수를 다른 진법으로 변환하는 프로그램

#include <stdio.h>

int convertedNumber[64];
long int numberToConvert;
int base;
int digit = 0;

void getNumberAndBase (void)
{
    printf ("Number to be converted? ");
    scanf ("%li", &numberToConvert);

    printf ("Base? ");
    scanf ("%i", &base);

    if ( base < 2 || base > 16 ) {
        printf ("Bad base - must be between 2 and 16\n");
        base = 10;
    }
}

void convertNumber (void)
{
    do {
        convertedNumber[digit] = numberToConvert % base;
        ++digit;
        numberToConvert /= base;
    }
    while ( numberToConvert != 0 );
}

void displayConvertedNumber (void)
```

```c
{
    const char baseDigits[16] =
        { '0', '1', '2', '3', '4', '5', '6', '7',
          '8', '9', 'A', 'B', 'C', 'D', 'E', 'F' };
    int nextDigit;

    printf ("Converted number = ");

    for (--digit; digit >= 0; --digit ) {
        nextDigit = convertedNumber[digit];
        printf ("%c", baseDigits[nextDigit]);
    }

    printf ("\n");
}

int main (void)
{
    void getNumberAndBase (void), convertNumber (void),
        displayConvertedNumber (void);

    getNumberAndBase ();
    convertNumber ();
    displayConvertedNumber ();

    return 0;
}
```

---

**예제 7.15 결과**

```
Number to be converted? 100
Base? 8
Converted number = 144
```

**예제 7.15 결과(재실행)**

```
Number to be converted? 1983
Base? 0
```

```
Bad base - must be between 2 and 16
Converted number = 1983
```

잘 선택한 함수 이름이 예제 7.15의 동작을 얼마나 명확하게 기술하는지 주의 깊게 살펴보도록 하자. main() 루틴 안의 함수 이름을 늘어놓으면, 변환할 수와 기수를 입력받고 수를 변환한 다음 변환된 수를 출력하는 것으로 표현되는데 이것은 바로 프로그램의 기능이다. 같은 기능을 하는 6장의 프로그램에 비해 이 프로그램이 월등한 가독성을 확보한 직접적인 이유는 프로그램을 작고 잘 정의된 작업들을 수행하는 별도의 함수들로 구조화한 데 있다. 함수 이름들을 통해 프로그램의 기능이 완벽하게 설명되고 있기 때문에 main() 루틴에는 프로그램의 기능을 설명하는 별도의 주석을 사용할 필요도 없다.

전역 변수의 가장 큰 필요성은 많은 함수들이 같은 변수의 값에 접근해야 하는 프로그램에서 찾을 수 있다. 전역 변수를 이용하면 개별 함수의 인수로 변수의 값을 전달하는 대신 함수 내에서 직접 명시적으로 변수를 참조할 수 있다. 이와 같은 방식에는 문제점이 있는데 함수에서 명시적으로 특정 전역 변수를 참조하기 때문에 어떤 면에서 함수의 범용성을 저해한다. 따라서 이런 함수를 사용할 때는 항상 특정 이름의 전역 변수가 존재하는지 확인해야 한다.

예를 들어 예제 7.15의 convertNumber() 함수는 변수 numberToConvert에 저장된 수를 변수 base에서 지정하고 있는 진법으로 변환하는 것만 가능하다. 여기에 더해 digit 변수와 convertedNumber 배열 역시 반드시 정의되어 있어야 한다. 이 함수가 인수를 통해 값을 전달할 수 있게 한다면 훨씬 더 유연한 형태가 될 것이다.

예제를 통해 살펴본 것처럼 전역 변수를 이용하면 함수에 전달해야 할 인수의 수를 줄일 수 있지만 대신 함수익 범용성은 떨어지게 되고 경우에 따라 프로그램이 가독성에도 안 좋은 영향을 미칠 수 있다. 가독성에 관한 이슈가 제기되는 이유는 전역 변수를 사용하는 경우 함수의 헤더만 보고는 특정 함수에서 사용하는 변수를 한 눈에 구분할 수 없고 또 함수를 호출하는 부분을 통해 함수에서 작업을 위해 입력값으로 필요로 하는 매개 변수나 출력값의 형식을 알 수 없다는 사실 때문이다.

일부 프로그래머들은 전역 변수를 구분하기 위해 접두사 "g"를 변수 이름에 사용하기도 하는데, 다음은 이와 같은 표기 방식에 따라 예제 7.15의 전역 변수를 선언한 예다.

```
int         gConvertedNumber[64];
long int    gNumberToConvert;
int         gBase;
int         gDigit = 0;
```

이런 명명법을 도입하는 이유는 프로그램을 읽을 때 지역 변수와 전역 변수를 구별하기 쉽게 하기 위함이다. 예를 들어 다음 문의 nextMove는 지역 변수이고 gCurrentMove는 전역 변수다.

```
nextMove = gCurrentMove + 1;
```

이 코드는 읽는 이에게 변수들의 범위와 함께 변수의 선언을 찾으려면 어디를 보아야 할지도 알려준다.

전역 변수에 대해 마지막으로 살펴볼 것은 전역 변수는 기본적으로 초기값(0)을 가진다는 것이다. 따라서 다음과 같은 전역 선언은 프로그램의 실행이 시작된 시점에 gData 배열의 모든 요소가 0으로 초기화된다는 것을 암시한다.

```
int gData[100];
```

이처럼 전역 변수는 기본적으로 0을 초기값으로 가지지만 지역 변수는 이런 초기값이 없기 때문에 반드시 프로그램에서 명시적으로 초기화해야 한다는 사실을 꼭 기억하자.


## 자동 및 정적 변수

함수 내에 변수를 선언하려면 일반적으로 다음 squareRoot() 함수에서 guess나 epsilon 변수를 선언하는 것처럼 선언하게 되는데, 실제로 이들은 자동 지역 변수를 선언한 것이다.

```
float squareRoot (float x)
{
        const float epsilon = .00001;
        float guess = 1.0;

                    . . .

}
```

앞에서 이들과 같은 변수를 선언할 때 auto 키워드를 사용할 수 있으나 이것은 기본적으로 적용되기 때문에 선택적으로 사용할 수 있다고 했다. 한편, 자동 변수는 함수가 호출될 때마다 생성된다. 즉, 지역 변수인 epsilon과 guess는 squareRoot() 함수가 호출될 때마다 생성되며, squareRoot() 함수가 끝나면 사라진다. 자동 변수라는 이름으로 부르게 된 것은 이와 같은 과정이 자동으로 이루어지기 때문이다.

변수 선언 앞에 static이라는 단어를 배치하면 완전히 새로운 개념으로 변수를 대해야 한다. C 언어에서 static은 전기를 의미하는 것이 아니라 무엇인가 고정된 것이라는 의미를 가진다. 이것이 정적 변수 개념의 핵심이며, 정적 변수는 함수의 호출이나 반환과 무관하게 고정된다. 따라서 정적 변수를 사용하는 어떤 함수를 종료하는 시점의 정적 변수의 값이 이 함수를 다시 호출했을 때에도 그대로 유지된다.

정적 변수의 초기화 역시 자동 변수와는 다른 특성을 보인다. 정적 지역 변수는 프로그램 실행 과정에서 단 한 번만 초기화되며, 함수를 호출할 때마다 초기화하지 않는다. 또, 정적 변수에 대한 초기값은 단순한 상수 혹은 상수식이어야 한다. 이러한 정적 변수는 기본값이 없는 자동 변수와 달리 기본값으로 0을 가진다.

다음 auto_static() 함수의 정의를 살펴보자.

```
void auto_static (void)
{
    static int staticVar = 100;

          .

          .

          .

}
```

이 함수에서 staticVar의 값은 프로그램이 실행이 시작되면 100으로 한 번만 초기화된다. 만약 이 변수의 값을 함수가 호출될 때마다 100으로 설정하고자 한다면 다음처럼 값을 명시적으로 할당해야 한다.

```
void auto_static (void)
{
    static int staticVar;
    staticVar = 100;

          .

          .

          .

}
```

물론, 이렇게 staticVar를 다시 초기화하는 방식은 애초에 static 변수를 사용해야 할 필요성과 대치된다.

### 예제 7.16 정적 변수와 자동 변수

---

```
// 정적 변수와 자동 변수를 이용한 예제

#include <stdio.h>
```

```c
void auto_static (void)
{
    int autoVar = 1;
    static int staticVar = 1;

    printf ("automatic = %i, static = %i\n", autoVar, staticVar);

    ++autoVar;
    ++staticVar;
}

int main (void)
{
    int i;
    void auto_static (void);

    for ( i = 0; i < 5; ++i )
        auto_static ();

    return 0;
}
```

**예제 7.16 결과**

```
automatic = 1, static = 1
automatic = 1, static = 2
automatic = 1, static = 3
automatic = 1, static = 4
automatic = 1, static = 5
```

auto_static() 함수는 두 개의 지역 변수를 선언한다. int 형식의 자동 변수인 autoVar는 1로 초기화되며, int 형식인 정적 변수 staticVar 역시 1로 초기화된다. 변수 초기화가 끝나면 이 함수는 printf() 루틴을 통해 두 변수의 값을 출력한다. 이후 두 변수를 1씩 증가시킨 다음 함수의 실행을 마친다.

main() 루틴에서는 반복문을 이용해서 auto_static() 함수를 다섯 번 호출한다. 예제 7.16의 실행 결과를 보면 두 변수의 차이를 확실히 구별할 수 있다. 출력된 결과를 보면 자동 변수의 값은 매번 1로 동일하게 유지되는데, 이는 함수가 호출될 때마다 값이 1로 초기화되기 때문이다. 한 편 정적 변수의 값은 1부터 5까지 꾸준히 증가하는데, 이것은 값이 단 한번 1로 초기화되고(프로그램 실행이 시작될 때), 여러 차례에 걸친 함수 호출에도 값이 계속 유지되기 때문이다.

정적 변수와 자동 변수 가운데 어느 것을 사용할 것인지의 선택은 변수의 용도에 따른다. 함수를 여러 번 호출하는 동안 변수의 값이 계속 유지되기를 바란다면(예를 들어, 호출한 횟수를 세는 함수를 고려해 볼 수 있다), 정적 변수를 사용해야 한다. 또, 함수에서 사용하는 변수가 값을 한 번 설정하고 나면 바뀌지 않아야 하는 경우에도 정적 변수를 사용해서 함수가 호출될 때마다 변수를 다시 초기화하는 비효율성을 제거할 수 있다. 이와 같은 효율성에 대한 고려는 대상이 배열인 경우 더욱 중요하다.

반면 함수를 호출할 때마다 변수의 값이 다시 초기화되어야 하는 경우에는 자동 변수를 사용하는 것이 바람직하다.


## 재귀 함수

C 언어는 재귀 함수를 지원한다. 재귀 함수는 다양한 문제를 간결하고 효과적으로 해결하는 데 유용하게 사용된다. 재귀 함수는 주어진 문제의 부분 집합들에 대해 같은 해법을 연속적으로 적용할 수 있는 경우에 사용되는 것이 일반적이다. 여러 개의 괄호를 중첩해서 사용하는 식을 계산할 때 재귀 함수를 적용하면 좋다. 또 트리(Tree)나 리스트(List)와 같은 데이터 구조에 대한 검색이나 정렬 역시 재귀 함수를 사용할 수 있다.

재귀 함수를 설명할 때 가장 많이 사용하는 예는 주어진 수의 계승을 구하는 것이다. 양의 정수 n의 계승은 n!이라고 쓰고, 간단히 1부터 n까지 숫자들을 연속으로 곱한 값이다. 0의 계수는 예외적으로 1로 정의한다. 다음은 5의 계승이다.

```
5! = 5 x 4 x 3 x 2 x 1
   = 120
```

같은 방식으로 6의 계승은 다음과 같다.

```
6! = 6 x 5 x 4 x 3 x 2 x 1
   = 720
```

6!과 5!의 계산을 비교해 보면 6!은 5!에 6을 곱한 값, 즉 6! = 6 x 5! 이다. 이것을 일반화하면 임의의 양의 정수 n의 계수는 n − 1의 계승에 n을 곱한 값이다.

```
n! = n x (n - 1)!
```

n!을 (n-1)!의 값으로 표현한 것을 재귀적 정의라고 하는데, 어떤 값의 계수에 대한 정의가 또 다른 수의 계수를 기반으로 하고 있기 때문이다. 이와 같은 재귀적 정의를 가지고 주어진 정수 n의 계수를 계산하는 함수를 개발할 수 있다(예제 7.17).

**예제 7.17 재귀 호출을 이용한 계수 계산**

```c
#include <stdio.h>

int main (void)
{
    unsigned int j;
    unsigned long int factorial (unsigned int n);

    for ( j = 0; j < 11; ++j )
        printf ("%2u! = %lu\n", j, factorial (j));

    return 0;
}

// 주어진 양수의 계수를 계산하는 재귀 함수

unsigned long int factorial (unsigned int n)
{
    unsigned long int result;

    if ( n == 0 )
        result = 1;
    else
        result = n * factorial (n - 1);

    return result;
}
```

**예제 7.17 결과**

```
 0! = 1
 1! = 1
 2! = 2
```

```
 3! = 6
 4! = 24
 5! = 120
 6! = 720
 7! = 5040
 8! = 40320
 9! = 362880
10! = 3628800
```

factorial() 함수는 자기 자신을 호출하고 있는데, 이 때문에 재귀 함수가 된다. 3의 계수를 구하기 위해 함수가 호출되면 형식 매개 변수 n의 값은 3이 된다. 이 값이 0이 아니므로 다음 문이 실행된다.

```
result = n * factorial (n - 1);
```

이 문에 n의 값을 적용하면 다음과 같다.

```
result = 3 * factorial (2);
```

이 식은 다시 factorial() 함수를 호출하는데 이번에는 2의 계수를 계산하기 위함이다. 따라서 factorial(2)의 계산이 끝날 때까지 result의 계산은 미뤄진다.

비록 같은 함수를 다시 호출하는 것이지만 개념적으로 이 후속 호출은 별도의 분리된 함수에 대한 호출로 취급해야 한다. 재귀 호출 여부와 무관하게 C 언어에서 함수를 호출하면 함수는 자신만의 지역 변수와 형식 매개 변수를 가지고 필요한 작업을 처리한다. 그러므로 3의 계수를 구하기 위해 factorial() 함수를 호출했을 때의 지역 변수 result와 형식 매개 변수 n은 2의 계수를 구하기 위해 factorial() 함수를 호출했을 때의 그것과 분명하게 구분된다.

n의 값이 2인 경우 factorial() 함수는 다음 문을 실행한다.

```
result = n * factorial (n - 1);
```

여기에 마찬가지로 n 값을 대입하면 다음과 같다.

```
result = 2 * factorial (1);
```

또 다시 1의 계수를 2로 곱하는 계산은 1의 계수를 구하기 위한 factorial() 함수의 호출이 끝날 때까지 대기하게 된다.

이제 n의 값이 1인 factorial() 함수 호출이 이뤄지고 함수 내에서 다음 문이 실행된다.

```c
result = n * factorial (n - 1);
```

이 문은 다음과 같이 계산된다.

```c
result = 1 * factorial (0);
```

factorial() 함수가 0의 계수를 계산하기 위해 호출되면 result에 1이 할당되어 반환되며 대기 중이던 모든 식의 계산이 시작된다. 즉, factorial(0)의 값인 1이 호출한 쪽(역시 factorial() 함수다)에 반환되면 이 값에 1을 곱한 결과를 result에 할당한다. 이 값 1은 factorial(1)의 값이며, 이것은 다시 호출한 함수(이 또한 factorial() 함수)로 반환되는데, 여기에 2를 곱한 결과는 result에 저장되고 factorial(2)의 결과값으로 반환된다. 마지막으로 반환된 2에 3을 곱함으로써 대기하고 있던 factorial(3)의 계산이 완성된다. 이렇게 계산된 최종 결과인 6은 최초로 호출된 factorial() 함수의 계산 결과로서 반환되고 값은 printf() 함수를 통해 출력된다.

factorial(3)을 계산하는 과정을 순서대로 개념적으로 나타내면 다음과 같다.

```c
factorial (3) = 3 * factorial (2)
              = 3 * 2 * factorial (1)
              = 3 * 2 * 1 * factorial (0)
              = 3 * 2 * 1 * 1
              = 6
```

factorial() 함수의 동작을 정확하게 이해하기 위해 연필로 종이에 차근차근 기록해 가면서 분석해 보는 것도 좋은 생각이다. 너무 큰 수의 계수를 구하기보다는 4의 계수 정도를 구한다고 가정하고 매번 factorial() 함수의 호출이 발생할 때마다 n과 result의 값을 목록으로 만들어 보도록 한다.

이것으로 함수와 변수에 대한 논의를 마무리하겠다. 지금까지 살펴본 것처럼 C 언어로 구현된 프로그램에서 함수는 그야말로 강력한 도구다. 프로그램을 작고 잘 정의된 함수들로 구조화하는 것의 중요성은 아무리 강조해도 지나치지 않다. 함수는 이 책의 나머지 부분을 진행함에 있어서도 계속해서 비중 있게 사용된다. 계속 진행하기에 앞서 이번 장에서 조금이라도 의구심이 남는 부분이 있다면 다시 학습하기 바라며, 다음 연습문제를 통해 이번 장에서 배운 내용을 더욱 확실히 이해하도록 하자.

# 연습문제

1. 이번 장에 소개된 17개의 예제를 입력해서 실행해본 다음 책에 소개된 출력 결과와 실제로 실행한 결과를 비교해보자.

2. 예제 7.4를 triangularNumber 값을 반환하는 함수를 이용하도록 수정하자. 그런 다음 예제 4.5를 수정해서 새로운 버전의 calculateTriangularNumber() 함수를 호출하도록 하자.

3. 예제 7.8을 수정해서 epsilon 값을 함수의 인수로 전달하게 해보자. epsilon 값을 바꾸어가면서 시험해보고 이 값이 제곱근의 값에 미치는 영향을 살펴보자.

4. 예제 7.8을 수정해서 guess의 값을 while 반복이 일어날 때마다 출력하게 해보자. guess의 값이 얼마나 빨리 제곱근에 수렴하는지에 주목한다. 반복의 횟수, 제곱근을 구하고자 하는 값, 그리고 초기 추측값에 대해 어떤 결론을 내릴 수 있을까?

5. 예제 7.8의 squareRoot() 함수에서 반복문을 탈출하는 데 이용하는 기준은 매우 크거나 또는 매우 작은 수의 제곱근을 계산하는 경우에 적합하지 않다. x의 값과 $guess^2$의 차이를 비교하는 방법보다는 두 값의 비와 1을 비교하는 것이 낫다. 이 비가 1에 가까워질수록 더 정확한 값이라고 볼 수 있다.
   위에서 기술한 기준을 적용해서 예제 7.8을 수정해보자.

6. 예제 7.8의 squareRoot() 함수가 배정밀도의 값을 인수로 받아 역시 배정밀도 값을 반환하도록 수정하자. 단, 배정밀도의 값을 사용하는 것에 맞게 epsilon 변수의 값도 적절히 변경해야 한다.

7. 양의 정수에 대한 거듭제곱을 계산하는 함수를 만들어보자. 이 함수는 x_to_the_n()이라고 하고 정수 형식의 인수 x와 n을 가져야 하며 $x^n$을 계산한 결과를 long int 형식으로 반환해야 한다.

8. 다음은 2차 방정식이다.
   ```
   ax2 + bx + c = 0
   ```

   a, b, c는 상수이며, 따라서 a = 4, b = −17, c = −15인 2차 방정식은 다음과 같이 표현할 수 있다.
   ```
   4x2 - 17x - 15 = 0
   ```

   2차 방정식을 만족하는 x 값을 방정식의 근이라고 하는데, 다음 공식에 a, b, c를 대입함으로써 구할 수 있다.

   $$x = \frac{-b \pm \sqrt{b^2 - 4ac}}{2a}$$

판별식이라고 부르는 $b^2-4ac$가 0보다 작으면 방정식의 두 근인 $x_1$, $x_2$는 허수다.

2차 방정식을 풀이하는 프로그램을 작성하자. 사용자는 a, b, c를 입력할 수 있어야 하며 판별식의 값이 음수이면 방정식의 근이 허수임을 메시지를 통해 화면에 출력하고 그 외의 경우에는 계산을 통해 두 개의 근을 찾고 결과를 출력해야 한다(단, 이번 장에서 만들었던 squareRoot() 함수를 활용하도록 한다).

**9.** 두 양의 정수 u, v에 대한 최소공배수(least common multiple, lcm)는 u와 v 어느 것으로나 나눠지는 가장 작은 양의 정수다. 따라서 15와 10의 최소공배수는 lcm(15, 10)이라고 쓰며, 두 값으로 나누어지는 가장 작은 양의 정수인 30이나. 두 개의 정수를 인수로 진달받아 최소공배수를 반환히는 함수 lcm()을 구현해보자. lcm() 함수는 예제 7.6의 gcd() 함수를 이용해서 다음의 논리에 따라 최소공배수를 계산해야 한다.

*lcm (u, v) = uv / gcd (u, v) u, v >= 0*

**10.** 인수로 전달받은 값이 소수이면 1을 반환하고 그렇지 않으면 0을 반환하는 prime() 함수를 작성해보자.

**11.** 정수 배열과 요소의 개수를 인수로 전달받아 모든 요소의 합을 반환하는 arraySum() 함수를 작성해보자.

**12.** i개의 행과 j개의 열로 구성되는 행렬 M은 행/열 바꿈을 통해 j개의 행과 i개의 열로 구성되는 행렬 N으로 변환이 가능한데, 유효한 모든 a, b에 대해 $N_{a,b}$의 값을 $M_{b,a}$의 값으로 설정해주면 된다.

   **a.** 4 x 5 행렬과 5 x 4 행렬을 인수로 전달받아 4 x 5 행렬에 대해 행/열 바꿈 작업을 처리한 결과를 5 x 4 행렬에 저장하는 함수 transposeMatrix()를 작성해보자.

   **b.** 가변 길이 배열을 이용해서 연습문제 12a에서 구현한 transposeMatrix() 함수가 행과 열의 수를 인수로 전달받아 지정된 크기의 행렬로 행/열 바꿈을 처리할 수 있게 수정해보자.

**13.** 예제 7.12의 sort() 함수에 세 번째 인수를 추가해서 오름차순 혹은 내림차순 정렬을 지정할 수 있게 하고 지정된 정렬 방식으로 배열을 정렬할 수 있도록 알고리즘을 수정하자.

**14.** 앞선 네 개의 연습문제를 통해 만든 함수에서 인수 대신 전역 변수를 이용하도록 수정해보자. 예를 들어 연습문제 13번의 경우, 전역으로 정의된 배열을 정렬하도록 해야 한다.

**15.** 예제 7.14를 수정해서 유효하지 않은 기수를 입력한 경우 사용자에게 다시 입력할 것을 요구하도록 하고, 유효한 값이 입력될 때까지 이와 같은 질의를 반복하도록 해보자.

**16.** 예제 7.14의 프로그램이 사용자가 원하는 만큼 계속해서 정수를 변환할 수 있도록 하고 변환할 값으로 0을 입력하면 프로그램이 종료되도록 수정하자.

# Chapter 8
# 구조체

6장에서 배열을 이용하면 같은 형식의 요소 집합을 하나의 논리적인 단위로 사용할 수 있다고 소개했다. 또, 배열의 이름과 인덱스만 있으면 배열의 요소를 참조할 수 있다.

C 언어는 배열 외에도 여러 개의 요소를 하나로 묶을 수 있는 도구를 제공하고 있다. 이것이 바로 구조체로 이번 장에서 다룰 주제이다. 구조체는 C 언어로 프로그램을 작성할 때 수없이 사용하게 될 강력한 개념이다.

다음은 이번 장에서 구조체에 관해 살펴볼 몇 가지 핵심 주제다.

- 구조체 정의
- 구조체를 함수에 전달하기
- 구조체의 배열
- 배열을 포함하는 구조체

## 구조체 기초

프로그램에서 9/25/15와 같이 날짜를 저장했다가 출력할 때 처리 일자로 이용하거나 다른 연산에 이용하고자 하는 경우를 생각해 보자. month, day, year라는 정수 형식의 변수를 만들어 각각 월, 일, 연도를 저장하게 할 수 있고, 다음과 같은 문을 통해 구현하면 잘 동작한다.

```c
int month = 9, day = 25, year = 2015;
```

즉, 전혀 문제될 것이 없는 방법이다. 그런데 프로그램에서 특정 제품을 구매한 날짜도 저장해야 한다고 가정해 보자. 구입일 역시 같은 식으로 purchaseMonth, purchaseDay, purchaseYear와 같이 변수를 추가해서 정의할 수 있고, 구입일이 필요한 경우에는 늘 이 세 개의 변수를 명시적으로 액세스하게 할 수 있다.

이와 같은 방식을 이용하면, 프로그램에서 날짜 정보를 이용할 때마다 논리적으로 연관되지만 분리된 세 개의 변수들을 각각 관리해야 한다. 따라서 세 변수를 하나로 묶어주는 것이 훨씬 효과적인데, C 언어의 구조체를 이용하면 이것이 가능하다.


## 날짜 저장을 위한 구조체

C 언어에서는 다음과 같이 월, 일, 해[1]를 의미하는 세 개의 구성요소를 포함하는 date라는 구조체를 정의할 수 있다.

```c
struct date
{
    int month;
    int day;
    int year;
};
```

date 구조체는 month, day, year 세 개의 정수 멤버를 포함하도록 정의된다. 이처럼 date를 정의하면 새로운 하나의 형식이 정의되는 것과 같은데, 따라서 다음과 같이 struct date 형식의 변수를 정의하는 것이 가능하다.

```c
struct date today;
```

purchaseDate 변수(구입일) 역시 다음과 같이 선언할 수 있다.

---

주 1. (역자주) 월–일–해 순서는 서구식 사고에 기인하는데, 원문의 표기 순서에 따라 표기하기로 한다.

```c
struct date purchaseDate;
```

혹은, 다음처럼 이 두 개를 한 번에 선언할 수도 있다.

```c
struct date today, purchaseDate;
```

int, float, char 등의 형식과 달리 구조체 변수를 다룰 때는 특별한 구문이 필요하다. 구조체의 멤버에 접근하려면 변수 이름 다음에 마침표를 찍은 다음 멤버 이름을 표기해야 한다. 예를 들어, today 변수의 day에 25라는 값을 설정하려면 다음과 같은 문이 필요하다.

```c
today.day = 25;
```

변수 이름과 마침표, 멤버 이름 사이에는 공백을 허용하지 않는다는 점에 주의해야 한다. 다음으로 today의 year에 2015를 할당하려면 다음과 같이 할 수 있다.

```c
today.year = 2015;
```

마지막으로, 다음은 month의 값이 12인지 검사하는 문의 예시다.

```c
if ( today.month == 12 )
nextMonth = 1;
```

이제, 다음 문의 동작을 충분히 예상해볼 수 있을 것이다.

```c
if ( today.month == 1 && today.day == 1 )
printf ("Happy New Year!!!\n");
```

예제 8.1은 지금까지 구조체에 대해 논의했던 내용을 실제로 구현한 예다.

### 예제 8.1 구조체 사용 예

```c
// 구조체를 이용하는 프로그램 예

#include <stdio.h>

int main (void)
{
    struct date
    {
        int month;
        int day;
        int year;
```

```c
        };

        struct date today;

        today.month = 9;
        today.day = 25;
        today.year = 2015;

printf ("Today's date is %i/%i/%.2i.\n", today.month, today.day,
        today.year % 100);

        return 0;
}
```



**예제 8.1 결과**

```
Today's date is 9/25/15.
```

main()의 첫 번째 문은 date 구조체를 정의하고 있는데, date 구조체는 month, day, year라는 세 개의 정수 멤버를 가지고 있다. 두 번째 문은 struct date 형식을 이용해서 변수 today를 선언한다. 첫 번째 문은 단순히 date 구조체가 어떤 구조를 가지고 있는지 컴파일러에 알리는 역할만 하기 때문에 어떠한 메모리 할당도 일어나지 않는다. 두 번째 문은 struct date 형식의 변수를 선언하므로 today에 포함된 세 개의 변수를 저장하기 위한 메모리 영역에 대한 할당을 수반한다. 이와 같이 구조체 정의와 특정 구조체 형식의 변수 선언은 큰 차이를 가지므로 잘 이해하고 있어야 한다.

today를 선언하고 나면 프로그램은 그림 8.1과 같이 today의 멤버에 값을 할당한다.

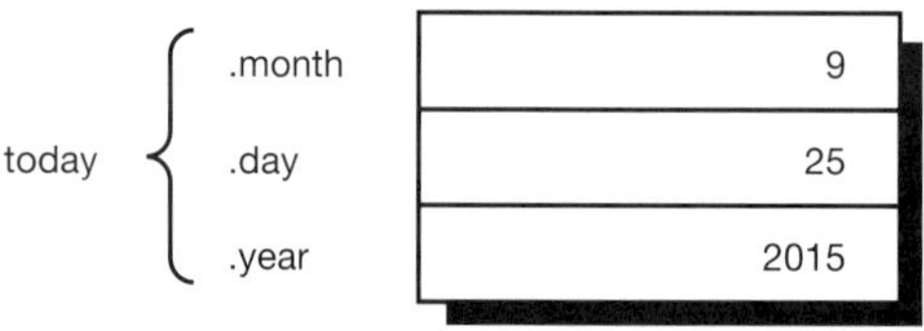


**그림 8.1** 구조체 변수에 대한 값 할당

멤버에 값을 할당하고 나면 printf()를 이용해서 구조체에 보관된 값을 출력하는데, 연도를 출력하는 부분에서는 today.year를 100으로 나눈 나머지인 15를 출력한다. 또 형식 문자열 %.2i를 이용해서 연도를 두 자리로 표현하며 나머지가 한자리인 경우 앞에 0을 채워서 01, 09와 같은 모습으로 출력하도록 하고 있다.

## 식에서 구조체 사용하기

C 언어에서 구조체 멤버를 식에서 사용하는 경우 일반적인 변수를 사용하는 것과 같은 규칙을 따른다. 따라서 다음과 같이 정수 구조체 멤버를 다른 정수로 나누면 정수 기반의 나눗셈을 수행한다.

```
century = today.year / 100 + 1;
```

오늘 날짜를 입력받아 내일 날짜를 출력하는 간단한 프로그램을 생각해보자. 언뜻 보기에 굉장히 단순한 작업으로 보인다. 사용자에게 오늘 날짜를 질의하고 나서 다음과 같은 문을 순서대로 실행하면서 내일 날짜를 계산하면 된다고 생각할 수 있다.

```
tomorrow.month = today.month;
tomorrow.day = today.day + 1;
tomorrow.year = today.year;
```

물론 이렇게 하더라도 대부분의 날짜 계산에서는 문제가 없다, 하지만 다음 두 가지 경우에 대해서는 적절한 처리가 이뤄지지 않는다.

1. 오늘 날짜가 이번 달의 마지막 날인 경우
2. 오늘 날찌기 올헤의 마지막 날인 경우(12월 31일)

오늘이 이번 달의 마지막 날인지 확인할 수 있는 한 가지 방법은 월별 일수를 배열로 만들어 두고 특정 달의 일수를 조회할 수 있게 하는 것인데, 다음 문은 daysPerMonth라는 배열을 이용해서 월별 일수를 정의하고 있다.

```
int daysPerMonth[12] = { 31, 28, 31, 30, 31, 30, 31, 31, 30, 31, 30, 31 };
```

이 배열은 12개의 정수 요소를 포함하고 있으며, 임의의 월을 i라고 하면, daysPerMonth[i -1]의 값은 해당 월의 일수를 의미한다. 따라서 4월의 일수는 daysPerMonth[3]의 값인 30이다(개인의 취향에 따라 배열의 요소를 13개로 정의해서 i-1 대신 i를 그대로 사용할 수 있게 정의할 수도 있다).

만약 오늘이 이번 달의 마지막 날이라면 내일 날짜는 월을 1 증가시키고 일자는 1로 설정함으로써 간단히 계산할 수 있다.

이제 두 번째 문제를 해결하려면 우선 오늘이 이번 달의 마지막 날이면서 이번 달이 12월인지 확인해야 한다. 그리고 만약 그렇다면 내일의 일과 월을 모두 1로 설정하고 해는 1 증가시키면 된다.

예제 8.2는 사용자로부터 오늘 날짜를 입력받아 내일 날짜를 계산하고 결과를 출력하는 프로그램이다.

**예제 8.2 내일 날짜 구하기**

```c
// 내일 날짜를 구하기 위한 프로그램

#include <stdio.h>

int main (void)
{
    struct date
    {
        int month;
        int day;
        int year;
    };

    struct date today, tomorrow;

    const int daysPerMonth[12] = { 31, 28, 31, 30, 31, 30,
                                   31, 31, 30, 31, 30, 31 };

    printf ("Enter today's date (mm dd yyyy): ");
    scanf ("%i%i%i", &today.month, &today.day, &today.year);

    if ( today.day != daysPerMonth[today.month - 1] ) {
        tomorrow.day = today.day + 1;
        tomorrow.month = today.month;
        tomorrow.year = today.year;
    }
    else if ( today.month == 12 ) {    // 연도의 마지막 날인 경우
        tomorrow.day = 1;
        tomorrow.month = 1;
        tomorrow.year = today.year + 1;
```

```c
    }
    else {                              // 월의 마지막 날인 경우
        tomorrow.day = 1;
        tomorrow.month = today.month + 1;
        tomorrow.year = today.year;
    }

    printf ("Tomorrow's date is %i/%i/%.2i.\n", tomorrow.month,
            tomorrow.day, tomorrow.year % 100);

    return 0;
}
```

## 예제 8.2 결과

```
Enter today's date (mm dd yyyy): 12 17 2013
Tomorrow's date is 12/18/13.
```

## 예제 8.2 결과(재실행)

```
Enter today's date (mm dd yyyy): 12 31 2014
Tomorrow's date is 1/1/15.
```

## 예제 8.2 결과(두 번째 재실행)

```
Enter today's date (mm dd yyyy): 2 28 2012
Tomorrow's date is 3/1/12.
```

실행 결과를 보면 또 다른 문제가 있다는 것을 알 수 있다. 2012년 2월 28일 다음 날은 2012년 3월 1일이 아니라 2012년 2월 29일이다. 윤년에 대한 고려를 빠트린 것이다. 이 문제점은 다음 절에서 해결해 보기로 하고, 우선 현재 구조를 분석해 보도록 하자.

date 구조체를 선언하고 나면 struct date 형식인 변수 today, tomorrow를 선언한다. 이후 프로그램은 사용자에게 오늘 날짜를 입력받는데, 입력된 세 개의 정수값은 today.month, today.day, today.year에 저장된다. 다음으로 today.day와 daysPerMonth[today.month

- 1]을 비교해서 입력받은 날짜가 월의 마지막 날인지 확인한다. 비교 결과 마지막 날이 아니면 해와 월은 같으므로 날짜 값에만 1을 더해서 내일 날짜를 결정한다.

오늘 날짜가 월의 마지막 날인 경우에는 우선 해당 연도의 마지막 날인지 추가로 검사하게 된다. 월이 12이면 오늘 날짜가 12월 31일이므로 내일은 다음 해의 1월 1일로 설정된다. 월이 12가 아니라면 연도 값은 그대로 두고 다음 달 1일로 설정하게 된다.

이렇게 계산된 내일 날짜는 printf() 문을 이용해서 적절한 형태로 사용자에게 제공되며 프로그램 실행은 종료된다.

## 함수와 구조체

이제 예제에서 발견된 문제점으로 다시 돌아가 보자. 이 프로그램은 2월이 항상 28일까지만 있다고 가정하고 있기 때문에 2월 28일 다음 날짜를 요청하면 항상 3월 1일이라는 결과를 출력한다. 문제를 해결하려면 윤년 여부를 확인할 수 있어야 한다. 윤년인 경우에는 2월이 29일까지인 것으로 처리해야 하며, 그 외의 경우에는 daysPerMonth 배열을 이용하면 된다.

예제 8.2에서 윤년 여부에 따른 처리가 가능하도록 하기 위해 numberOfDays() 라는 이름의 함수를 만들어 임의의 월에 대한 정확한 날짜 수를 결정하도록 하는 방법을 생각해볼 수 있다. 그리고 이 함수에서 윤년 여부 확인과 daysPerMonth 배열에 대한 검색을 수행하도록 할 수 있다. main() 루틴에서는 today.day를 daysPerMonth[today.month - 1]과 비교하는 if 문만 바꿔주면 되며, 이것을 today.day를 numberOfDays() 함수의 반환값과 비교하도록 하면 된다.

numbersOfDays() 함수의 인수로 전달하는 값에 주의하여 다음 예제 8.3을 살펴보도록 한다.

### 예제 8.3 내일 날짜 구하기(개선)

```c
// 내일 날짜를 구하기 위한 프로그램

#include <stdio.h>
#include <stdbool.h>

struct date
{
    int month;
    int day;
    int year;
};
```

```c
int main (void)
{
    struct date today, tomorrow;

    int numberOfDays (struct date d);

    printf ("Enter today's date (mm dd yyyy): ");
    scanf ("%i%i%i", &today.month, &today.day, &today.year);

    if ( today.day != numberOfDays (today) ) {
        tomorrow.day = today.day + 1;
        tomorrow.month = today.month;
        tomorrow.year = today.year;
    }
    else if ( today.month == 12 ) {    // 연도의 마지막 날인 경우
        tomorrow.day = 1;
        tomorrow.month = 1;
        tomorrow.year = today.year + 1;
    }
    else {                             // 월의 마지막 날인 경우
        tomorrow.day = 1;
        tomorrow.month = today.month + 1;
        tomorrow.year = today.year;
    }

    printf ("Tomorrow's date is %i/%i/%.2i.\n",tomorrow.month,
        tomorrow.day, tomorrow.year % 100);

    return 0;
}

// 주어진 달의 날짜 수를 반환하는 함수

int numberOfDays (struct date d)
{
    int days;
```

```c
    bool isLeapYear (struct date d);

    const int daysPerMonth[12] =
        { 31, 28, 31, 30, 31, 30, 31, 31, 30, 31, 30, 31 };

    if ( isLeapYear (d) == true && d.month == 2 )
        days = 29;
    else
        days = daysPerMonth[d.month - 1];

    return days;
}

// 윤년 여부를 확인하기 위한 함수

bool isLeapYear (struct date d)
{
    bool leapYearFlag;

    if ( (d.year % 4 == 0 && d.year % 100 != 0) ||
            d.year % 400 == 0 )
        leapYearFlag = true; // 윤년
    else
        leapYearFlag = false; // 평년

    return leapYearFlag;
}
```

**예제 8.3 결과**

```
Enter today's date (mm dd yyyy): 2 28 2016
Tomorrow's date is 2/29/16.
```

**예제 8.3 결과(재실행)**

```
Enter today's date (mm dd yyyy): 2 28 2014
Tomorrow's date is 3/1/14.
```

예제 8.3에서 가장 먼저 눈에 띄는 점은 date 구조체의 정의가 가장 먼저 이뤄지며 함수의 외부에 위치한다는 것이다. 구조체의 정의는 변수와 비슷해서 함수 안에서 정의하면 마치 지역 변수와 같이 해당 함수 내에서만 사용할 수 있기 때문에 이것을 지역 구조체 정의라고 한다. 이와 달리 구조체를 함수 외부에 정의하면 이 구조체는 전역적으로 정의된다. 전역으로 구조체를 정의하면 이후의 어디에서건(함수 내부/외부와 무관) 해당 구조체 형식의 변수를 선언할 수 있다.

main() 루틴으로 진입하면 다음 함수 원형이 정의된다.

```c
int numberOfDays (struct date d);
```

이것은 numberOfDays() 함수가 struct date 형식의 인수 하나를 전달받아 정수값을 반환한다는 것을 컴파일러에 전달한다.

다음 if 문은 이전 예제에서 today.day와 daysPerMonth[today.month - 1]을 비교하던 것을 대신한다.

```c
if ( today.day != numberOfDays (today) )
```

함수 호출에서 보는 것처럼 인수로 구조체 today를 전달하고 있다. 따라서 numberOfDays() 함수에서는 구조체 인수를 처리할 수 있도록 다음과 같이 정의할 필요가 있다.

```c
int numberOfDays (struct date d)
```

일반적인 변수들처럼 전달받은 구조체 인수를 함수 내에서 변경해도 배열의 경우와 달리 원본 구조체에는 아무런 영향을 미치지 않으며, 함수가 호출될 때 생성된 구조체의 복사본에 한해서 적용된다.

numberOfDays() 함수는 윤년 및 2월인지 여부를 확인하는 것으로 시작된다. 윤년 확인은 isLeapYear() 함수를 호출함으로써 이뤄지는데, 이 함수에 대해서는 잠시 후에 살펴보기로 하고 우선 다음 if 문을 보자.

```c
if ( isLeapYear (d) == true && d.month == 2 )
```

이 문에서 isLeapYear() 함수가 윤년이면 true를 반환하고 그렇지 않으면 false를 반환할 것이라는 것은 쉽게 짐작할 수 있다. 5장 "판단하기"에서 논했던 것처럼 bool, true, false의 값은 표준 헤더 파일인 <stdbool.h>에서 정의하고 있기 때문에 이 값들을 사용하기 위해 예제의 시작 부분에서 이 파일을 포함하고 있다.

한 가지 흥미로운 점은 if 문에서 사용하고 있는 isLeapYear() 라는 함수의 이름인데, 이 이름 덕분에 전체적인 if 문이 굉장히 읽기 쉬워지고, 또 이름으로부터 이 함수가 네/아니오 형태의 값을 반환할 것이라는 것을 짐작할 수 있게 해 준다.

다시 예제로 돌아가서 입력된 값이 윤년의 2월이라고 판정되면 days 변수의 값은 29로 설정되며 그렇지 않은 경우에는 daysPerMonth 배열에서 찾은 값을 days에 할당한다. 그런 다음 days의 값은 main() 루틴으로 반환된다.

isLeapYear() 함수는 비교적 간단하다. 그저 인수로 전달한 date 구조체에 포함된 연도 값이 윤년이면 true를 반환하고 그렇지 않으면 false를 반환한다.

보다 잘 구조화된 프로그램을 만드는 연습으로 내일 날짜를 구하는 전체 과정을 별도의 함수로 분리해 보도록 하자. 이 새로운 함수를 dateUpdate()라고 하고 오늘 날짜 정보를 인수로 전달받게 할 수 있다. dateUpdate()는 내일 날짜를 계산하고 이것을 결과로 반환한다. 예제 8.4를 통해 변경된 모습을 살펴보도록 하자.

### 예제 8.4 내일 날짜 구하기(개선2)

```
// 내일 날짜를 구하기 위한 프로그램

#include <stdio.h>
#include <stdbool.h>

struct date
{
    int month;
    int day;
    int year;
};

// 내일 날짜를 반환하는 함수
struct date dateUpdate (struct date today)
{
    struct date tomorrow;

    int numberOfDays (struct date d);

    if ( today.day != numberOfDays (today) ) {
        tomorrow.day = today.day + 1;
        tomorrow.month = today.month;
        tomorrow.year = today.year;
    }
```

```c
    else if ( today.month == 12 ) {    // 연도의 마지막 날인 경우
        tomorrow.day = 1;
        tomorrow.month = 1;
        tomorrow.year = today.year + 1;
    }
    else {                             // 월의 마지막 날인 경우
        tomorrow.day = 1;
        tomorrow.month = today.month + 1;
        tomorrow.year = today.year;
    }

    return tomorrow;
}

// 주어진 달의 날짜 수를 반환하는 함수

int numberOfDays (struct date d)
{
    int days;
    bool isLeapYear (struct date d);

    const int daysPerMonth[12] =
        { 31, 28, 31, 30, 31, 30, 31, 31, 30, 31, 30, 31 };

    if ( isLeapYear (d) && d.month == 2 )
        days = 29;
    else
        days = daysPerMonth[d.month - 1];

    return days;
}

// 윤년 여부를 확인하기 위한 함수

bool isLeapYear (struct date d)
{
    bool leapYearFlag;
```

```c
    if ( (d.year % 4 == 0 && d.year % 100 != 0) ||
            d.year % 400 == 0 )
        leapYearFlag = true;  // 윤년
    else
        leapYearFlag = false;  // 평년

    return leapYearFlag;
}


int main (void)
{
    struct date dateUpdate (struct date today);

    struct date thisDay, nextDay;

    printf ("Enter today's date (mm dd yyyy): ");
    scanf ("%i%i%i", &thisDay.month, &thisDay.day,
            &thisDay.year);

    nextDay = dateUpdate (thisDay);

    printf ("Tomorrow's date is %i/%i/%.2i.\n",nextDay.month,
        nextDay.day, nextDay.year % 100);

    return 0;
}
```

## 예제 8.4 결과

```
Enter today's date (mm dd yyyy): 2 28 2016
Tomorrow's date is 2/29/16.
```

## 예제 8.4 결과(재실행)

```
Enter today's date (mm dd yyyy): 2 22 2015
Tomorrow's date is 2/23/15.
```

main()의 다음 문은 함수에 구조체를 전달하는 것뿐만 아니라 반환받을 수도 있다는 것을 보여주는데, dateUpdate() 함수의 선언을 보면 struct date 형식의 값을 반환하도록 명시하고 있다.

```
next_date = dateUpdate (thisDay);
```

dateUpdate() 함수의 내부로 들어가 보면 예제 8.3의 main() 루틴과 같은 코드로 이루어져 있음을 알 수 있다. numberOfDays()와 isLeapYear() 함수는 변경된 것이 없다.

예제에서 함수 호출 간의 계층구조를 잘 이해하는 것이 중요하다. 다시 한 번 살펴보면, main() 함수가 updateDate()를 호출하면 updateDate() 함수는 numberOfDays()를 호출하며 이 함수는 다시 isLeapYear() 함수를 호출한다.

## 시간 저장을 위한 구조체

프로그램에서 시, 분, 초로 표현되는 다양한 시간을 값으로 저장해야 할 필요가 있다고 생각해 보자. 앞서 date 구조체를 통해 일, 월, 해를 저장하고 이용하는 것이 얼마나 효과적인지 충분히 배웠다. 이것을 기반으로 자연스럽게 시, 분, 초를 저장하는 time이라는 구조체를 생각해 볼 수 있다. 이 구조체는 간단하게 다음과 같이 정의할 수 있다.

```
struct time
{
    int hour;
    int minutes;
    int seconds;
};
```

대부분의 컴퓨터 장비는 군용 시간으로 알려진 24시간 기반의 시각 표현을 이용한다. 이 표현 방식을 이용하면 오전과 오후를 구분할 필요가 없기 때문에 여기서 오는 혼란을 피할 수 있다. 이 방식에서는 자정 12시를 0시로 정하고 23시 즉, 오후 11시까지 1시간씩 증가시켜 나간다. 따라서 4시30분은 오전 4시30분을 의미하고 16시30분은 오후 4시30분을 의미한다. 또 12시00분은 정오를, 00시 01분은 자정에서 1분이 지난 시각을 뜻한다.

사실상 모든 컴퓨터는 항상 동작하는 시계를 내장하고 있는데, 이 시계는 사용자에게 현재 시각을 알리거나 정해진 시각에 프로그램의 실행을 위한 이벤트를 발생시키는 데 이용하기도 하고, 특정 이벤트의 발생 시각을 저장하는 데 이용되기도 한다. 프로그램에서 이 시계를 이용하는 것도 그만큼 일반적인데, 예를 들면 매 초마다 현재 시각을 컴퓨터 메모리 어딘가에 저장하는 등의 방법으로 활용이 가능하다.

방금 묘사한 것처럼 1초씩 시각을 증가시키는 프로그램을 만들고자 한다고 생각해 보자.

언뜻 생각해 보아도 이것은 날짜를 하루씩 증가시켰던 경우와 매우 닮아있다.

시각을 증가시키는 경우도 다음 날짜를 알아내는 경우와 마찬가지로 몇 가지 특수한 요구사항이 있다. 다음은 반드시 고려해야 할 몇 가지 사항들이다.

1. 60초에 도달하면 초의 값을 0으로 재설정하고 분의 값은 1 증가시켜야 한다.
2. 60분에 도달하면 분의 값을 0으로 재설정하고 시의 값은 1 증가시켜야 한다.
3. 24시에 도달하면 시, 분, 초 모두 0으로 재설정해야 한다.

예제 8.5는 timeUpdate()라는 함수를 이용해서 입력된 시각에 1초를 더한 시각을 구하는데, 이 함수는 현재 시각을 인수로 전달받아 1초 후의 시각을 반환한다.

**예제 8.5 1초 이후의 시각 계산하기**

```c
// 주어진 시각에서 1초 후의 시각을 구하는 프로그램

#include <stdio.h>

struct time
{
    int hour;
    int minutes;
    int seconds;
};

int main (void)
{
    struct time timeUpdate (struct time now);
    struct time currentTime, nextTime;

    printf ("Enter the time (hh:mm:ss): ");
    scanf ("%i:%i:%i", &currentTime.hour,
            &currentTime.minutes, &currentTime.seconds);

    nextTime = timeUpdate (currentTime);

    printf ("Updated time is %.2i:%.2i:%.2i\n", nextTime.hour,
```

```c
                    nextTime.minutes, nextTime.seconds );

    return 0;
}


// 주어진 시각에 1초를 더하는 함수

struct time timeUpdate (struct time now)
{
    ++now.seconds;

    if ( now.seconds == 60 ) {          // 분 증가
        now.seconds = 0;
        ++now.minutes;

        if ( now.minutes == 60 ) {      // 시 증가
            now.minutes = 0;
            ++now.hour;

            if ( now.hour == 24 )     // 자정
                now.hour = 0;
        }
    }

    return now;
}
```

**예제 8.5 결과**

```
Enter the time (hh:mm:ss): 12:23:55
Updated time is 12:23:56
```

**예제 8.5 결과(재실행)**

```
Enter the time (hh:mm:ss): 16:12:59
Updated time is 16:13:00
```

```
Enter the time (hh:mm:ss): 23:59:59
Updated time is 00:00:00
```

main() 루틴에서는 사용자에게 시각 입력을 요청하는데, 이때 scanf() 호출에 다음과 같은 형식 문자열을 이용한다.

```
"%i:%i:%i"
```

형식 문자가 아닌 ':'을 형식 문자열에 이용함으로써 scanf() 함수에서 이 지정된 문자를 입력 값에서 인식하도록 한다. 따라서 예제 8.5의 형식 문자열은 콜론을 경계로 서로 구분되는 세 개의 정수값을 입력받는다는 것을 의미한다. 15장 "C언어의 입·출력 작업"에서는 scanf() 함수가 입력된 값이 알맞은 형식을 따르는지 확인할 수 있는 값을 어떤 식으로 반환하는지 살펴볼 것이다.

사용자가 시각을 입력하면 timeUpdate() 함수를 호출하는데 이때 currentTime을 인수로 전달한다. timeUpdate()의 반환값은 struct time 형식의 nextTime 변수에 저장되는데 이 변수의 값은 이후에 printf() 문을 통해 출력된다.

timeUpdate() 함수는 now에 1초를 증가시키면서 시작한다. 그런 다음 초의 값이 60에 도달했는지 검사하고 60초에 도달했다면 초를 0으로 재설정하고 분의 값을 1 증가시킨다. 다음으로는 분의 값이 60에 도달했는지 확인해서 그렇다면 이번에는 분의 값을 0으로 재설정하고 시의 값을 1 증가시킨다. 마지막으로 앞선 두 조건이 모두 만족하는 경우 시의 값을 확인하는데, 이 값이 24면 정확히 자정을 의미하므로 시의 값을 0으로 재설정한다. 여기까지 마무리되면 함수는 실행을 끝내고 갱신된 값을 포함하는 now의 값을 반환한다.

## 구조체 초기화

구조체를 초기화하는 방법은 배열과 비슷하며 중괄호 내에 쉼표로 구분해서 요소를 나열하면 된다.

다음은 date 구조체 형식인 today를 2015년 7월 2일로 초기화하는 방법을 보여준다.

```
struct date today = { 7, 2, 2015 };
```

비슷하게 다음 문은 struct time 형식의 변수 this_time을 오전 3시 29분 55초로 초기화한다.

```
struct time this_time = { 3, 29, 55 };
```

this_time이 지역 변수인 경우에는 다른 변수들처럼 함수를 호출할 때마다 초기화된다. 한편, 구조체 변수를 정적으로 선언(앞에 static 키워드를 사용한 경우)하면 프로그램이 시작될 때 한 번만 초기화된다. 두 경우 모두 중괄호 내의 초기값은 상수식이어야 한다.

배열을 초기화할 때처럼 구조체를 초기화할 때도 다음과 같이 실제 요소의 개수보다 적은 수의 초기값을 지정할 수 있다.

```
struct time time1 = { 12, 10 };
```

이 문은 time1.hour에 12, time1.minutes에 10을 할당하지만 time1.seconds에는 어떠한 값도 할당하지 않으며 이 경우 초기값은 정의되지 않는다.

구조체를 초기화할 때 구조체 멤버 이름을 이용하는 방법도 가능한데, 일반적인 형식은 다음과 같다.

```
.멤버 = 값
```

이 방법을 이용하면 멤버들에 대한 초기화를 정해진 순서에 따라 처리할 수 있고 또 지정된 멤버만 초기화하는 것도 가능하다. 다음 예를 통해 살펴보도록 한다.

```
struct time time1 = { .hour = 12, .minutes = 10 };
```

이것은 앞서 살펴본 time1 초기화와 같은 의미를 가진다. 또 다른 예로, 다음과 같은 문을 이용하면 date 형식의 today 구조체 변수에서 year 멤버만 2015로 초기화할 수 있다.

```
struct date today = { .year = 2015 } ;
```

## 복합 상수

복합 상수를 이용하면 하나의 문으로 구조체에 하나 이상의 값을 할당할 수 있다. 예를 들어 today가 struct date 형식의 변수일 때 today의 멤버들을 다음과 같이 초기화할 수 있다(예제 8.1의 초기화 방식과 비교해 보자).

```
today = (struct date) { 9, 25, 2015 };
```

이것은 정의가 아니라 할당이므로 프로그램 내의 다양한 곳에서 사용할 수 있다. 형식 캐스팅 연산자를 이용해서 식의 형식이 struct date라는 것을 컴파일러에 전달하고, 그 뒤로 구조체의 멤버들에 할당하고자 하는 값의 목록이 위치한다.

이때, 다음과 같이 .멤버 형태의 표기 방식을 이용해서 값을 지정하는 것도 가능하다.

```
today = (struct date) { .month = 9, .day = 25, .year = 2015 };
```

이와 같은 접근 방식을 이용하면 인수의 순서를 원하는 대로 조정할 수 있으며 멤버 이름을 명시하지 않으면 구조체에서 정의한 순서대로 값을 제공해야 한다.

다음은 예제 8.4의 `dateUpdate()` 함수를 복합 상수의 장점을 활용할 수 있게 다시 작성한 것이다.

```
// 내일 날짜를 반환하는 함수 - 복합 상수 이용

struct date dateUpdate (struct date today)
{
    struct date tomorrow;
    int numberOfDays (struct date d);

    if ( today.day != numberOfDays (today) )
        tomorrow = (struct date){ today.month, today.day + 1, today.year };
    else if ( today.month == 12 )  // 연도의 마지막 날인 경우
        tomorrow = (struct date){ 1, 1, today.year + 1 };
    else                           // 월의 마지막 날인 경우
        tomorrow = (struct date){ today.month + 1, 1, today.year };

    return tomorrow;
}
```

복합 상수를 이용할지에 대한 결정은 전적으로 개발자의 몫이다. `dateUpdate()` 함수의 경우에는 복합 상수를 이용함으로써 보다 나은 가독성을 보여주는 예라고 할 수 있다.

이와 같은 복합 상수는 구조체 식을 사용할 수 있는 곳이라면 어디든 사용할 수 있다. 다음은 비록 쓸모없어 보이기는 하지만 문법상으로는 전혀 문제가 없는 복합 상수를 활용한 예다.

```
nextDay = dateUpdate ((struct date) { 5, 11, 2004} );
```

이 문은 **dateUpdate()** 함수에서 요구하는 `struct date` 형식의 인수를 복합 상수를 이용해서 전달하고 있다.


## 구조체 배열

지금까지 서로 연관된 요소를 논리적으로 묶어서 활용하는 데 구조체가 얼마나 효과적인지 살펴보았다. 예를 들어 `time` 구조체를 보면 시각을 구성하는 세 가지 요소를 각각 관리하는 대신 이

들을 묶어서 하나의 단위로 관리할 수 있게 해 주기 때문에, 프로그램에서 10개의 서로 다른 시각을 처리해야 하는 경우 30개가 아닌 10개의 변수만 이용하면 된다.

10개의 시각을 다뤄야 하는 것과 같은 경우에는 C 언어의 두 가지 강력한 기능을 조합함으로써 더욱 효과적으로 처리할 수 있는 방법이 있다. 바로 구조체와 배열의 조합이다. C에서는 배열 안에 단순 데이터 형식을 저장하는 데 어떠한 제약도 없으며 구조체로 구성된 배열을 정의하는 것도 물론 가능하다. 다음은 구조체 배열을 정의하는 예다.

```c
struct time experiments[10];
```

이 문은 10개의 요소를 포함하는 experiments라는 배열을 정의한다. 개별 요소는 struct time 형식으로 정의된다. 다음은 또 다른 예로 struct date 형식의 요소 15개를 포함하는 배열 birthdays를 정의한다.

```c
struct date birthdays[15];
```

배열 내의 특정 구조체 요소를 참조하는 것은 비교적 간단하다. birthdays 배열의 두 번째 생일을 1986년 8월 8일로 설정하려면 다음과 같이 할 수 있다.

```c
birthdays[1].month = 8;
birthdays[1].day = 8;
birthdays[1].year = 1986;
```

또 experiments[4]에 포함된 time 구조체 전체를 checkTime()이라는 함수의 인수로 전달해야 하는 경우라면 다음과 같이 전달할 수 있다.

```c
checkTime (experiments[4]);
```

물론 checkTime 함수는 선언 시에 struct time 형식을 인수로 지정해야 하는 것은 당연하다.

```c
void checkTime (struct time t0)
{
        .
        .
        .
}
```

구조체 배열의 초기화는 다차원 배열의 초기화와 매우 닮아있다. 다음 예를 통해 살펴보도록 하자.

```c
struct time runTime[5] =
```

```
    { {12, 0, 0}, {12, 30, 0}, {13, 15, 0} };
```

이 문은 runTime 배열의 처음 세 개 요소를 12:00:00, 12:30:00, 13:15:00로 설정한다. 내부의 중괄호들은 선택사항이므로 다음과 같이 표현해도 같은 결과를 얻을 수 있다.

```
struct time runTime[5] =
    { 12, 0, 0, 12, 30, 0, 13, 15, 0 };
```

다음은 배열의 세 번째 구조체 요소만 초기화하는 예다.

```
struct time runTime[5] =
    { [2] = {12, 0, 0} };
```

한편, runTime 배열에서 두 번째 구조체 요소의 특정 멤버만 초기화하고자 한다면 다음과 같이 처리할 수 있다.

```
static struct time runTime[5] = { [1].hour = 12, [1].minutes = 30 };
```

예제 8.6은 testTimes라는 time 구조체의 배열을 구성하고 예제 8.5에서 만들었던 timeUpdate() 함수를 호출하고 있다.

testTimes는 다섯 개의 서로 다른 시각을 포함하도록 정의되며, 개별 요소의 값은 11:59:59, 12:00:00, 1:29:59, 23:59:59, 19:12:27이다. 그림 8.2는 메모리 내에서 testTimes 배열의 실제 모습을 이해하기 쉽게 나타낸 것이다. testTimes 배열에 저장된 특정 time 구조체는 0에서 4까지의 인덱스값을 이용해서 접근할 수 있다. 그런 다음 마침표를 찍고 나서 멤버 이름을 지정하면 구조체의 특정 멤버(hour, minutes, seconds)를 접근할 수 있다.

다음 예제 8.6은 testTimes 배열의 개별 요소에 담긴 시각을 출력하고 나서 timeUpdate() 함수를 호출한 다음 갱신된 시각을 다시 출력한다.

**예제 8.6 구조체 배열**

```
// 프로그램에서 구조체 배열 이용하기

#include <stdio.h>

struct time
{
    int hour;
    int minutes;
    int seconds;
```

```c
};

int main (void)
{
    struct time timeUpdate (struct time now);
    struct time testTimes[5] =
        { { 11, 59, 59 }, { 12, 0, 0 }, { 1, 29, 59 },
          { 23, 59, 59 }, { 19, 12, 27 }};
    int i;

    for ( i = 0; i < 5; ++i ) {
        printf ("Time is %.2i:%.2i:%.2i", testTimes[i].hour,
            testTimes[i].minutes, testTimes[i].seconds);

        testTimes[i] = timeUpdate (testTimes[i]);

        printf (" ...one second later it's %.2i:%.2i:%.2i\n",
            testTimes[i].hour, testTimes[i].minutes,
            testTimes[i].seconds);
    }
    return 0;
}

struct time timeUpdate (struct time now)
{
    ++now.seconds;

    if ( now.seconds == 60 ) {          // 분 증가
        now.seconds = 0;
        ++now.minutes;

        if ( now.minutes == 60 ) {      // 시 증가
            now.minutes = 0;
            ++now.hour;

            if ( now.hour == 24 )       // 자정
                now.hour = 0;
```

```
        }
    }

    return now;
}
```

**예제 8.6 결과**

```
Time is 11:59:59 ...one second later it's 12:00:00
Time is 12:00:00 ...one second later it's 12:00:01
Time is 01:29:59 ...one second later it's 01:30:00
Time is 23:59:59 ...one second later it's 00:00:00
Time is 19:12:27 ...one second later it's 19:12:28
```

C 언어에서 구조체 배열은 매우 강력하면서도 중요한 개념 가운데 하나이므로 확실히 이해하고 넘어가도록 하자.

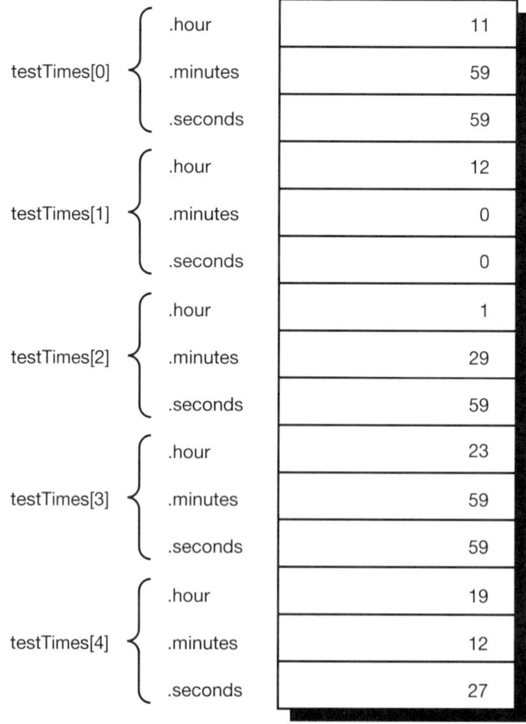


**그림 8.2** testTimes 배열의 메모리 구조

## 구조체를 포함하는 구조체

C 언어의 구조체는 놀라운 유연성을 제공한다. 예를 들어 다른 구조체를 멤버로 포함하는 구조체를 정의하거나 배열을 포함하도록 할 수 있다.

지금까지 date나 time과 같은 구조체를 이용해서 월/일/해나 시/분/초를 그룹화하는 방법을 알아보았는데 일부 프로그램에서는 날짜와 시간 정보를 묶어서 사용해야 하는 경우도 분명히 있다. 예를 들면 지정된 날짜와 시간에 예정된 이벤트의 목록을 관리해야 하는 경우를 생각해 볼 수 있다.

이와 같은 요구는 결국 날짜와 시간을 연관시켜주는 편리한 도구의 필요성을 암시한다. C 언어에서는 새로운 구조체를 정의함으로써 이것이 가능한데, 예를 들면 날짜와 시간이라는 두 개의 멤버를 가지는 dateAndTime이라는 구조체를 만들면 된다.

```
struct dateAndTime
{
    struct date sdate;
    struct time stime;
};
```

이 구조체의 첫 번째 멤버인 sdate는 struct date 형식이며 두 번째 멤버인 stime은 struct time 형식이다. 이처럼 dateAndTime 구조체에서 date와 time 구조체를 사용하고 있기 때문에 이들은 반드시 dateAndTime에 앞서 정의되어야 한다.

이제 struct dateAndTime 형식의 변수를 다음과 같이 정의할 수 있다.

```
struct dateAndTime event;
```

또한, event 변수의 date 구조체를 참조하는 방법은 다음과 같다.

```
event.sdate
```

따라서 이 날짜 정보를 인수로 dateUpdate() 함수를 호출하고 호출 결과로 event의 날짜 정보를 갱신하려면 다음과 같이 작성할 수 있다.

```
event.sdate = dateUpdate (event.sdate);
```

다음은 같은 방법으로 시간을 갱신하는 코드다.

```
event.stime = timeUpdate (event.stime);
```

dateAndTime에 속한 두 구조체의 멤버에 접근하는 방법은 일반적인 구조체 멤버 접근 방식을 그대로 따르며 마침표 다음에 멤버 이름을 지정하면 된다.

```c
event.sdate.month = 10;
```

이 문은 event에 포함된 date 구조체의 month에 10을 할당한다. 비슷한 예로 다음 문을 이용하면 time 구조체의 seconds 값을 1 증가시킬 수 있다.

```c
++event.stime.seconds;
```

한편, event 변수는 다음과 같은 방법으로 초기화할 수 있다.

```c
struct dateAndTime event =
    { { 2, 1, 2015 }, { 3, 30, 0 } };
```

이것은 event 변수를 2015년 2월 1일, 3시 30분 00초로 설정한다.

물론 앞에서 배운 것처럼 멤버 이름을 이용해서 초기화할 수도 있다.

```c
struct dateAndTime event =
    { { .month = 2, .day = 1, .year = 2015 },
      { .hour = 3, .minutes = 30, .seconds = 0 }
    };
```

dateAndTime 구조체의 배열을 선언하는 것은 물론 가능하며 다음과 같이 선언할 수 있다.

```c
struct dateAndTime events[100];
```

events 배열은 struct dateAndTime 형식의 요소 100개를 포함한다. 이 배열의 네 번째 dateAndTime 요소를 참조하려면 evnets[3]과 같이 가능하며, i번째 날짜를 dateUpdate() 함수에 전달하는 코드는 다음과 같이 작성할 수 있다.

```c
events[i].sdate = dateUpdate (events[i].sdate);
```

또한 다음과 같이 배열의 첫 번째 시각을 정오로 설정할 수 있다.

```c
events[0].stime.hour = 12;
events[0].stime.minutes = 0;
events[0].stime.seconds = 0;
```

## 배열을 포함하는 구조체

제목에서 떠올릴 수 있듯이 구조체는 배열을 멤버로 둘 수 있다. 이 형태의 가장 일반적인 예는
구조체 내에 문자 배열을 포함하는 경우다. 예를 들어 month라는 구조체가 해당 월의 일수뿐만
아니라 월의 이름에 대한 약자도 포함하도록 하려면 다음과 같이 정의할 수 있다.

```
struct month
{
    int numberOfDays;
    char name[3];
};
```

이것은 numberOfDays라는 정수 멤버와 문자 형식의 name이라는 멤버를 포함하는 month 구조
체를 정의하는데, name은 실제로 세 개의 문자로 구성되는 배열이다. 구조체를 정의했으니 이제
struct month 형식의 변수를 정의할 수 있으며 방법은 일반적인 구조체 변수와 동일하다.

```
struct month aMonth;
```

다음은 이렇게 선언된 변수 aMonth의 멤버를 1월(January)로 설정하는 방법을 보여준다.

```
aMonth.numberOfDays = 31;
aMonth.name[0] = 'J';
aMonth.name[1] = 'a';
aMonth.name[2] = 'n';
```

참고로, aMonth를 1월로 설정하는 또 다른 형태로 다음과 같이 코드를 작성해도 같은 결과를 얻
을 수 있다.

```
struct month aMonth = { 31, { 'J', 'a', 'n' } };
```

한발 더 나아가 다음처럼 구조체 배열을 이용하면 12달을 모두 정의할 수 있다.

```
struct month months[12];
```

예제 8.7은 months 배열을 보여주는데, 이 프로그램은 months 배열을 초기화하고 값을 터미널
로 출력하는 간단한 기능을 수행한다.

그림 8.3은 months 배열의 특정 요소를 참조하는 방법을 이해하기 쉽게 개념도 형식으로 나타낸
것이다.

**예제 8.7 구조체와 배열의 활용**

```c
// 배열과 구조체를 활용한 예제 프로그램

#include <stdio.h>

int main (void)
{
    int i;

    struct month
    {
        int numberOfDays;
        char name[3];
    };

    const struct month months[12] =
        { { 31, {'J', 'a', 'n'} }, { 28, {'F', 'e', 'b'} },
          { 31, {'M', 'a', 'r'} }, { 30, {'A', 'p', 'r'} },
          { 31, {'M', 'a', 'y'} }, { 30, {'J', 'u', 'n'} },
          { 31, {'J', 'u', 'l'} }, { 31, {'A', 'u', 'g'} },
          { 30, {'S', 'e', 'p'} }, { 31, {'O', 'c', 't'} },
          { 30, {'N', 'o', 'v'} }, { 31, {'D', 'e', 'c'} } };

    printf ("Month Number of Days\n");
    printf ("----- --------------\n");

    for ( i = 0; i < 12; ++i )
        printf (" %c%c%c          %i\n",
            months[i].name[0], months[i].name[1],
            months[i].name[2], months[i].numberOfDays);

    return 0;
}
```

```
Month Number of Days
----- --------------
  Jan         31
  Feb         28
  Mar         31
  Apr         30
  May         31
  Jun         30
  Jul         31
  Aug         31
  Sep         30
  Oct         31
  Nov         30
  Dec         31
```

그림 8.3에서 보듯이 `months[0]`은 `months` 배열의 시작 지점에 있는 `month` 구조체 전체를 참조하며 이 식의 반환 형식은 `struct month`이다. 그러므로 `months[0]`을 함수의 인수로 사용하려면 대응되는 함수의 형식 매개 변수도 `struct month` 형식이어야 한다.

조금 더 나아가 다음 식을 살펴보자.

```
months[0].numberOfDays
```

이 식은 `months[0]`이 가리키는 `month` 구소제의 `numberOfDays` 멤버를 참조하며 식의 결과 형식은 `int`이다. 이와 비슷하게, 다음 식은 `month[0]`이 가리키는 `month` 구조체가 포함하고 있는 `name`이라는 세 개의 문자로 구성된 배열을 참조한다.

```
months[0].name
```

이 식을 함수의 인수로 전달하려면, 전달받는 함수의 형식 매개 변수는 `char` 배열 형식으로 선언되어야 한다.

마지막으로 다음 식을 이용하면 `months[0]`의 `name` 배열에서 첫 번째 문자(`'J'`)를 참조할 수 있다.

```
months[0].name[0]
```

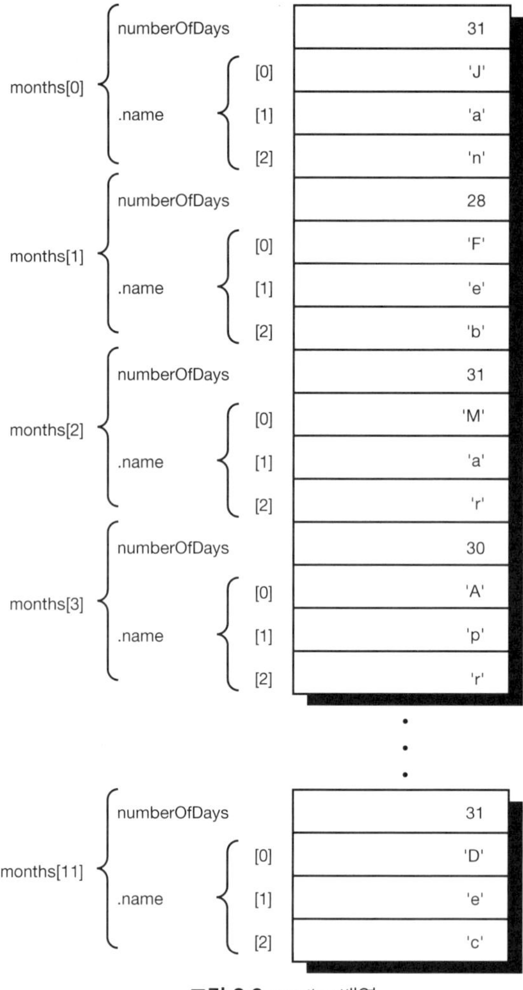


**그림 8.3** months 배열

## 구조체의 변형

구조체를 정의하는 방법에는 몇 가지가 있다. 우선 구조체를 정의하면서 동시에 해당 형식의 변수를 선언할 수 있는데, 간단하게 구조체 정의를 끝마치는 세미콜론 바로 앞에 변수 이름(여러 개 지정 가능)을 지정하면 된다. 다음 예를 살펴보자.

```c
struct date
{
    int month;
```

```
    int day;
    int year;
} todaysDate, purchaseDate;
```

이 예는 date 구조체를 정의하면서 todaysDate와 purchaseDate라는 변수를 date 형식으로 선언하는 경우인데, 여기에 더해 다음처럼 변수의 초기값도 할당할 수 있다.

```
struct date
{
    int month;
    int day;
    int year;
} todaysDate = { 1, 11, 2005 };
```

이 문은 date 구조체를 정의하면서 동시에 앞서 배운 방법으로 todaysDate라는 변수를 선언하고 지정된 값으로 초기화하는 모습을 보여준다.

만약 특정 구조체 형식의 변수가 구조체 정의 시에 모두 정의되는 경우라면, 다음 문에서 보는 것처럼 구조체 이름을 생략할 수 있다.

```
struct
{
    int month;
    int day;
    int year;
} dates[100];
```

이 문은 100개의 요소로 구성되는 dates라는 배열을 정의하는데 각각의 배열 요소는 month, day, year 세 개의 정수 멤버를 포함하는 구조체다. 구조체를 정의할 때 이름을 지정하고 있지 않기 때문에 뒤에서 같은 형식의 변수를 선언해야 하는 경우 구조체를 명시적으로 다시 선언해야 한다.

지금까지 구조체를 이용해서 한 무리의 데이터를 하나의 명칭으로 편리하게 참조하는 방법을 살펴보았다. 또한 구조체 배열을 정의하고 함수와 함께 이용하는 방법에 대해서도 배웠다. 다음 장에서는 문자 배열, 즉 문자열을 다루는 것에 대해 살펴볼 것이다.

# 연습문제

**1.** 이번 장에서 소개된 일곱 개의 예제를 직접 작성해서 실행해 보고 결과를 책과 비교해보자.

**2.** 금융 분야와 같은 곳에서 사용하는 프로그램에서는 두 날짜의 차를 일수로 계산해야 하는 경우가 많다. 예를 들어 2015년 7월 16일과 2015년 7월 2일의 차는 14일로 일자만으로 분명하게 계산할 수 있다. 그렇다면 2014년 8월 8일과 2015년 2월 22일의 차이는 과연 며칠이나 될까? 이것을 계산하려면 아무래도 조금 더 고민이 필요하다.

다행히 두 날짜의 차이 일수를 계산하는 데 사용할 수 있는 공식이 있다. 아래의 공식을 이용해서 두 날짜에 대한 N 값을 각각 구한 다음 두 값의 차이를 계산하면 된다.

```
N = 1461 x f(year, month) / 4 + 153 x g(month) / 5 + day
```

여기서 f와 g는 다음과 같이 정의된다.

```
f(year, month) =     year - 1      month <= 2 인 경우
                     year               그 외의 경우
g(month)   =   month + 13       month <= 2 인 경우
               month + 1            그 외의 경우
```

앞에서 제시한 2014년 8월 8일과 2015년 2월 22일 사이의 일수를 이 공식을 이용해서 계산하려면 다음과 같이 공식에 두 날짜의 값을 대입함으로써 각각 $N^1$, $N^2$라는 값을 계산해낼 수 있다.

```
N¹ = 1461 x f(2004, 8) / 4 + 153 x g(8) / 5 + 3
   = (1461 x 2004) / 4 + (153 x 9) / 5 + 3
   = 2,927,844 / 4 + 1,377 / 5 + 3
   = 731,961 + 275 + 3
   = 732,239

N² = 1461 x f(2005, 2) / 4 + 153 x g(2) / 5 + 21
   = (1461 x 2004) / 4 + (153 x 15) / 5 + 21
   = 2,927,844 / 4 + 2295 / 5 + 21
   = 731,961 + 459 + 21
   = 732,441
```

따라서 결과는 다음과 같이 계산할 수 있다.

```
N² - N¹ = 732,441 - 732,239
        = 202
```

즉, 두 날짜 사이의 일수는 202일이다. 단, 이 공식은 1900년 3월 1일 이후의 날짜들에 대해서만 유효하다 (1800년 3월 1일부터 1900년 2월 28일 사이의 날짜에 대해서는 N에 1을 더해야 하며, 1700년 3월 1일부터 1800년 2월 28일 사이의 날짜에 대해서는 N에 2를 더해주어야 한다).

사용자로부터 두 개의 날짜를 입력받고 두 날짜 사이의 일수를 계산하는 프로그램을 작성하시오. 프로그램 작성 시에는 가능한 함수를 이용해서 논리적인 단위로 기능을 구분하도록 해야 한다. 예를 들어, date 구조체를 인수로 전달받아 N 값을 계산하는 기능은 별도의 함수로 구현해야 한다. 이 함수는 입력받은 두 날짜에 대해 각각 한 번씩 호출되며, 호출 결과값을 이용해서 최종적으로 일수 차이를 결정할 수 있다.

**3.** 두 개의 time 구조체를 인수로 전달받아 이 두 시각의 차이(경과 시간)를 time 구조체(시, 분, 초로 표현)로 반환하는 elapsed_time 함수를 구현하시오. 예를 들어 다음과 같이 함수를 호출한 경우를 생각해 보자.

```
elapsed_time (time1, time2)
```

이때 time1이 3:45:15이고 time2가 9:44:03을 가리킨다면 함수의 반환값은 5시간 58분 48초를 나타내는 time 구조체여야 한다. 계산 구간에 자정이 포함된 경우에 대해 주의하도록 한다.

**4.** 연습문제 2에서 소개한 N 값에서 621,049를 빼고 결과를 다시 7로 나눈 나머지인 0부터 6인 값은 해당 날짜의 요일을 의미한다(일요일(Sun)~토요일(Sat)). 예를 들어 2004년 8월 8일의 N 값은 732,239인데, 위 논리에 따라 732,239 − 621,049는 111,190이고 111,190 % 7은 2이므로 2004년 8월 8일은 화요일 (Tue)이다.

연습문제 2에서 개발한 함수를 이용해서 특정일의 요일을 출력하는 프로그램을 작성해보자. 단, 요일은 "Monday"와 같이 영문으로 표기되어야 한다.[주2]

**5.** 이번 장에서 정의한 dateAndTime 구조체 한 개를 인수로 하는 clockKeeper() 함수를 작성해보자. 단, 이 함수는 timeUpdate() 함수를 호출해서 시간이 자정에 도달하면 dateUpdate() 함수를 호출함으로써 날짜를 증가시켜야 하고 갱신된 dateAndTime 구조체를 처리 결과로 반환해야 한다.

**6.** 예제 8.4의 dateUpdate() 함수를 복합 상수를 이용하도록 수정하고 같은 결과를 반환하는지 확인해보자.

---

주 2. (역자주) 한글 "월요일"로 출력해도 무방하다.

Chapter

# 9

# 문자열

드디어 문자열에 대해 보다 자세히 살펴볼 때가 되었다. 프로그램에서 데이터 조작은 단일 기능으로는 아마도 가장 중요한 영역이라 할 수 있다. 다양한 형식의 수치 데이터를 다루는 경우가 절반이라면 단어나 문자 또는 문자와 수가 조합된 형태의 데이터를 다루어야 하는 경우도 많다. 다른 언어들과 달리 C 언어는 문자열 데이터 형식을 별도로 지원하지 않지만 앞에서 살펴본 것처럼 char 데이터 형식과 배열을 이용하면 문자열을 처리할 수 있다. 여기에 더해 문자열을 다루는 다양한 라이브러리 함수들이 제공되고 있으며, 필요에 따라 직접 함수를 만들어서 사용할 수도 있다. 다음은 이번 장에서 다룰 문자열에 대한 핵심 주제들이다.

- 문자 배열에 대한 이해
- 가변 길이 문자 배열의 이용
- 이스케이프 문자 이용
- 구조체에 문자 배열 추가하기
- 문자열 조작

## 다시 보는 문자열의 기초

문자열은 2장 "첫 번째 프로그램 컴파일 및 실행"에서 살펴본 첫 번째 C 프로그램에서 다음과 같은 문을 통해 처음으로 소개됐다.

```
printf ("Programming in C is fun.\n");
```

이 문은 printf() 함수의 인수로 다음 문자열을 전달한다.

```
"Programming in C is fun.\n"
```

문자열은 큰따옴표로 구분되며 기본적으로 글자나 수, 특수 문자 등 큰따옴표를 제외하고 무엇이든 조합해서 사용할 수 있다. 조금 뒤에서 살펴보겠지만, 심지어 큰따옴표를 문자열에 포함시키는 것도 가능하다.

char 데이터 형식을 소개하면서 이 형식의 변수는 단 한 개의 문자만 보관할 수 있다고 했던 것을 기억할 것이다. char 형식의 변수에 문자를 할당하려면 다음과 같이 작은따옴표로 할당하고자 하는 문자를 감싸는 방법을 이용한다.

```
plusSigh = '+';
```

따라서 이 문은 plusSign 변수에 '+' 문자를 할당한다. 한편, 작은따옴표와 큰따옴표는 다르게 인식되므로 char 형식의 변수 plusSign에 다음과 같은 할당을 시도하면 오류가 발생한다.

```
plusSign = "+";
```

C 언어에서 작은따옴표를 사용한 경우와 큰따옴표를 사용한 경우 생성되는 상수는 서로 다른 형식의 것이라는 사실을 반드시 기억하도록 한다.


## 문자 배열

변수에 한 개 이상의 문자를 할당하고자 한다면, 문자 배열을 이용하면 된다[주 1].

다음은 예제 6.6에서 정의했던 배열 word이다.

```
char word [] = { 'H', 'e', 'l', 'l', 'o', '!' };
```

---

주 1. 참고로 와이드 문자를 표현하기 위해 사용하는 wchar_t 형식이라는 것이 있는데, 이것은 국제 문자 집합의 단일 문자를 처리하기 위한 것이며 지금 우리가 다루려는 것은 여러 개의 문자를 일련의 순서로 저장하는 방법에 관한 것이다.

배열 크기를 명시하지 않으면, C 컴파일러가 초기값의 개수에 따라 자동으로 요소의 수를 계산하므로, 이 문은 그림 9.1과 같이 메모리 공간을 확보한다.

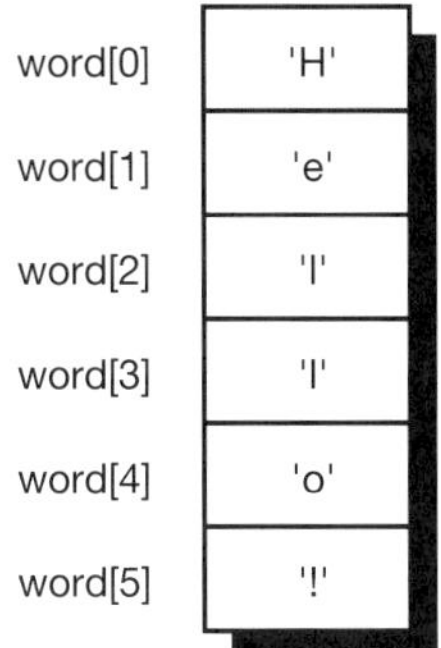


**그림 9.1** 배열 word의 메모리 구조

배열 word의 내용을 출력하려면 배열의 개별 요소를 돌면서 하나씩 %c 형식 문자를 이용해서 출력할 수 있다.

이 기법은 문자열을 다루는 유용한 함수들을 만드는 데 다양하게 활용할 수 있다. 문자열에 대한 작업 가운데 일반적으로 많이 이용되는 것으로는 두 개의 문자열을 합치거나(연결) 하나의 문자열을 다른 문자열로 복사하거나 문자열의 일부를 추출한다거나 혹은 두 개의 문자열이 일치하는지 비교하는 작업(즉, 똑같은 문자들로 구성됨을 의미) 등을 생각해 볼 수 있다. 첫 번째로 언급한 작업, 즉 문자열의 연결을 처리하는 함수를 만들어 보도록 하자. 이 함수는 다음과 같이 선언할 수 있다.

```
concat (result, str1, n1, str2, n2);
```

여기서 str1과 str2는 연결하고자 하는 문자 배열이고 n1과 n2는 각 배열에 포함된 문자의 개수이다. 이와 같은 인수 조합을 이용함으로써 임의의 길이를 가지는 두 문자 배열을 연결할 수 있는 유연함을 확보할 수 있다. result는 str1에 str2를 연결한 결과를 저장하기 위한 인수이다. 실제 구현은 예제 9.1을 참고한다.

### 예제 9.1 문자 배열 연결하기

```
// 두 개의 문자 배열을 연결하는 함수

#include <stdio.h>

void concat (char result[], const char str1[], int n1,
```

```c
                    const char str2[], int n2)
{
    int i, j;

    // str1을 result에 복사

    for ( i = 0; i < n1; ++i )
        result[i] = str1[i];

    // str2를 result에 복사

    for ( j = 0; j < n2; ++j )
        result[n1 + j] = str2[j];
}

int main (void)
{
    void concat (char result[], const char str1[], int n1,
                        const char str2[], int n2);
    const char s1[5] = { 'T', 'e', 's', 't', ' '};
    const char s2[6] = { 'w', 'o', 'r', 'k', 's', '.' };
    char s3[11];
    int i;

    concat (s3, s1, 5, s2, 6);

    for ( i = 0; i < 11; ++i )
        printf ("%c", s3[i]);

    printf ("\n");

    return 0;
}
```

---

**예제 9.1 결과**

```
Test works.
```

concat() 함수의 첫 번째 for 문은 str1 배열의 문자들을 result 배열로 복사하기 위한 것으로, str1 배열에 포함된 문자의 수와 같은 n1번 반복한다.

두 번째 for 문은 str2를 result 배열로 복사하는데, str1의 길이가 n1이므로 str2의 복사는 result[n1]을 시작점으로 한다. 이 for 문의 실행이 끝나면 result 배열은 str1 뒤에 str2를 붙인 배열 형태로 n1+n2 개의 문자열을 포함하게 된다.

main() 루틴에서는 두 개의 const char 배열인 s1과 s2를 정의한다. s1은 'T', 'e', 's', 't', ' '로 초기화되는데, 마지막의 공백도 문자 상수로 사용하는 데 문제가 없다. 두 번째 배열인 s2는 'w', 'o', 'r', 'k', 's', '.'로 초기화된다. 세 번째 배열인 s3는 s1과 s2를 합친 결과를 포함할 수 있는 길이로 정의되는데 이후에 변경이 필요하므로 선언 시에 const를 사용하지 않고 있다. 조금 뒤를 보면 다음과 같은 concat() 함수 호출을 볼 수 있다.

```
concat (s3, s1, 5, s2, 6);
```

이것은 s1과 s2를 연결해서 결과를 s3에 설정하기 위한 것으로, 인수로 전달한 5와 6은 각각 s1과 s2에 포함된 문자의 수를 나타낸다.

concat() 함수 호출이 끝나면 실행 제어는 다시 main()으로 돌아오고 결과를 출력하기 위한 for 문이 실행된다. 실행 결과와 같이 s3의 11개 요소를 출력해 봄으로써 concat() 함수가 잘 동작하고 있음을 알 수 있다. 이 예제에서는 concat() 함수의 처리 결과를 충분히 담을 수 있는 길이의 배열을 첫 번째 인수로 사용했는데, 만약 공간이 충분치 않은 상황에 처하게 되면 프로그램 실행 중에 예측할 수 없는 결과를 초래할 수 있다.

## 가변 길이 문자열

concat() 함수에서 사용했던 접근 방식은 문자 배열을 다루는 다른 함수들에서도 사용할 수 있다. 즉, 함수의 인수로 배열과 배열에 포함된 문자의 개수를 전달하는 방법으로 다양한 함수를 만들 수 있다. 하지만 이 방법을 사용하다 보면 매번 문자 배열에 포함된 문자의 개수를 끊임없이 관리하는 것이 귀찮아질 수 있는데, 특히 크기가 가변적인 문자열을 저장하는 배열을 이용하는 경우는 더욱 그러하다. 이러한 구속에서 벗어나려면 포함된 문자의 개수에 대해 전혀 신경 쓰지 않아도 문자 배열을 다룰 수 있는 방법이 필요하다.

한 가지 방법은 모든 문자열의 끝에 특수한 문자를 사용하도록 제한하는 것인데, 이렇게 함으로써 함수는 이 특수 문자에 도달한 경우를 문자열의 끝으로 인식할 수 있다. 따라서 함수에서 이 방법에 따라 문자열을 다루도록 하면 문자열에 포함된 문자의 개수를 인수로 전달할 필요가 없다.

C 언어에서 문자열의 끝을 나타내는 용도로 사용하는 특수한 문자는 null(널) 문자라고 불리며 '\0'으로 표기한다. 다음 문은 일곱 글자로 구성된 word 배열을 정의하며 마지막에 null 문자를 사용하고 있다(백슬래시(\)는 C 언어에서 특수 문자로 사용되며 하나의 별도 문자로 인식되지 않는다. 따라서 '\0'는 단일 문자다).

```c
const char word [] = { 'H', 'e', 'l', 'l', 'o', '!', '\0' };
```

그림 9.2는 배열 word를 그림으로 나타낸 것이다.

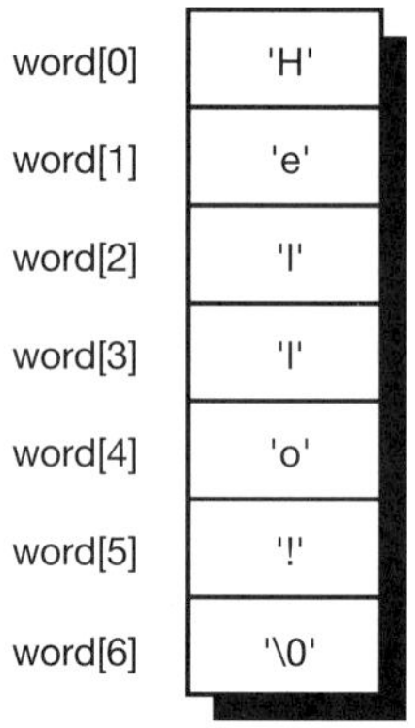

**그림 9.2** null 종료 문자를 이용하는 배열 word

이와 같은 가변 길이 문자열 표기 방식을 어떻게 활용하는지 알아보기 위한 예로 예제 9.2에서 문자열의 길이를 계산하는 함수를 살펴보도록 한다. stringLength() 함수는 null 문자로 종료되는 문자 배열을 인수로 전달받아 배열에 포함된 문자의 개수를 반환한다. 이때, 문자의 개수는 null 문자를 포함하지 않은 나머지 문자의 개수로 정의한다. 예를 들어 characterString 배열이 아래와 같이 정의된 경우, stringLength(characterString)의 반환값은 3이 되어야 한다.

```c
char characterString[] = { 'c', 'a', 't', '\0' };
```

**예제 9.2 문자열에 포함된 문자 개수 세기**

```c
// 문자열에 포함된 문자의 개수를 반환하는 함수

#include <stdio.h>

int stringLength (const char string[])
{
    int count = 0;
```

```c
    while ( string[count] != '\0' )
        ++count;

    return count;
}

int main (void)
{
    int stringLength (const char string[]);
    const char word1[] = { 'a', 's', 't', 'e', 'r', '\0' };
    const char word2[] = { 'a', 't', '\0' };
    const char word3[] = { 'a', 'w', 'e', '\0' };

    printf ("%i %i %i\n", stringLength (word1),
        stringLength (word2), stringLength (word3));

    return 0;
}
```

**예제 9.2 결과**

```
5 2 3
```

stringLength() 함수에서 인수를 상수 문자 배열로 선언하는 이유는 함수 내에서 배열에 어떠한 변경도 가하지 않고 그 크기만 계산하기 때문이다.

stringLength() 함수 내부로 들어가 보면 우선 count를 정의하고 초기값을 0으로 설정한다. 그런 다음 while 문을 이용해서 null 문자가 나타날 때까지 문자 배열 요소를 차례로 확인한다. 마침내 null 문자를 찾아내면 이것을 문자열의 끝으로 인식하고 반복을 종료하면서 count의 값을 반환한다. 이 값은 문자열 내의 문자 개수이며 앞서 이야기한 것처럼 null 문자는 여기에 포함되지 않는다. 짧은 문자 배열을 이용해 반복문 내에서 count, 현재 문자 등을 출력해 보면 이 과정을 실제로 확인해볼 수 있을 것이다.

한편 main() 루틴에서는 word1, word2, word3 문자 배열을 정의하고 stringLength() 함수를 이용해서 구한 각 배열의 길이를 printf() 문을 통해 출력한다.

## 문자열의 초기화와 출력

이제 예제 9.1에서 만들었던 concat() 함수를 수정해서 가변 길이의 문자열을 처리할 수 있게 해 볼 차례다. 일단 분명하게 머리에 떠오르는 변경으로는 함수의 인수로 전달하던 배열의 길이를 더 이상 사용하지 않을 것이라는 점이다. 따라서 변경된 함수의 인수는 합치고자 하는 두 개의 문자 배열과 결과를 저장할 문자 배열로 단 세 개만 이용하게 된다.

개발에 들어가기에 앞서 C에서 제공하는 문자열 관련 유용한 기능 가운데 두 가지 정도만 살펴보도록 하겠다.

첫 번째는 문자 배열의 초기화와 관련한 것이다. C에서는 문자 배열을 초기화할 때 개별 문자를 하나씩 나열한 목록 형태 대신 간단히 상수 문자열을 이용할 수 있다. 다음 문은 문자 배열 word를 초기화하는 예다.

```c
char word[] = { "Hello!" };
```

이 문은 word 배열의 각 요소를 'H', 'e', 'l', 'l', 'o', '!', '\0'로 설정한다. 한발 더 나아가 다음과 같이 중괄호를 사용하지 않아도 같은 결과를 얻을 수 있다.

```c
char word[] = "Hello!";
```

이들은 모두 앞서 배운 것과 같은 다음 형태의 초기화 방법과 동등하다.

```c
char word[] = { 'H', 'e', 'l', 'l', 'o', '!', '\0' };
```

이때, 배열의 크기를 정확하게 지정하려면 반드시 null 종료 문자를 저장하기 위한 충분한 공간을 고려해야 한다.

```c
char word[7] = { "Hello!" };
```

이 문은 null 종료 문자를 저장하기에 충분한 공간을 지정하고 있다. 반면 다음과 같이 공간이 충분하지 않은 경우에는 어떻게 될까?

```c
char word[6] = { "Hello!" };
```

이 경우, 지정된 배열 끝에 종료 문자를 넣을 공간이 없기 때문에 컴파일러는 null 종료 문자를 저장하지 않고 배열 초기화를 끝내며 오류로 취급하지도 않는다.

C 언어에서 문자열 상수를 사용하면 자동으로 null 종료 문자가 적용되는 것이 일반적이다. 이 사실은 printf()와 같은 함수들에서 문자열 끝이 어디인지 검사하는 것을 용이하게 해 준다.

```c
printf ("Programming in C is fun.\n");
```

이 `printf()` 호출의 경우 인수로 전달된 문자열의 줄바꿈 문자 뒤에 자동으로 null 문자가 삽입되어 `printf()` 함수에서 형식 문자열의 끝을 인식할 수 있게 한다.

두 번째로 살펴볼 유용한 기능은 문자열을 출력하는 것에 관한 것이다. `printf()`의 형식 문자열에 특수 형식 문자 `%s`를 사용하면 이 위치에 null 문자로 종료되는 문자 배열을 출력할 수 있다. 따라서 word가 null 문자로 종료된 문자 배열이라면 다음과 같은 문을 통해 word 배열의 전체를 터미널로 출력할 수 있다.

```c
printf ("%s\n", word);
```

`printf()` 함수는 `%s` 형식 문자를 만나면 대응하는 인수가 null 문자로 종료되는 문자열이라고 가정한다.

개선된 `concat()` 함수를 구현한 예제 9.3의 `main()` 루틴은 지금까지 설명한 두 가지 특징을 반영하고 있다. 더 이상 문자열의 길이를 인수로 전달하지 않으므로 `concat()` 함수는 null 종료 문자를 이용해서 문자열의 끝을 검사해야 한다. 또, str1을 result에 복사할 때 null 문자까지 복사하면 result의 문자열이 그 위치에서 종료되므로 null 문자는 복사하지 않도록 해야 한다. 하지만 str2에 대한 복사가 끝난 다음에는 result에 null 문자를 붙여 문자열의 끝을 표시해야 한다.

## 예제 9.3 문자열 연결하기

```c
#include <stdio.h>

int main (void)
{
    void concat (char result[], const char str1[], const char str2[]);
    const char s1[] = { "Test " };
    const char s2[] = { "works." };
    char s3[20];

    concat (s3, s1, s2);

    printf ("%s\n", s3);

    return 0;
}
```

```c
// 두 문자열을 연결하는 함수

void concat (char result[], const char str1[], const char str2[])
{
    int i, j;

    // str1을 result에 복사

    for ( i = 0; str1[i] != '\0'; ++i )
        result[i] = str1[i];

    // str2를 result에 복사

    for ( j = 0; str2[j] != '\0'; ++j )
        result[i + j] = str2[j];

    // 연결된 문자열을 null 문자로 종료

    result [i + j] = '\0';
}
```

**예제 9.3 결과**

```
Test works.
```

concat() 함수의 첫 번째 for 반복문에서는 null 문자에 도달할 때까지 str1에 포함된 문자들을 result 배열로 복사한다. null 문자를 발견하는 즉시 for 반복을 탈출하므로 null 문자는 result 배열에 복사되지 않는다.

두 번째 반복문에서는 str2에 포함된 문자들을 result 배열에 복사하는데, str1에서 복사한 마지막 문자 바로 뒤에 이어서 복사를 시작한다. 이 반복에서는 첫 번째 for 반복이 종료한 시점의 i 값이 null 문자를 제외하고 str1에 포함된 문자의 개수와 일치한다는 것을 이용하고 있다. 따라서 다음 문은 str2의 문자들을 result 배열의 정확한 요소에 할당한다.

```c
result[i + j] = str2[j];
```

두 번째 반복문이 완료되면 concat() 함수는 문자열의 마지막에 null 문자를 설정한다. concat() 함수에서 i와 j를 어떻게 활용하고 있는지 주의 깊게 살펴보고 확실히 이해해야 한

다. 문자열을 다루는 과정에서 발생하는 오류의 많은 부분이 문자열의 시작 혹은 끝 인덱스값을
1만큼 크거나 작게 잘못 사용하는 데서 발생한다.

문자 배열의 첫 번째 문자를 참조하려면 인덱스 0을 이용해야 한다는 것을 명심해야 한다. 예
를 들어 n개의 문자로 구성된 string이라는 배열에서 null 종료 문자를 제외한 마지막 문자는
string[n - 1]과 같이 참조할 수 있으며 string[n]은 null 종료 문자를 참조한다. 또한, string
은 반드시 null 문자가 차지하는 공간을 고려해서 적어도 n + 1개의 문자로 정의되야 한다.

예제로 돌아가서 main() 루틴을 살펴보면 두 개의 문자 배열, s1과 s2를 앞서 기술한 새로운 기
법을 이용해서 초기화한다. 배열 s3는 20개의 문자를 저장할 수 있도록 충분한 크기로 정의함으
로써 연결된 문자열의 길이를 정확하게 계산하지 않아도 되게 하고 있다.

배열을 모두 정의하고 나면 s1, s2, s3를 인수로 concat 함수를 호출한다. concat() 함수의 수
행 결과는 s3에 저장되며 함수가 반환되면 %s 형식 문자를 이용해서 s3를 출력한다. 처음에 s3
가 20개의 문자를 저장할 수 있게 정의했지만 printf()를 통해 출력된 결과를 보면 null 문자
바로 앞까지만 출력된 것을 알 수 있다.


## 두 문자열의 비교

문자열의 경우는 다음과 같은 형태로 두 문자열이 같은지 직접적인 비교가 불가능하다.

```
if ( string1 == string2 )

    . . .
```

이것은 동등 비교 연산자가 float, int, char 등과 같은 단순한 변수 형식에 대해서만 동작하며
이보다 복잡한 구조체나 배열과 같은 형식에 대해서는 동작하지 않기 때문이다.

따라서 두 개의 문자열이 같은지 확인하려면 각 문자열을 구성하는 문자를 하나씩 명시적으로 비
교해야 한다. 두 개의 문자열의 끝에 동시에 도달하고(즉, 길이가 같고) 처음부터 끝까지 문자가
동일한 경우에만 두 문자열이 같다고 판단할 수 있다.

두 개의 문자열을 비교하는 것은 함수로 만들기 적절한 기능이며 예제 9.4는 이것을 구현한 예
다. 예제의 equalString() 함수는 비교하고자 하는 두 개의 문자열을 인수로 전달받아 bool
형식의 값을 반환하는데, 두 문자열이 같으면 true(0이 아닌 값)를 반환하고, 그렇지 않으면
false(0)를 반환한다. 따라서 이 함수는 다음과 같이 비교식에 직접 활용할 수 있다.

```
if ( equalStrings (string1, string2) )

. . .
```

```c
// 두 문자열이 같은지 비교하는 함수

#include <stdio.h>
#include <stdbool.h>

bool equalStrings (const char s1[], const char s2[])
{
    int i = 0;
    bool areEqual;

    while ( s1[i] == s2 [i] && s1[i] != '\0' && s2[i] != '\0' )
        ++i;

    if ( s1[i] == '\0' && s2[i] == '\0' )
        areEqual = true;
    else
        areEqual = false;

    return areEqual;
}

int main (void)
{
    bool equalStrings (const char s1[], const char s2[]);
    const char stra[] = "string compare test";
    const char strb[] = "string";

    printf ("%i\n", equalStrings (stra, strb));
    printf ("%i\n", equalStrings (stra, stra));
    printf ("%i\n", equalStrings (strb, "string"));

    return 0;
}
```

```
0
1
1
```

equalString() 함수는 s1과 s2의 문자열을 순서대로 접근하기 위해 while 문을 이용하고 있다. 이 반복문은 두 문자열이 같고(s1[i] == s2[i]) 동시에 두 문자열 모두 끝에 도달하지 않은 경우(s1[i] != '\0' && s2[i] != '\0')에 반복을 계속하며, 이때 문자열 s1과 s2의 인덱스로 사용되는 변수 i는 while 문이 반복할 때마다 증가한다.

while 반복이 끝난 다음에 위치하고 있는 if 문에서는 반복문 종료 시, s1과 s2의 끝에 동시에 도달했는지 확인하는데, 사용된 조건을 다음과 같이 바꾸어도 같은 결과를 얻을 수 있다.

```
if ( s1[i] == s2[i] )
        ...
```

확인 결과 두 문자열 모두 끝에 도달했다면, 결과적으로 서로 같다는 것을 의미하므로 areEqual를 true로 설정하고 이 값을 반환한다. 그 외의 경우에는 문자열이 서로 다른 경우이므로 areEqual을 false로 설정하고 반환한다.

main()에서는 문자열 stra와 strb를 지정된 값으로 초기화한다. 첫 번째 equalString() 함수 호출에서는 인수로 stra와 strb를 전달하는데 이들은 서로 다르기 때문에 함수에서는 false, 즉 0을 반환한다.

두 번째 cqualString() 함수 호출에서는 인수로 stra를 두 번 사용했다. 같은 문자열을 전달했으므로 함수는 true 값을 반환한다.

마지막 equalString() 호출은 살짝 흥미롭다. 예제에서 보는 것처럼 함수의 인수로 문자 배열을 지정한 경우에 대해 상수 문자열을 전달할 수 있다. 여기에 대해서는 10장 "포인터"에서 자세히 다루도록 하겠다. 결론적으로 equalString() 함수는 strb에 포함된 문자열과 "string"을 비교하고 두 문자열이 동등함을 의미하는 true를 반환한다.

## 문자열 입력

이제 %s 형식 문자를 이용해서 문자열을 출력하는 방법에 대해서는 익숙할 것이다. 그렇다면, 윈도우("터미널 윈도우")로부터 문자열을 읽어오는 방법은 어떨까? 시스템에 따라 문자열을 입력받을 수 있는 몇 가지 라이브러리 함수를 제공한다. scanf() 함수를 %s 형식 문자와 함께 이용하면 공백, 탭, 혹은 라인의 끝 가운데 한 가지가 발생할 때까지 문자열을 입력받을 수 있다. 예를 들어 다음과 같은 문을 이용해 터미널 윈도우에 입력한 문자열을 읽어 문자 배열 string에 저장할 수 있다.

```c
char string[81];

scanf ("%s", string);
```

여기서 눈여겨보아야 할 부분은 지금까지 살펴본 다른 scanf() 호출과 달리 이번에는 배열 이름 앞에 &를 사용하지 않았다는 점이다(이유는 역시 10장에서 설명할 것이다).

이 scanf() 호출이 실행될 때, 다음 문자들을 입력했다고 가정해 보자.

```
Gravity
```

scanf() 함수는 문자열 "Gravity"를 읽어 string 배열에 저장한다. 만약 다음과 같은 문장이 입력되었다면 어떨까?

```
iTunes playlist
```

이 경우 scanf()는 공백에서 문자열을 종료 처리하기 때문에 "iTunes"만 string에 저장된다. 만일 scanf()가 한 번 더 호출된다면 이번에는 "playlist"가 string 배열에 저장되는데, 왜냐하면 scanf() 함수는 항상 가장 최근에 읽어들인 문자에서부터 계속해서 입력받기 때문이다.

scanf() 함수는 읽어들인 문자열의 마지막을 null 문자로 종료한다. 따라서 앞의 scanf() 호출에 대해 다음과 같이 입력하면 string 배열의 처음부터 26개 요소에 알파벳 소문자가 저장되며, string[26]은 자동으로 null 문자로 설정된다.

```
abcdefghijklmnopqrstuvwxyz
```

적당한 크기로 정의된 문자 배열 s1, s2, s3에 대해 다음과 같은 scanf() 호출을 생각해 보자.

```c
scanf ("%s%s%s", s1, s2, s3);
```

이 scanf() 호출에 대해 다음과 같이 입력한 경우,

```
mobile app development
```

s1에는 "mobile", s2에는 "app", s3에는 "development"가 할당된다. 그렇다면, 입력값이 다음과 같다면 어떻게 될까?

```
tablet computer
```

이 경우 s1에는 "tablet", s2에는 "computer"가 저장되며, 더 이상의 문자가 없기 때문에 scanf() 함수는 계속해서 입력을 대기한다.

예제 9.5에서는 scanf()를 이용해서 세 개의 문자열을 입력받는다.

**예제 9.5** scanf()를 이용한 문자열 입력

```c
// scanf()에서 %s를 이용하는 예제

#include <stdio.h>

int main (void)
{
    char s1[81], s2[81], s3[81];

    printf ("Enter text:\n");

    scanf ("%s%s%s", s1, s2, s3);

    printf ("\ns1 = %s\ns2 = %s\ns3 = %s\n", s1, s2, s3);

    return 0;
}
```

**예제 9.5** 결과

```
Enter text:
smart phone
apps

s1 = smart
s2 = phone
s3 = apps
```

이 프로그램에서는 scanf() 함수를 이용해서 s1, s2, s3 문자열을 입력받는다. 그런데 실행시 입력된 첫 번째 라인은 두 개의 문자열만 포함(scanf()에서는 문자열을 공백, 탭, 라인의 끝 등 으로 끝나는 연결된 문자들로 정의한다)하고 있기 때문에 계속해서 입력을 대기한다. 세 번째 문

자열까지 입력이 끝나면 printf()를 이용해서 입력된 값이 개별 문자 배열에 정상적으로 저장되었는지 확인하는데, 실행 결과를 보면 "smart", "phone", "apps"가 s1, s2, s3에 잘 저장되어 있음을 알 수 있다.

예제에서 연속으로 80개가 넘는 문자를 중간에 스페이스 바나 탭 키, 혹은 엔터(리턴) 키를 사용하지 않고 입력하면 오버플로가 발생하면서 프로그램이 비정상적으로 종료하거나 예측할 수 없는 결과를 초래할 수 있다. 안타깝게도 scanf()는 입력되는 문자 배열의 길이를 알 수 있는 방법이 없으며, %s 형식 문자가 사용되면 그저 인식할 수 있는 종료 문자들 가운데 하나가 나타날 때까지 입력값을 읽고 이것을 저장한다.

한 가지 해법은 다음과 같이 scanf 형식 문자의 % 뒤에 숫자를 사용해서 읽을 수 있는 최대 길이를 지정하는 것이다.

```
scanf ("%80s%80s%80s", s1, s2, s3);
```

이것을 예제 9.5에서 사용한 것 대신 사용하면, s1, s2, s3에 80자까지만 입력을 받도록 제약할 수 있다(이때도 마찬가지로 null 종료 문자를 고려해서 실제 문자 배열의 길이보다 하나가 작은 %80s를 사용하고 있다).

## 단일 문자 입력

표준 라이브러리에서는 단일 문자와 문자열 전체를 읽거나 쓰기 위한 몇 가지 함수들을 제공한다. getchar() 함수는 터미널로부터 하나의 문자를 읽을 때 사용할 수 있는데, getchar()를 반복적으로 호출하면 입력되는 문자를 하나씩 순서대로 읽어낼 수 있다. 라인의 끝에 도달하면 getchar()는 줄바꿈 문자 '\n'을 반환한다. 따라서 'abc'를 입력한 다음 엔터(리턴) 키를 입력했다고 가정하면, 첫 번째 getchar() 호출은 'a'를 반환하고 두 번째와 세 번째는 각각 'b', 'c'를 반환하며, 네 번째 호출 시에는 줄바꿈 문자 '\n'을 반환한다. 계속해서 다섯 번째로 호출하면 프로그램은 추가 입력을 대기하게 된다.

여기서 일부 독자는 scanf() 함수에서 %c 형식 문자를 이용하면 문자 하나를 읽을 수 있는데 왜 getchar() 함수가 필요한지 의아해 할 수 있다. 물론, scanf() 함수를 이 용도로 사용해도 전혀 문제될 것이 없다. 하지만, 하나의 문자를 읽는 목적이라면 이 용도만을 위해 만들어졌으며 그렇기 때문에 전달 할 인수조차 없는 getchar()를 이용하는 것이 보다 직관적이다. 이 함수는 하나의 문자를 읽어 와서 반환하므로 프로그램에서는 이 값을 변수에 할당하는 등 필요한 용도로 사용할 수 있다.

텍스트를 다루는 많은 응용 프로그램들에서 한 줄 전체를 읽어야 하는 경우가 많다. 이렇게 읽어 들인 텍스트 데이터는 일반적으로 '버퍼'라고 부르는 저장소에 보관했다가 이후에 추가적인 처리를 거치는 경우가 많다. scanf() 함수와 %s 형식 문자를 이용하는 방법은 공백을 발견하는 순간 문자열을 종료 처리하기 때문에 이 경우에 사용할 수가 없다.

표준 라이브러리에는 이처럼 텍스트를 줄 단위로 읽어야 하는 경우에 사용할 수 있는 gets()라는 함수를 제공한다. 예제 9.6은 getchar() 함수를 이용해서 gets()와 비슷한 기능을 하는 readLine()이라는 함수를 만들어본 것이다. 이 함수는 텍스트 한 줄을 저장하기 위한 문자 배열을 인수로 가지며, 터미널에서 줄바꿈 문자가 입력되기 전까지 입력한 모든 문자들을 이 배열에 저장한다.

### 예제 9.6 줄 단위로 데이터 읽기

```c
#include <stdio.h>

int main (void)
{
    int i;
    char line[81];

    void readLine (char buffer[]);

    for ( i = 0; i < 3; ++i )
    {
        readLine (line);
        printf ("%s\n\n", line);
    }

    return 0;
}


// 터미널로부터 텍스트 한 줄을 입력받는 함수

void readLine (char buffer[])
{
    char character;
    int i = 0;

    do
    {
```

```c
        character = getchar ();
        buffer[i] = character;
        ++i;
    }
    while ( character != '\n' );

    buffer[i - 1] = '\0';
}
```

---

**예제 9.6 결과**

---

**This is a sample line of text.**
This is a sample line of text.


**abcdefghijklmnopqrstuvwxyz**
abcdefghijklmnopqrstuvwxyz


**runtime library routines**
runtime library routines

---

readLine()은 do 반복문을 이용해서 입력된 한 줄의 문자열을 buffer 배열에 저장한다. getchar()가 반환하는 개별 문자는 배열의 이어지는 요소에 저장된다. 그러다가 줄바꿈 문자가 입력되면(라인(줄)의 끝을 의미) 반복을 종료한다. do 문을 벗어나면 마지막 반복에서 줄바꿈 문자를 저장한 위치에 null 종료 문자를 할당한다. 이 과정에서, do 문의 마지막 반복 시에 배열의 인덱스값이 한 번 더 증가되었기 때문에 i - 1을 인덱스로 사용해야 한다.

main() 루틴에서는 81개의 문자를 저장할 수 있는 line이라는 문자 배열을 정의한다. 이렇게 null 문자를 포함한 한 줄의 텍스트를 저장할 수 있는 배열을 준비하는데, 80개의 문자 길이는 역사적으로 "표준 터미널"에서 사용하는 한 줄의 길이를 의미한다. 하지만, 심지어 한 줄에 80개 이하의 문자를 표시하는 터미널 윈도우의 경우라 할지라도 해당 라인의 끝을 무시하고 엔터 키 입력 없이 계속해서 값을 입력하는 경우 배열에 대한 오버플로가 발생할 위험을 안고 있다. 이와 같은 위험에 대비하기 위해서는 readLine() 함수에서 두 번째 인수로 버퍼의 길이를 전달받게 하고, 이것을 이용해 버퍼의 길이를 초과하는 입력이 발생하지 않도록 하는 것이 좋다.

다음과 같이 사용자에게 프로그램에서 처리하는 내용에 대해 미리 알리는 방법으로 사용자와의 상호 동작을 개선하는 것도 도움이 된다. 예를 들어 예제의 readLine() 함수의 do...while 반복문 앞에 다음과 같은 문을 추가하면 사용자의 이해를 도울 수 있다.

```c
printf("Enter a line of text, up to 80 characters. Hit enter when done:\n");
```

이런 메시지에는 데이터 측면에서 요구하는 형식을 지정할 수 있는데, 이를테면 금액 앞에 달러 기호($)를 사용해야 한다거나 시각을 표현할 때 시, 분, 초를 구분하기 위해 콜론(:)을 사용해야 한다는 것과 같은 제약 사항을 전달할 수 있다. 이와 같은 메시지는 데이터 입력 오류를 최소화할 수 있는 한 가지 방법이다.

다시 예제의 `main()` 루틴을 계속해서 살펴보면 `for` 반복문을 이용해서 `readLine()` 함수를 세 번 호출하는 부분이 있는데, `readLine()` 함수를 한 번씩 호출할 때마다 새로운 한 줄의 텍스트를 터미널로부터 읽어온다. 함수가 올바르게 동작했는지 확인하는 용도로 입력받은 텍스트를 터미널로 출력하며 세 번째 줄까지 모두 출력하고 나면 프로그램을 종료한다.

다음 예제 9.7은 텍스트 처리 응용 프로그램의 보다 실용적인 예로 일정 텍스트를 구성하는 단어의 수를 세는 기능을 구현한다. 이 프로그램의 `countWords()` 함수는 문자열 하나를 인수로 전달받아 이 문자열에 포함된 단어의 수를 반환한다. 지나치게 복잡해지는 것을 피하기 위해 개별 단어는 하나 이상의 연속된 알파벳 문자로 정의하기로 한다. 따라서 함수에서는 최초의 알파벳 문자에서부터 이후로 알파벳 이외의 문자가 나올 때까지 하나의 단어로 인식할 수 있다. 또 단어가 끝난 다음 다시 알파벳 문자가 나타나면 새로운 단어의 시작 지점으로 취급한다.

**예제 9.7 단어 세기**

```c
#include <stdio.h>
#include <stdbool.h>

// 문자가 알파벳인지 확인하는 함수

bool alphabetic (const char c)
{
    if ( (c >= 'a' && c <= 'z') || (c >= 'A' && c <= 'Z') )
        return true;
    else
        return false;
}

/* 문자열 내에 포함된 단어의 수를 계산하는 함수 */

int countWords (const char string[])
{
```

```c
    int i, wordCount = 0;
    bool lookingForWord = true, alphabetic (const char c);

    for ( i = 0; string[i] != '\0'; ++i )
        if ( alphabetic(string[i]) )
        {
            if ( lookingForWord )
            {
                ++wordCount;
                lookingForWord = false;
            }
        }
        else
            lookingForWord = true;

    return wordCount;
}

int main (void)
{
    const char text1[] = "Well, here goes.";
    const char text2[] = "And here we go... again.";
    int countWords (const char string[]);

    printf ("%s - words = %i\n", text1, countWords (text1));
    printf ("%s - words = %i\n", text2, countWords (text2));

    return 0;
}
```

**예제 9.7 결과**

```
Well, here goes. - words = 3
And here we go... again. - words = 5
```

alphabetic() 함수는 전달받은 문자값이 대문자 혹은 소문자 알파벳인지 확인하는 간단한 기능을 위한 것인데, 전달받은 문자가 알파벳이면 true를 반환하고, 그 외의 경우 false를 반환한다.

반면, countWords() 함수는 그리 간단하지 않다. 이 함수의 정수형 변수 i는 문자열 내의 개별 문자에 접근하기 위한 인덱스로 사용된다. 부울 변수 lookingForWord는 현재 새로운 단어의 시작 지점을 찾고 있는 중인지를 나타내는 플래그로 사용된다. 함수가 시작되는 부분에서는 새로운 단어를 찾기 시작해야 하므로 당연히 플래그 값을 0으로 설정한다. 또 다른 지역 변수인 wordCount는 변수 이름에서 드러나듯이 문자열에 포함된 단어의 수를 세기 위해 사용된다.

문자열의 개별 문자가 알파벳인지 확인하기 위해 alphabetic() 함수를 이용하는데, 만약 알파벳이면 현재 새로운 단어의 시작점을 찾고 있는 중인지 알아내기 위해 lookingForWord 플래그를 확인한다. 확인 결과 lookingForWord가 true면 wordCount를 1 증가시키고 lookingForWord를 false로 설정해서 새로운 단어가 시작됐음을 표시한다.

문자가 알파벳이고 lookingForWord가 false면 현재 단어를 구성하는 문자의 검출을 계속하는 상태를 의미하며, 이 경우 for 반복문은 계속해서 문자열 내의 다음 문자로 진행한다.

문자가 알파벳이 아니면(즉, 단어의 끝에 도달했거나 여전히 다음 단어의 시작점을 찾지 못한 경우), lookingForWord를 true로 설정한다(현재 값과 무관하게 설정).

인수로 전달된 문자열에 포함된 모든 문자에 대한 검사가 끝나면 문자열에 포함된 단어의 수가 저장된 wordCount의 값을 반환한다.

countWords() 함수 내에서 사용되는 다양한 변수의 값을 표로 나타내보면 이 알고리즘을 이해하는 데 많은 도움이 된다. 표 9.1은 예제의 첫 번째 countWords() 함수 호출에 대해 변수들의 값이 변화하는 과정을 표로 나타낸 예다. 표 9.1의 첫 번째 줄은 for 문을 시작하기 전의 상태로 wordCount와 lookingForWord의 초기값을 보여준다. 아래로 이어지는 값들은 for 반복을 진행함에 따라 변화하는 변수의 값들을 나타낸다. 따라서 표의 두 번째 줄은 첫 번째 반복 직후('W'에 대한 처리 과정이 끝난 시점)의 상태를 보여주는데, 이때 wordCount는 1이고 lookingForWord 플래그의 값은 false(0)이다. 표의 마지막 줄은 문자열의 끝에 도달했을 때 변수들의 마지막 값을 보여준다. 다소 시간이 걸리더라도 이 표와 countWords() 함수의 논리를 주의 깊게 분석해 본다면 문자열에 포함된 단어의 수를 세기 위해 함수에서 사용된 알고리즘을 자연스럽게 이해할 수 있을 것이다.

**표 9.1** countWords 함수의 실행 과정

| i | string[i] | wordCount | lookingForWord |
|---|---|---|---|
|  |  | 0 | true |
| 0 | 'W' | 1 | false |

| i | string[i] | wordCount | lookingForWord |
|---|---|---|---|
| 1 | 'e' | 1 | false |
| 2 | 'l' | 1 | false |
| 3 | 'l' | 1 | false |
| 4 | ',' | 1 | true |
| 5 | ' ' | 1 | true |
| 6 | 'h' | 2 | false |
| 7 | 'e' | 2 | false |
| 8 | 'r' | 2 | false |
| 9 | 'e' | 2 | false |
| 10 | ' ' | 2 | true |
| 11 | 'g' | 3 | false |
| 12 | 'o' | 3 | false |
| 13 | 'e' | 3 | false |
| 14 | 's' | 3 | false |
| 15 | '.' | 3 | true |
| 16 | '\0' | 3 | true |

## Null(널) 문자열

이제 countWords() 함수를 보다 유용하게 사용하는 예제에 대해 생각해 보도록 할텐데, readLine() 함수를 이용해서 사용자가 여러 줄의 텍스트를 입력할 수 있게 하고 입력된 텍스트에서 사용된 단어의 수를 결과로 출력하는 프로그램을 만들어 볼 것이다.

프로그램의 유연성을 위해 입력 가능한 텍스트의 라인 수에 제약을 두지 않도록 한다. 그러므로 프로그램에 텍스트 입력이 끝났음을 알리는 적절한 수단이 필요하다. 이와 같은 요구에 일반적으로 사용할 수 있는 한 가지 방법은 마지막 라인까지 입력한 경우에 엔터(리턴) 키를 한 번 더 누르게 하는 것이다. readLine() 함수에서 이 라인을 읽으면, 처음에 바로 줄바꿈 문자가 나타나므로 버퍼의 첫 번째 문자(하나뿐인 문자)를 null 문자로 설정한다. 즉, 프로그램에서는 이 특수한 경우를 검사하는 방법으로 텍스트의 마지막 라인이 입력된 것을 인식할 수 있다.

이처럼 문자열에 null 문자 하나만 포함된 것을 C 언어에서는 특별히 null 문자열이라고 부른다. null 문자열이 이상해 보인다고 생각할 수도 있지만, 이번 장에서 지금까지 정의했던 어떤 함수에 대해서도 null 문자열은 완벽한 동작을 보장한다. stringLength() 함수는 null 문자열의 크기를 0으로 반환하며, concat() 함수에 null 문자열을 전달하면 다른 문자열에 '아무것도' 덧붙이지 않는다. 심지어 equalStrings() 함수에 null 문자열을 하나 혹은 둘 다 전달하는 경우에도 정상적인 결과를 반환한다(null 문자열끼리 비교하면 서로 같다는 결과를 반환한다).

null 문자열에 실제로는 문자 하나, 즉 null 문자가 저장되어 있다는 사실을 잊어서는 안 된다.

문자열의 값으로 null 문자열을 설정해야 하는 경우가 종종 있다. C 언어에서 null 문자열은 큰따옴표 두 개를 붙여서 표현할 수 있는데, 예를 들어 다음 문은 buffer라는 문자 배열을 null 문자열로 설정하는 예다.

```c
char buffer[100] = "";
```

문자열 공백 역시 문자로 취급되므로 ""와 " "는 전혀 다르다는 것에 주의해야 한다(직접 확인해보려면 equalString() 함수를 이용해볼 수 있다).

다음 예제 9.8은 앞서 살펴본 readLine(), alphabetic(), countWords() 함수들을 적절히 이용하고 있다.

**예제 9.8 텍스트에 포함된 단어 세기**

```c
#include <stdio.h>
#include <stdbool.h>

bool alphabetic (const char c)
{
    if ( (c >= 'a' && c <= 'z') || (c >= 'A' && c <= 'Z') )
        return true;
    else
        return false;
}


void readLine (char buffer[])
{
    char character;
    int i = 0;
```

```c
    do
    {
        character = getchar ();
        buffer[i] = character;
        ++i;
    }
    while ( character != '\n' );

    buffer[i - 1] = '\0';
}


int countWords (const char string[])
{
    int i, wordCount = 0;
    bool lookingForWord = true, alphabetic (const char c);

    for ( i = 0; string[i] != '\0'; ++i )
        if ( alphabetic(string[i]) )
        {
            if ( lookingForWord )
            {
                ++wordCount;
                lookingForWord = false;
            }
        }
        else
            lookingForWord = true;

    return wordCount;
}


int main (void)
{
    char text[81];
    int totalWords = 0;
    int countWords (const char string[]);
    void readLine (char buffer[]);
```

```c
    bool endOfText = false;

    printf ("Type in your text.\n");
    printf ("When you are done, press 'RETURN'.\n\n");

    while ( ! endOfText )
    {
        readLine (text);

        if ( text[0] == '\0' )
            endOfText = true;
        else
            totalWords += countWords (text);
    }

    printf ("\nThere are %i words in the above text.\n", totalWords);

    return 0;
}
```

**예제 9.8 결과**

```
Type in your text.
When you are done, press 'RETURN'.

Wendy glanced up at the ceiling where the mound of lasagna loomed
like a mottled mountain range. Within seconds, she was crowned with
ricotta ringlets and a tomato sauce tiara. Bits of beef formed meaty
moles on her forehead. After the second thud, her culinary coronation
was complete.
Return
There are 48 words in the above text.
```

'Return' 이라고 표기된 라인은 엔터 혹은 리턴 키의 사용을 나타낸다.

endOfText 변수는 입력된 텍스트의 끝에 도달했는지를 나타내는 플래그이다. 이 플래그가 false인 동안 while 문은 반복을 계속한다. 반복 블록 내에서는 readLine() 함수를 이용해서 텍스트를 한 줄씩 읽는다. 그런 다음 if 문을 이용해서 text 배열에 저장된 입력값이 엔터 (리턴) 키 밖에 없는지 검사한다. 엔터 키만 입력된 경우에는 버퍼가 null 문자열인 경우이므로 endOfText 플래그를 true로 설정해서 텍스트 입력이 끝났음을 설정한다.

한편, 버퍼에 텍스트가 포함되어 있는 경우라면 countWords() 함수를 이용해서 text 배열에 포함된 단어의 수를 계산한다. countWords()에서 반환한 단어의 수는 totalWords에 더해지 는데 이 변수는 전체 텍스트의 단어 개수를 저장하기 위한 것이다.

while 반복이 끝나면 프로그램은 약간의 설명을 곁들여 totalWords의 값을 출력한다.

예제에서 제공하는 기능을 사용하려면 보다시피 많은 텍스트를 터미널로 전부 입력해야 하기 때 문에 과연 이렇게 하는 것이 작업의 효율성 측면에서 얼마나 이득이 있을지 의아할 수 있는데, 15 장에서 파일에 저장된 텍스트의 단어의 수를 세기 위해 같은 프로그램을 사용하는 것을 살펴보고 나면 생각이 달라질 것이다. 또, 이 프로그램은 원고를 작성하는 작가들에게 있어서는 원하는 시 점에 원고에 포함된 단어의 수를 손쉽게 알아낼 수 있는 기능을 제공할 수 있기 때문에 상대적으 로 큰 가치를 가질 수도 있다(물론 작성된 원고는 MS Word 등과 같은 특정 워드 프로세서 포맷 이 아닌 일반 텍스트 형식이어야 한다).

## 확장 문자

백슬래시 문자는 줄바꿈 문자나 null 문자를 만드는 것 이상의 특별함을 가진다. 백슬래시 다음 에 n을 사용하면 출력 위치를 다음 라인으로 옮길 수 있는 것처럼, 다른 문자들도 백슬래시와 조 합해서 특별한 기능을 하는 경우가 있다. 이와 같이 백슬래시와 결합한 문자들을 확장 문자라고 하며, 표 9.2는 다양한 확장 문자들을 보여준다.

**표 9.2** 확장 문자

| 확장 문자 | 이름 |
| --- | --- |
| \a | 청각적 경보 |
| \b | 백스페이스 |
| \f | 용지 공급 |
| \n | 줄바꿈 |
| \r | 캐리지 리턴 |
| \t | 가로 탭 |

| \v | 세로 탭 |
| --- | --- |
| \\ | 백슬래시 |
| \" | 큰따옴표 |
| \' | 작은따옴표 |
| \? | 물음표 |
| \nnn | 8진 문자값 nnn |
| \unnnn | 범용 문자 이름 |
| \Unnnnnnnn | 범용 문자 이름 |
| \xnn | 16진 문자값 nn |

표 9.2의 처음 일곱 개 문자는 대부분의 출력 장치에서 지정된 기능을 수행한다. 청각적 경보인 \a는 "벨"소리를 내는데, 다음과 같이 printf()를 이용해서 메시지 출력과 함께 경보음을 발생시킬 수 있다.

```
printf ("\aSYSTEM SHUT DOWN IN 5 MINUTES!!\n");
```

문자열 내에 '\b'를 사용하면 터미널에서 문자열의 해당 위치에 백스페이스를 누른 것과 같은 결과를 얻을 수 있다. 이와 비슷하게 다음 문은 a, b, c의 값을 탭 간격(보통 여덟 개의 열로 설정된다)으로 출력하는 예다. 가로 탭 문자는 특히 데이터를 열 별로 정렬할 때 유용하게 사용된다.

```
printf ("%i\t%i\t%i\n", a, b, c);
```

백슬래시 문자 자체를 문자열 내에 포함시키려면 다음과 같이 두 개의 백슬래시가 필요하다.

```
printf ("\\t is the horizontal tab character.\n");
```

이 printf()의 실행 결과는 다음과 같으며, \\가 사용되었기 때문에 가로 탭이 적용되지 않는다.

```
\t is the horizontal tab character.
```

문자열 내에 큰따옴표를 표기하려면 큰따옴표 앞에 백슬래시를 붙여야 한다. 다음 printf() 호출의 경우를 살펴보자.

```
printf ("\"Hello,\" he said.\n");
```

이 printf() 함수의 호출 결과는 다음과 같다.

```
"Hello," he said.
```

작은따옴표 문자를 문자 변수에 할당하려면 마찬가지로 작은따옴표 앞에 백슬래시를 붙여야 한다. 다음은 char 형식의 변수 c에 작은따옴표를 할당하는 문이다.

```
c = '\'';
```

백슬래시 다음에 ?를 사용하면 ? 문자를 나타내는데, 이것은 비 ASCII 문자 집합에서 삼중자를 다룰 때 간혹 필요한 경우가 있다. 여기에 대해서는 부록 A "C 언어 요약"에서 보다 자세하게 다룬다.

표 9.2의 마지막 네 가지 항목은 문자열에 어떠한 문자라도 저장할 수 있게 하기 위한 것들이다. 확장 문자 '\nnn'에서 nnn은 1~3자리 8진수이며, 확장 문자 '\xnn'에서 nn은 16진수다. 이 수들은 문자에 대한 내부적인 코드값을 나타낸다. 따라서 이 확장 문자들을 이용하면 키보드로 직접 입력하는 것이 불가능한 문자들을 문자열에 삽입할 수 있다. 예를 들어 ASCII 이스케이프 문자를 삽입하려면 이 문자의 값인 8진수 33을 \033 혹은 \x1b 형식으로 문자열 내에 포함시킬 수 있다.

null 문자 '\0'은 확장 문자의 특수한 경우다. 이것은 0을 값으로 가지는 문자를 나타내는데, 일부 프로그래머들은 null 문자의 값이 0이라는 사실을 가변 길이 문자열에 대한 반복문 작성 시에 이용하기도 한다. 예를 들어 예제 9.2의 stringLength() 함수에서 문자열의 길이를 세기 위해 사용하고 있는 반복문을 다음과 같이 작성할 수 있다.

```
while ( string[count] )
    ++count;
```

여기서 string[count]의 값은 null 문자에 도달할 때까지 0 이외의 값이므로 while 반복은 문자열의 끝까지 계속된다.

다시 한 번 강조하지만 확장 문자는 문자열 내에서 문자 하나로 간주된다. 따라서 "\033\"Hello\"\n"은 실제로 9개의 문자를 포함하는데(null 종료 문자 제외) 여기에는 '\033', '\"', Hello를 구성하는 다섯 개의 문자, '\"', '\n'이 포함된다. 이 문자열을 stringLength() 함수에 전달해서 null 종료 문자를 제외한 길이가 실제로 9인지 확인해 보도록 한다.

\u에 네 개의 16진수를 사용하거나 \U 뒤에 여덟 개의 16진수를 사용하면 범용 문자 이름을 나타낼 수 있다. 이들은 확장 문자 집합의 문자들을 지정할 때 사용되는데, 확장 문자 집합이란 일반적으로 국제 표준인 8비트로 표현할 수 없는 문자들의 집합을 말한다. 범용 문자 이름 형식을 이용하면 확장 문자 집합을 사용할 수 있을 뿐만 아니라 와이드 문자열이나 문자열 상수에서 16비트 혹은 32비트 문자를 지정할 수 있다.

## 상수 문자열

라인의 마지막에 백슬래시를 사용하고 바로 뒤에 캐리지 리턴이 따라오면 C 컴파일러는 라인의 끝을 무시한다. 이와 같은 라인 연결 기법은 주로 긴 상수 문자열을 다음 라인까지 연결하기 위해 사용하는데, 12장 "전처리기"에서 매크로 정의를 다음 줄까지 연결할 때도 같은 방법을 사용한다.

다음과 같이 라인 연결 문자를 사용하지 않고 문자열을 여러 줄에 걸쳐 초기화하려고 한다면 C 컴파일러에서 오류가 발생한다.

```
char letters[] =
    { "abcdefghijklmnopqrstuvwxyz
ABCDEFGHIJKLMNOPQRSTUVWXYZ" };
```

여기서 연결되는 각 줄의 마지막에 백슬래시 문자를 붙이면 하나의 문자열 상수로 정의할 수 있다.

```
char letters[] =
    { "abcdefghijklmnopqrstuvwxyz\
ABCDEFGHIJKLMNOPQRSTUVWXYZ" };
```

주의할 점은 이어지는 다음 문자열은 반드시 (편집기상) 다음 라인의 처음부터 시작해야 한다는 것이다. 그렇지 않으면 앞쪽에 삽입된 공백 역시 문자열에 포함되게 된다. 이렇게 초기화된 문자 배열 letters는 결과적으로 다음과 같은 문자열을 포함한다.

```
"abcdefghijklmnopqrstuvwxyzABCDEFGHIJKLMNOPQRSTUVWXYZ"
```

이처럼 긴 문자열을 쪼개는 또 다른 방법은 여러 개의 인접한 문자열로 나누는 것이다. 인접 문자열들은 0개 이상의 공백이나 탭, 혹은 줄바꿈으로 서로 구분되며 컴파일러는 이들을 자동으로 연결한다. 다음은 인접 문자열로 구분한 예다.

```
"one" "two" "three"
```

이것은 다음 문자열과 구문상 동일하다.

```
"onetwothree"
```

따라서 앞서 살펴본 letters 배열은 다음과 같이 정의할 수도 있다.

```
char letters[] =
    { "abcdefghijklmnopqrstuvwxyz"
```

```
                    "ABCDEFGHIJKLMNOPQRSTUVWXYZ" };
```

마지막으로, 이 규칙은 `printf()`의 인수를 처리하는 경우에도 동일하게 적용되므로 다음 세 가지 `printf()` 호출은 모두 똑같은 하나의 인수를 전달하게 된다.

```
printf ("Programming in C is fun\n");
printf ("Programming" " in C is fun\n");
printf ("Programming" " in C" " is fun\n");
```

## 문자열, 구조체, 배열

C 언어에서 제공하는 기본 요소들을 조합하면 다양한 방법으로 매우 강력한 프로그래밍 구조를 만들 수 있다. 예를 들어 8장 "구조체"에서는 구조체 배열을 손쉽게 정의하는 방법을 알아본 바 있다. 예제 9.9는 한발 더 나아가 구조체 배열과 가변 길이 문자열을 조합해서 사용하는 방법을 보여준다.

사전처럼 동작하는 프로그램을 만들고자 한다고 가정해보자. 이런 프로그램이 있다면 의미가 잘 떠오르지 않는 단어를 마주칠 때마다 이 프로그램을 이용할 수 있을 것이다. 프로그램에 찾고 싶은 단어를 입력하면 프로그램은 자동으로 단어를 검색해서 단어에 대한 정의를 보여주게 된다.

이와 같은 프로그램을 개발하려 할 때 가장 먼저 떠오르는 생각 가운데 하나는 컴퓨터 내에서 단어와 단어의 정의를 어떻게 보관하거나 표현할 것인가이다. 단어와 단어의 정의는 서로 연관된 정보이므로 구조체 형태가 자연스럽게 떠오르는데, 이들을 저장하기 위해 다음과 같이 `entry`라는 구조체를 정의할 수 있다.

```
struct entry
{
    char word[15];
    char definition[50];
};
```

이 구조체를 이용하면 14자리 단어(가변 길이의 문자열을 다루고 있으므로 반드시 null 문자를 위한 공간이 고려돼야 한다)와 49자리의 단어에 대한 설명(정의)을 저장할 수 있다. 다음은 `struct entry` 형식의 변수를 "blob"이라는 단어와 그 뜻을 저장하도록 초기화하는 예다.

```
struct entry word1 = { "blob", "an amorphous mass" };
```

사전 프로그램이라면 많은 단어를 저장할 수 있어야 하므로 다음과 같이 `entry` 구조체의 배열을 이용하는 것이 좋을 것이다.

```c
struct entry dictionary[100];
```

물론 100개라는 크기는 최소 10만 개 이상의 단어를 정의하는 일반적인 영어 사전의 용도에 비추어 크게 모자라는 숫자다. 실제 사전과 같은 대량의 자료를 저장해야 하는 경우에는 전체 내용을 메모리에 보관하는 것이 거의 불가능하기 때문에, 이보다는 보통 컴퓨터의 디스크를 이용하는 좀 더 복잡한 접근 방식을 이용하는 것이 일반적이다.

사전을 위한 구조를 정의했으면 데이터를 어떻게 조직화할 것인가에 대해 생각해 보아야 한다. 대부분의 사전은 알파벳 순서로 정렬되어 있으니 사전 프로그램에서도 이 방식을 사용하는 것이 적절할 것이다. 지금 당장은 사전을 보다 읽기 쉽게 해주는 방식 정도로 보이지만 나중에 이렇게 조직화하는 진정한 이유를 알게 될 것이다.

이제 프로그램 개발에 대해 생각해 볼 때다. 우선 사전에 포함된 단어를 검색할 수 있는 함수를 정의하면 편리하게 이용할 수 있을 것이다. 이 함수는 단어를 찾아내면 사전 내에서 해당 단어를 포함하고 있는 요소의 번호를 반환하고, 사전에 단어가 없다면 -1을 반환하게 할 수 있다. 그러므로 이 함수가 `lookup()`이라면 다음과 같이 호출하게 될 것이다.

```c
entry = lookup (dictionary, word, entries);
```

이 경우, `lookup()` 함수는 `dictionary`에서 `word`에 저장된 문자열을 검색한다. 세 번째 인수인 `entries`는 사전에 저장된 단어의 개수를 나타낸다. `lookup()` 함수는 사전에서 해당 단어를 검색하고, 단어가 존재하면 단어를 포함하는 요소의 번호를 반환하고 존재하지 않으면 -1을 반환한다.

또한 예제 9.9에서 `lookup()` 함수는 단어의 일치 여부를 확인하기 위해 예제 9.4에서 정의한 `equalString()` 함수를 이용한다.

## 예제 9.9 사전 검색 프로그램

```c
// 사전 검색 프로그램

#include <stdio.h>
#include <stdbool.h>

struct entry
{
    char word[15];
    char definition[50];
};
```

```c
bool equalStrings (const char s1[], const char s2[])
{
    int i = 0;
    bool areEqual;

    while ( s1[i] == s2 [i] &&
            s1[i] != '\0' && s2[i] != '\0' )
        ++i;

    if ( s1[i] == '\0' && s2[i] == '\0' )
        areEqual = true;
    else
        areEqual = false;

    return areEqual;
}


// 사전 내의 단어를 검색하는 함수

int lookup (const struct entry dictionary[], const char search[],
        const int entries)
{
    int i;
    bool equalStrings (const char s1[], const char s2[]);

    for ( i = 0; i < entries; ++i )
        if ( equalStrings (search, dictionary[i].word) )
            return i;

    return -1;
}


int main (void)
{
    const struct entry dictionary[100] =
        { { "aardvark",  "a burrowing African mammal"         },
          { "abyss",     "a bottomless pit"                   },
```

```c
            { "acumen",    "mentally sharp; keen"             },
            { "addle",     "to become confused"               },
            { "aerie",     "a high nest"                      },
            { "affix",     "to append; attach"                },
            { "agar",      "a jelly made from seaweed"        },
            { "ahoy",      "a nautical call of greeting"      },
            { "aigrette",  "an ornamental cluster of feathers" },
            { "ajar",      "partially opened"                 } };

    char word[10];
    int entries = 10;
    int entry;
    int lookup (const struct entry dictionary[], const char search[],
            const int entries);

    printf ("Enter word: ");
    scanf ("%14s", word);

    entry = lookup (dictionary, word, entries);

    if ( entry != -1 )
        printf ("%s\n", dictionary[entry].definition);
    else
        printf ("Sorry, the word %s is not in my dictionary.\n", word);

    return 0;
}
```

**예제 9.9 결과**

```
Enter word: agar
a jelly made from seaweed
```

**예제 9.9 결과(재실행)**

```
Enter word: accede
Sorry, the word accede is not in my dictionary.
```

lookup() 함수는 사전에 포함된 개별 요소를 차례대로 접근하면서 equalString() 함수를 이용해서 search 문자열과 특정 사전 요소의 word 멤버가 같은지 비교한다. 두 단어가 같으면 변수 i의 값을 반환하는데, i는 사전에서 해당 단어를 포함하는 요소의 번호(인덱스)다. 단어를 발견하면, for 반복이 끝나지 않은 경우에도 즉시 함수 실행을 중단하고 결과를 반환한다.

lookup() 함수에서 일치하는 단어를 찾아내지 못한 경우 for 반복 블록 다음의 return 문을 통해 "일치하는 단어를 찾을 수 없음"을 의미하는 -1을 반환한다.

## 보다 나은 검색 방법

lookup() 함수에서 특정 단어를 검색하기 위해 사용하고 있는 방법은 일치하는 단어를 찾을 때까지 사전의 처음부터 끝까지 차례대로 비교해 나가는 간단한 형태다. 예제처럼 작은 크기의 사전이라면 이 방법도 전혀 문제될 것이 없다. 하지만 수백 혹은 수천 개의 단어를 포함하고 있는 사전이라면 모든 요소를 순차적으로 검색하느라 걸리는 시간 때문에 성능상의 문제가 발생할 수 있다. 이와 같은 경우에는 몇 분의 1초라는 시간도 굉장히 큰 영향을 줄 수 있다. 정보의 추출을 목적으로 하는 프로그램에서 가장 중요시하는 고려 사항 가운데 하나가 바로 처리 속도다. 검색은 컴퓨터 프로그램에서 굉장히 자주 사용되는 기능이기 때문에 많은 컴퓨터 과학자들이 정렬 알고리즘 못지않게 효과적인 검색 알고리즘을 개발하는 데 엄청난 노력을 기울여 왔다.

예제의 경우 사전이 알파벳 순서로 정렬되어 있다는 점을 이용해서 보다 효과적인 lookup() 함수를 만들 수 있다. 가장 먼저 떠오르는 최적화 대상은 사전에 존재하지 않는 단어를 검색하는 경우에 대한 것이다. 즉, 쓸데없이 많은 단어를 검색하지 않도록 lookup() 함수를 개선하는 것이 가능하다. 예를 들어, 예제 9.9에서 정의한 사전에서 "active"라는 단어를 검색하는 경우, "acumen"이라는 단어에 도달하는 즉시 사전에 "active"라는 단어가 없다는 것을 인식할 수 있는데, 이것은 사전이 알파벳 순서로 정렬되어 있으니 만약 단어가 있다면 "active"가 "acumen"보다 앞에 나왔을 것이기 때문이다.

이 방법이 검색 시간을 줄여주기는 하지만 어디까지나 검색할 단어가 사전에 없는 경우에 한정된다는 한계가 있다. 우리에게 필요한 것은 특별한 경우에만 적용되는 것이 아니라 대부분의 검색에서 처리 시간을 줄여주는 알고리즘이다. 이와 같은 요구에 부합하는 알고리즘 가운데 하나로 2진 검색(Binary search)이라는 것이 있다.

2진 검색의 핵심 전략은 비교적 간단하다. 이 알고리즘의 동작 원리를 설명하기 위해 간단한 숫자 맞추기 놀이를 생각해 보자. 예를 들어 필자가 1부터 99 사이에서 숫자 하나를 고르고 독자는 필자가 선택한 숫자를 최소한의 시도로 맞추는 게임인데, 독자가 생각한 숫자를 말하면 필자는 정답과 비교해서 제시한 값이 더 작은지 큰지 혹은 정답인지를 매번 알려준다. 게임을 몇 번 하다 보면 이등분해서 접근하는 방법이 효과적이라는 것을 알게 될 것이다. 예를 들어 첫 번째 시도에 50을 선택하면 이 값이 정답보다 크든 작든 생각해야 할 범위가 100개에서 49개로 줄일 수 있다. 즉, "정답보다 크다"라는 응답을 받았다면 정답은 1부터 49 사이에 있으며 "정답보다 작다"인 경우에는 51부터 99 사이에 정답이 존재한다.

이제는 49개의 숫자에 대해서 이등분하는 과정을 반복할 수 있다. 따라서 첫 번째 답변이 "정답보다 작다"였다면 다음 시도는 51부터 99를 이등분하는 값인 75를 이용하게 된다. 이처럼 이등분을 계속해 나가면 결국 정답에 도달할 수 있다. 이 방법을 이용하면 다른 어떤 검색 방법보다 짧은 시간 내에 정답을 찾을 수 있다.

지금까지 2진 검색이 어떻게 동작하는지 원리에 대해 살펴보았으며, 다음은 2진 검색을 보다 정규화된 형태의 알고리즘으로 기술하고 있다. 이 알고리즘은 n개의 요소를 포함하고 있는 배열 M에서 요소 x를 찾는 과정이며 배열 M은 오름차순으로 정렬되어 있다고 가정한다.

**2진 검색 알고리즘**

**1 단계**: low는 0, high는 n − 1로 설정

**2 단계**: low 〉 high이면 x는 M에 존재하지 않으므로 알고리즘 종료

**3 단계**: mid를 (low + high) / 2로 설정

**4 단계**: M[mid] 〈 x 이면 low를 mid + 1로 설정하고 2 단계로 이동

**5 단계**: M[mid] 〉 x 이면 high를 mid − 1로 설정하고 2 단계로 이동

**6 단계**: M[mid]가 x와 같으면 알고리즘 종료

3 단계의 나누기는 정수 연산을 기반으로 하므로 low가 0이고 high가 49라면 mid는 24가 된다.

이제 2진 검색을 위한 알고리즘을 작성했으니 새로운 전략에 따라 `lookup()` 함수를 만들면 된다. 2진 검색에서는 두 문자열의 크기를 비교한 결과를 확인할 수 있어야 하므로 `compareString()`이라는 새로운 문자열 비교 함수를 만들어볼 것이다. `compareString()` 함수는 두 개의 문자열을 비교하고 첫 번째 문자열이 사전 순으로 봤을 때 두 번째 문자열보다 작다면 −1을 반환하고 두 문자열이 같으면 0을 반환하며 첫 번째 문자열이 더 크면 1을 반환한다. 따라서 다음 호출의 결과는 −1이다(즉, 사전에서 첫 번째 문자열이 두 번째 문자열보다 먼저 나온다).

```
compareStrings ("alpha", "altered")
```

또, 다음 호출의 경우에는 "zioty"가 "yucca"보다 크므로 1을 반환한다.

```
compareStrings ("zioty", "yucca");
```

다음 예제 9.10에서는 위에서 설명한 것처럼 동작하는 `compareString()` 함수를 구현하고 있으며, 이제 `lookup` 함수는 2진 검색을 이용해서 사전을 검색하게 된다. 한편, `main()` 루틴은 변경된 것이 없다.

```c
// 사전 검색 프로그램

#include <stdio.h>

struct entry
{
    char word[15];
    char definition[50];
};

// 문자열 비교 함수

int compareStrings (const char s1[], const char s2[])
{
    int i = 0, answer;

    while ( s1[i] == s2[i] && s1[i] != '\0'&& s2[i] != '\0' )
        ++i;

    if ( s1[i] < s2[i] )
        answer = -1;        /* s1 < s2 */
    else if ( s1[i] == s2[i] )
        answer = 0;         /* s1 == s2 */
    else
        answer = 1;         /* s1 > s2 */

    return answer;
}

// 사전에서 단어를 검색하는 함수

int lookup (const struct entry dictionary[], const char search[],
        const int entries)
{
    int low = 0;
```

```c
    int high = entries - 1;
    int mid, result;
    int compareStrings (const char s1[], const char s2[]);

    while ( low <= high )
    {
        mid = (low + high) / 2;
        result = compareStrings (dictionary[mid].word, search);

        if ( result == -1 )
            low = mid + 1;
        else if ( result == 1 )
            high = mid - 1;
        else
            return mid;    /* 발견 */
    }

    return -1;              /* 찾을 수 없음 */
}


int main (void)
{
    const struct entry dictionary[100] =
        { { "aardvark", "a burrowing African mammal"          },
          { "abyss", "a bottomless pit"                       },
          { "acumen", "mentally sharp; keen"                  },
          { "addle", "to become confused"                     },
          { "aerie", "a high nest"                            },
          { "affix", "to append; attach"                      },
          { "agar", "a jelly made from seaweed"               },
          { "ahoy", "a nautical call of greeting"             },
          { "aigrette", "an ornamental cluster of feathers" },
          { "ajar", "partially opened"                        } };

    int entries = 10;
    char word[15];
    int entry;
```

```c
    int lookup (const struct entry dictionary[], const char search[],
                const int entries);

    printf ("Enter word: ");
    scanf ("%14s", word);

    entry = lookup (dictionary, word, entries);

    if ( entry != -1 )
        printf ("%s\n", dictionary[entry].definition);
    else
        printf ("Sorry, the word %s is not in my dictionary.\n", word);

    return 0;
}
```

---

**예제 9.10 결과**

---

```
Enter word: aigrette
an ornamental cluster of feathers
```

---

**예제 9.10 결과(재실행)**

---

```
Enter word: acerb
Sorry, that word is not in my dictionary.
```

---

compareString() 함수와 equalString() 함수는 while 반복문까지 똑같은데, compareString() 함수의 경우 while 반복이 끝나면 반복을 종료하게 한 문자 두 개를 분석한다. 만약 s1[i]가 s2[i]보다 작으면 s1이 s2보다 사전적으로 더 작으므로 -1을 반환한다. 한편 s1[i]가 s2[i]와 같으면 두 문자열이 같으므로 0을 반환하고 그 외의 경우에는 s1이 s2 보다 크므로 1을 반환한다.

lookup() 함수는 int 형식의 변수 low와 high를 정의하고 알고리즘에 기술된 대로 초기 값을 할당한다. 이어지는 while 반복은 low가 high보다 작거나 같은 경우 반복을 계속한다. 반복 블록 내에서는 low와 high를 더한 값을 2로 나누어 mid 값을 계산한다. 그런 다음 compareString() 함수를 호출해서 dictionary[mid]에 담겨진 단어와 검색하고자 하는 단어를 비교하고 반환된 값을 result에 저장한다.

compareString()의 반환값이 -1이면 dictionary[mid].word가 search보다 작다는 의미이므로 low의 값을 mid + 1로 설정한다. 만약 compareString()이 1을 반환했다면 dictionary[mid].word가 search보다 크다는 뜻이므로 high를 mid - 1로 설정하는데, 둘 다 아닌 경우에는 두 개의 문자열이 같다는 것을 말하므로 lookup()은 검색된 단어 위치인 mid를 반환한다.

한편, 반복을 계속해서 결국 low가 high보다 커지면 사전에 단어가 없는 경우이므로 lookup() 은 "찾을 수 없음"을 의미하는 -1을 반환한다.


## 문자 연산

문자 변수나 문자 상수는 관계식이나 산술식에서 자주 사용된다. 이들을 적절하게 잘 사용하려면 C 컴파일러가 문자를 다루는 방식에 대해 이해할 필요가 있다.

문자 상수나 변수를 식에 사용하면 이들은 자동으로 정수값으로 변환되며, 이후로 정수값으로 취급된다.

5장 "판단하기"에서 다음과 같은 식을 이용해서 문자 변수 c의 값에 대해 소문자 여부를 판단할 수 있었다.

```
c >= 'a' && c <= 'z'
```

5장에서 언급했다시피 이 식은 ASCII 문자 집합을 사용하는 시스템에서 사용할 수 있는데, 왜냐하면 ASCII에서는 소문자들이 순서대로 나열되며 그 사이에 다른 문자가 없기 때문이다. 이 식의 앞부분은 c의 값과 문자 상수 'a'를 비교하는데 실제로는 c의 값을 'a'의 내부적인 값과 비교한다. ASCII에서 문자 'a'는 97이라는 값을 가지며 순서대로 'b'는 98이라는 값을 가진다. 따라서 c에 소문자가 할당되어 있다면 내부적인 값이 무조건 97과 같거나 크므로 c >= 'a'는 TRUE(0 이 아닌 값)이다. 하지만 97보다 큰 문자가 모두 소문자는 아니므로(괄호 등), 소문자의 범위로 한정하기 위한 추가적인 조건 확인이 필요하다. 이런 이유로 c는 다시 'z'와도 비교를 하는데, 'z'의 ASCII 값은 122다.

c를 'a'나 'z'와 비교하는 것은 실제로 c를 이들의 ASCII 값과 비교하는 것과 같으므로 앞서 살펴본 식을 다음과 같이 표현하더라도 같은 결과를 얻을 수 있다.

```
c >= 97 && c <= 122
```

그렇지만, 이것보다는 첫 번째 형태의 식을 이용하는 방법이 명확한 의미 전달에 유리하고 또 ASCII 값을 몰라도 사용할 수 있기 때문에 더 많이 사용된다.

한편, 다음과 같이 printf() 함수를 이용하면 c에 저장된 문자를 의미하는 내부적인 값을 출력할 수 있다.

```
printf ("%i\n", c);
```

예를 들어, ASCII 기반의 시스템에서 다음 문을 실행하면 97이 출력된다.

```
printf ("%i\n", 'a');
```

그렇다면 다음 printf() 호출의 결과는 무엇일까?

```
c = 'a' + 1;
printf ("%c\n", c);
```

'a'의 ASCII 값이 97이므로 첫 번째 문을 실행하면 변수 c에 98이 할당된다. 또, 98은 ASCII에서 'b'의 값이므로 printf()를 실행하면 b가 출력된다.

이처럼 문자 상수에 1을 더하는 것과 같은 연산이 실제로 필요한 경우는 거의 없지만 이와 같은 사실로부터 문자 '0' ~ '9'를 숫자 0~9로 변환하는 것과 같은 중요한 기술을 구현하기 위한 아이디어를 얻을 수 있다. 거의 모든 문자 집합에서 숫자는 연속된 정수값으로 표현되기 때문에 문자로 표현된 숫자에서 '0'을 빼는 방법으로 손쉽게 해당 문자가 의미하는 정수값을 구할 수 있다. 즉, 정수 형식의 변수 i에 대해 다음 문을 이용하면 문자로 표현된 숫자를 정수값 형태로 변환할 수 있다.

```
i = c - '0';
```

예를 들어 c가 '5'라고 가정하면 '5'의 ASCII 값은 53이고 '0'의 ASCII 값은 48이므로 실행 결과 i의 값에 5가 저장된다. ASCII 문자 집합을 사용하지 않고 또 '5'와 '0'의 내부적인 표현이 위와 다른 시스템인 경우에도 대부분 같은 결과를 얻을 수 있을 것이다.

지금까지 소개한 기법을 이용하면 예제 9.11에서 보는 바와 같이 숫자로 구성된 문자열을 숫자로 변환할 수 있다. 예제의 strToInt() 함수는 인수로 전달받은 문자열을 정수값으로 변환한다. 이 함수는 전달받은 문자열에서 숫자가 아닌 값이 발견될 때까지 변환을 계속하고 결과를 호출한 루틴으로 반환하는데, 단 변환된 수는 정수 형식의 변수에 담을 수 있다고 가정한다.

### 예제 9.11 문자열을 정수로 변환하기

```
// 문자열을 정수로 변환하는 함수

#include <stdio.h>

int strToInt (const char string[])
```

```c
{
    int i, intValue, result = 0;

    for ( i = 0; string[i] >= '0' && string[i] <= '9'; ++i )
    {
        intValue = string[i] - '0';
        result = result * 10 + intValue;
    }

    return result;
}

int main (void)
{
    int strToInt (const char string[]);

    printf ("%i\n", strToInt("245"));
    printf ("%i\n", strToInt("100") + 25);
    printf ("%i\n", strToInt("13x5"));

    return 0;
}
```

**예제 9.11 결과**

```
245
125
13
```

for 반복문은 string[i]가 숫자인 한 실행을 계속한다. 개별 반복에서는 string[i]에 저장된 문자를 정수로 변환한 다음 result에 10을 곱한 값에 변환된 수를 더한다. 이 방법이 어떻게 동작하는지 좀 더 자세히 알아보기 위해 문자열 "245"를 인수로 함수가 호출된 경우에 대해 생각해 보자. 반복문에 진입하면 우선 intValue에 string[0] - '0'을 할당한다. string[0]에는 '2'가 저장되어 있으므로 결과적으로 intValue는 2가 된다. 첫 번째 반복에서 result의 값은 초기값인 0이 유지되므로 여기에 10을 곱한 값에 intValue를 더한 결과인 2가 최종적으로 result에 할당된다.

두 번째 반복에 들어가면 intValue는 '4'에서 '0'을 뺀 4가 되고, result의 값은 현재 result 값에 10을 곱하고 여기에 intValue의 값을 더한 24가 된다.

세 번째 반복의 경우 intValue의 값은 '5' - '0', 즉 5이고 result의 값은 마찬가지 방법으로 현재 값(24)에 10을 곱한 값(240)과 intValue를 더한 결과인 245가 된다.

바로 다음에는 null 종료 문자가 나타나므로 for 반복문을 종료하고 result의 값인 245를 호출 루틴으로 반환한다.

이와 같은 strToInt() 함수에 대해 두 가지 정도 개선의 여지가 있다. 첫 번째는 음수를 다루지 못한다는 것이고 두 번째는 문자열에 숫자 이외의 문자가 들어가 있는지 아무런 검사도 하지 않고 있다는 것이다. 예를 들어 strToInt('xxx')의 결과는 0이다. 이들 개선 사항은 연습문제에서 다루도록 하겠다.

이것으로 문자열에 대한 내용을 모두 살펴보았다. 지금까지 배운 것처럼 C 언어는 문자열을 효과적이고 손쉽게 다룰 수 있도록 다양한 기능을 제공한다. 실제로 표준 라이브러리는 문자열 처리를 위한 수많은 함수들을 포함하고 있는데, 예를 들면 문자열의 길이를 구할 수 있는 strlen() 함수, 문자열을 비교하는 strcmp(), 두 개의 문자열을 연결하는 strcat(), 문자열을 다른 문자열에 복사하는 strcpy(), 문자열을 정수로 변환하는 atoi(), 그리고 문자에 대해 대문자, 소문자, 알파벳, 숫자 여부를 확인할 수 있는 isupper(), islower(), isalpha(), isdigit() 등이 있다. 이들을 이용하도록 이번 장에서 만들어 본 예제를 수정해 보는 것도 좋은 학습이 될 것이다. 더 많은 표준 라이브러리 함수를 살펴보려면 부록 B "표준 C 라이브러리"를 참고하도록 하자.

## 연습문제

1. 이번 장에서 소개된 11 개의 예제를 직접 작성해서 실행해 보고 결과를 책과 비교해보자.

2. 예제 9.4의 equalString() 함수에서 사용된 while 문을 다음과 같이 바꾸어도 같은 결과를 얻을 수 있는 이유는 무엇인가?
```
while ( s1[i] == s2[i] && s1[i] != '\0' )
```

3. 예제 9.7과 9.8에서 사용되는 countWords() 함수는 아포스트로피를 포함하는 단어를 두 개의 분리된 단어로 잘못 처리한다. 이 문제점을 해결하고 또한 양수 및 음수도 하나의 단어로 인식할 수 있게 함수를 수정하자(단, 수치값에 포함된 쉼표나 마침표도 단어에 포함되도록 해야 한다).

4. 문자열의 일부를 추출하는 substring() 함수를 작성해보자. 이 함수는 다음과 같이 호출할 수 있어야 한다.

```
substring (source, start, count, result);
```

이때 source는 부분 문자열의 추출 대상인 원본 문자열이며 start는 추출을 시작할 source의 인덱스 번호로 부분 문자열의 첫 번째 문자를 가리킨다. 또 count는 source로부터 추출하고자 하는 문자의 개수를 의미하며 추출된 부분 문자열은 result에 저장된다. 예를 들어 "character"라는 문자열의 4번째 문자에서부터 3개의 문자를 추출("act")하고자 한다면 다음과 같이 substring() 함수를 호출하면 된다.

```
substring ("character", 4, 3, result);
```

result 배열의 마지막에 null 종료 문자를 삽입해야 한다는 사실을 잊어서는 안 된다. 또한 요청된 부분 문자열의 길이가 원본 문자열의 범위를 벗어나지 않는지도 검사해야 한다. 만약 부분 문자열 추출이 끝나지 않은 상태에서 원본 문자열의 끝에 도달하면 즉시 문자열 추출을 끝내야 한다. 따라서 다음과 같이 substring()을 호출한 경우 result 배열에는 "words"만 저장되어야 한다.

```
substring ("two words", 4, 20, result);
```

5. 어떤 문자열이 다른 문자열의 일부인지를 확인할 수 있는 findString() 함수를 작성해보자. 함수의 첫 번째 인수는 검색 대상 문자열이고 두 번째 인수는 찾고자 하는 문자열이다. 두 번째 인수에 지정된 문자열이 발견되면 해당 문자열을 발견한 위치를 반환하고 발견하지 못한 경우에는 −1을 반환한다. 다음은 findString()을 이용해서 "a chatterbox" 문자열에서 "hat"을 검색하는 방법을 보여준다.

```
index = findString ("a chatterbox", "hat");
```

검색 대상 문자열에 "hat"이 포함되어 있기 때문에 발견된 위치의 인덱스값, 즉 3이 호출 결과로 반환된다.

6. 문자열에서 지정된 개수의 문자를 삭제하는 removeString() 함수를 작성해보자. 이 함수는 세 개의 인수를 가져야 하는데 첫 번째는 원본 문자열, 두 번째는 삭제를 시작할 인덱스 번호, 세 번째는 삭제할 문자의 개수다. 따라서 text라는 문자 배열이 "the wrong son"을 저장하고 있을 때, text에서 "wrong"을 제거하려면 다음과 같이 removeString() 함수를 이용할 수 있고, 호출 후 text의 값은 "the son"이다("wrong" 다음의 공백도 제거함).

```
removeString (text, 4, 6);
```

7. 문자열에 다른 문자열을 삽입하는 insertString() 함수를 작성해보자. 이 함수는 원본 문자열, 삽입하고자 하는 문자열, 삽입할 원본 문자열 상의 위치를 인수로 가진다. 다음은 "the wrong son"을 저장하고 있는 문자 배열 text의 10번째 위치(text[10])에서부터 "per"라는 문자열을 삽입하기 위해 insertString()을 이용하는 예다.

```
insertString (text, "per", 10);
```

호출이 끝나면, text의 값은 "the wrong person"이다.

8. findString(), removeString, insertString() 함수를 이용해서 replaceString()이라는
   함수를 작성해보자. 이 함수는 다음과 같이 문자열 형식의 인수 세 개를 가지며, source에서 s1을 찾아
   이것을 s2로 대체한다.

   ```
   replaceString (source, s1, s2);
   ```

   함수 내부에서는 findString() 함수를 이용해서 s1의 위치를 찾고 removeString() 함수를 통해 원
   본 문자열에서 s1을 제거한 다음 마지막으로 insertString() 함수로 s2를 원본 문자열상의 적합한 위치
   에 삽입한다.

   예를 들어 다음은 문자열 text에서 최초로 발견되는 "1"을 검색하고, 이것을 "one"으로 대체한다.

   ```
   replaceString (text, "1", "one");
   ```

   비슷하게 다음은 text 배열에서 가장 먼저 나오는 별표를 제거한다(대체할 문자열이 null 문자열임에 주의).

   ```
   replaceString (text, "*", "");
   ```

9. 앞에서 살펴본 replaceString() 함수를 조금만 바꾸어서 문자열 교체가 성공했는지 여부를 반환하게
   하면 더욱 효과적인 활용이 가능해진다. 즉, 문자열 교체가 정상적으로 이뤄졌다면 true를 반환하고 그렇
   지 않은 경우에는 false를 반환하게 한다. 예를 들면 다음과 같이 반복문을 통해 text에 포함된 모든 공백
   을 간단하게 제거할 수 있다.

   ```
   do
       stillFound = replaceString (text, " ", "");
   while ( stillFound );
   ```

   이와 같이 replaceString() 함수가 부울 값을 반환하도록 수정하고, 적절하게 동작하는지 다양한 테스
   트를 통해 확인해보자.

10. 예제 9.9와 9.10에서 정의한 사전을 알파벳 순서로 정렬하는 dictionarySort() 함수를 작성해보자.

11. 예제 9.11의 strToInt() 함수에서 인수로 전달받은 문자열의 첫 번째 문자가 마이너스 기호(-)인 경우,
   뒤에 오는 값을 음수로 인식할 수 있도록 수정해보자.

12. 문자열을 전달받아 부동 소수점 값으로 변환하는 strToFloat() 함수를 작성해보자. 또한 이 함수는 마
   이너스 기호를 인식해서 음수를 처리할 수 있어야 한다. 따라서 다음 호출의 결과는 -867.6921이어야 한다.

   ```
   strToFloat ("-867.6921");
   ```

13. c가 소문자인 경우 ASCII 문자 집합에서 c - 'a' + 'A'의 계산 결과는 c의 대문자에 해당하는 값을 구
   할 수 있다. 인수로 전달받은 문자열 내의 모든 소문자를 대문자로 변환하는 uppercase() 함수를 구현
   해보자.

14. 정수값을 문자열로 변환할 수 있는 intToString() 함수를 작성하자(단, 음수에 대한 처리도 가능해
   야 한다).

Chapter

# 10

# 포인터

이번 장에서는 C 언어에서 가장 어렵고 정교한 특징 가운데 하나인 포인터에 대해서 살펴볼 것이다. C 언어가 포인터를 통해 제공하는 강력함이나 유연성은 C 언어와 다른 언어를 구별 짓는 큰 특징이라 할 수 있다. 포인터를 이용하면 복잡한 데이터 구조를 효과적으로 구축하고, 인수로 전달된 값을 변경하거나 동적으로 할당된 메모리(16장 "여러 가지 고급 기능들" 참고)를 다룰 수 있으며, 또한 배열을 보다 간편하고 효율적으로 다룰 수 있다.

개발지리면 누구니 C 프로그래밍에 능숙해지면서 거의 모든 개발 과징에서 포인터를 사용하는 것이 자연스러워질 것이다. 그런 의미에서 이번 장에서는 포인터를 다루는 다양한 방법에 대해 최대한 다룰 것이며, 주요 내용은 다음과 같다.

- 포인터의 정의
- 일반적인 C 언어 식에서의 포인터 사용
- 구조체, 배열, 함수에 대한 포인터 구현
- 포인터를 이용한 연결 리스트 구현
- 포인터에 대한 const 키워드 적용
- 함수의 인수로서 포인터의 활용

다시 한 번 강조하지만, 포인터는 C 언어를 배우는 과정에서 가장 어려운 주제 가운데 하나다. 하지만 일단 이번 장의 주제들에 대해 기본적인 이해를 가지게 되면 훨씬 우아하고 강력한 프로그램을 만들 수 있게 될 것이다.

## 포인터와 간접 참조

포인터의 동작 원리를 이해하려면 우선 간접 참조의 개념을 이해해야 한다. 사실 이 개념은 독자들도 일상생활 속에서 익숙하게 접하고 있다. 예를 들어 어떤 회사의 영업 사원이 사무실 프린터에 사용할 새 카트리지를 사야 하는 상황을 생각해 보자. 회사에서 기물을 사야하는 경우에는 무조건 구매 부서를 통하도록 되어 있어서 구매부서 직원에게 전화해서 카트리지를 사달라고 요청하고 요청을 받은 구매 담당자는 인근 매장으로 카트리지를 주문하게 된다. 이와 같이 영업 사원이 카트리지를 사는 과정이 바로 간접적인 접근 방식의 예라 할 수 있는데, 이유는 영업사원이 직접 카트리지를 주문하지 않고 있기 때문이다.

위에서 설명한 예와 같은 간접적인 접근 방식은 C 언어의 포인터에 그대로 적용된다. 즉, 포인터는 특정 데이터 항목의 값에 간접적으로 액세스할 수 있는 수단을 제공한다. 영업 사원이 구매 부서를 통해서 새 카트리지를 구매하는 방식이 합리적인 것처럼(예를 들어 영업 사원은 어디에서 카트리지를 구매하는지 등을 알 필요가 없다), C 언어에서 포인터를 이용하는 데도 그만한 이유가 있다.

## 포인터 변수 정의

이제 말은 그만하고 실제로 포인터가 어떻게 동작하는지 살펴보자. 다음과 같이 count라는 변수를 정의했다고 하자.

```
int count = 10;
```

그리고 다음과 같이 count의 값을 간접적으로 참조하기 위해 또 다른 변수 int_pointer를 정의할 수 있다.

```
int *int_pointer;
```

여기서 별표는 C 언어 시스템에서 int_pointer가 int에 대한 포인터 형식이라는 것을 정의한다. 즉, 이것은 int_pointer를 이용해서 하나 이상의 정수값을 간접적으로 참조할 수 있다는 것을 의미한다.

& 연산자를 scanf() 함수를 호출할 때 사용하는 방법은 이미 살펴보았다. 주소 연산자로 불리는

이 단항 연산자는 C 언어에서 포인터를 개체로 만들어준다. 즉, x가 어떤 특정 형식의 변수일 때 &x는 이 변수를 가리키는 포인터다. 필요하다면 &x를 x와 같은 형식에 대한 포인터로 선언된 다른 변수에 할당할 수 있다.

그러므로 count와 int_pointer를 이용해서 아래와 같이 두 변수 간의 간접 접근 관계를 설정할 수 있다.

```
int_pointer = &count;
```

여기서 주소 연산자는 int_pointer에 count의 값이 아닌 변수 count에 대한 포인터를 할당한다. 그림 10.1은 int_pointer와 count의 연결 관계를 개념적으로 표현한다. 연결선은 int_pointer가 count의 값을 가지는 것이 아니라 count 변수에 대한 포인터를 가지고 있음을 나타낸다.

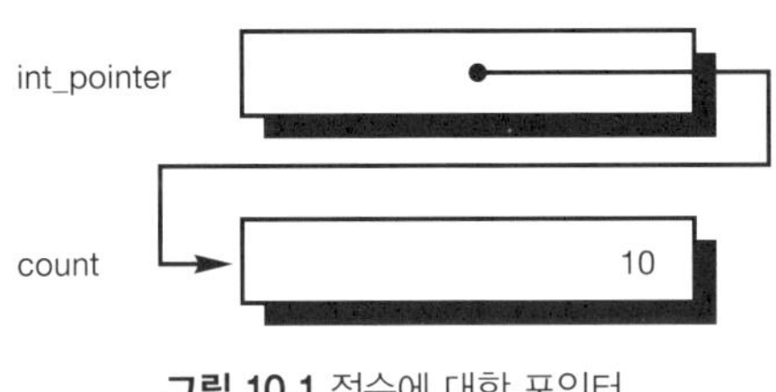



**그림 10.1** 정수에 대한 포인터

int_pointer를 통해 count의 값을 참조하려면 별표(*)로 표기되는 간접 연산자를 이용해야 한다. 따라서 다음과 같은 문을 통해 int 형식의 변수 x에 int_pointer가 간접적으로 참조하는 x의 값을 할당할 수 있다.

```
x = *int_pointer;
```

int_pointer는 앞서 count를 가리키도록 되어 있기 때문에 이 문은 count의 값인 10을 변수 x에 할당하는 결과를 가져온다.

예제 10.1은 지금까지 살펴본 문들을 이용해서 기본적인 두 가지 포인터 연산자인 주소 연산자(&)와 간접 연산자(*)의 사용 예를 보여준다.

**예제 10.1 포인터**

```
#include <stdio.h>

int main (void)
{
```

```c
    int count = 10, x;
    int *int_pointer;

    int_pointer = &count;
    x = *int_pointer;

    printf ("count = %i, x = %i\n", count, x);

    return 0;
}
```



```
count = 10, x = 10
```

예제를 보면 count와 x는 일반적인 정수 변수로 선언되고 다음 라인의 int_pointer 변수는 "int에 대한 포인터"로 선언된다. 이 두 줄은 다음과 같이 한 줄로 작성할 수 있다.

```c
int count = 10, x, *int_pointer;
```

다음에는 count 변수에 주소 연산자를 사용해서 이 변수에 대한 포인터를 생성하고 이것을 int_pointer 변수에 할당한다. 다음은 뒤이어 실행되는 문이다.

```c
x = *int_pointer;
```

이 문의 실행 과정을 살펴보자. 우선 간접 연산자는 C 언어 시스템이 int_pointer 변수를 또 다른 데이터 요소에 대한 포인터로 취급하게 한다. 이 포인터는 참조 대상 데이터 요소에 접근하는 데 이용하며 참조 대상의 형식은 포인터 변수의 선언 시 지정된 것을 따른다. int_pointer는 정수에 대한 포인터로 선언되었으므로 컴파일러는 *int_pointer라는 식이 참조하는 값이 정수 형식임을 알 수 있다. 그리고 앞에서 int_pointer가 count 변수를 가리키도록 했기 때문에 결국 이 식이 간접적으로 참조하는 것은 count의 값이다.

예제 10.1은 포인터를 사용하는 방법을 보여주기 위한 것으로 프로그램에서 포인터의 실용성을 보여주지는 않는다. 포인터의 진정한 필요성에 대해서는 먼저 기본적으로 포인터를 정의하고 조작하는 방법에 익숙해진 다음에 살펴보도록 하겠다.

예제 10.2는 문자에 대한 포인터를 이용해서 몇 가지 흥미로운 포인터 변수의 속성을 보여준다.

**예제 10.2 기본적인 포인터의 특징**

```c
#include <stdio.h>

int main (void)
{
    char c = 'Q';
    char *char_pointer = &c;

    printf ("%c %c\n", c, *char_pointer);

    c = '/';
    printf ("%c %c\n", c, *char_pointer);

    *char_pointer = '(';
    printf ("%c %c\n", c, *char_pointer);

    return 0;
}
```

**예제 10.2 결과**

```
Q Q
/ /
( (
```

문자 변수 c는 'Q'로 초기화된다. 다음 라인에서는 char_pointer라는 'char에 대한 포인터' 형식을 정의하는데, 이것은 이 변수에 저장되는 값은 문자에 대한 간접 참조(포인터)로 취급해야 한다는 것을 의미한다. 포인터 변수도 일반적인 형태로 초기값을 할당할 수 있는데, 예제에서는 변수 c에 주소 연산자를 적용해서 얻은 c에 대한 포인터를 초기값으로 전달하고 있다(이렇게 c에 대한 포인터를 다른 포인터 변수의 초기값으로 사용하려면 c 변수의 선언이 먼저 이뤄져야 한다).

char_pointer 변수의 선언과 초기화는 다음과 같이 두 개의 문으로 표현할 수도 있다.

```c
char *char_pointer;
char_pointer = &c;
```

이때 일반 변수의 경우와 같을 것으로 미루어 짐작하고 다음과 같이 작성하는 실수를 하지 않도록 주의한다.

```
char *char_pointer;
*char_pointer = &c;
```

무언가를 가리키지 않는 한, 포인터의 값은 아무런 의미를 갖지 않는다는 사실을 항상 기억해야 한다.

첫 번째 printf() 호출은 변수 c의 값과 char_pointer가 참조하는 값을 출력한다. char_pointer는 변수 c를 가리키고 있으므로 결국 char_pointer가 참조하는 값은 c의 값인데, 실행 결과의 첫 번째 줄을 통해 이것을 확인할 수 있다.

예제의 다음 라인에서는 변수 c에 '/'를 할당한다. 이때, char_pointer는 여전히 변수 c를 가리키므로 이어지는 printf()에서 *char_pointer를 출력하면 c에 새롭게 할당된 값이 출력된다는 것을 알 수 있다. 이것은 굉장히 중요한 개념이다. 즉, char_pointer의 값이 변경되지 않으면 *char_pointer는 항상 c의 값을 참조한다. 따라서 c의 값이 변경되면 *char_pointer의 값도 똑같이 변경된다.

방금 설명한 것을 이해했다면 바로 다음에 나오는 문을 이해하는 것이 한결 쉬울 것이다. char_pointer가 바뀌지 않으면 *char_pointer는 항상 c의 값을 참조하므로, 다음 식은 c에 왼쪽 괄호를 할당하게 된다.

```
*char_pointer = '(';
```

좀 더 풀어서 설명하자면 '('를 char_pointer가 가리키는 변수에 할당하는 것이라고 할 수 있다. 알다시피 예제의 시작 부분에서 char_pointer를 c에 대한 포인터로 초기화했으므로 '('를 c에 할당하는 것과 같은 의미다.

이것이 포인터의 동작을 이해하기 위한 핵심적인 개념이다. 조금이라도 확실하지 않은 부분이 있다면 다시 학습하기 바란다.


## 식에서 포인터 사용하기

예제 10.3은 정수 포인터 p1과 p2를 정의한다. 산술식에서 포인터에 의해 참조되는 값이 어떻게 활용되는지 주의해서 살펴보자. p1이 "정수에 대한 포인터" 형식이라면 식에서 사용된 *p1은 어떤 의미일까?

## 예제 10.3 식에서 포인터 활용하기

```c
#include <stdio.h>

int main (void)
{
    int i1, i2;
    int *p1, *p2;

    i1 = 5;
    p1 = &i1;
    i2 = *p1 / 2 + 10;
    p2 = p1;

    printf ("i1 = %i, i2 = %i, *p1 = %i, *p2 = %i\n", i1, i2, *p1, *p2);

    return 0;
}
```

## 예제 10.3 결과

```
i1 = 5, i2 = 12, *p1 = 5, *p2 = 5
```

예제는 정수형 변수 i1, i2와 정수형 포인터 변수 p1, p2를 정의한 다음, i1에 5를 할당하고 i1에 대한 포인터를 p1에 저장한다. 그런 다음 i2의 값을 다음과 같이 계산한다.

```c
i2 = *p1 / 2 + 10;
```

예제 10.2를 통해 논의했던 것처럼 px라는 포인터 변수가 변수 x를 가리키고 px의 형식이 x의 형식과 같다면 식에서 *px와 x는 완전히 같은 의미를 가진다.

예제 10.3에서 변수 p1은 정수 형식에 대한 포인터이므로 이 식은 정수 산술 연산을 기반으로 계산된다. *p1의 값이 5이므로(p1은 i1을 가리킴), 이 식의 계산 결과는 12이며, 이것은 i2에 할당된다(포인터 참조 연산자 *는 나눗셈보다 높은 우선순위를 갖는데, 사실 이 연산자와 주소 연산자 &는 모든 이항 연산자들보다 우선순위가 높다).

그 다음 문에서는 포인터 p1의 값을 p2에 할당한다. 이와 같은 포인터 할당은 지극히 정상적인 작업이며, 결과적으로 p2는 p1과 같은 데이터를 가리키게 된다. 즉, p1이 i1을 가리키고 있으므로 위 할당문이 실행된 다음에는 p2도 i1을 가리킨다(C 언어에서는 이처럼 같은 데이터를 가리키는 포인터를 수없이 만들 수 있다).

다음에 실행되는 `printf()` 호출은 i1, *p1, *p2가 모두 같은 값(5)을 가지며 i2의 값이 12임을 보여준다.


## 포인터와 구조체의 활용

이제까지 포인터를 이용해서 `int`나 `char`와 같은 기본 데이터 형식을 참조하는 방법에 대해 알아보았다. 그런데 포인터를 이용해서 구조체를 참조하는 것도 가능하다. 8장 "구조체"에서 다음과 같이 date 구조체를 정의했던 것을 기억할 것이다.

```
struct date
{
    int month;
    int day;
    int year;
};
```

또한 이 구조체 형식의 변수는 다음과 같이 정의할 수 있다.

```
struct date todaysDate;
```

이 방법을 기반으로 기본 형식들처럼 `struct date` 형식의 변수에 대한 포인터 변수는 다음과 같이 정의할 수 있다.

```
struct date *datePtr;
```

`datePtr` 변수는 이제 포인터로 이용할 수 있는데, 예를 들면 다음과 같이 `datePtr`이 `todaysDate`를 가리키게 할 수 있다.

```
datePtr = &todaysDate;
```

이렇게 할당하고 나면 다음과 같은 방법으로 `datePtr`이 참조하는 date 구조체의 멤버에 간접적으로 액세스할 수 있다.

```
(*datePtr).day = 21;
```

이 문은 `datePtr`이 가리키는 date 구조체의 day 멤버에 21을 할당한다. 괄호를 사용한 이유는 구조체 멤버 연산자(.)가 간접 연산자(*)보다 우선순위에서 앞서기 때문이다.

다음은 datePtr이 가리키는 date 구조체의 month를 특정 값과 비교하는 방법이다.

```c
if ( (*datePtr).month == 12 )
    ...
```

구조체에 대한 포인터는 C 언어에서 매우 흔하게 사용되며 이것을 위한 특별한 연산자인 구조체 포인터 연산자(->)가 제공된다. 지금까지 배운 방법으로 포인터 x가 가리키는 구조체의 멤버 y를 참조하는 식은 (*x).y인데 구조체 포인터 연산자를 이용하면 이 식을 다음과 같이 보다 명료하게 표현할 수 있다.

```c
x->y
```

따라서 앞서 살펴본 if 문은 다음과 같이 바꿀 수 있다.

```c
if ( datePtr->month == 12 )
    ...
```

예제 10.4는 구조체를 설명하기 위해 살펴본 첫 번째 프로그램인 예제 8.1에 구조체 포인터 개념을 적용해 수정한 프로그램이다.

### 예제 10.4 구조체에 대한 포인터 활용

```c
// 구조체 포인터를 이용한 프로그램

#include <stdio.h>

int main (void)
{
    struct date
    {
        int month;
        int day;
        int year;
    };

    struct date today, *datePtr;

    datePtr = &today;
    datePtr->month = 9;
    datePtr->day = 25;
```

```c
    datePtr->year = 2015;

    printf ("Today's date is %i/%i/%.2i.\n",
        datePtr->month, datePtr->day, datePtr->year % 100);

    return 0;
}
```

**예제 10.4 결과**

```
Today's date is 9/25/15.
```

그림 10.2는 예제의 할당문들이 실행된 다음 today와 datePtr 변수가 어떤 관계를 가지는지 보여준다.

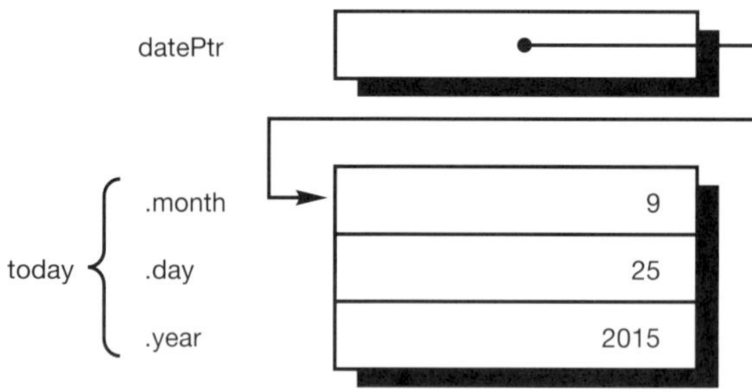



**그림 10.2** 구조체에 대한 포인터

일반적인 포인터에 대해 설명했을 때와 마찬가지로 이 정도로는 왜 구조체 포인터를 사용해야 하는지 실질적인 이유를 설명하기에는 어림도 없다. 왜냐하면 굳이 포인터를 사용해서 얻을 수 있는 이득이 없어 보이기 때문이다. 일단 지금은 구조체 포인터의 개념을 이해하는 선에서 만족하기로 하고, 구조체 포인터의 진정한 필요성은 조금 뒤에서 확인하도록 하자.

### 포인터를 포함하는 구조체

포인터 역시 구조체의 멤버로 사용할 수 있다. 다음 예를 살펴보자.

```c
struct intPtrs
{
    int *p1;
```

```c
    int *p2;
};
```

이것은 intPtrs라는 구조체를 정의하는데, 이 구조체는 두 개의 정수형 포인터 p1과 p2를 포함하고 있다. struct intPtrs 형식의 변수는 일반적인 방법으로 다음과 같이 정의할 수 있다.

```c
struct intPtrs pointers;
```

이제 pointers 변수는 보통 구조체 변수처럼 사용할 수 있는데, 이때 pointers 자체는 포인터가 아니며 두 개의 포인터를 멤버로 가지는 구조체 형식의 변수라는 것에 주의한다.

예제 10.5는 C 프로그램에서 intPtrs 구조체를 사용하는 방법을 보여준다.

**예제 10.5 포인터를 포함하는 구조체 이용하기**

```c
// 포인터를 멤버로 가지는 구조체를 이용하는 함수

#include <stdio.h>

int main (void)
{
    struct intPtrs
    {
        int *p1;
        int *p2;
    };

    struct intPtrs pointers;
    int i1 = 100, i2;

    pointers.p1 = &i1;
    pointers.p2 = &i2;
    *pointers.p2 = -97;

    printf ("i1 = %i, *pointers.p1 = %i\n", i1, *pointers.p1);
    printf ("i2 = %i, *pointers.p2 = %i\n", i2, *pointers.p2);

    return 0;
}
```

```
i1 = 100, *pointers.p1 = 100
i2 = -97, *pointers.p2 = -97
```

변수들을 정의하고 나면 다음과 같은 문을 이용해서 pointers의 p1 멤버가 i1을 가리키도록 하고 p2 멤버는 i2를 가리키게 한다.

```
pointers.p1 = &i1;
pointers.p2 = &i2;
```

그런 다음 pointers.p2가 가리키는 변수에 −97을 할당하는데 p2는 앞서 i2를 가리키도록 설정했으므로 결국, i2에 −97이 저장된다. 이 할당문에서 괄호를 사용하지 않은 것은 앞서 언급했듯이 구조체 멤버 연산자(.)가 간접 연산자보다 높은 우선순위를 가지기 때문이다. 그러므로 간접 연산자가 적용되기에 앞서 구조체의 포인터 멤버가 먼저 참조된다. 물론 두 연산자 가운데 어느 것이 우선인지 잘 기억이 나지 않는 경우에는 안전하게 괄호를 이용할 수 있다.

마지막으로는 두 개의 printf() 호출을 통해 할당 결과를 확인한다.

그림 10.3은 예제 10.5의 할당문들을 모두 실행한 시점을 기준으로 i1, i2, pointers 변수들의 관계를 이해하기 쉽게 표현한 것이다. 그림에서 보듯이 p1 멤버는 100을 저장하고 있는 변수 i1을 가리키고, p2는 −97을 저장하고 있는 i2를 가리킨다.

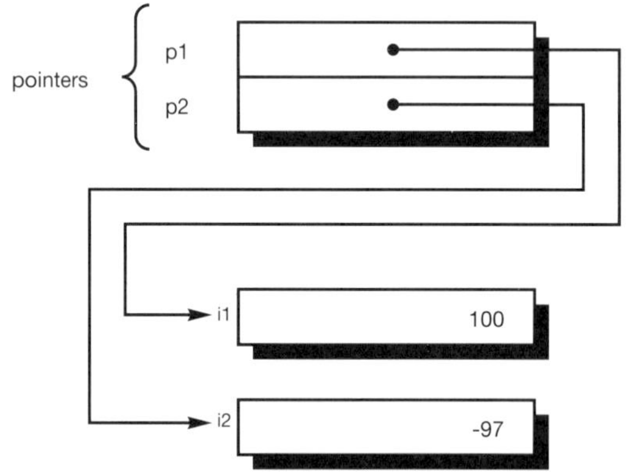


**그림 10.3** 포인터를 포함하는 구조체

## 연결 리스트

구조체에 대한 포인터 및 포인터를 포함하는 구조체와 같은 개념은 C 언어에서 굉장히 강력한 힘을 발휘하는 개념으로 이들을 이용해서 연결 리스트, 이중 연결 리스트, 트리와 같은 정교한 데이터 구조를 구축할 수 있다.

다음과 같은 구조체를 생각해 보자.

```
struct entry
{
    int value;
    struct entry *next;
};
```

이것은 두 개의 멤버를 포함하는 entry라는 구조체를 정의한다. entry의 첫 번째 멤버는 value라는 이름의 정수다. 두 번째 멤버인 next는 entry 구조체에 대한 포인터다. 여기에 대해서 잠시 생각해보도록 하자. entry 구조체가 또 다른 entry 구조체에 대한 포인터를 포함하고 있는 모습이다. 조금 이상해 보이지만 C 언어에서는 전혀 문제되지 않는다. 자, 이제 다음과 같이 struct entry 형식의 변수 두 개를 정의했다고 가정해 보자.

```
struct entry n1, n2;
```

다음과 같은 문을 이용하면 n1의 next 포인터를 n2에 대한 포인터로 설정할 수 있다.

```
n1.next = &n2;
```

그림 10.4에서 보는 것처럼 이 문은 사실상 n1과 n2를 연결하는 결과를 가져온다.

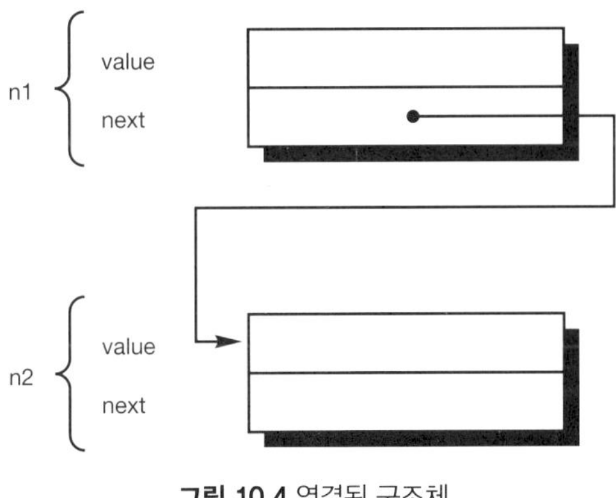



**그림 10.4** 연결된 구조체

이때 또 다른 struct entry 형식의 변수 n3가 있다고 가정하면 다음과 같이 이 변수도 연결할 수 있다.

```
n2.next = &n3;
```

이것은 결과적으로 그림 10.5와 같이 entry들의 연결된 형태를 구성하는데 이러한 형태를 연결 리스트라고 한다.

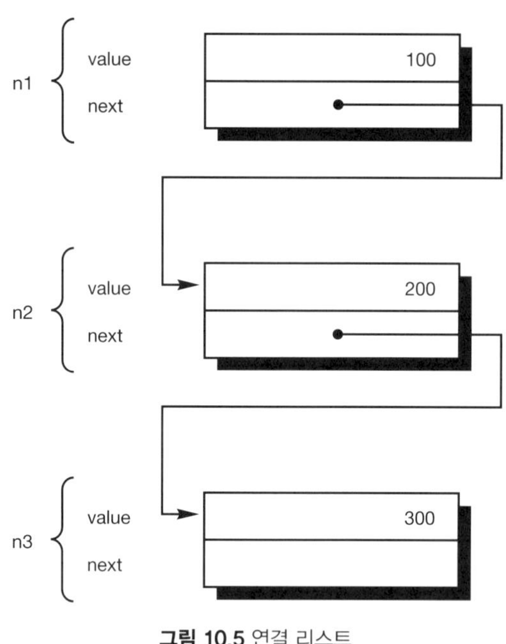


**그림 10.5** 연결 리스트

### 예제 10.6 연결 리스트의 활용

```c
// 연결 리스트의 활용

#include <stdio.h>

int main (void)
{
    struct entry
    {
        int value;
        struct entry *next;
```

```c
    };

    struct entry n1, n2, n3;
    int i;

    n1.value = 100;
    n2.value = 200;
    n3.value = 300;

    n1.next = &n2;
    n2.next = &n3;

    i = n1.next->value;
    printf ("%i ", i);

    printf ("%i\n", n2.next->value);

    return 0;
}
```



```
200 300
```

예제에서 n1, n2, n3는 struct entry 형식으로 정의되는데, entry는 value라는 정수 멤버와 entry 형식에 대한 포인터인 next라는 멤버로 구성되는 구조체다. 다음으로 n1, n2, n3 각각의 value 멤버에 100, 200, 300을 순서대로 할당한다.

이어지는 다음 두 개의 문은 n1의 next가 n2를 가리키도록 하고 n2의 next는 n3를 가리키게 함으로써 연결 리스트를 구성한다.

```c
n1.next = &n2;
n2.next = &n3;
```

그 뒤로 다음과 같은 할당문이 나타난다.

```c
i = n1.next->value;
```

이 문을 말로 풀어보면 n1.next가 가리키는 entry 구조체의 value 멤버에 접근해서 그 값을 변수 i에 할당한다는 뜻이다. 앞서 n1.next가 n2를 가리키도록 했기 때문에 결국 n2의 value가 이용된다. 그러므로 이 문을 실행하면 i에 200이 할당되고 이것은 뒤따르는 printf() 호출에 의해 확인된다. n1.next.value가 아니라 n1.next->value를 이용하는 이유는 n1.next 필드가 저장하는 값이 구조체 자체가 아닌 구조체에 대한 포인터이기 때문이다. 이와 같은 구별은 중요하며 완전히 이해하지 못하고 사용하면 종종 프로그래밍 오류로 이어진다.

구조체 멤버 연산자(.)와 구조체 포인터 연산자(->)는 같은 우선순위를 가지고 있다. 앞서 살펴본 식에서는 이 두 가지를 모두 사용하고 있는데, 이와 같은 경우에는 좌측에서 우측의 순서로 처리된다. 따라서 실제로 처리되는 순서를 보다 명확하게 나타낸다면 다음과 같다.

```
i = (n1.next)->value;
```

예제 10.6의 두 번째 printf() 호출에서는 n2.next가 가리키는 구조체의 value를 출력하는데, n2.next는 n3을 가리키므로 n3.value가 출력된다.

이와 같은 연결 리스트는 프로그래밍에서 매우 강력한 개념 가운데 하나다. 예를 들어 연결 리스트를 이용하면 대규모의 정렬된 목록에 요소를 삽입하거나 제거하는 것과 같은 작업을 매우 간단히 처리할 수 있다.

즉, 예제와 같이 n1, n2, n3이 정의된 경우 n2를 목록에서 제거하려면 다음과 같이 간단히 n1의 next가 n2의 next를 가리키도록 하면 된다.

```
n1.next = n2.next;
```

이것은 n2.next에 저장된 포인터를 n1.next에 복사하는데, n2.next는 n3을 가리키고 있으므로 이 문을 실행하면 n1.next는 n3을 가리키게 된다. 나아가 n1은 더 이상 n2를 가리키지 않기 때문에 n2는 사실상 목록에서 제거되었다고 볼 수 있다. 그림 10.6은 이 문을 실행하고 난 다음의 상태를 보여준다. 한편, 이 방식 대신 다음과 같이 n1이 직접 n3을 가리키도록 직접 할당하는 것도 가능하다.

```
n1.next = &n3;
```

하지만 이렇게 하려면 먼저 n2가 n3을 가리키고 있다는 것을 알고 있어야 한다는 제약이 있기 때문에 일반적인 방법이 아니다.

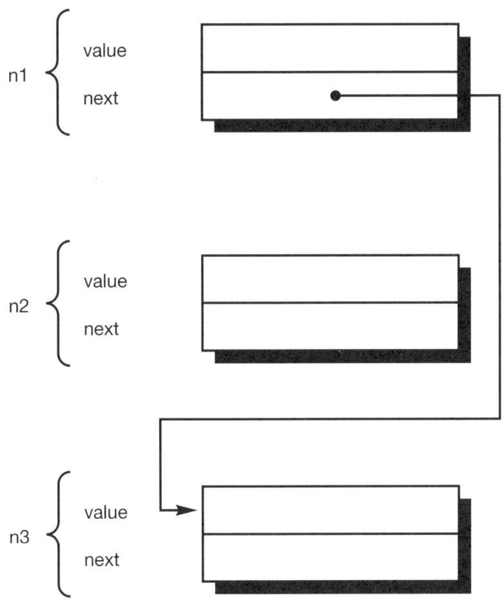

**그림 10.6** 연결 리스트에서 요소 삭제하기

리스트에 요소를 추가하는 것도 마찬가지로 간단하다. 만약 struct entry 형식의 n2_3을 n2 다음에 삽입하려면 n2_3.next를 n2.next와 같은 값으로 설정하고 n2.next는 n2_3을 가리키도록 하면 된다. 다음 두 개의 문은 n2_3을 n2 바로 뒤에 삽입한다.

```
n2_3.next = n2.next;
n2.next = &n2_3;
```

이들은 반드시 이 순서에 따라 실행되어야 하는데, 만약 두 번째 문을 먼저 실행하면 n2.next를 n2_3.next에 복사하기 전에 덮어써버리기 때문이다. 그림 10.7은 이렇게 삽입된 n2_3을 묘사하고 있다. 그림에서 n2_3이 n1과 n3 사이에 있지 않다는 점에 주목한다. 즉, n2_3이 실제 메모리에서 어디에나 존재할 수 있으며, 물리적으로 n1과 n3 사이에 있을 필요가 없다는 것을 의미한다. 이것은 정보를 저장하기 위해 연결 리스트를 이용하는 가장 큰 이유 중 하나다. 다시 말해 연결 리스트의 개별 요소(혹은 노드)는 배열과 달리 메모리상에 순서대로 저장될 필요가 없다.

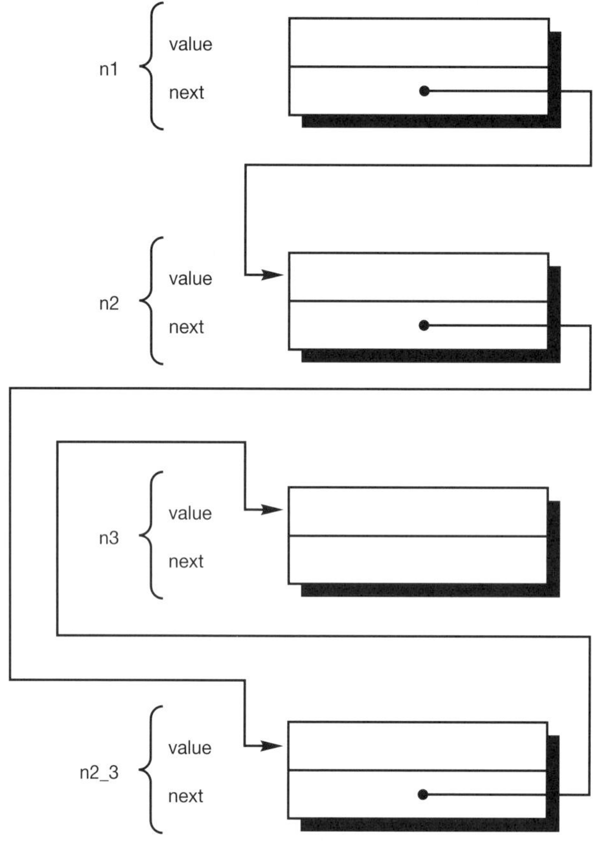

그림 10.7 연결 리스트에 요소 삽입하기

연결 리스트를 이용한 기능들을 구현하기에 앞서 두 가지 정도 짚어 보아야 할 것들이 있다. 첫째, 보통 연결 리스트를 사용할 때는 리스트를 가리키는 포인터를 따로 두는데, 리스트의 첫 번째 요소를 가리키는 포인터를 주로 이용한다. 예제에서 살펴본 n1, n2, n3로 구성된 원래의 리스트에 대해 생각해 본다면 다음과 같이 `list_pointer`라는 변수를 정의하고 리스트의 시작 위치를 가리키게 할 수 있다. 단, n1은 이미 정의되었다고 가정한다.

```
struct entry *list_pointer = &n1;
```

리스트에 대한 포인터는 리스트의 요소를 순서대로 접근해야 하는 경우에 매우 유용한데, 이것에 대해서는 조금 뒤에 살펴볼 것이다.

두 번째는 리스트의 끝을 인식할 수 있는 방법의 필요성에 관한 것이다. 이것이 필요한 이유는, 예를 들어 리스트에 대한 검색 등의 작업 시에 리스트의 끝에 도달했는지 확인할 수 있어야 하기 때문이다. 관례상 상수값 0을 이 용도로 사용하는데 이것을 null 포인터라고 한다. 즉, 리스트를 구성하는 마지막 요소의 포인터 필드에 null 포인터를 저장함으로써 리스트의 끝을 표시할 수 있다[주1].

예제에서 살펴본 리스트를 예로 들어 보면 다음과 같이 n3.next에 null 포인터를 할당함으로써 리스트의 끝을 표시할 수 있다.

```
n3.next = (struct entry *) 0;
```

12장 "전처리기"에서는 이 할당문을 좀 더 읽기 쉽게 만드는 방법에 대해 알아볼 것이다.

형식 캐스팅 연산자를 이용해서 상수 0을 적절한 형식(struct entry 형식에 대한 포인터)으로 변환하고 있는데, 이것이 반드시 필요한 것은 아니지만 가독성 측면에서 도움이 된다.

그림 10.8은 list_pointer라는 entry 형식의 포인터를 이용해서 리스트의 시작 요소를 가리키도록 하고 n3.next 필드에 null 포인터를 할당한 모습을 보여준다.

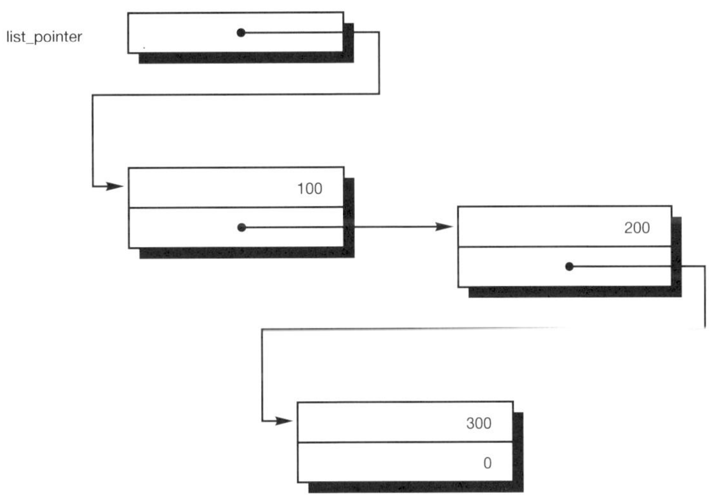


**그림 10.8** 리스트 포인터와 종료 null 포인터를 적용한 연결 리스트

예제 10.7은 지금까지 설명한 개념을 반영하고 있는 프로그램의 예로, while 반복을 이용해서 리스트에 속한 개별 요소의 value 멤버를 출력한다.

---

주 1. null 포인터의 내부적인 표현이 반드시 0이어야 하는 것은 아니다. 하지만 컴파일러는 포인터에 할당된 상수 0을 null 포인터로 인식해야 한다. 이것은 포인터와 상수 0을 비교하는 경우에도 해당되는데, 이 경우 컴파일러는 포인터에 null 포인터가 할당되어 있는지 검사하는 것으로 해석한다.

**예제 10.7 연결 리스트 탐색**

```c
// 연결 리스트를 탐색하는 프로그램

#include <stdio.h>

int main (void)
{
    struct entry
    {
        int value;
        struct entry *next;
    };

    struct entry n1, n2, n3;
    struct entry *list_pointer = &n1;

    n1.value = 100;
    n1.next = &n2;

    n2.value = 200;
    n2.next = &n3;

    n3.value = 300;
    n3.next = (struct entry *) 0; // null 포인터로 리스트의 끝 표시

    while ( list_pointer != (struct entry *) 0 ) {
        printf ("%i\n", list_pointer->value);
        list_pointer = list_pointer->next;
    }

    return 0;
}
```

**예제 10.7 결과**

```
100
200
300
```

예제 소스 코드를 보면 n1, n2, n3 및 list_pointer 변수를 정의하고 있는데, list_pointer
는 리스트의 첫 번째 요소인 n1을 가리키도록 초기화한다. 이어지는 문들에서는 리스트의 세 요
소를 서로 이어주고 마지막 요소인 n3의 next 멤버는 리스트의 끝을 표시하기 위해 null 포인터
로 설정한다.

그런 다음 while 반복문에서 리스트의 개별 요소를 차례대로 접근한다. 이 반복은 list_
pointer가 null 포인터가 아닌 한 계속해서 실행된다. while 반복 내의 printf() 호출은 현재
list_pointer가 가리키는 요소의 value 멤버의 값을 출력한다.

다음은 printf() 호출의 뒤를 뒤따르는 문이다.

```c
list_pointer = list_pointer->next;
```

이 문은 list_pointer가 가리키고 있는 요소의 next 멤버의 값을 list_pointer에 할당한다.
즉, 첫 번째 반복의 경우 n1.next(list_pointer는 앞서 n1을 가리키도록 초기화한 바 있다)에
저장된 포인터 값을 list_pointer에 할당한다. 또 이 값은 null이 아니므로(n2를 가리키는 포
인터다) while 반복을 계속한다.

두 번째 반복에서는 n2.value인 200을 출력한다. 그런 다음 n2의 next 멤버를 list_pointer
에 복사하는데, 이 값은 앞에서 n3을 가리키도록 설정했으므로 반복을 마치는 시점에 list_
pointer는 n3을 가리키게 된다.

while 반복이 세 번째에 들어가면 printf()에서 n3.value에 저장된 300을 출력한다. 다시
list_pointer->next(즉, n3.next)를 list_pointer에 복사하게 되는데 이 값은 null 포인터
이므로 while 반복은 세 번째 반복을 마지막으로 종료된다.

이해하기 어렵다면 while 반복에 따른 값들의 변화를 종이에 순서대로 기록해가며 분석해 보도
록 한다. 여기서 살펴본 반복 작업은 C 언어의 포인터를 이해하는 데 있어 핵심이라 할 수 있다.
한편 여기서 소개한 while 반복 형태는 null 포인터로 끝이 표기된 어떠한 크기의 리스트에 대해
서도 똑같이 사용할 수 있다.

프로그램에서 실제로 연결 리스트를 다룰 때는 보통 예제에서 본 것처럼 명시적으로 정의된 요소
들을 연결하는 경우는 별로 없다. 여기서는 연결 리스트의 메커니즘을 설명하기 위해 임의로 그
렇게 한 것이며 실제 프로그램에서는 일반적으로 실행 중에 시스템으로부터 새로운 요소에 대한
메모리를 할당받아 사용하게 될 것이다. 이와 같은 메모리 할당은 일명 동적 메모리 할당이라고
알려진 메커니즘을 이용하며 16장에서 다루게 될 것이다.

# const 키워드와 포인터

앞에서 변수나 배열을 const로 선언해서 컴파일러 혹은 소스 코드를 읽는 이에게 해당 변수의 내용은 프로그램에서 변경할 수 없다는 것을 알릴 수 있었다. 포인터의 경우에는 두 가지 측면에서 고려할 필요가 있다. 첫째는 포인터가 변경 가능한가이고, 둘째는 포인터가 가리키는 값이 변경 가능한가이다. 여기에 대해 조금 생각해 보겠다. 다음과 같은 선언을 가정해 보자.

```
char c = 'X';
char *charPtr = &c;
```

여기서 포인터 변수 charPtr는 변수 c를 가리키는데, 이 포인터 변수가 항상 c만 가리킨다면 다음과 같이 const 포인터로 선언할 수 있다.

```
char * const charPtr = &c;
```

이제 charPtr은 어떤 문자에 대한 상수 포인터인데 뒤이어 다음과 같은 할당이 있다고 생각해 보자.

```
charPtr = &d;  // 불가
```

이와 같은 할당은 잘못된 것으로, GNU C 컴파일러의 경우 다음과 같은 경고가 발생한다[주 2].

```
foo.c:10: warning: assignment of read-only variable 'charPtr'
```

한편, 다음과 같이 선언하면 charPtr이 가리키는 위치를 charPtr 변수를 통해 변경하는 것이 불가능해진다.

```
const char *charPtr = &c;
```

이제 charPtr은 상수 문자를 가리키는 포인터라고 해석할 수 있는데, 이것이 변수 c 자체적으로 값이 바뀔 수 없다는 의미는 아니다. 다만 다음과 같은 방법으로 charPtr이 가리키는 위치의 값을 변경할 수 없게 된다.

```
*charPtr = 'Y';    // 불가
```

이 경우 GNU C 컴파일러는 다음과 같은 경고 메시지를 출력한다.

```
foo.c:11: warning: assignment of read-only location
```

---

주 2. 컴파일러에 따라 메시지가 다르거나 아무런 경고 메시지가 없는 경우도 있다.

마지막으로 다음과 같이 포인터 변수와 포인터가 가리키는 위치뿐만 아니라 포인터를 통해 포인터가 가리키는 위치의 값도 변경이 불가하게 할 수 있다.

```
const char * const *charPtr = &c;
```

첫 번째 const는 포인터가 참조하는 위치의 내용을 변경할 수 없다는 것을 의미하며 두 번째는 포인터 자체가 변경되지 않는다는 것을 말한다. 솔직히 이 표현은 다소 혼란스러워 보이는데, 지금은 그저 이해하고 넘어가도록 하자[주3].

## 포인터와 함수

사실 포인터와 함수는 서로 꽤 잘 어우러진다. 즉, 포인터를 일반적인 형태의 인수처럼 전달하거나 함수에서 처리 결과를 포인터 형식으로 반환할 수도 있다.

포인터를 인수로 전달하는 방법은 생각보다 간단하다. 일반적인 인수를 전달하는 방식 그대로 포인터를 전달하면 된다. 따라서 앞 예제의 list_pointer를 print_list()라는 함수에 전달하려면 다음과 같이 할 수 있다.

```
print_list (list_pointer);
```

print_list() 루틴은 다음과 같이 반드시 알맞은 형식에 대한 포인터로 선언된 형식 매개 변수를 제공해야 한다.

```
void print_list (struct entry *pointer)
{
    ...
}
```

형식 매개 변수 pointer는 함수 내에서 일반 포인터 변수와 똑같이 다룰 수 있다. 이처럼 포인터를 함수의 인수로 전달한 경우 한 가지 기억할 것은 함수가 호출될 때 포인터의 값이 형식 매개 변수에 복사된다는 것이다. 그러므로 함수 내에서 형식 매개 변수에 변경을 가해도 함수에 전달한 원본 포인터에는 영향을 주지 못한다. 하지만 정말 중요한 것은 비록 함수에서 포인터를 변경할 수는 없지만 포인터가 가리키는 데이터 요소는 변경할 수 있다는 사실이다! 예제 10.8을 통해 이 점을 확인해보자.

---

주 3. const 키워드를 사용할 수 있는 경우라 하더라도 일부 선택된 예제에서만 const 키워드를 사용한다. 이유는 이번 절에서 예로 든 것과 같은 식에 독자들이 익숙해지기 전까지는 const 키워드로 인해 예제를 이해하기가 더 까다롭게 되기 때문이다.

**예제 10.8 포인터와 함수의 활용**

```c
// 포인터와 함수를 활용하는 프로그램

#include <stdio.h>

void test (int *int_pointer)
{
    *int_pointer = 100;
}

int main (void)
{
    void test (int *int_pointer);
    int i = 50, *p = &i;

    printf ("Before the call to test i = %i\n", i);

    test (p);
    printf ("After the call to test i = %i\n", i);

    return 0;
}
```

**예제 10.8 결과**

```
Before the call to test i = 50
After the call to test i = 100
```

함수 test()는 정수에 대한 포인터를 인수로 가지며 형식 매개 변수 int_pointer가 가리키는
정수를 100으로 설정하는 단 하나의 문을 포함하고 있다.

main() 루틴에서는 초기값이 50인 정수 형식의 변수 i와 i를 가리키는 정수형 포인터 p를 정의
한다. 그런 다음 i의 값을 출력하고 test 함수를 호출하는데 이때 p를 인수로 전달한다. 예제를
실행한 결과의 두 번째 줄에서 보듯이 test() 함수는 i의 값을 100으로 설정한다.

이제 다음 예제 10.9를 살펴보자.

```c
// 포인터와 함수를 활용한 프로그램

#include <stdio.h>

void exchange (int * const pint1, int * const pint2)
{
    int temp;

    temp = *pint1;
    *pint1 = *pint2;
    *pint2 = temp;
}

int main (void)
{
    void exchange (int * const pint1, int * const pint2);
    int i1 = -5, i2 = 66, *p1 = &i1, *p2 = &i2;

    printf ("i1 = %i, i2 = %i\n", i1, i2);

    exchange (p1, p2);
    printf ("i1 = %i, i2 = %i\n", i1, i2);

    exchange (&i1, &i2);
    printf ("i1 = %i, i2 = %i\n", i1, i2);

    return 0;
}
```

**예제 10.9 결과**

```
i1 = -5, i2 = 66
i1 = 66, i2 = -5
i1 = -5, i2 = 66
```

exchange() 함수는 인수로 전달받은 두 개의 포인터가 가리키는 두 정수값을 맞바꾼다. 또 다음과 같은 함수 헤더를 이용해 exchange() 함수가 두 개의 정수형 포인터를 인수로 가지며 포인터 자체에 변경을 가할 수 없음(const 키워드 사용)을 정의한다.

```
void exchange (int * const pint1, int * const pint2)
```

지역 변수 temp는 교환이 이뤄지는 동안 정수값 하나를 보관하기 위해 사용되는데, pint1이 가리키는 정수와 같은 값으로 설정된다. 다음으로 pint2가 가리키는 정수를 pint1이 가리키는 정수값으로 할당하고 temp에 저장된 값을 pint2가 참조하는 정수값으로 할당함으로써 교환이 마무리된다.

main() 함수에서는 정수 변수인 i1, i2를 각각 -5, 66으로 정의한다. 또 정수형 포인터 변수 p1과 p2를 정의하고 각각 i1과 i2를 참조하게 한다. 그런 다음 i1과 i2의 값을 출력하고 exchange() 함수를 호출하는데 이때 p1과 p2를 인수로 전달한다. exchange() 함수는 p1이 참조하는 정수값과 p2가 참조하는 정수값을 맞바꾼다. p1은 i1, p2는 i2를 가리키고 있으므로 함수를 호출하고 나면 i1과 i2의 값이 서로 바뀐다. 두 번째 printf() 함수 호출을 통해 값 교환이 제대로 이뤄졌는지 확인할 수 있다.

두 번째 exchange() 호출은 조금 더 흥미롭다. 이번에는 i1과 i2에 주소 연산자를 직접 사용하는 방법으로 i1과 i2의 포인터를 함수에 전달한다. &i1은 정수 형식의 변수 i1을 참조하는 포인터이므로 함수의 첫 번째 인수가 요구하는 조건(정수를 가리키는 포인터)에 부합한다. 두 번째 인수의 경우도 마찬가지 논리를 적용할 수 있다. 예제의 실행 결과에서 알 수 있듯이 이번에도 exchange() 함수는 i1과 i2의 값을 교환함으로써 처음의 값으로 되돌아온 것을 확인할 수 있다.

포인터를 사용하지 않고는 exchange()와 같은 함수를 만드는 것이 불가능하다. 왜냐하면 함수는 오직 하나의 값만 반환할 수 있으며, 함수에서 인수의 값을 영구적으로 변경하는 것이 불가능하기 때문이다. 예제 10.9는 짧은 프로그램이지만 C에서 포인터를 다룰 때 반드시 알아야 할 핵심 개념을 소개하는 중요한 예제이므로 확실히 이해하고 넘어가도록 하자.

예제 10.10에서는 함수에서 포인터를 반환하는 방법을 보여준다. 이 예제에서는 findEntry() 라는 함수를 정의하는데, 이 함수는 연결 리스트에서 특정 값을 검색하고 원하는 값을 찾으면 해당 요소에 대한 포인터를 반환한다. 한편 원하는 값을 찾지 못한 경우에는 null 포인터를 반환한다.

**예제 10.10 포인터를 반환하는 함수**

```
#include <stdio.h>

struct entry
{
```

```c
    int value;
    struct entry *next;
};


struct entry *findEntry (struct entry *listPtr, int match)
{
    while ( listPtr != (struct entry *) 0 )
        if ( listPtr->value == match )
            return (listPtr);
        else
            listPtr = listPtr->next;

    return (struct entry *) 0;
}


int main (void)
{
    struct entry *findEntry (struct entry *listPtr, int match);
    struct entry n1, n2, n3;
    struct entry *listPtr, *listStart = &n1;

    int search;

    n1.value = 100;
    n1.next = &n2;

    n2.value = 200;
    n2.next = &n3;

    n3.value = 300;
    n3.next = 0;

    printf ("Enter value to locate: ");
    scanf ("%i", &search);

    listPtr = findEntry (listStart, search);
```

```c
    if ( listPtr != (struct entry *) 0 )
        printf ("Found %i.\n", listPtr->value);
    else
        printf ("Not found.\n");

    return 0;
}
```

### 예제 10.10 결과

```
Enter value to locate: 200
Found 200.
```

### 예제 10.10 결과(재실행)

```
Enter value to locate: 400
Not found.
```

### 예제 10.10 결과(두 번째 재실행)

```
Enter value to locate: 300
Found 300.
```

예제에서 사용한 다음 함수 헤더를 통해 findEntry() 함수가 entry 구조체의 포인터를 반환하며 entry 형식의 포인터와 정수를 인수로 가진다는 것을 알 수 있다.

```c
struct entry *findEntry (struct entry *listPtr, int match)
```

findEntry() 함수는 리스트의 요소를 차례로 액세스하기 위한 while 반복으로 시작된다. 이 반복은 리스트에 포함된 요소의 value가 match와 같은 경우를 발견(이 경우, listPtr을 즉시 반환)하거나 혹은 null 포인터에 도달(이 경우, while 반복을 마치고 null 포인터를 반환)할 때까지 계속된다.

main() 루틴에서는 이전 예제에서처럼 리스트를 설정한 다음 리스트에서 검색하고자 하는 값을 입력받고 findEntry() 함수를 호출하는데 이때 리스트의 시작 위치를 참조하는 포인터(listStart)와 입력받은 값(search)을 인수로 전달한다. findEntry()의 실행 결과로 반환되는 포인터는 struct entry 형식의 포인터 변수인 listPtr에 할당되고 만약 listPtr이 null이 아니면 listPtr이 참조하는 요소의 value 멤버를 출력한다. 출력된 값은 사용자가 입력한 값과 같아야 검색이 정상적으로 이뤄진 것으로 판단할 수 있다. 만약 listPtr이 null인 경우에는 "Not found."를 출력한다.

예제의 실행 결과를 보면 200과 300을 잘 찾아냈으며, 400은 "Not Found."가 출력되었는데 리스트에 400이라는 값이 없으므로 역시 정상이다.

한편 findEntry() 함수에서 반환하는 포인터는 별다른 용도가 없다. 하지만 보다 실제적인 예를 고려해 보면 이 포인터는 매우 중요한 의미를 지닌다. 예를 들어, 9장 "문자열"에서 만들어 사전을 연결 리스트로 구현했다고 생각해 보자. 이 경우 9장에서 구현했던 lookup() 함수의 역할을 findEntry()가 대신하게 되는데, findEntry()를 이용해서 주어진 단어를 찾아내면 이 요소의 definition 멤버에 접근해야 사용자에게 단어의 뜻을 제공할 수 있다. 이와 같이 검색된 요소를 이용한 다양한 처리 과정에 있어서 이 포인터는 핵심적인 역할을 하게 된다.

사전을 연결 리스트로 구성하면 얻을 수 있는 장점이 몇 가지 있는데 첫째, 사전에 새 단어를 삽입하기가 쉽다. 앞서 배운 것처럼 단어를 삽입할 위치를 찾아낸 다음 몇 가지 포인터 조정만으로 단어를 삽입할 수 있다. 둘째, 사전에서 단어를 삭제하는 것 역시 삽입과 마찬가지로 간단하다. 마지막으로 – 16장에서 배우게 되겠지만 – 이 접근 방식을 이용하면 사전의 크기를 동적으로 확장할 수 있다.

한편 연결 리스트를 이용해서 사전을 구성하는 경우의 치명적인 단점은 빠른 2진 검색 알고리즘을 포기해야 한다는 것이다. 이 알고리즘은 배열 요소와 같이 인덱스를 이용해서 직접(임의로) 접근할 수 있는 경우에만 사용할 수 있다. 불행하게도 지금까지 살펴본 것처럼 연결 리스트는 개별 요소에 접근하려면 이전 요소를 통해야 하기 때문에 요소를 검색하려면 순서대로 하나씩 확인하는 것 외에는 방법이 없다.

손쉬운 요소의 삽입과 삭제라는 장점을 유지하면서 빠른 검색까지 가능한 한 가지 방법은 트리 (Tree)라는 데이터 구조를 이용하는 것인데, 그 외에 해시 테이블 등을 이용하는 것도 가능하다. 지금까지 배운 C 언어의 기술을 이용해서 손쉽게 구현할 수 있는 이와 같은 데이터 구조들에 대한 보다 자세한 내용은 이 책의 범위로 보기에 무리가 있으므로, 『The Art of Computer Programming 3권: 정렬과 검색』(도널드 커누스, 한빛미디어, 2008년) 등의 서적을 참고하자.


## 포인터와 배열

배열은 C에서 포인터를 사용하는 대표적인 분야 가운데 하나다. 배열에 포인터를 이용하는 주된 이유는 간편한 표기 방식과 효율적인 프로그래밍이 가능하다는 점을 들 수 있다. 일반적으로 배열에 대해 포인터를 이용하면 보다 적은 메모리를 소모하면서 더 빠른 실행 속도를 얻을 수 있다. 이번 절의 논의를 통해 독자들도 이 부분에 대해 공감할 수 있을 것이다.

100 개의 정수로 이뤄진 values라는 배열이 있다고 가정하면 다음과 같이 valuesPtr이라는 포인터를 정의해서 배열에 포함된 정수에 접근할 수 있다.

```
int *valuesPtr;
```

이처럼 배열의 요소를 가리키는 포인터를 정의하는 경우에는 "배열에 대한 포인터"라는 것을 명시하지 않고 배열에 포함된 요소의 형식을 가리키는 포인터로 정의한다.

비슷한 경우로 문자 배열 text를 구성하는 개별 문자에 액세스하는 포인터는 다음과 같이 정의할 수 있다.

```
char *textPtr;
```

한편, 다음과 같은 문을 이용하면, 간단히 valuesPtr이 values 배열의 첫 번째 요소를 가리키게 할 수 있다.

```
valuesPtr = values;
```

이렇게 배열 이름을 단독으로 사용하는 경우, C 컴파일러는 이것을 배열에 대한 포인터로 인식하기 때문에 주소 연산자를 사용하지 않았다. 그러므로, 첨자 없이 values를 지정하면 values의 첫 번째 요소를 가리키는 포인터를 의미한다(그림 10.9 참고).

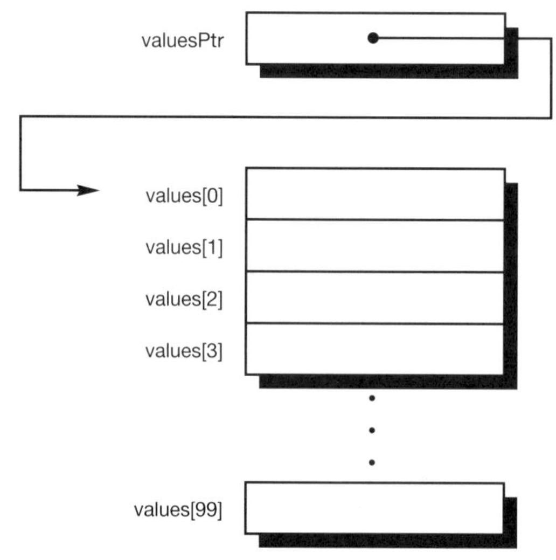


**그림 10.9** 배열 요소에 대한 포인터

다음과 같이 배열의 첫 번째 요소에 주소 연산자를 적용하는 방법을 이용해서 values 배열의 시작 요소에 대한 포인터를 할당해도 같은 결과를 얻을 수 있다.

```
valuesPtr = &values[0];
```

문자 배열의 경우도 마찬가지로, textPtr이 text 문자 배열의 첫 번째 문자를 가리키게 하려면 다음 두 가지 방법 중 어느 것을 사용해도 결과는 같다.

```
textPtr = text;
```

또는

```
textPtr = &text[0];
```

두 가지 형태 가운데 어느 것을 사용할지는 개인의 취향에 따르면 된다.

배열에 대한 포인터의 강력함은 배열 요소를 액세스하는 과정에서 드러난다. valuesPtr이 앞서 정의한 것처럼 values의 첫 번째 요소를 가리키고 있는 경우, 다음 식은 values 배열의 첫 번째 요소인 values[0]의 첫 번째 정수값을 의미한다.

```
*valuesPtr
```

valuesPtr을 이용해서 values[3]을 참조하려면 다음과 같이 valuesPtr에 3을 더하고 나서 간접 연산자를 적용하면 된다.

```
*(valuesPtr + 3)
```

이것을 values[i]의 값을 참조하는 경우로 일반화한 모습은 다음과 같다.

```
*(valuesPtr + i)
```

따라서 values[10]을 27로 설정하려면

```
values[10] = 27;
```

또는 다음 문을 이용할 수 있다.

```
*(valuesPtr + 10) = 27;
```

valuesPtr이 values 배열의 두 번째 요소를 가리키도록 하려면 다음과 같이 values[1] 앞에 주소 연산자를 붙여서 valuesPtr에 할당하면 된다.

```
valuesPtr = &values[1];
```

valuesPtr이 values[0]을 가리키는 상태에서 valuesPtr을 1 증가시키면 마찬가지로
valuesPtr이 values[1]을 가리키게 된다.

```
valuesPtr += 1;
```

이 형태는 C 언어에서 포인터라면 가리키는 형식에 무관하게 사용할 수 있다.

요약하자면 a가 x 형식의 요소로 구성된 배열이고 px는 x 형식에 대한 포인터, i와 n이 정수 상
수 혹은 변수라 할 때 다음 문은 px가 a의 첫 번째 요소를 참조하도록 한다.

```
px = a;
```

그리고, a[i]의 값을 참조하는 식은 다음과 같은 형태를 이용할 수 있다.

```
*(px + i)
```

또, 다음과 같은 문을 이용하면 배열에 포함된 요소의 형식과 무관하게 n개 이후의 배열 요소를
가리키도록 할 수 있다.

```
px += n;
```

증가 연산자 ++와 감소 연산자 --는 특히 포인터와 잘 어우러진다 할 수 있다. 포인터에 증가 연
산자를 사용하면 포인터에 1을 더한 것과 같은 결과를 얻을 수 있고, 반대로 감소 연산자를 사용
하면 포인터에 1을 뺀 것과 같은 결과를 얻을 수 있다. 따라서 char 포인터인 textPtr이 text
라는 문자 배열의 시작 위치를 가리키고 있다고 가정하면 다음 문은 textPtr이 text의 다음 문
자인 text[1]을 가리키도록 설정한다.

```
++textPtr;
```

유사하게, 다음은 textPtr이 바로 앞 문자를 가리키게 하는데 물론 이 경우 textPtr의 현재 위
치가 text의 시작 지점이 아닌 경우라고 가정한다.

```
--textPtr;
```

한편, C 언어에서는 포인터 변수 간의 비교가 가능한데 같은 배열을 가리키고 있는 두 개의 배열
을 비교하는 경우에 특히 유용하다. 예를 들어 다음과 같은 식을 이용해서 valuesPtr이 100개
의 요소를 포함하고 있는 배열의 마지막 요소를 지나쳤는지 확인할 수 있다.

```
valuesPtr > &values[99]
```

만약, 이 식이 TRUE(0이 아닌 값)라면 valuesPtr이 values 배열의 마지막 요소 뒤를 가리킨다는 것이고, FALSE(0)면 values 배열의 마지막 요소 이전을 가리킨다는 뜻이다. 앞에서 논의한 내용을 토대로 이 식을 다음과 같이 나타낼 수도 있다.

```
valuesPtr > values + 99
```

다시 한 번 말하자면, 첨자 없이 사용된 values는 values 배열의 첫 번째 요소를 가리키며 &values[0]과 같은 의미를 가진다.

예제 10.11은 배열에 대한 포인터의 활용을 보여주는 예다. arraySum 함수는 정수 배열에 포함된 모든 요소의 합을 계산한다.

**예제 10.11 배열에 대한 포인터 활용**

```c
// 정수 배열을 구성하는 요소의 합을 구하는 함수

#include <stdio.h>

int arraySum (int array[], const int n)
{
    int sum = 0, *ptr;
    int * const arrayEnd = array + n;

    for ( ptr = array; ptr < arrayEnd; ++ptr )
        sum += *ptr;

    return sum;
}


int main (void)
{
    int arraySum (int array[], const int n);
    int values[10] = { 3, 7, -9, 3, 6, -1, 7, 9, 1, -5 };

    printf ("The sum is %i\n", arraySum (values, 10));

    return 0;
}
```

```
The sum is 21
```

arraySum() 함수에서 정의되는 상수 정수 포인터 arrayEnd는 array의 마지막 요소 바로 뒤를 가리키도록 설정된다. 그런 다음 array의 요소를 차례대로 접근하기 위해 for 문을 이용하고 있다. 개별 반복에서는 ptr이 참조하는 array의 요소를 sum에 더하고, 이어서 for 문에 의해 ptr은 값이 증가함에 따라 array의 다음 요소를 가리키게 된다. 마침내 ptr이 array의 끝을 통과하면 for 반복을 마치고 호출 측으로 sum 값을 반환한다.

## 프로그램 최적화에 대한 단상

예제 10.11의 함수 내에서 지역 변수로 사용한 arrayEnd 변수의 경우 이 변수가 없어도 구현하는 데 문제가 없다고 생각할 수 있는데, 왜냐하면 다음과 같이 ptr의 값을 for 문의 조건식에서 배열의 끝과 명시적으로 비교할 수 있기 때문이다.

```
for ( ...; ptr <= array + n; ... )
```

그럼에도 불구하고 arrayEnd를 이용하게 된 단 하나의 이유는 바로 성능이다. for 문의 반복 조건은 반복할 때마다 처리된다. 생각해 보면 반복문 내에서 array + n은 절대 바뀌지 않는 값이므로 이 값은 for 반복 과정에서는 하나의 상수값이다. 따라서 반복에 들어가기 전에 한 번만 계산해 두면 개별 반복이 이루어질 때마다 다시 계산하는 데 들어가는 시간을 절약할 수 있다. arraySum 함수가 프로그램 내에서 단 한번 호출되며, 대상이 십여 개 정도의 요소를 포함하는 배열의 경우라면 사실상 절약되는 시간이 없다고 볼 수 있지만, 호출 횟수도 많고 다루는 배열의 크기도 커진다면 상당한 성능 향상을 가져올 수도 있다.

최적화와 관련해서 살펴볼 두 번째 이슈는 프로그램 내에서 포인터를 다양한 형태로 이용하는 방법에 관한 것이다. arraySum() 함수의 for 문을 보면, *ptr을 이용해서 배열의 요소에 액세스하고 있다. 많은 경우 arraySum()과 같은 함수에서 for 문을 작성할 때는 i와 같은 인덱스 변수를 두고 array[i]를 sum에 누적하는 형태를 이용하게 된다. 일반적으로 배열을 인덱스 방식으로 접근하는 방법에 비해 포인터를 이용하는 방법이 더 빠르며, 사실 이것이 배열 요소에 접근할 때 배열을 이용하는 주된 이유이고 작성된 코드도 더 효율적인 경향이 있다. 물론 배열에 대한 접근이 순차적이지 않은 경우라면 *(ptr + j)의 실행 시간과 array[j]의 실행 시간에 차이가 없으므로 포인터를 이용해서 얻을 수 있는 이득이 없을 수도 있다.

## 포인터인가 배열인가?

함수에 배열을 전달해야 하는 경우 앞선 예제의 arraySum() 함수처럼 배열의 이름을 지정하면 된다. 또 배열에 대한 포인터를 만들 때 역시 배열의 이름만 지정하면 된다는 것을 배웠다. 즉, arraySum() 함수를 호출하는 경우 함수에 전달되는 값이 실제로는 values 배열을 가리키는 포인터라는 것을 의미하며 또한 함수 내에서 배열 요소를 수정할 수 있는 이유를 설명하는 좋은 예다.

그런데 사실상 배열에 대한 포인터가 함수에 전달된 것이라면 함수의 형식 매개 변수도 포인터로 선언할 수 있지 않을까라는 생각을 가질 수 있다. arraySum() 함수에서 array를 다음과 같이 선언해도 될까?

```c
int *array;
```

함수 내에서 배열에 대한 모든 참조를 포인터 변수를 이용하게 할 수 없을까?

이 질문들에 대한 답을 얻기 위해서는 포인터와 배열에 대해 앞에서 논했던 내용을 곱씹어볼 필요가 있다. 앞서 배운 것처럼, 만약 valuesPtr이 values라는 배열에 포함된 요소와 같은 형식을 가리키고 있다고 가정하면 *(valuesPtr + i)는 values[i]와 동등한 의미를 가진다 (단, valuesPtr은 values의 시작 위치를 가리킨다고 가정한다). 여기서 알 수 있는 사실은 *(values + i)를 이용해도 values 배열의 i번째 요소를 참조할 수 있다는 것인데, 이것을 일반화하자면 x가 어떤 형식의 배열일 때 C 언어에서 x[i]는 항상 *(x + i)와 같다.

이와 같이 C 언어에서 포인터와 배열은 굉장히 밀접한 관계를 가지고 있고 이것이 arraySum 함수의 array를 int 형식 요소를 포함하는 배열 형식으로 선언하거나 혹은 int를 가리키는 포인터로 선언할 수 있는 이유다. 어떤 형태로 선언하더라도 앞서 살펴본 예제는 문제없이 동작한다. 직접 시도해 보고 확인해 보자.

함수에서 전달받은 배열의 요소를 참조하는 데 인덱스 번호를 이용하려 한다면 배열을 전달받을 형식 매개 변수를 배열 형태로 선언하도록 한다. 이것이 좀 더 배열 본연의 모습을 반영한다 할 수 있을 것이다. 한편, 전달받은 인수를 배열에 대한 포인터 형태로 이용한다면 형식 매개 변수를 포인터 형식으로 선언하는 것이 바람직하다.

이제 앞 예제의 array를 int 포인터로 선언하고 함수 내에서 포인터 형태로 이용할 수 있다는 것을 알았으니 다음 예제 10.12와 같이 array를 이용하게 함으로써 변수 ptr을 제거할 수 있다.

**예제 10.12 배열 요소의 합 계산하기**

```c
// 정수 배열을 구성하는 요소의 합을 구하는 함수(Ver. 2)

#include <stdio.h>

int arraySum (int *array, const int n)
{
    int sum = 0;
    int * const arrayEnd = array + n;

    for ( ; array < arrayEnd; ++array )
        sum += *array;

    return sum;
}

int main (void)
{
    int arraySum (int *array, const int n);
    int values[10] = { 3, 7, -9, 3, 6, -1, 7, 9, 1, -5 };

    printf ("The sum is %i\n", arraySum (values, 10));

    return 0;
}
```

**예제 10.12 결과**

```
The sum is 21
```

이 프로그램은 상당히 명료하다. for 문의 첫 번째 식은 반복을 시작하기 전에 초기화할 것이 없으므로 생략됐다. 한 가지 눈여겨 볼 것은 arraySum() 함수를 호출할 때 values 배열에 대한 포인터가 전달되고 이것은 함수 내에서 array라고 불린다는 점이다. array의 값(array가 참조하는 값이 아님)에 적용되는 변경은 values 배열에 어떠한 영향도 미치지 않는다. 따라서 array에 적용한 증가 연산자는 그저 values를 가리키는 포인터를 증가하며 값에는 영향을 주지 않는다(물론 원한다면 포인터가 참조하는 요소에 값을 할당하는 방법으로 배열 내의 값을 변경할 수 있다).

## 포인터와 문자열

포인터를 배열에 대해 사용하는 대표적인 경우로 문자열과 함께 이용하는 것을 들 수 있다. 포인터를 이용하는 이유는 역시 표기의 편리함과 효율성이 가장 크다. 그러면 포인터를 문자열과 함께 이용하는 것이 얼마나 편리한지 살펴보기 위해 문자열을 복사하는 copyString()이라는 함수를 만들어보자. 다음은 일반적인 배열 인덱싱 방법을 이용해서 이 함수를 구현한 모습이다.

```
void copyString (char to[], char from[])
{
    int i;

    for ( i = 0; from[i] != '\0'; ++i )
        to[i] = from[i];

    to[i] = '\0';
}
```

마지막 문에서 null 문자를 할당하는 이유는 to 배열에 null 문자를 복사하기 직전에 for 반복을 탈출하도록 되어 있기 때문이다.

예제 10.13은 포인터를 이용해서 작성한 copyString() 함수를 보여주는데 인덱스 변수 i는 더 이상 필요치 않다.

**예제 10.13 포인터로 구현한 copyString()**

```
#include <stdio.h>

void copyString (char *to, char *from)
{
    for ( ; *from != '\0'; ++from, ++to )
        *to = *from;

    *to = '\0';
}

int main (void)
```

```c
{
    void copyString (char *to, char *from);
    char string1[] = "A string to be copied.";
    char string2[50];

    copyString (string2, string1);
    printf ("%s\n", string2);

    copyString (string2, "So is this.");
    printf ("%s\n", string2);

    return 0;
}
```

**예제 10.13 결과**

```
A string to be copied.
So is this.
```

예제의 copyString() 함수는 문자 배열을 전달받던 이전과 달리 to와 from이라는 문자 포인터 두 개를 형식 매개 변수로 정의한다. 각 매개 변수의 용도는 이름에서 미루어 짐작할 수 있다.

이어지는 for 문(초기 조건 없음)에서는 from이 가리키는 문자열을 to가 가리키는 문자열에 복사한다. 개별 반복 시 from과 to는 각각 1씩 증가되는데, 결과적으로 from은 원본 문자열의 다음 문자를 가리키게 되고 to는 다음으로 문자를 복사할 위치를 가리키게 된다.

이와 같이 문자열을 복사하는 중에 from 포인터가 null 문자를 가리키면 for 문을 탈출하고 대상 문자열의 마지막에 null 문자를 할당한다.

한편 main() 루틴에서는 copyString() 함수를 두 번 호출하는데, 첫 번째는 string1을 string2로 복사하고 두 번째는 상수 문자열 "So it this."를 string2로 복사한다.

### 상수 문자열과 포인터

예제 10.13을 보면 다음과 같은 인수 전달이 문제 없이 동작함을 알 수 있다.

```c
copyString (string2, "So is this.");
```

즉, 상수 문자열을 함수의 인수로 전달하면 실제로 전달되는 것은 이 문자열의 포인터다. 이것은 비단 예제의 경우에만 한정적으로 적용되는 것이 아니라 일반적인 사실이다. 따라서 C 언어에서 상수 문자열을 사용하면 해당 문자열을 가리키는 포인터를 사용하는 것과 같다고 할 수 있다. 만약 다음과 같이 textPtr을 문자 형식에 대한 포인터로 선언한 경우를 생각해 보자.

```
char *textPtr;
```

이 경우 다음 문은 textPtr에 "A character pointer."라는 상수 문자열을 가리키는 포인터를 할당한다.

```
textPtr = "A character string.";
```

여기서 문자 포인터와 문자 배열 간의 구별에 대해 한 가지 짚고 넘어가야 할 부분이 있는데, 만약 textPtr이 문자 배열인 경우에는 이와 같은 할당이 불가능하므로 주의해야 한다. 따라서 다음과 같이 text가 문자 배열인 경우라고 하면

```
char text[80];
```

다음과 같은 문을 사용할 수 없다.

```
text = "This is not valid.";
```

C 언어에서 문자 배열에 대해 이와 같은 형태의 할당이 가능한 유일한 경우는 초기화하는 경우뿐이다.

```
char text[80] = "This is okay.";
```

이렇게 text 배열을 초기화하는 과정에서는 "This is okay."라는 문자열에 대한 포인터가 저장되는 것이 아니라 text 배열의 개별 요소에 실제로 대응되는 문자들이 저장된다.

물론 text가 문자 포인터이고 다음과 같이 초기화하는 경우에는 text에 문자열 "This is okay."에 대한 포인터가 할당된다.

다음은 문자열과 문자열 포인터의 구별에 대한 또 다른 예로 요일의 이름에 대한 포인터들을 포함하는 days 배열이다.

```
char *days[] =
    { "Sunday", "Monday", "Tuesday", "Wednesday", "Thursday", "Friday",
"Saturday" };
```

days는 일곱 개의 요소를 정의하는데, 개별 요소는 각각 하나의 문자열을 가리킨다. 따라서 days[0]은 문자열 "Sunday"를 가리키는 포인터를 포함하고 days[1]은 "Monday"를 가리키는

포인터를 포함하며 다른 요일들이 같은 형태로 뒤따른다(그림 10.10 참고). 예를 들어 다음과 같이 3번째 요일의 이름을 출력할 수 있다.

```
printf ("%s\n", days[3]);
```

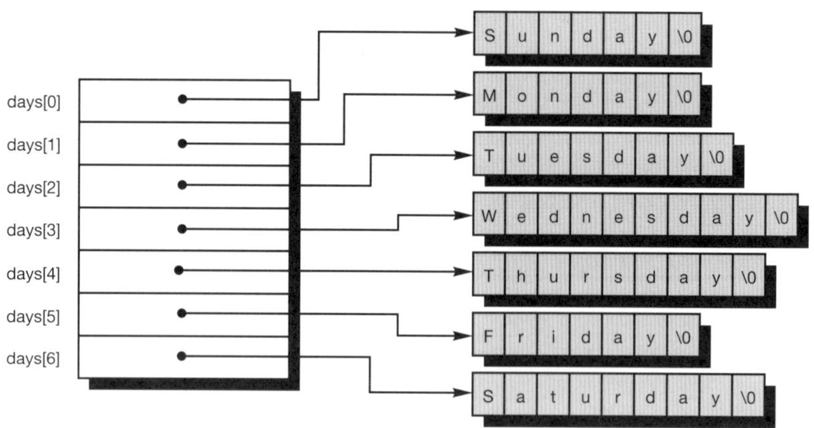



**그림 10.10** 포인터 배열

## 증가/감소 연산자

지금까지 식에서 증가 혹은 감소 연산자를 사용한 경우에는 이들 외의 연산자를 함께 사용한 적이 없었다. ++x는 알다시피 변수 x의 값을 1 증가시키는 효과가 있다. 또 앞서 배운 것처럼 x가 배열에 대한 포인터라면 배열의 다음 요소를 가리키도록 한다.

증가/감소 연산자를 식 내에서 다른 연산자들과 함께 사용하는 것도 가능한데, 이 경우 이 연산자들의 동작 원리에 대해서 조금 더 주의를 기울여야 할 필요가 있다.

지금까지 증가 연산자나 감소 연산자를 이용할 때는 다음과 같이 항상 증감 대상 변수의 앞에 붙여서 사용했다.

```
++i;
```

그런데, 사실 다음처럼 변수의 뒤에 붙여서 사용해도 전혀 문제되지 않는다.

```
i++;
```

이 두 가지 식은 i의 값을 증가시킨다는 의미에서 같은 결과로 귀결된다. 첫 번째 경우처럼 ++가 피연산자의 앞에 위치하는 것을 두고 좀 더 정확하게 사전 증가(Preincrement)라고 하고, ++가 피연산자를 뒤따르는 형태인 두 번째 경우를 사후 증가(Postincrement)라고 한다.

감소 연산자의 경우도 마찬가지다. 다음은 사전 감소를 처리하는 문의 예다.

```
--i;
```

다음은 사후 감소문이다.

```
i--;
```

이 두 가지 문의 최종적인 실행 결과는 i의 값을 1 감소시키는 것으로 동일하다.

지금까지 설명한 사전과 사후 연산자의 차이점은 이들을 보다 복잡한 식에서 사용했을 때 드러 난다.

i, j라는 두 개의 정수가 있다고 가정하고, i의 값이 0일 때 이어지는 문이 다음과 같다고 생각해 보자.

```
j = ++i;
```

이 경우, j에는 의도대로 0이 아니라 1이 할당된다. 이처럼 사전 증가 연산자를 이용하면 식에서 변수의 값을 사용하기에 앞서 값 증가가 이뤄진다. 따라서 i의 값이 0에서 1로 먼저 증가된 이후 에 j에 할당되며, 이 과정을 풀어서 두 개의 문으로 표현하면 다음과 같다.

```
++i;
j = i;
```

한편, 다음처럼 사후 증가 연산자를 이용한 경우에는 i의 값을 j에 할당한 이후에 i 값이 증가 된다.

```
j = i++;
```

따라서 이 문을 실행하기 전의 i 값이 0이라고 가정하면 j에 0이 할당되고 이후에 i는 1이 되며 이 과정은 다음 두 개의 문과 같은 의미를 가진다.

```
j = i;
++i;
```

또 다른 예로, i가 1인 경우 다음과 같은 문을 생각해 보자.

```
x = a[--i];
```

이 문에서 i는 a의 인덱스로 사용되기 전에 값이 감소되기 때문에 결국 a[0]의 값이 x에 할당된 다. 반면 다음과 같이 사후 감소 연산자를 이용하면 x에 a[1]을 할당한 다음 감소 연산자에 의해 i의 값은 0이 된다.

```
x = a[i--];
```

사전/사후 증감 연산자의 차이점에 관한 세 번째 예는 함수 호출에서 사용된 경우로, 다음 `printf()` 호출을 살펴보자.

```
printf ("%i\n", ++i);
```

여기서 `i`는 사전 증가 연산자에 의해 `printf()` 함수에 전달되기 전에 값이 증가된다. 반면 다음과 같이 사후 증가 연산자를 사용하면 `printf()` 함수에 값을 전달한 다음에 `i` 값이 증가된다.

```
printf ("%i\n", i++);
```

따라서 `i`가 100이라면 첫 번째 `printf()` 호출은 101을 출력하고 두 번째 `printf()` 호출의 경우는 100을 출력한다. 하지만 문의 실행이 끝난 시점의 `i` 값은 101로 동일하다.

마지막 예로 `textPtr`이 문자 포인터일 때 다음과 같은 식이 있다고 생각해 보자.

```
*(++textPtr)
```

이 식은 우선 `textPtr`을 증가시킨 다음 증가된 포인터가 가리키는 문자를 반환한다. 반면 사후 증가 연산자를 이용하면 포인터 값을 증가시키기에 앞서 `textPtr`이 가리키는 문자를 먼저 반환한다. `*`와 `++`연산자는 우선순위가 같고 우측에서 좌측으로 연관시켜 나아가는 순서를 따르므로 두 가지 경우 모두 괄호는 사용하지 않아도 된다.

이제 예제 10.13의 `copyString()` 함수로 돌아가서 할당문에서 증가 연산자를 직접 사용하도록 수정해보자.

`to`와 `from` 포인터는 `for` 반복 내에서 할당문이 실행된 다음에 각각 증가되므로, 할당문에 사후 증가 연산자를 적용해볼 수 있다. 다음은 예제 10.13의 `for` 문에 사후 증가 연산자를 적용한 모습이다.

```
for ( ; *from != '\0'; )
    *to++ = *from++;
```

`for` 반복 내에 사용된 할당문의 실행 과정은 다음과 같다. 먼저 `from`이 참조하는 문자가 추출된 다음 `from`은 원본 문자열의 다음 문자를 가리키도록 증가된다. 추출된 문자는 `to`가 가리키는 위치에 저장되고 이후에 `to`는 대상 문자열의 다음 위치를 가리키도록 증가된다.

이것은 C 프로그램에서 매우 자주 사용되는 형태이므로 계속해서 진행하기에 앞서 반드시 이해해야 한다.

앞서 살펴본 for 문은 초기화 식과 반복 식이 없는 형태로 사용되고 있는데 사실 이와 같은 경우에는 while 반복을 이용하는 것이 더 적합할 것이다. 예제 10.14는 for문 대신 while문을 이용해서 copyString() 함수를 구현하고 있다. while 반복은 null 문자의 값이 0이라는 사실을 기반으로 하는데 숙련된 C 프로그래머들에게는 일반적인 패턴이라 할 수 있다.

**예제 10.14 개선된** copyString() **함수**

```c
// 문자열을 복사하는 함수. Ver. 2

#include <stdio.h>

void copyString (char *to, char *from)
{
    while ( *from )
        *to++ = *from++;

    *to = '\0';
}

int main (void)
{
    void copyString (char *to, char *from);
    char string1[] = "A string to be copied.";
    char string2[50];

    copyString (string2, string1);
    printf ("%s\n", string2);

    copyString (string2, "So is this.");
    printf ("%s\n", string2);

    return 0;
}
```

**예제 10.14 결과**

```
A string to be copied.
So is this.
```

## 포인터 연산

지금까지 배운 것처럼 포인터에 정수를 더하거나 뺄 수 있다. 더 나아가 두 포인터가 같은지, 혹은 더 크거나 작은지를 비교하는 것도 가능하다. 이들 외에 포인터에 사용할 수 있는 작업은 같은 형식인 두 포인터 간의 뺄셈이다. C에서 두 포인터의 차는 두 포인터 사이에 포함된 요소의 수다. 따라서 a가 어떤 배열을 가리키는 포인터일 때 b가 같은 배열의 다른 요소를 가리키고 있다면 b - a는 두 포인터 사이에 존재하는 요소의 개수를 의미한다. 예를 들어 p가 배열 x의 어떤 요소를 가리킨다면, 다음 문을 이용해서 변수 n(정수 형식으로 가정)에 p가 가리키는 요소의 인덱스값을 할당할 수 있다[4].

```
n = p - x;
```

그러므로 p가 x의 100번째 요소를 가리키고 있다면(즉, p = &x[99]) n의 값은 99이다.

포인터 뺄셈을 통해 새로 배운 사실에 대한 보다 실질적인 예로 9장에서 살펴본 stringLength()를 개선해 보자.

예제 10.15에서는 먼저 문자 포인터 cptr을 이용해서 null 문자에 도달할 때까지 string이 가리키는 문자를 차례로 참조한다. 그런 다음 cptr에서 string을 뺌으로써 string에 포함된 요소(문자)의 개수를 구하는데 실행 결과를 통해 계산이 정상적으로 이뤄짐을 확인할 수 있다.

**예제 10.15 포인터를 이용한 문자열 길이 계산**

```c
// 포인터를 이용해서 문자열에 포함된 문자의 개수를 세는 함수

#include <stdio.h>

int stringLength (const char *string)
{
    const char *cptr = string;

    while ( *cptr )
        ++cptr;

    return cptr - string;
```

---

주 4. 두 포인터의 빼기 연산 결과인 부호 있는 정수(예: int, long int, long long int)의 실제 형식은 ptrdiff_t 이며 <stddef.h> 표준 헤더 파일에서 정의하고 있다.

```c
}

int main (void)
{
    int stringLength (const char *string);

    printf ("%i  ", stringLength ("stringLength test"));
    printf ("%i  ", stringLength (""));
    printf ("%i\n", stringLength ("complete"));

    return 0;
}
```

**예제 10.15 결과**

```
17   0   8
```

## 함수 포인터

약간 고급 주제이긴 하지만 포인터에 대한 논의에서 빼놓을 수 없는 것으로 함수에 대한 포인터 개념을 들 수 있다. 함수에 대한 포인터를 다룰 때는 C 컴파일러에서 요구하는 기준이 조금 다른데, 함수를 가리키는 포인터 변수뿐만 아니라 함수가 반환하는 값의 형식과 인수의 형식과 개수도 컴파일러에 전달해야 한다. 다음은 "인수 없이 int 형식의 값을 반환하는 함수에 대한 포인터" 형식인 변수 fnPtr을 선언한 예다.

```c
int (*fnPtr) (void);
```

여기서 주의할 점은 *fnPtr을 반드시 괄호로 감싸야 한다는 것이다. 괄호를 사용하지 않으면 C 컴파일러에서 이것이 int 형식에 대한 포인터를 반환하는 fnPtr이라는 함수의 선언으로 취급하기 때문이다(간접 연산자 * 보다 함수 호출 연산자 () 의 우선순위가 더 높다).

이렇게 선언된 함수 포인터가 특정 함수를 가리키도록 설정하기 위해서는 간단히 함수의 이름을 할당하면 된다. 따라서 fnPtr이 인수 없이 int 형식을 반환하는 lookup이라는 함수를 가리키게 하려면 다음과 같은 문을 활용할 수 있다.

```c
fnPtr = lookup;
```

이처럼 괄호 없이 함수 이름만 이용하는 방법은 배열에서 첨자 없이 배열 이름만 사용했던 경우와 같은 맥락으로 볼 수 있으며 C 컴파일러는 자동으로 지정된 함수에 대한 포인터를 추출한다. 이때 함수 이름 앞에 앰퍼샌드(&)를 사용할 수 있지만 필수는 아니다.

함수 포인터로 할당하는 경우에도 다음과 같이 lookup() 함수의 선언은 사전에 이루어져야 한다.

```
int lookup (void);
```

이렇게 설정된 함수 포인터를 이용해서 함수를 간접적으로 호출하는 방법은 함수 포인터 변수에 함수 호출 연산자를 적용하면 되는데 필요한 경우 괄호 내에 인수를 전달할 수 있다. 다음은 fnPtr이 가리키는 함수를 호출하고 반환되는 값을 entry에 저장하는 문의 예다.

```
entry = fnPtr();
```

이와 같은 함수 포인터를 이용하는 대표적인 예는 함수 포인터를 다른 함수의 인수로 활용하는 것이다. 표준 C 라이브러리의 경우 데이터 요소로 구성되는 배열에 대한 퀵 정렬 기능을 제공하는 qsort 함수에서 이 방식을 사용하고 있는데, 이 함수는 인수로 전달된 함수 포인터가 가리키는 함수를 통해 정렬 과정에서 두 개의 요소를 비교한다. 이 방식을 채용함으로써 qsort는 배열에 저장된 요소간의 비교를 사용자가 제공하는 함수가 수행하게 할 수 있으며, 따라서 배열에 저장된 데이터의 형식과 무관하게 퀵 소트 기능을 사용할 수 있게 된다. qsort에 대한 보다 자세한 사항과 예제는 부록 B "표준 C 라이브러리"에서 소개하기로 한다.

함수 포인터를 이용하는 또 다른 예는 디스패치(Dispatch) 테이블을 만드는 경우다. 배열에 함수 자체를 저장하는 것은 불가능하지만 함수 포인터를 배열에 저장하는 것은 가능하다. 이 아이디어를 기반으로 호출할 함수들에 대한 포인터들을 보관하는 테이블을 만들 수 있다. 예를 들어 사용자가 입력하는 다양한 명령을 처리하기 위한 테이블을 만들 수 있는데, 이때 테이블의 개별 요소는 명령어 이름과 해당 명령어를 처리할 수 있는 함수 포인터를 포함하도록 할 수 있다. 그러면 이제 사용자가 명령어를 입력할 때마다 테이블에서 해당 명령어를 검색하고 검색된 명령어에 해당하는 함수를 호출해서 필요한 처리가 이뤄지게 할 수 있다.


## 포인터와 메모리 주소

C 언어의 포인터에 대한 논의를 마치기 전에 포인터가 실제로 어떻게 구현되고 있는지 자세히 이해할 필요가 있다. 컴퓨터 메모리는 개념적으로 순서대로 연결된 저장 셀(cell)의 컬렉션이라고 볼 수 있다. 개별 셀은 주소라는 고유한 번호가 매겨져 있는데 보통 컴퓨터 메모리의 첫 번째 주소는 0이며 대부분의 컴퓨터에서 셀의 단위는 바이트(Byte)다.

컴퓨터는 메모리를 이용해서 프로그램의 명령어를 저장하고 변수의 값을 저장하기도 한다. 따라서 int 형식의 count라는 변수를 선언하면 시스템은 프로그램이 실행되는 동안 count의 값을 저장할 메모리 공간을 할당하게 된다. 그리고 이렇게 할당된 메모리 공간의 주소는 예를 들어 500과 같은 값일 수 있다.

다행히 C 언어와 같은 고급 프로그래밍 언어를 이용하는 경우 변수에 대한 메모리 주소 할당과 같은 과정이 시스템에 의해 자동으로 관리되므로 개발자가 신경쓸 필요가 없다는 장점이 있다. 하지만 개별 변수에 고유한 메모리 주소가 할당되어 있다는 것을 이해하면 포인터의 동작 원리에 보다 쉽게 접근할 수 있을 것이다.

C 언어에서 변수에 주소 연산자를 적용해서 얻는 값은 컴퓨터 메모리 내에서 해당 변수의 실제 주소다(주소 연산자의 이름은 여기서 유래한 것이다). 따라서 다음 문을 이용하면 intPtr에 변수 count의 메모리상 위치를 할당할 수 있다.

```
intPtr = &count;
```

만약 count의 주소가 500이고 저장된 값이 10이라면 intPtr의 값은 500이 할당되며, 그림 10.11은 이 관계를 묘사한 것이다.

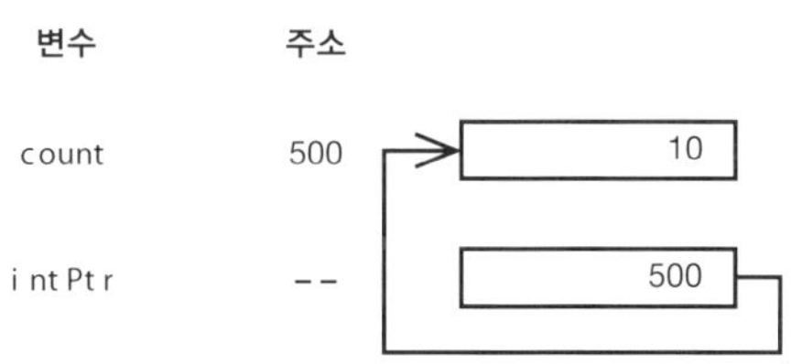



**그림 10.11** 포인터와 메모리 주소

그림 10.11에서 intPtr의 주소를 --로 표기한 것은 이 예에서 아무런 의미가 없는 값이기 때문이다.

이제 다음과 같이 포인터 변수에 간접 연산자를 적용하는 경우를 생각해 보자.

```
*intPtr
```

이 경우 포인터 변수의 값은 메모리 주소로 취급되고 이 주소에 저장된 값은 포인터 변수 선언 시에 지정된 형식으로 맞게 반환된다. intPtr이 int 형식에 대한 포인터라면 시스템은 *intPtr을 통해 제공된 메모리 주소에 저장된 값을 정수로 해석한다. 그림 10.11의 예에 대해 적용한다면 메모리 주소값이 500인 위치에 저장된 값이 정수 형식으로 반환되므로 결과적으로 *intPtr의 값은 int 형식의 10이다.

다음처럼 포인터가 참조하는 위치에 값을 저장하는 경우도 비슷한 방식을 따른다.

```
*intPtr = 20;
```

먼저 intPtr의 내용은 메모리 주소로 간주되어 반환되며 그런 다음 지정된 정수값을 해당 주소에 저장한다. 그러므로 이 문은 메모리 주소값이 500인 위치에 정수 20을 저장하는 의미를 가진다.

시스템 프로그래머라면 컴퓨터 메모리의 특정 위치를 액세스해야 하는 경우가 종종 있는데, 이때 포인터 변수의 동작 원리에 대한 이해가 많은 도움이 될 수 있다.

이번 장에서 살펴본 것처럼 C에서 포인터는 대단히 강력한 도구다. 포인터 변수를 정의하는 방법은 이번 장에서 소개한 것에서 더욱 유연하게 확장될 수 있다. 예를 들어 포인터에 대한 포인터를 정의하거나 심지어 포인터를 가리키는 포인터를 또 다른 포인터로 가리킬 수도 있다. 이와 같은 형태들을 이번 장에서 배운 내용의 단순한 논리적인 확대로 볼 수 있지만 이 책에서 다룰 범위로 보기에는 무리가 있다.

초보 개발자에게 포인터에 관한 내용은 아마도 가장 이해하기 어려운 부분일 것이다. 이번 장에서 다룬 내용 가운데 완전히 이해하지 못한 부분이 있다면 다시 학습하도록 하고 이어지는 연습문제를 통해 포인터에 대한 이해를 다질 수 있기 바란다.


## 연습문제

1. 이번 장에 소개된 15개의 예제를 입력해서 실행해 보고 책에 소개된 출력 결과와 실제로 실행한 결과를 비교해보자.

2. 연결 리스트에 새 요소를 삽입하는 insertEntry() 함수를 작성해보자. 이때 삽입할 요소를 가리키는 포인터와 새로운 요소(이번 장에서 정의한 struct entry 형식)를 삽입할 위치의 바로 앞 요소에 대한 포인터를 함수의 인수로 사용해야 한다.

3. 연습문제 2에서 개발한 함수는 리스트에서 기존에 존재하던 요소의 바로 뒤에 새 요소를 삽입하도록 되어 있어서 리스트의 맨 앞에는 요소를 추가할 수 없다. 똑같은 함수를 사용하면서 동시에 이 문제를 피할 수 있는 방법은 무엇일까? (힌트: 리스트의 시작 위치를 가리키는 특수한 구조를 생각해보자)

4. 연결 리스트에서 하나의 entry를 제거하는 removeEntry() 함수를 작성하자. 이 함수가 가지는 단하나의 인수는 리스트를 가리키는 포인터이며 함수는 전달받은 인수가 가리키는 요소의 바로 다음 요소를

제거해야 한다.(왜 인수로 전달받은 위치의 요소를 제거할 수 없을까?) 리스트의 첫 번째 요소를 제거할 수 있게 하려면 연습문제 3에서 이용했던 구조를 이용할 필요가 있다.

5. 이중 연결 리스트(Doubly linked list)는 리스트를 구성하는 개별 요소가 바로 앞 요소뿐만 아니라 바로 뒤의 요소에 대한 포인터도 포함하는 구조다. 이중 연결 리스트에 적합한 요소를 구조체로 정의하고 리스트의 모든 요소를 출력하는 간단한 이중 연결 리스트 예제를 작성해보자.

6. 단일 연결 리스트에 대해 만들었던 것처럼 이중 연결 리스트에 대해 동작하는 `insertEntry()`와 `removeEntry()` 함수를 작성하자. 이제 인수로 전달받은 포인터가 가리키는 요소를 직접적으로 제거할 수 있는 이유는 무엇인가?

7. 7장 "함수"에서 소개한 `sort()` 함수를 포인터 버전으로 작성하되 반복문 내의 인덱스 변수를 포함한 대부분의 처리에서 포인터를 최대한 사용하도록 하자.

8. 3개의 정수를 오름차순으로 정렬하는 `sort3()`라는 함수를 작성하자(단, 배열을 사용해서는 안 된다).

9. 9장에서 소개한 `readLine()` 함수에서 배열 대신 문자 포인터를 이용하도록 수정해보자.

10. 9장에서 소개한 `compareStrings()` 함수에서 배열 대신 문자 포인터를 이용하도록 수정해보자.

11. 이번 장에서 정의한 date 구조체가 주어졌을 때 이 구조체의 포인터를 인수로 받아 이것을 바로 다음 날짜로 갱신하는 `dateUpdate()` 함수를 작성해보자(예제 8.4 참고).

12. 프로그램 내에 다음과 같은 선언부가 주어졌다고 가정하자.

```c
char *message - "Programming in C is fun\n";
char message2[] = "You said it\n";
char *format = "x = %i\n";
int x = 100;
```

이때 다음과 같은 네 개의 집합에 대해 모든 `printf()` 호출이 유효하며 각 집합별로 출력 결과가 같은지 확인해보자.

```c
/*** 집합 1 ***/
printf ("Programming in C is fun\n");
printf ("%s", "Programming in C is fun\n");
printf ("%s", message);
printf (message);
```

```c
/*** 집합 2 ***/
printf ("You said it\n");
printf ("%s", message2);
printf (message2);
printf ("%s", &message2[0]);

/*** 집합 3 ***/
printf ("said it\n");
printf (message2 + 4);
printf ("%s", message2 + 4);
printf ("%s", &message2[4]);

/*** 집합 4 ***/
printf ("x = %i\n", x);
printf (format, x);
```

# 11

# 비트 연산

앞에서 이미 설명했듯이 C 언어는 시스템 프로그램 개발을 염두에 두고 고안되었다. 포인터가 가장 완벽한 예로서, 포인터를 이용하면 자유자재로 컴퓨터 메모리에 읽고 쓰는 것을 다룰 수 있기 때문이다. 같은 맥락으로 시스템 프로그래머는 컴퓨터 데이터의 "비트 조작"을 자주 다루게 된다. 이번 장에서는 다음과 같은 C 프로그래밍 연산자들로 비트를 다루는 방법을 배울 것이다.

- 비트 단위 논리곱 연산자
- 비트 단위 논리합 연산자
- 비트 단위 배타적 논리합(XOR) 연산자
- 보수 연산자
- 왼쪽 이동(Left shift) 연산자
- 오른쪽 이동(Right shift) 연산자
- 비트 필드

# 비트의 기초

앞장에서 논의한 바이트의 개념을 다시 상기해보자. 대부분의 컴퓨터 시스템에서 한 바이트는 '비트'라고 불리는 8개의 작은 단위로 구성되었다. 각 비트는 두개 값, 0 또는 1 중 하나이다. 컴퓨터 메모리 주소 1000에 저장된 바이트는 아래와 같이 8개의 2진수를 나열하여 나타낼 수 있다:

```
01100100
```

바이트의 가장 오른쪽 비트를 최하유효비트(least significant bit) 또는 최하순위비트(low-order bit)라고 하며, 가장 왼쪽 비트를 최상유효비트(most significant bit) 또는 최고순위비트(high-order bit)라고 한다. 나열된 비트 문자열을 정수라고 한다면 가장 오른쪽 비트는 $2^0$또는 1, 바로 왼쪽의 다음 비트는 $2^1$또는 2, 그 다음 비트는 $2^2$또는 4 등 동일한 방법으로 계속 다음 비트들에 적용된다. 따라서 앞의 2진수(01100100)는 $2^2+2^5+2^6=4+32+64=100$ 10진수를 나타낸다.

음수를 표현하는 방법은 약간 다르다. 대부분의 컴퓨터는 '2의 보수' 표기법을 사용하여 음수를 나타낸다. 이 표기법을 사용하면 가장 왼쪽 비트는 부호 비트로 사용한다. 이 비트가 1인 경우는 음수이고 0이면 양수이다. 그리고 나머지 비트들은 수의 값을 나타낸다. 2의 보수 표기에서 값 −1은 모든 비트가 똑같이 1로 표시된다: 11111111.

음수를 2진수로 변환하는 편리한 방법은 먼저 1을 더하고 음수의 절대값을 2진수로 표현한 후 각각의 비트를 '보수화', 즉 1은 0으로, 0은 1로 바꾼다. 예를 들어 −5를 2진수로 변환하기 위해선 먼저 1을 더해 −4를 만들고 절대 값 4를 2진수 '00000100'로 표현한 다음 비트를 보수화하여 '11111011'을 만들어낸다.

반대로 다시 음수로 변환하기 위해서는 먼저 2진수의 각각의 비트들을 다시 보수화한 후('00000100') 10진수로 바꾸고(4), 그 결과값을 음수로 전환한 다음(−4) 1을 빼면 된다(−5).

2의 보수로 표현할 수 있는 정수의 범위로 n개의 비트가 저장할 수 있는 가장 큰 양수는 $2^{n-1}-1$이고 8비트라고 가정할 때 $2^7-1=127$이다. 마찬가지로 가장 작은 음수는 $-2^{n-1}$이며 8비트일 때 $-2^7=-128$이다.(가장 큰 양수와 가장 작은 음수값의 크기가 다른 이유는 무엇일까?)

오늘날 대부분의 컴퓨터 프로세서들은 컴퓨터 메모리상에서 정수값으로 인접한 4개의 바이트, 또는 32비트를 점유하여 사용한다. 따라서 가장 큰 양수는 $2^{31}-1=2,147,483,647$이며 가장 작은 음수는 $-2,147,483,648$이다.

3장 "변수, 데이터 형식, 산술식"에서 부호 없는(unsigned) 수식어를 이용하여 변수의 범위를 효과적으로 증가시킬 수 있다는 것을 배웠다. 이 수식어는 가장 좌측 비트가 더 이상 어떠한 부호도 가질 수 없게 함으로써 항상 양수만을 다룰 수 있게 한다. 이러한 '추가적인' 비트로 해당 변수에 저장된 값의 크기를 2의 지수만큼 더 증가시킬 수 있으며, 더 정확하게 말하자면 n 비트는 이제 $2^{n-1}$만큼 더 저장이 가능하다는 뜻이다. 이는 32비트 정수를 저장하는 시스템에서 부호 없는 정수형의 범위가 0에서 $4,294,967,296$까지 저장할 수 있음을 의미한다.

## 비트 연산자

지금까지 몇 가지 준비 사항에 대해서 배웠고 다양한 비트 연산자들과 사용법에 대해 논의할 시간이다. 표 11.1은 비트를 조작하는 데 사용할 수 있는 C 연산자들이다.

**표 11.1** 비트 연산자

| 기호 | 연산자 |
| --- | --- |
| & | 비트 단위 논리곱 |
| \| | 비트 단위 포괄적 논리합 |
| ^ | 비트 단위 배타적 XOR |
| ~ | 비트 단위 보수 |
| << | 왼쪽 이동 |
| >> | 오른쪽 이동 |

비트 단위 보수 연산자인 ~을 제외한 표 11.1의 모든 연산자들은 이항 연산자처럼 2개의 피연산자를 가진다. 비트 연산자들은 C 언어의 모든 정수 형식(`int`, `short`, `long`, `long long`, 그리고 `signed` 또는 `unsigned`)과 문자 형식에서 사용 가능하지만 실수 자료형에서는 사용할 수 없다.

### 비트 단위 논리곱 연산자

C언어에서 두 값을 비트 단위 논리곱으로 계산하면 이항 연산자(AND)는 두 값의 2진 표현을 비트 단위로 비교하여 계산한다. 두 값의 대응하는 비트가 모두 1일 때 결과 비트는 1이 되고, 그 이외의 경우는 0이다. 피연산자 b1, b2에 대응하는 비트를 표현한 아래 진리표(truth table)는 b1과 b2가 가지는 가능한 모든 값에 대한 논리곱 연산의 결과를 보여준다.

```
b1 b2 b1 & b2
--------------
0   0   0
0   1   0
1   0   0
1   1   1
```

가령 w1과 w2가 데이터 형식이 `short int`로 정의되었고 w1이 25, w2에 77이 저장되었다고 한다면, C 구문인 `w3 = w1 & w2;`는 w3의 값으로 9를 대입한다. w1, w2, w3을 2진수로 표현하면더 쉽게 알 수 있다. 16비트 크기의 `short int`를 처리한다고 가정하자.

```
w1   0000000000011001        25
w2   0000000001001101      & 77
     --------------------------
w3   0000000000001001         9
```

논리적 논리곱 연산자인 '&&'의 동작 원리(두 연산자가 모두 참일 때만 참)를 생각한다면 비트 단위 논리곱을 쉽게 이해할 수 있을 것이다. 또한, 이 두 연산자를 혼동하지 않기를 당부하고 싶다! 논리적 논리곱 연산자 '&&'는 논리식에서 참/거짓의 결과를 생성하기 위해 사용하지만 비트 단위 논리곱 연산자는 그러한 결과를 만들지 않는다.

비트 단위의 논리곱 연산은 특정 비트 구역을 0으로 강제 저장(Masking)하기 위해 주로 사용한다. 예를 들면

```
w3 = w1 & 3;
```

은 w1에 항상 상수 3을 논리곱 연산으로 대입하면 w3은 가장 오른쪽 두 개의 비트를 제외한 모든 비트가 항상 0이 되고, 또한 가장 오른쪽 두 비트의 값은 w1의 값을 그대로 유지하는 효과를 얻는다.

모든 이항 산술 연산자들과 마찬가지로 비트 연산자들도 배정 대입 연산자를 사용할 수 있다. 그래서 다음 문장

```
word &= 15;
```

구문은

```
word = word & 15;
```

와 같이 동작하며, 가장 오른쪽 네 개의 비트를 제외한 모든 비트를 0으로 만든다.

비트 단위의 연산에서 상수를 사용할 때 8진수 또는 16 진수로 표현하는 것이 더 편리하다. 이 중 어떤 것을 선택할지는 대개 데이터 크기에 달려있다. 예를 들어 32비트 컴퓨터에서 32는 4의 배수(16 진수의 비트 수) 이므로 상수를 16 진수로 종종 표현한다.

예제 11.1은 비트 단위 논리곱 연산자의 예제이다. 이 프로그램은 오로지 양수만 다루고 있고, 모든 정수는 `unsigned int`형으로 선언하고 있다.

## 예제 11.1 비트 단위 논리곱 연산자

```c
// 비트 단위 논리곱 연산자 시연 프로그램
#include <stdio.h>

int main (void)
{
    unsigned int word1 = 077u, word2 = 0150u, word3 = 0210u;

    printf ("%o ", word1 & word2);
    printf ("%o ", word1 & word1);
    printf ("%o ", word1 & word2 & word3);
    printf ("%o\n", word1 & 1);

    return 0;
}
```

## 예제 11.1 결과

```
50 77 10 1
```

프로그램에서 정수형 상수가 모두 '0' 으로 시작하고 있는데, 이는 8진수임을 뜻한다. 그러므로 word1, word2, word3는 각각 8진수 077, 0150, 0210을 초기값으로 가지고 있다. 또한 상수 끝의 'u' 또는 'U'는 3장에서 본 바와 같이 부호 없는 정수를 의미한다.

첫 번째 printf 문은 word1과 word2의 비트 단위 논리곱 연산 결과로 8진수 50을 보여주고 있다. 다음은 이 값의 결과를 도식화한 것이다:

```
word1 ... 000 111 111         077
word2 ... 001 101 000   &   0150
          -----------------------
      ... 000 101 000         050
```

가장 오른쪽의 9개의 비트만 보여주고 있으므로 나머지 왼쪽은 모두 0이다. 2진수는 3개 비트 그룹으로 배열되어 2진수를 8진수로 앞뒤로 쉽게 변환시킬 수 있다.

두 번째 printf()는 word1 자체를 논리곱 연산하여 8진수 77을 결과로 보여준다. 정의에 의하면 자기 자신을 논리곱 연산하면 어떠한 수를 쓰더라도 항상 같은 결과값을 보여준다.

세 번째 printf()는 word1, word2, word3를 다함께 논리곱 연산한다. 비트 단위 논리곱 연산에서는 a & b & c와 같은 식이 있을 때 (a & b) & c, a & (b & c) 둘 중 어떤 식으로 풀이하더라도 차이가 없겠지만, 연산 순서는 왼쪽에서 오른쪽으로 하는 것이 바람직하다. word1, word2, word3를 논리곱 연산한 결과로 8진수 10이 올바른 결과인지 확인해보자.

마지막 printf()는 word1의 가장 오른쪽의 한 비트를 추출하기 위해 사용한다. 이것은 실제로 어떤 정수가 홀수인지 짝수인지 판별을 하는 데 사용하는 방법인데, 모든 홀수의 가장 오른쪽 비트는 1이고 짝수는 0이기 때문이다. 그러므로 if 구문

```
if ( word1 & 1 )
...
```

가 실행되어, 참이면 word1은 홀수이고(논리곱 연산의 결과가 1이므로) 거짓이면 짝수이다(논리곱 연산의 결과가 0이므로). (참고: 1의 보수 표현법을 사용하는 컴퓨터에서 음의 정수는 동작하지 않음.)


## 비트 단위 논리합 연산자

C 언어에서 두 값을 비트 단위 논리합 연산하면 두 값의 2진 표현을 다시 한 번 비트 대 비트 비교를 하는데, 이번에는 둘 중 어느 한 비트의 값이 1이면 결과는 항상 1이다. 다음 표는 비트 단위 논리합 연산 진리표이다.

```
b1    b2    b1 | b2
-----------------

0     0       0
0     1       1
1     0       1
1     1       1
```

w1이 unsigned int 형식의 8진수 0431이고 w2도 같은 8진수 0152라고 한다면, w1과 w2를 논리합 연산하면 그 결과는 8진수 0573이 된다.

```
w1 ... 100 011 001      0431
w2 ... 001 101 010    | 0152
       ------------------------
   ... 101 111 011      0573
```

비트 단위 논리곱 연산자에서 지적했던 것과 같이, 비트 단위 논리합과 논리적 논리합을 혼동하지 말아야 하며, 논리적 논리합은 두 개의 논리 값 중 어느 하나라도 참이면 결과도 참이다.

비트 단위 논리합은 좀 더 분명히 표현하기 위해 포괄적 비트 단위 논리합(bitwise inclusive-OR)이라고도 하며, 특정 비트를 1로 저장하는 데 사용한다. 다음 예문을 보면

```
w1 = w1 | 07;
```

논리합 연산이 수행되기 전에 w1의 비트값 상태와 전혀 상관없이 가장 오른쪽 3개의 비트를 1로 정한다. 물론 w1 |= 07과 같이 배정 대입 연산자를 쓸 수도 있다.

비트 단위 논리합을 이용한 프로그램 예제는 이 장의 뒷부분에 있다.

## 비트 단위 배타적 논리합 연산자

비트 단위 배타적 논리합 연산자는 보통 XOR(eXclusive OR)이라고 하며 다음과 같이 동작한다.

두 개의 피연산자가 둘 중 어느 하나만 1(또는 0)인 경우 결과값이 1이고 그렇지 않은 경우는 0이다. 다음은 이 연산자에 대한 진리표이다.

```
b1  b2  b1 ^ b2
----------------
0   0     0
0   1     1
1   0     1
1   1     0
```

w1, w2가 각각 8진수 0536, 0266이라고 할 때 예시와 같이 w1과 w2의 XOR(w1 ^ w2)의 결과는 8진수 0750이 된다.

```
w1 ... 101 011 110      0536
w2 ... 010 110 110  ^   0266
       ----------------------
   ... 111 101 000      0750
```

XOR 연산에서 한 가지 흥미로운 사실은 그 자신에 대해 XOR 연산을 하면 항상 그 결과는 0이 된다는 것이다. 과거에 이 트릭은 종종 어셈블리 언어 프로그래머에 의해 값을 모두 0으로 저장하거나 두 값을 비교해서 서로 같은 값인지 알고자 할 때 빠른 방법으로 사용했다.

그러나 이 방법은 시간만 낭비하고 프로그램을 더 모호하게 만드는 경향이 있으므로 C 프로그래밍에서는 사용을 권장하지 않는다.

또 다른 흥미로운 응용으로는 여분의 메모리를 사용하지 않고 두 값을 서로 효과적으로 교환할 수 있다는 것이다. 여러분들이 알고 있는 정수 i1과 i2 두 값을 교환하는 방법의 일반적인 순서는 다음과 같다.

```
temp = i1;
i1 = i2;
i2 = temp;
```

XOR 연산자를 사용하면 임시 저장 장소 필요 없이 두 값의 교환이 가능해 진다:

```
i1 ^= i2;
i2 ^= i1;
i1 ^= i2;
```

위의 i1, i2가 연산 결과로 교환이 성공했는지 여부는 직접 확인하기를 바란다.

## 1의 보수 연산자

1의 보수 연산자는 단항 연산자로, 피연산자의 비트값을 간단히 '반전' 시킬 수 있다. 이는 피연산자의 각 비트값을 0은 1로, 1은 0으로 바꾸는 것이다. 다음 진리표는 1의 보수 연산자를 간단하면서도 완전하게 표현한 것이다.

```
b1   ~b1
--------
0    1
1    0
```

w1은 16비트 길이의 short int 형식이며, 8진수 01224576이라고 하면, 1의 보수로 바꾸면 8진수 0055320으로 바뀐다:

```
 w1  1  010  010  100  101  111     0122457
~w1  0  101  101  011  010  000     0055320
```

1의 보수 연산자(~)는 산술식의 뺄셈 연산자(-) 또는 논리 부정 연산자(!)와 혼동할 수 있다. 정수 w1이 0이라면, -w1도 0이어야 한다. 그런데 w1: 0(00000000)에 1의 보수를 적용하면, ~w1의 비트는 전부 1(11111111)이 되는데, 이것은 결국 −1을 2의 보수 표기법으로 바꾸었을 때와 같은 잘못된 결과인 셈이다. 끝으로, w1에 논리 부정 연산자를 적용하면 w1은 거짓(0)이므로 !w1은 참(1)이다[주1].

---

주 1. (역자주) 1의 보수는 0이 2개가 되므로 정수형 범위에서 하나 더 손해를 본다. 그리고 뺄셈 연산을 할 때 마지막으로 1을 다시 더해야 하므로 연산 처리의 효율이 2의 보수보다 떨어진다.

1의 보수 연산자는 연산에서 처리하는 비트 수량의 정확한 크기를 모를 때 유용하다. 그리고 프로그램의 이식성을 더 강하게 만들어 준다. 즉, 프로그램이 특정 컴퓨터에서만 동작하도록 하는 의존도를 줄이고 다른 컴퓨터에서도 쉽게 동작할 수 있도록 한다. 예를 들어 정수형 w1에 0을 설정하고, 가장 오른쪽 비트는 1이고 나머지 모두는 1로 구성된 어떤 한 정수와 w1을 비트 단위 논리곱 연산을 한다고 하자. C 문장으로는

```
w1 &= 0xFFFFFFFE;
```

과 같이 표현하며 32비트 정수 표현이 가능한 컴퓨터에서 잘 동작한다.

만약 앞선 C 구문 대신 w1 &= -1로 바꾸더라도 정수의 크기(예를 들면 32비트 정수형 시스템에서는 왼쪽으로 31개 비트)를 충분히 채울 만큼 왼쪽으로 1의 비트를 가지고 -1을 1의 보수 표기법으로 계산하였기 때문에 w1은 똑같은 비트 단위 논리곱 연산의 결과를 얻는다.

예제 11.2는 지금까지 얘기했던 다양한 비트 연산자들을 요약했다. 프로그램을 보기 전에 먼저 다양한 연산자들의 우선순위에 대해 살펴보는 것이 중요하다. 비트 단위 AND, OR, XOR 연산자들은 각 산술 또는 관계 연산자들보다 우선순위가 낮으나 논리적 AND, 논리적 OR보다는 높다. 비트 단위 AND 연산자는 XOR보다는 높고, XOR은 OR 보다 우선순위가 높다. 단항의 1의 보수 연산자는 어떠한 이항 연산자들보다 우선순위가 높다. 이들 연산자들의 우선순위에 대한 요약은 부록 A "C 언어 요약"을 참조하기 바란다.

## 예제 11.2 비트 연산자들 예제

```
/* 비트 연산자들에 대한 예제 프로그램 */

#include <stdio.h>

int main (void)
{
    unsigned int w1 = 0525u, w2 = 0707u, w3 = 0122u;

    printf ("%o %o %o\n", w1 & w2, w1 | w2, w1 ^ w2);
    printf ("%o %o %o\n", ~w1, ~w2, ~w3);
    printf ("%o %o %o\n", w1 ^ w1, w1 & ~w2, w1 | w2 | w3);
    printf ("%o %o\n", w1 | w2 & w3, w1 | w2 & ~w3);
    printf ("%o %o\n", ~(~w1 & ~w2), ~(~w1 | ~w2));

    w1 ^= w2;
    w2 ^= w1;
```

```c
    w1 ^= w2;
    printf ("w1 = %o, w2 = %o\n", w1, w2);

    return 0;
}
```

**예제 11.2 결과**

```
505 727 222
37777777252 37777777070 37777777655
0 20 727
527 725
727 505
w1 = 707,  w2 = 525
```

어떻게 이러한 결과가 나올 수 있는지 이해하기 위해서는 예제 11.2를 종이에 연필로 써서 직접 검증하면서 풀어보아야 한다. 프로그램은 32비트 정수형 컴퓨터에서 실행되었다.

네 번째 printf()는 비트 단위 논리곱 연산자가 논리합 연산자보다 우선순위가 높기 때문에 표현식의 결과에 중요한 영향을 미친다.

다섯 번째 printf()는 드모르간(DeMorgan) 법칙의 예로써, -(-a & -b)는 a | b와 같고, -(-a | -b)는 a & b와 같다. 프로그램의 다음에 나오는 문장의 순서에서는 "비트 단위 배타적 논리합 연산자"절에서 설명했던 교환 연산이 작동하는지 확인한다.

## 왼쪽 이동 연산자

어떤 값을 왼쪽 이동 연산을 하게 되면 값에 포함된 비트들은 그대로 왼쪽으로 이동한다. 이 연산자의 오른쪽의 수만큼 값(비트들)이 자리 이동한다. 데이터 항목의 상위 비트를 넘어간 비트들은 무시되고 비워진 하위 비트에는 항상 0의 값이 채워진다. w1이 3이라고 한다면

```c
w1 = w1 << 1;
```

은 다음과 같이 표현 가능하며

```c
w1 <<= 1;
```

3을 왼쪽으로 한 비트만큼 이동하며, 결과는 6이 된다.

```
w1         ...  000 011    03
w1 << 1 ...  000 110    06
```

연산자 '<<'의 왼쪽 피연산자는 이동해야 하는 값이고, 오른쪽 피연산자인 숫자는 비트가 이동해야 할 위치를 나타낸다. 만일 w1이 왼쪽으로 자리를 하나 더 이동한다면 w1의 값은 8진수 014가 되어 원치 않는 결과를 얻게 된다:

```
w1         ...  000 110     06
w1 << 1 ...  001 100     014
```

왼쪽 이동은 실제로 값이 2씩 이동하여 증가하는 효과를 갖게 된다. 사실 어떤 C 컴파일러는 대부분의 컴퓨터에서 적당한 수만큼 자리 이동(시프팅)하는 것이 곱셈보다 훨씬 더 빠른 연산을 수행하므로 값을 왼쪽으로 이동할 때마다 2의 거듭 제곱씩 곱셈을 자동으로 수행한다.

왼쪽 이동 연산자의 프로그램 예제는 오른쪽 이동 연산자를 설명한 후에 보여주도록 하겠다.

## 오른쪽 이동 연산자

이름에서 알 수 있듯이, 오른쪽 이동 연산자(>>)는 값의 비트를 오른쪽으로 이동시킨다. 비트를 이동한 후 하위 비트의 범위를 벗어난 것들은 무시한다. 부호 없는(unsigned) 값일 경우에는 오른쪽으로 이동한 후 좌측으로 비어진 위치(상위 비트)에 0을 채운다. 그와 반대로 왼쪽에 부호를 갖는 값을 가지고 이동할 때는 값의 부호에 의존을 하는데, 컴퓨터 시스템상에서 어떻게 동작 하느냐에 따라 부호값은 이동하거나 그대로 복사가 될 수 있다. 부호 비트가 0(0은 양수)인 경우 실행 시스템과 상관없이 0을 채운다. 그러나 부호 비트가 1이면 어떤 컴퓨터에서는 1로 채우고 다른 컴퓨터에서는 0을 채운다. 전자는 산술 오른쪽 시프트라 하고 후자는 논리 오른쪽 시프트라고 한다.

시스템이 산술 오른쪽 시프트를 구현할지 논리 오른쪽 시프트를 구현할지에 대해서는 어떤 가정도 하지 말아야 한다. 부호 있는 값들이 오른쪽으로 이동하는 프로그램은 어떤 시스템에서는 제대로 작동할지도 모르지만 다른 시스템에서는 이런 가정들 때문에 실패할 수도 있다.

w1은 부호 없는 32비트 정수형이고 16진수 F777EE22가 저장되었다고 하면 w1을 다음 구문으로 오른쪽으로 1자리씩 이동하여

```
w1 >>= 1;
```

w1은 16진수 7BBBF711이 된다.

```
w1         1111 0111 0111 0111 1110 1110 0010 0010    F777EE22
w1 >> 1  0111 1011 1011 1011 1111 0111 0001 0001    7BBBF711
```

만일 w1이 (부호 있는) short 정수형이라면 (어떤 컴퓨터는 같은 결과이겠지만) 다른 컴퓨터에서는 산술 오른쪽 시프트 연산을 수행하여 결과가 FBBBF711이 될 것이다.

좌/우측 시프트 연산을 할 때 이동할 비트 수가 좌측 피연산자의 데이터 항목 크기보다 크거나 같을 경우 C 언어는 정의된 결과를 만들어 내지 못한다는 것을 주목해야 한다. 그러므로 32비트 정수를 나타내는 시스템에서 32비트 이상의 수로 좌/우측 시프트 프로그램은 정의된 결과를 보장하지 않는다. 또한 음수를 이동하는 경우도 결과가 정의되지 않으므로 주의해야 한다.

## 이동 함수

지금부터 좌/우측 시프트 연산자를 다루는 예제 11.3을 살펴보자. 일부 컴퓨터들은 시프트 수가 양수이면 값을 왼쪽으로 이동시키고, 음수이면 오른쪽으로 이동시키는 단일 기계 명령어를 가지고 있다.

이제 C 함수로 이런 연산을 흉내내 보자. 두 개의 인수를 가지는 함수를 먼저 만든다. 각각 이동할 값과 시프트 수이다. 시프트 수가 양수이면 지정한 자리 수만큼 왼쪽으로 이동하고 반대로 음수이면 절대값만큼 오른쪽으로 이동한다.

### 예제 11.3 시프트 함수 구현

```c
// 부호 없는 정수값이 카운트가 양수면 왼쪽으로,
// 음수면 오른쪽으로 이동하는 함수

#include <stdio.h>

unsigned int shift (unsigned int value, int n)
{
if ( n > 0 )          // 왼쪽 시프트
    value <<= n;
else                  // 오른쪽 시프트
    value >>= -n;


return value;
}


int main (void)
{
    unsigned int w1 = 0177777u, w2 = 0444u;
```

```c
    unsigned int shift (unsigned int value, int n);

    printf ("%o\t%o\n", shift (w1, 5), w1 << 5);
    printf ("%o\t%o\n", shift (w1, -6), w1 >> 6);
    printf ("%o\t%o\n", shift (w2, 0), w2 >> 0);
    printf ("%o\n", shift (shift (w1, -3), 3));

    return 0;
}
```

**예제 11.3 결과**

```
7777740    7777740
1777       1777
444        444
177770
```

예제 11.3의 shift() 함수에는 인수 'value'를 unsigned int 형식으로 선언하였으므로 오른쪽 이동 시 0을 확실히 채울 것이다. 즉 논리적 오른쪽 이동을 수행한다는 말이다.

이동할 비트 수 'n'이 0보다 크면 함수는 'value'를 n 비트만큼 왼쪽으로 이동한다. 'n'이 음수(또는 0)면 n 값을 부정하여 얻어진 값[주2] 만큼 지정된 위치로 오른쪽 이동을 수행한다.

main() 함수에서 처음 호출하는 shift() 함수는 w1의 값을 5비트 왼쪽으로 이동하는 것을 보여주고 있다. printf()는 shift() 함수를 호출하여 이동한 결과값을 화면으로 보여주어 이들 값들을 직접 비교 가능하도록 해준다.

두 번째로 호출하는 shift() 함수는 w1을 오른쪽으로 6자리 이동한다. 함수의 결과는 프로그램 11.3의 출력 결과처럼 w1을 직접 오른쪽으로 6자리 이동한 것과 동일하다.

세 번째 shift() 함수는 이동할 비트 수가 0이다. 이 경우 프로그램 출력 결과에서 알 수 있듯이 0 비트 수만큼 값을 오른쪽으로 이동하더라도 결과값에는 아무런 영향을 미치지 않는다.

마지막 printf()는 shift() 함수를 중첩 호출하고 있는 것을 보여준다. 가장 안쪽의 shift()가 먼저 실행되는데 w1을 오른쪽으로 3번 이동한다. 결과는 0017777이며 왼쪽으로 3번 이동하

---

주 2. (역자주) –(-n)을 의미

는 함수인 바깥쪽 shift()로 값을 전달한다. 프로그램 출력 결과와 같이 w1의 하위 비트 3개에 0이 저장되는 최종 효과가 있다(물론 지금쯤은 단순히 w1과 ~7을 비트 단위 논리곱 연산해도 된다는 것을 눈치챘을 것이다).

## 비트 회전

다음 프로그램의 예는 이번 장의 비트 연산자들 일부를 함께 묶어 값을 왼쪽 또는 오른쪽으로 회전하는 함수를 개발하게 될 것이다. 회전 절차는 값이 좌측으로 회전할 때 상위 비트가 다시 하위 비트로 이동하는 것을 제외하고는 시프트 기능과 유사하다. 또한 값이 우측으로 회전할 때 하위 비트를 벗어나는 비트들은 상위 비트로 다시 시프트된다. 32비트 부호 없는 정수를 처리하는 경우 16진수 80000000은 일반적으로 왼쪽 시프트를 할 경우 잃게 되는 부호 비트를 하위 비트로 다시 가져가 16진수 00000001을 만든다.

함수는 두 개의 인수값, 즉 회전하는 값과 개체를 회전시키는 비트의 수를 가진다. 두 번째 인수값이 양수이면 값을 왼쪽으로 회전하고 그 외에는 오른쪽으로 회전한다.

회전 기능을 구현하는 매우 간단한 방법이 있다. 예를 들어 정수형 x를 0보다 큰 수인 n 비트만큼 왼쪽으로 회전하는 것은 n비트 수만큼 x의 왼쪽 비트들을 추출하여 오른쪽으로 다시 넣을 수 있다. 오른쪽 회전 알고리즘도 유사하게 구현할 수 있다.

예제 11.4는 앞서 설명한 알고리즘을 이용해 rotate 함수를 구현한 것이다. 이 함수는 컴퓨터가 32비트 정수형을 사용하는 것을 가정한다. 이 장 끝에 있는 연습문제에서는 이런 가정을 하지 않고 이 함수를 구현하는 방법을 제시하고 있다.

### 예제 11.4  회전 함수 구현

```c
// 정수형 회전 프로그램 예시

#include <stdio.h>

int main (void)
{
    unsigned int w1 = 0xabcdef00u, w2 = 0xffff1122u;
    unsigned int rotate (unsigned int value, int n);

    printf ("%x\n", rotate (w1, 8));
    printf ("%x\n", rotate (w1, -16));
```

```c
    printf ("%x\n", rotate (w2, 4));
    printf ("%x\n", rotate (w2, -2));
    printf ("%x\n", rotate (w1, 0));
    printf ("%x\n", rotate (w1, 44));

    return 0;
}
```

// 부호 없는 정수형의 왼쪽, 오른쪽 회전 함수

```c
    unsigned int rotate (unsigned int value, int n)
    {
    unsigned int result, bits;

    // 시프트 수의 범위를 시스템 범위에 맞게 축소

    if ( n > 0 )
        n = n % 32;
    else
        n = -(-n % 32);

    if ( n == 0 )
        result = value;
    else if ( n > 0 ) {      // 왼쪽 회전
        bits = value >> (32 - n);
        result = value << n | bits;
}
    else {                   // 오른쪽 회전
        n = -n;
        bits = value << (32 - n);
        result = value >> n | bits;
}

return result;
}
```

```
cdef00ab
ef00abcd
fff1122f
bfffc448
abcdef00
def00abc
```

먼저 이동할 비트 수 n이 유효한 숫자인지 확인한다. 다음 코드에서

```
if ( n > 0 )
    n = n % 32;
else
    n = -(-n % 32);
```

첫 줄은 n이 양수일 때를 검사한다. 예제는 32비트 정수형으로 가정했으므로 n % 32[주3]의 값이 n 내부에 저장된다. 따라서 시프트 수의 범위는 0에서 31이 된다. n이 음수이면 C 언어에서는 mod 연산이 부호를 정의하지 않기에 음수에 대한 결과를 만들어낼 수 없으므로 먼저 n을 양수로 바꾸어야 한다. 물론 여러분의 컴퓨터는 양수나 음수 결과를 만들 수 있다. 첫째 값을 부정함으로써 양수를 만든다. 그런 다음 결과값에 다시 음의 부호를 써서 음수를 만들면 값의 범위는 0에서 -31이 된다.

위에서 조정된 이동 비트 수 n이 0이면[주4] result에는 인수로 들어온 value 값이 그대로 할당되는데, 그렇게 하지 않았을 경우에는 불필요한 아래의 회전 알고리즘이 진행된다.

왼쪽 n-비트 회전 기능은 세 단계로 나누어진다. 우선, value의 좌측 32 n비트를 추출한 후 오른쪽으로 이동하여 bits에 저장한다. 다음으로 n비트만큼 value를 왼쪽으로 이동하고 마지막으로 bits에 저장된 값과 비트 단위 논리합 연산을 한다. 오른쪽 이동도 이와 유사한 절차를 따른다.

main()에서 변화된 16진수 표기법 사용을 주의하자. 처음 호출하는 rotate() 함수는 w1 값을 왼쪽으로 8비트 회전하도록 한다. 프로그램 출력 결과에서 볼 수 있듯이 abcdef00이 왼쪽으로 8비트 회전하여 16진수 cdef00ab가 결과로 나왔다.

---

주 3. (역자주) n을 32로 나눈 나머지를 구하는 연산

주 4. (역자주) 시프트 수 인자가 0, 32, -32일 경우 조정된 n은 0임

두 번째 rotate() 함수는 w1을 16 비트만큼 오른쪽으로 회전시킨다.

다음 2개의 rotate() 함수들은 w2값으로 비슷한 일을 하므로 따로 설명할 필요가 없다. 끝에서 두 번째 rotate() 함수는 수가 0인 경우이다. 프로그램 출력 결과는 이러한 경우 값이 변하지 않은 채 그대로 보여 준다.

마지막 rotate()는 44 만큼 왼복 호출을 요청하였다. 이것은 값을 왼쪽으로 12 비트(44 % 32 는 12이므로) 회전하는 것과 동일하다.


## 비트 필드

지금까지 살펴본 비트 연산자들로 온갖 종류의 정교한 비트 연산을 수행할 수 있다. 비트 연산은 종종 정보로 묶인 데이터 항목 단위로 연산을 수행한다. 일부 컴퓨터에서는 그냥 short int를 사용하여 메모리를 절약할 수 있겠지만 (대부분 그렇지 않으므로) 데이터 표현을 위해 전체 바이트나 워드를 다 쓸 필요가 없는 경우 비트 단위로 정보를 쪼개어 저장할 수 있다. 예를 들어 참/거짓 조건을 저장하는 플래그는 컴퓨터에 단일 비트로 표현한다. 대부분의 컴퓨터에서는 플래그를 문자형(char) 변수를 선언하여 8비트(1 바이트)를 사용하고 _Bool 변수형도 마찬가지로 8비트를 사용할 가능성이 있다. 게다가 큰 테이블에 많은 플래그 저장이 필요한 경우 낭비되는 메모리의 양이 중요한 사안이 될 것이다.

C 언어에는 메모리를 보다 효율적으로 사용하기 위해 정보를 한데 묶는 두 가지 유용한 방법이 있다. 첫 번째 방법은 데이터 내부에 정상적인 정수형으로 간단히 표현하는 것인데, 예를 들면 이전 섹션에서 설명한 비트 연산자들을 이용하여 원하는 비트를 액세스하는 것이다. 다른 방법은 비트 필드로 알려진 C 구조체를 사용하여 압축된 정보의 구조를 정의하는 것이다.

첫 번째 사용법을 설명하기 위해 메모리에 매우 큰 테이블을 유지해야 하므로 한 word에 5개의 데이터 묶기를 원한다고 가정하자. 세 개의 데이터 플래그 f1, f2, f3가 있다고 가정하자. 네 번째는 type이라고 하는 범위가 1~255인 정수값이고, 마지막은 index라고 하는, 범위가 0~100,000인 정수값이다.

플래그 f1, f2, f3에 저장한 값은 단지 3개의 비트만 필요하며, 각각은 참/거짓에 대한 비트이다. 1~255 범위의 정수형에는 8비트의 저장소가 필요하다. 마지막의 인덱스에는 0~100,000 범위의 정수값을 가정했을 때 18비트가 필요하다. 따라서 f1, f1, f3, type, index 등 5개의 데이터 값을 저장하기 위해 필요한 스토리지의 총량은 29비트이다. 이들 5개의 값들을 모두 포함하는 정수형 변수를

```c
unsigned int packed_data;
```

로 정의하고 packed_data 내부에 5개의 데이터 값을 저장하는 임의의 특정 비트들(또는 필드라고도 부르는)을 할당할 수 있다. 그림 11.1은 이러한 할당을 packed_data가 32비트로 가정하여도식화 한 것이다.

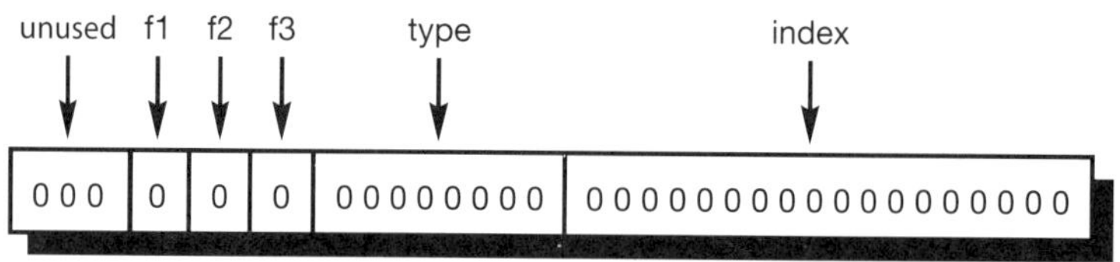


**그림 11.1** packed_data의 비트 필드 할당

packed_data에 사용하지 않는 비트가 3개가 있음을 주목하라. 지금부터는 packed_data에 비트 연산자를 올바른 순서를 적용하여 정수형의 다양한 필드로 부터 값을 저장하고 불러올 수 있다. 아래 구문과 같이 packed_data에 값 7을 비트 단위 논리합으로 연산한 후 왼쪽으로 18비트 시프트를 하면 packed_data의 type 필드에 7을 저장할 수 있다.

```
packed_data |= 7 << 18;
```

다음은 type 필드에 범위가 0 ~ 255인 값 n을 저장하는 구문이다.

```
packed_data |= n << 18;
```

n이 0 ~255 사이임을 확인하면, 이동하기 전에 0xff와 먼저 비트 단위 논리곱 연산을 할 수 있다. 물론, type 필드가 0임을 알고 있는 앞의 문장에서만 동작하지만, 그렇지 않으면, 아래 구문과 같이 먼저 packed_data를 type 필드의 위치에는 8 비트의 0이, 나머지 모두는 1이 채워진 (마스크라고 흔히 부르는)값과 비트 단위 논리곱 연산을 하여 0으로 만들어야 한다.

```
packed_data &= 0xfc03ffff;
```

앞에서와 같이 마스크를 사용함으로써 명확하게 계산하는 것이 번거롭거나 연산이 정수형의 크기 문제로부터 자유롭게 하려면 다음과 같은 구문을 사용하여 type 필드에 0을 저장할 수 있다.

```
packed_data &= ~(0xff << 18);
```

앞에서 설명한 구문을 활용하여 해당 필드에 저장된 값과 상관없이 packed_data의 type 필드에 n의 하위 8개 비트에 포함된 값을 저장할 수 있다.

```
packed_data = (packed_data & ~(0xff << 18)) | ((n & 0xff) << 18);
```

이 코드에는 가독성을 위해 일부 불필요한 괄호를 추가했다.

여러분은 type 필드에 특정 값을 저장하는 간단한 작업을 수행하는 앞의 표현식이 얼마나 복잡한지를 알았다. 대신에 이들 필드 중 하나로부터 값을 추출하는 방법도 그리 나쁘지 않다. 필드를 하위 비트로 이동한 후 적당한 비트 길이의 마스크와 비트 단위 논리곱 연산을 하면 packed_data의 type 필드를 추출하고 n을 할당할 수 있다. 다음은 이러한 트릭을 수행하는 구문이다.

```
n = (packed_data >> 18) & 0xff;
```

C 언어는 비트 필드를 다루는 보다 편리한 방법을 제공한다. 이 방법은 비트의 필드를 정의하고 해당 필드에 이름을 할당하는 특정 문법인 구조체를 사용한다. C에서 "비트 필드"를 적용할 때에도 참조하는 방법이다.

앞서 언급했던 비트 필드 할당(그림 11.1)은 다음 예와 같이 packed_struct 라는 구조체로 정의할 수 있다:

```
struct packed_struct
{
    unsigned int :3;
    unsigned int f1:1;
    unsigned int f2:1;
    unsigned int f3:1;
    unsigned int type:8;
    unsigned int index:18;
};
```

구조체 packed_struct는 6개의 구성원(멤버)을 포함한다. 첫 번째 멤버는 이름이 없다. 그리고 ':3'은 3개의 이름 없는 비트임을 의미한다. 두 번째 멤버는 f1이라 하며, 부호 없는 정수형이고, 바로 인접한 ':1'은 이 멤버가 1비트를 가진 것을 명시한다. 플래그 f2, f3도 마찬가지로 1비트의 크기를 가진다. type은 8 비트를 차지하고 있으며 반면에 index는 18 비트 long 형식으로 정의하고 있다.

C 컴파일러는 앞서 정의된 비트들을 함께 자동으로 압축한다. 이 방법이 가지는 좋은 점은 packed_struct 형식으로 정의된 다양한 필드들이 정상적인 구조체를 참조하는 것과 같은 편리한 방법으로 똑같이 참조가 가능하다는 것이다. packed_data라는 변수를 다음과 같이 선언한다면

```
struct packed_struct packed_data;
```

다음과 같은 간단한 문장으로 packed_data의 type 필드에 값 7을 저장할 수 있다.

```
packed_data.type = 7;
```

type 필드에 값 n을 저장하기 위한 문장은 다음과 같이 사용할 수 있다.

```
packed_data.type = n;
```

type 필드에 n 값이 너무 커서 적합할지에 대한 걱정은 할 필요가 없다. 단지 n의 하위 8개의 비트만 type 필드에 저장되기 때문이다.

비트 필드의 값 추출도 자동으로 처리된다.

```
n = packed_data.type;
```

이 문장이 packed_data의 type 필드를 추출하고(필요에 따라 자동으로 하위 비트로 이동) n에 해당 값을 할당한다.

비트 필드는 정규 표현으로 사용 가능하며 자동으로 정수로 변환한다. 그래서 다음 구문

```
i = packed_data.index / 5 + 1;
```

은 완벽하게 유효하며,

```
if ( packed_data.f2 )
...
```

플래그 f2가 참 또는 거짓인지 판별하는 위 문장도 마찬가지로 유효하다. 비트 필드에 대해 한 가지 주목할 점은 내부적으로 필드 할당을 왼쪽에서 오른쪽으로 하는지 오른쪽에서 왼쪽으로 하는지 여부를 보장할 수 없다는 점이다. 다른 프로그램이나 시스템에서 만들어진 데이터를 다루지 않는다면 문제될 것이 없다. 이런 경우를 대비하여 비트 필드를 할당하고 적절히 선언하는 방법을 알아야 한다. 그림 11.1에 있는 것처럼 필드를 오른쪽에서 왼쪽으로 채우는 시스템을 똑같이 표현한 구조체 packed_struct는 다음과 같이 정의할 수 있다.

```
struct packed_struct
{
    unsigned int index:9;
    unsigned int type:4;
    unsigned int f3:1;
    unsigned int f2:1;
    unsigned int f1:1;
    unsigned int :3;
};
```

구조체 멤버를 -비트 필드의 포함 여부와 관계 없이- 어떻게 저장하는지에 관한 그 어떠한 가정도 해서는 안된다.

또한 비트 필드를 포함하는 구조체 내에 일반적인 데이터 유형을 사용할 수 있다. 만일 정수, 문자, 2개의 1-비트 플래그를 구조체에 포함하고자 한다면 다음과 같이 정의할 수 있다.

```
struct table_entry
{
    int           count;
    char          c;
    unsigned int  f1:1;
    unsigned int  f2:1;
};
```

특정 부분은 비트 필드의 가치를 논하는 네 언급할 필요가 있다. 그것은 정수형(int)과 _Bool 형식으로 선언한 것들이다. 만약 int로 선언했다면 구현 시 부호 값의 유무에 따라 달라진다. 안전하게 실행하기 위해서는 signed int 또는 unsigned int와 같이 명시적으로 선언해야 한다. 비트 필드는 차수가 될 수 없다. 즉, flag:1[5]와 같이 필드를 배열로 할 수 없다. 마지막으로 비트 필드의 주소도 가질 수 없다. 따라서 분명히 '비트 필드 포인터'와 같은 형식은 없다.

비트 필드들은 구조체 정의에서 'unit(단위)'으로 묶는다. 한 unit의 크기는 구현 시 정해지며 최대 크기는 워드(32 bit)와 같다.

C 컴파일러는 저장 공간을 최적화하려고 할 때 비트 필드를 다시 정렬하지 않는다.

필드 명세에 관한 마지막 주안점은 길이 0의 이름 없는 필드와 같은 특별한 경우에 관한 것이다. 구조체 각 unit의 경계의 시작점으로부터 다음 필드를 강제 조정할 수 있다.

이제 C의 비트 연산들에 대한 논의를 결론짓고자 한다. C 언어가 제공하는 비트를 효율적으로 조작하는 방법이 얼마나 능력이 있고 유연한지 알아보았다. 편리하게 사용할 수 있는 연산자들로 비트 단위 논리곱, 논리합, 배타적 논리합, 1의 보수 연산자, 왼쪽 이동, 오른쪽 이동 연산자들이 있다. 특수한 비트 필드 형식을 사용하여 데이터 항목의 할당을 가능하도록 하고 마스크나 시프트 처리 없이 특정 값을 쉽게 저장하고 검색할 수 있다.

예를 들어 unsigned long int 형식과 short int 형식과 같이 서로 다른 값을 가지는 정수형을 비트 단위로 연산하고자 할 때 일어나는 문제에 관해서는 13장 "열거형 데이터 형식, 형식 정의, 형식 변환을 통한 데이터 형식의 확장"을 참조하자.

다음 장으로 넘어가기 전에 C의 비트 연산자들에 대한 이해를 돕기 위해 다음 연습문제를 풀어 보자.

## 연습문제

1. 이 장에 있는 4개의 프로그램을 직접 입력하고 실행한 후 나온 결과를 교재에 있는 각 프로그램 출력 결과와 비교해보자.

2. 자신의 컴퓨터에서 산술 또는 논리 오른쪽 시프트 연산을 수행하는 프로그램을 작성해보자.

3. ~0은 모두 정수 1로 변환하는 보수 표현을 이용하여 정수형 bit의 길이를 반환하는 `int_size()` 함수를 작성해보자.

4. 연습문제 3번의 결과를 이용해서 정수형 크기에 대해 어떠한 가정도 더 이상 성립할 수 없도록 예제 11.4 `rotate()` 함수를 수정해보자.

5. `unsigned int`와 비트 수 n의 두 인자를 갖는 `bit_test()` 함수를 작성해보자. 이 함수는 비트 수 n이 하나의 워드 범위 안(32비트)에 있으면 1을, 그렇지 않으면 0을 반환한다. 가장 왼쪽의 비트 수는 0으로 가 정한다. 또한 `signed int`와 비트 수 n의 두 인수를 사용하는 `bit_set()` 함수를 작성하자. 이 함수는 정수 범위 안에서 n–비트 회전한 결과를 반환한다.

6. `unsigned int` 형식을 갖는 소스로부터 비트의 특정 패턴 발생을 찾는 `bitpat_search()` 함수를 작 성해보자. 이 함수는 다음과 같이 3개의 인수를 가진다.
   ```
   bitpat_search (source, pattern, n)
   ```

   이 함수는 정수형 소스값의 가장 왼쪽 비트부터 시작해서 오른쪽으로 n 비트만큼 범위 안에서 패턴 발생을 보여준다. 만약 패턴이 발견되면 가장 왼쪽 비트를 0으로 시작하여 패턴을 발견한 위치를 반환한다. 만일 패턴이 발견되지 않으면 –1을 반환한다.
   ```
   index = bitpat_search (0xe1f4, 0x5, 3);
   ```

   위의 예제에서 `bitpat_search()` 함수는 0xe1f4( = 1110 0001 1111 0100 2진수)로부터 3개의 비트 패턴 0x5(= 101 2진수)의 발생을 찾는다. 이 함수는 패턴이 소스의 비트 번호 11번째 위치에 있음을 나타 내기 위해 11을 반환한다. 함수가 int의 크기에 대한 어떠한 가정도 만들지 않는다는 것을 확인해보자(연 습문제 3번 참조).

7. 특정 값을 추출하는 함수 bitpat_get() 함수를 작성해보자. 3개의 인수 값을 갖는데, 첫 번째 인수는 unsigned int이고 두 번째는 찾기를 시작하는 비트 번호이고 세 번째는 비트 수이다. 가장 왼쪽에 있는 비트는 시작 번호가 0이고 첫 번째 인수값 x로부터 특정 비트 수만큼 결과를 반환한다.

```
bitpat_get (x, 0, 3)
```

이 함수는 x의 가장 왼쪽으로부터 3개의 비트를 추출한다.

```
bitpat_get (x, 3, 5)
```

이 함수는 x 필드의 왼쪽에서 네 번째 위치(시작 비트 번호는 3)에서부터 5개 비트를 추출한다.

8. 특정 패턴의 값을 비트에 지정하는 bitpat_set() 함수를 작성해보자. 함수는 4개의 인수가 있다. 첫 번째는 비트가 저장된 특정 위치를 지정하는 unsigned int 포인터이고 오른쪽에 인접한 unsigned int은 저장할 비트의 값을 포함하며, 세 번째 int는 (가장 왼쪽을 0이라고 할 때) 저장 시작 위치이고 네 번째 int는 필드의 크기이다.

```
bitpat_set (&x, 0, 2, 5);
```

이 문장은 5개의 비트 크기를 갖는 x 필드의 3 번째 비트부터(비트 번호는 2이다) 0을 저장한다. 마찬가지로 다음 함수

```
bitpat_set (&x, 0x55u, 0, 8);
```

는 크기가 8비트인 x 필드에 0번 비트부터 16진수 55를 저장한다.
int의 특정 크기에 대한 가정은 하지 않기로 한다.

# 12

# 전처리기

이 장에서는 다른 고급 프로그래밍 언어에서는 보기 힘든 C 언어의 고유한 기능인 전처리기에 대해 설명한다. C 전처리기는 프로그램을 쉽게 작성할 수 있게 하고, 쉽게 읽고 수정하고 또 다른 컴퓨터로 쉽게 이식할 수 있게 한다. 또한 특정 프로그래밍 응용에만 꼭 맞도록 하거나 자신만의 독특한 프로그래밍 스타일을 가지게 할 수 있다. 이 장에서 다룰 내용은 다음과 같다.

- #define 문으로 상수와 매크로 작성
- #includc 문으로 라이브러리 피일 구축
- 조건부 #ifdef와, #endif, #else 및 #ifndef를 이용하여 더 강력한 프로그램 만들기

전처리기는 C 컴파일 과정에서 C 프로그램에 들어있는 특별한 형식의 문장을 인식한다. 이름에서도 알 수 있듯이 전처리기는 C의 본문 프로그램보다 먼저 분석이 이루어진다. 전처리 문장은 줄의 맨 앞에 우물 기호인 # 기호를 붙여서 나타낸다. 전처리 문장은 일반적인 C 문장과는 형식이 약간 다르다. 거의 모든 프로그램은 특히 #include와 같은 전처리 지시문을 사용한다. 이 장의 뒤에서 더 자세히 다루기로 하고 먼저 #define 문장부터 살펴보자.

# #define 문

#define 문장의 주 용도는 프로그램 상수에 상징적인 이름을 붙이는 것이다. 다음의 전처리 문장은 이름 YES를 정의하고 값 1과 같게 만든다.

```
#define   YES 1
```

YES는 프로그램의 어떤 곳에서도 값 1 대신 사용할 수 있다. 이름 YES가 나타날 때마다 전처리기에 의해 값 1이 자동으로 대체된다. 예를 들어 YES를 사용하는 다음 문장이 있다고 하자.

```
gameOver = YES;
```

이 문장은 gameOver에 YES의 값을 할당한다. YES의 값이 1로 정의되어 있기 때문에 실제 대입되는 값에 대해 전혀 신경 쓸 필요가 없으며 앞의 문장은 gameOver에 1을 대입한다.

```
#define   NO  0
```

이 문장은 NO를 정의하고 그 다음에 사용되는 모든 NO에 값 0을 대입하는 것과 같은 결과를 만든다. 따라서 다음 문장은 NO의 값을 gameOver에 대입한다.

```
gameOver = NO;
```

그리고 다음 문장은 gameOver 값과 NO 값을 비교한다.

```
if ( gameOver == NO )
    ...
```

하지만 문자열의 내부에는 정의된 이름을 사용하지 못한다. 따라서 다음 문장은 charPtr이 문자열 "1"이 아니라 "YES"를 가리킨다.

```
char *charPtr = "YES";
```

정의된 이름은 변수가 아니다. 따라서 바뀐 값이 변수가 아닐 경우 정의한 이름에 새로운 값을 대입할 수 없다. #define의 오른쪽에 정의된 이름이 프로그램에서 사용될 경우 내용이 무엇이든지 간에 전처리기에 의해 자동으로 대체된다. 이것은 마치 텍스트 편집기에서 검색 후 바꾸기 기능과 유사하며 이 경우 전처리 관련 텍스트로 정의된 이름의 모든 항목을 대체한다.

#define은 특별한 구문 형식을 가지는데, YES 값에 1을 할당할 때 등호(=) 기호를 사용하지 않았다. 게다가 문장의 끝에 세미콜론(;)을 사용하지도 않았다. 왜 이런 특별한 형식을 사용하는지 곧 알게 될 것이다. 일단, 앞에서 설명했던 YES와 NO 정의를 사용한 작은 프로그램을 살펴보자. 예제 12.1의 isEven 함수는 매개 변수가 짝수이면 YES를, 홀수이면 NO를 반환한다.

```c
#include <stdio.h>

#define   YES 1
#define   NO  0

// 정수값이 짝수인지 판별하는 함수

int isEven (int number)
{
    int answer;

    if ( number % 2 == 0 )
        answer = YES;
    else
        answer = NO;

    return answer;
}

int main (void)
{
    int isEven (int number);

    if ( isEven (17) == YES )
        printf ("yes ");
    else
        printf ("no ");

    if ( isEven (20) == YES )
        printf ("yes\n");
    else
        printf ("no\n");

    return 0;
}
```

```
no yes
```

#define 문장이 프로그램의 처음에 나타난다. 이것은 필수 사항은 아니며 프로그램의 어느 위치에 있어도 상관없다. 하지만 프로그램에서 사용되기 전에는 반드시 정의되어야 한다. 정의된 이름은 변수처럼 쓰지는 않고, 지역 변수와 같은 의미는 전혀 없다. 프로그램에서 전처리 이름이 함수 내부나 외부에서 정의된 다음 위치부터는 프로그램 어디에서도 사용 가능하다. 대부분의 프로그램 개발자들은 전처리 정의를 모아서 프로그램의 시작 부분(또는 include 파일의 내부[주1])에 두어 신속히 볼 수 있게 하거나 또는 다른 프로그램 원본 파일들과 공유하기 쉽게 한다.

정의된 이름 NULL은 개발자가 null 포인터[주2]를 나타내기 위하여 자주 사용하는 이름이다.

```
#define  NULL   0
```

프로그램에서 위와 같이 정의하면 프로그램을 작성할 때 다음과 같이 listPtr의 값이 NULL이 아니면 while 반복문이 계속 실행하도록 하여 프로그램의 가독성을 높일 수 있다.

```
while ( listPtr != NULL )
...
```

정의된 이름을 사용하는 또 다른 예제로 원의 면적, 원의 둘레, 주어진 반경으로 만들어지는 구의 부피를 구하는 3개의 함수를 작성하는 경우를 알아보자. 이들 함수 모두는 특히 기억하기 힘든 상수 $\pi$를 사용하므로 이 값을 프로그램의 시작 부분에 정의해 두고 각 함수가 필요할 때마다 사용한다[주3].

예제 12.2는 어떻게 상수를 정의하고 사용하는지 보여준다.

**예제 12.2 #define을 이용한 다양한 동작**

```
/*  원의 넓이와 둘레, 주어진 반경으로 만들어지는 구의 부피를 계산하는 함수  */

#include <stdio.h>
```

---

주 1. 프로그램에 포함할 수 있는 특수 파일을 내부에 설정하는 방법에 대해 배우는 부분을 읽어보자.

주 2. NULL은 이미 <stddef.h>라는 이름의 파일로 내부 시스템에 정의되어 있다. 또 이러한 포함된 파일들을 곧 자세히 설명한다.

주 3. 식별자 M_PI는 이미 헤더 파일 <math.h>에 저장되어 있다. 이 파일을 프로그램에 포함시키면 별도로 정의할 필요 없이 프로그램에서 $\pi$의 값을 직접 사용할 수 있다.

```c
#define PI 3.141592654

double area (double r)
{
    return PI * r * r;
}

double circumference (double r)
{
    return 2.0 * PI * r;
}

double volume (double r)
{
    return 4.0 / 3.0 * PI * r * r * r;
}

int main (void)
{
    double area (double r), circumference (double r), volume (double r);

    printf ("radius = 1: %.4f %.4f %.4f\n", area(1.0), circumference(1.0),
            volume(1.0));

    printf ("radius = 4.98: %.4f %.4f %.4f\n", area(4.98),
            circumference(4.98), volume(4.98));

    return 0;
}
```

**예제 12.2 결과**

```
radius = 1: 3.1416 6.2832 4.1888
radius = 4.98: 77.9128 31.2903 517.3407
```

프로그램의 시작 부분에 정의된 이름 PI는 그 값이 3.141592654로 되어 있다. 그 다음 면적, 원둘레, 부피를 구하는 함수 내부에서 사용하는 PI는 자동으로 정의된 값(3.141592654)으로 대체된다.

의미 있는 이름으로 상수값을 미리 정의하는 것은 프로그램에서 특정 상수를 사용하기 위해 매번 기억해야 하는 번거로움을 없애준다. 또 그 상수값을 변경 시켜야 하는 경우(예: 값을 잘못 알고 있었던 경우), 프로그램에서 #define 문 하나만 변경하면 된다. 이런 방법을 사용하지 않았다면 프로그램에서 모든 틀린 상수 부분을 찾아 그 값을 명확하게 바꾸어야 하는 번거로움이 있다.

지금까지 앞에서 배웠던 모든 전처리 정의(YES, NO, NULL, PI)에서는 이름으로 영문 대문자를 사용했다. 이렇게 한 이유는 변수와 서로 쉽게 구별하기 위해서이다. 많은 프로그래머들은 정의된 이름을 대문자로 사용하는 관례를 적용하여 변수와 쉽게 구분할 수 있게 하고 있다. 또 다른 일반적인 관례는 이름의 머리글자로 k를 사용하는 것이다. 이 경우는 대문자를 사용하지 않는데, kMaximumValues, kSignificantDigits은 이 관례를 준수하는 정의된 이름의 두 예이다.

## 프로그램 확장성

상수값 대신 정의된 이름을 사용하면 프로그램을 쉽게 확장할 수 있다. 예를 들어 배열을 정의할 경우 배열 요소의 크기를 명시적 또는 암시적(배열의 목록을 초기화하기) 방법으로 지정해야 한다. 다음 프로그램 문장은 배열의 원소 크기의 내용을 포함하여 사용한 예이며, 배열 dataValues가 다음과 같이 정의되었다고 가정하자.

```
float dataValues[1000];
```

dataValues에 1,000개의 원소가 있다는 사실을 보여주는 좋은 예이다. 이번에는 다음의 for 반복문을 보자.

```
for ( i = 0; i < 1000; ++i )
...
```

배열을 반복해서 사용할 때 값 1000을 반복의 상한값으로 사용한다.

```
if ( index > 999 )
```

앞의 if 구문은 또한 index 값이 배열의 최대 크기를 넘어가는지를 검사한다.

이제 dataValues 배열의 크기를 1,000에서 2,000으로 증가시킨다고 가정해보자. 이로 인해 dataValues가 1,000개의 원소를 가진다는 사실을 이용한 모든 문장의 변경이 불가피해졌다.

배열의 크기를 나타내는 더 좋은 방법은 프로그램이 쉽게 확장될 수 있도록 이름을 정의하여 배열의 최대 크기를 나타내는 것이다. 그러므로 다음과 같이 MAXIMUM_DATAVALUES라는 이름을 #define 문으로 적절하게 정의할 수 있다.

```
#define MAXIMUM_DATAVALUES 1000
```

앞의 정의를 포함하여 dataValues 배열을 다음과 같이 만들 수 있다.

```
float dataValues[MAXIMUM_DATAVALUES];
```

배열의 상한선을 이용하는 문장들도 앞에서 정의한 이름을 사용할 수 있다. 예를 들어 dataValues의 모든 요소들을 차례대로 사용하기 위해서 문장을 다음과 같이 사용할 수 있다.

```
for ( i = 0; i < MAXIMUM_DATAVALUES; ++i )
...
```

index의 값이 배열의 상한선을 넘어서는지에 대해 검사하는 것도 다음과 같이 사용할 수 있다.

```
if ( index > MAXIMUM_DATAVALUES - 1 )
...
```

앞의 방법의 가장 좋은 점은 dataValues 배열의 크기를 2,000으로 바꾸기 위해 다음처럼 전처리 정의만을 바꾸면 된다는 것이다.

```
#define MAXIMUM_DATAVALUES 2000
```

그 다음 프로그램에서 배열의 크기를 사용할 때 MAXIMUM_DATAVALUES를 사용했으면 앞의 전처리 정의만을 바꾸면 다른 부분은 전혀 바꿀 필요가 없어진다.


### 프로그램 이식성

#define 구문의 또 다른 멋진 활용법은 프로그램이 다른 여러 컴퓨터에 쉽게 이식되도록 도와주는 것이다. 때로는 프로그램이 실행되는 특정 컴퓨터와 관련된 상수를 사용하는 것이 필요하다. 예를 들어 특정 컴퓨터의 메모리 주소, 파일 이름, 컴퓨터 워드에 포함되어 있는 비트의 수를 사용해야만 한다.

예제 11.4의 rotate() 함수는 프로그램이 실행되는 컴퓨터가 32비트의 정수형을 사용한다는 것을 기억해 보자.

만약 이 프로그램을 64비트 정수형을 사용하는 다른 컴퓨터에서 실행한다면 rotate 함수는 정확히 동작하지 않을 것이다[주 4]. 다음의 코드를 살펴보자. 프로그램이 기계 종속적인 값을 사용해

---

주 4. 물론 정수형 자체 비트 수를 결정하여 완전히 컴퓨터 독립적이 되도록 rotate 함수를 만들 수 있다. 11장 "비트 연산자"의 연습문제 3, 4번을 참고하라.

야 하는 상황이라면 되도록 많은 부분을 다른 부분과 분리하는 것이 좋다. 이럴 경우 #define 문이 상당한 도움이 된다. 여기 새로운 버전의 rotate 함수는 오히려 더 간단함에도 불구하고 다른 컴퓨터에 더 쉽게 이식할 수 있다.

```c
#include <stdio.h>

#define kIntSize 32   // *** 기계 의존 !!! ***

// unsigned int를 왼쪽 또는 오른쪽으로 이동하는 함수

unsigned int rotate (unsigned int value, int n)
{
    unsigned int result, bits;

/* 범위의 크기를 줄이는 이동 */

if ( n > 0 )
    n = n % kIntSize;
else
n = -(-n % kIntSize);

if ( n == 0 )
    result = value;
else if ( n > 0 ) /* 왼쪽 회전 */
{
    bits = value >> (kIntSize - n);
    result = value << n | bits;
}
else /* 오른쪽 회전 */
{
    n = -n;
    bits = value << (kIntSize - n) ;
    result = value >> n | bits;
}

return result;
}
```

## 고급 정의 방법

이름의 정의에는 단순한 상수값뿐만 아니라 곧 보게 될 연산식 외에 모든 것을 사용할 수 있다!

다음의 문장은 TWO_PI를 2.0과 3.141592654의 곱으로 정의한다.

```
#define TWO_PI 2.0 * 3.141592654
```

이 정의 이후로는 프로그램에서 2.0 × 3.141592654를 사용하는 곳에는 어디든지 이 이름 (TWO_PI)을 사용할 수 있다. 그러므로 예제 12.2의 circumference 함수의 return 문장을 다음과 같이 바꿀 수 있다.

```
return TWO_PI * r;
```

C 프로그램에서 정의된 이름을 만날 때마다 #define 문장에서 정의된 이름의 오른쪽에 있는 모든 내용이 문자 그대로 대체된다. 또한 C 전처리기는 return 문장에 있는 TWO_PI를 만날 때에도 이 이름에 해당하는 내용으로 대체한다. 따라서 C 전처리기는 프로그램에서 TWO_PI를 만나면 2.0 × 3.141592654로 바꾼다.

전처리기가 정의된 이름을 문자 상태로 교체하는 것이 #define을 정의할 때 세미콜론을 사용하지 않는 이유를 설명한다. 만약 세미콜론을 사용하면 정의된 이름을 교체할 때 세미콜론도 함께 들어간다. 만일 PI를 다음과 같이 정의하였고

```
#define PI 3.141592654;
```

그리고 다음 문장이

```
return 2.0 * PI * r;
```

이라면 전처리기는 PI를 만나면 3.141592654로 교체할 것이다.

```
return 2.0 * 3.141592654 * r;
```

따라서 전처리기가 앞의 구문과 같이 return 문장을 바꾸어 실행하면 구문 오류를 발생시킨다.

교체된 후에 정확한 구문이 된다면 전처리 정의 시점에 사용하는 문장은 C 언어에서 유효한 문장이 아니어도 괜찮다. 예를 들어 다음 문장에서 LEFT_SHIFT_8이 유효한 구문이 아닌 것 같아도 실제로는 적절한 문장이다.

```
#define LEFT_SHIFT_8   << 8
```

LEFT_SHIFT_8은 다음과 같이 y 값을 왼쪽으로 8비트 이동시키고 그 결과를 x에 저장하기 위해 사용할 수 있다.

```
x = y LEFT_SHIFT_8;
```

좀 더 실질적인 예로 다음과 같은 정의를 사용할 수 있다.

```
#define AND  &&
#define OR   ||
```

그리고 앞의 정의를 이용해 다음과 같은 식으로 쓸 수 있다.

```
if ( x > 0 AND x < 10 )
...
if ( y == 0 OR y == value )
...
```

심지어 다음 정의로 등가 검사도 할 수 있다.

```
#define EQUALS  ==
```

앞의 정의들로 다음과 같이 문장을 작성할 수 있다.

```
if ( y EQUALS 0 OR y EQUALS value )
...
```

이 방법은 프로그램의 가독성을 높이고 등가 검사에 등호를 1개 사용하는 실수를 막을 수 있다.

지금까지 예제들이 #define의 기능에 대해 잘 설명하고 있지만 기본 구문을 바꾸는 것은 좋은 습성은 아니다. 게다가 여러분의 코드를 다른 사람들이 이해하기 어렵게 만들 수도 있다.

더 흥미로운 것은 앞에서 정의한 것을 다시 참조할 수 있다는 것이다. 그러므로 다음의 두 정의는 완벽한 방법이다.

```
#define PI  3.141592654
#define TWO_PI 2.0 * PI
```

TWO_PI는 앞에서 정의한 PI를 사용하여 3.141592654를 다시 다 써야 하는 수고를 덜게 되었다.

다음과 같이 순서를 바꾸어도 여전히 유효하다.

```
#define TWO_PI 2.0 * PI
```

```
#define PI   3.141592654
```

전처리 정의에서 사용하는 값은 프로그램에서 사용되는 시점에 사용 가능하기만 하면 앞의 경우처럼 순서를 바꾸어 사용해도 유효하다. 하지만 전처리가 정의되었다 할지라도 프로그램의 가독성을 위해서는 이와 같이 사용하지 않기를 바란다.

프로그램에서 전처리 정의를 잘 사용하면 주석을 줄일 수 있다. 다음의 문장을 살펴보자.

```
if ( year % 4 == 0 && year % 100 != 0 || year % 400 == 0 )
```
…

year의 값이 윤년인지 검사를 하는 앞의 식은 이 책의 이전 프로그램들에서 이미 보았으리라 생각 된다. 이제 아래의 if 문장을 다음의 전처리 정의를 사용하여 바꿔보자.

```
#define IS_LEAP_YEAR  year % 4 == 0 && year % 100 != 0 \
|| year % 400 == 0
```
…
```
if ( IS_LEAP_YEAR )
```
…

일반적으로 전처리기는 프로그램상에서 1 줄로 있다고 가정한다. 두 번째 행이 필요할 경우 줄의 마지막에 역 슬래쉬(\)를 사용하여 다음 줄도 정의에 포함되는 일부분이라는 것을 나타낸다. 같은 정의 이름으로 하나 이상의 연속적인 행을 사용할 때도 마찬가지로 각 줄의 마지막에 역 슬래시로 마무리해야 한다.

앞의 if 문장은 이전의 문장보다 훨씬 이해하기 쉽다. 문장 자체에 많은 설명이 포함되어 있으므로 따로 주석을 달 필요가 없다. IS_LEAP_YEAR 정의를 사용하는 목적은 함수를 사용하는 것과 비슷하다. is_leap_year라는 함수를 만들어 사용해도 비슷한 가독성으로 만들 수도 있다. 어떤 선택을 사용하느냐 하는 것은 개인의 주관적인 판단에 있다. 물론 is_leap_year 함수를 사용하는 것이 매개 변수를 사용할 수 있으므로 전처리 정의를 사용하는 것보다 더 일반적일 수 있다. IS_LEAP_YEAR 정의가 year 변수만을 사용하지만 함수는 매개 변수로 임의의 변수값이 윤년인지 검사할 수 있다. 다음에 설명하겠지만 사실 전처리 정의도 매개 변수들을 사용할 수 있다.


### 인수와 매크로

IS_LEAP_YEAR가 매개 변수 y를 사용하도록 다음과 같이 정의할 수 있다.

```
#define IS_LEAP_YEAR(y)    y % 4 == 0 && y % 100 != 0 \
        || y % 400 == 0
```

전처리는 함수를 호출하는 것이 아니라 단지 문장 자체를 대체하는 것이므로 함수와는 달리 매개 변수 y의 형식을 정의하지 않는다.

#define 문장에서 이름과 매개 변수의 왼쪽 괄호 사이에는 공백을 허용하지 않는다.

앞의 정의를 사용하여 year의 값이 윤년인지 검사하는 문장을 작성할 수 있다.

```
if ( IS_LEAP_YEAR (year) )
...
```

또는 next_year가 윤년인지도 검사할 수 있다.

```
if ( IS_LEAP_YEAR (next_year) )
...
```

앞의 문장을 if 문장에서 IS_LEAP_YEAR는 정의에 사용된 내용으로 교체하고 그 다음 매개 변수 y 대신 next_year로 교체한다. 따라서 컴파일러는 다음과 같은 문장을 만나게 된다.

```
if ( next_year % 4 == 0 && next_year % 100 != 0 \
        || next_year % 400 == 0 )
...
```

C 에서는 전처리 정의를 매크로라고 한다. 이 용어는 주로 매개 변수를 사용하는 전처리 정의를 의미한다. C에서 함수를 사용하는 대신 매크로를 사용하게 되면 매개 변수의 자료형식을 표현하지 않아도 실행되는 장점이 있다. 예를 들어 매개 변수값의 제곱을 구하는 다음 매크로 SQUARE를 살펴보자.

```
#define SQUARE(x)  x * x
```

다음 구문은 $v^2$값을 y에 대입하는 프로그램이다.

```
y = SQUARE (v);
```

여기서 v는 int, long, float 등의 형식이 될 수 있으며 자료의 형식에 상관없이 매크로를 사용할 수 있다. 만약 SQUARE가 int 형식을 매개 변수로 사용하는 함수라면 double 형식값의 제곱을 계산하는 데는 사용하지 못한다. 매크로를 사용할 때 한 가지 고려할 점은 (전처리기가 프로그램에서 매크로를 직접 대체하므로) 동일한 함수를 사용하는 것보다 더 많은 메모리를 사용한다는 것이다. 반면에 함수 사용 시 호출하거나 반환할 때 사용되는 추가 자원 사용을 피할 수 있다.

매크로 SQUARE의 정의 방법은 매우 분명하지만 정의할 때 조심해야 할 부분이 있다. 다음 문장은 $v^2$값을 y에 대입하는 문장이다.

```
y = SQUARE (v);
```

그렇다면 다음 문장에서 어떤 결과가 나올지 생각해보자.

```
y = SQUARE (v + 1);
```

이 문장은 (v + 1)2를 y에 대입하지 않는다. 전처리기는 매개 변수의 내용을 문자 자체로 교체하기 때문에 앞의 문장은 실제로 다음과 같이 바뀌어 원하는 결과를 만들어내지 못한다.

```
y = v + 1 * v + 1;
```

이런 문제를 해결하기 위해 매크로 SQUARE의 정의에 괄호를 적절히 사용해야 한다.

```
#define SQUARE(x) ( (x) * (x) )
```

앞의 정의가 이상하게 보일지 몰라도 연산식이 SQUARE 매크로의 매개 변수로 사용될 때 x가 사용되는 곳에서 연산식 전체가 문자로 대체된다는 것을 기억하자. 이 새로운 정의를 사용하면

```
y = SQUARE (v + 1);
```

은 다음 문장으로 정확히 바뀐다.

```
y = ( (v + 1) * (v + 1) );
```

조건 연산식은 매크로를 작성할 때 많이 사용한다. 다음의 문장은 2개의 값 중에서 큰 값을 반환하는 매크로 MAX를 정의한다.

```
#define MAX(a,b) ( ((a) > (b)) ? (a) : (b) )
```

앞의 정의를 이용한 다음 문장은 x + y와 minValue 값 중에서 큰 값을 limit 변수에 대입한다.

```
limit = MAX (x + y, minValue);
```

다음의 표현도 올바르게 처리하기 위해 MAX의 정의 전체에 괄호가 되어 있다.

```
MAX (x, y) * 100
```

그리고 다음의 경우도 문장을 정확히 실행하기 위해 각각의 인수에 괄호가 되어 있다.

```
MAX (x & y, z)
```

비트 단위 논리곱 연산은 매크로에서 사용된 '>'보다 연산 우선순위가 낮다. 만일 매크로 정의에 괄호가 없다면 '>' 연산은 비트 AND 연산보다 먼저 실행되어 정확하지 않은 결과를 만들어낸다.

다음 매크로로는 문자가 영문 소문자인지 검사한다.

```
#define IS_LOWER_CASE(x) ( ((x) >= 'a') && ((x) <= 'z') )
```

그리고 다음과 같은 문장을 사용할 수 있다.

```
if ( IS_LOWER_CASE (c) )
...
```

앞의 정의를 이용하여 ASCII 형식의 소문자를 대문자로 바꾸는 매크로를 다음과 같이 작성할 수 있다.

```
#define TO_UPPER(x) ( IS_LOWER_CASE (x) ? (x) - 'a' + 'A' : (x) )
```

다음 프로그램은 string이 가리키는 문자를 하나씩 차례대로 소문자를 대문자로 바꾼다[주 5].

```
while ( *string != '\0' )
{
    *string = TO_UPPER (*string);
    ++string;
}
```

### 가변 개수의 인수를 사용하는 매크로

매크로를 정의할 때 불명확하거나 가변 개수의 인수를 가지게 할 수 있다. 이것은 인수 리스트에 3개의 점을 사용하여 표현한다. 그리고 매개 변수는 __VA_ARGS__ 이름으로 사용된다. 예를 들어 다음의 매크로 debugPrintf는 가변 개수의 인수를 가진다.

```
#define debugPrintf(...) printf ("DEBUG:" __VA_ARGS__);
```

앞의 매크로를 사용해 다음과 같은 문장을 사용할 수 있다.

```
debugPrintf ("Hello world!\n");
debugPrintf ("i = %i, j = %i\n", i, j);
```

처음과 두 번째 문장의 결과는 i는 100, j는 200을 썼을 때 다음과 같다.

---

주 5. C 라이브러리에는 문자형을 검사하고 변환하는 함수가 매우 많다. 예를 들어 islower, toupper 등은 매크로 IS_LOWER_CASE와 TO_UPPER와 같다. 보다 자세한 내용은 부록 B "C 라이브러리 표준"을 참고하자.

```
DEBUG: Hello world!
DEBUG: i = 100, j = 200
```

첫 번째 debugPrintf 문장은 전처리기에 의해 다음의 printf 문장으로 바뀌고

```
printf ("DEBUG: " "Hello world\n");
```

문자열의 결합이 이루어진 후 최종적으로 다음과 같은 문장으로 바뀐다.

```
printf ("DEBUG: Hello world\n");
```

# # 연산자

매크로 정의에서 매개 변수 앞에 #을 사용하면 매크로를 호출될 때 전처리기는 문자열 상수를 만든다.

```
#define str(x) # x
```

예를 들어 앞의 매크로를 다음과 같이 사용하면

```
str (testing)
```

의 결과는

```
"testing"
```

이고, 다음의 printf()는

```
printf (str (Programming in C is fun.\n));
```

다음 문장과 같은 결과를 나타낸다.

```
printf ("Programming in C is fun.\n");
```

앞의 설명에서 전처리기는 매크로 인수에 큰 따옴표를 붙인다. 인수에 사용한 모든 큰따옴표나 역 슬래시는 그대로 유지된다. 따라서

```
str ("hello")
```

는 다음의 문장을 만든다.

```
"\"hello\""
```

매크로 정의에서 # 연산자를 사용하는 좀 더 실용적인 예제는 다음과 같다.

```c
#define printint(var) printf (# var " = %i\n", var)
```

이 매크로는 정수값을 출력할 때 사용될 수 있다. count가 100을 가지고 있는 정수형 변수일 경우 다음 문장은

```c
printint (count);
```

다음과 같이 확장되고

```c
printf ("count" " = %i\n", count);
```

인접한 두 문자열을 합치면 다음의 문장이 된다.

```c
printf ("count = %i\n", count);
```

# 연산자는 매크로의 인수를 문자열로 만드는 기능을 제공한다. 추가 사항으로 #과 매개 변수 사이의 공백은 선택사항이다.


## ## 연산자

이 연산자는 매크로 정의에서 2개의 토큰을 결합하는데 매개 변수의 앞(또는 뒤)에서 사용한다. 전처리기는 실제 매크로의 인수에서 1개의 토큰, 그리고 ## 다음(또는 앞)에서 나머지 토큰을 가져온다.

예를 들어 x1부터 x100까지 변수 리스트를 가정해보자. printx 매크로는 인수로 1에서 100까지의 정수를 사용하여 해당하는 x 변수값을 출력한다.

```c
#define printx(n) printf ("%i\n", x ## n)
```

앞의 정의를 이용해 다음 부분은 ## 이전과 이후에 발생하는 토큰들(문자 x와 인수 n) 중에서 1개의 토큰을 만든다.

```c
x ## n
```

따라서

```c
printx (20);
```

은 다음과 같이 확장된다.

```c
printf ("%i\n", x20);
```

printx 매크로는 변수의 이름과 값을 같이 출력하기 위해 앞에서 정의한 printint 매크로를 사용할 수도 있다.

```
#define printx(n) printint(x ## n)
```

앞의 정의를 호출하면

```
printx (10);
```

은 처음으로 다음과 같이 확장되고

```
printint (x10);
```

다시 다음으로

```
printf ("x10" " = %i\n", x10);
```

그리고 마지막으로 다음과 같이 바뀐다.

```
printf ("x10 = %i\n", x10);
```

## #include 문

여러분들은 C 프로그래밍을 하는 동안 프로그램에서 사용할 매크로나 함수들을 직접 개발한다. 프로그램을 새로 작성할 때마다 매크로를 입력하는 것보다 별도의 파일로 모은 다음 #include 를 사용해 프로그램에 포함할 수 있다. 이 파일들은 일반적으로 확장자명이 .h로 끝나며 header 또는 include 파일이라 한다.

다양한 미터 단위를 변경하는 프로그램을 작성한다고 생각해보자. 프로그램에서 단위 변경을 위해 여러 가지 상수를 사용한다고 가정하자.

```
#define   INCHES_PER_CENTIMETER   0.394
#define   CENTIMETERS_PER_INCH1 / INCHES_PER_CENTIMETER

#define   QUARTS_PER_LITER 1.057
#define   LITERS_PER_QUART 1 / QUARTS_PER_LITER

#define   OUNCES_PER_GRAM  0.035
#define   GRAMS_PER_OUNCE  1 / OUNCES_PER_GRAM
...
```

앞의 정의들을 metric.h라는 별도의 파일에 입력했다고 가정하자. 이후 metric.h 파일에 정의된 내용을 사용하는 모든 프로그램은 간단히 다음과 같이 전처리기 지시문을 포함하면 된다.

```
#include "metric.h"
```

이 문장은 metric.h에 포함된 정의가 사용되기 전에 반드시 나타나야 하므로 보통은 소스 파일의 시작 부분에 위치시킨다. 전처리기는 시스템에서 특정 파일(헤더 파일)을 찾아 그 내용을 #include가 있는 곳으로 복사한다. 따라서 헤더 파일에 있는 모든 내용은 마치 그 내용을 프로그램에 직접 입력한 것과 같은 결과를 만든다. 헤더 파일 양 끝에 있는 큰따옴표는 파일을 몇몇 디렉터리(일반적으로 프로그램 파일과 같은 디렉터리이지만 전처리기가 파일을 찾는 위치는 시스템마다 다를 수 있다)에서 찾게 하는 역할을 한다. 만약 지시한 파일이 없으면 전처리기는 시스템에서 정의한 디렉터리에서 찾는다.

헤더 파일의 양쪽에 '〈'와 '〉'을 사용한 경우에는 전처리기가 그 파일을 시스템에서 지정한 헤더 파일을 모아 두는 특별한 디렉터리에서 찾는데 이것은 시스템에 따라 달라진다.

```
#include <stdio.h>
```

Unix 또는 Mac OS X 시스템에서는 헤더 파일을 모아두는 디렉터리가 /usr/include이므로 표준 헤더 파일 stdio.h는 /usr/include/stdio.h에서 발견할 수 있다.

실제 프로그램에서 include 파일이 어떻게 사용되는지 알아보기 위해 앞의 6개의 전처리 정의를 metric.h 파일에 만들어 넣고 예제 12.3을 작성하고 실행해보자.

### 예제 12.3  #include 문장의 사용

```
/* #include 문장의 사용을 설명하는 프로그램
     참고: 이 프로그램은 metric.h 파일에 전처리 정의들을 설정한 것으로 가정하자 */

#include <stdio.h>
#include "metric.h"

int main (void)
{
    float liters, gallons;

    printf ("*** Liters to Gallons ***\n\n");
    printf ("Enter the number of liters: ");
    scanf ("%f", &liters);
```

```c
    gallons = liters * QUARTS_PER_LITER / 4.0;
    printf ("%g liters = %g gallons\n", liters, gallons);

    return 0;
}
```

**예제 12.3 결과**

```
*** Liters to Gallons ***

Enter the number of liters: 55.75
55.75 liters = 14.7319 gallons.
```

앞의 예제 프로그램은 정의된 헤더 파일 metric.h에서 전처리 정의 이름을 1개만(QUARTS_
PER_LITER) 사용하는 간단한 프로그램이다. 이 전처리 정의가 metric.h에 포함되어 있으므로
#include 문장으로 이 헤더 파일을 포함하는 모든 프로그램은 전처리 정의를 사용할 수 있다.

include 파일을 사용하여 전처리 정의를 한 곳에 모아 두면 모든 프로그램이 같은 값을 사용할 수
있는 장점이 있다. 또한 include 파일에 포함되어 있는 값에 오류가 발생할 경우 그 값을 사용하
는 모든 프로그램을 수정할 필요 없이 include 파일의 값만 고치면 된다. 그 다음 수정된 값을 사
용한 프로그램을 다시 컴파일만 하면 프로그램의 변경 없이 문제를 해결할 수 있다.

include 파일에는 #define 문장 외에 어떤 것이라도 저장할 수 있다. include 파일에 전처리 정의,
구조체 정의, 프로토타입 선언, 전역 변수 등을 저장하는 것이 일반적으로 사용하는 좋은 프로그
래밍 방법이다.

마지막으로 include 파일들은 중첩해서 사용할 수 있다. 즉, include 파일은 다른 include 파일을
포함할 수 있다.


## 시스템 Include 파일

include 파일 <stddef.h>는 포인터가 null 값인지 검사할 때 자주 사용하는 NULL의 정의를 포함
하고 있다. 이 장의 앞부분에서 헤더 파일 <math.h>는 원주율 $\pi$의 대략적인 값인 M_PI의 정의
를 포함하고 있다.

<stdio.h> 헤더 파일은 표준 I/O 라이브러리에 있는 함수들이 사용하는 정의들을 포함하고 있다. 이 헤더 파일에 대한 자세한 내용은 15장 "C 언어의 입·출력 연산"에서 설명한다. 이 파일은 프로그램에서 모든 I/O 라이브러리 루틴을 사용할 때마다 포함해야 한다.

또 다른 유용한 시스템 include 파일은 <limits.h>와 <float.h>이다. <limits.h> 파일은 여러 가지 문자와 정수 자료형의 시스템에 의존적인 크기를 정의하고 있다. 예를 들어 int 형식의 최대 크기는 INT_MAX로 정의하고, unsigned long int 형식의 최대 크기는 ULONG_MAX라고 정의하고 있다.

<float.h> 헤더 파일은 실수 자료형에 대한 정보를 제공한다. 예를 들어 FLT_MAX는 실수 자료형의 최대 크기를 정의하고 있으며 FLT_DIG는 실수 자료형의 소수점 이하 정확도를 나타낸다.

또 다른 시스템 include 파일들은 시스템 라이브러리에 있는 함수들의 프로토타입 선언을 포함하고 있다. 예를 들어 include 파일 <string.h>는 문자열의 복사, 비교, 결합 등의 문자열 관련 함수들의 프로토타입을 포함하고 있다.

헤더 파일에 대한 자세한 내용은 부록 B에 설명되어 있다.


## 조건부 컴파일

C 전처리기는 조건부 컴파일 기능을 제공한다. 이 기능은 1개의 프로그램이 서로 다른 컴퓨터에서 실행되도록 프로그램을 컴파일할 수 있게 해준다. 또 프로그램의 변수 내용들을 출력하거나 프로그램의 실행을 추적하기 위한 디버깅 문장과 같은 것들을 선택적으로 사용할 수 있게 한다.


### #ifdef, #endif, #else, #ifndef 문

이 장의 앞부분에서 #define 기능을 사용하여 rotate() 함수의 이식성을 11장보다 더 높이는 방법을 알아보았다.

```
#define kIntSize 32
```

앞의 문장은 unsigned int 형식에 포함되어 있는 비트 수에 대한 의존을 완화하기 위해 사용된다. 프로그램이 unsigned int에 저장된 비트 수를 알아낼 수 있으므로 시스템 의존적인 부분은 없어진다.

하지만 프로그램은 때때로 파일 이름과 같이 서로 다른 시스템이나 운영체제의 특정 기능에 따라 다르게 지정될 수 있는 시스템 의존적인 매개 변수들을 사용해야 할 때도 있다.

만약 프로그램이 이와 같이 하드웨어나 소프트웨어에 의존적인 부분을 포함하고 있을 경우 프로그램을 다른 컴퓨터로 이식하려면 많은 정의된 값을 변화시켜야 한다.

이와 같은 경우 조건부 컴파일 기능을 사용하여 프로그램을 다른 컴퓨터에 이식하는 경우에도 정의된 값을 변화시키는 과정을 줄일 수 있다.

```
#ifdef UNIX
#    define DATADIR "/uxn1/data"
#else
#    define DATADIR "\usr\data"
#endif
```

이 간단한 문장은 앞부분에서 **UNIX**가 정의되어 있으면 DATADIR을 "/uxn1/data"로 정의하고 그렇지 않으면 "\usr\data"로 정의한다. 이 예제처럼 전처리 문장을 사용할 때 # 기호 다음에 공백을 사용해도 좋다.

#ifdef, #else, #endif 문장의 동작은 #ifdef에서 사용한 기호가 이미 정의되어 있으면 바로 다음부터 #else, #elif 또는 #endif 전까지 있는 문장을 컴파일하고 그렇지 않은 경우 (#ifdef 다음부터) 정의 내용은 무시된다.

전처리 정의에서 UNIX 기호를 정의하기 위해서는

```
#define UNIX 1
```

로 정의하거나 또는 다음과 같이 정의한다.

```
#define UNIX
```

많은 컴파일러들은 컴파일러의 명령을 실행할 때 특별 옵션을 사용해서 전처리 이름을 정의하는 것을 허용한다. gcc 명령의 경우 다음과 같이 UNIX를 정의하여 program.c에서 사용한 #ifdef UNIX 문장을 전부 TRUE로 만든다(-D UNIX는 명령에서 컴파일할 프로그램 앞에 나타내야 한다).

```
gcc -D UNIX program.c
```

이 방법으로 프로그램을 수정하지 않고도 이름을 정의할 수 있다.

또한 다음과 같이 명령문에서 정의된 이름에 값을 할당할 수도 있다.

```
gcc -D GNUDIR=/c/gnustep program.c
```

이 문장은 GNUDIR이 텍스트 /c/gnustep로 정의된 상태에서 프로그램을 컴파일하는 기능을 수행한다.

**헤더 파일을 여러 번 포함하는 것을 피하는 방법**

#ifndef 문장은 기능은 다르지만 #ifdef와 비슷하게 사용된다. #ifdef 문장은 지정한 기호가 정의되지 않은 경우에 그 다음 문장들이 컴파일되게 한다. 이 문장은 프로그램에 헤더 파일이 여러 번 포함되는 것을 막아주는 기능을 한다. 예를 들어 프로그램에 헤더 파일이 한 번만 포함되는지를 확인하고자 한다면 헤더 파일 내부에 검사할 수 있는 고유 식별자를 정의할 수 있다. 다음 문장을 살펴보자.

```
#ifndef _MYSTDIO_H
#define _MYSTDIO_H
...
#endif /* _MYSTDIO_H */
```

이 문장이 mystdio.h 파일에 정의되어 있다고 가정하고 프로그램에서 다음과 같이 헤더 파일을 포함할 경우 헤더 파일의 #ifndef 문장은 _MYSTDIO_H가 정의되어 있는지 검사한다.

```
#include "mystdio.h"
```

그리고 _MYSTDIO_H가 정의되어 있지 않으면 #ifndef 다음부터 #endif 사이에 정의된 내용이 프로그램에 포함된다. 이 사이의 내용이 필요한 모든 정의를 포함한다고 가정한다면 헤더 파일의 다음 문장이 **MYSTDIO_H**를 정의한다. 따라서 이 파일을 다시 포함하려고 할 경우 이미 _MYSTDIO_H가 정의되어 있어 #ifndef 때문에 전처리 정의 내용이 파일에 여러 번 포함되지 않는다.

이 기능은 시스템 헤더 파일이 프로그램에 여러 번 포함되는 것을 막기 위해 사용된다. 몇 개 파일을 찾아서 확인해 보자!

**#if와 #elif 전처리 문**

#if 전처리 문장은 조건부 컴파일을 위한 더 복잡한 기능을 제공한다. #if 문장은 상수 연산식이 nonzero 값을 갖는지 검사하는 데 사용할 수 있다. 만약 결과가 nonzero라면 그 다음부터 #else, #elif, 또는 #endif 사이의 문장을 처리하고 그렇지 않으면 그 문장들은 넘어간다. 이 기능이 어떻게 동작하는지 예제를 통해 살펴보자. 먼저 이름 OS를 정의하고 매킨토시 OS는 1,

Windows는 2, Linux는 3 등으로 값을 설정한다. 그리고 OS의 값에 따라 조건부 컴파일을 하도록
다음과 같은 문장을 작성할 수 있다:

```
#if OS == 1   /* Mac OS */
...
#elif OS == 2   /* Windows */
...
#elif OS == 3   /* Linux */
...
#else
...
#endif
```

대부분의 컴파일러는 -D 옵션을 사용하여 이름 OS에 값을 할당하는 기능을 제공한다. 다음의 명
령어는 program.c를 컴파일할 때 이름 OS에 값 2를 정의한다.

```
gcc -D OS=2 program.c
```

이 프로그램은 Windows OS에서 컴파일된다.

#if 구문에 특별한 연산자

```
defined (name)
```

도 사용할 수 있다. 따라서 다음의 전처리문

```
#if defined (DEBUG)
...
#endif
```

와

```
#ifdef DEBUG
...
#endif
```

는 같은 결과를 나타낸다. 다음의 문장은 WINDOWS나 WINDOWSNT가 정의되어 있으면 BOOT_
DRIVE 는 "C:/"가 되고, 그렇지 않으면 "D:/"가 된다.

```
#if defined (WINDOWS) || defined (WINDOWSNT)
#    define BOOT_DRIVE "C:/"
```

```
#else
#     define BOOT_DRIVE "D:/"
#endif
```

## #undef 문

때때로 정의된 이름을 정의되지 않은 것으로 만들 필요가 있다. 이 기능은 #undef 문장으로 할 수 있다. 특정한 이름을 제거하기 위해 #undef name 문장을 사용한다.

```
#undef name
```

그래서 다음 문장은 LINUX의 정의를 제거한다.

```
#undef LINUX
```

앞의 구문 다음에 나오는 #ifdef LINUX 또는 #if defined (LINUX) 문장은 그 결과가 FALSE 가 된다.

이것으로 전처리에 대한 설명을 마무리하겠다. 지금까지 전처리 기능이 프로그램을 읽고 쓰고 변경하는 데 얼마나 큰 도움이 되는 지 알아보았다. 뿐만 아니라 include 파일을 이용하여 많이 사용되는 정의와 선언을 한 파일에 모아두고 여러 파일이 공유하는 방법을 설명하였다. 여기서 설명하지 못한 부분은 부록 A "C 언어 요약"에서 볼 수 있다.

다음 장에서는 데이터 유형과 형식 변환에 대한 자세한 내용을 알아보겠다. 넘어가기 전에 다음 연습문제를 풀어보자.


## 연습문제

1. 이번 장의 본문에서 사용한 3개의 프로그램과 예제 12.3에서 사용한 헤더 파일을 직접 작성하여 실행하고, 그 결과를 본문의 결과와 비교해보자.

2. 지금 사용하는 컴퓨터에서 헤더 파일 <stdio.h>, <limits.h>, <float.h>의 위치를 알아보고(Unix 시스템일 경우 /usr/include 디렉터리를 찾아보자), 각 파일에는 어떤 내용이 있는지 알아보자.

3. 2개의 값 중에서 최솟값을 반환하는 매크로 MIN을 작성한 다음 매크로의 정의를 확인할 수 있는 프로그램을 작성해보자.

4. 3개의 값 중에서 최댓값을 반환하는 매크로 MAX3를 작성하고 그 다음 매크로의 정의를 확인할 수 있는 프로그램을 작성해보자.

**5**. 예제 11.3의 shift 함수와 같은 기능을 수행하는 매크로 SHIFT를 작성해보자.

**6**. 문자가 대문자이면 0이 아닌 값을 반환하는 매크로 IS_UPPER_CASE를 작성해보자.

**7**. 문자가 영문자이면 0이 아닌 값을 반환하는 매크로 IS_ALPHABETIC을 작성해보자. 작성하는 매크로는 본문의 IS_LOWER_CASE와 6번 문제에서 정의한 IS_UPPER_CASE를 사용한다.

**8**. 만약 문자가 '0'에서 '9'사이의 숫자 문자이면 0이 아닌 값을 반환하는 매크로 IS_DIGIT를 작성해보자. 또 이 매크로를 사용하여 문자가 특수 문자, 즉 알파벳도 아니고 숫자 문자도 아닌 경우 0이 아닌 값을 반환하는 IS_SPECIAL을 작성하자. 이때 앞의 문제 7번에서 작성한 IS_ALPHABETIC 매크로를 꼭 사용한다.

**9**. 인수의 값을 절댓값으로 바꾸는 매크로 ABSOLUTE_VALUE를 작성하자. 이 매크로는 다음의 문장을 정확히 실행할 수 있어야 한다.

```
ABSOLUTE_VALUE (x + delta)
```

**10**. 본문에 다음의 printint 매크로 정의가 사용되었다.

```
#define printint(n) printf ("%i\n", x ## n)
```

다음의 문장을 100개의 변수 x1 - x100의 값을 출력하는 데 사용할 수 있는가? 그 이유는?

```
for (i = 1; i < 100; ++i)
printx (i);
```

**11**. 앞서 3개의 문제(6, 7, 8번)에서 작성했던 매크로와 똑같은 시스템 라이브러리 함수 isupper, isalpha, isdigit를 테스트해보자. 이 함수들을 사용하기 위해 시스템 헤더 파일 <ctype.h>를 사용해야 한다.

Chapter

# 13

# 열거형 데이터 형식, 형식 정의, 형식 변환을 통한 데이터 형식의 확장

이 장에서는 처음 나오는 자료 형식인 열거형을 설명한다. 또한 기본 자료 형식들이나 거기에서 파생된 자료 형식들에 원하는 이름을 새로 붙일 수 있도록 해주는 `typedef` 문장을 배울 것이다. 마지막으로 컴파일러가 필요할 경우 수식 내의 자료 형식들을 다른 자료 형식으로 변환시키는 정확한 규칙에 대해서도 알아보게 될 것이다. 이 장에서 다루는 다음의 3가지 주제가 다양하다 할지라도 프로그램에서 자료 사용 능력을 극대화하는 것은 중요하므로 반드시 이해해야 한다.

- 열거형 자료 형식의 사용
- C의 기존 데이터 형식에 다른 이름을 붙이는 `typedef` 문장
- 기존의 데이터 형식을 다르게 바꾸기

## 열거형 데이터 형식

변수를 선언하면서 그 변수에 들어갈 수 있는 값들을 따로 지정할 수 있다면 괜찮지 않을까? 예를 들어 myColor라는 변수를 정의하면서 여기에는 색의 삼원색인 빨강, 노랑, 파랑만 넣을 수 있고 다른 값들은 넣을 수 없다고 할 수 있을 것이다. 열거형은 바로 이런 기능을 제공한다.

열거형의 정의는 키워드 enum으로 시작하고 그 바로 뒤에 열거형의 이름이 온다. 그 뒤에는 (중괄호로 둘러싸인) 식별자 목록이 오는데 열거형에 할당하고자 하는 허용되는 값들을 정의한다. 예를 들어

```
enum primaryColor { red, yellow, blue };
```

는 새로운 데이터 형식 primaryColor를 정의한다. 이제 이 데이터 형식으로 선언되는 변수들은 프로그램 수행 중에 red, yellow, blue 중의 하나만 저장할 수 있고 다른 값은 넣을 수 없다. 어쨌거나 이론은 이렇다는 것이다! 왜냐하면 어떤 컴파일러에서는 그런 변수들에 다른 값을 넣으려고 하면 에러 메시지를 출력하지만 다른 컴파일러들은 이런 것을 전혀 검사하지 않는다.

열거형 primaryColor로 어떤 변수를 선언하려면 키워드 enum 뒤에 열거형의 이름을 쓰고 마지막으로 원하는 변수 이름들을 적으면 된다. 즉,

```
enum primaryColor myColor, gregsColor;
```

는 2개의 변수 myColor, gregsColor를 각각 primaryColor의 데이터 형식으로 정의한다. 이들 변수에 넣을 수 있는 값들은 red, yellow, blue만 가능하다. 따라서,

```
myColor = red;
```

또는

```
if ( gregsColor == yellow )
...
```

라는 식으로 쓸 수 있다. 열거형을 정의하는 다른 예로, 달력에서 쓰는 열두 달의 이름을 넣을 수 있는 month라는 열거형은

```
enum month { January, February, March, April, May, June, July, August,
             September, October, November, December };
```

와 같이 정의할 수 있다. C 컴파일러는 실제로는 열거형의 식별자들을 정수형 상수로 취급한다. 식별자 목록의 제일 처음 것부터 0을 대입해서 전체 식별자들에 정수값들을 차례로 할당한다. 프로그램의 내부에서

```c
enum month thisMonth;
...
thisMonth = February;
```

라는 식으로 쓰면 열거형의 목록에서 february가 두 번째에 있으므로 thisMonth에는 (February라는 이름이 아니라) 정수 1이 할당된다.

만약 특정 식별자에 반드시 어떤 정수값이 설정되기를 원한다면 데이터 형식을 정의할 때 그 값을 식별자에 직접 대입할 수도 있다. 식별자 목록에서 그 식별자보다 뒤에 오는 것들은 대입한 값에 1을 더한 값부터 시작해서 정수값들이 차례로 설정된다. 예를 들어

```c
enum direction { up, down, left = 10, right };
```

라고 정의하면 up, down, left, right를 대입할 수 있는 열거형 direction이 정의된다. 컴파일러는 목록의 제일 처음에 있는 up에 0을 대입하고 그 다음의 down에 1을 대입한다. left의 경우에는 명시적으로 값을 대입했으므로 대입한 대로 10이 부여되고 right는 그다음에 오기 때문에 11이 된다.

예제 13.1은 열거형을 사용하는 간단한 예를 보여준다. 열거형 month에서는 January에 1을 명시적으로 설정했기 때문에, 정수 1에서 12까지 January, February 등을 차례로 할당한다. 이 프로그램은 몇 번째 달인지를 나타내는 숫자를 받아들인 다음에 switch 문으로 어느 달이 들어왔는지를 보여준다. 열거형의 값들이 실제로는 정수로 취급되므로 case 문에 써도 문제가 없다는 것에 주목하자. 변수 days에는 지정한 달에 들어있는 날 수를 넣게 되고, switch 문이 끝나면 그 날 수를 출력한다. 지정한 달이 2월인 경우는 특별하게 처리된다.

### 예제 13.1 열거형 사용법

```c
// 달의 날 수를 출력하는 프로그램

#include <stdio.h>

int main (void)
{
    enum month { January = 1, February, March, April, May, June, July, August,
                 September, October, November, December };
    enum   month  aMonth;
    int    days;

    printf ("Enter month number: ");
```

```c
    scanf ("%i", &aMonth);

    switch (aMonth) {
        case January:
        case March:
        case May:
        case July:
        case August:
        case October:
        case December:
                days = 31;
                break;
        case April:
        case June:
        case September:
        case November:
                days = 30;
                break;
        case February:
                days = 28;
                break;
        default:
                printf ("bad month number\n");
                days = 0;
                break;
    }

    if ( days != 0 )
        printf ("Number of days is %i\n", days);

    if ( aMonth == February )
        printf ("...or 29 if it's a leap year\n");

    return 0;
}
```

```
Enter month number: 5
Number of days is 31
```



```
Enter month number: 2
Number of days is 28
...or 29 if it's a leap year
```

열거형의 식별자들은 같은 값을 공유할 수도 있다. 예를 들어,

```
enum switch { no=0, off=0, yes=1, on=1 };
```

라고 쓰면 no 또는 off에는 0이 대입되고 yes 또는 on에는 1이 대입된다.

데이터 형식에 대한 형변환 연산자를 써서 열거형 변수에 명시적으로 정수값을 대입하는 것도 가능하다. 예를 들어 monthValue가 값 6을 가지고 있는 정수형 변수라면 수식

```
thisMonth = (enum month) (monthValue - 1);
```

은 사용 가능하고 이때 thisMonth에는 5를 넣는다.

열거형을 사용하는 프로그램을 작성할 때는 열거형의 값들이 정수로 취급된다는 사실을 염두에 두지 않는 것이 좋다. 대신 이들을 별도의 데이터 형식으로 취급하자. 열거형은 어떤 기호 이름에 정수값을 결합시킬 수 있는 방법을 제공한다. 이 정수값을 나중에 바꾸어야 하는 상황이 생기면 열거형을 정의한 부분에서만 바꾸면 된다. 열거형의 실제 값을 기준으로 처리하게 되면 열거형의 장점은 퇴색되어 버린다.

열거형을 정의할 때에는 구조체를 정의하면서 허용되었던 변형들이 비슷하게 사용될 수 있다. 즉, 열거형의 이름을 생략할 수도 있고 열거형을 정의하면서 동시에 그 열거형의 변수를 선언할 수도 있다. 이 두 가지 선택사항을 동시에 사용한 예를 보면,

```
enum { east, west, south, north } direction;
```

은 east, west, south, north를 값을 사용할 수 있는(이름 없는) 열거형을 정의하고 direction을 그 열거형의 변수로 선언한다.

열거형에 대한 정의가 영향을 미치는 범위는 구조체나 일반 변수 정의에서와 같다. 즉, 어떤 블록 내부에서 정의한 데이터 형식은 그 블록 내에서만 유효하다. 반대로 프로그램의 시작 부분에서 함수 외부에 열거형을 정의하면 파일 전체에서 유효하다.

열거형을 정의할 때 열거형의 식별자들 각각은 해당 범위 내에서 사용되고 있는 모든 변수들이나 다른 열거형 식별자들과 서로 다르게 정의해야 한다.


## typedef 문

C 언어는 어떤 데이터 형식에 다른 이름을 붙일 수 있는 기능도 제공한다. 이 기능은 typedef 문장으로 사용할 수 있는데, 문장

```
typedef int Counter;
```

는 데이터 형식 이름 Counter를 C의 데이터 형식 int와 같다고 정의한다. 이제부터는 다음 문장과 같이 Counter 데이터 형식으로 변수들을 선언할 수 있다.

```
Counter j, n;
```

C 컴파일러는 위에 나온 변수 j와 n의 선언을 보통의 정수 변수 선언과 똑같이 취급한다. typedef 문을 사용하는 가장 큰 이유는 변수를 정의하는 과정에서 가독성을 높이는 것이다. 즉, 변수 j와 n의 선언 자체가 이들 변수를 프로그램에서 어떤 용도로 사용할지를 명확하게 보여주고 있다. 보통 사용하는 방식으로 이들 변수를 int 형식으로 선언하면 사용하고자 하는 의도가 불분명하다. 물론 더 의미 있는 변수명을 쓴다면 좋겠지만!

많은 경우에 typedef 문은 적당한 #define 문으로 대체할 수 있다. 예를 들어,

```
#define Counter int
```

라고 써도 앞의 typedef 문과 같은 결과를 가져올 것이다. 하지만, typedef는 전처리기가 아니라 C 컴파일러가 처리를 해주기 때문에 파생 데이터 형식에 대한 처리 등에서 더 유연하게 사용할 수 있다. 예를 들어 다음 문장

```
typedef char Linebuf [81];
```

은 문자 81개를 가지는 배열을 Linebuf라는 데이터 형식으로 정의한다. 즉,

```
Linebuf text, inputLine;
```

과 같은 식으로 Linebuf 형식의 변수를 선언하면 변수 text와 inputLine은 81개의 문자를 가지는 배열로 정의된다. 위 문장은 다음과도 같다.

```
char text[81], inputLine[81];
```

주의할 것은 이런 경우에는 Linebuf에 대응되는 #define 문장은 없다는 것이다.

다음의 typedef은 StringPtr를 char 포인터로 정의한다.

```
typedef char *StringPtr;
```

이후에

```
StringPtr buffer;
```

와 같이 StringPtr 형식으로 변수를 선언하면 C 컴파일러는 이것을 char에 대한 포인터로 취급한다.

typedef로 새로운 데이터 형식을 정의하려면 다음 순서를 따르면 된다.

1. 원하는 데이터 형식의 변수를 선언하는 문장을 쓴다.
2. 선언된 변수의 이름에 해당하는 부분을 새로운 데이터 형식으로 바꾼다.
3. 제일 앞부분에 키워드 typedef를 넣는다.

이런 과정을 보여주는 예로 month, day, year의 3개 정수 멤버를 갖는 구조체를 Date 데이터 형식으로 선언해 보자. 우선 구조체 정의를 쓴 후에 변수 이름이 와야 할 곳(마지막 세미콜론의 바로 앞)에 데이터 형식의 이름인 Date를 쓰고 마지막으로 키워드 typedef를 쓰면 된다.

```
typedef struct
       {
           int    month;
           int    day;
           int    year;
       } Date;
```

이제 위의 typedef 문을 쓴 후에는 Date 데이터 형식의 변수들을 다음과 같이 선언할 수 있다.

```
Date birthdays[100];
```

위 문장은 100개의 Date 구조체를 가지는 배열 birthdays를 정의한다.

소스 코드가 하나 이상의 파일에 저장되는 프로그램(14장 "대규모 프로그램 작업"에 있는 프로그램들처럼)을 개발할 때는 공통된 typedef 문장들을 별도의 파일에 넣고 각 소스 파일들이 #include 문장으로 이 파일을 가져오게 하는 것이 좋다.

다른 예로 선분, 원 등을 다루어야 하는 그래픽스 패키지를 사용한다고 해보자. 대부분의 경우는 좌표계를 매우 자주 다루어야 할 것이다. 아래는 2개의 실수 멤버 x, y를 가지는 Point 데이터 형식을 정의하는 typedef 문이다.

```
typedef struct
{
    float x;
    float y;
} Point;
```

이 Point 형식을 이용해서 그래픽스 라이브러리의 개발을 시작할 수 있다. 예를 들어 아래 선언문

```
Point origin = { 0.0, 0.0 }, currentPoint;
```

는 origin과 currentPoint를 Point 데이터 형식으로 정의하고 origin의 x, y 멤버를 0.0으로 설정한다.

아래는 두 점 사이의 거리를 계산하는 distance 함수다.

```
#include <math.h>

double distance (Point p1, Point p2)
{
    double diffx, diffy;
    diffx = p1.x - p2.x;
    diffy = p1.y - p2.y;

    return sqrt (diffx * diffx + diffy * diffy);
}
```

전에도 말했듯이 sqrt는 표준 라이브러리에 있는 제곱근을 구하는 함수이다. 이 함수는 시스템 헤더 파일 math.h에 선언되어 있으므로 #include로 이 파일을 포함시켜야 한다.

typedef 문이 새로운 데이터 형식을 실제로 정의하는 것이 아니라 새로운 데이터 형식의 이름만을 정의한다는 것을 기억하라. 이 절의 앞부분에서 정의했던 Counter 형식의 변수 j와 n은 C 컴파일러 입장에서는 전적으로 int 형식 변수로 취급된다.

## 데이터 형식 변환

3장 "변수, 데이터 형식, 산술식"에서 수식을 계산하면서 때때로 묵시적으로 데이터 형식 변환이 일어날 수 있다고 설명했다. float와 int 형식에 대해서는 실제로 테스트해 보면서 float와 int를 동시에 사용하는 연산은 정수형 자료를 자동으로 실수형으로 바꾸어서 실수형 연산이 수행되는 것도 보았었다.

데이터 형식에 대한 형식 변환 연산자들을 사용해서 명시적으로 변환을 지시할 수 있다. 즉, 아래 문장

```
average = (float) total / n;
```

에서는 변수 total의 값이 float 형식으로 바뀐 후에 연산을 수행하므로 나누기 연산은 실제로는 실수들 간의 나누기로 실행된다.

C 컴파일러는 서로 다른 데이터 형식들로 구성된 수식을 계산할 때에는 엄격한 규칙을 적용한다.

다음은 수식에서 두 개의 피연산자들을 변환하는 순서를 정리해놓은 것이다.

1. 어느 한쪽이 long double 형식이면 반대쪽을 long double 형식으로 변환해서 계산하고 계산 결과도 long double 형식이다.
2. 어느 한쪽이 double 형식이면 반대쪽도 double 형식으로 변환해서 계산하고 계산 결과도 double 형식이다.
3. 어느 한쪽이 float 형식이면 반대쪽도 float 형식으로 변환해서 계산하고 계산 결과도 float 형식이다.
4. 어느 한쪽이 _Bool, char, short int, 비트 필드 또는 열거형이면 그것을 int 형식으로 바꾼다.
5. 어느 한쪽이 long long int 형식이면 반대쪽도 long long int 형식으로 변환해서 계산하고 계산 결과도 long long int 형식이다.
6. 어느 한쪽이 long int 형식이면 반대쪽도 long int 형식으로 변환해서 계산하고 계산 결과도 long int 형식이다.
7. 여기까지 왔다면 양쪽 모두 int 형식일 것이고 계산 결과도 int 형식이 되어야 한다.

위의 설명은 실제로는 수식에서 피연산자의 데이터 형식을 변환하는 과정을 간단하게 보여준 것이고 부호가 없는 경우까지 고려하면 훨씬 복잡해진다. 규칙 전체를 보려면 부록 A "C 언어 요약"을 참고하자.

위에서 설명한 변환 과정에서 "계산 결과의 데이터 형식"에 대한 설명을 만나면 변환 과정이 끝났다.

이 전체 과정을 따라가보는 예를 들기 위해 f는 float, i는 int, l은 long int, s는 short int로 각각 정의된 경우에 다음 수식을 어떻게 계산하는지 알아보자.

```
f * i + l / s
```

f와 i의 곱셈은 float와 int 사이의 곱이다. 3번째 단계를 보면 f가 float 형식이므로 i를 float 형식으로 변환하고 곱한 후의 결과도 역시 float가 된다.

다음으로 l을 s로 나누는데, 이것은 long int를 short int로 나누는 계산이다. 4번째 단계에서 short int는 일단 int로 변환된다. 6번째 단계에서는 피연산자 중의 한 쪽(정확히는 l)이 long int이므로 다른 쪽도 long int로 바뀌고 계산 결과도 long int가 된다.

따라서 이 나눗셈의 결과는 몫의 소수점 이하 부분을 모두 버린 long int 형식의 값이다.

마지막으로, 3번째 단계에서 수식의 피연산자 하나가 (f * i의 결과로) float 형식이므로 다른 쪽도 float 형식으로 바뀌고 계산 결과도 float 형식이 된다. 즉, l을 s로 나눈 몫이 float 형식으로 변환된 후에 f와 i를 곱한 결과에 더해진다. 즉, 위 수식의 최종 계산 결과는 float 형식이 된다.

데이터 형식 변환 연산자는 명시적으로 데이터 형식 변환이 일어나게 하기 위해서 쓸 수도 있음을 기억해두자. 이런 명시적인 형 변환은 어떤 수식이 계산되는 과정을 직접 제어하기 위해서 쓰인다.

즉, 앞의 수식에서 l / s의 결과가 소수점 이하에서 잘리지 않도록 하려면 두 변수 중의 하나를 float로 바꾸어서 다음과 같이 강제로 실수형 연산을 하면 된다.

```
f * i + (float) l / s
```

이 수식에서는 데이터 형식 변환 연산자가 나누기 연산자보다 우선순위가 높기 때문에 나누기를 하기 전에 l이 실수로 바뀐다. 그러면 두 피연산자들 중의 하나가 float 형식이기 때문에 다른 쪽은 자동적으로 float 형식으로 바뀌고 계산 결과도 float 형식이 될 것이다.

## 부호 확장

부호가 있는 int, short int가 크기가 더 큰 정수형으로 변환되면 그 부호는 왼쪽으로 확장된다. 예를 들어 -5의 값을 가진 short int는 long int로 변환되어도 여전히 그 값이 -5이다. 부호가 없는 정수형이 더 큰 크기의 정수형으로 변환될 때는 예상할 수 있듯이 부호가 그대로 유지된다.

일부 시스템에서는 문자형을 부호가 있는 형태로 취급해서 문자를 정수로 변환할 때 부호 확장이 일어난다. 표준 ASCII 문자 집합의 문자를 사용할 때에는 아무런 문제가 없지만 표준 문자 집합에 속하지 않는 문자들은 정수로 변환될 때 부호를 확장한다. Mac 시스템을 예로 들면 문자 상수 '\377'을 부호 있는 8 비트 정수로 해석했을 때 음수가 되기 때문에 정수값 -1로 변환된다.

C 언어에서는 문자 변수를 부호 없는 경우로 선언해서 이런 문제들을 피해갈 수 있다. 즉, unsigned char 형식의 변수는 정수로 변환될 때 부호 확장이 일어나지 않으므로 그 값이 항상 0이 된다. 전형적인 8 비트 문자의 경우 부호 있는 문자 변수는 -128에서 +127까지의 값을, 부호 없는 문자 변수는 0에서 255의 값을 가진다.

문자 변수에 대해서 강제로 부호 확장을 시키고 싶다면 그 변수를 signed char 형식으로 선언하면 된다. 이런 변수들에 대해서는 원래 문자 변수의 부호 확장을 하지 않는 시스템일지라도 정수형의 변환 시에 항상 부호 확장이 되도록 한다.


## 인수 변환

이 책에서 이제까지 작성했던 함수들은 모두 함수 원형을 선언했다. 7장 "함수"에서는 함수 원형을 선언해 두면 함수 정의를 호출이 일어나기 전이나 후나, 심지어 다른 파일에 두어도 되기 때문에, 이렇게 하는 것이 낫다는 것을 배웠다. 함수가 필요로 하는 인수들의 데이터 형식을 알고 있는 경우에는 주어진 인수들을 컴파일러가 스스로 알아서 적합한 데이터 형식으로 변환시킨다. 단, 이미 실제 함수 정의나 원형 선언을 알고 있어야 이런 일을 해줄 수 있다.

컴파일러가 함수 정의도 원형 선언도 모르는 상황에서 함수 호출을 만나면 그 함수는 int 형식을 반환한다고 가정하자. 컴파일러는 인수들의 데이터 형식에 대해서도 가정을 하게 된다. 함수의 인수에 대한 아무런 정보가 없다면 컴파일러는 _Bool, char, short 형식의 인수들은 int 형식으로, float 형식은 double로 자동 변환시킨다.

예를 들어 프로그램을 컴파일하는 도중에 다음과 같은 상황을 만났다고 가정하자.

```
float x;

    . . .
y = absoluteValue (x);
```

컴파일러 입장에서는 아직까지 absoluteValue 함수의 정의나 원형 선언을 알지 못하기 때문에, float 형식 변수 x를 double로 변환해서 해당 함수로 넘긴다. 이 함수는 int 형식을 반환한다고 가정한다.

absoluteValue 함수를 다른 파일에서

```c
float absoluteValue (float x)
{
    if ( x < 0.0 )
        x = -x;

    return x;
}
```

와 같이 정의했다면 이제 문제가 생기기 시작한다. 첫 번째로 컴파일러는 int 형식을 반환할거라고 생각하는데 반해 이 함수 자체는 float 형식을 돌려준다. 두 번째로, 함수에서는 float 형식의 인수를 원하는데 컴파일러는 double 형식을 넘길 것이다.

함수를 쓰기 전에 최소한 함수의 원형은 선언해 두는 것이 안전하다는 것을 꼭 기억하자. 그렇게 해야 컴파일러가 함수가 돌려주는 데이터 형식이나 인수의 데이터 형식에 대해서 잘못 처리하는 것을 막을 수 있다.

이제까지 데이터 형식에 대해서 좀 더 알아야 할 것들을 배웠고, 하나의 프로그램을 여러 개의 소스 파일로 나누는 방법에 대해서 배울 때가 되었다. 14장에서 그 방법에 대해 자세히 다루게 될 것이다. 그 전에 이제까지 배운 것들을 잘 이해하고 있는지 다음 연습문제들을 꼭 풀어보자.

## 연습문제

1. 인수를 필요로 하지 않으면서 int 형식을 돌려주는 함수에 대한 포인터를 (typedef를 사용하여) FunctionPtr 데이터 형식으로 정의해보자. 10장 "포인터"에 이런 데이터 형식을 선언하는 자세한 방법이 있다.

2. (이 장에서 정의한) 열거형 month의 값을 인수로 받아서 대응되는 달의 이름을 담고 있는 문자열에 대한 포인터를 돌려주는 함수 monthName ()을 작성하자. 이렇게 하면 다음과 같은 문장으로 열거형 month의 변수가 가진 값을 화면에 출력할 수 있을 것이다.
   ```c
   printf ("%s\n", monthName (aMonth));
   ```

3. 다음과 같은 변수 선언들이 있다.
   ```c
   float   f = 1.00;
   short int i = 100;
   long int  l = 500L;
   double d = 15.00;
   ```

이 장에서 설명한 수식에 쓰인 피연산자들을 변환하는 7단계를 이용해서 다음 수식들의 계산 결과가 어떤 데이터 형식으로 무슨 값을 가지는지 계산해보자.

```
f + i
l / d
i / l + f
l * i
f / 2
i / (d + f)
l / (i * 2.0)
l + i / (double) l
```

# 14

# 대규모 프로그램 작업

지금까지 이 책에서 다루었던 프로그램들은 상당히 작고 비교적 단순했다. 하지만 앞으로 여러분들의 특별한 문제들을 해결하기 위해 작성해야 할 프로그램은 이와 같이 작지도 않고 단순하지도 않다. 그러한 프로그램을 다루는 적절한 방법이 이 장의 주요 내용이다. 앞으로 보게 되겠지만 큰 프로그램을 개발하는 데 필요한 것들을 C 언어가 모두 제공한다. 게다가 큰 프로그램을 개발하는 데 도움을 주는 통합개발환경(IDE)과 같이 이 장에서 간략히 소개하는 유용한 도구들도 활용하면 도움이 된다.

이 장에서는 여러분들이 사용하는 운영체제와 개발 환경에 따른 고유한 주제를 다루지만, 그 개념은 서로 다른 개발 환경을 사용할 때에도 적용할 수 있다.

- 큰 프로그램을 여러 파일로 나누기
- 여러 파일을 한 번의 실행으로 컴파일하기
- 외부 변수들로 작업하기
- 헤더 파일을 사용하여 확장하기
- 도구들을 사용하여 프로그램 개발하기

## 프로그램을 여러 개의 파일로 나누기

지금까지 다루어진 프로그램은 전체 프로그램이 파일 하나에 모두 들어 있었다. 파일은 emacs나 vim(vi 호환 텍스트 편집기), Windows의 메모장과 같은 문서 편집기를 사용하여 작성되었으며 작성된 파일 하나를 컴파일해서 실행했다. 파일 하나에 프로그램에서 필요한 모든 함수가 포함되어 있다. 물론 printf()나 scanf()와 같이 시스템 함수들은 포함되지 않았다. 또한 <stdio.h>나 <stdbool.h>와 같은 표준 헤더 파일들을 파일에 포함시켜 시스템 함수에 대한 선언이나 필요한 정의를 사용할 수 있게 하였다. 이 방법은 프로그램이 총 100문장 정도로 작은 경우에 사용할 수 있는 방법이다. 그러나 큰 프로그램을 작성할 때 이 방법만으로는 충분하지 않다.

프로그램 문장의 수가 증가할수록 프로그램을 작성할 시간도 길어지고 나중에 이것을 다시 컴파일해야 한다. 뿐만 아니라 아주 큰 프로그램을 작성해야 하는 경우에는 프로그램 개발자 한 사람으로는 부족하다. 여러 사람이 파일 하나에서 프로그램을 개발하는 것은 거의 불가능한 일이며 각자 이 파일을 복사해서 사용해도 마찬가지다.

C 언어는 모듈 프로그래밍 개념을 지원하는데, 이것은 프로그램의 모든 문장들을 반드시 파일 하나에 넣을 필요가 없다는 것이다. 즉 특정 모듈을 위한 프로그램 코드를 한 파일에 넣고 또 다른 모듈은 다른 파일에 넣을 수 있다는 의미이다. 여기서 모듈은 함수 하나를 의미할 수도 있고 논리적으로 서로 밀접한 관련이 있어서 묶을 수 있는 함수들의 집합을 의미하기도 한다.

Metrowerks 사의 CodeWarrior[주 1], Code::Blocks[주 2], Microsoft Visual Studio, Apple의 Xcode와 같은 Windows 기반의 프로젝트 관리 도구를 사용하면 소스 파일을 여러 개 사용하는 경우에도 작업을 쉽게 할 수 있다. 현재 진행하고 있는 프로젝트에 특정 파일을 포함시키기만 하면 이 도구들이 이후 작업을 알아서 해준다. 이 다음 절에서 그러한 도구를 사용하지 않고 여러 개의 파일로 프로그램을 개발하는 방법을 설명한다. 즉 gcc나 cc와 같은 명령을 직접 사용해서 프로그램들을 컴파일해야 한다는 의미이다.


## 명령줄에서 여러 개의 소스 파일 컴파일하기

프로그램을 모듈 3개로 나누어서 첫째 모듈을 위한 코드는 mod1.c 파일에 넣었고 둘째 모듈 코드는 mod2.c에 넣었으며 main() 코드는 main.c 파일에 넣었다고 하자. 프로그램 한 개가 이 3개 모듈로 구성되어 있음은 컴파일 명령에 이 3개 모듈의 소스 파일 이름들 모두를 포함시키는 것으로 충분하다. 예를 들어 gcc를 사용하는 경우 다음 명령

---

주 1. (역자주) Embedded 시스템 소프트웨어 통합개발도구

주 2. (역자주) 무료의 C, C++, Fortran 통합개발도구

```
$ gcc mod1.c mod2.c main.c -o dbtest
```

는 mod1.c, mod2.c, main.c의 각 소스 파일을 따로 컴파일한다. 컴파일러는 mod1.c, mod2.c, main.c에 있는 오류들을 각 파일 별로 분리해서 보여준다. 예를 들어 만약 앞의 gcc 명령이 다음과 같은 출력을 보여준다면

```
mod2.c:10: mod2.c: In function 'foo':
mod2.c:10: error: 'i' undeclared (first use in this function)
mod2.c:10: error: (Each undeclared identifier is reported only once
mod2.c:10: error: for each function it appears in.)
```

이는 컴파일러가 mod2.c의 10번째 줄, foo 함수에 오류가 있음을 알려주는 것이다. mod1.c나 main.c에 대해서 아무런 메시지가 없기 때문에 이 파일에는 오류가 없다.

일반적으로 오류가 발견된 파일을 다시 작성해서 실수로 만들어진 오류를 제거한다[주 3]. 위의 경우 mod2.c에서만 오류가 발견되었기 때문에 지적된 실수를 바로잡기 위해서 이 파일만 고치면 된다.

오류 정정이 마무리된 후에 모듈들을 다시 컴파일하기 위해서 컴파일 명령을 실행한다.

```
$ gcc mod1.c mod2.c main.c -o dbtest
$
```

어떤 오류 메시지도 없기 때문에 dbtest라는 실행 파일이 만들어진다.

보통 컴파일러는 컴파일하는 소스마다 중간결과로 오브젝트 파일을 만든다. 오브젝트 파일 이름을 특별히 지정해주지 않으면 컴파일러는 mod.c 소스 파일에 대하여 mod.o라는 파일 이름으로 오브젝드 파일을 만든다(내부분의 Windows 컴파일러는 비슷하게 농작하지만 오브젝트 파일 이름의 확장자로 .o 대신 .obj를 사용한다). 일반적으로 중간 결과인 오브젝트 파일은 컴파일이 완료되면 자동으로 삭제되기도 한다. 몇몇 C 컴파일러(표준 Unix C 컴파일러를 포함하여)는 오브젝트 파일들을 그대로 남겨두고 있으며 한 번에 여러 개의 소스 파일을 컴파일할 때도 지우지 않고 남겨 놓는다. 이러한 점을 하나 또는 몇 개 파일만 변경한 후에 프로그램을 다시 컴파일할 때 이용할 수 있다. 앞의 예에서 mod1.c와 main.c는 컴파일 오류가 없어서 이미 만들어진 mod1.o와 main.o는 그대로 다음에 이용할 수 있다. 컴파일할 때 mod.c 소스 파일의 .c 대신 오브젝트 파일 .o를 사용하면 이는 이전에 컴파일할 때 mod.c로부터 만들어진 오브젝트 파일을 이번 컴파

---

일에서 그대로 사용한다는 의미이다. 따라서 다음 명령은 오브젝트 파일을 지우지 않는 컴파일러 (이 경우 cc)를 사용하는 방법이다.

```
$ cc mod1.o mod2.c main.o -o dbtest
```

결국 컴파일러에 의해 오류가 없다고 판단된 mod1.c나 main.c는 다시 작성할 필요가 없을 뿐더러 다시 컴파일할 필요도 없다.

만약 사용하는 컴파일러가 중간 오브젝트 파일 .o를 자동으로 지우는 컴파일러라고 하더라도 각 파일을 -c 명령 옵션을 사용해서 하나씩 컴파일하는 점진적 컴파일러의 장점을 살릴 수 있다. 이 옵션을 사용하면 컴파일러는 링크를 하지 않고(즉, 실행 프로그램을 만들지 않고) 단지 중간 오브 젝트 파일만 만든다. 그래서 다음과 같은 명령

```
$ gcc -c mod2.c
```

는 파일 mod2.c를 컴파일해서 실행 가능한 mod2.o를 만든다.

일반적으로 점진적 컴파일 기법을 사용하여 3개의 모듈 프로그램이 포함된 실행 가능한 dbtest 프로그램을 만들기 위해 다음과 같은 명령들을 순서대로 사용할 수 있다.

```
$ gcc -c mod1.c                        Compile mod1.c => mod1.o
$ gcc -c mod2.c                        Compile mod2.c => mod2.o
$ gcc -c main.c                        Compile main.c => main.o
$ gcc mod1.o mod2.o mod3.o -o dbtest   Create executable
```

3개 파일은 각각 따로 컴파일된다. 앞의 실행에서 모든 파일은 컴파일러에 의해 어떤 오류도 검출되지 않았다. 만약 오류가 있었다면 오류가 있는 파일은 고쳐서 다시 점증적 컴파일을 해야 한다. 마지막 줄

```
$ gcc mod1.o mod2.o mod3.o
```

는 소스 파일 없이 모두 오브젝트 파일만 있다. 이는 오브젝트 파일들만 링크해서 실행 프로그램 dbtest를 만드는 것이다.

위의 예에서 사용한 분리해서 컴파일하는 방법을 아주 많은 파일로 구성된 프로그램에 확대 적용 하면 이 방법이 얼마나 효과적인지 알 수 있다. 예를 들면, 다음 명령

```
$ gcc -c legal.c legal                              .c를 컴파일해서 legal.o를 만듦
$ gcc legal.o makemove.o exec.o enumerator.o evaluator.o display.o -o superchess
```

는 legal.c 파일만 다시 컴파일한 후 6개 파일로 구성된 프로그램의 실행 파일을 만든다.

이 장의 마지막 절에서 보겠지만 점진적 컴파일 과정은 make라는 도구를 사용해서 자동화할 수 있다. 이 장의 앞에서 언급한 IDE 도구들은 다시 컴파일할 파일에 대한 정보를 가지고 있고 이 파일들만 필요에 따라 다시 컴파일한다.

## 모듈 간 통신

여러 개 파일로 나뉜 파일들 간에 효과적으로 정보를 교환하는 여러 가지 방법이 있다. 한 파일에 있는 어떤 함수에서 다른 파일에 있는 함수를 호출할 때는 평상적인 방식으로 함수를 호출하고 인수를 넘겨주거나 결과를 돌려받는 방식도 일반적인 방법과 같다. 함수를 호출하는 파일에는 호출되는 함수의 원형을 포함하고 있어서 컴파일러가 호출되는 함수의 인수와 결과값에 대한 자료형을 알 수 있게 해야 한다. 13장 "열거형 데이터 형식, 형식 정의, 형식 변환을 통한 데이터 형식의 확장"에서 언급한 바와 같이, 함수에 대한 어떠한 정보도 없이 함수를 호출할 때 함수는 int를 결과로 돌려주고 short나 char형식 인수는 int 형식으로, float형식 인수는 double로 변환해서 호출한다.

한 명령줄에 여러 개의 파일을 나열하여 한 번에 여러 개 파일을 컴파일하더라도 각 파일을 독립적으로 컴파일한다는 것을 기억하는 것이 중요하다. 구조체 정의, 함수의 결과값 자료형, 함수의 인수 자료형에 대한 정보가 컴파일러에 의해 모듈간에 자동으로 교환되지 않음을 의미한다. 컴파일러가 한 파일을 컴파일할 때 이러한 정보를 충분히 갖도록 파일을 작성해야 한다. 컴파일러가 각 모듈을 컴파일할 때 이러한 정보를 충분히 가지고 있는지 확인하는 것은 전적으로 여러분들에게 달려 있다.

### 외부 변수

다른 파일에 있는 함수들 간에는 외부 변수를 통해서 정보를 교환할 수 있는데, 이것은 7장 "함수"에서 논의된 전역 변수 개념을 확장한 것이다.

외부 변수는 다른 파일에서 값을 읽고 변경할 수 있는 변수이다. 외부 변수를 사용하기 원하는 파일에서는 평상적인 방법으로 변수를 선언하면서 키워드 extern을 선언의 앞에 붙인다. 이는 다른 파일에서 전역 변수로 선언된 변수를 사용하겠다는 것이다.

Int 형식 변수 moveNumber를 정의하고 이 변수값을 다른 파일에 있는 함수에서 읽거나 변경할 수 있게 만드는 경우를 가정해 보자. 7장에서 다음과 같은 문장에 대해 알아보았다.

```
int moveNumber = 0;
```

이 문장이 함수 안에 포함되지 않으면서 파일의 앞부분에 나오면 변수값은 이 파일에 있는 어떤 함수에서도 사용할 수 있다. 이런 경우 moveNumber를 전역 변수로 선언되었다고 한다.

앞의 변수 moveNumber에 대한 동일한 정의는 사실 다른 파일에 있는 함수에서도 이용 가능하다. 특히 앞의 선언문은 변수 moveNumber를 전역 변수일 뿐만 아니라 외부 전역 변수로도 정의한다. 다른 파일에서 이 외부 전역 변수를 사용하려면 앞에 키워드 extern을 붙여서 아래와 같이 다시 이 변수에 대한 선언을 해야 한다.

```
extern int moveNumber;
```

이 선언이 있는 파일에서는 moveNumber의 값을 읽을 수도 있고 변경할 수도 있다. 또 다른 파일에서 extern을 사용한 동일한 선언을 가지고 있으면 역시 이 파일에서도 moveNumber의 값을 읽고 변경할 수 있다.

외부 변수를 다룰 때에 꼭 지켜야 할 중요한 규칙이 있다. 변수는 여러 개 소스 파일 중 하나에서 반드시 정의되어야 한다. 정의는 두 방법 중 하나를 사용해야 한다. 첫째는 아래와 같이 함수 외부에서 키워드 extern 없이 변수를 선언하는 방법이다.

```
int moveNumber;
```

이때 앞의 예에서 보여준 바와 같이 변수 선언에 초기값을 지정할 수도 있다.

둘째는 문장 앞에 extern을 붙여 함수 외부에서 변수를 선언할 때 이 변수의 초기값을 명시적으로 설정하는 방법이다. 다음과 같이 선언하면 된다:

```
extern int moveNumber = 0;
```

이 두 방법은 서로 배타적이라는 점을 명심해야 한다.

외부 변수를 다룰 때 키워드 extern은 전체 소스 파일 중에서 꼭 한 곳에서 생략할 수 있다. 만약 이 키워드를 한 곳에서도 생략하지 않았다면 꼭 한 곳에서 이 변수의 초기값을 설정해야 한다.

외부 변수를 사용하는 작은 프로그램 예를 보자. 다음 코드가 main.c 파일에 있다고 하자.

```
#include <stdio.h>

int i = 5;

int main (void)
{
    printf ("%i ", i);
```

```c
    foo ();

    printf ("%i\n", i);

    return 0;
}
```

앞의 프로그램에서 전역 변수 i의 정의는 extern을 이용해서 정의한 어떤 파일에서도 이 변수를 사용할 수 있도록 하고 있다. 이제 foo.c라는 파일에서 다음과 같은 문장들이 있다고 하자.

```c
extern int i;

void foo (void)
{
    i = 100;
}
```

두 파일 main.c와 foo.c를 함께 컴파일하는 명령은 다음과 같다.

**$ gcc main.c foo.c**

그리고 이 프로그램을 실행시키면 단말기에 다음과 같이 출력된다.

5 100

이 출력은 함수 foo가 외부 변수 i를 사용할 수 있어서 값을 변경했음을 입증한다.

함수 foo 안에서 외부 변수 i를 사용했기 때문에 extern이 붙어진 변수 i 선언을 다음과 같이 함수 안에 둘 수 있다.

```c
void foo (void)
{
    extern int i;

    i = 100;
}
```

파일 foo.c에 있는 많은 함수에서 변수 i를 사용하는 경우에는 파일의 앞부분에 extern 선언을 한번 해주는 것이 더 편리하다. 그러나 오직 한 함수 또는 작은 수의 몇 개 함수에서만 이 변수를 사용한다면 이 함수들 안에 각각 extern 선언을 넣어서 변수 사용을 실제로 사용하는 함수로 프로그램을 보다 더 조직화하거나 분리할 수 있다.

외부 배열을 선언할 때 배열의 크기는 필요 없다. 따라서 다음 선언

```
extern char text[];
```

는 다른 곳에 정의된 문자 배열을 참조 가능하게 해준다. 배열을 형식 매개 변수로 사용할 때와 마찬가지로 외부 다차원 배열의 경우에 일차원을 제외한 그 외의 차원에 대해서는 길이를 지정해 주어야 한다. 따라서 다음 선언

```
extern int matrix[][50];
```

은 첫째 열의 길이가 50인 2차원 외부 배열 matrix를 선언한 문장이다.


## 정적 변수(Static) vs. 외부 변수(Extern) 그리고 함수

함수 밖에 선언된 변수는 전역 변수일 뿐만 아니라 외부 변수임을 알고 있다. 많은 경우에 전역 변수이나 외부 변수가 아닌 변수가 필요하다. 다시 말해, 특정 모듈(파일) 안에서 사용이 제한되는 전역 변수가 필요할 경우가 있다. 특정 파일 안에 있는 함수만 사용하고 다른 파일에 있는 어떤 함수도 사용하지 않는 변수가 필요하다면 바로 이 경우이다. C에서는 이런 경우 정적(static) 변수를 정의하면 된다.

다음 문장

```
static int moveNumber = 0;
```

이 함수 밖에서 선언되었다면 변수 moveNumber는 이 선언 뒤의 모든 곳에서 사용할 수 있으나 다른 파일의 함수에서는 사용할 수 없다.

다른 파일에서 사용하지 않는 전역 변수를 선언할 필요가 있으면 static으로 선언하면 된다. 이렇게 하면 프로그램이 분명해진다. static 선언은 변수의 용도를 제한하므로 이를 사용하면 두 개의 모듈에서 동일한 이름으로 외부 변수를 모르고 선언해서 발생하는 충돌을 방지할 수 있다.

이 장의 앞에서 언급한 바와 같이 다른 파일에 정의된 함수를 직접 호출할 수 있다. 변수와 달리 다른 파일에 정의된 함수를 호출할 때 그 함수의 정의 앞에 extern을 붙여 선언할 필요가 없다.

함수를 정의할 때 extern이나 static으로 선언할 수 있으며, extern이 default가 된다. static으로 선언한 함수는 이 함수가 들어 있는 파일 안에서만 호출한다. 만약 squareRoot라는 함수 선언의 머리 부분에 static을 붙여서 정의했다면 이 함수는 정의된 파일 안에서만 호출될 수 있다. 이 함수는 다음과 같이 정의한다.

```
static double squareRoot (double x)
{
    ...
}
```

앞의 squareRoot 함수 정의는 이 함수가 정의된 파일에 국한되어 파일 밖에서는 호출되지 않는다. static 변수를 사용하는 것과 static 함수를 사용하는 것은 동일하다.

그림 14.1은 두 파일 사이의 정보 교환을 요약한 것이다. 이 그림에는 두 파일 mod1.c와 mod2.c가 있다.

```
double x;
static double result;

static void doSquare (void)
{
    double square (void);

    x = 2.0;
    result = square ();
}

int main (void)
{
    doSquare ();
    printf ("%g\n", result);

    return 0;
}
```

mod1.c

```
extern double x;

double square(void)
{
    return x * x;
}
```

mod2.c

**그림 14.1** 두 파일 간 정보 교환

mod1.c는 두 개의 함수 doSquare()와 main()을 정의하고 있다. 여기서 정의된 방식은 main()이 doSquare()를 호출하고 이어서 square()를 호출한다. square()는 mod2.c에 정의되어 있다. doSquare()는 static으로 선언되어 mod1.c에서만 호출될 수 있고 다른 파일에서는 호출할 수 없다.

mod1.c는 두 개의 전역 변수 x와 result를 double 형식으로 정의하고 있고 x는 mod1.c와 연결되는 다른 파일에서 사용할 수 있다. 반면 키워드 static이 앞에 붙은 result는 mod1.c 안에서만(즉 main()과 doSquare()) 사용할 수 있다.

프로그램 실행을 시작하면 main() 루틴은 doSquare()를 호출한다. 이 함수는 전역 변수 x에 값 2.0을 저장하고 함수 square()를 호출한다. square()는 다른 소스 파일(mod2.c)에 정의되어 있고 이 함수의 결과값도 int가 아니므로 doSquare() 앞부분에 적절하게 선언되어야 한다.

square() 함수는 전역 변수 x 값을 제곱해서 그 값을 돌려준다. square 함수는 다른 파일(mod1.c)에 정의된 변수 x의 값을 사용해야 하기 때문에 이에 맞는 extern 선언이 mod2.c에 있어야 한다(그리고 이 경우에는 square 함수 안이나 밖에 선언해도 차이가 없다).

square()로부터 돌려받은 값은 doSquare() 안의 전역 변수 result에 저장하고 main 함수로 돌아간다. main() 안에서는 전역 변수 result 값을 화면에 출력한다. 이 예에서 프로그램을 실행하면 화면에 결과값 4.0이 표시된다(왜냐하면 이는 2.0의 제곱이 확실하기 때문에).

이 예를 자연스럽게 받아들일 수 있을 때까지 연구해보기 바란다. 이 작은 예는 −비록 실용적이지 못해도− 파일 간 서로 정보를 주고받는 중요한 개념을 잘 설명하고 있으므로 이 개념들을 이해하여 큰 프로그램을 작성할 때 효과적으로 사용해보자.

## 헤더 파일의 효과적 사용법

12장 "전처리기"에서 파일을 포함하는 개념을 설명하였다. 이때 설명한 바와 같이 공통적으로 사용하는 정의들을 헤더 파일로 묶고 이 정의들이 필요한 소스 파일들은 헤더 파일을 포함시켜서 묶여진 정의를 공유할 수 있다. 프로그램을 여러 개 파일로 나누어서 개발할 때 #include는 매우 유용하다.

특정 프로그램을 개발하기 위해 여러 명의 개발자가 작업을 할 때 include 파일은 기준을 만드는 도구이다. 각 프로그램 개발자는 같은 값들을 가지고 있는 하나의 정의를 공유한다. 게다가 모두가 사용하는 이러한 정의를 개발자마다 자신의 파일에 따로 입력해야 하는 시간 낭비를 줄이고 잦은 실수를 방지할 수 있다. 이들 두 장점들은 공통 구조체 정의, extern 변수 선언, typedef 정의 그리고 함수 원형들을 하나의 파일에 넣어 놓음으로써 더 강력해진다. 큰 프로그램을 위해 많은 파일을 사용할 때는 필수적으로 공통으로 사용하는 데이터 구조체가 있을 수밖에 없다. 이러한 구조체 정의를 한 곳에 모음으로서 동일한 데이터 구조체를 위한 다른 정의를 다른 파일에서 사용함으로써 발생하는 오류를 제거할 수 있다. 게다가 특정 데이터를 위한 구조체의 정의를 변경해야 하는 경우에 포함되는 파일 하나에서만 변경을 하면 된다.

8장 "구조체"에서 데이터 구조체를 상기해 보자. 아래에 여러 파일에서 여러 개 날짜를 처리해야 할 때 사용할 수 있는 include 파일이 제시되었다. 이는 지금까지 배운 여러 개념들을 한데 모아 놓은 좋은 예이다.

```c
// 날짜를 다루는 헤더 파일

#include <stdbool.h>

// 열거형

enum kMonth { January=1, February, March, April, May, June,
    July, August, September, October, November, December };

enum kDay { Sunday, Monday, Tuesday, Wednesday, Thursday, Friday };


struct date
{
    enum kMonth    month;
    enum kDay      day;
    int            year;
};

// 날짜 형식
typedef struct date Date;

// 날짜를 다루는 함수
Date     dateUpdate (Date today);
int          numberOfDays (Date d);
bool     isLeapYear (Date d);

// 날짜 구조체를 저장하는 매크로
#define setDate(s,mm,dd,yy) s = (Date) {mm, dd, yy}

// 외부 참조 변수
extern Date todaysDate;
```

이 헤더 파일은 두 개의 열거형 데이터 형식 kMonth와 kDay, 그리고 date 구조체(열거형 데이터 형식을 사용했음에 주의)를 정의하였으며, typedef를 이용해 이 date 구조체를 위한 Date를 정의하였고 Date 형식을 사용하는 함수들도 선언하였다. 특정 날짜값을 설정하기 위한 매크로

(복합문을 사용하여) 정의와 짐작컨대 오늘을 저장하기 위해서 사용할 것 같은 todaysDate라는 전역 변수 선언(다른 소스 파일에서 정의된)도 포함되었다.

다음은 8장의 dateUpdate 함수를 이 헤더 파일을 사용하는 예로 다시 작성한 것이다.

```c
#include "date.h"

// 오늘 날짜를 계산하는 함수

Date dateUpdate (Date today)
{
    Date tomorrow;

    if ( today.day != numberOfDays (today) )
        setDate (tomorrow, today.month, today.day + 1, today.year);
    else if ( today.month == December ) // end of year
        setDate (tomorrow, January, 1, today.year + 1);
    else // end of month
        setDate (tomorrow, today.month + 1, 1, today.year);

    return tomorrow;
}
```

## 큰 프로그램을 작성하는 다른 도구들

앞에서 간단히 언급한 바와 같이 IDE는 큰 프로그램을 작성하는 강력한 도구이다. 하지만 명령어를 사용해서 작업하기를 원한다면 사용법을 익혀둘 필요가 있는 도구들이 있다. 이 도구들은 C 프로그램의 일부는 아니지만 프로그램 개발을 빠르게 하는 데 도움을 준다.

다음은 큰 프로그램을 개발할 때 고려해볼 만한 도구들이다. 만약 Unix에서 작업을 하고 있다면 개발에 도움을 주는 아주 많은 도구를 찾을 수 있다. 여기서 소개하는 것은 빙산의 일각이다. Unix Shell과 같은 스크립트 언어를 사용하는 방법을 배우는 것도 큰 프로그램을 개발하는 데 도움이 된다.

## make 도구

강력한 이 도구(GNU 버전은 GNUMAKE)는 Makefile로 알려진 특수 파일에 파일 리스트와 이 파일을 만들기 위해서 필요한 것들을 지정한다. make 프로그램은 파일이 변경된 시간을 기준으로 필요한 파일만 자동으로 다시 컴파일한다. 그래서 만약 소스 파일(.c)이 오브젝트 파일(.o)보다 시간적으로 더 최근 파일인 경우에만 make는 이 소스 파일로부터 오브젝트 파일을 만들기 위한 컴파일 명령을 실행한다. 물론 헤더 파일도 소스에 포함할 수 있다. 예를 들면, datefuncs.o라는 파일을 만들기 위해 소스 파일 datefuncs.c가 필요할 뿐만 아니라 헤더 파일 date.h도 필요한 파일에 포함시킬 수 있다. 그리고 만약 date.h에 있는 어떤 부분을 변경하면 make 도구는 자동으로 datefuncs.c를 다시 컴파일한다. 이는 헤더 파일이 오브젝트 파일보다 최근 것이기 때문이다.

다음은 이 장에서 사용하는 3개 파일로 만들어진 간단한 Makefile이다. 이 파일이 소스 파일들이 들어가 있는 디렉터리에 같이 있어야 한다.

```
$ cat Makefile
SRC = mod1.c mod2.c main.c
OBJ = mod1.o mod2.o main.o
PROG = dbtest


$(PROG) : $(OBJ)
        gcc $(OBJ) -o $(PROG)


$(OBJ) : $(SRC)
```

여기서 이 Makefile을 자세히 설명하지는 않는다. 간단히 말하면 소스 파일들(SRC)과 이 소스 파일에 대응되는 오브젝트 파일(OBJ), 그리고 실행 프로그램의 이름(PROG)을 정의하고 상호 종속 관계를 표현하고 있다. 첫째 종속 관계,

```
$(PROG) : $(OBJ)
```

는 실행 프로그램은 오브젝트 파일에 종속되어 있음을 나타내고 있다. 그래서 만약 오브젝트 파일 중 하나라도 새로 바뀌게 되면 실행 프로그램은 다시 만들어져야 한다. 다시 만드는 방법은 그 아래에 다음과 같은 gcc 명령줄에 나타나 있으며 이 줄은 반드시 줄 앞에 탭이 있어야 한다.

```
gcc $(OBJ) -o $(PROG)
```

Makefile의 마지막 줄인

```
$(OBJ) : $(SRC)
```

는 각 오브젝트 파일이 대응되는 소스 파일에 종속되어 있음을 표현하고 있다. 그래서 만약 소스 파일이 변경되면 그에 대응되는 오브젝트 파일도 다시 만들어져야 한다. 다시 만들기 위한 방법은 make 도구가 이미 가지고 있다.

아래는 make를 처음 실행했을 때의 상황을 보여주고 있다.

```
$ make
gcc -c -o mod1.o mod1.c
gcc -c -o mod2.o mod2.c
gcc -c -o main.o main.c
gcc mod1.o mod2.o main.o -o dbtest
$
```

아주 좋군! make가 각 소스 파일을 컴파일하고 나서 생성된 오브젝트 파일을 링크해서 실행 프로그램을 만든다.

만약 mod2.c에 오류가 있다면 여기에 make로부터 만들어지는 결과는 다음과 같을 것이다.

```
$ make
gcc -c -o mod1.o mod1.c
gcc -c -o mod2.o mod2.c
mod2.c: In function 'foo2':
mod2.c:3: error: 'i' undeclared (first use in this function)
mod2.c:3: error: (Each undeclared identifier is reported only once
mod2.c:3: error: for each function it appears in.)
make: *** [mod2.o] Error 1
$
```

여기에 make는 mod2.c를 컴파일하는 과정에서 오류가 발견되어 더 이상 진행하지 않고 중단했다.

만약 mod2.c의 오류를 수정하고 다시 make를 실행하면 다음과 같다.

```
$ make
gcc -c -o mod2.o mod2.c
gcc -c -o main.o main.c
gcc mod1.o mod2.o main.o -o dbtest
$
```

이때 make가 다시 mod1.c를 컴파일하지 않는 점을 주목하자. 이는 make가 다시 컴파일할 필요가 없음을 알고 있기 때문이다. 이러한 점이 바로 make 도구의 진정한 능력이자 고귀함이랄까.

비록 간단한 예제이지만 이 Makefile 예를 make 사용을 시작하는 것으로 활용할 수 있다. 부록 E "참고자료"에서 강력한 도구들에 대한 더 많은 정보들을 설명하는 곳을 방문하기 바란다.


## cvs 도구

이것은 소스를 관리하기 위한 도구 중 하나이다. 이 도구는 자동으로 소스 코드의 버전을 추적할 수 있고 변경된 내용을 보관하여 관리한다. 이 도구를 사용하면 필요에 따라서 새로운 버전을 만들 수 있다. 새로운 버전은 과거로 다시 돌아가거나 고객지원을 위해서 이전 버전을 다시 만드는 것을 포함한다. cvs(Concurrent Versions System)로 소스 프로그램을 가져오고(cvs 명령어에 checkout 명령 사용) 이 소스 프로그램을 변경하며 다음에 이 프로그램을 다시 저장한다(cvs의 commit 옵션 사용). 이러한 과정에서 같은 소스 프로그램을 여러 프로그램 개발자가 동시에 수정하여 발생하는 부조화를 해결하는 방법도 포함되어 있다. cvs로 여러 개발자들이 여러 곳에 분산되어 같은 소스 파일을 가지고 네트워크를 통해 동시에 작업을 할 수 있다.


## Unix 도구들: `ar`, `grep`, `sed` 등

Unix에서 제공되는 많은 종류의 명령어들을 활용하면 큰 프로그램을 쉽고 효율적으로 개발할 수 있다. 예를 들면 자신의 라이브러리를 만들기 위해 ar 명령을 사용할 수 있다. 이 명령은 자주 사용하는 함수 묶음을 만들거나 이를 공유하고자 할 때 유용하다. 컴파일 명령어에서 -lm 옵션을 사용하여 프로그램에 표준 수학 라이브러리에 있는 함수를 프로그램에 링크시키는 것과 같이 -l *lib* 옵션을 사용하여 자신이 작성한 라이브러리를 역시 프로그램에 링크시킬 수 있다. 링크 단계에서 프로그램에서 참조한 함수들을 찾아서 자신이 작성한 라이브러리에 있는 함수들을 탐색한다. 탐색된 함수들은 라이브러리에서 가져와 프로그램에 링크한다.

다른 명령어로 grep이나 sed 같은 명령어는 파일에 있는 문자열을 찾거나 여러 개 파일의 내용을 동시에 변경하는 경우에 유용하다. 예를 들어 약간의 셸 프로그램 기술과 sed 명령을 활용하면 여러 개 파일에 있는 변수의 이름을 쉽게 다른 이름으로 바꿀 수 있다. 명령어 grep은 단순히 지정한 문자열을 파일이나 여러 파일에서 찾는다. 여러 개 파일에서 변수나 함수가 있는 위치, 또는 헤더 파일들에서 매크로의 위치를 알아내는 데 유용하다. 그래서 명령어

```
$ grep todaysDate main.c
```

는 main.c 파일을 탐색하여 문자열 todaysDate를 포함하고 있는 모든 줄을 알려준다. 명령어

```
$ grep -n todaysDate *.c *.h
```

는 현재 디렉터리에 있는 모든 소스와 헤더 파일을 탐색하여 탐색된 줄의 내용을 줄번호(-n 옵션을 사용)와 함께 출력해준다. 소스 프로그램을 여러 개 파일로 나누어 작성할 수 있도록 C 언어에서 제공하는 기능들을 살펴보았고 이 파일들을 독립적으로 컴파일하여 묶는 방법으로 컴파일하는 방법도 알아보았다. 헤더 파일은 함수 원형 선언, 매크로, 구조체 정의, 열거형 등을 여러 모듈 간에 공유해서 사용하고자 할 때 '접착제'와 같은 기능을 제공해 준다.

만약 IDE를 사용한다면 여러 개 소스 파일을 관리하는 것이 수월하다. IDE는 소스를 변경하면 파일을 추적하여 다시 컴파일이 필요한 것을 알아내서 다시 컴파일한다. gcc와 같은 컴파일 명령어를 사용하면 스스로 다시 컴파일해야 하는 파일들에 대한 목록을 스스로 만들어야 하지만 make와 같은 명령을 활용하면 자동으로 다시 컴파일할 파일 목록을 찾아서 다시 컴파일해준다. 명령어로 컴파일할 때 소스 파일을 탐색하거나 파일 전체에서 수정을 하거나 프로그램 라이브러리를 만들고 관리할 때 다른 유용한 도구를 찾아서 활용할 것을 추천한다.

# 15

# C 언어의 입·출력 연산

지금까지의 모든 입·출력은 컴퓨터의 콘솔 또는 터미널이라는 창을 통해 이루어졌다. 프로그램에 입력을 하기 위해서는 scanf() 또는 getchar() 함수를 사용하였다. 그리고 모든 프로그램의 결과는 printf() 함수를 사용하여 화면에 출력하였다. C 언어에는 입·출력 연산을 수행하는 다른 특별한 구문은 없으며, 모든 입·출력 연산은 함수를 사용해야만 한다. 이때 사용하는 입·출력 함수는 표준 C 라이브러리에 포함되어 있다. 이번 장에서는 파일을 사용하여 작업하는 방법뿐만 아니라 몇 가지 추가 입·출력 함수를 설명한다. 다루는 내용은

- putchar() 와 getchar() 를 이용한 기본 입·출력 다루기
- 플래그(flag)와 수정자를 사용하여 printf() 와 scanf() 함수 극대화하기
- 파일에서의 입·출력
- 파일 함수와 포인터 사용

앞의 프로그램들에서 printf() 또는 scanf() 함수를 사용했을 경우 다음의 include 문장을 사용한 것을 기억하자.

```
#include <stdio.h>
```

이 include 파일은 표준 라이브러리의 입·출력 루틴들과 관련된 함수 선언과 매크로 정의를 포함하고 있다. 따라서 표준 라이브러리 함수를 사용할 때마다 반드시 앞의 include 파일을 포함해야 한다.

이번 장에서는 표준 라이브러리가 제공하는 많은 입·출력 함수를 배우게 된다. 불행하게도 지면의 제한으로 인해 모든 내용을 다 자세히 설명할 수는 없으므로 라이브러리 함수 목록이 자세히 나와 있는 부록 B, "표준 C 라이브러리"를 참조하자.

## 문자 입·출력: `getchar()`, `putchar()`

`getchar()` 함수는 한번에 1개의 문자를 입력할 때 매우 편리하다. 앞에서(예제 9.6) `getchar()`라는 함수를 문장 끝의 줄바꿈 문자(\n)를 만날 때까지 반복 사용하여 1줄 입력을 받아들이는 함수 `readLine()`을 설명했다. 이와 유사하게 한번에 1개의 문자를 작성하는 함수는 `putchar()`이다. `putchar()` 함수의 호출은 출력할 문자를 인수로 사용하는 간단한 함수이다.

```
putchar (c);
```

여기서 c는 문자 자료형의 변수이며 c의 내용은 화면에 출력된다.

다음 문장은 줄바꿈 문자를 출력하여 커서가 다음 줄로 움직이게 한다.

```
putchar ('\n');
```

## 형식 입·출력: `printf()`, `scanf()`

지금까지 이 책에 있는 프로그램들에서는 `printf()`와 `scanf()`를 사용해왔다. 이번 절에서는 이 함수들에서 입·출력 시 사용할 수 있는 모든 옵션들을 알아보자.

`printf()`와 `scanf()` 함수의 첫 번째 인수는 문자 포인터로 형식 문자열(format string)을 가리킨다. 형식 문자열은 그 다음에 나타나는 인수를 `printf()`에서는 어떤 형식으로 출력할 것인지, `scanf()`에서는 입력 내용을 어떻게 해석해서 받아들이는지를 결정한다.

# printf() 함수

출력 내용의 형식을 조절하기 위하여 %문자와 변환자 사이에 어떤 문자를 사용하는지 앞의 많은 프로그램에서 살펴보았다. 예를 들어 예제 4.3A에서 변환자 바로 앞의 정수값이 출력폭(field width)을 나타내는 것을 살펴보았다. 형식 문자 %2i는 정수를 2 컬럼 자리를 가지는 오른쪽 맞춤으로 출력한다. 또 4장 "반복하기"의 연습문제 6번에서 왼쪽 맞춤을 위해 마이너스(−) 기호를 사용하는 것을 보았다.

printf()에서 변환 형식을 지정하는 일반적인 형식은 다음과 같다.

%[flags][width][.prec][hlL]type

선택적인 필드는 대괄호에 둘러싸여 있으며 지정된 순서로 나타나야 한다.

표 15.1, 15.2, 15.3은 % 기호 다음과 형식 문자열 내부의 자료형 지정 문자 사이에 사용할 수 있는 모든 가능한 문자와 값들을 요약하여 보여주고 있다.

**표 15.1** printf() 플래그

| 플래그 | 의미 |
| --- | --- |
| − | 왼쪽 맞춤값 |
| + | 값 앞에 + 또는 − 기호 붙임 |
| (공백) | 양수 앞에 공백 사용 |
| 0 | 공백을 0으로 채우기 |
| # | 8진수에는 0, 16진수에는 0x(또는 0X)를 사용하고 실수에는 소수점 표현<br>g 또는 G 형식에서는 뒤에 붙는 0을 그대로 표현 |

**표 15.2** printf()의 폭과 정밀 수정자

| 지시자 | 의미 |
| --- | --- |
| number | 필드의 최소 크기 |
| * | printf()의 다음 인수를 필드 크기로 사용 |
| .number | 정수를 표현하기 위한 최소의 자릿수; e 또는 f 형식에서는 소수점 이하 자릿수,<br>형식 g에서는 최대 유효 숫자, s 형식에서는 최대 문자수 |
| .* | printf의 다음 인수를 정확도로 사용(행 이전에 표시된대로 해석) |

**표 15.3** `printf()` 자료형 변경자

| 자료형 | 의미 |
| --- | --- |
| hh | 정수 인수를 문자로 출력 |
| h* | short integer로 출력 |
| l* | long integer로 출력 |
| ll* | long long integer로 출력 |
| L | long double로 출력 |
| j* | intmax_t 또는 uintmax_t 값을 출력 |
| t* | ptrdiff_t 값을 출력 |
| z* | size_t 값을 출력 |

* 주의: 이러한 변경자들은 지정된 자료형의 해당 포인터 인수가 지시하는 n개의 변환 문자 앞에 둘 수 있다.

표 15.4는 형식 문자열에 지정될 수 있는 변환자 목록이다.

**표 15.4** `printf()` 변환자

| 문자 | 출력 내용 |
| --- | --- |
| i 또는 d | 정수 |
| u | 부호 없는 정수 |
| o | 8진수 |
| x | 16진수, a~f를 사용 |
| X | 16진수, A~F를 사용 |
| f 또는 F | 실수, default로 소수점 이하 6자리 표현 |
| e 또는 E | 실수를 지수 형식으로 표현<br>(e는 지수 앞에 소문자 e를 배치하고, E는 대문자 E를 배치) |
| g | 실수를 f 또는 e 형식으로 표현 |
| G | 실수를 F 또는 E 형식으로 표현 |
| a 또는 A | 실수를 16진수 형식 0xd.ddddp±d로 표현 |
| c | 단일 문자 |

| s | Null로 끝나는 문자열 |
| p | 포인터 |
| n | 아무것도 출력하지 않음; 대응하는 포인터 인수가 가리키는 정수에<br>그 때까지의 문자 개수를 저장한다(표 15.3의 주의 참고). |
| % | 퍼센트 기호 |

표 15.1에서 15.4까지의 설명이 엄청 많은 것처럼 보인다. 프로그램의 출력을 조절하기 위해 여러 가지 조합이 가능하므로 앞의 표 내용에 익숙해지기 위한 가장 좋은 방법은 실전을 통한 방법이다. printf() 문장에 사용하는 인수의 개수는 % 기호의 개수와 같아야 한다(%%의 경우는 제외). 또 정수의 자리수와 정확도를 나타내기 위하여 * 기호를 사용하는 경우 printf()는 각각의 * 기호에 대하여 인수를 요구한다.

예제15.1은 printf()를 사용한 다양한 형식의 출력을 보여준다.

### 예제 15.1 printf() 형식 예제

```c
// 다양한 printf() 형식의 예제 프로그램
#include <stdio.h>

int main (void)
{
    char            c = 'X';
    char            s[] = "abcdefghijklmnopqrstuvwxyz";
    int             i = 425;
    short int       j = 17;
    unsigned int    u = 0xf179U;
    long int        l = 75000L;
    long long int   L = 0x1234567812345678LL;
    float           f = 12.978F;
    double          d = -97.4583;
    char            *cp = &c;
    int             *ip = &i;
    int             c1, c2;

    printf ("Integers:\n");
    printf ("%i %o %x %u\n", i, i, i, i);
    printf ("%x %X %#x %#X\n", i, i, i, i);
```

```c
    printf ("%+i % i %07i %.7i\n", i, i, i, i);
    printf ("%i %o %x %u\n", j, j, j, j);
    printf ("%i %o %x %u\n", u, u, u, u);
    printf ("%ld %lo %lx %lu\n", l, l, l, l);
    printf ("%lli %llo %llx %llu\n", L, L, L, L);

    printf ("\nFloats and Doubles:\n");
    printf ("%f %e %g\n", f, f, f);
    printf ("%.2f %.2e\n", f, f);
    printf ("%.0f %.0e\n", f, f);
    printf ("%7.2f %7.2e\n", f, f);
    printf ("%f %e %g\n", d, d, d);
    printf ("%.*f\n", 3, d);
    printf ("%*.*f\n", 8, 2, d);

    printf ("\nCharacters:\n");
    printf ("%c\n", c);
    printf ("%3c%3c\n", c, c);
    printf ("%x\n", c);

    printf ("\nStrings:\n");
    printf ("%s\n", s);
    printf ("%.5s\n", s);
    printf ("%30s\n", s);
    printf ("%20.5s\n", s);
    printf ("%-20.5s\n", s);

    printf ("\nPointers:\n");
    printf ("%p %p\n\n", ip, cp);

    printf ("This%n is fun.%n\n", &c1, &c2);
    printf ("c1 = %i, c2 = %i\n", c1, c2);

    return 0;
}
```

```
Integers:
425 651 1a9 425
1a9 1A9 0x1a9 0X1A9
+425   425 0000425 0000425
17 21 11 17
61817 170571 f179 61817
75000 222370 124f8 75000
1311768465173141112 110642547402215053170 1234567812345678   1311768465173141112

Floats and Doubles:
12.978000 1.297800e+001 12.978
12.98 1.30e+001
13 1e+001
  12.98 1.30e+001
-97.458300 -9.745830e+001 -97.4583
-97.458
  -97.46

Characters:
X
  X  X
58

Strings:
abcdefghijklmnopqrstuvwxyz
abcde
    abcdefghijklmnopqrstuvwxyz
            abcde
abcde

Pointers:
0xbffffc20 0xbffffbf0

This is fun.
c1 = 4, c2 = 12
```

이 결과에 대해서는 시간을 들여 자세히 공부할 가치가 있다. 첫 번째 그룹의 출력은 정수의 내용을 short, long, 부호 없는 정수, 그냥 정수형으로 출력한다. 첫 번째 줄은 i의 값을 10진수(%i), 8진수(%o), 16진수(%x), 부호 없는(%u) 형식으로 출력한다. 8진수의 출력 결과에서 8진수 앞에 0이 붙지 않은 것을 주의 깊게 봐야 한다.

그 다음 줄은 i의 값을 다시 출력한다. 먼저 i의 값이 %x를 사용하여 16진수로 출력된다. 대문자 X를 사용할 경우(%X) printf()는 16진수를 나타낼 때 소문자 대신 대문자 A~F를 사용한다. # 변형자(%#x)를 사용할 경우 숫자 앞에 0x가 나타나고, 대문자 X를 사용할 경우(%#X) 0X가 나타난다.

4번째 printf()는 양수도 강제로 부호를 쓰도록 + 플래그를 사용한다(보통 양수는 기호를 출력하지 않음). 그 다음 양의 정수 앞에 공백이 나타나도록 공백 변형자가 사용되었다(이 기능은 기호가 없는 양의 정수와 음수 기호를 가진 음의 정수를 같이 줄맞춤하는 데 매우 편리하게 사용된다). 그 다음 %07은 i 값이 7자리의 공간에서 오른쪽 줄맞춤을 하게 한다. 0 플래그는 0으로 빈 공간을 채우므로 425 앞에 4개의 0이 채워진다. 그 다음 변환 %.7i도 같은 결과로 4개의 0이 앞에 채워지고 그 다음 425의 3자리가 출력된다.

5번째 printf() 함수 호출은 int 형식의 변수 j 값을 여러 가지 형식으로 출력한다. 정수 자료형을 출력하는 모든 형식은 전부 short int 자료형의 출력에 사용할 수 있다. 그 다음 printf()는 %i를 사용하여 unsigned int 자료형의 값을 출력한 결과를 보여준다. 변수 u에 저장된 최댓값이 signed int 자료형의 변수가 가질 수 있는 최댓값보다 큰 값이면 %i 형식을 사용할 경우 음수로 표현된다. 그 다음 printf()는 long 정수를 출력하기 위한 l 변형자의 사용을 보여주며 첫 번째 그룹의 마지막 printf()는 long long 자료형의 값을 출력하는 방법을 보여준다.

2번째 그룹의 출력은 float과 double의 내용을 출력하는 다양한 방법을 보여준다. 첫 번째는 float 자료형의 값을 %f, %e, %g 형식으로 출력한 내용을 보여준다. 앞에서 설명한 것처럼 %f와 %e 형식은 기본적으로 소수점 이하 6자리를 사용한다.

%g 형식을 사용할 경우 값의 크기와 요구하는 정확도에 따라 %e 또는 %f 형식을 사용한다. 만약 지수 부분이 −4보다 작거나 디폴트 값(기본적으로 6)보다 크면 %e를 사용하고 그렇지 않은 경우 %f를 사용한다. 2가지의 경우 모두 숫자 뒤에 붙는 0은 제거되고 소수점 이하에 유효 숫자가 있는 경우에만 소수점을 출력한다. 일반적으로 %g는 실수를 보기 좋게 출력하는 가장 좋은 방법이다. 그 다음 문장에서 정밀도 변경자 .2는 f의 값을 소수점 이하 2자리까지만 표현하게 하며 printf()는 자동으로 반올림해서 그 내용을 표현한다. 바로 다음에 나오는 문장은 .0을 정밀도 변형자로 사용하는데 소수점을 포함하여 소수점 이하의 숫자를 전혀 표현하지 않게 한다. 여기서도 역시 자동으로 반올림되었다.

그 다음 문장에서 사용한 변경자 7.2는 최소 7자리, 소수점 이하 2자리를 사용하여 값을 표현한다. 표현하려는 값이 7자리 이하로 충분히 표현 가능하므로 printf()는 값을 7자리 한도 내에서 (왼쪽에 공백을 추가하여) 오른쪽 맞춤을 사용한다.

그 다음 3줄의 출력 문장은 double 자료형의 변수 d 값을 여러 가지 형식으로 출력한다. float은 함수 호출의 인수로 사용될 때 자동으로 double로 변환되므로 float과 double 자료형의 값을 출력하는데 같은 형식을 사용할 수 있다. 다음의 printf()는 d의 값이 소수점 이하 3자리가 표현되게 출력한다.

```
printf ("%.*f\n", 3, d);
```

위의 printf()에서 * 기호는 그 다음에 나오는 인수 3을 정밀도로 받아들인다. 이 값은 출력의 형식을 동적으로 변화시키기 위해 다음 문장과 같이 변수를 사용할 수도 있다.

```
printf ("%.*f\n", accuracy, d);
```

float과 double 그룹의 마지막 줄은 d의 값을 %*.*f 형식으로 출력한다. 2개의 * 기호를 사용하여 자리수와 정밀도를 인수에서 받아들인다. 첫 번째 인수가 8이므로 이 값은 자리수가 되며, 두 번째 값 2는 정밀도로 받아들여진다. 따라서 d의 값은 소수점 이하 2자리, 전체 8자리로 표현된다. 다른 경우와 마찬가지로 여기서도 마이너스(-) 기호와 소수점도 자리 수에 포함된다.

프로그램의 그 다음 그룹은 X가 저장되어 있는 문자 자료형의 변수 c를 여러 가지 형식으로 출력한다. 먼저 잘 알려져 있는 %c 형식으로 출력한다. 그 다음 줄은 자리수를 3으로 지정한 후 문자 c를 2번 출력한다. 이것은 2칸의 공백을 가진다. 문자는 정수 형식을 사용하여 출력할 수도 있다. 그 다음 줄은 문자 c를 16진수로 출력한다. 출력 결과는 컴퓨터에서 문자 X를 내부적으로 16진수 58로 표현된다는 것을 알 수 있다.

프로그램의 마지막 그룹에서는 문자열 s가 출력된다. 먼저 일반적인 %s를 사용하여 출력된다. 그 다음 문자열에서 앞에서부터 5개의 문자만 출력하는 정밀도 지정자 5가 사용된다. 그 결과 알파벳의 앞에서부터 5문자만 출력된다.

그룹의 3번째 줄은 자리수 지정을 30으로 하여 문자열 전체를 출력한다. 출력에서 볼 수 있는 것처럼 문자열은 오른쪽 맞춤으로 출력된다. 그 다음 2줄은 문자열 s에서 5개 문자의 자리수를 20으로 지정하여 출력한다. 첫 번째 경우는 오른쪽 줄맞춤으로 출력되고 두 번째 경우에는 마이너스 기호 때문에 왼쪽 줄맞춤으로 출력된다. %-20.5s는 5개의 문자와 15개의 공백으로 20개의 문자를 출력한다.

%p 형식은 포인터의 내용을 출력하기 위해 사용된다. 여기에 정수 포인터 ip와 문자 포인터 cp의 값을 출력한다. 이때 포인터의 값은 컴퓨터마다 다를 수 있으므로 본문의 결과는 여러분의 프

로그램 결과와 다를 것이다. %p 형식의 출력 결과는 컴퓨터마다 다르지만 본문에서는 16진수를 사용하여 출력한다. 본문의 내용에서는 변수 ip의 값은 bffffc20, cp의 값은 bffffb0이다.

마지막 그룹의 출력 문장은 %n 형식의 사용을 보여준다. 이 경우 형식 변형자 h, hh, h, l, ll, j, z, t가 지정되지 않았을 경우 printf의 인수는 정수 포인터여야 한다. printf()는 형식 앞의 문자의 개수를 인수가 가리키는 정수에 저장한다. 따라서 첫 번째 %n은 그때까지의 문자 개수인 4를 c1에 저장하고, 그 다음 %n은 그때까지의 문자 개수 12를 c2에 저장한다. 하지만 %n 형식은 printf의 출력 형식에는 전혀 영향을 주지 않는다.


## scanf() 함수

printf() 함수와 마찬가지로 scanf()도 다양한 형식의 지정이 가능하다. printf()와 같이 scanf()도 % 기호와 변환 문자(conversion characters) 사이에 선택적으로 변경자(modifiers)를 사용할 수 있다. 표 15.5에는 사용 가능한 변경자에 대한 설명이 있으며 표 16.6에는 변형 문자에 대한 설명이 있다.

scanf()가 입력에서 읽을 값을 찾을 때 앞에 있는 공백, 수평 탭('\t'), 수직 탭('\v'), 캐리지 리턴('\r'), 줄바꿈 문자('\n'), 폼-피드 문자('\f') 등의 공백 기호들은 전부 무시한다. 하지만 %c 형식을 사용하는 경우 다음 문자가 무엇이든 상관없이 읽으며 또 문자열이 대괄호 안에 있는 경우 문자열 그대로 허용하게 된다.


**표 15.5** scanf() 변경자

| 변경자 | 의미 |
| --- | --- |
| * | 해당 필드 건너뛰기 |
| size | 입력 필드 최대 크기 |
| hh | 읽은 값을 signed char 또는 unsigned char로 저장 |
| h | 읽은 값을 short int로 저장 |
| l | 읽은 값을 long int, double, wchar_t로 저장 |
| j, z 또는 t | 읽은 값을 size_t(%j), ptrdiff_t(%z), intmax_t, uintmax_t(%t)로 저장 |
| ll | 읽은 값을 long long int로 저장 |
| L | 읽은 값을 long double로 저장 |
| type | 변환 문자 |

| 문자 | 동작 |
| --- | --- |
| d | 읽을 값이 10진수로 표시되어 있다. 대응하는 인수는 h, l, ll이 같이 사용되는 경우 short, long, long long에 대한 포인터이며 그렇지 않은 경우 정수에 대한 포인터이다. |
| i | %d와 다른 기능은 같지만 8진수(0으로 시작)나 16진수(0x 또는 0X로 시작)로 읽을 수 있다. |
| u | 읽을 값은 정수이며 인수는 unsigned int의 포인터이다. |
| o | 읽을 값은 8진수이며 숫자 앞에 0이 사용될 수도 있다. 인수는 글자 o 앞에 h, l, ll이 사용되는 경우 short, long, long long이며 그렇지 않은 경우 정수에 대한 포인터이다. |
| x | 읽을 값은 16진수로 표현되며 숫자 앞에 0x 또는 0X가 사용될 수도 있다. 인수는 변경자 x 앞에 h, l, ll이 사용되지 않는다면 unsigned int에 대한 포인터이다. |
| a, e, f, g | 읽을 값이 부동소수로 표현되며, 부호 기호가 붙을 수도 있으며 지수 형식으로 표현될 수도 있다(예: 3.45 e-3). 인수는 l 또는 L이 사용되는 경우 double 또는 long double의 포인터이며 그렇지 않은 경우 float의 포인터이다. |
| c | 읽을 값은 단일 문자 형식이다. 공백, 탭, 줄바꿈 문자, 폼-피드 등을 포함하여 입력 위치 바로 다음에 있는 1개의 문자를 읽는다. 인수는 char의 포인터이며 c 앞에 숫자를 사용하여 읽을 문자의 개수를 지정할 수도 있다. |
| s | 읽을 값은 문자의 순서이다. 순서는 비공백 문자로 시작하고 공백 문자로 종료한다. 인수는 읽은 문자들과 null 문자를 저장할 수 있는 충분한 공간을 가진 문자 배열에 대한 포인터이다. s 앞의 숫자는 읽을 문자의 수를 지정하는데 지정된 문자만큼 다 읽기 전에 공백 문자를 만나면 읽기를 종료한다. |
| [...] | 대괄호 내부의 문자들은 %s와 마찬가지로 문자열로 읽혀진다. 대괄호 내부의 문자들은 문자열에 허용된 문자를 나타낸다. 허용된 문자가 아닌 문자를 만나면 문자열이 끝나게 된다. 만약 대괄호 내부의 첫 문자가 ^이면 반대의 의미를 가지게 된다. 이 경우 대괄호 내부의 문자를 만나면 문자열이 끝나게 된다. |
| n | 아무것도 읽지 않는다. 이 호출이 실행되기 전에 읽혀진 문자의 수를 인수가 가리키는 int에 저장된다. |
| p | 읽을 값은 포인터로 printf()의 %p로 출력된 것과 같은 형식을 가진다. 인수는 void 포인터의 포인터이다. |
| % | 다음에 읽을 비공백 문자는 %여야 한다. |

scanf()가 값을 읽을 때 명시한 문자 개수만큼 읽었거나 유효하지 않은 문자를 만나면 읽기가 중단된다. 정수의 경우 유효한 입력은 선택적으로 기호가 붙은 유효 문자들의(10진수: 0~9, 8진수: 0~7, 16진수: 0~9, a~f 또는 AF) 순서이다. 실수의 경우 허용되는 문자는 선택적으로 허용 가능한 부호에 숫자 문자의 순서, 그 다음 선택적으로 소수점이 나오고 다시 숫자 문자의 순서가 나오고 그 다음 문자 e(또는 E)와 선택적으로 부호가 있는 지수가 나올 수 있다. 형식 %a를 사용하는 경우 0x에 선택적으로 소수점을 가진 16진수 문자, 그 다음 문자 p(또는 P)를 사용한 선택적 지수가 입력으로 사용된다.

%s 형식으로 문자열을 읽는 경우에는 공백 기호가 아닌 모든 문자가 유효하다. %c 형식의 경우 모든 문자가 유효하다. 마지막으로 대괄호 속의 문자열을 읽는 경우 대괄호 내부의 문자만 유효하다(만약 대괄호 열기 기호 다음에 ^ 기호가 있는 경우 그 반대의 의미를 가진다).

8장 "구조체"는 프로그램에서 사용자에게 키보드에서 시간의 입력을 요구하는 부분의 scanf() 함수 호출에서 형식 지정 문자가 아닌 모든 문자의 입력을 요구한다. 따라서 다음의 scanf() 함수 호출은 3개의 정수 입력을 받아들여 변수 hour, minutes, seconds에 저장한다. 형식 지정 문자열의 : 기호는 3개 입력의 구분자를 지정한 것이다.

```
scanf ("%i:%i:%i", &hour, &minutes, &seconds);
```

퍼센트 기호를 입력으로 사용하려는 경우 다음과 같이 퍼센트 기호 3개를 형식 지정에 사용한다.

```
scanf ("%i%%", &percentage);
```

형식 지정 문자열에 사용된 공백 문자는 입력에서는 임의의 개수의 공백과 일치한다.

```
scanf ("%i%c", &i, &c);
```

따라서 앞의 호출에 다음의 입력을 사용하면 i에는 29가 저장되고 29 다음의 문자가 공백이므로 c에는 1개의 공백이 입력된다.

```
29 w
```

만약 다음의 scanf() 함수가 사용되고 똑같은 입력이 사용되면 i에는 29가 저장되고, 그 다음 형식 지정의 공백은 'w' 앞의 모든 공백을 무시하므로 c에는 문자 'w'가 저장된다.

```
scanf ("%i %c", &i, &c);
```

표 15.5의 설명에 따라 * 표시는 필드를 건너뛰게 하는 기능을 한다. 다음의 문장을 그 다음의 입력으로 실행해보자.

```
scanf ("%i %5c %*f %s", &i1, text, string);
```

결과는 다음과 같다.

```
144abcde 736.55 (wine and cheese)
```

i1에 144가 저장되고 문자 배열 text에는 5개 문자 abcde가 저장되고, 실수 736.55가 그 다음 형식에는 일치하지만 변수에 저장되지는 않고 변수 string에는 null로 종료하는 문자열 "(wine"이 저장된다. 그 다음 scanf()는 마지막 읽은 다음부터 읽는다. 따라서 다음의

scanf()는 문자열 "and"를 string2에 저장하고 "cheese)"를 string3에 저장한 후 정수값이 입력될 때까지 계속 기다린다.

```
scanf ("%s %s %i", string2, string3, &i2);
```

scanf 함수에서는 읽어들인 값을 저장하는 곳의 주소가 필요하다. 10장 "포인터"에서 왜 이렇게 해야 하는지 설명했다. scanf()가 변수의 내용을 변화시킬 수 있어야 한다. 즉 읽어들인 값을 저장하는 것이 필요하다. 또 배열의 주소를 나타내기 위해서는 배열의 이름만으로도 충분하다는 것도 설명했다. 따라서 text가 적당한 크기의 배열이라고 할 때 다음의 scanf() 함수는 80개의 문자를 읽어서 text에 저장한다.

```
scanf ("%80c", text);
```

다음의 scanf() 호출은 슬래쉬(/) 문자를 제외한 모든 문자의 읽기를 허용하는 문장이다.

```
scanf ("%[^/]", text);
```

앞의 문장을 다음의 입력을 사용하면 슬래쉬를 만나면 입력이 끝나므로 "(wine and cheese)"를 text에 저장한다.

```
(wine and cheese) /
```

터미널에서 한 줄 전체를 읽어서 배열 buf에 저장하기 위해서 다음과 같이 한 줄의 끝에 있는 줄바꿈 문자가 문자열의 끝을 나타낸다고 다음과 같이 지정할 수 있다.

```
scanf ("%[^\n]\n", buf);
```

앞의 호출에서 괄호 밖에 줄바꿈 문자가 반복되어 다음 scanf() 함수 호출이 줄바꿈 문자를 읽지 않게 하고 있다(scanf는 항상 이전 함수 호출에서 끝난 지점부터 다시 읽는다).

scanf()가 허용하지 않는 문자를 읽었을 때(예를 들어 정수가 입력되어야 할 때 문자 x를 입력하는 경우) scanf() 함수는 더 이상 입력을 하지 않고 즉시 리턴한다. 이때 함수는 성공적으로 읽어서 변수에 저장한 문자의 개수를 리턴하므로 이 값은 입력의 오류가 있었는지를 검사하는 곳에 사용될 수 있다. 예를 들어 다음의 함수 호출은 scanf()가 성공적으로 실행되어 3개의 값을 대입했는지를 검사한다. 만약 그렇지 못한 경우 적절한 오류 메시지를 출력한다.

```
if ( scanf ("%i %f %i", &i, &f, &l) != 3 )
    printf ("Error on input\n");
```

scanf() 함수의 반환값은 실제로 읽어서 저장한 값의 개수를 의미한다. 따라서 다음의 함수 호출은 성공적으로 실행되었을 때 3이 아니라 2를 반환한다(중간에 1개는 건너뛴다).

```
scanf ("%i %*d %i", &i1, &i3)
```

또 지금까지 읽은 문자의 개수를 구하기 위해 %n을 사용하는 경우 그것은 반환값에 포함되지 않는다.

scanf() 함수에 사용할 수 있는 여러 가지 선택 형식을 직접 사용해보라. printf()의 경우와 마찬가지로 다양한 형식을 잘 이해하는 방법은 실제로 프로그램을 작성하여 그 방법을 실제 경험해보는 것이 가장 좋은 방법이다.


## 파일에서의 입·출력 연산

지금까지 본문의 프로그램에서 사용된 scanf() 함수는 키보드로부터 입력을 받아들였다. printf() 함수도 마찬가지로 결과를 화면으로 출력했다. 지금부터는 파일로부터 데이터를 입력받고 파일로 결과를 출력하는 방법을 배운다.


### 입·출력을 파일로 향하게 하는 방법

프로그램에서 특별히 다른 작업을 하지 않고도 Windows, Linux나 Unix 같은 운영체제에서 파일을 사용한 입·출력이 쉽게 지원된다. 예제 15.2는 숫자를 이용하여 아주 간단한 계산을 수행하는 예제이다.

### 예제 15.2 간단한 예

```c
// 하나의 숫자를 이용한 다양한 계산 예
#include <stdio.h>

main()
{
    float d = 6.5;
    float half, square, cube;

    half = d/2;
    square = d*d;
    cube = d*d*d;

    printf("\nYour number is %.2f\n", d);
    printf("Half of it is %.2f\n", half);
```

```c
    printf("Square it to get %.2f\n", square);
    printf("Cube it to get %.2f\n", cube);

    return 0;
}
```

매우 간단한 예인 위의 결과를 파일로 저장한다고 해보자. 예를 들어 results.txt라는 파일에 결과를 작성하고자 한다면 Unix나 Windows에서는 명령 프롬프트상에서 다음과 같은 명령을 실행하여 결과를 results.txt로 출력한다.

```
program1502 > results.txt
```

위의 명령은 프로그램 prog1502를 실행하고 결과를 시스템으로 보내지 않는 대신에 파일 results.txt로 보낸다. 따라서 printf()로 출력되는 내용은 터미널 창으로 나타나지 않고 results.txt에 출력된다.

예제 15.2도 흥미롭지만 사용자가 숫자를 입력한 후 계산을 수행하고 그 결과를 표시하도록 하면 더 가치가 있을 것이다. 예제 15.3은 프로그램을 약간 수정한 것을 보여준다.

### 예제 15.3 간단한, 좀 더 상호 반응적인 예제

```c
// 하나의 수를 입력받아 계산 결과를 보여주기
#include <stdio.h>

main()
{
    float d ;
    float half, square, cube;

    printf("Enter a number between 1 and 100: \n");
    scanf("%f", &d);
    half = d/2;
    square = d*d;
    cube = d*d*d;

    printf("\nYour number is %.2f\n", d);
    printf("Half of it is %.2f\n", half);
    printf("Square it to get %.2f\n", square);
```

```c
    printf("Cube it to get %.2f\n", cube);

    return 0;
}
```

---

이제 프로그램에서 데이터를 파일 results2.txt로 저장해야 하는 경우를 가정해 보자. 명령 프롬프트에 다음 명령줄을 입력한다.

```
program1503 > results.txt
```

이번엔 프로그램이 실행하지 않고 응답을 보여주지 않는 것처럼 보이는 것은 부분적으로 사실이다. 프로그램은 사용자가 계산을 수행할 숫자를 찾아 입력하기를 기다리기 때문에 진행되지 않는다. 이것이 바로 파일로 출력하는 방법이 가지는 단점이다. 모든 출력은 파일로 저장하는데 printf() 문장까지도 명령 프롬프트를 사용해서 사용자가 입력한 데이터를 파일로 출력시킨다. results2.txt의 내용을 확인해보면 숫자로 6.5를 입력했을 때 다음과 같은 내용이 있는 것을 확인해볼 수 있다.

```
Enter a number between 1 and 100:

Your number is 6.50
Half of it is 3.25
Square it to get 42.25
Cube it to get 274.63
```

앞에서 설명한 바와 같이 프로그램의 결과가 results2.txt 파일로 출력된 것을 확인할 수 있다. 반복적으로 실행하는지를 알아보기 위해 다른 파일 이름과 숫자를 입력하여 프로그램을 실행하려고 할 수도 있다. 프로그램의 입력도 앞의 방식과 비슷하게 파일에서 전달받을 수 있다. scanf() 나 getchar() 와 같이 화면에서 입력을 받는 함수의 호출은 파일로부터 해당 정보를 쉽게 입력받을 수 있다. 단일 숫자를 가지고 있는 파일을 생성하고(파일 이름은 simp4.txt라 하고 숫자 4를 포함하고 있다), program1503을 다음과 같이 실행하여 원하는 결과를 얻을 수 있다.

```
program1503 < simp4.txt
```

위 명령이 실행되고 나면 터미널로 다음과 같은 결과가 나타난다.

```
Enter a number between 1 and 100:

Your number is 4.00
```

```
Half of it is 2.00
Square it to get 16.00
Cube it to get 64.00
```

프로그램은 숫자를 입력할 것을 요구하지만 simp4.txt에서 숫자 입력이 program1503으로 전달되기 때문에 프로그램은 사용자가 직접 숫자를 입력할 때까지 기다리지 않는다. 따라서 앞의 방법과 같이 프로그램을 실행함으로써 프로그램의 scanf() 함수 호출은 터미널에서 입력을 받는 것이 아니라 파일 simp4.txt에서 입력을 받는 효과를 얻게 된다. 이때 파일에는 화면에 입력하는 내용을 그대로 입력하면 된다. 그리고 scanf() 함수는 입력이 터미널에서 오는 것인지 파일에서 오는 것인지 상관하지 않고 다만 그 형식이 맞는지만 검사한다. 당연히 사용자는 입력과 출력에 동시 적용하는 것도 가능하다.

```
program1503 < simp4.txt > results3.txt
```

앞의 명령은 프로그램 program1503을 실행하는데 입력은 파일 simp4.txt에서 받으며 그 결과는 result3.txt 파일에 출력한다.

프로그램의 입력 또는 출력을 파일로 향하게 하는 방법은 종종 실용적으로 사용된다. 예를 들어 잡지에 기사를 쓴다고 가정하고 그 내용을 article이라는 파일에 작성하였다. 예제 9.8은 터미널에서 입력한 단어들의 개수를 세는 프로그램이다. 사용자는 같은 프로그램을 이용하여 다음과 같이 명령을 실행하여 잡지의 기사에 들어있는 단어의 개수를 셀 수 있다.[주1]

```
wordcount < article
```

물론 프로그램은 한 줄에 하나의 줄바꿈 문자(\n)에 의해 데이터의 마지막 조건을 인식하므로 article 파일의 끝에 캐리지 리턴(\r)을 포함해야 한다.

앞에서 설명한 입·출력을 파일로 전환하는 기능은 C의 ANSI에 정의된 기능은 아니다. 따라서 어떤 운영체제에서는 이 기능이 지원되지 않을 수도 있다. 하지만 대부분의 운영체제는 이 기능을 지원한다.

### 파일의 끝(EOF)

앞에서 언급한 '데이터의 마지막'은 좀 더 논의할 필요가 있다. 파일을 다룰 때 이 조건을 '파일의 끝(End of File)'이라 한다. EOF는 파일의 끝 부분이 읽혀질 때 존재하는 조건이다. 파일의 끝

---

주 1. Unix 시스템은 단어의 개수를 셀 수 있는 wc 명령을 제공하지만 MS Word의 .doc 파일과 같은 워드 프로세싱 파일은 동작하지 않고 텍스트 파일(.txt)만 동작한다.

을 지나서 데이터를 읽으려고 하는 시도는 오류를 발생시키거나 프로그램에 의해 이 조건이 적절히 검사되지 않으면 무한 루프로 들어갈 수 있다. 다행스럽게도 대부분의 표준 입·출력 라이브러리 함수들은 파일의 끝에 도달하면 특별한 플래그를 반환한다. 이 플래그의 값은 특별한 이름인 EOF로 불리는 상수의 값과 같으며 표준 입·출력 include 파일인 <stdio.h>에 정의되어 있다.

getchar() 함수에서 EOF를 검사하는 프로그램의 예제 15.4는 파일의 끝에 도달할 때까지 문자를 입력받아 다시 터미널에 출력한다. while 루프 안에 포함되어 있는 연산식을 관심 있게 살펴보자. 보다시피 대입문은 별도의 문장으로 작성할 필요는 없다.

**예제 15.4 표준 입력에서 읽은 문자를 표준 출력으로 복사**

```
// EOF를 만날 때 까지 문자를 출력하는 프로그램

#include <stdio.h>

int main (void)
{
    int c;

    while ( (c = getchar ()) != EOF )
        putchar (c);

    return 0;
}
```

예제 15.4를 컴파일한 후 다음과 같이 파일 입력을 실행할 경우 프로그램은 infile 파일의 내용을 터미널에 출력한다. 실행해서 그 결과를 확인해보자!

```
program1504 < infile
```

실제로 앞의 프로그램은 Unix에서의 명령문 cat과 같은 기본 기능을 실행하여 모든 텍스트 파일의 내용을 출력하는데 사용할 수 있다.

예제 15.4의 while 루프의 getchar() 함수는 문자를 읽어서 변수 c에 저장하고 그 다음 그 값은 다시 정의된 값 EOF와 비교가 이루어진다. 만약 값이 같다면 파일에서 마지막 문자까지 다 읽었다는 것을 나타낸다. getchar() 함수에서 반환하는 EOF 값에 대해 반드시 설명해야 할 중요한 점은 이 함수가 실제로 반환하는 값은 char가 아니라 int라는 점이다. 그 이유는 EOF의 값이

getchar()에서 가져오는 일반적인 값과 다른 유일한 값이어야 하기 때문이다. 그러므로 앞의 프로그램에서 getchar()에서 반환되는 값은 char 변수가 아니라 int 변수에 저장된다. 이것은 C 언어에서 비록 최상의 프로그래밍 기법은 아니지만 문자를 int로 저장하는 것을 허용하기 때문에 괜찮은 방법이다.

만약 getchar() 함수의 결과를 char 자료형의 변수에 저장하면 그 결과는 정확히 예측할 수 없다. 문자의 기호 부분을 그대로 확장하는 시스템에서는 잘 실행될 수 있지만 기호 확장을 하지 않는 시스템에서는 무한 루프를 반복할 수도 있다.

따라서 getchar() 함수의 결과를 int 자료형에 저장해서 파일의 끝을 정확히 인식할 수 있게 하는 것이 중요하다.

앞의 while 문장에서와 같이 조건식에 대입문을 같이 사용할 수 있게 함으로써 C에서 연산식을 만들 때 융통성을 보여준다. 이때 대입 연산의 우선순위가 부동 연산보다 낮으므로 대입 문장의 주변에는 괄호가 필요하다.

## 파일에 사용하는 특별한 함수들

많은 프로그램들은 getchar(), putchar(), scanf(), printf() 함수와 입·출력 전환으로 필요한 입·출력 연산을 실행할 수 있다. 하지만 때로는 파일을 좀 더 다양하게 사용하는 응용 프로그램의 개발이 필요한 경우도 많다. 예를 들어 2개 이상의 서로 다른 파일에서 입력을 받아들여야 하는 경우도 있고 여러 파일로 출력을 내보내야 하는 경우도 있다. 이런 경우를 해결하기 위해 파일을 다루는 특별한 함수들이 만들어졌으며 다음 절에 이들 함수들을 설명한다.

### fopen 함수

파일에 입·출력 연산을 하기 전에 먼저 그 파일을 열어야 한다. 파일을 열기 위해서는 그 파일의 이름을 지정하면 시스템은 그 파일이 존재하는지 검사하고 존재하지 않으면 새로 생성한다.

파일을 열 때 어떤 종류의 입·출력 연산을 할 것인지 지정해야 한다. 파일에서 데이터를 읽기만 할 경우 파일을 읽기 모드로 연다. 파일에 데이터를 저장하려고 하는 경우 그 파일을 쓰기 모드로 연다. 마지막으로 이미 데이터를 포함하고 있는 파일의 끝에 데이터를 추가하려고 하는 경우 파일을 추가 모드로 연다. 쓰기와 추가 모드의 경우는 만약 지정한 파일이 존재하지 않으면 시스템이 지정한 파일을 생성해 준다. 하지만 읽기 모드의 경우 지정한 파일이 존재하지 않으면 오류가 발생한다.

1개의 프로그램이 여러 개의 서로 다른 파일을 사용하는 경우 입·출력 연산을 실행하기 위해서 프로그램에서 파일을 구분하는 기능이 필요한데 파일 포인터를 사용해서 이 문제를 해결한다.

표준 라이브러리에 포함되어 있는 함수 fopen()은 파일을 여는 데 사용하며 그 다음부터 그 파일을 구분할 때 사용할 고유한 파일 포인터를 반환한다. 이 함수는 2개의 인수를 사용하는데 첫 번째는 열려고 하는 파일을 지정하는 문자열이며 두 번째 인수는 열기 모드를 나타내는 문자열이다. 함수는 또한 특정 파일을 식별하기 위해 다른 라이브러리 함수에서 사용되는 파일 포인터를 반환한다.

만약 어떤 이유로 지정한 파일을 여는데 실패했을 경우 함수는 <stdio.h>[주 2] 파일에 정의되어 있는 값 NULL을 반환한다. 또 이 파일에는 FILE 형식의 정의가 저장되어 있는데 프로그램에서는 fopen() 함수에 의해 반환된 값을 저장하기 위해서 "FILE에 대한 포인터" 자료형의 변수를 반드시 정의해야 한다.

다음 문장들은 파일 data를 읽기 모드로 개방하는 역할을 한다(쓰기 형식은 "w", 추가 형식은 "a"를 사용한다).

```c
#include <stdio.h>


FILE *inputFile;


inputFile = fopen ("data", "r");
```

fopen() 함수는 개방한 파일을 위한 식별자를 반환하고 그 값은 FILE 포인터 형식을 가지는 변수 inputFile에 저장된다. 그 다음 이 값이 NULL인지를 검사하는 것은 다음과 같은 방법을 통해 파일의 열기가 성공적으로 이루어졌는지를 나타낸다.

```c
if ( inputFile == NULL )
    printf ("*** data could not be opened.\n");
else
    // 파일에서 데이터를 읽는다.
```

fopen()이 성공적으로 이루어졌는지 항상 검사해야 한다. NULL 포인터를 그냥 사용하면 예기치 못한 결과를 얻을 수 있다.

---

주 2. NULL은 "공식적으로" 헤더 파일 <stddef.h>에 정의되어 있지만 아마 <stdio.h>에도 정의되어 있을 것이다.

fopen()을 사용할 때 많은 경우 FILE 포인터를 검사하는 것을 종종 다음의 문장처럼 단일 문장
으로 사용한다.

```c
if ((inputFile = fopen ("data", "r")) == NULL)
    printf ("*** data could not be opened.\n");
```

fopen() 함수는 앞에서 설명한 열기 모드 외에 변경 모드라 부르는 다른 3개의 열기 모드를 지
원한다("r+", "w+", "a+"). 이 3개의 변경 형식은 전부 파일에 대해 읽기와 쓰기를 동시에 허용
한다. 읽기와 변경 모드("r+")는 이미 존재하는 파일을 읽기와 쓰기 모드로 연다. 쓰기와 변경
("w+") 모드는 쓰기 모드와 비슷하지만(파일이 이미 존재할 경우 기존의 내용은 전부 없어지고
파일이 존재하지 않는 경우 새로 만든다) 다른 점은 읽기와 쓰기가 동시에 허용되는 것이다. 추
가와 변경 모드("a+")는 이미 존재하는 파일을 열거나 파일이 존재하지 않는 경우 새로 생성한
다. 이 경우 읽기 연산은 파일의 임의의 위치에서 가능하지만 쓰기 연산은 파일의 끝에서 추가만
가능한 것이다.

일반 텍스트 파일과 2진 파일을 구분하는 Windows와 같은 운영체제에서는 2진 파일을 읽거나 쓰
기 위해서는 문자 b가 각각의 모드 뒤에 같이 사용되어야 한다. 만일 그러지 않을 경우 프로그램
은 실행되겠지만 이상한 결과를 얻을 것이다. 그 이유는 시스템에서 캐리지 리턴과 라인 피드의
짝(CR/LF, '\r\n')은 파일에서 읽거나 쓰기를 할 경우 1개의 줄바꿈 문자로 바뀌기 때문이다. 게
다가 입력 시 Ctrl+Z 문자를 포함하고 있는 파일의 경우 파일을 2진 파일로 열지 않는 경우 그 문
자를 파일의 끝(EOF)으로 간주하게 된다. 따라서 2진 파일을 읽으려고 하는 경우 다음과 같이 2
진 파일을 열어야 한다.

```c
inputFile = fopen ("data", "rb");
```

### getc(), putc() 함수

함수 getc()는 파일에서 1개의 문자를 읽어온다. 이 함수는 앞에서 설명한 getchar() 함수와
같은 기능을 실행하지만 다른 점은 getc() 함수는 문자를 읽을 파일의 FILE 포인터를 인수로
가진다는 점이다. 따라서 앞에서 설명한 fopen() 함수가 호출된 후 다음의 문장은 파일 data에
서 1개의 문자를 읽어들인다.

```c
c = getc (inputFile);
```

그 다음 문자는 getc() 함수를 다시 호출함으로써 읽을 수 있다. getc() 함수는 파일의 끝에 도
달하면 EOF를 반환하며 getchar() 함수와 마찬가지로 반환된 값은 정수 자료형의 변수에 저장
되어야 한다.

`putc()` 함수는 `putchar()` 함수와 그 기능이 같지만 2개의 인수를 사용한다. 첫 번째 인수는 파일에 저장할 문자이며 두 번째 인수는 `FILE` 포인터이다. 따라서 다음의 문장은 줄바꿈 문자를 파일 포인터 `outputFile`이 지시하는 파일에 저장한다.

```
putc ('\n', outputFile);
```

물론 문자가 저장될 파일은 이미 쓰기 모드나 추가 모드(또는 변경 모드)로 성공적으로 열려 있어야 한다.

## fclose() 함수

파일에 대한 연산 중에서 또 설명해야 할 중요한 연산은 파일을 닫는 연산이다. `fclose()` 함수는 `fopen()`이 수행하는 기능의 상대적인 기능으로 시스템에게 더 이상 그 파일을 사용하지 않는다는 것을 알려준다. 파일이 닫히면 시스템은 필요한 일련의 작업들을 수행하고(예를 들어 메모리의 버퍼에 보관하던 데이터를 파일에 저장) 파일에 부여된 포인터와의 관계를 끊는 역할을 한다. 파일이 닫힌 후 다시 열기가 실행되기 전에는 파일의 내용을 읽을 수도 없고 파일에 데이터를 쓸 수도 없다.

파일에 필요한 연산을 종료한 후에는 파일을 닫는 습관을 유지하는 것이 좋다. 프로그램이 정상적으로 종료하면 컴퓨터는 자동으로 모든 열려있는 파일들을 닫는다. 하지만 파일에 대한 필요한 연산을 종료하는 즉시 파일을 닫는 것이 좋은 프로그램 습관이다. 특히 프로그램이 많은 파일을 사용하는 경우 동시에 열 수 있는 파일의 개수가 제한되어 있으므로 이 습관은 매우 유익하다. 컴퓨터 시스템은 동시에 열 수 있는 파일의 개수에 대한 제한이 있으므로 여러 개의 파일을 다루는 프로그램을 작성할 경우 문제가 될 수 있다.

`fclose()` 함수의 인수는 닫을 파일의 `FILE` 포인터이다. 따라서 다음의 함수는 파일 포인터 `inputFile`에 연결된 파일을 닫는다.

```
fclose (inputFile);
```

앞에서 설명한 함수 `fopen()`, `putc()`, `getc()`, `fclose()`를 사용하여 어떤 파일에 있는 내용을 다른 파일로 복사하는 프로그램을 작성할 수 있다. 예제 15.5는 복사할 파일과 복사된 내용을 저장할 파일의 이름을 사용자로부터 입력받는다. 이 프로그램은 예제 15.4를 기본으로 사용하여 다시 작성한 것으로 프로그램 2개를 비교해서 그 차이를 알아볼 수 있다.

그리고 다음 3줄의 문장이 copyme 파일에 이미 저장되어 있다.

```
This is a test of the file copy program
that we have just developed using the
fopen, fclose, getc, and putc functions.
```

**예제 15.5 파일 복사**

// 파일을 다른 파일로 복사하는 프로그램

```c
#include <stdio.h>

int main (void)
{
    char inName[64], outName[64];
    FILE *in, *out;
    int c;

    // 사용자로부터 파일 이름을 받음

    printf ("Enter name of file to be copied: ");
    scanf ("%63s", inName);
    printf ("Enter name of output file: ");
    scanf ("%63s", outName);

    // 입력과 출력 파일을 오픈

    if ( (in = fopen (inName, "r")) == NULL ) {
       printf ("Can't open %s for reading.\n", inName);
       return 1;
    }

    if ( (out = fopen (outName, "w")) == NULL ) {
       printf ("Can't open %s for writing.\n", outName);
       return 2;
    }

    // 출력 파일로 복사

    while ( (c = getc (in)) != EOF )
       putc (c, out);

    // 열려 있는 파일들을 닫음
```

```c
    fclose (in);
    fclose (out);

    printf ("File has been copied.\n");

    return 0;
}
```

**예제 15.5 결과**

```
Enter name of file to be copied: copyme
Enter name of output file: here
File has been copied.
```

프로그램을 실행한 후 결과 파일 here를 살펴보자. 결과 파일에는 원래 파일 copyme에 있는 내용이 복사되어 있어야 한다. 프로그램의 시작 부분에 있는 scanf() 함수는 문자 배열 inName과 outName의 길이를 넘어서지 않게 길이 63의 문자를 입력받게 한다. 이름을 입력받은 후 프로그램은 복사할 파일을 읽기 모드로 열고 결과를 저장할 파일은 쓰기 모드로 연다. 만약 복사한 내용을 저장할 파일이 이미 존재하고 쓰기 모드로 열려 있으면 기존 파일의 내용은 전부 덮어쓰기한다.

프로그램의 실행에서 2개의 fopen() 함수의 호출 중에서 1개라도 실패하면 프로그램은 적절한 오류 메시지를 화면에 출력하고 실행을 멈춘 후 0이 아닌 값을 반환한다. 2개 함수의 호출이 모두 성공하는 경우 반복적인 getc(), putc() 함수의 호출로 한번에 1개의 문자씩 파일의 끝을 만날 때까지 문자를 모두 복사한다. 끝으로 2개의 파일을 닫고 성공의 의미로 값 0을 반환한다.

### feof 함수

파일의 끝 조건을 검사하기 위한 함수로 feof()가 제공된다. 이 함수의 인수는 FILE 포인터이다. 이 함수는 파일의 끝을 지나서 무엇인가를 읽으려고 하면 0이 아닌 정수값을 반환하며 그렇지 않은 경우 0을 반환한다. 다음 문장은 inFile이 가리키는 파일에서 파일의 끝 조건을 만족하면 "Ran out of data" 메시지를 화면에 출력한다.

```c
if ( feof (inFile) ) {
    printf ("Ran out of data.\n");
```

```
    return 1;
}
```

feof()는 파일에서 마지막 데이터를 읽었다는 것을 알려주는 것이 아니라 파일의 끝을 지나서 읽기를 시도했다는 것을 알려준다. feof()는 마지막 데이터를 지나서 읽으려고 시도하는 경우 0이 아닌 값을 반환한다.

## fprintf(), fscanf() 함수

함수 fprintf()와 fscanf()는 파일에 printf()와 scanf() 함수와 유사한 기능을 수행하기 위해 만들어졌다. 이 함수들은 데이터를 읽거나 쓸 파일을 가리키는 FILE 포인터를 추가 인수로 사용한다. 따라서 문자열 "Programming in C is fun.\n"을 outFile이 가리키는 파일에 저장하기 위해서 다음 문장과 같이 쓸 수 있다.

```
fprintf (outFile, "Programming in C is fun.\n");
```

비슷하게 inFile이 가리키는 파일에 실수를 읽어서 변수 fv에 저장하는 기능을 다음의 문장으로 실행할 수 있다.

```
fscanf (inFile, "%f", &fv);
```

scanf()와 마찬가지로 fscanf()는 성공적으로 읽어서 그 값을 저장한 인수의 개수를 반환하거나 파일의 끝에 도달하면 EOF를 반환한다.

## fgets(), fputs() 함수

라인 단위의 데이터를 파일에서 읽거나 쓰기 위해서 fputs()와 fgets() 함수를 사용한다. fgets() 함수의 호출은 다음과 같이 사용한다.

```
fgets (buffer, n, filePtr);
```

buffer는 읽은 라인을 저장할 문자 배열의 포인터이고, n은 buffer에 저장할 수 있는 최대 문자수이며, filePtr은 데이터를 읽을 파일의 FILE 포인터이다. fgets() 함수는 줄바꿈 문자를 만날 때까지 또는 n-1개의 문자를 읽을 때까지 문자를 읽는다(읽은 내용은 버퍼에 저장한다). 이 함수는 항상 buffer에 저장한 마지막 문자 다음에 null 문자를 저장한다. 읽기가 성공적으로 실행되면 첫 번째 인수인 buffer의 값을 반환하고 읽기에 오류가 있거나 파일의 끝을 지나서 읽기를 시도할 경우 null 값을 반환한다. fgets() 함수는 sscnaf() (부록 B "표준 C 라이브러리" 참조) 함수와 같이 사용하여 scanf()만 사용하는 것보다 훨씬 더 효과적인 방법으로 라인 단위의 입력을 실행할 수 있다.

fputs() 함수는 한 라인을 파일에 출력하는 데 사용한다. 이 함수는 다음과 같이 사용한다.

```
fputs (buffer, filePtr);
```

buffer가 가리키는 배열에 저장되어 있는 문자들을 null 문자를 만날 때까지 filePtr 파일 포인터가 가리키는 파일에 저장한다. 끝의 null 문자는 파일에 저장되지 않는다. 비슷한 기능을 하는 함수로 gets()와 puts()가 있는데 이 함수들은 파일이 아니라 터미널에서 라인을 읽거나 쓰기를 실행한다. 이 함수들은 부록 B에서 설명하고 있다.


## stdin, stdout, stderr

C 프로그램이 실행될 때 프로그램이 사용할 3개의 파일이 자동으로 열린다. 이 3개 파일은 상수 FILE 포인터로 정의되어 있는 stdin, stdout, stderr로 <stdio.h>에 정의되어 있다. FILE 포인터 stdin은 프로그램의 표준 입력을 나타내는 것으로 보통 터미널의 창과 연결되어 있다. 모든 표준 I/O 함수 중에서 FILE 포인터를 인수로 사용하여 입력을 받아들이지 않는 모든 함수는 전부 입력을 stdin에서 받아들인다. 예를 들어 scanf() 함수는 stdin에서 입력을 받아들이는데 이 함수의 호출은 fscanf() 함수가 첫 번째 인수를 stdin으로 사용하는 것과 같다. 따라서 다음의 함수는 일반적으로 터미널 창과 연결된 표준 입력으로부터 정수를 받아들인다.

```
fscanf (stdin, "%i", &i);
```

만약 입력이 파일로 전환되어 있다면 앞의 함수 호출은 표준 입력 파일에서 다음 정수값 입력을 받아들인다. 짐작하듯(stdin과 비슷하게) stdout도 표준 출력으로 보통 터미널 창과 연결되어 있다.

```
printf ("hello there.\n");
```

따라서 위의 함수 호출은 stdout을 인수로 하는 다음의 fprintf() 함수의 호출과 동일한 기능을 실행한다:

```
fprintf (stdout, "hello there.\n");
```

FILE 포인터 stderr은 표준 오류 파일을 지칭한다. 이 파일은 대부분의 오류 메시지가 출력되는 곳이며 일반적으로 터미널 창과 연결되어 있다. stderr 파일은 오류 메시지가 일반 출력이 기록되는 곳과는 다른 장치나 파일에 저장될 필요가 있기 때문이다. 이 기능은 프로그램 결과를 파일로 전환하는 경우 아주 유용하게 사용된다. 이 경우 정상적인 출력은 파일에 출력되지만 오류 메시지는 여전히 창으로 출력된다. 이런 이유로 stderr 파일에 오류 메시지를 기록할 수 있다. 예를 들어 다음 문장에서 fprintf() 함수는

```c
if ( (inFile = fopen ("data", "r")) == NULL )
{
    fprintf(stderr, "Can't open data for reading.\n");
}
```

파일 data를 읽기 모드로 열 수 없는 경우 오류 메시지를 stderr 파일로 출력한다. 만약 출력을 파일로 전환했을 경우에도 오류 메시지는 여전히 창으로 출력된다.

### exit() 함수

프로그램에서 오류 조건 등이 발생하는 경우 프로그램을 강제로 중단해야 하는 경우가 발생한다. 프로그램은 main()의 마지막 문장을 실행하거나 또는 main()에서 return 문장을 만나면 자동으로 종료한다. 프로그램에서 임의의 위치에서 프로그램을 종료하기 위해서는 exit() 함수를 사용한다.

```c
exit (n);
```

앞의 함수는 프로그램의 실행을 중지시키는(빠져 나오는) 역할을 한다. 이때 열려있던 모든 파일은 자동으로 전부 닫힌다. 정수값 n은 exit 상태로서 main() 함수에서 반환되는 값을 나타낸다. 표준 헤더 파일 <stdlib.h>에 정의되어 있는 EXIT_FAILURE는 프로그램이 성공하지 못했다는 것을 나타내는 값이며, EXIT_SUCCESS는 성공했다는 것을 나타내는 값이다. 프로그램이 정상적으로 실행되어 main의 마지막 문장을 실행하고 종료할 경우 프로그램의 exit 상태가 정의되어 있지 않다. 다른 프로그램이 exit 상태를 사용하지 못하게 된다. 다른 프로그램이 exit 상태를 사용하게 하려면 프로그램이 종료할 때 정의된 exit 상태를 가지게 해야 한다.

exit() 함수의 사용 에로 다음의 함수는 파일을 읽기 형식으로 개방하지 못하면 EXIT_FAILURE의 상태를 가지고 종료하게 만든다.

프로그램을 그냥 종료하게 만드는 것이 아니라 파일의 개방이 실패했다는 것을 알려주는 것이 더 좋은 방법이 될 것이다.

```c
#include <stdlib.h>
#include <stdio.h>

FILE *openFile (const char *file)
{
    FILE *inFile;
```

```c
    if ( (inFile = fopen (file, "r")) == NULL ) {
        fprintf (stderr, "Can't open %s for reading.\n", file);
        exit (EXIT_FAILURE);
    }


    return inFile;
}
```

main()에서 빠져 나가거나 반환하는 것은 아무런 차이가 없다. 둘 다 프로그램을 exit 상태를 반환하고 종료시킨다. 주요 차이점은 main()이 아닌 다른 일반 함수에서 사용될 때 exit()은 함수가 포함된 프로그램을 즉시 중단시키는 반면에 return()은 즉시 함수를 호출한 곳으로 되돌아간다.

## 파일 이름 변경과 삭제

라이브러리에 있는 rename() 함수는 파일의 이름을 바꾸는 데 사용된다. 이 함수는 원래의 파일 이름과 새 파일 이름 2개를 인수로 사용한다. 만약 어떤 이유로(예를 들어 원래의 파일이 존재하지 않거나 파일의 이름 변경이 허용되지 않는 경우) 이름 변경 연산이 실패하는 경우 rename() 함수는 0이 아닌 값을 반환한다.

```c
if ( rename ("tempfile", "database") ) {
    fprintf (stderr, "Can't rename tempfile\n");
    exit (EXIT_FAILURE);
}
```

앞의 프로그램 일부분은 파일 tempfile의 이름을 database로 변경을 시도하고 그 연산이 성공적으로 이루어졌는지 검사한다.

remove() 함수는 인수로 지정한 파일을 삭제한다. 만약 삭제가 성공적으로 실행되지 않으면 0이 아닌 값을 반환한다.

```c
if ( remove ("tempfile") )
{
    fprintf (stderr, "Can't remove tempfile\n");
    exit (EXIT_FAILURE);
}
```

앞의 프로그램 일부분은 파일 tempfile을 삭제 시도한 후 실패하면 표준 오류 파일에 오류 메시지를 출력한다. 그 외에 perror() 함수에 대한 자세한 기능은 부록 B에 설명되어 있다.

이제 C 언어의 I/O 연산에 관한 논의를 마치려고 한다. 지면이 부족하여 모든 C 라이브러리 함수의 설명은 하지 못했다. 표준 C 라이브러리에는 이외에 문자열에 대한 연산, 임의의 I/O, 수학적인 계산, 동적 메모리 할당 등에 대한 설명이 있다. 이들에 대한 자세한 내용은 부록 B를 참조하자.

## 연습문제

1. 이 장에 있는 3개의 프로그램을 직접 작성해서 실행해보고 그 결과를 본문의 결과와 비교해보자.

2. 본문의 프로그램을 실행할 때 입력과 출력을 파일로 전환하여 다시 실행해보자.

3. 어떤 파일의 내용을 다른 파일로 복사하는 프로그램을 작성하되, 원래 파일에 있는 모든 소문자를 전부 대문자로 바꿔보자.

4. 2개의 파일에서 1줄씩 번갈아가면서 내용을 읽어 결과를 stdout에 출력하는 프로그램을 작성해보자. 만약 1개의 파일이 다른 파일보다 길이가 짧으면 긴 파일에 있는 남은 내용은 stdout에 그냥 출력되도록 한다.

5. 파일의 각 줄의 m 컬럼부터 n 컬럼까지의 문자만 stdout으로 출력하는 프로그램을 작성해보자. m과 n의 값은 터미널 창에서 입력받도록 한다.

6. 파일의 내용을 한번에 20줄씩 출력하는 프로그램을 작성해보자. 20줄을 출력한 후 터미널에서 1개의 문자 입력을 기다리게 한다. 입력 문자가 q이면 프로그램은 파일의 내용을 출력하는 것을 즉시 멈추게 하고 다른 문자가 입력뇌면 그 다음 20줄의 파일 내용이 출력되게 한다.

# 16

# 여러 가지 고급 기능들

이 장에서는 지금까지 다루지 않았던 C 언어의 여러 가지 기능들과 명령줄 인수(command-line arguments), 동적 메모리 할당과 같은 고급 주제들에 대해서 이야기할 것이다. 이 장에서 설명하는 주제는 다양하지만 C 프로그램에서 이런 기능들을 자주 보게 될 것이므로 알아둘 필요가 있다. 다룰 내용은 다음과 같다.

- goto 문의 내용과 사용하면 안 되는 이유를 살펴보기
- 공용체(union)를 사용해서 메모리 최대화하기
- 프로그램에 null 문장(;) 추가하기
- 콤마(,) 연산자를 사용해 문장 구현하기
- 명령줄 인수를 사용한 프로그램 작성
- malloc(), calloc()을 이용한 동적 메모리 할당과 free()를 이용한 메모리 반환

## 여러 가지 문장들

이 절에서는 이제까지 논하지 않았던 두 가지 문장, goto와 null 문장에 대해서 설명한다.


### goto 문

구조화 프로그래밍을 배우게 되면 누구나 goto 문에 대한 나쁜 평판을 듣게 되는데, 거의 모든 프로그래밍 언어는 이런 유형의 문장을 가지고 있다.

goto 문을 실행하면 프로그램은 지정한 곳으로 즉각적이고 무조건적으로 바로 분기한다. 어느 위치로 분기할지는 레이블(label)로 표시하는데, 레이블은 변수명과 같은 규칙으로 만들 수 있고 뒤에 반드시 콜론(:)이 따라와야 한다.

레이블은 실행 위치가 분기할 문장의 바로 앞에 써야 하고 goto 문과는 같은 함수 내에 위치해야 한다.

예를 들어 아래 문장

```
goto out_of_data;
```

를 만나면 프로그램의 수행이 레이블 out_of_data가 표시된 문장으로 즉시 옮겨간다. 이 레이블은 같은 함수 안이라면 goto 문보다 앞쪽이든 뒤쪽이든 다음과 같은 식으로 쓸 수 있다.

```
out_of_data: printf ("Unexpected end of data.\n");
       ...
```

게으른 프로그래머들은 흔히 goto 문을 남용해서 소스 코드의 여기저기로 옮겨 다닌다. goto 문은 프로그램의 정상적인 순차 흐름을 끊어 버리기 때문에 프로그램을 따라가기 어렵게 만들어 버린다. goto 문을 많이 사용한 프로그램은 해석하기가 어려워진다. 이런 프로그래밍 스타일은 "스파게티 코드"라고 조롱하기도 한다. 그렇기 때문에 goto 문은 좋은 프로그래밍 스타일이 아니다.


### null 문

C에서는 일반적인 프로그램 문장이 올 수 있는 곳이라면 어디든 세미콜론 하나만 쓰는 것이 가능하다. 이런 문장을 null 문장(null statement)이라고 하는데, 아무런 일도 수행하지 않는 효과를 가진다. 아무 필요도 없어 보이지만 C 프로그래머들은 이 문장을 while, for, do 반복문에서 자주 사용하는 편이다. 예를 들어 다음 문장은 줄바꿈 문자를 만날 때까지 표준 입력으로 들어오는 글자들을 text가 가리키는 문자 배열에 저장한다.

```c
while ( (*text++ = getchar()) != '\n' )
    ;
```

처리해야 될 모든 연산은 while 문의 반복 조건을 계산하는 부분에서 수행되고, null 문장은 단순히 컴파일러에게 루프의 몸체 부분을 제공한다. null 문장이 없다면 컴파일러는 그 뒤에 오는 문장이 무엇이든지 간에 루프의 몸체로 취급할 것이다. 다음 for 문은 파일의 끝이 나올때까지 표준 입력으로 들어온 글자를 표준 출력으로 복사한다.

```c
for ( ; (c = getchar()) != EOF; putchar(c) )
    ;
```

다음 for 문은 표준 입력으로 들어오는 글자의 개수를 셀 수 있다.

```c
for ( count = 0; getchar() != EOF; ++count )
    ;
```

null 문장을 설명하는 마지막 예로, 다음 루프는 from이 가리키는 문자열을 to가 가리키는 문자열로 복사한다.

```c
while ( (*to++ = *from++) != '\0' )
    ;
```

일부 프로그래머들은 while 문이나 for 문의 반복 조건을 검사하는 부분에서 가능한 한 많은 일을 하게 만드는 경향이 있다. 그런 식으로 프로그램을 작성하지 않도록 주의하자. 일반적으로 루프의 반복 조건 부분에는 계속 수행해야 되는지 아닌지를 검사하는 수식만 써야 하고 그 외의 모든 것들은 루프의 몸체로 보내야 한다. 루프의 반복조건을 검사하는 부분에 복잡한 수식을 써야 되는 예외적인 경우는 수행 속도가 문제가 될 때뿐이다. 수행 속도가 그렇게 심각하지 않다면, 복잡한 수식들은 피하는 것이 좋다.

앞에 나온 while 문은 다음과 같이 쓰면 훨씬 이해하기 쉬울 것이다.

```c
while ( *from != '\0' )
    *to++ = *from++;


*to = '\0';
```

## 공용체의 사용

C 프로그래밍 언어에서 잘 쓰이지 않는 기능 중의 하나로 공용체(union)가 있다. 이 기능은 좀 더 고급 프로그램들에서 서로 다른 자료형의 데이터를 같은 저장 공간에 보관하기 위해서 쓰인다.

예를 들어, 경우에 따라서 문자나 실수 또는 정수 하나를 하나의 변수 x에 저장하기 위해서는 다음과 같이 공용체 mixed를 정의할 수 있다.

```c
union mixed
{
    char    c;
    float   f;
    int     i;
};
```

공용체의 선언은 구조체의 선언과 똑같은 식인데, 다만 키워드 struct가 오는 부분에 키워드 union이 쓰인다. 구조체와 공용체 사이의 진짜 차이는 메모리를 할당하는 방식에 있다. 다음과 같이 공용체 mixed의 변수를 선언하면,

```c
union mixed x;
```

변수 x에는 c, f, i가 별도의 멤버로 할당되는 것이 아니라 c, f, i 중의 어느 하나로든 부를 수 있는 1개의 멤버가 할당될 뿐이다. 이렇게 하면 변수 x에는 문자나 실수, 정수 중의 하나를 저장해 둘 수 있지만, 이들 세 개의 자료를 한꺼번에 저장할 수는 없다(심지어 3개 중 2개도 저장이 불가능하다). 변수 x에 문자를 저장하려면

```c
x.c = 'K';
```

와 같이 하면 되고 x에 포함된 문자를 사용할 때에도 같은 방식을 쓰면 된다. 예를 들어 화면에 그 값을 표시하려면 다음과 같이 쓰면 된다.

```c
printf ("Character = %c\n", x.c);
```

x에 실수값을 넣으려면 x.f와 같은 표기를 사용한다.

```c
x.f = 786.3869;
```

마지막으로 x에 정수 변수 count를 2로 나눈 몫을 저장하려면 다음 문장처럼 사용하면 된다.

```c
x.i = count / 2;
```

x의 실수, 문자, 정수 멤버가 모두 같은 메모리 위치에 있기 때문에 정해진 시간에는 오직 한 값만 저장할 수 있다. 더욱이 공용체에서 불러온 값이 원래 저장된 값과 같은 멤버인지 확인하는 것은 여러분들의 몫이다.

공용체의 멤버는 어떤 자료형으로 사용하느냐에 따라 수식 계산에서도 그 자료형에 대한 규칙을 적용받는다. 즉,

```
x.i / 2
```

라는 수식은 x.i와 2가 둘 다 정수형이므로 전체 계산은 정수 연산 규칙을 따른다.

공용체는 정의 부분에 얼마든지 많은 멤버를 가질 수 있다. C 컴파일러는 공용체 전체에서 가장 큰 멤버를 수용하기에 충분한 메모리를 할당한다. 배열이 그러하듯이 공용체도 구조체의 멤버가 될 수 있다. 공용체를 정의할 때 공용체의 이름까지 정의할 필요는 없고, 공용체를 정의하면서 동시에 필요한 변수를 선언할 수도 있다. 공용체에 대한 포인터도 선언할 수 있고, 그 사용 방법은 구조체에 대한 포인터를 쓸 때와 마찬가지다.

공용체 변수는 멤버들 중 하나만 초기화할 수 있다. 멤버 이름을 별도로 지정하지 않으면 공용체의 멤버들 중에 제일 앞에 있는 것을 주어진 값으로 초기화한다.

```
union mixed x = { '#' };
```

이 문장은 x의 첫 번째 멤버인 c가 문자 #으로 초기화된다.

멤버 이름을 주면 공용체의 어떤 멤버든 초기화가 가능해진다.

```
union mixed x = { .f = 123.456; };
```

이 문장은 공용체 mixed의 변수 x에 대해 멤버 f의 값을 123.456으로 설정한다.

자동 공용체 변수의 경우는 같은 공용체 자료형을 가지는 다른 변수로 초기화할 수도 있다.

```
void foo (union mixed x)
{
    union mixed y = x;
    ...
}
```

foo 함수에서 자동 공용체 변수 y에는 인수 x의 값이 그대로 들어간다.

공용체를 사용하면 서로 다른 자료형을 저장할 수 있는 배열을 정의할 수도 있다. 예를 들어 다음 문장

```
struct
{
    char            *name;
    enum symbolType  type;
    union
```

```
    {
        int    i;
        float  f;
        char   c;
    }                 data;
} table [kTableEntries];
```

는 kTableEntries 개의 원소를 가지는 배열 table을 만든다. 이 배열의 각 원소는 name이라는 문자 포인터, type이라는 열거형 멤버, 그리고 data라는 공용체 멤버를 가진다. 각 data 멤버에는 int, float, char 중의 하나를 저장할 수 있다. type 멤버는 data에 저장된 값이 어떤 자료형인지를 기억하기 위해 사용될 수 있다. 예를 들어 int 값을 저장했다면 INTEGER라는 값을 저장하고, float, char 값에 대해서는 FLOATING, CHARACTER를 각각 저장할 것이다. 이 정보는 나중에 배열의 각 원소에 대해서 DATA 멤버를 어떻게 참조할 것인지 알려준다.

table[5]에 문자 '#'을 저장하면서 동시에 문자를 저장했다는 사실을 기록해 두려면 다음과 같은 두 문장을 써야할 것이다.

```
table[5].data.c = '#';
table[5].type = CHARACTER;
```

배열 table 내의 각 원소를 차례로 읽을 때 각 원소에 들어 있는 data 값의 자료형은 적당한 테스트를 거쳐서 금방 결정할 수 있다. 예를 들어 다음의 루프는 table에 저장된 각각의 이름과 연관되는 값을 출력한다.

```
enum symbolType { INTEGER, FLOATING, CHARACTER };
    ...


for ( j = 0; j < kTableEntries; ++j ) {
    printf ("%s ", table[j].name);

    switch ( table[j].type ) {
        case INTEGER:
            printf ("%i\n", table[j].data.i);
            break;
        case FLOATING:
            printf ("%f\n", table[j].data.f);
            break;
        case CHARACTER:
```

```
            printf ("%c\n", table[j].data.c);
            break;
        default:
            printf ("Unknown type (%i), element %i\n", table[j].type, j );
            break;
        }
}
```

방금 설명한 예는 심볼 테이블을 저장하는 실제적인 방법이 될 것이다. 심볼 테이블에는 각 심볼의 이름, 그 자료형과 값(필요하다면 심볼에 관계된 다른 정보들) 등이 저장된다.


## 콤마 연산자

처음에는 콤마(,)가 수식에서 연산자로 쓰일 수 있다는 것이 실감나지 않을 것이다. 콤마 연산자는 전체 연산자 우선순위에서 서열이 가장 낮다. 4장 "반복하기"에서 콤마로 각 수식을 분리시키면, for 문의 각 부분에서 여러 개의 수식을 쓸 수도 있다는 것을 배웠다. 예를 들어 다음의 문장

```
for ( i = 0, j = 100; i != 10; ++i, j -= 10 )
    ...
```

과 같이 시작하는 for 문은 루프에 들어가기 전에 i의 값을 0으로, j의 값은 100으로 초기화하고 루프의 몸체가 실행된 후에는 매번 i의 값은 1씩 증가시키고 j의 값은 10씩 감소시킨다.

콤마 연산자는 C 언어에서 수식이 쓰일 수 있는 부분에는 언제든지 여러 개의 수식을 나누기 위해서 쓰일 수 있다. 이렇게 나누어진 수식들은 왼쪽에서 오른쪽으로 계산된다. 따라서 다음 문장

```
while ( i < 100 )
    sum += data[i], ++i;
```

에서는 data[i]의 값이 sum에 더해진 후 i 값이 증가된다. 이 while 문에서는 오직 1개의 문장만 사용되었으므로 몸체를 감싸는 중괄호를 쓰지 않아도 된다는 것에 유의하라.(콤마 연산자로 분리된 2개의 수식이 1개의 문장으로 표현되었다.)

C 언어의 모든 연산자들은 값을 만들어내는데, 콤마 연산자는 오른쪽 수식의 값이 그 계산 결과가 된다.

함수 호출에서 인수들을 분리하는 데 사용되는 콤마나 변수 선언 시에 변수 이름들을 분리하는 콤마 등은 문법적인 요소이지 콤마 연산자는 아니라는 점에 유의하자.

## 형식 한정자

이하 설명할 한정자는 변수 선언 앞에 추가로 쓰여 컴파일러에게 변수를 어떻게 사용할 것인지에 대해 더 많은 정보를 주고 경우에 따라서는 더 좋은 코드를 만들어내기도 한다.

### register 한정자

어떤 함수가 특정 변수를 매우 자주 사용한다면 컴파일러에게 그 변수를 가능한 한 가장 빠른 방법으로 사용하도록 요청할 수 있다. 일반적으로 이런 요청은 함수를 수행할 때 그 변수를 컴퓨터의 레지스터에 저장하라는 의미가 된다. 그러기 위해선 다음과 같이 변수 선언의 앞쪽에 키워드 register를 추가하면 된다.

```
register int index;
register char *textPtr;
```

지역 변수 또는 형식 매개 변수를 레지스터 변수로 선언하기도 하는데 레지스터에 할당할 수 있는 변수의 자료형식은 컴퓨터마다 다르다. 보통은 기본 자료형식들과 모든 포인터 형들이 레지스터에 저장된다.

어떤 변수를 레지스터 변수로 선언하더라도 컴파일러는 그 선언에 대해서 어떤 처리를 해준다고 보장하지는 않는다. 컴파일러가 알아서 할 뿐이다.

또한 레지스터 변수에 주소 연산자를 사용할 수 없음을 주의해야 한다. 그 외, 레지스터 변수는 보통의 자동 변수처럼 동작한다.

### volatile 한정자

volatile 한정자는 const의 반대 종류이다. 지정된 변수가 값을 바꿀 것이라는 것을 컴파일러에게 명시적으로 알려준다. 이 한정자는 컴파일러가 최적화 과정에서 해당 변수에 대해 쓸모없어 보이는 할당이나 값의 변화가 없어 보이는데도 그 변수를 반복해서 검사하는 것을 없애지 않도록 한다. 입ㆍ출력(I/O) 포트가 좋은 예가 된다. 프로그램에서 어떤 출력 포트를 outPort라는 포인터 변수로 가리키게 했다고 하자. 이 포트에 2개의 문자, 예를 들어 O와 N을 차례로 쓰고 싶다면, 다음과 같이 쓰면 된다.

```
*outPort = 'O';
*outPort = 'N';
```

똑똑한 컴파일러는 같은 위치에 2번 연속해서 값을 대입하고 그 동안 outPort 값이 사용되거나 변하지도 않았기 때문에 첫 번째 대입문을 없애 버리려고 한다. 이런 상황을 막으려면 다음과 같이 outPort를 volatile 포인터로 선언하면 된다.

```
volatile char *outPort;
```

### restrict 한정자

restrict는 register 한정자와 비슷하게 컴파일러에게 최적화를 위한 힌트를 준다. 마찬가지로 컴파일러는 이 정보를 무시해 버릴 수도 있다.

이 기능은 특정 포인터가 그 범위 내에서는 그것이(간접적으로 또는 직접적으로) 가리키는 변수를 가져오는 유일한 방법이라는 것을 컴파일러에게 알려준다. 즉, 같은 값이 해당 범위 내에서 다른 포인터나 변수에 의해 참조되지 않는다.

다음 문장들

```
int * restrict intPtrA;
int * restrict intPtrB;
```

는 intPtrA와 intPtrB가 정의되어 있는 동안은 둘이 같은 변수를 동시에 참조하는 경우는 없다는 것을 컴파일러에게 알려준다. 예를 들어 배열 내의 정수를 가리키게 하면 서로 배타적으로 사용될 것이다.

### 명령줄 인수

터미널에서 사용자가 적은 양의 정보를 입력하도록 개발된 프로그램들이 많다. 이런 정보는 계산하고 싶은 삼각수를 지정하는 정수값일 수도 있고 사전에서 찾고 싶은 단어가 될 수도 있다.

프로그램에서 이런 정보를 사용자가 입력하게 할 수도 있지만 필요한 정보를 프로그램을 실행하는 순간에 줄 수도 있다. 이 기능을 명령줄 인수라고 한다.

이전에 설명했듯이 main() 함수의 유일한 특징은 그 이름이 특별하다는 것, 즉 프로그램의 수행이 시작되는 곳이라는 점이다. 실제로는 일반적인 C 프로그램에서 다른 함수를 부르는 것과 같이 프로그램을 시작하는 순간에 C 언어의 시스템(정식으로는 런타임 시스템)에서 main() 함수를 호출한다. main()의 수행이 완료되면 실행 권한이 런타임 시스템으로 돌아가면서 프로그램의 수행도 종료된다.

런타임 시스템에서 main()을 호출할 때, 실제로는 2개의 인수가 넘어 온다. argc(argument count를 줄인 말)라고 부르는 첫 번째 인수는 명령줄에서 입력한 인수의 개수를 표시하는 정수값이다. main()의 두 번째 인수는 문자 포인터의 배열인데 보통 argv(argument vector를 줄인 말)라고 부른다. 이 배열에는 argc + 1개의 문자 포인터가 저장되어 있고 argc는 항상 0 이상이 된다. 이 배열의 첫 항목은 실행되는 프로그램의 이름을 가리키는 포인터이거나 프로그램의 이름을 제공할 수 없는 일부 시스템에서는 null 문자열을 가리키는 포인터가 들어 있다. 배열에서는 계속해서 프로그램을 실행하는 명령줄에서 넣은 값들을 가리킨다. argv 배열의 제일 마지막 포인터인 argv[argc]는 null로 정의된다.

명령줄 인수들을 가져오려면 이들 2개 인수를 가져올 수 있도록 main() 함수를 선언해야 한다. 습관적으로 다음과 같이 선언한다.

```c
int main (int argc, char *argv[])
{
    ...
}
```

argv는 "문자 포인터"에 대한 배열을 정의한다는 것을 기억하라. 명령줄 인수를 사용하는 예로 사전에서 하나의 단어를 찾은 후에 그 뜻을 출력하는 예제 9.10을 다시 살펴보자. 명령줄 인수를 사용하는 경우에는 프로그램을 실행하면서 동시에 찾고 싶은 단어를 다음과 같이 명령줄 인수로 줄 수 있다.

```
lookup aerie
```

이렇게 하면 찾으려는 단어를 명령줄에서 넣을 수 있기 때문에 사용자가 따로 입력할 필요가 없어진다.

앞의 명령이 실행되면 시스템에서는 자동으로 문자열 "aerie"를 가리키는 포인터를 argv[1]에 넣어서 main()으로 넘긴다. argv[0]에는 프로그램 이름, 여기서는 "lookup"에 대한 포인터가 들어 있다.

main() 루틴은 다음과 같다.

```c
#include <stdlib.h>
#include <stdio.h>

int main (int argc, char *argv[])
{
    const struct entry dictionary[100] =
```

```c
    { { "aardvark",   "a burrowing African mammal"         },
      { "abyss",      "a bottomless pit"                   },
      { "acumen",     "mentally sharp; keen"               },
      { "addle",      "to become confused"                 },
      { "aerie",      "a high nest"                        },
      { "affix",      "to append; attach"                  },
      { "agar",       "a jelly made from seaweed"          },
      { "ahoy",       "a nautical call of greeting"        },
      { "aigrette",   "an ornamental cluster of feathers"  },
      { "ajar",       "partially opened"                   } };

    int entries = 10;
    int entryNumber;
    int lookup (const struct entry dictionary [], const char search[],
                const int entries);

    if ( argc != 2 )
    {
        fprintf (stderr, "No word typed on the command line.\n");
        return EXIT_FAILURE;
    }

    entryNumber = lookup (dictionary, argv[1], entries);

    if ( entryNumber != -1 )
        printf ("%s\n", dictionary[entryNumber].definition);
    else
        printf ("Sorry, %s is not in my dictionary.\n", argv[1]);

    return EXIT_SUCCESS;
}
```

이 main() 루틴은 프로그램이 실행될 때 프로그램 이름 뒤에 어떤 단어를 입력했는지를 검사한다. 단어를 넣지 않거나 2개 이상 입력하면 argc 값이 2가 되지 않는다. 이때는 프로그램에서 표준 에러 출력에 에러 메시지를 출력하고 EXIT_FAILURE 값을 종료 상태로 설정해서 프로그램이 종료된다.

argc가 2이면 argv[1]에서 가리키는 단어가 사전에 있는지를 검사하기 위해 lookup 함수를 호출한다. 이 단어를 찾으면 그 정의가 출력된다.

예제 15.3은 파일 복사용 프로그램이었는데 명령줄 인수의 다른 예로 사용하겠다. 예제 16.1은 사용자에게 입력을 요구하는 대신 명령줄에서 2개의 파일 이름을 가져온다.

**예제 16.1 명령줄 인수를 이용한 파일 복사 프로그램**

```
// 파일 복사 프로그램 - 버전 2

#include <stdio.h>

int main (int argc, char *argv[])
{
    FILE *in, *out;
    int c;

    if ( argc != 3 ) {
        fprintf (stderr, "Need two files names\n");
        return 1;
    }

    if ( (in = fopen (argv[1], "r")) == NULL ) {
        fprintf (stderr, "Can't read %s.\n", argv[1]);
        return 2;
    }

    if ( (out = fopen (argv[2], "w")) == NULL ) {
        fprintf (stderr, "Can't write %s.\n", argv[2]);
        return 3;
    }

    while ( (c = getc (in)) != EOF )
        putc (c, out);

    printf ("File has been copied.\n");

    fclose (in);
```

```
    fclose (out);

    return 0;
}
```

이 프로그램은 우선 프로그램 이름의 뒤에 2개의 인수가 들어왔는지를 검사한다. 그런 경우에는 `argv[1]`은 입력 파일의 이름을 가리키고 `argv[2]`는 출력 파일의 이름을 가리킨다. 첫 번째 파일은 읽어 들이기 위해서, 두 번째 파일은 쓰기 위해서 각각 열게 되고 둘 다 성공한 경우에는 이전 프로그램에서와 같이 파일의 문자 하나하나를 차례로 복사한다.

이 프로그램이 종료하는 경우는 4가지 다른 방법이 있음을 주목하자. 즉, 명령줄 인수의 개수가 틀리거나, 읽어들여야 할 파일이 열리지 않거나, 쓰기 위한 출력 파일이 열리지 않거나, 정상적으로 종료하는 등의 4가지 경우이다. 종료 상태를 사용하는 경우에는 항상 이들 모두에 대해서 적절한 종료 상태로 끝나게 해야 한다. 종료 상태를 사용하지 않고 `main()`의 끝에서 바로 끝나게 해 버리면 프로그램의 종료 상태로 어떤 값을 돌려줄지 알 수 없다.

예제 16.1의 이름을 `copyf`라고 하면 다음 명령줄

```
copyf foo foo1
```

은 `main`에 들어갔을 때 그림 16.1처럼 `argv` 배열을 설정한다.

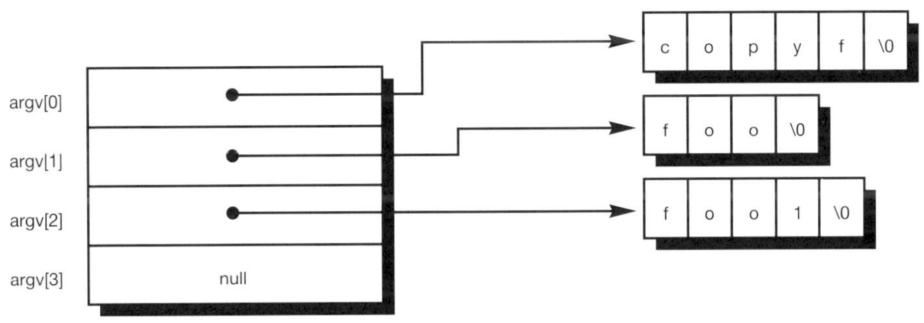



**그림 16.1** `copyf` 프로그램 시작 시 `argv` 배열 설정

명령줄 인수는 항상 문자열로 저장된다는 것을 기억하라. 명령줄 인수로 2와 16을 설정해서

```
power 2 16
```

에서와 같이 power 프로그램을 실행하면, 문자열 "2"를 가리키는 포인터가 `argv[1]`에, 문자열 "16"을 가리키는 포인터가 `argv[2]`에 각각 설정된다. 이들 인수들을 숫자로 해석하려면(아마 위의 power 프로그램에서 시도하려는 것처럼), 프로그램 내에서 직접 변환해야 한다.

이런 변환을 위해서는 이미 라이브러리에 sscanf(), atof(), atoi(), strtod(), strtol()과 같은 함수들이 준비되어 있다. 이들은 부록 B "표준 C 라이브러리"에 설명되어 있다.

## 동적 메모리 할당

C 언어에서 어떤 변수를 정의할 때, 그것이 기본 자료형이든 배열이든 구조체이든 그 변수에 저장될 값을 담기 위해서 항상 컴퓨터 메모리의 어떤 위치가 할당된다. C 컴파일러는 필요한 양의 메모리를 자동적으로 할당해줄 것이다.

프로그램을 실행하다 보면 기억 장소를 동적으로 할당할 필요가 생긴다. 파일에서 자료를 읽어와서 메모리에 저장하는 프로그램을 생각해 보자. 파일이 얼마나 많은 자료를 가지고 있는지는 프로그램을 실행하기 전에는 알 수 없다고 가정해 보자. 이제 다음 3가지 중의 하나를 선택해야 한다.

- 컴파일할 때 가능한 최대 크기의 배열을 정의한다.
- 실행 중에 배열의 크기를 정할 수 있도록 가변 길이 배열을 사용한다.
- C의 메모리 할당 함수들 중의 하나를 써서 배열을 동적으로 할당한다.

첫 번째 방법은 배열에 최대로 읽어들일 수 있는 원소 개수를 다음과 같은 식으로 미리 정의해야 한다.

```
#define kMaxElements 1000
```

```
struct dataEntry dataArray [kMaxElements];
```

이제 파일에 1,000개 이하의 원소가 들어있다면 제대로 처리한 셈이다. 반면에 이 개수를 넘어가게 되면, 프로그램으로 다시 돌아가서 kMaxElements의 값을 바꾼 후에 다시 컴파일해야 한다. 물론 어떤 값을 택하든 똑같은 문제에 언제든지 다시 부딪히기도 한다.

두 번째 방법에서는 자료를 읽기 전에(파일의 크기를 이용해서 계산하든지 해서) 필요한 원소 개수를 결정할 수 있다면 다음과 같은 식으로 가변 길이 배열을 정의할 수 있다.

```
struct dateEntry dataArray [dataItems];
```

여기서 변수 dataItems는 앞에서 이야기한 대로 읽어 들일 자료의 개수를 가지고 있어야 한다.

동적 메모리 할당 함수들을 써서 필요할 때마다 기억 공간을 확보할 수도 있다. 즉, 이 방법은 프로그램이 실행되는 동안 메모리를 할당하기도 한다. 동적 메모리 할당을 이용하기 위해서 앞으로 설명할 3가지 함수와 1개의 새로운 연산자를 배워야 한다.

## `calloc()`, `malloc()` 함수

표준 C 라이브러리에서는 실행 중에 메모리 할당을 위해서 `calloc()`과 `malloc()`이라는 함수를 이용할 수 있다. `calloc()` 함수는 할당해 놓을 원소의 개수와 각 원소의 크기를 바이트 단위로 지정하는 2개의 인수를 가진다. 이 함수는 메모리에서 할당받은 기억 영역의 시작을 가리키는 포인터를 돌려준다. 기억장소 영역에는 자동으로 전부 0이 저장된다.

`calloc()` 함수는 C의 범용 포인터 형식으로 쓰이는 `void` 형식에 대한 포인터를 돌려준다. 반환되는 포인터는 포인터 변수에 저장하기 전에 자료형 변환 연산자로 적당한 자료형에 대한 포인터로 변환시킬 수 있다.

`malloc()` 함수도 비슷하게 동작하지만 할당될 메모리의 양을 바이트 단위로 지정하는 인수 1개만 사용하고 저장 영역을 자동으로 0을 설정하지 않는다는 차이가 있다.

동적 메모리 할당 함수들은 표준 헤더 파일 `<stdlib.h>`에 선언되어 있으므로 이들 함수를 쓰려면 이 헤더 파일을 반드시 포함해야 한다.

## `sizeof` 연산자

`calloc()`이나 `malloc()` 함수에서 할당할 각 원소의 크기를 해당 시스템에 적합하도록 결정하기 위해서는 C의 `sizeof` 연산자를 써야 한다. `sizeof` 연산자는 지정한 항목의 크기를 바이트 단위로 돌려준다. `sizeof` 연산자의 인수로는 변수, 배열 이름, 기본 자료형의 이름, 파생 자료형 또는 수식 등이 쓰일 수 있다. 예를 들어

```
sizeof (int)
```

라고 쓰면, 정수 하나를 저장하는 데 필요한 바이트 수가 나온다. 펜티엄 4 컴퓨터에서는 정수 1개가 32비트를 차지하기 때문에 바이트 수는 4가 된다. x가 정수 100개의 배열이라면 수식

```
sizeof (x)
```

는 x에 들어 있는 100개의 정수를 저장하는 데 필요한 기억 용량의 바이트 수(펜티엄 4에서는 400)를 돌려준다. 수식

```
sizeof (struct dataEntry)
```

는 구조체 dataEntry 1개를 저장하는 데 필요한 메모리 양을 알려준다. 마지막으로, data가 구조체 dataEntry의 배열로 정의되었다면 수식

```
sizeof (data) / sizeof (struct dataEntry)
```

는 (data가 이미 정의된 배열이고, 형식 매개 변수이거나 다른 파일에 들어 있지 않다면) data 안에 들어 있는 원소의 개수를 돌려준다. 수식

```
sizeof (data) / sizeof (data[0])
```

도 같은 결과를 만들어낸다. 매크로 함수

```
#define ELEMENTS(x) (sizeof(x) / sizeof(x[0]))
```

는 이런 기법을 좀 더 간단하게 사용할 수 있게 해준다. 이것을 이용해서

```
if ( i >= ELEMENTS (data) )
    ...
```

와

```
for ( i = 0; i < ELEMENTS (data); ++i )
    ...
```

와 같은 식으로 코드를 작성할 수 있다.

sizeof는 함수처럼 보이지만 함수가 아니라 연산자라는 것을 기억해야 한다. 연산자이기 때문에 가변 길이 배열을 인수로 사용하는 경우를 빼고는 실행될 때가 아니라 컴파일될 때 그 값이 계산된다. 가변 길이 배열이 쓰인 경우가 아니라면 컴파일러는 sizeof 수식의 값을 계산해서 상수로 취급되는 숫자로 바꾼다.

변수의 크기를 계산하는 부분을 프로그램에 넣을 때는 가능한 sizeof 연산자를 사용하라.

동적 메모리 할당에 대한 설명으로 다시 돌아가면, 1,000개의 정수를 저장하기 위한 기억 영역을 할당하고 싶다면 다음과 같이 calloc() 함수를 이용할 수 있다.

```
#include <stdlib.h>
    ...
int *intPtr;
    ...
intPtr = (int *) calloc (sizeof (int), 1000);
```

malloc() 함수를 이용하는 것은 다음과 같다.

```
intPtr = (int *) malloc (1000 * sizeof (int));
```

`malloc()`과 `calloc()` 둘 다 void에 대한 포인터를 반환하므로 반드시 적당한 포인터 형식으로 형변환되어야 한다는 것에 주의하라. 앞의 예에서는 정수에 대한 포인터로 자료형이 변환된 후에 `intPtr`에 넣었다.

시스템에서 사용 가능한 메모리보다 더 많은 양을 요청하면, `calloc()` 함수(또는 `malloc()` 함수)는 null 포인터를 돌려준다. `calloc()` 또는 `malloc()` 중 어떤 것을 쓰더라도 돌려주는 포인터 값을 검사해서 제대로 할당되었는지를 확인해야 한다.

다음 코드는 1,000개의 정수를 저장할 수 있는 공간을 할당한 후 반환되는 포인터를 검사한다. 할당에 실패하면 표준 에러 출력에 에러 메시지를 표시하고 종료한다.

```c
#include <stdlib.h>
#include <stdio.h>
    ...
int *intPtr;
    ...
intptr = (int *) calloc (sizeof (int), 1000);


if ( intPtr == NULL )
{
    fprintf (stderr, "calloc failed\n");
    exit (EXIT_FAILURE);
}
```

할당에 성공하면 정수에 대한 포인터 변수 `intPtr`은 1,000개의 정수를 가진 배열을 가리키는 것처럼 시용할 수 있다. 1,000개의 원소를 모두 −1로 설정하려면

```c
for ( p = intPtr; p < intPtr + 1000; ++p )
    *p = -1;
```

와 같이 하면 된다. p는 정수 포인터로 선언되었다고 가정한다.

구조체 `dataEntry`의 자료형으로 n개의 원소를 저장할 수 있는 공간을 할당하려면 우선 적합한 자료형에 대한 포인터를

```c
struct dataEntry *dataPtr;
```

와 같이 정의하고, `calloc()` 함수를

```c
dataPtr = (struct dataEntry *) calloc (n, sizeof (struct dataEntry));
```

와 같이 불러 주면 된다.

앞 문장은 다음 순서로 실행된다.

1. 2개의 인수가 있는 `calloc()`을 호출한다. 첫 번째 인수는 동적으로 n개의 원소를 할당하는 것이고, 두 번째 인수는 각 원소의 크기를 지정한다.
2. `calloc()` 함수는 할당된 저장 영역을 가리키는 포인터를 돌려준다. 저장 영역을 할당할 수 없으면 null 포인터를 돌려준다.
3. 포인터를 "구조체 dataEntry에 대한 포인터"로 자료형 변환해서 포인터 변수 dataPtr에 저장한다.

메모리 할당이 성공했는지 확인하기 위해서는 반드시 dataPtr의 값을 검사해야 한다. 성공했다면 이 값은 null이 아니다. 이후에는 일반적인 포인터들과 같은 방식으로 n개의 dataEntry 원소를 가지는 배열을 가리키는 것처럼 쓰인다. 예를 들어 dataEntry에 index라는 멤버가 들어있다면 다음과 같이 dataPtr이 가리키는 원소의 index 멤버에 100을 넣을 수 있다.

```
dataPtr->index = 100;
```

## free 함수

`calloc()` 또는 `malloc()`에서 동적으로 할당한 메모리의 사용이 끝나고 나면 `free()` 함수를 호출해서 그 영역을 시스템에 돌려줘야 한다. 이 함수는 `calloc()`이나 `malloc()` 호출에서 할당받았던 메모리의 시작을 가리키는 포인터를 유일한 인수로 가진다. 다음 호출

```
free (dataPtr);
```

은 앞에 나온 `calloc()` 호출에서 할당한 메모리를 시스템에 돌려주는데, dataPtr은 이때까지 할당받은 메모리의 시작을 계속 가리키고 있어야 한다.

`free()` 함수는 아무런 값도 반환하지 않는다.

`free()`가 돌려준 메모리는 나중에 다시 `calloc()`이나 `malloc()`을 호출해서 재사용할 수 있다. 모든 필요한 영역을 한 번에 할당할 수 없는 경우에는 이런 기법으로 메모리를 재사용하는 것이 유리할 수도 있다. `free()` 함수에서는 반드시 이전에 할당된 영역의 시작을 가리키는 포인터를 넣어야 한다는 것에 주의하라.

동적 메모리 할당은 연결 리스트와 같은 서로 연결된 자료 구조를 다룰 때에 매우 유용하다. 리스트에 새로운 항목을 추가해야 하는 경우에는 그 항목을 위한 메모리를 동적으로 할당하고, 이때 `calloc()`이나 `malloc()`에서 돌려주는 포인터를 리스트에 연결시키면 된다. 예를 들어 listPtr이 다음과 같이 정의된 구조체 entry에 대한 포인터라고 하자.

```c
struct entry
{
    int value;
    struct entry *next;
};
```

다음은 어떤 연결 리스트의 시작을 가리키는 포인터를 인수로 받아서 그 리스트의 끝에 새로운 항목을 추가하는 addEntry 함수이다.

```c
#include <stdlib.h>
#include <stddef.h>

// 연결 리스트의 끝에 새로운 entry를 추가

struct entry *addEntry (struct entry *listPtr)
{
    // 리스트의 끝을 찾는다.
    while ( listPtr->next != NULL )
        listPtr = listPtr->next;

    // 새로운 entry의 저장 공간을 가진다.

    listPtr->next = (struct entry *) malloc (sizeof (struct entry));

    // 새로운 리스트의 끝에 null을 추가한다.

    if ( listPtr->next != NULL )
        (listPtr->next)->next = (struct entry *) NULL;
    return listPtr->next;
}
```

할당이 성공하면 (listPtr->next가 가리키는) 새로 할당된 항목의 next 멤버에 null 포인터를 넣는다.

이 함수는 새로 삽입한 항목을 가리키는 포인터를 돌려주고 할당이 실패한 경우에는 null 포인터를 돌려준다(이것이 어떻게 가능한지 검증해 보라). 연결 리스트를 하나 그려보고 addEntry의 실행 과정을 따라가 보면 이 함수의 동작을 이해하기 쉬울 것이다.

또 다른 함수인 realloc()도 동적 메모리 할당과 관련이 있다. 이 함수는 이미 할당된 기억 영역의 크기를 줄이거나 늘릴 때에 사용할 수 있다. 자세한 설명은 부록 B를 참고하자.

이번 장에서는 C 언어가 제공하는 기능들을 설명했다. 17장 "디버깅"에서는 C 프로그램 디버깅에 도움이 되는 기법들을 배울 것이다. 한 가지 방법은 전처리를 이용하는 것이고 다른 하나는 대화형 디버거라는 특별한 도구를 사용하는 것이다.

## 연습문제

1. 이 장에 제시된 프로그램을 입력하고 실행하여 복사한 파일과 원본 파일의 결과가 둘 다 같은지 확인해보자.

2. 명령줄 인수로 단어를 입력받아 단어와 정의로 구성된 배열 내에 있는지 검색하는 프로그램을 완성해보자. 프로그램 내의 용어사전에서 발견되면 정의를 보여주고, 없으면 사용자에게 발견되지 않았다고 알려주어야 한다.

# 17

# 디버깅

이번 장에서는 프로그램을 디버깅하는 데 사용되는 두 가지 방법을 소개한다. 한 가지는 선택적으로 프로그램에 디버깅을 위한 문장을 포함시키도록 전처리기를 활용하는 방법이다. 다른 한 가지는 명령어를 사용하는 디버거를 사용하는 방법이다. 이 장에서는 많이 알려진 gdb라고 불리는 디버깅 도구를 소개한다. 비록 다른 디버거(예를 들면 dbx 또는 IDE에 포함된)를 사용하더라도 이들은 gdb와 유사할 것이라 생각된다.

14장 "대규모 프로그램 작업"의 서두에서도 설명했지만 이 장에서 다루는 주제 중 일부는 사용하는 운영체제와 개발 환경에 따라 적용할 수 없을지라도 개념은 중요하면서도 보편적인 주제이다.

## 전처리기를 이용한 디버깅

12장 "전처리기"에서 언급한 바와 같이 조건에 따른 컴파일은 디버깅할 때 유용하다. C 전처리기로 디버깅 코드를 프로그램에 포함시킬 수 있다. 전처리기 문장 #ifdef를 적절히 사용하면 판단에 따라서 디버깅 코드가 무효화되거나 유효화될 수 있다. 예제 17.1은 정수 3개를 입력받아서 이들의 합을 구하여 출력하는 프로그램(의도적으로 만든)이다. 전처리기 매크로 DEBUG가 정의되었으면 디버깅 코드(stderr에 출력하는)가 프로그램의 나머지 부분과 같이 컴파일되고, 만약 DEBUG가 정의되어 있지 않으면 디버깅 코드는 프로그램에서 빠지게 된다.

**예제 17.1 전처리기로 디버그 문장 추가하기**

```
#include <stdio.h>
#define DEBUG


int process (int i, int j, int k)
{
    return i + j + k;
}


int main (void)
{
    int i, j, k, nread;

    nread = scanf ("%d %d %d", &i, &j, &k);

#ifdef DEBUG
    fprintf (stderr, "Number of integers read = %i\n", nread);
    fprintf (stderr, "i = %i, j = %i, k = %i\n", i, j, k);
#endif

    printf ("%i\n", process (i, j, k));
    return 0;
}
```

**예제 17.1 결과**

```
1 2 3
Number of integers read = 3
```

```
i = 1, j = 2, k = 3
6
```

**예제 17.1 결과 (재실행)**

```
1 2 e
Number of integers read = 2
i = 1, j = 2, k = 0
3
```

여기서 변수 k 값은 초기화되지도 않았고 scanf()는 변수 k 값을 설정하지 않으므로 임의의 값이 출력될 수 있다.

다음 문장들

```
#ifdef DEBUG
    fprintf (stderr, "Number of integers read = %i\n", nread);
    fprintf (stderr, "i = %d, j = %d, k = %d\n", i, j, k);
#endif
```

는 전처리기가 분석한다. 만일 매크로 DEBUG가 이미 정의되어 있으면(#ifdef DEBUG), 전처리기는 뒤에 이어지는 문장부터 #endif가 올 때까지(두 개의 fprintf()를 호출하고) 문장들을 소스에 포함시켜 컴파일러가 컴파일하도록 한다. 만약 DEBUG가 정의되어 있지 않으면 두 개의 fprintf() 문장은 컴파일러에게 전달되지 않는다(전처리기에 의해서 이들은 프로그램에서 제거됨). 이미 본 바와 같이 프로그램은 정수들을 입력받은 후 메시지를 출력한다. 두 번째 실행에서 유효하지 않은 문자가 입력된다(e). 디버깅 출력은 오류가 있음을 출력한다. 이 디버깅 코드를 무효화시키려면 다음 줄만 제거하면 된다.

```
#define DEBUG
```

그러면 fprintf() 문장들이 컴파일에서 빠지게 된다. 이 프로그램이 짧아서 이 방법의 가치를 잘 느끼지 못할 수도 있지만 수백 줄에 걸쳐 있는 디버깅 코드들을 단순히 한 줄을 바꿔 디버깅 코드들을 프로그램에 참여시키거나 제외시킬 수 있다는 점을 고려하기 바란다.

게다가 프로그램을 컴파일할 때 명령줄에 이와 같은 디버깅을 조절할 수 있다. 만약 gcc를 사용하는 경우라면 다음 명령어

```
gcc -D DEBUG debug.c
```

는 전처리 변수 DEBUG를 동시에 정의하여 debug.c를 컴파일한다. 이것은 프로그램에 다음과 같은 줄을 삽입한 것과 동일하다.

```
#define DEBUG
```

좀 더 긴 프로그램을 살펴보자. 예제 17.2는 두 개 명령줄 인수를 받아들인다. 각 인수들을 정수로 변환시켜 각각 arg1, arg2에 저장한다. 명령줄 인수를 정수로 변환하기 위해 표준 라이브러리 함수인 atoi()가 사용된다. 이 함수는 문자열을 인수로 받아서 대응되는 정수를 돌려준다. atoi() 함수는 예제 17.2의 처음 부분에 있는 헤더파일 <stdlib.h>에 선언되어 있다.

인수를 처리한 후 프로그램은 두 개의 명령줄 값을 인수로 넘겨주면서 process() 함수를 호출한다. 이 함수는 단순히 두 값을 곱해서 돌려준다. DEBUG가 정의되어 있으면 다양한 디버깅 메시지가 출력되고 정의되어 있지 않았으면 결과값만 출력된다.

## 예제 17.2 디버그 코드와 함께 컴파일하기

```c
#include <stdio.h>
#include <stdlib.h>

int process (int i1, int i2)
{
    int val;

#ifdef DEBUG
    fprintf (stderr, "process (%i, %i)\n", i1, i2);
#endif
    val = i1 * i2;
#ifdef DEBUG
    fprintf (stderr, "return %i\n", val);
#endif
    return val;
}

int main (int argc, char *argv[])
{
    int arg1 = 0, arg2 = 0;

    if (argc > 1)
        arg1 = atoi (argv[1]);
```

```c
    if (argc == 3)
        arg2 = atoi (argv[2]);
#ifdef DEBUG
    fprintf (stderr, "processed %i arguments\n", argc - 1);
    fprintf (stderr, "arg1 = %i, arg2 = %i\n", arg1, arg2);
#endif
    printf ("%i\n", process (arg1, arg2));


    return 0;
}
```

## 예제 17.2 결과

```
$ gcc -D DEBUG p18-2.c   Compile with DEBUG defined
$ a.out 5 10
processed 2 arguments
arg1 = 5, arg2 = 10
process (5, 10)
return 50
50
```

## 예제 17.2 결과(재실행)

```
$ gcc p18-2.c   Compile without DEBUG defined
$ a.out 2 5
10
```

실행 프로그램을 배포할 준비가 되면 DEBUG가 정의되어 있지 않은 경우에 디버깅 문장을 소스에
남겨놓고 실행 프로그램에는 영향을 미치지 않게 할 수 있다. 만약 오류가 나중에 발견되면 다시
디버깅 코드를 포함하여 컴파일하고 출력 메시지를 조사하여 어떤 상황인지 조사한다.

앞의 방법은 디버깅에 전처리기를 사용함에 있어서 디버깅 출력을 위한 프로그램을 읽기가 쉽지
않기 때문에 아직까지는 어색한 방법이다. 전처리기를 사용하는 방법을 개선하는 것도 하나의
방법이다. 디버깅 출력을 위한 매크로의 인수를 원하는 대로 받아들일 수 있게 바꿀 수 있다.

```c
#define DEBUG(fmt, ...) fprintf (stderr, fmt, __VA_ARGS__)
```

위와 같이 매크로를 정의하면 fprintf 대신 다음과 같이 매크로를 사용할 수 있다.

```
DEBUG ("process (%i, %i)\n", i1, i2);
```

이렇게 사용하면 다음과 같은 결과를 얻게 된다.

```
fprintf (stderr, "process (%i, %i)\n", i1, i2);
```

DEBUG 매크로는 프로그램 전체에서 사용될 수 있고 예제 17.3에서 볼 수 있는 바와 같이 디버깅을 위한 의도가 잘 표현된다.

**예제 17.3** DEBUG 매크로 정의

```c
#include <stdio.h>
#include <stdlib.h>

#define DEBUG(fmt, ...) fprintf (stderr, fmt, __VA_ARGS__)

int process (int i1, int i2)
{
    int val;

    DEBUG ("process (%i, %i)\n", i1, i2);
    val = i1 * i2;
    DEBUG ("return %i\n", val);

    return val;
}

int main (int argc, char *argv[])
{
    int arg1 = 0, arg2 = 0;

    if (argc > 1)
        arg1 = atoi (argv[1]);
    if (argc == 3)
        arg2 = atoi (argv[2]);

    DEBUG ("processed %i arguments\n", argc - 1);
```

```
        DEBUG ("arg1 = %i, arg2 = %i\n", arg1, arg2);
        printf ("%d\n", process (arg1, arg2));


        return 0;
}
```

**예제 17.3 결과**

```
$ gcc pre3.c
$ a.out 8 12
processed 2 arguments
arg1 = 8, arg2 = 12
process (8, 12)
return 96
96
```

앞에서 볼 수 있듯이 이런 형태는 프로그램을 읽기가 좀 더 쉬워졌다. 디버깅을 위한 출력이 필요하지 않으면 단순히 매크로를 다음과 같이 아무 것도 없이 정의하면 된다.

```
#define DEBUG(fmt, ...)
```

이렇게 하면, 전처리기는 DEBUG 매크로 호출을 빈 공간으로 만들어서 DEBUG를 사용한 모든 문장들은 빈 문장이 된다.

DEBUG 매크로를 좀 더 확장하여 컴파일할 때와 실행할 때 모두 조절이 가능하게 할 수 있다. 디버깅 수준을 정의하는 전역 변수 Debug를 정의한다. 모든 DEBUG 문장들은 이 변수의 디버깅 수준과 같거나 작으면 출력을 한다. DEBUG는 2개 이상의 인수를 받는데 첫 번째 인수는 디버깅 수준이다.

```
DEBUG (1, "processed data\n");
DEBUG (3, "number of elements = %i\n", nelems)
```

만약 디버깅 수준이 1 또는 2이면 첫째 DEBUG 문장만 출력하고, 디버깅 수준이 3이나 그 이상이면 DEBUG 문장을 둘 다 출력한다. 디버깅 수준은 다음과 같이 프로그램을 실행할 때 명령줄 인수로 설정할 수 있다.

**a.out -d1**　　*디버깅 수준을 1로 설정*

**a.out -d3**　　*디버깅 수준을 3으로 설정*

DEBUG는 다음과 같이 쉽게 정의한다.

```c
#define DEBUG(level, fmt, ...) \
  if (Debug >= level) \
    fprintf (stderr, fmt, __VA_ARGS__)
```

그래서

```c
DEBUG (3, "number of elements = %i\n", nelems);
```

는 다음과 같이 된다.

```c
if (Debug >= 3)
    fprintf (stderr, "number of elements = %i\n", nelems);
```

이전처럼 다시 만약 DEBUG를 빈 것으로 정의하면 DEBUG 호출은 모두 빈 문장이 된다.

다음과 같은 정의는 앞에서 언급한 모든 특징뿐만 아니라, 컴파일할 때 DEBUG의 정의를 제어하는 기능도 제공한다.

```c
#ifdef DEBON
#  define DEBUG(level, fmt, ...) \
    if (Debug >= level) \
      fprintf (stderr, fmt, __VA_ARGS__)
#else
#  define DEBUG(level, fmt, ...)
#endif
```

앞에 있는 정의가 포함된 프로그램을 컴파일할 때(프로그램의 헤더 파일에 편리하게 넣어놓고 프로그램에 포함시킴) **DEBON**을 정의하거나 해제한다. 만약 prog.c를 다음과 같이 컴파일하면

**$ gcc prog.c**

이 결과는 앞서 전처리 정의 중에서 #else 절에 의해 DEBUG는 모두 빈 것이 된다. 반면 다음과 같이 컴파일하게 되면

**$ gcc -D DEBON prog.c**

DEBUG 매크로를 디버깅 수준에 따라 fprintf를 호출하도록 만들어서 프로그램을 컴파일한다.

디버깅 코드가 프로그램에 들어가도록 컴파일한 경우 프로그램을 실행할 때 디버깅 수준을 선택할 수 있다. 이는 앞서 언급한 바와 같이 다음의 실행 명령줄 옵션을 사용한다.

```
$ a.out -d3
```

여기서 디버깅 수준을 3으로 설정하였다. 가정컨대, 프로그램에서 명령줄 옵션을 해석해서 그 값이 디버깅 수준을 나타내는 Debug 변수(전역 변수)에 저장되어야 한다. 그리고 이 경우에 DEBUG 매크로에 3 또는 그 이상으로 디버깅 수준을 설정한 것만 fprintf를 호출하게 된다.

주의할 점은 a.out -d0는 디버깅 수준을 0으로 설정하면 디버깅 코드가 프로그램에 있으나 디버깅 출력은 만들어지지 않는다는 것이다.

이번 절에서 두 단계의 디버깅 방법을 알아보았다. 컴파일할 때 디버깅 코드를 프로그램에 넣거나 빼는 방법과 실행할 때 다른 디버깅 수준을 설정하여 디버깅 출력이 다양해지도록 할 수 있다.


## gdb로 프로그램 디버깅

gdb는 GNU의 gcc 컴파일러로 컴파일된 프로그램을 디버깅하기 위하여 자주 사용되는 강력한 대화형 디버거이다. 이것은 프로그램을 실행시키고 미리 설정된 위치에서 프로그램을 중지시킨 후에 변수의 현재 값을 알아보기도 하고 설정할 수도 있으며, 계속 프로그램을 실행시킬 수 있다. 프로그램의 실행 과정을 추적할 수 있으며 한 줄씩 프로그램을 실행시킬 수도 있다. 또한 gdb는 core 파일을 분석해서 오류에 의한 중단 위치를 파악할 수도 있다. core 파일은 0으로 나누기를 한다든가 배열의 길이를 넘어서 사용하는 것과 같은 비정상적으로 프로그램이 실행될 때 만들어진다. 이것은 프로그램이 비정상적으로 종료되는 시점의 상태를 프로세스 메모리의 내용으로 core라는 파일에 기록한다[주1].

gdb의 기능을 이용하려면 gcc 컴파일러의 -g 옵션을 사용하여 C 프로그램을 컴파일해야 한다. -g 옵션은 변수니 구조체 디입, 소스 파일 이름, 그리고 C 문장과 실행 프로그램 코드 사이의 연결 정보와 같은 추가적인 정보를 C 컴파일러가 실행 프로그램에 삽입하게 한다.

예제 17.4는 배열의 끝을 넘어선 원소를 읽는 프로그램이다.

### 예제 17.4 gdb 이용을 위한 간단한 프로그램

```c
#include <stdio.h>

int main (void)
{
```

---

주 1. core 파일은 크기가 매우 크기 때문에 사용하는 시스템이 core 파일의 자동 생성을 하지 못하게 설정되어 있을 수 있다. 어떤 경우에는 ulimit 명령으로 제한하는 최대 파일 크기를 변경할 수 있다.

```c
    const int data[5] = {1, 2, 3, 4, 5};
    int i, sum;

    for (i = 0; i >= 0; ++i)
        sum += data[i];

    printf ("sum = %i\n", sum);

    return 0;
}
```

Mac OS X 시스템의 터미널에서 위 프로그램을 실행했을 때의 결과는 다음과 같다(다른 시스템에서 실행을 하면 다른 메시지가 출력될 수 있다).

```
$ a.out
Segmentation fault
```

오류를 추적하기 위해서 gdb를 사용해보자. 이 프로그램은 의도적으로 만든 것이지만 예제로서 충분하다.

첫 번째 옵션 -g를 사용해서 프로그램을 컴파일한다. 그리고 실행 프로그램 a.out에 대해 gdb를 실행시킨다. 시스템에서 소개 메시지가 다음과 같이 출력될 것이다.

```
$ gcc -g p18.4.c      gdb를 위해서 디버깅 옵션으로 다시 컴파일
$ gdb a.out           실행 파일에 대하여 gdb를 시작
GNU gdb 5.3-20030128 (Apple version gdb-309) (Thu Dec 4 15:41:30 GMT 2003)
Copyright 2003 Free Software Foundation, Inc.
GDB is free software, covered by the GNU General Public License, and you are
welcome to change it and/or distribute copies of it under certain conditions.
Type "show copying" to see the conditions.
There is absolutely no warranty for GDB. Type "show warranty" for details.
This GDB was configured as "powerpc-apple-darwin".
Reading symbols for shared libraries .. done
```

gdb가 명령을 받아들일 준비가 되면 명령을 받아들일 줄에 (gdb)가 나타난다. 간단한 지금 예에서는 run 명령을 입력하여 프로그램을 실행시킨다. 이렇게 하면 gdb는 프로그램을 시작시켜서 프로그램이 종료되거나 비정상적인 사건이 발생할 때까지 실행시킨다.

```
(gdb) run
Starting program: /Users/stevekochan/MySrc/c/a.out
Reading symbols for shared libraries . done

Program received signal EXC_BAD_ACCESS, Could not access memory.
0x00001d7c in main () at p18-4.c:9
9                   sum += data[i];
(gdb)
```

위와 같이 실행시키면 프로그램은 오류가 발생하지만(실제로 위와 같이) 아직 gdb의 관리 하에 있게 된다. 따라서 오류가 발생한 시점에서 변수의 값이 무엇인지를 알 수 있을 뿐만 아니라 어디서 프로그램이 중단되었는지도 알 수 있다.

앞의 화면 출력에서 볼 수 있듯이 실행 프로그램은 소스 프로그램의 9번째 줄에서 유효하지 않은 메모리를 참조했다. 소스 파일에서 문제가 되는 실제 줄이 자동으로 화면에 출력된다. 그 줄 주위를 살펴보기 위해서 list 명령어를 사용할 수 있는데, 이 명령어는 지정된 줄 주위의 10줄(앞 5줄과 뒤 4줄)의 프로그램 소스를 화면에 출력한다:

```
(gdb) list 9
4       {
5           const int data[5] = {1, 2, 3, 4, 5};
6           int i, sum;
7
8           for (i = 0; i >= 0; ++i)
9               sum += data[i];
10
11          printf ("sum = %i\n", sum);
12
13          return 0;
(gdb)
```

print 명령어를 사용해서 변수값을 알 수 있다. 오류로 프로그램이 정지한 상태에서 변수 sum의 값이 무엇이었는지를 알려면 다음과 같이 print를 사용한다.

```
(gdb) print sum
$1 = -1089203864
```

sum 값은 확실히 제대로 되지 않았다(그리고 여기서 보이는 값은 시스템마다 다를 수 있다). $n

표시는 gdb에서 앞서 출력된 값을 추적할 때 사용하므로 추적된 값을 다시 뒤에서 쉽게 참조하기도 한다.

인덱스로 사용된 변수 i의 값을 알아보려면 다음과 같이 하면 된다.

```
(gdb) print i
$2 = 232
```

이런! 좋지 않군. 배열에 단지 5개 원소만 있는데 오류가 발생할 때 233번째 원소를 참조했다. 시스템에 따라 오류는 이보다 먼저, 또는 나중에 발생할 수 있다. 그러나 결국은 에러가 발생할 수밖에 없다.

gdb를 빠져나오기 전에 다른 변수의 값을 알아보자. gdb가 배열이나 구조체 변수를 얼마나 잘 다루는지 살펴보자.

```
(gdb) print data        data 배열의 내용 보여주기
$3 = {1, 2, 3, 4, 5}
(gdb) print data[0]     첫째 원소값 보여주기
$4 = 1
```

구조체에 대한 예는 잠시 뒤에 보게 될 것이다. gdb에 대한 첫째 예를 마무리하려면 빠져나가는 방법을 배울 필요가 있는데 quit 명령어로 빠져나갈 수 있다.

```
(gdb) quit
The program is running. Exit anyway? (y or n) y
$
```

프로그램이 오류가 있더라도 기술적인 측면에서 아직 gdb 안에서는 실행 중이다. 오류는 단지 실행 프로그램의 실행을 중지시킨 것이고 종료시키지는 못했다. 이런 이유로 gdb가 종료 확인을 요청했다.


## 변수 다루기

gdb는 변수를 다루기 위하여 기본적으로 2개 명령어를 제공한다. 하나는 이미 본 print이다. 다른 하나는 변수의 값을 설정할 때 사용하는데, set var 명령을 이용한다. set 명령어는 실제 여러 개 옵션을 가지고 있는데 그 중에 var 옵션은 변수의 값을 설정하기 위해서 사용한다.

```
(gdb) set var i=5
(gdb) print i
$1 = 5
```

```
(gdb) set var i=i*2          유효한 모든 수식을 사용할 수 있음
(gdb) print i
$2 = 10
(gdb) set var i=$1+20        소위 "간편한 변수"도 사용 가능
(gdb) print i
$3 = 25
```

변수는 현재 함수에서 참조가 가능해야 하며 프로세스는 실행 중이어야 한다. gdb는 현재 줄과 현재 파일(프로그램 소스 파일), 그리고 현재 함수 개념을 사용한다. gdb가 core 파일 없이 시작하면 현재 함수는 main()이고 현재 파일은 main() 함수를 포함하는 소스 파일이며 현재 줄은 main() 함수 안에 있는 실행할 수 있는 첫째 줄이다. 그렇지 않다면 현재 줄, 파일, 함수는 프로그램이 강제로 종료된 위치로 설정된다.

만약 지정된 이름으로 지역변수가 없다면 gdb는 같은 이름의 외부 변수를 찾는다. 앞의 예에서 유효하지 않은 참조를 할 때 실행된 함수는 main()이고 i는 main에서 지역변수였다.

function::variable 형식으로 함수를 변수 이름의 일부로 다음의 예처럼 사용하기도 한다.

```
(gdb) print main::i          main 안의 i 내용 표시하기
$4 = 25
(gdb) set var main::i=0      main 안의 i 값 설정
```

주의할 점은 진행 중이지 않은 함수(현재 실행 중이지 않거나 다른 함수를 호출하여 잠시 실행이 중지된 함수가 아닌 것)에 있는 변수에 대하여 설정을 시도하거나 출력을 요구하면 다음과 같은 메시지가 출력된다.

```
No symbol "var" in current context.
```

전역 변수는 'file::var'와 같은 형식으로 직접 인용해서 사용할 수 있다. 이렇게 하면 gdb는 file에 정의된 외부 변수의 값을 사용하며 같은 이름으로 현재 함수에 있는 변수를 사용하지는 않는다.

구조체나 공용체 멤버들은 C 언어 문법을 사용한다. 만약 datePtr이 date 구조체의 포인터라면 print datePtr->year는 datePtr이 가리키는 구조체의 멤버 year의 값을 출력한다.

멤버 없이 구조체나 공용체를 사용하면 구조체나 공용체 전체의 내용이 출력된다.

gdb로 변수를 다른 형식으로 강제로 표시하게 할 수도 있다. 16진수를 예를 들면 print 명령어 뒤에 '/'와 16진수를 의미하는 문자 'x'가 있으면 값이 16진수로 출력된다. gdb에서 사용되는 많은 명령어는 한 글자로 축약해서 사용하기도 한다. 아래 예에서 print 명령의 축약형인 p가 사

용되었다.

```
(gdb) set var i=35          i에 35를 설정
(gdb) p /x I                i를 16진수로 출력
$1 = 0x23
```

## 소스 파일 보기

gdb는 소스 파일을 볼 수 있는 명령어들을 제공한다. 이 명령어는 다른 윈도우에서 소스 프로그램을 참고하면서 디버깅할 필요 없이 직접 gdb에서 소스 프로그램을 볼 수 있게 해준다.

앞에서 언급한 바와 같이 gdb는 현재 줄과 파일 개념을 사용한다. list 명령어로 현재 줄의 주위에 있는 소스 프로그램의 내용을 보는 것을 이미 알아보았으며 list 명령어의 축약형은 'l'이다. 계속해서 list 명령어를 입력할 때마다(그저 단순히 Return 또는 Enter 키를 입력) 다음 10줄이 출력된다. 이때 10은 기본값이며 이 값은 listsize 명령어를 사용해서 원하는 값으로 바꿀 수 있다.

만약 어떤 구간의 소스 줄을 보고 싶다면 시작하는 줄의 번호와 끝나는 줄의 번호를 쉼표로 분리해서 다음과 같이 사용할 수 있다.

```
(gdb) list 10,15        10번째 줄부터 15까지 출력
```

함수에 있는 소스 프로그램은 list 명령어에 함수 이름을 사용해서 출력할 수 있다.

```
(gdb) list foo          함수 foo의 내용을 출력
```

만약 함수가 다른 소스 파일에 있다면 gdb는 자동으로 해당 파일로 현재 파일을 변경한다. 현재 소스 파일에 있는 이름을 gdb의 info source 명령으로 알 수 있다.

list 명령어 뒤에 +를 추가하면 현재 파일의 내용에서 다음 10줄을 출력하는데, 이는 단지 list만 입력한 것과 동일하다. -를 입력하면 앞의 10줄을 출력한다. +, - 옵션은 모두 현재 줄로부터 지정한 오프셋 수만큼 추가하거나 뺄 수 있다.

## 프로그램 실행 제어

파일의 줄을 출력하는 것은 프로그램 실행 방법을 변경하지는 않는다. 다른 명령을 사용해서 실행을 제어해야 한다. gdb 프로그램의 실행을 제어하는 2개 명령어에 대해 알아보았다. run은 프로그램 실행을 시작하는 명령어이고 quit은 현재 프로그램 실행을 종료하는 명령어이다.

run 명령어 뒤에 실행에 사용되는 명령줄 인수나 방향지정자(< 또는 >)가 붙을 수 있으며, gdb가 그들을 적절히 다루게 된다. 다음에 사용되는 r 명령어는 인수 없이 사용해도 마치 이전에 사용한 인수나 방향지정을 재사용한다. 현재 설정된 인수의 내용은 show args 명령어로 알 수 있다.

### 정지점(breakpoint) 삽입

break 명령어는 프로그램에서 정지점을 설정하는 데 사용한다. 정지점은 이름에서 의미하듯, 프로그램의 한 지점으로 실행 중에 "break"에 도달하면 프로그램 실행이 정지된다. 프로그램 실행을 보류시켜 놓고 이 시점에서 프로그램이 어떤 상태에 있는지를 변수값을 알아보는 것과 같은 작업을 통해서 파악한다.

정지점은 간단하게 break 명령어에 줄번호를 지정하여 프로그램의 어떤 줄이라도 설정할 수 있다. 만약 함수 이름이나 파일 이름 없이 단순히 번호만 사용하면 현재 파일의 그 줄을 바로 정지점으로 설정한다. 만약 함수 이름을 사용하면 그 함수의 실행할 수 있는 첫째 줄을 정지점으로 설정한다.

```
(gdb) break 12              12번째 줄을 정지점으로 설정
Breakpoint 1 at 0x1da4: file mod1.c, line 12.
(gdb) break main           main의 시작 줄을 정지점으로 설정
Breakpoint 2 at 0x1d6c: file mod1.c, line 3.
(gdb) break mod2.c:foo     mod2.c파일의 foo 함수를 정지점으로 설정
Breakpoint 3 at 0x1dd8: file mod2.c, line 4.
```

프로그램을 실행하다가 정지점에 도달하면 gdb는 프로그램 실행을 중지시키고 사용자에게 프로그램을 제어할 수 있게 하며, 정지점 번호와 정지된 소스 파일의 위치를 알려준다. 정지된 상태에서 여러 가지 작업을 할 수 있다. 변수의 값을 출력하거나 설정할 수 있고 정지점을 설정하거나 해제하는 등의 작업을 할 수 있다. 프로그램 실행을 다시 하려면 continue 명령어를 사용하거나 축약형인 c를 사용한다.

### 한 줄씩 실행

프로그램 실행을 제어하는 유용한 또 다른 명령어는 step 명령으로 축약형은 s이다. 이 명령어는 한 줄씩 프로그램을 실행시키는 것으로 step 명령어를 입력할 때마다 현재 정지된 지점에서 C 코드의 한 줄만을 실행한다. 만약 step 명령어 뒤에 줄 수를 붙여주면 이 줄 수만큼만 실행한다. 주의할 것은 C 프로그램의 한 줄에는 여러 개의 문장이 포함될 수 있으며, gdb는 줄 단위로 제어를 하기 때문에 한 줄에 포함된 여러 개 문장도 하나의 단위로 실행한다. 또한 만약 한 문장

이 여러 줄에 걸쳐 있으면 문장의 첫째 줄 수행은 문장 전체를 수행한 것으로 간주한다. (신호 또는 정지점 후의) continue를 사용할 수 있는 모든 시점에서 한 줄씩 실행하는 것이 가능하다.

만약 다음에 실행될 문장이 함수 호출이고 step 명령어를 사용하면 gdb는 이 함수 안으로 들어간다(만약 이 함수가 들어갈 수 없는 시스템 라이브러리가 아니라면). 그러나 동일한 상황에서 next 명령을 사용하면 gdb는 함수 호출을 실행하고 더 이상 함수 안으로 들어가지 않는다.

예제 17.5가 유용한 프로그램은 아니지만 이 프로그램에서 gdb를 사용해 보자.

### 예제 17.5 gdb 사용하기

```c
#include <stdio.h>
#include <stdlib.h>

struct date {
    int month;
    int day;
    int year;
};

struct date foo (struct date x)
{
    ++x.day;

    return x;
}

int main (void)
{
    struct date today = {10, 11, 2014};
    int array[5] = {1, 2, 3, 4, 5};
    struct date *newdate, foo ();
    char *string = "test string";
    int i = 3;

    newdate = (struct date *) malloc (sizeof (struct date));
    newdate->month = 11;
    newdate->day = 15;
```

```
    newdate->year = 2014;

    today = foo (today);

    free (newdate);

    return 0;
}
```

예제 17.6의 세션에서 출력 결과는 사용하는 gdb 버전이나 시스템에 따라서 약간 다를 수도 있다.

## 예제 17.6 gdb 세션

```
$ gcc -g p18-5.c
$ gdb a.out
GNU gdb 5.3-20030128 (Apple version gdb-309) (Thu Dec 4 15:41:30 GMT 2003)
Copyright 2003 Free Software Foundation, Inc.
GDB is free software, covered by the GNU General Public License, and you are
welcome to change it and/or distribute copies of it under certain conditions.
Type "show copying" to see the conditions.
There is absolutely no warranty for GDB. Type "show warranty" for details.
This GDB was configured as "powerpc-apple-darwin".
Reading symbols for shared libraries .. done
(gdb) list main
14
15          return x;
16      }
17
18   int main (void)
19   {
20          struct date today = {10, 11, 2014};
21          int array[5] = {1, 2, 3, 4, 5};
22          struct date *newdate, foo ();
23          char *string = "test string";
(gdb) break main                 main에 정지점 설정
Breakpoint 1 at 0x1ce8: file p18-5.c, line 20.
(gdb) run                        프로그램 실행 시작
```

```
Starting program: /Users/stevekochan/MySrc/c/a.out
Reading symbols for shared libraries . done

Breakpoint 1, main () at p18-5.c:20
20          struct date today = {10, 11, 2014};
```
(gdb) **step**                    *20번째 줄 실행*
```
21          int       array[5] = {1, 2, 3, 4, 5};
```
(gdb) **print today**
```
$1 = {
    month = 10,
    day = 11,
    year = 2014
}
```
(gdb) **print array**          *이 배열은 현재 초기화되어 있지 않음*
```
$2 = {-1881069176, -1880816132, -1880815740, -1880816132, -1880846287}
```
(gdb) **step**                    *다른 한 줄을 실행*
```
23          char *string = "test string";
```
(gdb) **print array**          *다시 시도*
```
$3 = {1, 2, 3, 4, 5}       그래, 좋았어. 초기화되었군.
```
(gdb) **list 23,28**
```
23          char *string = "test string";
24        int i = 3;
25
26          newdate = (struct date *) malloc (sizeof (struct date));
27          newdate->month = 11;
28          newdate->day = 15;
```
(gdb) **step 5**                   *다음 5줄을 실행*
```
29          newdate->year = 2014;
```
(gdb) **print string**
```
$4 = 0x1fd4 "test string"
```
(gdb) **print string[1]**
```
$5 = 101 'e'
```
(gdb) **print array[i]**      *프로그램이 i를 3으로 설정함*
```
$6 = 4
```
(gdb) **print newdate**        *포인터 변수*
```
$7 = (struct date *) 0x100140
```
(gdb) **print newdate->month**
```
$8 = 11
```

```
(gdb) print newdate->day + i       임의의 C 표현
$9 = 18
(gdb) print $7                      이전에 출력된 값을 사용
$10 = (struct date *) 0x100140
(gdb) info locals                   모든 지역변수값을 보여 줌
today = {
    month = 10,
    day = 11,
    year = 2014
}
array = {1, 2, 3, 4, 5}
newdate = (struct date *) 0x100140
string = 0x1fd4 "test string"
i = 3
(gdb) break foo                     foo 함수의 시작에 정지점을 설정
Breakpoint 2 at 0x1c98: file p18-5.c, line 13.
(gdb) continue                      실행을 계속함
Continuing.

Breakpoint 2, foo (x={month = 10, day = 11, year = 2014}) at p18-5.c:13
13 ++x.day; 0x8e in foo:25: {
 (gdb) print today                  today의 값을 출력
No symbol "today" in current context
(gdb) print main::today             main에 있는 today의 값 출력
$11 = {
    month = 10,
    day = 11,
    year = 2014
}
 (gdb) step
15 return x;
 (gdb) print x.day
$12 = 12
 (gdb) continue
Continuing.
Program exited normally.
(gdb)
```

gdb의 다음과 같은 점에 주의가 필요하다. 정지점에 도착하거나 한 줄씩 실행하면, gdb는 프로그램 실행을 다시 시작할 줄을 보여준다. 마지막 실행한 줄을 보여주는 것이 아니라 그런 이유로 array 변수를 처음 출력해볼 때 초기화되지 않은 상태에서 출력되었다. 다음 한 줄 실행하기에서 바로 초기화되었다. 또 한 가지 주의할 것은 자동 변수에 대한 초기화도 실행할 수 있는 한 줄로 간주한다는 점이다(실제 이들은 컴파일러에 의해 실행할 코드가 만들어진다).

**정지점 목록 및 삭제**

정지점은 일단 설정되면 gdb를 나오거나 삭제될 때까지 남아있다. 다음과 같이 info break 명령을 통해서 현재까지 설정한 모든 정지점을 볼 수 있다.

```
(gdb) info break
Num Type           Disp Enb  Address        What
1 breakpoint      keep y    0x00001c9c     in main at p18-5.c:20
2 breakpoint      keep y    0x00001c4c     in foo at p18-5.c:13
```

정지점은 clear 명령어 뒤에 줄번호를 붙여서 특정 정지점을 삭제할 수 있다. clear 명령어에 함수 이름을 사용해서 함수의 시작 위치에 설정된 정지점을 삭제할 수도 있다.

```
(gdb) clear 20      20번째 줄의 정지점 제거
Deleted breakpoint 1
(gdb) info break
Num Type           Disp Enb  Address        What
2 breakpoint      keep y    0x00001c4c     in foo at p18-5.c:13
(gdb) clear foo         foo 함수 시작 위치에 설정된 정지점 제거
Deleted breakpoint 2
(gdb) info break
No breakpoints or watchpoints.
(gdb)
```

**스택 추적하기**

때때로 프로그램이 정지했을 때 함수 호출 관계에서 어떤 상태에 있는지 알고 싶은 경우가 있다. 이는 core 파일을 검사할 때 유용한 정보이다. backtrace 명령어 또는 축약형 bt를 사용해서 호출 스택을 볼 수 있다. 다음은 예제 17.5에 대한 예이다.

```
(gdb) break foo
Breakpoint 1 at 0x1c4c: file p18-5.c, line 13.
```

```
(gdb) run
Starting program: /Users/stevekochan/MySrc/c/a.out
Reading symbols for shared libraries . done

Breakpoint 1, foo (x={month = 10, day = 11, year = 2014}) at p18-5.c:13
13 ++x.day;
(gdb) bt            스택 추적 출력
#0 foo (x={month = 10, day = 11, year = 2014}) at p18-5.c:13
#1 0x00001d48 in main () at p18-5.c:31
(gdb)
```

foo() 함수 시작 위치에서 정지되었을 때 backtrace 명령어를 입력하였다. 출력은 호출 스택에 있는 두 함수 foo()와 main()을 보여주고 있다. 보이는 바와 같이 함수 호출에 대한 인수도 함께 볼 수 있다. 다양한 명령어(up, down, frame, info args 등)를 여기서 다루지는 않지만 이들 명령어는 스택을 다루는 작업을 통해서 특정 함수로 전달된 인수를 알아보거나 지역변수를 알아볼 수 있다.

## 함수 호출과 배열 및 구조체 설정하기

gdb로 다음과 같이 함수를 호출할 수 있다.

```
(gdb) print foo(*newdate)          newdate가 가리키는 date 구조체로 foo 호출
$13 = {
    month = 11,
    day = 16,
    year = 2014
}
(gdb)
```

여기서, 함수 foo()는 예제 17.5에 정의되어 있다.

다음과 같이 중괄호 안에 값들을 차례로 적어서 배열이나 구조체의 값을 지정할 수 있다.

```
(gdb) print array
$14 = {1, 2, 3, 4, 5}
(gdb) set var array = {100, 200}
(gdb) print array
$15 = {100, 200, 0, 0}          지정되지 않은 값은 0으로 설정됨
```

```
(gdb) print today
$16 = {
    month = 10,
    day = 11,
    year = 2014
}
(gdb) set var today={8, 8, 2014}
(gdb) print today
$17 = {
    month = 8,
    day = 8,
    year = 2014
}
(gdb)
```

## gdb 명령으로 도움 받기

다양한 gdb의 명령어와 명령어의 종류(gdb는 이를 class라고 함)에 대한 정보를 얻으려면 내장된 help 명령어를 사용할 수 있다.

인수 없이 명령어 help를 입력하면 모든 명령어 종류 목록을 보여준다.

```
(gdb) help
List of classes of commands:

aliases -- Aliases of other commands
breakpoints -- Making program stop at certain points
data -- Examining data
files -- Specifying and examining files
internals -- Maintenance commands
obscure -- Obscure features
running -- Running the program
stack -- Examining the stack
status -- Status inquiries
support -- Support facilities
tracepoints -- Tracing of program execution without stopping the program
user-defined -- User-defined commands
```

Type "help" followed by a class name for a list of commands in that class.
Type "help" followed by command name for full documentation.
Command name abbreviations are allowed if unambiguous.

이제 다음과 같이 명령어 목록에 있는 한 개 명령어와 help를 사용해 보자.

(gdb) **help breakpoints**
Making program stop at certain points.

List of commands:

awatch -- Set a watchpoint for an expression
break -- Set breakpoint at specified line or function
catch -- Set catchpoints to catch events
clear -- Clear breakpoint at specified line or function
commands -- Set commands to be executed when a breakpoint is hit
condition -- Specify breakpoint number N to break only if COND is true
delete -- Delete some breakpoints or auto-display expressions
disable -- Disable some breakpoints
enable -- Enable some breakpoints
future-break -- Set breakpoint at expression
hbreak -- Set a hardware assisted breakpoint
ignore -- Set ignore-count of breakpoint number N to COUNT
rbreak -- Set a breakpoint for all functions matching REGEXP
rwatch -- Set a read watchpoint for an expression
save-breakpoints -- Save current breakpoint definitions as a script
set exception-catch-type-regexp -
    Set a regexp to match against the exception type of a caughtobject
set exception-throw-type-regexp -
    Set a regexp to match against the exception type of a thrownobject
show exception-catch-type-regexp -
    Show a regexp to match against the exception type of a caughtobject
show exception-throw-type-regexp -
    Show a regexp to match against the exception type of a thrownobject
tbreak -- Set a temporary breakpoint
tcatch -- Set temporary catchpoints to catch events

```
thbreak -- Set a temporary hardware assisted breakpoint
watch -- Set a watchpoint for an expression

Type "help" followed by command name for full documentation.
Command name abbreviations are allowed if unambiguous.
(gdb)
```

다른 방법으로, 앞의 목록에 있는 것 중에 하나를 help 명령어와 함께 사용한다.

```
(gdb) help break
Set breakpoint at specified line or function.
Argument may be line number, function name, or "*" and an address.
If line number is specified, break at start of code for that line.
If function is specified, break at start of code for that function.
If an address is specified, break at that exact address.
With no arg, uses current execution address of selected stack frame.
This is useful for breaking on return to a stack frame.

Multiple breakpoints at one place are permitted, and useful if conditional.

break ... if <cond> sets condition <cond> on the breakpoint as it is created.

Do "help breakpoints" for info on other commands dealing with breakpoints.
(gdb)
```

이렇게 하면 gdb 디버거가 가지고 있는 많은 정보를 볼 수 있으니 장점을 활용하기 바란다.


## 기타

공간 제약으로 gdb의 많은 특징들을 여기서 소개하지 못했는데, 다음과 같은 능력들을 가지고 있다.

- 정지점에 도착해서 임시 정지점을 자동으로 삭제하기.
- 정지점을 제거하지 않고 무효화/유효화시키기.
- 특정 형식의 메모리 위치를 버리기.
- 감시조건을 설정하여 특정 표현의 값이 변할 때 프로그램 정지를 허용하기(예: 변수값이 변경될 때).
- 프로그램이 정지될 때마다 출력해야 할 값의 목록을 지정하기.
- "편리 변수(convenience variables)"의 이름을 직접 정하기.

덧붙여서, 통합개발환경(IDE)을 사용하는 경우 대부분은 이 장에서 설명하는 gdb 명령들과 많이 유사한 그들만의 디버깅 도구들을 가지고 있다. 이 장에서 사용하는 각각의 IDE로 그들을 다룬 다는 것은 불가능하며 사용 가능한 옵션을 탐색하는 가장 좋은 방법은 프로그램(심지어 디버거로 추적해야만 하는 몇 가지 오류들을 소개하는)에서 디버깅 도구들을 실행하는 것이다.

표 17.1은 이 장에서 다룬 gdb 명령어 목록이다. 각 명령어의 앞부분에 있는 굵은 글자들은 각 명령어의 축약형이다.

**표 17.1** 일반적인 gdb 명령어들

| 명령 | 의미 |
| --- | --- |
| **소스 파일** | |
| **L**ist [n][주2] | $n$번째 줄 앞뒤로 출력하며 $n$이 없으면 다음 10줄을 출력 |
| **l**ist m,n | $m$부터 $n$까지 줄을 출력함 |
| **l**ist +[n] | 파일에서 현재 줄의 뒤 $n$ 줄을 출력하거나 $n$이 없으면 현재 줄의 뒤 10줄을 출력함 |
| **l**ist -[n] | 현재 줄의 앞 $n$ 줄을 출력하거나 $n$이 없으면 현재 줄의 앞 10줄을 출력함 |
| **l**ist func | 함수 $func$로부터 줄을 출력함 |
| listsize n | $list$ 명령어로 출력하는 줄 수를 n으로 설정함 |
| **i**nfo source | 현재 소스 파일 이름을 보여 줌 |
| **변수와 수식** | |
| **p**rint /fmt expr | 형식 fmt에 따라서 expr을 화면에 출력함. 형식은 d(decimal), u(unsigned), o(octal), x(hexadecimal), c(character), f(floating point), t(binary), a(address)임 |
| **i**nfo locals | 현재 함수의 지역변수값을 출력함 |
| set var var=expr | 변수 $var$의 값을 $expr$의 값으로 설정함 |
| **정지점** | |
| **b**reak $n$ | 정지점을 $n$번째 줄에 설정함 |
| **b**reak $func$ | 정지점을 함수 $func$의 시작점에 설정함 |

---

주 2. 각 명령어들은 줄번호나 함수 이름을 파일 이름 뒤에 콜론을 써서 사용할 수 있다(예: `list main.c:1,10` 또는 `break main.c:12`).

| `info` break | 모든 정지점을 보여줌 |
| --- | --- |
| `clear` [n] | *n*번째 줄에 설정된 정지점을 해제하며 *n*이 없으면 다음에 수행할 줄에 설정된 정지점을 해제함 |
| `clear` *func* | 함수 *func*의 시작 위치에 설정된 정지점을 해제함 |
| **프로그램 실행** | |
| `r`un [args][< file][> file] | 프로그램 실행을 시작함 |
| `c`ontinue | 정지된 프로그램 실행을 계속함 |
| `s`tep [n] | 다음 한 줄을 실행하거나 *n*이 있으면 *n*줄을 실행함 |
| `n`ext [n] | 다음 한 줄 또는 *n*이 있으면 다음 *n* 줄을 실행하나 함수 안으로 들어가지 않음 |
| `q`uit | gdb 실행 종료 |
| **도움말** | |
| `h`elp [cmd] | 명령어 종류들을 보여주거나 특정 명령어 종류 또는 명령어(cmd 또는 class)에 대한 도움말울 표시함 |
| `h`elp [class] | |

# 18

# 객체지향 프로그래밍

객체지향 프로그래밍(OOP)이 매우 대중화되면서 C 언어를 근간으로 하는 C++, C#, Java, Objective-C 등의 OOP 언어가 널리 이용되고 있으므로 여기서 이 주제를 간략히 소개하겠다. 먼저 객체지향 프로그래밍의 개념에 대해서 설명하고 앞에서 언급한 4종의 객체지향 언어 중에서 3가지의 언어("C"를 포함하고 있는 3개를 골랐다!)를 사용하여 간단한 프로그램을 보여준다. 각 언어를 이용해 프로그래밍하는 방법을 가르치지는 않고 또한 주요 기능들이 매우 많은 관계로 여기서는 간단한 맛보기 정도로만 설명하겠다. 이번 장에서 설명할 내용은 다음과 같다.

- 객체, 클래스, 메소드를 포함한 OOP에 대한 기본 개념 이해.
- 구조적 프로그래밍 언어와 객체지향 언어 문제 접근법 간의 기본 차이 설명.
- 간단한 프로그래밍 작업으로 세 가지 다른 객체지향 언어인 Objective-C, C++, C# 비교하기.

## 객체란 도대체 무엇인가?

객체란 한 개체(thing)이다. 객체지향 프로그래밍은 어떤 개체와 그 개체에 행하고자 하는 연산을 지칭한다. 이 개념은 절차적 프로그래밍 언어인 C와는 대조적인 것이다. C에서는 보통 무엇을 할 것인가를 먼저 생각하고(아마도 그 작업들을 수행할 함수들을 작성한다) 그 다음 객체를 걱정하므로 객체지향과는 반대의 개념이다.

일상생활에서의 예로 자동차를 생각해보자. 자동차는 명백히 사람들이 소유하고 있는 객체이다. 당신은 아무 차나 갖고 있는 것이 아니라 아마도 디트로이트, 일본, 또는 다른 어딘가의 공장에서 생산된 특별한 자동차를 가지고 있으며, 고유하게 구별할 수 있는 자동차 고유 번호(VIN. Vehicle Identification Number)를 가지고 있다.

객체지향 용어에서는 당신이 소유하고 있는 그 자동차는 자동차라는 종류의 한 사례(instance)이다. 용어에 대해 계속 얘기하자면 자동차는 이 인스턴스가 생성되는 클래스의 이름이다.

따라서 새로운 자동차가 만들어질 때마다 자동차 클래스의 인스턴스가 만들어진다. 각각의 인스턴스는 객체라는 이름과 동일한 의미를 가진다.

이제, 당신의 자동차는 은색에 검정색 내장, 컨버터블 또는 하드 톱 등의 특징을 가질 수 있다. 게다가 자동차를 이용하여 여러 가지를 할 수 있다. 자동차를 운전하기도 하고 기름도 넣고 세차도 하고 서비스 센터에 가서 정비를 받기도 한다. 표 18.1에 그 내용이 요약되어 있다.

**표 18.1** 객체의 동작들

| 객체 | 객체를 이용한 동작 |
| --- | --- |
| 당신의 자동차 | 운전한다 |
| | 주유한다 |
| | 세차한다 |
| | 정비를 받는다 |

표 18.1에 있는 동작들은 당신의 자동차뿐만 아니라 모든 자동차에서 가능한 동작들이다. 예를 들어 당신의 누나도 자동차를 운전할 수 있고 기름을 채우기도 한다.


## 인스턴스와 메소드

어떤 클래스의 고유한 생성을 인스턴스라 하고 실행 가능한 행동들을 메소드라 한다. 메소드는 클래스의 인스턴스에 사용되기도 하고 어떤 경우에는 클래스에 사용되기도 한다. 예를 들어 자동차를 세차하는 것은 인스턴스에 대한 연산이다(표 18.1의 모든 연산은 인스턴스 연산이다). 어떤 자동차 회사가 생산하는 자동차의 종류를 알아내는 것은 클래스 메소드다.

C++에서는 다음의 형식으로 인스턴스의 메소드를 호출할 수 있다.

*Instance.method();*

C#도 다음과 같이 똑같은 형식을 사용한다.

*Instance.method();*

Objective-C는 약간 다르게 다음과 같은 형식으로 메시지를 호출한다.

*[Instance method]*

이전의 리스트로 돌아가서 새로운 구문으로 메시지 표현을 써보자. yourCar를 Car 클래스의 객체라고 하자. 표 18.2는 앞의 세 가지 OOP 언어의 메시지 연산식을 보여준다.

**표 18.2** OOP 언어에서 메시지 연산

| C++ | C# | Objective-C | 연산 |
| --- | --- | --- | --- |
| yourCar.drive() | yourCar.drive() | [yourCar drive] | 운전한다 |
| yourCar.getGas() | yourCar.getGas() | [yourCar getGas] | 주유한다 |
| yourCar.wash() | yourCar.wash() | [yourCar wash] | 세차한다 |
| yourCar.service() | yourCar.service() | [yourCar service] | 정비를 받는다 |

만약 당신 누나의 자동차를 suesCar라고 한다면 그녀의 자동차에 대한 연산은 다음과 같이 똑같은 메소드를 호출할 수 있다:

suesCar.drive()        suesCar.drive()        [suesCar drive]

서로 다른 객체에 같은 메소드를 적용하는 것은 객체지향 프로그래밍의 중요한 개념에 속한다.

또다른 중요한 개념은 다형성(polymorphism)으로 서로 다른 클래스에서 만들어진 인스턴스에 같은 메시지를 사용할 수 있다. 예를 들어 Boat 클래스의 인스턴스 myBoat가 생성되었을 경우 다형성은 다음과 같이 C++ 메시지를 작성할 수 있다.

myBoat.service()
myBoat.wash()

보트의 서비스에 관련된 Boat 클래스의 service 메소드는 Car 클래스의 service 메소드와는 전혀 다르다. 이 개념을 다형성이라 한다.

OOP와 C 언어의 개념적 차이는 OOP는 자동차, 보트와 같은 객체를 다루는 반면에 C 언어의 경우 함수(프로시저)를 위주로 사용한다. 절차적 언어인 C의 경우 함수 service를 만들고 함수 내부에서 코드를 분리하여 자동차, 보트, 자전거 등의 서로 다른 탈것들을 다룰 수 있도록 한다. 만약 새로운 탈것을 다루고자 할 때에는 함수의 코드를 변경시켜야 한다. OOP의 경우에는 새로운 탈것의 클래스를 정의하고 그 클래스에 새로운 메소드를 첨가하면 된다. 다른 클래스와는 전혀 상관이 없으므로 해당 클래스의 코드를 변경시킬 필요가 전혀 없다.

OOP에서 다루는 클래스는 자동차, 보트와 같은 것 외에도 윈도우, 사각형, 클립보드 등이 될 수도 있다. 당신이 메소드를 호출하기 위해 사용하는 메시지의 형태는(C# 에서는) 다음과 같다.

```
myWindow.erase()                          윈도우 삭제
myRect.getArea()                          사각형 넓이 계산
userText.spellCheck()                     텍스트 철자 검사
deskCalculator.setAccumulator(0.0)        accumulator의 값 초기화
favoritePlaylist.showSongs()              좋아하는 음악가의 노래 보여주기
```

## 분수를 다루는 C 프로그램 작성

분수를 다루는 프로그램을 작성해보자. 분수를 다루기 위해서는 더하기, 빼기, 곱하기 등의 연산이 필요하다. 이런 연산을 위해서 분수를 저장하기 위한 구조가 필요하고 그것을 다루는 함수들이 필요하다.

C를 이용한 분수 프로그램의 전체적인 모양은 예제 18.1과 같다. 예제 18.1은 분자 numerator와 분모 denominator의 값을 정한 후 분수의 값을 출력한다.

### 예제 18.1 C로 작성한 분수 프로그램

```c
// 분수를 다루는 간단한 프로그램
#include <stdio.h>

typedef struct {
    int numerator;
    int denominator;
} Fraction;
```

```c
int main (void)
{
    Fraction myFract;

    myFract.numerator = 1;
    myFract.denominator = 3;

    printf ("The fraction is %i/%i\n", myFract.numerator, myFract.
denominator);

    return 0;
}
```

**예제 18.1 결과**

```
The fraction is 1/3
```

다음 3개의 절에서는 Objective-C, C++, C#에서 분수를 다루는 프로그램을 어떻게 작성하는지 알아본다. 예제 18.2 다음에 나오는 OOP의 설명은 모든 OOP에 공통으로 적용되므로 다음에 나오는 설명을 순서대로 차근차근히 읽어야 한다.

## 분수를 다루는 Objective-C 클래스 정의

Objective-C 언어는 1980년대 초 브래드 콕스(Brad Cox)가 발표했다. 이 언어는 SmallTalk-80이라는 언어를 근간으로 하고 있으며, 1988년 NeXT(멀티미디어용 워크스테이션) 소프트웨어 라이선스가 있다. 애플에서 1988년 NeXT를 인수했을 때 NEXTSTEP은 Mac OS X 운영시스템의 기본으로 사용되었다. 오늘날 Mac OS X상의 대부분의 응용 프로그램들 뿐만 아니라 iPad, iPhone 앱들은 Objective-C로 만들어졌다.

예제 18.2는 Objective-C를 이용하여 분수 클래스를 정의하는 방법을 보여준다.

**예제 18.2** Objective-C로 작성한 분수 프로그램

```c
// 분수 프로그램 - Objective-C 버전

#import <stdio.h>
```

```objc
#import <objc/Object.h>

//------- @interface 부분 -------

@interface Fraction: Object
{
    int numerator;
    int denominator;
}
-(void) setNumerator: (int) n;
-(void) setDenominator: (int) d;
-(void) print;

@end

//------- @implementation 부분 -------

@implementation Fraction;

// getters
-(int) numerator
{
    return numerator;
}

-(int) denominator
{
    return denominator;
}

// setters

-(void) setNumerator: (int) num
{
    numerator = num;
}
```

```objc
-(void) setDenominator: (int) denom
{
    denominator = denom;
}


// 기타
-(void) print
{
    printf ("The value of the fraction is %i/%i\n", numerator, denominator);
}


@end


//------- 프로그램 부분 -------

int main (void)
{
    Fraction *myFract;

    myFract = [Fraction new];

    [myFract setNumerator: 1];
    [myFract setDenominator: 3];

    printf ("The numerator is %i, and the denominator is %i\n",
        [myFract numerator], [myFract denominator]);
    [myFract print]; // 분수를 화면에 출력하는 메소드 사용

    [myFract free];

    return 0;
}
```

**예제 18.2 결과**

```
The numerator is 1, and the denominator is 3
The value of the fraction is 1/3
```

예제 18.2의 설명을 보면 프로그램은 논리적으로 @interface, @implementation, 프로그램의 세 부분으로 나뉘어졌다. 이들 영역은 일반적으로 별도 파일에 저장된다. @interface 영역은 일반적으로 특정 클래스와 함께 동작하기를 원하는 어떤 프로그램을 포함한 헤더 파일에 배치되며 그 클래스에 포함된 변수들과 메소드를 컴파일러에게 알려준다.

@implementation 영역은 메소드를 구현하는 실제 코드를 포함하고 있다. 마지막으로 프로그램 영역은 프로그램 본연의 목적을 수행하기 위한 코드를 포함하고 있다.

새로운 클래스의 이름은 Fraction이고, 부모 클래스는 Object이다. 클래스들은 부모로부터 메소드와 변수들을 상속받는다.

@interface 영역에서 보는 것처럼 선언된

```
int numerator;
int denominator;
```

는 Fraction 객체가 2개의 정수 멤버인 numerator(분자)와 denominator(분모)를 가지고 있음을 말해준다.

이 멤버들은 @interface 영역에서 인스턴스 변수를 선언했다. 새로운 객체를 만들 때마다 인스턴스 변수의 새롭고 독특한 집합이 생성된다. 그러므로 만일 2개의 분수, fracA, fracB 각각은 그들만의 인스턴스 변수 집합을 가지게 된다. 다시 말해 fracA, fracB는 자신만의 별도 numerator(분자)와 denominator(분모)를 가지고 있다.

여러분들은 동작하는 분수 메소드를 정의하고 특정 값의 분수를 설정할 수 있어야 한다. 분수의 내부 표현에 직접 접근(즉, 인스턴스 변수에 직접 접근)할 수 없기 때문에 numerator와 denominator를 설정하는 메소드(setters라고 함)를 작성해야 한다. 또한 인스턴스 변수들의 값을 회수하는 메소드(getters라고 함)도 필요하다[주 1].

객체의 인스턴스 변수를 객체 사용자로부터 숨기는 것은 데이터 캡슐화(encapsulation)라는 OOP의 또 다른 중요한 개념이다. 이것은 클래스가 메소드를 포함하고 있기 때문에 데이터(인스턴스 변수)에 접근하는 모든 코드 클래스를 확장하거나 수정하는 것을 보증한다. 데이터 캡슐화는 프로그래머와 클래스 개발자 사이에 훌륭한 격리층을 형성한다.

아래에 있는 것은 하나의 setter 메소드에 대한 선언이다.

```
-(int) numerator;
```

---

주 1. 인스턴스 변수에 직접 접근이 가능하기도 하지만, 이것은 좋지 못한 프로그래밍 습관이다.

앞에 오는 (−) 기호는 메소드가 인스턴스 메소드임을 말한다. 또한 다른 옵션인 (+) 기호는 클래스 메소드를 가리킨다. 클래스 메소드는 새로운 클래스 인스턴스를 만드는 것과 같은, 클래스 자체에 대한 몇 가지 연산을 수행한다. 이것은 새로운 자동차 제조와 유사한데, 자동차 클래스에서 새로운 자동차를 만들고자 할 때 그것이 클래스 메소드가 된다.

인스턴스 메소드는 값을 저장하고 다시 가져오고 보여주는 등의 클래스의 특정 인스턴스에 대한 몇 가지 연산을 수행한다. 자동차의 예에 적용하자면 차를 만든 후 연료를 채울 필요가 있다. 연료를 채우는 연산은 특정 차에서 수행되므로 인스턴스 메소드와 유사하다.

새로운 메소드(함수 선언과 유사한)를 선언할 때 Objective-C 컴파일러에게 메소드가 값을 반환할 것인지, 그렇다면 어떤 형식의 값을 반환할 것인지 묻는다. 마이너스 또는 플러스 기호 뒤의 괄호 안에 반환 형식을 넣어 수행한다. 그래서 다음 선언인

```
-(int) numerator;
```

는 인스턴스 메소드 numerator가 정수값을 반환하는 것을 나타낸다. 마찬가지로 다음 줄

```
-(void) setNumerator: (int) num;
```

은 값을 반환하지 않는 메소드를 정의하여 분수에서 numerator 값을 사용자가 설정할 수도 있다.

메소드가 인수를 가질 때 참조할 메소드 이름에 콜론을 붙인다. 그러므로 두 메소드 setNumerator와 setDenominator를 식별하는 올바른 방법은 각각이 하나의 인수를 가진다는 것이다. 또한 numerator와 denominator 메소드에 대한 식별하는 방법은 뒤에 콜론이 붙지 않고 어떠한 인수도 가지지 않는다는 것이다.

setNumerator 메소드는 num이라는 정수형 인수를 단순하게 인스턴스 변수 numerator에 저장한다. 마찬가지로 setDenominator도 인수 denom의 값을 인스턴스 변수 denominator에 저장한다. 메소드가 인스턴스 변수에 직접 접근하는 것에 주의하자.

Objective-C 프로그램의 마지막으로 정의된 메소드는 print이다. 이 메소드는 분수의 값을 화면에 보여주기 위해 사용한다. 보다시피 인수도 없고 결과도 반환하지 않는다. 간단히 printf() 함수를 이용해 numerator(분자)와 denominator(분모)를 슬래쉬(/)로 분리하여 화면에 표시한다.

main()의 내부에서는 다음 줄과 같이 myFract라는 변수를 정의한다.

```
Fraction *myFract;
```

이 줄은 myFract가 Fraction의 객체 형식, 즉 myFract가 새로운 Fraction 클래스 값을 저장하는 것을 말한다. myFract 앞의 별표(*)는 myFract가 실제로 Fraction의 포인터임을 말해준다.

사실 그것은 Fraction 클래스의 특정 인스턴스에 대한 데이터를 포함하는 구조체를 가리킨다.

이제 공장에 새 차를 만들기 위해 요청하는 것처럼 새로운 분수를 만들기 위해 Fraction을 저장하고 있는 객체를 갖고자 한다면 다음 줄과 같이 하면 된다.

```
myFract = [Fraction new];
```

새로운 분수에 대한 메모리 저장 공간을 할당할 수 있다. 다음 표현

```
[Fraction new]
```

는 새로 만들어진 Fraction 클래스에게 메시지를 보낸다. 새로운 메소드를 적용하기 위해 Fraction 클래스를 요청하고 있지만 새로운 메소드를 정의하지는 않았다. 그렇다면 이것은 어디서 왔을까? 이 메소드는 부모 클래스로부터 상속받았다.

이제 Fraction의 값을 저장할 준비가 되었다. 다음 프로그램 줄

```
[myFract setNumerator: 1];
[myFract setDenominator: 3];
```

이 바로 그것을 수행한다. 첫 번째 메시지 문장은 setNumerator가 myFract에게 메시지를 보내고 인수로 값 1을 넘겨준다. 제어는 Fraction 클래스에서 정의한 setNumerator 메소드에 넘겨준다. Objective-C의 런타임 시스템은 myFract가 Fraction 클래스의 객체임을 알고 있기 때문에 그것이 이 클래스가 사용하는 메소드라는 것을 알고 있다.

setNumerator 메소드 내부에 있는 하나의 프로그램 줄은 인스턴스 변수인 numerator에 인수로 전달된 값을 저장한다. 그러므로 myFract의 numerator에 유효한 값 1을 설정한다.

다음에 있는 myFract의 setDenominator 메소드를 불러오는 메시지도 유사한 방법으로 동작한다.

분수를 설정하는 예제 18.2는 myFract에서 해당 인스턴스 변수값을 되돌려 받을 수 있는 두 개의 getter 메소드인 numerator와 denominator를 호출한다. 결과는 printf()로 넘어가 화면에 표시된다.

프로그램은 다음으로 print 메소드를 동작시킨다. 이 메소드는 분수의 값을 표시하는데 메시지의 수신기 역할을 한다. 프로그램에서 numerator와 denominator를 getter 메소드를 사용하여 되돌려 받을 수 있는 방법을 알았을지라도 별도의 print 메소드를 예시 목적으로 Fraction 클래스에 추가 정의하였다.

프로그램의 마지막 메시지인

```
[myFract free];
```

는 Fraction 객체가 사용했던 메모리를 비워준다.

## 분수를 다루는 C++ 클래스 정의

예제 18.3은 Fraction 클래스를 C++ 언어로 구현하는 방법을 보여준다. C++은 미국 벨 연구소의 비야네 스트로우스트룹[주 2]에 의해 개발된 언어로, C 언어를 기반으로 하는 객체지향 프로그램 언어로는 첫 번째로 만들어졌다(내가 아는 한)! 당신은 C와 C++ 프로그램을 컴파일할 수 있는 통합개발환경(IDE)을 사용하고 있으며 이 시점에 C 프로그램을 작성하고 있고 프로그램을 컴파일할 때 IDE는 .c 파일로 프로그램을 저장하려고 할 수도 있다. 그렇게 되면 일련의 오류 메시지가 생성될 것인데 IDE에서 C++로 프로그램을 컴파일하면 확실히 .cpp 확장자로 파일을 저장하여 피할 수 있다.

**예제 18.3** C++로 작성한 분수 프로그램

```cpp
#include <iostream>

class Fraction
{
    private:
        int numerator;
        int denominator;

    public:
        void setNumerator (int num);
        void setDenominator (int denom);
        int Numerator (void);
        int Denominator (void);
        void print (Fraction f);
};

void Fraction::setNumerator (int num)
```

---

주 2. Bjarne Stroustrup(1950년 12월 30일 ~). 덴마크 출신의 컴퓨터 과학자. 2014년 현재 모건 스탠리 기술부서 Managing Director(전무)로 재직 중.

```cpp
{
    numerator = num;
}

void Fraction::setDenominator (int denom)
{
    denominator = denom;
}

int Fraction::Numerator (void)
{
    return numerator;
}

int Fraction::Denominator (void)
{
    return denominator;
}

void Fraction::print (Fraction f)
{
    std::cout << "The value of the fraction is " << numerator << '/'
        << denominator << '\n';
}

int main (void)
{
    Fraction myFract;
    myFract.setNumerator (1);
    myFract.setDenominator (3);

    myFract.print (myFract);

    return 0;
}
```

```
The value of the fraction is 1/3
```

앞의 C++ 멤버에서 (인스턴스 변수) numerator와 denominator는 private로 선언되어 데이터의 캡슐화를 유지시킨다. 즉, 클래스 외부에서 직접 그 변수들에 접근하는 것을 막는다.

setNumerator 메소드는 다음과 같이 선언되어 있다.

```
void Fraction::setNumerator (int num)
```

메소드 앞의 Fraction:: 표시는 그 메소드가 Fraction 클래스에 속한다는 것을 나타낸다.

Fraction의 새로운 인스턴스는 C 언어의 일반 변수와 같은 방법으로 main()에서 다음과 같이 만들어진다.

```
Fraction myFract;
```

분자와 분모의 값은 다음 메소드 호출로 각각 1과 3으로 값이 설정되었다.

```
myFract.setNumerator (1);
myFract.setDenominator (3);
```

분수의 값은 print 메소드를 사용해서 화면에 표시된다.

예제 18.3에서 가장 이상하게 보이는 것은 print 메소드의 다음 문장이다.

```
std::cout << "The value of the fraction is " << numerator << '/'
        << denominator << '\n';
```

cout은 표준 출력 스트림으로 C 언어의 stdout과 유사하다. << 기호는 스트림 입력 연산자로 출력을 위한 편리한 방법을 제공한다. C 언어에서 << 는 왼쪽 이동 연산자이다. 이 기능은 C++에서 중요한 연산자 오버로드 기능으로 어떤 클래스에 연관된 연산을 새로 정의하는 기능을 제공한다. 이런 맥락에서 이것을 이용하고자 할 때(즉, 왼쪽 피연산자로서 스트림을 이용할 때) 왼쪽 이동 연산자가 중복 기능을 사용하도록 해서 왼쪽 이동 연산을 수행하지 않고 정형화된 값을 표준 출력으로 보내는 메소드를 호출한다.

오버로드의 또 다른 예로 더하기 기호 + 연산의 중복 기능을 이용하여 다음과 같이 2개의 분수를 더할 수 있다.

```
myFract + myFract2
```

Fraction 클래스의 적절한 메소드가 호출되어 2개의 분수 덧셈이 이루어진다.

<< 기호 다음에 있는 각각의 연산식은 계산된 후 표준 출력 스트림에 출력된다. 이 경우 첫 번째 문자열 "The value of the fraction is"가 먼저 출력되고 그 다음 분수의 분자 값, / 기호, 분수의 분모 값, 그리고 줄바꿈 문자가 출력된다.

C++ 언어는 다양한 기능을 가지고 있는 언어다. 부록 E "참고자료"에서 좋은 교재를 추천하고 있다.

앞의 C++ 예제에서는 Numerator(), Denominator()가 Fraction 클래스에 정의되어 있지만 사용되지는 않았음을 주의하자.


## 분수를 다루는 C# 클래스 정의

이번 장의 마지막 예로 예제 18.4는 Microsoft에서 개발한 언어인 C#을 사용하여 만들어졌다. C#은 Microsoft Visual Studio의 한 부분으로 .NET 프레임워크에서 핵심 개발 도구이다. C#을 이용해 보고자 한다면 www.visualstudio.com/en-US/products/visual-studio-express-vs에 방문하여 무료 Visual Studio Express 버전을 다운받아 사용해 보자.

**예제 18.4** C#으로 작성한 분수 프로그램

```csharp
using System;

class Fraction
{
    private int numerator;
    private int denominator;

    public int Numerator
    {
        get
        {
            return numerator;
        }

        set
        {
            numerator = value;
```

```csharp
        }
    }

    public int Denominator
    {
        get
        {
            return denominator;
        }

        set
        {
            denominator = value;
        }
    }

    public void print ()
    {
        Console.WriteLine("The value of the fraction is {0}/{1}", numerator,
            denominator);
    }
}

class example
{
    public static void Main()
    {
        Fraction myFract = new Fraction();

        myFract.Numerator = 1;
        myFract.Denominator = 3;

        myFract.print ();
    }
}
```

```
The value of the fraction is 1/3
```

C# 프로그램은 앞의 두 OOP 프로그램(Objective-C, C++)과는 약간 다르지만 대략의 뜻은 이해할 수 있을 것이다. Fraction 클래스에서는 먼저 2개의 인스턴스 변수 numerator와 denominator를 private으로 선언하였다. Numerator와 Denominator 메소드는 각각 속성 (properties)으로 정의된 getter와 setter 메소드를 가진다. Numerator에 대해 자세히 살펴보자:

```
public int Numerator
{
    get
    {
        return numerator;
    }

    set
    {
        numerator = value;
    }
}
```

"get" 코드는 다음과 같이 연산에서 분자의 값이 필요할 때 생성된다.

```
num = myFract.Numerator;
```

"set" 코드는 다음과 같이 메소드에 값을 대입할 때 사용된다.

```
myFract.Numerator = 1;
```

대입된 값은 get 메소드가 호출될 때 value의 값을 저장한다. 여기서 setter, getter 메소드는 괄 호를 사용하지 않는다.

당연히 선택적으로 인수를 사용하는 메소드나 여러 개의 인수들을 사용하는 setter 메소드를 작 성할 수도 있다. 예를 들어 이 C# 메소드는 한 번의 호출로 분수 2/5의 값을 저장할 수도 있다.

```
myFract.setNumAndDen (2, 5)
```

예제 18.4로 되돌아가서, 다음 문장

```
Fraction myFract = new Fraction();
```

은 Fraction 클래스의 새로운 인스턴스를 만들고 그 결과를 Fraction 변수 myFract에 대입한 다. 그 다음 Fraction의 setter를 사용하여 Fraction을 1/3로 만든다.

myFract의 print 메소드는 분수의 값을 출력하기 위하여 사용된다. print 메소드 내부에서 Console 클래스의 WriteLine 메소드는 내용을 출력하기 위하여 사용된다. 이때 printf의 % 표시와 비슷하게 {0}은 첫 번째 값이 대체될 위치이고 {1}은 두 번째 값이 대체될 위치이다. printf 루틴과 달리 출력될 데이터의 형식과는 전혀 상관없다.

앞의 C++ 예제와 마찬가지로 C#의 Fraction 클래스에서 getter 메소드는 실제로 사용되지는 않지만 작성 방법을 보여주기 위해서 만들었다.

이 간략한 객체지향 프로그래밍 소개를 끝내려고 한다. 바라건대, 이 장에서는 여러분들에게 객체지향 프로그래밍에 대한 모든 것과 C 언어와 다른 OOP 언어로 어떻게 프로그래밍하는지에 관한 좀 더 나은 아이디어를 제공하였다. OOP 언어 3개 중 하나로 분수를 동작하게 하는 간단한 프로그램을 작성하는 방법에 대해 알아보았다. 만약 분수가 작동하는 프로그램을 진심으로 작성했다면, 아마도 덧셈, 뺄셈, 곱셈, 나눗셈, 반전, 약분과 같은 연산을 지원하기 위해 클래스 정의를 확장하였을 것이다. 이것은 여러분들이 할 수 있는 비교적 간단한 작업이 될 것이다.

OOP 프로그램에 대해서 더 자세히 배우고자 하는 사람은 부록 E에서 좋은 교재들을 찾을 수 있다.

# A

# C 언어 요약

이 절에서는 필요할 때 빨리 참조할 수 있도록 C 언어를 요약한다. 이 절은 언어 전체를 완벽하게 정의하고 있지는 않지만 기능 위주로 알아보기 쉽게 설명한다. 본문을 모두 끝낸 후에는 이 절을 충분히 읽어보아야 할 것이다. 그렇게 하면 배운 것들을 보강할 뿐만 아니라 C 전체에 대해 더 잘 이해하게 된다.

이 요약은 ANSI C11(ISO/IEC 9899:2011) 표준[주1]을 기준으로 하였다.

# 1.0 이중자와 식별자

## 1.1 이중자[주2]

표 A.1은 오른쪽의 단일 문자 기호들에 대응되는 특별한 연속된 두 글자(이중자, Digraph)들의 목록이다.

**표 A.1** 이중자

| 이중자 | 의미 |
| --- | --- |
| <: | [ |
| :> | ] |
| <% | { |
| %> | } |
| %: | # |
| %:%: | ## |

## 1.2 식별자

C 언어에서의 식별자는 일련의 영문자(대/소문자), 유니버설 문자명(1.2.1절 참고), 숫자 또는 밑줄 문자들로 구성된다. 식별자의 첫 번째 글자는 반드시 영문자, 밑줄 문자, 유니버설 문자명 중 하나여야 한다. 식별자를 외부 파일에서 참조할 때는 첫 31글자, 같은 파일이나 매크로 이름으로 사용할 때는 첫 63글자 중 한 자라도 틀리면 서로 다른 식별자로 판정됨을 보장한다.

---

주 1. (역자주) 1983년 미국 국립 표준 연구소(ANSI, American National Standards Institute)에서 C 언어의 표준 규격을 설정하는 작업을 시작하여 1989년 첫 번째 표준(ANSI C)을 완성하였다. 완성된 연도를 따 C89라고도 불렀고, 다음 해 국제 표준화 기구(ISO, International Organization for Standardization)와 국제전기표준회의(IEC, International Electrotechnical Commission)에서 비준하여 ISO/IEC 9899:1990(약칭 C90)라 하였다. 이후 ANSI C의 사소한 문제점을 해결하고 국제 문자 집합에 대한 광범위한 지원을 추가한 C 표준 개정안이 발표되어 1999년 ISO에 의해 국제표준(C99::ISO/IEC 9899:1999)으로 비준되었다. 그리고 2011년에 다시 일부 개선된 내용을 담은 C11::ISO/IEC 9899:2011이 비준되어 현재까지 표준안으로 자리 잡게 되었다.

주 2. (역자주) 이중자를 사용하는 이유는 나라마다 사용하는 키보드에 전체 문자 셋(character set)이 없을 수도 있고 그렇게 되면 특수 문자들 중 일부를 입력하기가 어려워진다. 이럴 때 이중자(digraphs)와 삼중자(trigraphs, 9.1 절에서 설명)를 이용하여 그런 불편을 해소할 수 있다.

### 1.2.1 유니버설 문자명(UCN, Universal Character Names)[주3]

유니버설 문자명은 \u 뒤에 4개의 16진수가 따라오거나, \U 뒤에 8개의 16진수가 따라오는 형태로 정의된다. 식별자의 첫 번째 글자를 유니버설 문자명으로 지정하는 경우에는 숫자에 대응되는 문자명은 사용할 수 없다. 식별자 이름에는 16진수 $A0_{16}$보다 적거나 $24_{16}$($\$$), $40_{16}$(@), $60_{16}$(?)은 제외하고 $D800_{16}$에서 $DFFF_{16}$ 사이에 포함되는 유니버설 문자는 사용할 수 없다.

유니버설 문자명은 식별자 이름, 문자 상수, 문자열에서 사용할 수 있다.

### 1.2.2 키워드

표 A.2에 나열된 식별자들은 C 컴파일러에서 특별한 의미를 가지는 키워드들이다.

**표 A.2** 키워드

| _Bool | default | inline | struct |
| --- | --- | --- | --- |
| _Complex | do | int | switch |
| _Generic | double | long | typedef |
| _Imaginary | else | register | union |
| auto | enum | restrict | unsigned |
| break | extern | return | void |
| case | float | short | volatile |
| char | for | signed | while |
| const | goto | sizeof | |
| continue | if | static | |

---

주 3. (역자주) 컴퓨터에서 영문 알파벳과 일부 특수 문자만을 사용하는 경우 표준이 최소 8비트 이상으로 규정하는 Byte를 통해 아무 문제없이 모든 문자를 표현할 수 있지만 비영어권의 경우에는 훨씬 많은 수의 글자(한자와 같은)를 표현할 수 있는 방법이 필요하고, 결국 그런 환경에서 문자를 표현하기 위해서는 바이트보다 더 큰 저장 단위를 사용해야 한다. 이를 위해 ISO 10646(UCS, Universal Character Set, 범용 문자 집합)으로 정의된 문자 인코딩 국제 표준을 제정하여 보다 일반적인 문자 처리가 가능한 문자 집합과 그 부호화를 정의하였다.

C99부터는 C 언어가 본격적으로 ISO 10646를 지원하기 시작한다. 프로그램 소스 내에서 문자열 상수의 확장열과 비슷한 형태(\u 또는 \U로 시작)로 ISO 10646에 정의되어 있는 문자를 지정해 사용할 수 있다. UCN이 갖는 중요한 의미는 UCN이 서로 다른 인코딩을 사용하는 두 환경 사이에서 매개 역할을 할 수 있다는 것이다.

## 2.0 주석

프로그램 주석을 넣는 방법은 두 가지가 있다. 주석은 2개의 문자 //로 시작한다. 컴파일러는 그 이후에 줄이 끝날 때까지는 모든 문자를 무시한다.

주석을 2개의 문자 /*로 시작해서 */로 끝낼 수도 있다. 이 형태의 주석 안에는 어떤 글자를 넣어도 좋고 여러 줄로 쓸 수도 있다. 주석은 공백 문자를 쓸 수 있는 곳이라면 프로그램 어디에서나 쓸 수 있다. 반면에 주석들이 서로 겹칠 수는 없다. 즉, 아무리 /* 문자를 많이 쓰더라도 첫 번째 */ 문자를 만나게 되면 그 주석은 끝난다.


## 3.0 상수

### 3.1 정수 상수

정수 상수는 연속된 숫자 문자들로 표시하는데, 선택적으로 앞에 플러스 또는 마이너스 기호가 붙을 수도 있다. 첫 번째 숫자가 0이면 그 정수는 8진 상수로 해석되고, 이후의 모든 숫자들은 0에서 7까지만 사용해야 한다. 첫 번째 숫자가 0이고 바로 다음에 글자 x(또는 X)가 따라오면 16진 상수가 되고, 그 이후에는 0에서 9까지 또는 a에서 f까지(또는 A에서 F까지)가 올 수 있다.

10진 정수 상수의 끝에 접미사 l 또는 L을 붙이면 `long int` 형식의 상수가 된다. 이렇게 표기한 값이 `long int` 형식으로 표현할 수 없을 정도로 큰 수이면 `long long int` 형식으로 취급된다. 8진 또는 16진 상수의 끝에 접미사 l 또는 L이 붙어도 `long int` 형식으로 취급하거나, 거기에 넣을 수 없으면 `long long int` 형식으로 취급한다. 최종적으로 `long long int` 형식으로도 표현할 수 없다면 `unsigned long long int` 형식의 상수로 취급한다.

10진 정수 상수의 끝에 접미사 ll 또는 LL을 붙이면 `long long int` 형식이 된다. 8진 또는 16진 상수의 끝에 붙이면 우선 `long long int` 형식으로 취급하고, 이 데이터 형식에 저장할 수 없다면, `unsigned long long int` 형식의 상수로 취급된다.

정수 상수의 끝에 접미사 u 또는 U를 붙이면 `unsigned` 형식이 된다. 이 상수가 `unsigned int` 형식에 넣을 수 없을 정도로 크다면 `unsigned long int` 형식으로 취급된다. `unsigned long int` 형식으로도 감당할 수 없다면, `unsigned long long int` 형식으로 취급된다.

`unsigned`와 `long` 접미사는 둘 다 사용해서 정수 상수를 `unsigned long int`로 만들 수 있다. 상수값이 `unsigned long int`에 넣기에 너무 크다면 `unsigned long long int` 형식으로 취급된다.

unsigned와 `long long` 접미사는 둘 다 사용해서 정수 상수를 unsigned long long int 형식으로 만들 수 있다.

접미사가 없는 10진 정수 상수가 `signed int`에 저장하기에 너무 큰 값이면 `long int` 형식으로 취급한다. `long int`에 넣기에도 너무 크다면 `long long int` 형식으로 취급한다.

접미사가 없는 8진 또는 16진 상수가 `signed int`에 저장하기에 너무 크다면 `unsigned int`로 취급한다. `unsigned int`에 넣을 수 없다면 `long int`가 되고 `long int`에도 넣을 수 없다면 `unsigned long int`로 취급한다. `unsigned long int`에도 넣을 수 없다면 `long long int`가 된다. 마지막으로 `long long int`에도 넣을 수 없다면 `unsigned long long int`로 취급한다.

## 3.2 실수 상수

실수 상수는 연속된 10진 숫자들, 소수점, 다시 연속된 10진 숫자들로 구성된다. 그 앞에 음수를 표시하기 위해서 마이너스 기호를 붙일 수 있다. 소수점 이전 또는 이후의 연속된 숫자들 중의 하나는 생략할 수 있지만 둘 다 생략할 수는 없다.

실수 상수에 연속해서 문자 e(또는 E)와 선택적으로 부호가 있는 정수가 오면 과학적 기수법인 지수를 표현한다. 이 정수(지수, exponent)는 문자 e의 앞에 나온 값(가수, mantissa)에 곱해질 10의 승수를 표시한다(예: 1.5e-2는 $1.5 \times 10^{-2}$ 또는 or .015).

16진 실수 상수는 0x 또는 0X로 시작해서 하나 이상의 16진 숫자들, p 또는 P, 선택적으로 부호가 있는 2진 지수로 구성된다. 예를 들어 0x3p10은 $3 \times 2^{10}$을 나타낸다.

실수 상수는 컴파일러에서 2배 정밀도 값으로 취급된다. 접미사 f 또는 F를 붙이면 `double` 형식 상수가 아니라 `float` 형식 상수를 표현하게 된다. 접미사 l 또는 L은 `long double` 형식 상수를 표현하기 위해 쓰일 수 있다.

## 3.3 문자 상수

문자 상수는 작은따옴표로 둘러싸인 문자 1개이다. 작은따옴표 안에 2개 이상의 문자를 썼을 경우에 대한 처리는 구현에 따라 달라질 수 있다. 문자 상수에 표준 문자 집합에 없는 문자를 표현하기 위해서는 유니버설 문자(1.2.1절)를 쓸 수 있다.

### 3.3.1 확장 비트열(Escape Sequences)

특별한 확장 비트열들이 정의되어 있고, 이들은 모두 역슬래시(\)로 시작한다. 확장 비트열들은
표 A.3에 정리되어 있다.

**표 A.3** 특별한 확장 비트열

| 문자 | 의미 |
| --- | --- |
| \a | 경고음 |
| \b | 백스페이스 |
| \f | 폼피드 |
| \n | 줄바꿈 |
| \r | 캐리지 리턴 |
| \t | 수평 탭 |
| \v | 수직 탭 |
| \\ | 역슬래시 |
| \" | 큰 따옴표 |
| \' | 작은따옴표 |
| \? | 물음표 |
| \nnn | 8진 문자값 |
| \unnnn | 유니버설 문자명 |
| \Unnnnnnnn | 유니버설 문자명 |
| \xnn | 16진 문자값 |

8진 문자의 경우는 1개에서 3개까지의 8진수가 쓰일 수 있고 마지막 3가지 경우는 모두 16진수를
쓴다.


### 3.3.2 확장 문자 상수

확장 문자 상수는 `L'x'` 형태로 표현한다. 이 상수들의 데이터 형식은 표준 헤더 파일 `<stddef.h>`에 정의된 `wchar_t`가 된다. 확장 문자 상수는 일반적인 `char` 데이터 형식으로는 제대로 표현할 수 없는 문자 집합에 정의된 문자들을 표현할 수 있는 방법을 제공한다.

## 3.4 문자열 상수

문자열 상수는 큰 따옴표에 둘러싸인 0개 이상의 문자들이다. 문자열 안에는 앞에서 설명한 확장 문자들을 포함해서 유효한 문자라면 무엇이든 들어갈 수 있다. 컴파일러는 문자열의 끝에 null 문자('\0')를 자동으로 넣어준다.

일반적으로 컴파일러는 문자열의 첫 글자를 가리키는 "char 데이터 형식에 대한 포인터"를 생성해서 사용한다. 그러나 sizeof 연산자에 문자열을 사용할 때나, & 연산자에 사용할 때에는 문자열 상수의 데이터 형식은 "char 데이터 형식의 배열"로 취급한다.

문자열 상수는 프로그램 실행 중에 수정할 수 없다.

### 3.4.1 문자열 연결

전처리기는 인접한 문자열 상수들을 자동으로 서로 연결시킨다. 문자열들은 0개 이상의 공백 문자들로 분리시켜 놓을 수 있다. 즉, 다음 3개의 문자열

```
"a"  " character "
    "string"
```

은 자동 연결될 것이므로 하나의 문자열

```
"a character string"
```

과 동일하다.

### 3.4.2 다중 바이트 문자

컴파일러마다 다르게 정의되는 문자 시퀀스들은 다중 바이트 문자들을 포함할 수 있도록 서로 다른 상태의 문자열들을 앞뒤로 바꾸어 사용할 수 있다.

### 3.4.3 확장 문자열 상수

확장 문자 집합을 사용하는 문자열 상수는 L"..." 형태로 표현한다. 이런 문자열들의 데이터 형식은 "wchar_t에 대한 포인터"이고, wchar_t는 <stddef.h>에 정의되어 있다.

## 3.5 열거형 상수

어떤 열거형의 값으로 선언된 식별자는 바로 그 열거형에 대해서 쓸 때는 그 열거형의 상수로 취급되고 그 외의 경우는 int 형식으로 취급된다.

# 4.0 데이터 형식과 선언

이 절에서는 기본 데이터 형식들과 거기에서 파생한 데이터 형식들, 열거형, typedef 문 등을 요약한다. 변수 선언 형식도 이 절에서 설명한다.

## 4.1 선언

구조체, 공용체, 열거형 또는 typedef를 정의할 때에는 컴파일러가 필요한 기억 공간을 자동으로 예약하지 않는다. 이러한 정의는 컴파일러에게 특정한 데이터 형식과 (경우에 따라서는) 그 데이터 형식의 이름을 알려주기만 할 뿐이다. 또한 함수의 안팎에서 정의할 수 있다. 함수의 안에서 정의한 경우는 함수 내에서만 사용할 수 있고, 밖에서 정의하면 그 뒤부터 파일이 끝날 때까지 컴파일러가 그 데이터 형식에 대한 정의를 알고 있게 한다.

어떤 데이터 형식이 정의된 후에는 그 데이터 형식의 변수를 선언할 수 있다. 변수 선언은 어떠한 데이터 형식에 대한 것이든 필요한 기억 장소를 확보하겠지만, extern으로 선언된 경우에는 기억 장소를 잡을 수도 있고 잡지 않을 수도 있다(6.0절 참조).

구조체, 공용체 또는 열거형을 정의하면서 동시에 기억 장소를 할당할 수도 있다. 이 경우에는 데이터 형식 정의를 끝내는 세미콜론의 바로 앞에 변수들을 적어주면 된다.

## 4.2 기본 데이터 형식

C의 기본 데이터 형식들은 표 A.4에 요약되어 있다. 기본 데이터 형식에 대한 변수는 다음과 같은 형식으로 선언할 수 있다.

```
type name = initial_value;
```

변수에 초기값을 할당하는 것은 선택사항이며 6.2절에서 이와 관련된 규칙들을 설명할 것이다. 다음과 같은 형식으로 2개 이상의 변수들을 동시에 선언할 수도 있다.

```
type name = initial_value, name = initial_value, ... ;
```

데이터 형식을 선언하기 전에 6.2절에 요약되어 있는 기억 장소 클래스를 붙일 수도 있다. int 형식에 대해서 기억 장소 클래스를 지정하는 경우에는 변수 형식이 int라는 것을 생략할 수도 있다. 예를 들어

```
static counter;
```

는 counter를 static int 형식에 대한 변수로 선언한다.

**표 A.4** 기본 데이터 형식에 대한 요약

| 데이터 형식 | 의미 |
| --- | --- |
| int | 정수값, 즉 소수점이 없는 값. 최소한 16비트 정밀도를 보장. |
| short int | int보다 감소된 정밀도의 정수값. 어떤 컴퓨터에서는 int 형식의 절반에 해당하는 메모리양을 사용하고 최소한 16비트 정밀도를 보장. |
| long int | 확장된 정밀도의 정수값. 최소한 32비트 정밀도를 보장. |
| long long int | long int보다 더 확장된 정밀도의 정수값. 최소한 64비트 정밀도를 보장. |
| unsigned int | 양의 정수값. int 형식에 담을 수 있는 수의 2배까지 양의 정수를 저장하고 최소한 16비트 정밀도를 보장. |
| float | 실수값, 즉 소수점을 가질 수 있는 값. 최소한 6자리의 숫자를 포함하도록 보장. |
| double | 더 정밀한 실수값. 최소한 10자리의 숫자를 포함하도록 보장. |
| long double | 더 확장된 정밀도를 갖는 실수값. 최소한 10자리의 숫자를 포함하도록 보장. |
| char | 단일 문자값. 어떤 시스템에서는 수식에서 사용하면 부호 확장이 일어남. |
| unsigned char | char와 같지만 정수값으로 변환해도 부호 확장이 일어나지 않음. |
| signed char | char와 같지만 정수값으로 변환하면 반드시 부호 확장이 일어남. |
| _Bool | 부울 형식. 0 또는 1 값을 저장할 수 있음. |
| float _Complex | 복소수. |
| double _Complex | 더 정밀한 복소수. |
| long double _Complex | 더 확장된 정밀도의 복소수. |
| void | 데이터 형식 없음. 함수의 경우는 반환하는 값이 있너라노 사용하시 않거나, 명시적으로 그 값을 "무시"하라는 의미. 또한 범용 포인터 형식(void *)으로 사용할 수 있다. |

short int, int, long int, long long int 형식 앞에 signed 수식어를 붙일 수도 있다. 사실 이런 데이터 형식들은 원래 부호를 가지기 때문에 이 수식어를 붙이더라도 달라지는 것은 없다.

_Complex와 _Imaginary 데이터 형식은 각각 복소수와 허수를 선언해서 쓸 수 있게 해 주고 이들을 산술적으로 지원하기 위한 라이브러리 함수들도 있다. <complex.h>에 복소수와 허수를 다루는 매크로와 함수들이 선언되어 있으므로 프로그램에서는 일반적으로 이 헤더 파일을 포함하기만 하면 된다. 예를 들어 double _Complex 형식의 변수 c1을 선언하면서 초기값으로 5 + 10.5i를 넣는 문장은 다음과 같다.

```
double _Complex c1 = 5 + 10.5 * I;
```

c1의 실수부와 허수부를 뽑아내기 위해서는 라이브러리 루틴인 creal과 cimag를 각각 사용할 수 있다.

컴파일러에 따라 _Complex와 _Imaginary 형식을 지원하지 않거나 둘 중의 하나만 지원할 수도 있다.

헤더 파일 <stdbool.h>는 부울 변수들을 좀 더 쉽게 사용하기 위해 사용한다. 이 파일에는 매크로 형태로 bool, true, false가 정의되어 있어서 다음과 같은 문장으로 쓸 수 있다:

```
bool endOfData = false;
```

## 4.3 파생 데이터 형식

파생 데이터 형식은 하나 이상의 기본 데이터 형식으로부터 만들어진다. 파생 데이터 형식에는 배열, 구조체, 공용체, 포인터가 있다. 지정된 데이터 형식을 반환하는 함수도 파생 데이터 형식으로 간주한다. 아래 절에서 함수를 제외한 파생 데이터 형식들을 차례로 요약해서 설명하겠다. 함수는 7.0 절에서 따로 다루겠다.

### 4.3.1 배열

#### 4.3.1.1 1차원 배열

배열에는 어떠한 기본 데이터 형식이나 파생 데이터 형식도 포함할 수 있다. (함수 포인터의 배열은 가능하지만) 함수의 배열은 허용되지 않는다.

배열의 선언에는 다음과 같은 기본 형식을 사용한다.

```
type name [n] = { initExpression, initExpression, ... };
```

수식 n은 배열 *name*의 원소 개수를 결정하는데, 초기값들을 지정하는 경우에는 생략할 수 있다. 이 경우 배열의 크기는 초기값의 개수로 정의하거나 지정된 초기화(designated initializers)[주 4]를 사용하는 경우에는 가장 큰 인덱스값을 이용해서 결정한다.

전역 배열을 정의하는 경우에는 초기값들이 모두 상수로 계산되는 수식이어야 한다. 배열의 원소 개수보다 적은 수의 초기값을 줄 수는 있지만 더 많은 수의 초기값을 줄 수는 없다. 더 적은 수의 초기값이 주어지면 배열의 첫 부분부터 그 개수만큼만 초기화되고 남은 원소들은 모두 0이 된다.

문자 배열에 대해서만은 상수 문자열로 배열을 초기화하기도 한다. 예를 들어

```c
char today[] = "Monday";
```

는 today를 문자에 대한 배열로 선언하면서 문자 'M', 'o', 'n', 'd', 'a', 'y', '\0'로 각각 초기화한다.

문자 배열의 크기를 명시적으로 결정한 경우에 마지막 null 문자를 넣을 공간이 없다면 컴파일러는 배열의 끝에 null 문자를 붙이지 않는다.

```c
char today[6] = "Monday";
```

이것은 6개의 문자를 가지는 배열을 선언하고 각각의 원소들은 'M', 'o', 'n', 'd', 'a', 'y'로 설정된다.

원소에 대한 인덱스값을 대괄호로 둘러싸면 특정 배열의 원소들을 임의의 순서로 초기화할 수 있다. 예를 들어

```c
int x = 1233;
int a[] = { [9] = x + 1, [3] = 3, [2] = 2, [1] = 1 };
```

은 (사용된 가장 큰 인덱스값에 따라) 10개의 원소를 가지는 배열 a가 정의되고, 이 배열의 가장 마지막 원소는 x + 1(1234)로, 처음 3개의 원소는 각각 1, 2, 3으로 초기화된다.

---

주 4. (역자주) 지정된 초기화(designated initializers)는 C99에 포함되어 있는 C의 표준 기능이다. 구조체, 공용체, 배열을 선언할 때, 멤버 이름이나 배열의 인덱스로 특정 멤버만 초기화할 수 있다. 예를 들면 다음과 같다.

```c
structinfo
{
    char    name[8+1];
    int     sz;
    int     typ;
};

structinfo  arr[] =
{
    [0] = { .sz = 20, .name = "abc" },
    [9] = { .sz = -1, .name = "" }
};
```

이때 초기값이 없는 멤버는 default 값으로 초기화된다.

## 4.3.1.2 가변 길이 배열

함수나 블록 안에서는 변수를 포함하는 수식을 써서 배열의 크기를 정할 수도 있다. 이 경우에는 프로그램 실행 중에 배열의 크기를 계산한다. 예를 들어 다음 함수

```
int makeVals (int n)
{
    int valArray[n];
    ...
}
```

은 자동 배열 valArray가 n개의 원소를 가지게 하는데 n 값은 실행 시간에 계산되고 함수를 호출할 때마다 다를 수 있다. 가변 길이 배열은 선언과 동시에 초기화될 수는 없다.

## 4.3.1.3 다차원 배열

다차원 배열을 선언하는 일반적인 형식은 다음과 같다.

```
type name[d1][d2]...[dn] = initializationList;
```

배열 *name*은 type 데이터 형식의 d1 x d2 x ... x dn 개의 원소를 가진다. 예를 들어

```
int three_d [5][2][20];
```

은 200개의 정수를 가지는 3차원 배열인 three_d를 정의한다.

다차원 배열의 특정 원소는 각 차원에서의 인덱스값을 별도의 대괄호로 둘러싸서 참조할 수 있다. 예를 들어 다음 문장

```
three_d [4][0][15] = 100;
```

은 배열 three_d의 지정된 원소에 100을 저장한다.

다차원 배열은 1차원 배열에서와 같은 방법으로 초기화할 수 있다. 배열의 원소에 값을 넣는 것을 제어하기 위해서는 중첩된 중괄호들을 쓴다.

다음 문장에서는 matrix를 4행 3열의 2차원 배열로 선언한다.

```
int matrix[4][3] =
    { { 1, 2, 3 },
      { 4, 5, 6 },
      { 7, 8, 9 } };
```

matrix의 첫 행은 각 원소들이 차례로 1, 2, 3으로 설정된다. 두 번째 행에는 4, 5, 6이 차례로 들어가고 세 번째 행에는 7, 8, 9가 들어간다. 네 번째 행에 대해서는 값을 주지 않았기 때문에 그 줄은 모두 0으로 설정된다. 다음 선언

```c
static int matrix[4][3] =
    { 1, 2, 3, 4, 5, 6, 7, 8, 9 };
```

에서 다차원 배열의 원소들은 "차원 순서대로", 즉 각 차원들을 왼쪽부터 오른쪽 순서대로 초기화하기 때문에 matrix를 같은 값들로 초기화한다.

다음 선언

```c
int matrix[4][3] =
    { { 1 },
      { 4 },
      { 7 } };
```

는 matrix의 첫 번째 행 첫 번째 원소를 1로 만들고 두 번째 행 첫 번째 원소는 4로, 세 번째 행 첫 번째 원소는 7로 만든다. 나머지 원소들은 모두 디폴트로 0이 된다.

마지막으로 아래 선언

```c
int matrix[4][3] = { [0][0] = 1, [1][1] = 5, [2][2] = 9 };
```

는 matrix 배열의 지정된 원소들을 정해진 값으로 초기화한다.


### 4.3.2 구조체

구조체를 정의하는 일반적인 형식은 다음과 같다.

```c
struct name
{
    memberDeclaration
    memberDeclaration
    ...
} variableList;
```

구조체 *name*은 각각의 memberDeclaration에서 설정한 멤버들을 가지도록 정의된다. 각각의 이러한 선언은 데이터 형식을 지정한 후에 1개 이상의 멤버 이름이 뒤를 잇게 된다.

구조체를 정의하면서 마지막 세미콜론의 바로 앞에 변수 이름을 넣으면 변수를 바로 선언하거나 다음과 같은 형식으로 변수를 선언할 수도 있다.

```
struct name variableList;
```

구조체를 정의할 때 *name* 부분을 생략했다면 이 형식을 사용할 수 없다. 그런 경우에는 그 구조체에 대한 변수를 모두 구조체를 정의하면서 함께 선언해야 한다.

구조체에 대한 변수를 초기화하는 것은 배열과 유사하다. 각 멤버들은 중괄호로 둘러싸인 값들을 사용해서 초기화된다. 전역 구조체 변수를 초기화할 때는 모든 초기값들이 상수로 계산되는 수식이어야 한다.

아래 선언

```
struct point
{
    float x;
    float y;
} start = {100.0, 200.0};
```

은 구조체 point를 정의하고 그 구조체에 대한 변수인 start를 주어진 값들로 초기화한다. 순서에 관계없이 어떤 멤버를 골라서 초기화하고 싶다면 초기화 값들을

```
.member = value
```

와 같은 형식을 써서 아래와 같이 쓰면 된다.

```
struct point end = { .y = 500, .x = 200 };
```

다음 선언

```
struct entry
{
    char *word;
    char *def;
} dictionary[1000] = {
    { "a",       "first letter of the alphabet"    },
    { "aardvark", "a burrowing African mammal"  },
    { "aback",    "to startle"                      }
};
```

은 구조체 entry 값 1,000개를 가지는 dictionary 배열을 선언하면서 처음 3개를 주어진 문자열 포인터들로 초기화한다. 지정된 초기화를 사용하는 경우에는 다음과 같이 2가지 경우로 쓸 수 있다:

```c
struct entry
{
    char *word;
    char *def;
} dictionary[1000] = {
    [0].word = "a",          [0].def = "first letter of the alphabet",
    [1].word = "aardvark",   [1].def = "a burrowing African mammal",
    [2].word = "aback",      [2].def = "to startle"
};
```

또는

```c
struct entry
{
    char *word;
    char *def;
} dictionary[1000] = {
    { {.word = "a",           .def = "first letter of the alphabet" },
      {.word = "aardvark",   .def = "a burrowing African mammal"},
      {.word = "aback",       .def = "to startle"}
};
```

자동 구조체 변수는 다음과 같이, 같은 데이터 형식을 가지는 다른 구조체 변수의 값으로 초기화할 수 있다.

```c
struct date tomorrow = today;
```

이 문장은 date 구조체에 대한 변수 tomorrow를 선언하면서(이미 선언되어 있는) 구조체 date의 변수인 today의 내용을 대입한다.

*memberDeclaration*의 다음 형식

```c
type fieldName : n
```

은 *n*이 정수값일 때 구조체 내에 *n* 비트를 저장할 수 있는 필드를 정의한다. 필드들은 정의된 순서대로, 어떤 컴퓨터에서는 왼쪽에서 오른쪽으로, 다른 컴퓨터에서는 오른쪽에서 왼쪽으로 채워진다. *fieldName*을 생략하더라도 지정한 개수만큼 비트를 할당하지만, 실제로 사용할 수는 없다. *fieldName*이 생략되고 *n* 값도 0이면 다음에 오는 필드부터는 기억 장소의 다음 경계에서 다시 채워지기 시작하는데, 경계의 설정은 컴퓨터나 컴파일러마다 다를 수 있다. 필드의 데이터 형식은 _Bool, int, signed int, unsigned int 등이 가능하다. int 형식 필드를 signed와 unsigned 중 어느 쪽으로 다루게 될지는 컴파일러마다 다를 수 있다. 주소 연산자(&)를 필드에 사용할 수 없고, 필드에 대한 배열을 정의할 수도 없다.

### 4.3.3 공용체

공용체를 정의하는 일반적인 형식은 다음과 같다.

```
union name
{
    memberDeclaration
    memberDeclaration
    ...
} variableList;
```

여기서 *name*이라는 이름의 공용체가 정의되고, 각각의 멤버는 *memberDeclaration*에서 지정한다. 공용체의 각 멤버는 서로 겹치는 기억 장소를 공유하고 컴파일러에서는 가장 큰 공용체 멤버를 저장하기에 충분한 크기의 공간을 확보한다.

변수들은 공용체를 정의하면서 동시에 선언하거나 공용체 정의에서 이름을 썼다면 나중에 다음과 같은 표기를 사용하여 선언할 수 있다.

```
union name variableList;
```

공용체에서 값을 가져올 때 그 공용체에 마지막으로 값을 지정할 때와 일관성을 가지게 하는 것은 프로그래머의 책임이다. 공용체의 첫 번째 멤버는 중괄호로 둘러싼 값을 줘서 초기화할 수 있다. 전역 공용체의 경우는 다음과 같이 그 값이 상수로 계산되는 수식이어야 한다.

```
union shared
{
    long long int l;
    long int w[2];
} swap = { 0xffffffff };
```

이렇게 하면 멤버 l이 16진수 ffffffff로 설정된 공용체 변수 swap이 선언된다. 멤버 이름을 써서 다음과 같이 다른 멤버를 초기화하는 것도 가능하다.

```
union shared swap2 = {.w[0] = 0x0, .w[1] = 0xffffffff; }
```

자동 공용체 변수는 같은 공용체를 사용해서 다음과 같이 초기화하는 것도 가능하다.

```
union shared swap2 = swap;
```

### 4.3.4 포인터

포인터 변수를 선언하는 기본 형식은 다음과 같다.

```
type *name;
```

식별자 name은 이제 "*type*에 대한 포인터"로 선언된다. 여기서 type은 기본 데이터 형식이거나 파생 데이터 형식이 된다. 예를 들어

```
int *ip;
```

는 int 형식에 대한 포인터 ip를 선언하고

```
struct entry *ep;
```

는 구조체 entry에 대한 포인터 ep를 선언한다.

배열 내의 원소를 가리키는 포인터는 그 배열의 원소가 가지는 데이터 형식에 대한 포인터로 선언한다. 예를 들어 앞에서 선언한 ip는 정수 배열에 대한 포인터로 사용할 수도 있다.

좀 더 응용된 포인터 선언도 가능하다. 예를 들어 아래 선언

```
char *tp[100];
```

은 문자 포인터 100개를 가지는 배열을 선언하고 다음 선언

```
struct entry (*fnPtr) (int);
```

는 fnPtr을 인수가 필요 없고 구조체 entry를 반환하는 함수를 가리키는 포인터로 선언한다.

포인터는 상수값 0이 되는 수식과 비교해서 null 포인터인지를 판정할 수 있다. 구현에 따라서는 내부적으로 null 포인터를 0이 아닌 다른 값으로 표현할 수도 있다. 하지만 그렇게 표현된 null 포인터와 상수값 0을 비교하면 반드시 같은 값으로 판정되어야 한다.

포인터를 정수값으로 바꾸거나 어떤 정수값을 포인터로 변환하는 방법은 컴퓨터마다 다를 수 있다. 또 변환된 포인터 값을 저장하기 위해 필요한 정수형의 바이트 수도 컴퓨터마다 다를 수 있다.

"void에 대한 포인터"는 범용 포인터 데이터 형식이 된다. 즉, 어떠한 데이터 형식에 대한 포인터이든 아무런 손상 없이 void 형식의 포인터에 저장하거나 다시 가져올 수 있다는 것을 보장한다.

이 특별한 경우를 제외하고는 서로 다른 데이터 형식의 포인터를 대입하는 것은 불가능하고 보통은 컴파일러에서 경고 메시지를 출력하게 된다.

## 4.4 열거형

열거형을 정의하는 일반적인 형식은 다음과 같다.

```
enum name { enum_1, enum_2, ... } variableList;
```

이렇게 하면 값으로 *enum_1*, *enum_2*, ... 등을 가질 수 있는 열거형 *name*이 정의되며, 각각의 값은 식별자이거나 식별자 뒤에 대입 연산자 '='와 상수로 계산되는 수식이 따라오는 형태가 된다. *variableList*에는 열거형 *name*으로 선언될 변수 이름들이(필요하면 초기값과 함께) 올 수 있다.

열거형의 식별자들에는 0부터 시작해서 연속된 값들이 대입된다. 식별자 뒤에 '='와 상수로 계산되는 수식이 오면 그 값이 식별자에 대입되고, 그 후의 식별자들에는 그 값에 1을 더한 값부터 차례로 대입된다. 컴파일러는 열거형의 식별자들을 정수형의 상수값으로 취급한다.

이미 선언한(이름이 붙어 있는) 열거형에 대한 변수를 선언하고 싶다면

```
enum name variableList;
```

와 같이 하면 된다.

특정한 열거형으로 선언된 변수에는 반드시 바로 그 열거형에서 사용할 수 있는 값들만 대입해야 하지만 일부 컴파일러에서는 여기에 위배되는 경우를 에러로 보고하지 않는 경우도 있다.

## 4.5 typedef 문

기본 데이터 형식이나 파생 데이터 형식에 새로운 이름을 붙이기 위해서 typedef 문장을 쓸 수 있다. typedef는 새로운 데이터 형식을 정의하는 것은 아니고 이미 존재하는 데이터 형식에 새로운 이름을 붙이는 것뿐이다. 따라서 컴파일러는 새로 이름붙인 데이터 형식으로 선언된 변수를 원래의 데이터 형식으로 선언된 것으로 취급한다.

typedef를 정의할 때는 일단 보통의 변수 선언을 한 후에 변수 이름이 와야 하는 곳에 새로운 데이터 형식의 이름을 쓴다. 마지막으로 제일 앞에 키워드 typedef를 붙이면 된다.

예를 들어,

```
typedef struct
    {
        float x;
        float y;
    } Point;
```

라고 하면 x, y라는 2개의 실수 멤버를 가지는 구조체에 Point라는 이름을 붙인다. 이후에는 다음과 같이 Point 데이터 형식의 변수를 선언할 수 있다.

```
Point origin = { 0.0, 0.0 };
```

## 4.6 const, volatile, restrict 한정자

키워드 const는 어떤 데이터 형식의 선언 앞에 위치해서 그 값을 바꿀 수 없다는 것을 컴파일러에게 알려준다. 따라서 다음 선언

```
const int x5 = 100;
```

은 x5를 상수 정수로 선언한다(즉, 프로그램 수행 중에 다른 어떤 값으로도 바꿀 수 없다). 단, const로 선언된 변수의 값을 바꾸려는 시도에 대해서 컴파일러가 꼭 경고를 알려줄 필요는 없다.

volatile 한정자는 컴파일러에게 그 값이(보통 동적으로) 바뀔 수 있다는 것을 알려준다. 어떤 수식에 volatile로 선언된 변수를 쓰면 그 변수를 만날 때마다 그 값을 새로 가져온다.

port17을 "char에 대한 volatile 포인터"라고 선언하려면 다음과 같이 쓰면 된다.

```
volatile char *port17;
```

restrict 키워드는 포인터에 적용할 수 있는데, (변수에 register 키워드를 붙이는 것과 같이) 컴파일러에게 최적화를 위한 힌트를 주기 위해서 쓰게 된다. restrict 키워드는 컴파일러에게 해당 포인터가 어떤 대상을 참조하는 유일한 포인터라고 알려 주게 된다. 즉, 같은 범위 내에 있는 어떠한 포인터도 이것과 같은 대상을 가리키는 일은 없다는 것이다. 다음 줄에서

```
int * restrict intPtrA;
int * restrict intPtrB;
```

라고 쓰면 intPtrA와 intPtrB가 정의되어 있는 동안은 둘이 같은 값을 동시에 가리키는 일은 없다. (예를 들어 배열 안의)정수들을 가리키더라도 서로 배타적으로 사용된다.

## 5.0 수식

변수 이름, 함수 이름, 상수값, 함수 호출, 배열 참조, 구조체 참조, 공용체 참조 등은 모두 수식으로 간주된다. 이들 수식에다 (적합한) 단항 연산자를 적용한 것도 수식이고, 이항 또는 삼항 연산자를 사용해서 2개 이상의 수식을 연결한 것도 수식이다. 마지막으로, 수식을 괄호로 둘러싼 것도 역시 수식이 된다.

void를 제외한 어떠한 데이터 형식의 대상을 표시하는 수식을 lvalue라고 한다. 이 lvalue에 어떤 값을 넣을 수 있으면 그것을 수정 가능한 lvalue라고 한다.

수정 가능한 lvalue를 나타내는 수식이 필요할 수 있다. 대입문의 왼쪽은 반드시 수정 가능한 lvalue가 되어야 한다. 또 증가 연산자나 감소 연산자는 수정 가능한 lvalue에만 적용할 수 있으며 주소 연산자 &도 (함수를 제외하고는) 반드시 수정 가능한 lvalue에만 적용되어야 한다.

### 5.1 C 연산자 요약

표 A.5는 C 언어의 다양한 연산자들을 요약한 것이다. 이 연산자들은 우선순위가 높은 것부터 차례로 쓴 것이고 같은 그룹으로 묶인 것들은 같은 우선순위를 가진다.

**표 A.5** C 연산자 요약

| 연산자 설명 | 결합 순서 | |
| --- | --- | --- |
| () | 함수 호출 | |
| [] | 배열 원소 참조 | |
| -> | 구조체 멤버에 대한 포인터 참조 | 왼쪽에서 오른쪽으로 |
| . | 구조체 멤버 참조 | |
| - | 단항 마이너스 | |
| + | 단항 플러스 | |
| ++ | 증가 | |
| -- | 감소 | |
| ! | 논리 부정 | |
| ~ | 1의 보수 | 오른쪽에서 왼쪽으로 |
| * | 포인터 참조(간접 지정) | |
| & | 주소 | |
| sizeof | 객체의 크기 | |
| (type) | 데이터 형식 변환 | |

| | | |
|---|---|---|
| `*` | 곱하기 | |
| `/` | 나누기 | 왼쪽에서 오른쪽으로 |
| `%` | 나머지 | |
| `+` | 더하기 | 왼쪽에서 오른쪽으로 |
| `-` | 빼기 | |
| `<<` | 왼쪽 이동 | 왼쪽에서 오른쪽으로 |
| `>>` | 오른쪽 이동 | |
| `<` | 미만(보다 작은) | |
| `<=` | 이하(보다 작거나 같은) | 왼쪽에서 오른쪽으로 |
| `>` | 초과(보다 큰) | |
| `=>` | 이상(보다 같거나 큰) | |
| `==` | 등가 | 왼쪽에서 오른쪽으로 |
| `!=` | 부등 | |
| `&` | 비트 단위 AND | 왼쪽에서 오른쪽으로 |
| `^` | 비트 단위 XOR | 왼쪽에서 오른쪽으로 |
| `|` | 비트 단위 OR | 왼쪽에서 오른쪽으로 |
| `&&` | 논리 AND | 왼쪽에서 오른쪽으로 |
| `||` | 논리 OR | 왼쪽에서 오른쪽으로 |
| `?:` | 조건부 | 오른쪽에서 왼쪽으로 |
| `=`<br>`*= /= %=`<br>`+= -= &=`<br>`^= |=`<br>`<<= >>=` | 대입 연산자들 | 오른쪽에서 왼쪽으로 |
| `,` | 콤마 연산자 | 오른쪽에서 왼쪽으로 |

표 A.5를 사용하는 예로 다음 수식을 고려해 보자.

```
b | c & d * e
```

곱하기 연산자는 표 A.5에서 비트 단위 OR 연산자나 비트 단위 AND 연산자보다 위쪽에 있기 때문에 이들보다 높은 우선순위를 가진다. 마찬가지로 비트 단위 AND 연산자가 표에서 비트 단위 OR 연산자보다 위쪽에 있기 때문에 이 연산자가 더 높은 우선순위를 가진다. 따라서 이 수식은 다음과 같은 순서로 계산된다.

```
b | ( c & ( d * e ) )
```

다음으로 아래 수식을 생각해 보자.

```
b % c * d
```

나머지 연산자와 곱하기 연산자는 표 A.5에서 같은 그룹에 나오기 때문에 같은 우선순위를 가진다. 이들 연사자의 결합 순서는 왼쪽에서 오른쪽이므로 이 수식은 다음 순서로 계산된다.

```
( b % c ) * d
```

또 다른 예로 다음 수식

```
++a->b
```

는 -> 연산자가 ++ 연산자보다 우선순위가 높기 때문에 다음 순서로 계산된다.

```
++(a->b)
```

마지막으로, 대입 연산자들은 오른쪽에서 왼쪽으로 결합되므로 다음 문장

```
a = b = 0;
```

은

```
a = (b = 0);
```

으로 계산되고 결과적으로 a와 b 모두가 0으로 설정된다. 다음 수식

```
x[i] + ++i
```

의 경우는 컴파일러가 더하기 연산자의 왼쪽을 먼저 계산할지 오른쪽을 먼저 계산할지 정해져 있지 않다. 이 경우는 x[i]를 계산하기 전에 i 값이 증가될 수 있기 때문에 어느 쪽을 먼저 계산하느냐에 따라 결과가 달라진다.

계산 순서가 정의되지 않은 또 다른 경우는 다음과 같다.

```
x[i] = ++i
```

이 상황에서는 i 값이 먼저 증가할지 x의 인덱스값으로 사용된 후에 증가할지 정의하지 않는다.

함수 인수들을 계산하는 순서도 정해져 있지 않다. 따라서 함수 호출

```
f (i, ++i);
```

에서 i를 먼저 증가시키면 결과적으로 함수의 2개 인수에 같은 값이 들어간다.

C 언어에서 &&와 || 연산자는 반드시 왼쪽에서 오른쪽으로 계산된다. 또 &&의 경우는 왼쪽의 계산 결과가 0이면 오른쪽은 계산하지 않는다는 것을 보장하고, ||의 경우도 왼쪽의 계산 결과가 0이 아니면 오른쪽은 계산하지 않음을 보장한다. 이 사실은 다음과 같은 수식

```
if ( dataFlag || checkData (myData) )
    ...
```

를 쓸 때는 기억해둘 가치가 있다. 왜냐하면 결과적으로 checkData 함수는 dataFlag의 값이 0일 때만 호출될 것이기 때문이다. 또 다른 예로, 배열 a에 n개의 원소가 있다면 다음 문장

```
if (index >= 0 && index < n && a[index] == 0))
    ...
```

는 index 값이 배열 a에 사용할 수 있는 인덱스값일 때만 어떤 원소를 참조할 것이다.


## 5.2 상수 수식

상수 수식은 각 항이 모두 상수값인 수식이다. 상수 수식은 다음과 같은 상황에서 필요하다.

1. switch 문의 case 뒤에 값을 쓸 때
2. 초기화되거나 전역으로 선언된 배열의 크기를 지정할 때
3. 열거형의 식별자에 값을 대입할 때
4. 구조체 정의에서 비트 필드의 크기를 지정할 때
5. 정적 변수의 초기값을 대입할 때
6. 전역 변수의 초기값을 대입할 때
7. 전처리기의 #if 문에서 #if 뒤의 수식을 쓸 때

처음 4가지 경우에는 해당 상수 수식이 정수 상수, 문자 상수, 열거형 상수, sizeof 수식 등으로만 구성되어야 하고 산술 연산자, 비트 단위 연산자, 관계 연산자, 조건부 연산자, 데이터 형식 변환 연산자만 사용해야 한다. 가변 길이에 대한 sizeof 연산자는 프로그램이 실행되어야 그 결과를 알 수 있기 때문에 상수 수식이 아니다.

5번째와 6번째 경우는 앞에서 설명한 규칙에 추가해서 묵시적으로든 암시적으로든 주소 연산자를 쓸 수 있지만 전역 또는 정적으로 선언된 변수나 함수에만 사용할 수 있다. 예를 들어 수식

```
&x + 10
```

은 x가 전역 변수이거나 정적 변수일 때만 상수 수식이다. 따라서 수식

```
&a[10] - 5
```

는 a가 전역 또는 정적 배열일 때만 상수 수식이다. 마지막으로, &a[0]은 수식 a와 같기 때문에

```
a + sizeof (char) * 100
```

도 상수 수식이다.

상수 수식을 필요로 하는 마지막 상황(#if 뒤)에서는 처음 4가지 경우와 같은 규칙이 적용되지만 sizeof 연산자, 열거형 상수, 데이터 형식 변환 연산자는 사용할 수 없다. 대신 특별히 defined 연산자가 허용된다(9.2절의 3항 참고).

## 5.3 산술 연산자

| | |
|---|---|
| a, b | 는 void를 제외한 기본 데이터 형식의 수식들 |
| i, j | 는 정수 형태를 가지는 데이터 형식의 수식들 |

이면 수식의 의미는 다음과 같다.

| | |
|---|---|
| -a | 는 a의 부호를 반대로 한다. |
| +a | 는 a의 값을 그대로 준다. |
| a + b | 는 a에 b를 더한다. |
| a - b | 는 a에서 b를 뺀다. |
| a * b | 는 a 와 b를 곱한다. |
| a / b | 는 a를 b로 나눈다. |
| i % j | 는 I를 j로 나눈 나머지를 구한다. |

각 수식의 피연산자에는 일상적인 산술 변환이 일어난다(5.17절 참고). a가 unsigned이면 -a는 우선 a에 정수 확장을 적용한 후에 확장된 데이터 형식의 최댓값에서 그 값을 뺀 결과에 1을 더해서 구한다.

정수 형태를 가지는 두 값으로 나눗셈을 한 결과는 소수점 이하를 버린다. 이때, 두 값 중의 어느 것이든 음수일 때는 어느 방향으로 버림이 일어날지 정의되어 있지 않다(즉 -3 / 2는 어떤 컴퓨터에서는 -1을, 다른 컴퓨터에서는 -2가 나올 수 있다). 반대의 경우는 항상 0에 가까운 쪽으로 소수점 이하를 버린다(즉, 3 / 2는 어떤 컴퓨터에서도 1이 나온다). 포인터에 대한 산술 연산에 대한 요약은 5.15절을 참고하라.

## 5.4 논리 연산자

| | |
|---|---|
| a, b | 는 void를 제외한 기본 데이터 형식의 수식들이거나 양쪽 모두 포인터 |

라면 수식의 의미는 다음과 같다.

| | |
|---|---|
| `a && b` | 는 a와 b 모두 0이 아니면 1, 그 외는 0이다(a가 0이 아니어야 b의 값을 계산한다). |
| `a \|\| b` | 는 a 또는 b가 0이 아니면 1, 그 외는 0이다(a가 0이어야 b의 값을 계산한다). |
| `! a` | 는 a가 0이면 1, 그 외는 0이다. |

a와 b는 일상적인 산술 변환이 적용되고(5.17절 참고) 어떤 경우든 계산 결과는 `int` 형식이 된다.


## 5.5 관계 연산자

    `a, b`      는 `void`를 제외한 기본 데이터 형식의 수식들이거나 양쪽 모두 포인터

이면 수식의 의미는 다음과 같다.

| | |
|---|---|
| `a < b` | 는 a가 b보다 작으면 1, 그 외는 0이다. |
| `a <= b` | 는 a가 b 이하이면 1, 그 외는 0이다. |
| `a > b` | 는 a가 b 보다 크면 1, 그 외는 0이다. |
| `a >= b` | 는 a가 b 이상이면 1, 그 외는 0이다. |
| `a == b` | 는 a가 b와 같으면 1, 그 외는 0이다. |
| `a != b` | 는 a가 b와 같지 않으면 1, 그 외는 0이다. |

a와 b는 일상적인 산술 변환이 적용된다(5.17절 참고). 포인터인 경우에는 둘 다 같은 배열이나 같은 구조체, 같은 공용체에 대한 포인터일 때만 처음 4개의 관계 연산자가 의미를 가진다. 어떤 경우든 계산 결과는 `int` 형식이다.


## 5.6 비트 단위 연산자

    `i, j, n`      이 정수 형태를 가지는 데이터 형식

이면 수식의 의미는 다음과 같다.

| | |
|---|---|
| `i & j` | 는 i와 j의 비트 단위 AND 연산을 수행한다. |
| `i \| j` | 는 i와 j의 비트 단위 OR 연산을 수행한다. |
| `i ^ j` | 는 i와 j의 비트 단위 XOR 연산을 수행한다. |
| `~i` | 는 i를 1의 보수로 바꾼다. |
| `i << n` | 은 i를 왼쪽으로 n 비트 이동한다. |
| `i >> n` | 은 i를 오른쪽으로 n 비트 이동한다. |

'<<' 와 '>>' 연산자를 제외하고는 피연산자들에 대해서 일상적인 산술 변환이 적용된다. '<<' 와 '>>' 연산자에는 각 피연산자에 대해서 정수적 승격만 일어난다(5.17절 참고). 이동 연산자의 이동값이 음수이거나 대상이 되는 데이터 형식의 비트 수 이상이면 이동 연산자의 결과는 정의되어

있지 않다. 일부 컴퓨터에서는 논리 연산(왼쪽에 0이 채워진다)으로 취급된다. 이동 연산자의 계산 결과는 왼쪽 피연산자를 승격시킨 데이터 형식이다.

## 5.7 증가 및 감소 연산자

lv           수정 가능한 lvalue 수식이고 그 데이터 형식은 CONST로 한정되지 않아야 한다.

이면 수식의 의미는 다음과 같다.

++lv         는 lv 값을 증가시킨 후 그 값을 수식의 값으로 사용한다.
lv++         는 lv 값을 수식의 값으로 쓴 후 lv 값을 증가시킨다.
--lv         는 lv 값을 감소시킨 후 그 값을 수식의 값으로 사용한다.
lv--         는 lv 값을 수식의 값으로 쓴 후 lv 값을 감소시킨다.

5.15절에서는 포인터에 이들 연산을 쓰는 경우에 대해서 설명한다.

## 5.8 대입 연산자

lv           는 수정 가능한 lvalue 수식이고 그 데이터 형식은 const로 한정되지 않아야 한다.
op           는 대입 연산자와 같이 사용할 수 있는 연산자(표 A.5절 참고).
a            는 수식

이면 수식의 의미는 다음과 같다.

lv = a        는 a의 값을 lv에 저장한다.
lv op = a     는 op 연산을 lv와 a에 적용한 후 그 값을 lv에 저장한다.

첫 번째 수식에서 a가 (void를 제외한) 기본 데이터 형식이면 lv의 데이터 형식이 되도록 변환된다. lv가 포인터인 경우에는 a도 lv와 같은 데이터 형식의 포인터이거나 void 형식의 포인터 또는 null 포인터여야 한다. lv가 void 형식의 포인터이면 a에는 어떠한 포인터 형식도 가능하다.

두 번째 수식은 lv = lv op (a)라고 쓴 것과 같이 취급한다. 다만 lv는 단 한번만 계산된다 (x[i++] += 10의 경우를 고려해 보라).

## 5.9 조건부 연산자

a, b, c       가 수식들

이면 수식의 의미는 다음과 같다.

a ? b : c     는 a가 0이 아니면 b값이 되고 그 반대 경우는 c가 된다. 수식 b와 c 중의 하나만 계산한다.

수식 b와 c는 같은 데이터 형식이어야 한다. 같은 데이터 형식은 아니지만 둘 다 산술 데이터 형식이면 둘을 같은 데이터 형식으로 맞추기 위해서 일상적인 산술 변환이 적용된다. 한쪽이 포인터이고 다른 쪽은 0이면 0은 다른 쪽과 같은 데이터 형식을 가지는 null 포인터가 된다. 한쪽이 void에 대한 포인터이고 다른 한쪽은 다른 데이터 형식에 대한 포인터라면, 다른 쪽을 void에 대한 포인터로 변환해서 전체 수식의 데이터 형식이 void에 대한 포인터가 되게 한다.

## 5.10 데이터 형식 변환 연산자

| | |
|---|---|
| *type* | 은 기본 데이터 형식, (키워드 enum이 앞에 붙은) 열거형, typedef된 데이터 형식, 파생 데이터 형식 중 하나의 이름, |
| a | 는 수식 |

이면 수식의 의미는 다음과 같다.

| | |
|---|---|
| ( *type* ) a | 는 수식 a를 지정한 데이터 형식으로 변환한다. |

## 5.11 `sizeof` 연산자

| | |
|---|---|
| *type* | 은 앞에서 설명했고, |
| a | 가 수식 |

이면 수식의 의미는 다음과 같다.

| | |
|---|---|
| sizeof ( *type*) | 은 지정한 데이터 형식의 값을 저장하기 위해서 필요한 바이트 수를 가진다. |
| sizeof a | 는 a를 계산한 결과를 저장하기 위해서 필요한 바이트 수를 가진다. |

*type*이 char 형식이면 그 결과는 1로 정의되어 있다. a가 (명시적으로 또는 조기화를 통해서 묵시적으로) 원소 개수가 지정된 어떤 배열의 이름이고 형식 매개 변수나 아직 크기가 정해지지 않은 외부 배열이 아니라면, sizeof는 a의 모든 원소를 저장하는 데에 필요한 바이트 수를 준다.

a가 클래스의 이름이라면 sizeof(a)는 a의 인스턴스를 유지하는 데 필요한 자료 구조의 크기를 준다.

sizeof 연산자가 만들어내는 정수값의 데이터 형식은 size_t이고 이 데이터 형식은 표준 헤더 파일 <stddef.h>에 정의되어 있다.

a가 가변길이 배열이라면 sizeof 연산자는 프로그램 실행 중에 계산된다. 그 외의 경우는 두 컴파일 중에 미리 계산하기 때문에 상수 수식으로 사용할 수 있다(5.2절 참조).

## 5.12 콤마 연산자

    a, b          가 수식들

이면 수식의 의미는 다음과 같다.

    a, b          는 a를 계산한 후에 b를 계산하고 수식 전체의 데이터 형식과 값은 b와 동일하다.


## 5.13 배열을 다루는 기본 연산자들

    a             는 n개의 원소를 가진 배열
    i             는 정수 형태의 데이터 형식을 가지는 수식
    v             는 수식

이면 수식의 의미는 다음과 같다.

    a[0]              는 a의 제일 첫 원소를 참조한다.
    a[n - 1]          는 a의 마지막 원소를 참조한다.
    a[i]              는 a의 i번째 원소를 참조한다.
    a[i] = v          는 v의 값을 a[i]에 저장한다.

어떤 경우든 계산 결과의 데이터 형식은 a의 각 원소들이 가지는 데이터 형식이 된다. 포인터와 배열 사이의 연산은 5.15절을 참고하자.


## 5.14 구조체를 다루는 기본 연산자들[주5]

    x             는 구조체 s의 데이터 형식을 가지는 수정 가능한 lvalue
    y             는 구조체 s의 데이터 형식을 가지는 수식
    m             은 구조체 s의 멤버들 중의 하나
    v             는 수식

이면 수식의 의미는 다음과 같다.

    x             구조체 s의 데이터 형식으로 정의된 어떤 구조체 전체를 참조한다.
    y.m           구조체로 정의된 y의 멤버 m을 참조하고 데이터 형식은 멤버 m과 같다.
    x.m = v       v를 x의 멤버 m에 대입하고 전체 수식은 m의 데이터 형식을 가진다.
    x = y         y를 x에 대입하고 전체 수식은 구조체 s의 데이터 형식을 가진다.

---

주 5. 이들은 공용체에도 그대로 적용된다.

| `f (y)` | 구조체 y를 인수로 넣어서 함수 f를 호출. 함수의 형식 매개 변수는 반드시 구조체 s 형식이어야 한다. |
| `return y;` | 구조체 y를 반환; 함수가 반환하는 데이터 형식은 반드시 구조체 s 형식이어야 한다. |

## 5.15 포인터를 다루는 기본 연산자들

| `x` | 는 데이터 형식 t의 lvalue 수식 |
| `pt` | 는 "t에 대한 포인터" 데이터 형식의 수정 가능한 lvalue 수식 |
| `v` | 는 수식 |

이면 수식의 의미는 다음과 같다.

| `&x` | 데이터 형식이 "t에 대한 포인터"인, x에 대한 포인터이다. |
| `pt = &x` | 데이터 형식이 "t에 대한 포인터"인, x를 가리키는 포인터를 pt에 대입한다. |
| `pt = 0` | pt에 null 포인터를 대입한다. |
| `pt == 0` | pt가 null 인지 검사한다. |
| `*pt` | pt가 가리키는 값을 참조하고 데이터 형식은 t와 일치한다. |
| `*pt = v` | v의 값을 pt가 가리키는 장소에 저장하고 데이터 형식은 t와 일치한다. |

### 배열에 대한 포인터

| `a` | 는 데이터 형식 t의 원소를 가지는 배열 |
| `pa1` | 은 배열 a 내의 원소를 가리키는, "t에 대한 포인터" 데이터 형식을 가지는 수정 가능한 lvalue 수식 |
| `pa2` | 는 배열 a 내의 원소 또는 마지막 원소를 하나 지난 위치를 가리키는, "t에 대한 포인터" 데이터 형식을 가지는 lvalue 수식 |
| `v` | 는 수식 |
| `n` | 은 정수 형태의 수식 |

이면 수식의 의미는 다음과 같다.

| `a, &a, &a[0]` | 첫 번째 원소를 가리키는 포인터이다. |
| `&a[n]` | a의 n번째 원소를 가리키는 포인터. 데이터 형식은 "t에 대한 포인터"이다. |
| `*pa1` | pa1이 가리키는 a의 원소를 참조. 데이터 형식은 t와 일치한다. |
| `*pa1 = v` | pa1이 가리키는 원소에 v의 값을 저장. 데이터 형식은 t와 일치한다. |
| `++pa1` | a의 원소가 가리키는 데이터 형식이 무엇이든 pa1이 a 내의 다음 원소를 가리키게 하고 데이터 형식은 "t에 대한 포인터"이다. |
| `--pa1` | a의 원소가 가리키는 데이터 형식이 무엇이든 pa1이 a 내의 이전 원소를 가리키게 하고 데이터 형식은 "t에 대한 포인터"이다. |

| | |
|---|---|
| *++pa1 | pa1을 증가시킨 후 pa1이 가리키는 원소값을 참조하며 데이터 형식은 t와 일치한다. |
| *pa1++ | pa1이 가리키는 원소값을 참조한 후 pa1을 증가시키고 데이터 형식은 t와 일치한다. |
| pa1 + n | pa1이 가리키는 원소보다 n개 뒤에 있는 원소에 대한 포인터. 데이터 형식은 "t에 대한 포인터"이다. |
| pa1 - n | pa1이 가리키는 원소보다 n개 앞에 있는 원소에 대한 포인터. 데이터 형식은 "t에 대한 포인터"이다. |
| *(pa1 + n) = v | pa1 + n이 가리키는 원소에 v의 값을 저장. 데이터 형식은 t와 일치한다. |
| pa1 < pa2 | pa1이 가리키는 원소가 pa2가 가리키는 원소보다 앞쪽에 있는지를 검사한다. 데이터 형식은 int(포인터끼리의 비교에는 모든 관계 연산자가 가능)이다. |
| pa2 - pa1 | pa2와 pa1이 가리키는 원소 사이에 들어가는 원소의 개수, 데이터 형식은 정수(단, pa2는 pa1이 가리키는 것보다 뒤쪽 원소를 가리킨다고 가정)이다. |
| a + n | a 내의 n번째 원소에 대한 포인터. 데이터 형식은 "t에 대한 포인터", &a[n]과 완전히 동일한 표현이다. |
| *(a + n) | a 내의 n번째 원소를 참조. t와 같은 데이터 형식을 가지고 a[n]과 완전히 동일한 표현이다. |

포인터끼리의 빼기 연산으로 나오는 정수값의 데이터 형식은 `ptrdiff_t`이고 이 데이터 형식은 표준 헤더 파일 <stddef.h>에 정의되어 있다.


## 구조체에 대한 포인터[주6]

| | |
|---|---|
| x | 는 구조체 s의 데이터 형식을 가지는 `lvalue`, |
| ps | 는 "구조체 s에 대한 포인터" 데이터 형식을 가지는 수정 가능한 `lvalue` |
| m | 은 구조체 s의 멤버들 중의 하나이고, t의 데이터 형식을 가짐, |
| v | 는 수식 |

이면 수식의 의미는 다음과 같다.

| | |
|---|---|
| &x | 데이터 형식이 "구조체 s에 대한 포인터"인, x에 대한 포인터이다. |
| ps = &x | 데이터 형식이 "구조체 s에 대한 포인터"인, x를 가리키는 포인터를 ps에 대입한다. |
| ps->m | ps가 가리키는 구조체의 멤버 m을 참조, 데이터 형식은 t와 일치한다. |
| (*ps).m | 위와 같은 멤버를 참조. ps->m과 완전히 동일한 표현이다. |
| ps->m = v | ps가 가리키는 구조체의 멤버 m에 v의 값을 저장하고 데이터 형식은 t와 일치한다. |

---

주 6. 이들은 공용체에도 적용된다.

## 5.16 복합 리터럴

복합 리터럴은 괄호로 둘러싸인 데이터 형식 이름 뒤에 바로 초기화 값이 오는 것이다. 이렇게 하면 지정한 데이터 형식에 대해서 이름이 없는 값을 만드는 것이고, 유효한 범위는 그것이 생성된 블록이 되거나 함수 밖에서 선언한 경우에는 전역 범위를 가진다. 이 경우에는 초기화 값들이 반드시 상수 수식이어야 한다.

예를 들어

```
(struct point) {.x = 0, .y = 0}
```

은 struct point 형식의 지정한 값을 가지는 구조체를 만든다. 이 값은 다음과 같이 struct point 형식의 구조체에 대입될 수 있다.

```
origin = (struct point) {.x = 0, .y = 0};
```

또 struct point 형식의 인수를 필요로 하는 함수에 넘기는 것도 가능하다.

```
moveToPoint ((struct point) {.x = 0, .y = 0});
```

구조체가 아닌 데이터 형식에 대해서도 같은 방식을 쓸 수 있는데, 예를 들어 intPtr이 int * 형식이면

```
intPtr = (int [100]) {[0] = 1, [50] = 50, [99] = 99 };
```

는 (프로그램 어디에 나오든) intptr을 100개의 원소를 가지고 그 중 3개의 원소값이 설정된 배열을 가리키는 포인터로 만든다.

배열의 크기를 설정하지 않으면 초기화 값들에 따라 결정된다.


## 5.17 기본 데이터 형식의 변환

C 언어에서는 산술식에 쓰인 피연산자들을 미리 정해진 순서대로 변환하는데 이 순서를 일상적인 산술 변환(usual arithmetic conversions)이라고 한다.

**Step 1.** 어느 한쪽이 long double 형식이면 다른 쪽을 long double 형식으로 바꿔서 계산하고 계산 결과도 long double 형식이다.

**Step 2.** 어느 한쪽이 double 형식이면 다른 쪽을 double 형식으로 바꿔서 계산하고 계산 결과도 double 형식이다.

**Step 3.** 어느 한쪽이 float 형식이면, 다른 쪽을 float 형식으로 바꿔서 계산하고 계산 결과도 float 형식이다.

**Step 4.** 어느 쪽이든 그 데이터 형식이 _Bool, char, short int, int 비트 필드형, 열거형의 값들 중의 하나이고 그 값이 int 형식의 범위 내에 들어오면 int 형식으로 바꾸고, 그렇지 않으면 unsigned int 형식으로 바꾼다. 이렇게 해서 양쪽이 같은 데이터 형식이 되면 그 결과도 바로 해당 데이터 형식이 된다.

**Step 5.** 양쪽 모두가 부호가 있는 형태이거나 부호가 없는 형태이면 더 작은 정수 데이터 형식 쪽을 더 큰 정수 데이터 형식으로 바꿔서 계산하고 계산 결과도 그 데이터 형식이 되게 한다.

**Step 6.** 부호 없는 쪽을 저장하는 데 필요한 바이트 수가 다른 쪽보다 크거나 같다면 부호 있는 쪽을 부호 없는 쪽으로 변환해서 계산하고 계산 결과도 그 부호 없는 데이터 형식이 된다.

**Step 7.** 부호 있는 쪽이 부호 없는 쪽 데이터 형식의 모든 값을 표현할 수 있으면 부호 없는 쪽을 부호 있는 쪽의 데이터 형식으로 바꿔서 계산하고 계산 결과도 그 데이터 형식이 된다.

**Step 8.** 이번 단계까지 왔다면 양쪽 모두를 부호 있는 쪽의 데이터 형식에 대응되는 부호 없는 데이터 형식을 기준으로 양쪽을 변환하고 계산 결과도 그 데이터 형식이 된다.

Step 4는 특별히 정수적 승격(integral promotion)이라고 한다.

피연산자들의 변환은 대부분의 경우에는 아무런 문제가 없지만 유의해야 될 점들이 있다.

1. unsigned로 선언하지 않은 char 형식은 어떤 컴퓨터에서는 int 형식으로 변환할 때 부호 확장이 일어날 수 있다.
2. 부호 있는 정수 데이터 형식을 더 큰 정수 데이터 형식으로 변환시키면 왼쪽 비트들에서 부호 확장이 일어난다. 반면에 부호 없는 정수 데이터 형식을 더 큰 정수 데이터 형식으로 변환시키면 왼쪽 비트들이 0으로 채워진다.
3. 어떤 데이터 형식이든 _Bool 형식으로 바꾸면 그 값이 0인 경우는 0이 되고 그 외는 모두 1이 된다.
4. 더 큰 데이터 형식을 작은 데이터 형식으로 변환하면 왼쪽 비트들이 잘릴 수 있다.
5. 실수 형태의 값을 정수 형태로 변환시키면 소수점 이하 부분이 없어진다. 정수 데이터 형식이 변환되는 실수값을 저장하기에 충분하지 않으면 그 결과는 정의되어 있지 않다. 0보다 작은 실수값을 부호 없는 정수로 바꾼 결과도 정의되어 있지 않다.
6. 더 큰 실수값을 작은 실수형으로 바꾸면 일부 값을 잘라버리기 전에 반올림이 일어날 수도 있고 일어나지 않을 수도 있다.

# 6.0 기억 영역 클래스와 범위

기억 영역 클래스(storage class)는 컴파일러가 변수를 메모리에 할당하는 방법과 함수 정의의 범위를 말한다. 기억 영역 클래스에는 `auto`, `static`, `extern`, `register`가 있다. 기억 영역 클래스를 생략하면 뒤에 설명할, 그 상황에서의 기본 기억 영역 클래스가 설정된다.

범위(scope)는 프로그램 내에서 어떤 식별자가 의미를 가지는 한계 영역을 의미한다. 함수 또는 블록의 밖에서 정의한 식별자는 파일 내에서 그 이후로는 어디서나 참조할 수 있다. 블록 안에서 정의한 식별자는 그 안에서만 의미를 가지고, 경우에 따라서는 밖에서 이미 정의한 식별자를 새로 정의할 수도 있다. 레이블 이름이나 형식 매개 변수는 해당되는 함수나 블록 전체에서 사용된다. 레이블 이름, 구조체와 그 멤버들의 이름, 공용체와 그 멤버들의 이름, 열거형 이름은 서로 중복될 수 있고 다른 변수나 함수 이름과도 중복될 수 있다. 단, 열거형에서 쓰는 식별자들은 변수 이름이나 같은 범위 내에서 쓰이는 다른 열거형에서 쓰는 식별자들과는 다른 이름을 써야 한다.

## 6.1 함수

함수를 정의할 때 사용할 수 있는 기억 영역 클래스는 반드시 `static` 또는 `extern`이어야 한다. `static`으로 선언된 함수는 같은 파일 내에서만 참조할 수 있다. `extern`으로 선언한 (또는 클래스 선언을 하지 않은) 함수는 다른 파일에서도 호출할 수 있다.

## 6.2 변수

표 A.6은 변수를 선언하면서 사용할 수 있는 기억 영역 클래스와 그에 따른 범위, 초기화 방법을 요약한 깃이다.

**표 A.6** 변수에 대한 기억 영역 클래스, 범위, 초기화의 요약

| 기억 영역 클래스 | 변수 선언 | 사용하는 범위 | 초기화 방법 | 설명 |
|---|---|---|---|---|
| `static` | 블록 밖<br>블록 안 | 파일 안의 어디서나<br>블록 안에서만 | 상수 수식만 가능 | 프로그램을 시작하는 순간에 한번만 초기화됨. 블록을 빠져나갔다가 다시 들어와도 값이 보존되어 있음. 기본값은 0. |
| `extern` | 블록 밖<br>블록 안 | 파일 안의 어디서나<br>블록 안에서만 | 상수 수식만 가능 | 어느 한 곳에서는 `extern` 없이 변수를 선언하거나, `extern`을 붙이더라도 초기값을 주어야 함. |
| `auto` | 블록 안 | 블록 안에서만 | 어떤 수식도 가능 | 블록에 들어갈 때마다 초기화됨. 기본값 없음. |

| register | 블록 안 | 블록 안에서만 | 어떤 수식도<br>가능 | 반드시 레지스터에 할당된다는 보장은 없음.<br>변수의 데이터 형식에 따라 선언에 제약이<br>있음. 레지스터 변수의 주소를 구할 수는<br>없음. 블록에 들어갈 때마다 초기화됨.<br>기본값 없음. |
| 생략한<br>경우 | 블록 밖 | 파일 안의 어디서나,<br>또는 적합한 선언을<br>포함하고 있다면<br>다른 파일에서도 | 상수 수식만<br>가능 | 단 한군데에서만 선언 가능. 프로그램의 시작<br>시에 초기화. 기본값은 auto와 동일. |
| | 블록 안 | (auto 참조) | (auto 참조) | |

## 7.0 함수

이 절에서는 함수를 사용하는 문법과 그 기능에 대해서 요약한다.

### 7.1 함수 정의

함수를 정의하는 일반적인 형식은 다음과 같다:

```
returnType name ( type1 param1, type2 param2, ... )
{
    variableDeclarations

    programStatement
    programStatement
    ...
    return expression;
}
```

이렇게 하면 *returnType* 이라는 데이터 형식의 값을 반환하는 *name*이라는 함수가 정의되고, 이 함수는 형식 매개 변수로 *param1*, *param2*, ...을 가진다. *param1*은 *type1* 데이터 형식으로, *param2*는 *type2* 데이터 형식으로 선언되는 식이다.

지역 변수들은 반드시 그럴 필요는 없지만 보통 함수를 시작하는 부분에서 선언된다. 변수는 함수 안의 어디에서나 선언할 수 있지만 그 변수에 대한 참조는 선언된 곳의 뒤쪽만으로 제한된다.

함수가 값을 반환하지 않으면 returnType을 void로 지정한다.

괄호 안에 void라고 쓴 함수는 인수가 없다. 인수 목록의 마지막(또는 목록 전체)에 …이 오면 그 함수는 다음과 같이 인수의 수가 변할 수 있다.

```c
int printf (char *format, ...)
{
    ...
}
```

인수에 쓰인 1차원 배열은 그 배열 내의 원소 개수를 지정하지 않아도 된다. 다차원 배열은 제일 처음 것을 제외하고는 모든 차원의 크기를 설정해야 한다.

return 문에 대해서는 8.9 절을 참고하자.

컴파일러에게 도움을 주기 위해 함수 정의의 제일 앞에 키워드 inline을 붙일 수 있다. 일부 컴파일러는 수행 속도를 높이기 위해서 이렇게 선언된 함수를 호출하는 부분을 그 함수의 실제 코드로 바꿔버린다. 아래는 inline으로 선언한 함수의 예이다.

```c
inline int min (int a, int b)
{
    return ( a < b ? a : b);
}
```

## 7.2 함수 호출

함수를 호출하는 일반적인 형식은 다음과 같다.

```c
name ( arg1, arg2, ... )
```

이때 *name*이라는 이름의 함수가 호출되고, *arg1*, *arg2*, … 가 인수로 넘어간다. 함수에 인수가 없는 경우에는 (initialize() 에서와 같이) 그냥 괄호를 열고 닫으면 된다.

함수 정의가 함수 호출보다 뒤에 있거나 다른 파일에 있는 경우에는 다음과 같은 형식으로 그 함수에 대한 원형 선언을 해야 한다.

```c
returnType name (type1 param1, type2 param2, ... );
```

이 선언은 컴파일러에게 함수가 반환하는 데이터 형식, 인수의 수, 각 인수의 데이터 형식 등을 알려준다. 예를 들어

```c
long double power (double x, int n);
```

은 power라는 함수가 `long double` 형식을 돌려줄 것이고, 2개의 인수로 `double` 형과 `int` 형을 차례로 가져갈 것이라는 것을 선언한다. 괄호 안에 쓴 각 인수의 이름은 사실 컴파일러에는 의미가 없으니 다음과 같이 생략해도 된다.

```
long double power (double, int);
```

컴파일러가 함수 정의나 원형 선언을 이미 알고 있는 경우에는 함수를 호출할 때 각각의 인수를 (가능한 한) 함수가 필요로 하는 데이터 형식으로 자동으로 변환해 준다.

아직까지 함수 정의나 원형 선언을 모르는 경우라면 컴파일러는 해당 함수가 `int` 형식을 반환한다고 가정한다. 또 모든 `float` 형식 인수는 `double` 형식으로 자동 변환하고 모든 정수 형태의 인수에는 5.17 절에서 설명한 정수적 승격을 적용한다. 여기에 해당되지 않는 인수들은 변환 없이 그대로 전달된다.

인수의 개수가 변할 수 있는 함수들은 반드시 그렇다는 사실을 미리 선언해야 한다. 그렇지 않으면 컴파일러는 호출 시에 사용한 인수의 개수를 이용해서 그 함수가 당연히 정해진 개수의 인수를 가진다고 생각한다.

반환하는 데이터 형식이 `void`로 선언된 함수는 그 함수가 반환하는 값을 사용하려고 해서는 안 된다는 것을 컴파일러에게 알려준다.

함수의 인수들은 모두 값을 전달한다. 즉, 함수에서는 인수로 넘겨진 호출하는 함수에서의 원래 값을 바꿀 수 없다. 포인터가 넘겨진 경우에는 함수에서 그 포인터를 이용해서 값을 바꿀 수 있지만 호출하는 함수에서의 원래 포인터 값은 여전히 바꿀 수 없다.

## 7.3 함수 포인터

괄호가 따라오지 않은 함수 이름 그 자체는 그 함수에 대한 포인터 값을 만든다. 함수 이름에 주소 연산자를 적용시켜서 그 함수를 가리키는 포인터를 만들 수도 있다.

fp가 어떤 함수에 대한 포인터이면,

```
fp ()
```

또는

```
(*fp) ()
```

형태로 대응되는 함수를 호출할 수 있다. 인수가 필요한 함수이면 괄호 안에 적으면 된다.

# 8.0 문장(statement)

프로그램의 문장은 적합한 수식(보통은 대입문이나 함수 호출) 뒤에 세미콜론이 오거나 이 절에서 설명하는 특별한 문장들 중의 하나가 된다. 어떤 문장이든 그 앞에 레이블이 붙을 수 있고 레이블은 식별자의 뒤에 콜론이 붙은 형태이다(8.6절 참고).

## 8.1 복합문

중괄호로 둘러싸인 문장들은 전체를 복합문 또는 블록이라고 하고 프로그램 내에서 문장을 쓸 수 있는 곳에는 어디에든 문장 대신 쓸 수 있다. 블록은 그 자체의 변수를 가질 수 있고 블록 밖에서 정의한 변수와 이름이 같은 변수를 쓰면 외부의 변수가 무효화된다. 이런 지역 변수들의 범위는 그 변수가 정의된 블록이다.

## 8.2 `break` 문

`break` 문을 선언하는 일반적인 형식은 다음과 같다.

```
break;
```

`for`, `while`, `do`, `switch` 문 안에서 `break` 문을 실행하면 그 즉시 해당되는 문장의 수행을 중단한다. 루프 문이나 `switch` 문의 바로 뒤에 있는 문장부터 계속 실행하게 된다.

## 8.3 `continue` 문

`continue` 문을 선언하는 일반적인 형식은 다음과 같다.

```
continue;
```

루프 안에서 `continue` 문을 실행하면 루프에서 그 뒤에 있는 문장들을 건너뛴다. 그 외에는 일반적인 경우와 똑같이 루프가 실행된다.

## 8.4 `do` 문

`do` 문을 선언하는 일반적인 형식은 다음과 같다.

```
do
    programStatement
while ( expression );
```

수식 expression의 값이 0이 아닌 동안은 programStatement가 계속 실행된다. programStatement를 수행한 후에 expression을 계산하기 때문에, programStatement는 최소한 한번은 수행된다.

## 8.5 for 문

for 문을 선언하는 일반적인 형식은 다음과 같다.

```
for ( expression_1; expression_2; expression_3 )
    programStatement
```

expression_1은 루프가 시작되는 때에 단 한 번 계산된다. 그 다음에 expression_2를 계산한다. 그 값이 0이 아니면 programStatement를 수행하고 끝으로 expression_3를 계산한다. programStatement의 실행과 expression_3의 계산은 expression_2가 0이 아닌 동안은 계속된다. expression_2는 programStatement를 수행하기 전에 검사되기 때문에 루프에 처음 들어갈 때 expression_2의 값이 0인 경우에는 programStatement는 전혀 수행되지 않는다.

for 루프에서만 사용하는 변수는 expression_1에 선언할 수 있다. 그런 변수들의 범위는 for 루프의 범위와 같다. 예를 들어

```
for ( int i = 0; i < 100; ++i)
        ...
```

는 루프를 시작하면서 정수 변수 i를 선언하고 그 초기값을 0으로 설정한다. 이 변수는 루프내의 어떠한 문장에서든 참조할 수 있지만 루프가 종료된 후에는 사용할 수 없다.

## 8.6 goto 문

goto 문을 선언하는 일반적인 형식은 다음과 같다.

```
goto identifier;
```

goto를 수행하면 프로그램의 실행은 identifier라는 레이블이 붙은 문장으로 넘어간다. 이렇게 레이블이 붙은 문장은 반드시 goto문과 같은 함수 내에 있어야 한다.

## 8.7 if 문

if 문을 선언하는 일반적인 형식 중의 하나는 다음과 같다.

:

```
if ( expression )
    programStatement
```

expression의 계산 결과가 0이 아니면 programStatement가 수행된다. 그 반대일 경우는 건너뛴다.

if 문을 선언하는 또 다른 일반적인 형식은 다음과 같다.

```
if ( expression )
    programStatement_1
else
    programStatement_2
```

expression의 값이 0이 아니면 programStatement_1이 수행되고 그렇지 않으면 programStatement_2가 수행된다. programStatement_2가 또 다른 if 문이면 다음과 같은 if~else if 구조가 만들어진다.

```
if ( expression_1 )
    programStatement_1
else if ( expression_2 )
    programStatement_2
    ...
else
    programStatement_n
```

else 구절은 항상 아직 else와 결합하지 않은 가장 마지막 if 문과 결합한다. 중괄호를 사용해서 이런 결합 관계를 바꿀 수 있다.

## 8.8 null 문

null 문을 선언하는 일반적인 형식은 다음과 같다.

```
;
```

null 문을 실행하는 것은 아무런 효과가 없으며 주로 for, do, while 루프에서 반드시 필요한 프로그램 문장을 채우기 위해서 사용한다. 예를 들어 다음 문장은 from이 가리키는 문자열에서 to가 가리키는 문자열로 문자들을 복사한다.

```
while ( *to++ = *from++ )
    ;
```

여기서 null 문은 while 문의 제일 뒤에 필요한 문장으로 사용되었다.


## 8.9 `return` 문

return 문을 선언하는 일반적인 형식 중의 하나는 다음과 같다.

```
return;
```

return 문을 수행하면 프로그램의 실행은 즉시 해당함수를 호출한 함수로 되돌아간다. 이 형태
는 반환값이 없는 함수에서만 사용할 수 있다.

어떤 함수가 끝까지 수행되었는데도 return 문을 만나지 않은 경우에는 위 형태의 return 문을
수행한 것처럼 호출한 함수로 되돌아간다. 따라서 이런 경우에는 아무런 값도 반환되지 않는다.

return 문을 선언하는 두 번째 일반적인 형식은 다음과 같다.

```
return expression;
```

expression의 값이 호출한 함수로 반환된다. expression의 데이터 형식이 함수 선언에서의 반
환되는 데이터 형식과 동일하지 않으면 반환되기 전에 선언된 데이터 형식으로 자동 변환된다.


## 8.10 `switch` 문

switch 문을 선언하는 일반적인 형식은 다음과 같다.

```
switch ( expression )
{
    case constant_1 :
        programStatement
        programStatement
        ...
        break;
    case constant_2 :
        programStatement
        programStatement
        ...
        break;
```

```
        ...
    case constant_n :
        programStatement
        programStatement
        ...
        break;
    default:
        programStatement
        programStatement
        ...
        break;
}
```

*expression*의 값을 계산한 후에는 상수 수식들인 *constant_1*, *constant_2*, ..., *constant_n*의 값들과 차례로 비교한다. expression의 값이 이들 중의 하나와 일치하면 바로 그 뒤에 따라오는 문장으로 수행이 넘어간다. 어떠한 case 값도 expression과 일치하지 않으면 default case가 포함되어 있는 경우에는 그것을 수행한다. default case가 포함되어 있지 않으면 switch 문 내의 어떠한 문장도 수행되지 않는다.

*expression*의 계산 결과는 반드시 정수 형태여야 하고 case들은 같은 값을 가지면 안 된다. 또한 case 구절에서 break 문을 생략하면 프로그램 수행이 그 다음 case 구절로 계속 넘어간다.

## 8.11 `while` 문

while 문을 선언하는 일반적인 형식은 다음과 같다.

```
while ( expression )
    programStatement
```

*expression* 값이 0이 아닌 동안은 *programStatement*가 계속 수행된다. *expression*은 programStatement를 수행하기 전에 매번 계산되기 때문에 경우에 따라서는 *programStatement*가 전혀 수행되지 않을 수도 있다.

## 9.0 전처리기

전처리기는 컴파일러가 코드를 분석하기 전에 원시 파일을 분석해서 다음의 일들을 한다.

1. 이중자 또는 삼중자를 대응되는 글자로 변환한다(9.1절 참고).
2. 역슬래시( '\' )로 끝나는 줄들을 하나의 줄로 합친다.

3. 프로그램을 나누어서 토큰들의 스트림으로 만든다.

4. 주석을 제거하고 그 부분을 1개의 공백 문자로 대체한다.

5. 전처리기 지시자(Preprocessor Directives)들을 처리하고 매크로를 확장한다(9.2절 참고).

## 9.1 삼중자(trigraph) 기법

ASCII 이외의 문자 집합을 다루기 위해서 표 A.7에 나와 있는 (삼중자라고 하는) 연속된 3개 문자들은 프로그램 내부에서 (문자열 내에서도) 특별한 취급을 받는다.

**표 A.7** 삼중자 기법

| 삼중자 | 의미 |
| --- | --- |
| ??= | # |
| ??( | [ |
| ??) | ] |
| ??< | { |
| ??> | } |
| ??/ | \ |
| ??' | ^ |
| ??! | | |
| ??- | ~ |

## 9.2 전처리기 지시자

모든 전처리기 지시자들은 문자 #으로 시작하고 이 문자는 그 줄에서 공백 문자를 제외한 첫 글자가 되어야 한다. # 뒤에는 1개 이상의 공백 문자나 탭 문자가 들어가 있어도 된다.

### 9.2.1 `#define` 지시자

#define 지시자를 선언하는 일반적인 형식은 다음과 같다.

```
#define name text
```

이 지시자는 전처리기에 식별자 *name*을 정의하고 *name* 뒤의 첫 공백 문자부터 그 줄의 끝까지 들어가 있는 *text* 부분을 결합시킨다. 이후에는 프로그램에서 name이라고 쓰면 프로그램의 그 부분은 즉시 *text*로 교체된다.

#define 지시자를 선언하는 또 다른 일반적인 형식은 다음과 같다:

```
#define name (param_1, param_2, ..., param_n) text
```

매크로 *name*은 인수로 각각 식별자인 *param_1*, *param_2*, ..., *param_n* 등을 갖는다. 이후로는 프로그램 내에서 *name*과 인수 부분을 적으면 프로그램의 그 부분은 즉시 *text* 내에서 각 인수가 나오는 부분을 모두 매크로 인수들로 바꾼 형태로 대체한다.

매크로가 가변 개수의 인수를 가져야 한다면 인수 목록의 제일 뒤에 연속해서 3개의 점을 적으면 된다. 인수 목록의 나머지들은 매크로 정의에서 특별한 식별자 __VA_ARGS__로 참조할 수 있다. 예를 들어 다음은 형식 문자열과 가변 개수의 인수를 받아들이는 myPrintf라는 이름의 매크로를 정의한다.

```
#define myPrintf(...) printf ("DEBUG: " __VA_ARGS__);
```

위의 매크로를 적합하게 사용하는 예로는

```
myPrintf ("Hello world!\n");
```

또는

```
myPrintf ("i = %i, j = %i\n", i, j);
```

등이 포함된다.

매크로 정의가 1줄을 넘어가면 각 줄의 마지막에 역슬래시를 붙여서 다음 줄로 계속 연결시킬 수 있다. 어떤 매크로 이름이 정의된 후에는 파일 내의 어디에서든 사용할 수 있다.

인수를 가지는 #define 지시자에 대해서는 # 연산자를 쓸 수 있다. 이 연산자 뒤에는 그 매크로에서 사용된 인수 이름이 올 수 있다. 이 연산자를 만나면 전처리기는 매크로에 그 인수로 넘어온 실제 값의 앞뒤에 큰 따옴표를 붙인 것으로 대체한다. 즉, 해당 인수를 문자열로 바꾸게 된다. 예를 들어 다음 정의

```
#define printint(x) printf (# x " = %d\n", x)
```

를 아래와 같이

```
printint (count);
```

로 호출하면, 전처리기는

```
printf ("count" " = %i\n", count);
```

또는, 같은 의미로

```
printf ("count = %i\n", count);
```

로 확장한다.

전처리기는 이러한 문자열화(stringizing) 연산을 수행하면서 " 또는 \ 문자의 앞에는 항상 ₩ 문자를 붙인다. 따라서

```
#define str(x) # x
```

정의와

```
str (The string "\t" contains a tab)
```

호출은

```
"The string \"\\t\" contains a tab"
```

로 확장된다.

인수를 가지는 매크로에서는 ## 연산자도 사용할 수 있다. 이 연산자의 앞(또는 뒤)에는 매크로에서 사용한 인수의 이름이 올 수 있다. 매크로가 호출되면, 그 때의 인수 값이 넘어가서 그 인수 값과 이 연산자의 뒤(또는 앞)에 있는 단어가 결합해서 새로운 토큰이 만들어진다. 예를 들어,

```
#define printx(n) printf ("%i\n", x ## n );
```

매크로 정의와

```
printx (5)
```

매크로 호출은

```
printf ("%i\n", x5);
```

를 만든다.

정의

```
#define printx(n) printf ("x" # n " = %i\n", x ## n );
```

는 다음과 같이

```
printx(10)
```

로 호출하면, 문자열에 대한 교체와 결합 과정을 거쳐서

```
printf ("x10 = %i\n", x10);
```

이 만들어진다.

#과 ## 연산자 주위에는 공백 문자를 쓰지 않아도 된다.


### 9.2.2 `#error` 지시자

#error 지시자를 선언하는 일반적인 형식은 다음과 같다.

```
#error text
  ...
```

전처리기는 *text* 부분을 에러 메시지로 출력한다.


### 9.2.3 `#if` 지시자

*#if* 지시자를 선언하는 일반적인 형식 중의 하나는 다음과 같다.

```
#if constant_expression
  ...
  #endif
```

*constant_expression*의 값을 계산하여 그 결과가 0이 아니면 #endif 지시자를 만날 때까지의 모든 줄들이 컴파일러로 넘어간다. 반대의 경우는 자동으로 건너뛰어 전처리기나 컴파일러가 처리하지 않는다.

#if 지시자를 선언하는 또 다른 일반적인 형식은 다음과 같다.

```
#if constant_expression_1
  ...
#elif constant_expression_2
  ...
#elif constant_expression_n
  ...
```

```
#else
    ...
#endif
```

*constant_expression_1*이 0이 아니면 #elif 까지의 모든 문장들이 처리되고 그 이후의 #endif까지는 건너뛴다. *constant_expression_2*가 0이 아닌 경우 그 다음 #elif까지의 모든 문장들이 처리되고 그 이후의 #endif까지 건너뛴다. 주어진 상수 수식들이 모두 0이면 #else 이후가 (포함되어 있으면) 처리된다.

상수 수식 부분에서는 특별한 연산자인 defined를 사용할 수 있다. 즉,

```
#if defined (DEBUG)
    ...
#endif
```

는 식별자 DEBUG가 이미 정의되어 있다면 #IF와 #ENDIF 사이가 처리된다(9.2.4절 참고). 식별자 주위의 괄호는 꼭 필요한 것은 아니기 때문에

```
#if defined DEBUG
```

라고 써도 잘 동작한다.

### 9.2.4 `#ifdef` 지시자

#ifdef 지시자를 선언하는 일반적인 형식은 다음과 같다.

```
#ifdef identifier
    ...
#endif
```

*identifier*의 값이 (#define 지시자를 사용했거나 컴파일 시에 명령어 줄에서 -D 옵션을 사용해서)이미 정의되어 있다면 #endif까지의 모든 문장들이 처리된다. 그렇지 않을 경우 모두 건너뛴다. #if 지시자에서와 같이 #ifdef 지시자와 #elif나 #else 지시자를 함께 사용할 수 있다.

### 9.2.5 `#ifndef` 지시자

#ifndef 지시자를 선언하는 일반적인 형식은 다음과 같다.

```
#ifndef identifier
    ...
#endif
```

*identifier*의 값이 아직까지 정의되어 있지 않다면 #endif 까지의 모든 문장들이 처리된다. 반대의 경우에는 모두 건너뛴다. #if 지시자에서와 같이 #ifdef 지시자와 #elif나 #else 지시자를 함께 사용할 수 있다.

### 9.2.6 `#include` 지시자

#include 지시자를 선언하는 일반적인 형식 중의 하나는 다음과 같다

```
#include "fileName"
```

전처리기는 우선 각 컴퓨터마다 미리 설정된 순서대로 디렉터리들을 뒤져서 *fileName*이라는 이름을 가진 파일을 찾는다. 보통은 원시 파일이 들어 있는 디렉터리를 가장 먼저 찾게 된다. 거기에 파일이 없다면 컴퓨터마다 미리 설정해 놓은 표준 위치들을 찾는다. 파일을 찾으면 정확하게 #include 지시자가 있던 부분에 그 파일의 내용이 들어온다. 전처리기가 포함되는 파일의 내용을 분석하기 때문에 포함되는 파일에서 다시 다른 #include 지시자를 사용할 수도 있다.

#include 지시자를 선언하는 또 다른 일반적인 형식은 다음과 같다.

```
#include <fileName>
```

전처리기는 표준 위치들에서만 지정한 파일을 찾는다. 파일을 찾은 후에는 앞 문단에서 설명한 것과 동일하게 처리한다.

어떤 형식을 쓰든 미리 정의해 놓은 이름을 사용해서 확장이 일어나게 할 수도 있다. 따라서 다음 문장들은 잘 동작한다.

```
#define DATABASE_DEFS </usr/data/database.h>
    ...
#include DATABASE_DEFS
```

### 9.2.7 `#line` 지시자

#line 지시자를 선언하는 일반적인 형식은 다음과 같다.

```
#line constant "fileName"
```

이 지시자는 컴파일러에게 이후의 문장부터는 원시 파일의 이름이 *fileName*이고 그 파일에서 *constant*번째 줄부터 시작하게 한다. *fileName*이 생략되면 가장 마지막 #line 지시자에서 지정한 파일 이름이나 (이전까지 그런 정의가 없었다면) 원시 파일의 이름 그대로가 사용된다.

`#line` 지시자는 컴파일러가 출력하는 에러 메시지에 나오는 파일 이름과 줄 번호를 제어하기 위해 주로 사용한다.

### 9.2.8 #pragma 지시자

`#pragma` 지시자를 선언하는 일반적인 형식은 다음과 같다.

```
#pragma text
```

이 지시자는 전처리기마다 고유의 동작을 하도록 한다. 예를 들어,

```
#pragma loop_opt(on)
```

은 특정 컴파일러에서는 루프 최적화를 수행하도록 하는 식이다. `loop_opt`라는 pragma를 이해하지 못하는 컴파일러에서는 이 문장을 무시한다.

`#pragma` 지시자의 뒤에 특별 키워드 STDC를 쓰면 특별한 의미를 가진다. `#pragma STDC` 형태의 뒤에 올 수 있는 "스위치"들로는 현재까지 `FP_CONTRACT`, `FENV_ACCESS`, `CX_LIMITED_RANGE` 등이 있다.

### 9.2.9 #undef 지시자

`#undef` 지시자를 선언하는 일반적인 형식은 다음과 같다.

```
#undef identifier
```

`identifier` 식별자는 이제부터 전처리기에서 정의되지 않은 상태가 된다. 이후의 `#ifdef` 또는 `#ifndef` 지시자들은 해당 식별자가 정의된 적이 없다고 인식한다.

### 9.2.10 # 지시자

이것은 null 지시자이고 전처리기가 무시해버린다.

## 9.3 미리 정의된 식별자들

표 A.8에 나열된 식별자들은 전처리기에서 미리 정의해 둔다.


**표 A.8** 미리 정의된 전처리기 식별자들

| 식별자 | 의미 |
| --- | --- |
| `__LINE__` | 현재 컴파일 중인 줄번호 |
| `__FILE__` | 현재 컴파일 중인 원시 파일의 이름 |
| `__DATE__` | "*mm dd yyyy*" 형태로 표시한, 이 파일이 컴파일된 날짜 |
| `__TIME__` | "*hh:mm:ss*" 형태로 표시한, 이 파일이 컴파일된 시간 |
| `__STDC__` | 컴파일러가 ANSI 표준을 지키는 경우에는 1, 그렇지 않으면 0 |
| `__STDC_HOSTED__` | 해당 컴파일러가 호스트 환경이면 1, 그렇지 않으면 0 |
| `__STDC_VERSION__` | 199901L로 정의 |

# B

# 표준 C 라이브러리

표준 C 라이브러리에는 C 프로그램에서 호출되는 많은 선택된 함수가 있다. 여기서 모든 함수에 대해서는 다루지 않고 상대적으로 많이 이용되는 함수만 다룬다. 사용 가능한 모든 함수에 대한 목록은 컴파일러에 포함된 문서를 참고하거나 부록 E에 있는 "참고자료"를 활용하도록 하자.

이 부록에서 설명되지 않은 라이브러리들은 시간과 날짜를 다루기 위한 라이브러리(`time`, `ctime`, `localtime`과 같은), 전역 이동을 위한 라이브러리(`setjmp`, `longjmp`), 진단을 위한 라이브러리(`assert`), 가변적인 인수의 개수를 다루는 라이브러리(`va_list`, `va_start`, `va_arg`, `va_end`), 시그널을 다루는 라이브러리(`signal`, `raise`), 지역화에 관련된 라이브러리(`<locale.h>`에 정의되어 있음) 그리고 확장 문자를 다루는 라이브러리이다.

## 표준 헤더 파일들

여기서는 다음과 같은 표준 헤더 파일들을 설명한다.

<stddef.h>, <stdbool.h>, <limits.h>, <float.h>, <stdinit.h>.

### <stddef.h>

이 헤더 파일은 다음과 같은 표준 정의들을 가지고 있다:

| 정의 | 의미 |
| --- | --- |
| NULL | 빈 포인터 상수 |
| offsetof(*structure*, *member*) | 구조체 *structure* 안에 있는 *member*라는 이름을 가진 멤버의 위치(offset)를 바이트 단위로 구하는 정수 상수 표현식. 결과값의 형식은 size_t이다. |
| ptrdiff_t | 두 포인터 사이의 차를 계산한 정수 |
| size_t | sizeof 연산자에 의해 계산된 정수 |
| wchar_t | 확장 문자를 담기 위해서 필요한 바이트 수의 정수(부록 A, "C 언어 요약" 참고) |

### <limits.h>

이 헤더 파일은 문자나 정수에 관련되어 시스템이나 컴파일러에 따라서 달라질 수 있는 것들을 정의하고 있다. ANSI 표준에서 최솟값을 정의하였고 각 설명에서 제일 끝 괄호에 이 값을 적어 놓았다.

| 정의 | 의미 |
| --- | --- |
| CHAR_BIT | 한 개의 char 안에 있는 비트의 개수(8) |
| CHAR_MAX | char에 의해 표현될 수 있는 최댓값(부호가 있으면 127, 그렇지 않으면 255) |
| CHAR_MIN | char에 의해 표현될 수 있는 최댓값(부호가 있으면 −127, 그렇지 않으면 0) |
| SCHAR_MAX | signed char에 의해 표현될 수 있는 최댓값(127) |
| SCHAR_MIN | signed char에 의해 표현될 수 있는 최솟값(−127) |
| UCHAR_MAX | unsigned char에 의해 표현될 수 있는 최댓값(255) |
| SHRT_MAX | short int에 의해 표현될 수 있는 최댓값(32767) |
| SHRT_MIN | short int에 의해 표현될 수 있는 최솟값(−32767) |

| USHRT_MAX | unsigned short int에 의해 표현될 수 있는 최댓값(65535) |
| INT_MAX | int에 의해 표현될 수 있는 최댓값(32767) |
| INT_MIN | int에 의해 표현될 수 있는 최솟값(-32767) |
| UINT_MAX | unsigned int에 의해 표현될 수 있는 최댓값(65535) |
| LONG_MAX | long int에 의해 표현될 수 있는 최댓값(2147483647) |
| LONG_MIN | long int에 의해 표현될 수 있는 최솟값(-2147483647) |
| ULONG_MAX | unsigned long int에 의해 표현될 수 있는 최댓값(4294967295) |
| LLONG_MAX | long long int에 의해 표현될 수 있는 최댓값(9223372036854775807) |
| LLONG_MIN | long long int에 의해 표현될 수 있는 최솟값(-9223372036854775807) |
| ULLONG_MAX | unsigned long long int에 의해 표현될 수 있는 최댓값(18446744073709551615) |

## <stdbool.h>

이 헤더 파일은 부울 변수(_Bool 형식)를 다루기 위한 정의를 담고 있다.

| 정의 | 의미 |
| --- | --- |
| bool | 기본 _Bool 데이터 형식의 다른 이름 |
| true | 1로 정의되어 있음 |
| false | 0으로 정이뒤어 있음 |

## <float.h>

이 헤더 파일은 실수 계산에 관련된 여러 가지 제한 사항을 담고 있다. 최소 크기는 각 설명의 끝 괄호에 표시되어 있다. 모든 정의가 여기에 나와 있지는 않다.

| 정의 | 의미 |
| --- | --- |
| FLT_DIG | float 형식에서 유효 숫자의 최소 개수(6) |
| FLT_EPSILON | 1.0을 FLT_EPSILON에 더했을 때 1.0과 같지 않는 float의 최솟값(1e-5) |
| FLT_MAX | float로 표현할 수 있는 최댓값(1e+37) |

| FLT_MAX_EXP | float로 표현할 수 있는 지수의 최댓값(1e+37) |
| FLT_MIN | float로 표현할 수 있는 정상적인 최솟값(1e−37) |

비슷한 정의가 double이나 long double에 존재한다. 단순히 앞에 있는 FLT를 double에 대해서는 DBL, long double에 대해서는 LDBL로 바꾸면 된다. 예를 들면 DBL_DIG는 double 형식에서 유효 숫자의 최소 개수를 나타내며 LDBL_DIG도 long double에 대하여 같은 의미이다.

또한 헤더 파일 <fenv.h>도 동일한 정보를 제공하며 더 많은 것들을 가지고 있다. 예를 들면 fesetround라는 함수가 정의되어 있는데 이는 정수로 만들 때 올림, 반올림, 버림 중 무엇을 선택할 것인가를 설정할 수 있는 함수이다. <fenv.h>의 선택 항목은 FE_TONEAREST, FE_UPWARD, FE_DOWNWARD, FE_TOWARDZERO이다. 또한 feclearexcept, feraiseexcept, fetextexcept의 각 함수를 사용해서 실수에 대한 예외 처리를 해제, 발생, 시험할 수 있다.


## <stdint.h>

이 헤더 파일은 시스템이나 컴파일러에 의존적이지 않게 정수를 다루기 위한 다양한 정의나 상수에 대한 정의를 담고 있다. 예를 들면 typedef int32_t는 컴파일하는 시스템에서 32비트 정수를 위한 데이터 형식이 무엇인지 몰라도 정확히 32비트 크기의 부호가 있는 정수를 선언할 때 사용할 수 있다. 마찬가지로 int_least32_t는 최소 32비트 크기를 가지는 정수를 선언할 때 사용할 수 있다. typedef들을 이용한 다른 데이터 형, 예를 들면 빠른 계산을 위한 데이터 형식도 선택해서 사용할 수 있다. 좀 더 많은 내용은 사용하는 시스템을 참고하거나 문서를 참고하도록 하자.

이 헤더 파일에 있는 몇 개 유용한 정의는 다음과 같다.

| 정의 | 의미 |
| --- | --- |
| intptr_t | 포인터의 저장이 보장된 정수 자료형 |
| uintptr_t | 포인터의 저장이 보장된 부호 없는 정수 자료형 |
| intmax_t | 가장 큰 정수를 저장할 수 있는 자료형 |
| uintmax_t | 가장 큰 부호 없는 정수를 저장할 수 있는 자료형 |

# 문자열 함수

다음 함수들은 문자 배열에 대한 연산을 수행한다. 이 함수들에 대한 설명에서 s, s1, s2는 각각 null로 끝나는 문자열을 가리키는 포인터이고 c는 int의 정수이며, n은 size_t 형식(stddef.h에 정의)의 정수를 나타낸다. strnxxx 형태의 함수에서 s1, s2는 null로 끝나지 않는 문자 배열을 가리킨다.

이 함수들을 사용하기 위해서는 헤더 파일 <string.h>를 다음과 같이 프로그램에 포함시켜야 한다:

```
#include <string.h>
```

char *strcat (*s1*, *s2*)

문자열 *s2*를 *s1*의 뒤에 붙이고 null 문자를 문자열의 마지막에 넣는다. 함수는 s1을 반환한다.

char *strchr (*s*, *c*)

문자 *c*가 첫 번째 나타난 곳을 문자열 *s*의 시작부터 끝까지 그 안에서 찾는다. 발견될 경우 문자의 포인터가 반환되지만 그렇지 않으면 null 포인터가 반환된다.

int strcmp (*s1*, *s2*)

문자열 *s1*과 *s2*를 비교하여 만약 *s1*이 *s2*보다 작으면 음수를, *s1*과 *s2*가 같으면 0을, *s1*이 *s2*보다 크면 양수를 반환한다.

char *strcoll (*s1*, *s2*)

strcmp와 비슷하지만 현재 설정된 지역의 문자를 대조하는 데 쓰인다.

char *strcpy (*s1*, *s2*)

문자열 *s2*를 *s1*으로 복사한다. 반환값은 s1이다.

char *strerror (*n*)

오류 숫자 *n*을 받아서 관련 오류 메시지를 반환한다.

size_t strcspn (*s1*, *s2*)

*s2*의 문자들만을 포함하고 있는 *s1*의 처음 부분 문자열의 길이를 반환한다.[주1]

```
size_t strlen (s)
```

null 문자를 포함하여 null로 종료되는 문자열 *s*의 길이를 반환한다.

```
char *strncat (s1, s2, n)
```

*s2*의 *n*개 문자만큼만 *s1*의 끝부분에 덧붙여진다. *s2*의 길이가 *n*보다 작으면 *s2* 의 전체가 덧붙여진다. 반환값은 *s1*이다.

```
int strncmp (s1, s2, n)
```

비교될 문자들의 길이가 인수 *n*으로 제한되는 것을 제외하면 strcmp와 같다.

```
char *strncpy (s1, s2, n)
```

*s2*의 길이가 *n*보다 작으면 전체를, 크다면 *s2* 앞부분의 n 바이트를 *s1*으로 복사하고 *s1*을 반환한다.

```
char *strrchr (s, c)
```

문자열 *s*를 검색하여 문자 *c*가 마지막으로 나오는 부분을 찾는다. 발견할 경우 *s*의 문자에 대한 포인터를 반환하고 그렇지 않을 경우 null 포인터를 반환한다.

```
char *strpbrk (s1, s2)
```

문자열 *s1*에서 *s2*가 발견된 첫 번째 문자의 포인터를 반환하고 발견하지 못하면 null 포인터를 반환한다.

```
size_t strspn (s1, s2)
```

*s1* 문자열의 앞에서 읽기 시작하여 *s2*에 포함되지 않은 문자가 나타나면 그 지점에서 멈추고 개수를 반환한다.

```
char *strstr (s1, s2)
```

---

주 1. (역자주) s2에 "12346"이 들어있고 s1에는 "321ab"가 들어있다면, s1의 맨 처음부터 1, 2, 3, 4, 6을 찾는데 처음으로 일치하는 것이 3이 된다. 이때 반환하는 값은 '3' 까지 읽어 들이는데 읽은 문자의 수(문자의 위치 −1)를 반환한다. 만일 일치하는 것이 없다면 s1의 길이를 반환한다.

찾고자 하는 문자열 *s1*에서 찾기를 원하는 문자열 *s2*가 나타난 첫 번째 문자의 위치를 포인터로 반환하고, 그렇지 않으면 null 포인터를 반환한다.

```
char *strtok (s1, s2)
```

구분문자(delimiter)인 문자열 *s2*를 기준으로 *s1*을 쪼개어 토큰들로 분리한다(역자설명: 토큰은 구분문자로 쪼개진 문자열을 의미함). 처음 호출하면 *s1*의 첫 번째 문자부터 토큰들의 위치를 찾는다. *s1*에 NULL 문자를 인수로 전달하여 함수를 호출하면, 이전에 찾았던 토큰 바로 다음 문자부터 시작하여 토큰이 시작하는 곳의 포인터를 반환한다. 이렇게 계속 호출하면, *s1*은 null 포인터가 될 것이다. 그러므로 더 이상 토큰이 남지 않게 되어 null 포인터를 반환한다.[주 2]

```
size_t strxfrm (s1, s2, n)
```

*s2* 문자열로부터 *n*개 만큼의 문자들을 변환하여 *s1*에 쓴다. 변환된 두 개의 문자열은 현재 로케일(LC_COLLATE에 설정되어 있는. 이것은 정규식에서 검색이나 정렬을 위해 사용되는 로케일 값이다)을 따르므로 strcmp로 서로 비교 가능하다.


## 메모리 함수

다음은 문자 배열을 다루는 함수들이다. 이들은 효율적으로 메모리를 탐색하거나 메모리의 한 영역에서 다른 영역으로 복사를 하기 위하여 만들어졌다. 이 함수들을 사용하려면 <string.h> 헤더 파일을 포함시켜야 한다.

---

주 2. (역자주)

**strtok 예제:**

```
#include <stdio.h>#include <string.h>int main (){    char str[] ="- This, a sample
string.";    char * pch;    printf ("문자열 \"%s\" 을 토큰으로 분리하면:\n",str);    pch =
strtok (str, " ,.-");    while (pch != NULL)   {        printf ("%s\n",pch);        pch
= strtok (NULL, " ,.-");    }     return 0;}
```

**실행결과:**

문자열 "– This, a sample string." 을 토큰으로 분리하면

```
This
a
sample
string
```

```
#include <string.h>
```

함수 설명에서 *m1*과 *m2*는 void * 자료형이고 c는 int 형식으로 함수에 의하여 unsigned int 로 변환되며 n은 size_t 형식의 정수이다.

```
void *memchr (m1, c, n)
```

메모리 *m1*의 시작부터 지정된 *n* 바이트 크기 내에서 문자 *c*가 첫 번째 나타난 곳을 찾는다. 반환값은 문자 *c*가 위치한 곳의 포인터이거나 만약 발견하지 못하면 null 포인터이다.

```
void *memcmp (m1, m2, n)
```

메모리의 *m1*으로 시작하여 *n* 바이트만큼 *m2*와 비교하는 함수이다. 첫 번째 다른 쌍이 나타나면 다름을 나타내는 0이 아닌 값을 반환한다. 만약 두 블록의 내용이 같으면 memcmp는 0 을 반환한다.

```
void *memcpy (m1, m2, n)
```

*m2*부터 시작하여 *n* 바이트만큼 *m1*으로 복사한다.

```
void *memmove (m1, m2, n)
```

memcpy와 동작은 같으며 *m1*과 *m2*의 메모리를 중첩해서 사용할 수도 있다[주3].

```
void *memset (m1, c, n)
```

*m1*에서 시작하여 최초의 *n* 바이트의 각 부분에 c의 값을 복사한다.

주의할 점은 이 함수들은 배열에 null 문자를 어떤 의미 있는 문자로 취급하지 않는다. 문자 배열로 취급하지 않고 단순히 배열로 취급하기 때문에 void *로 형식을 반환한 모든 포인 터에 대하여 유효하다. data1과 data2가 100개 int로 구성된 배열이라면 다음과 같은

```
memcpy ((void *) data2, (void *) data1, sizeof (data1));
```

호출은 모든 100개 정수를 data1에서 data2로 복사한다.

---

주 3. (역자주) memcpy와 memmove의 주요 차이는 별도의 버퍼를 사용하느냐이다. memcpy는 별도의 buffer를 사용하지 않으므로 겹치는 부분을 다룰 경우에 behavior is "undefined"라는 메시지를 보여준다. 그러나 두 함수가 특정 시스템 에서 잘 작동한다 할지라도 다른 시스템에서는 안 될 수도 있으므로 항상 표준 스펙의 범위 내에서 코딩을 해야 한다.

# 문자 함수

다음은 문자 하나를 다루는 함수이다. 이 함수들을 사용하기 위해서는 <ctype.h> 헤더 파일을 프로그램에 포함해야 한다.

```
#include <ctype.h>
```

다음 각 함수는 인수로 int(c)를 받아서 시험을 만족하면 TRUE를 반환하고 그렇지 않으면 FALSE를 반환한다.

| 함수명 | 시험 |
| --- | --- |
| isalnum | c가 영문자 또는 숫자 문자인가? |
| isalpha | c가 영문자인가? |
| isblank | c가 공백 문자(공백 또는 탭)인가? |
| iscntrl | c가 제어 문자인가? |
| isdigit | c가 숫자 문자인가? |
| isgraph | c가 그래픽 문자(공백을 제외한 모든 인쇄 가능한 문자)인가? |
| islower | c가 영문 소문자인가? |
| isprint | c가 (공백을 포함한) 인쇄 가능한 문자인가? |
| ispunct | c가 구두 문자인가? |
| isspace | c가 공백 문자(공백, 줄바꿈, 복귀, 수평 또는 수직 탭, 폼피드)인가? |
| isupper | c가 영문 대문자인가? |
| isxdigit | c가 16진수에 사용되는 문자인가? |

다음 두 함수는 문자 변환을 위해서 사용된다.

```
int tolower(c)
```

c의 소문자를 반환한다. 만약 $c$가 영문 대문자가 아니면 $c$ 그대로 반환한다.

```
int toupper(c)
```

c의 대문자를 반환한다. 만약 $c$가 영문 소문자가 아니면 $c$ 그대로 반환한다.

# 입 · 출력 함수

다음은 자주 사용되는 입 · 출력 표준 함수들이다. 이 함수들을 사용하는 프로그램은 앞부분에 <stdio.h> 헤더 파일을 프로그램에 포함시켜야 한다.

```
#include <stdio.h>
```

헤더 파일에는 I/O를 위한 함수 정의와 EOF, NULL, stdin, stdout, stderr (모두 상수)와 FILE 에 대한 정의가 들어 있다.

다음에 나오는 설명에서 *fileName*, *fileName1*, *fileName2*, *accessMode*, *format*은 null 문자로 끝나는 문자열이고 *buffer*가 문자열에 대한 포인터이면, *filePtr*은 "FILE에 대한 포인터" 형식이고 n과 *size*는 양의 정수로 size_t 형식이며, *i*와 *c*는 int 형식이다.

```
void clearerr (filePtr)
```

*filePtr*에 의하여 설정된 파일 끝과 오류 지시자를 제거한다.

```
int fclose (filePtr)
```

*filePtr* 파일을 닫는다. 성공적으로 파일이 닫힌 경우에는 0을 반환하고 실패한 경우에는 EOF를 반환한다.

```
int feof (filePtr)
```

*filePtr* 파일에서 파일 끝에 있으면 0이 아닌 값을 반환하고 끝에 있지 않으면 0이 아닌 값 을 반환한다.

```
int ferror (filePtr)
```

*filePtr* 파일에 오류가 있으면 0이 아닌 값을 반환하고 오류가 없으면 0을 반환한다.

```
int fflush (filePtr)
```

*filePtr* 파일에 버퍼에 있는 어떤 출력을 파일에 쓴다. 이 함수는 쓰기 오류가 발생하면 EOF를 반환하고 아니면 0을 반환한다.

```
int fgetc (filePtr)
```

*filePtr* 파일에서 unsigned char 형식으로 다음 문자를 읽고 그 값을 int 형식으로 변 화시켜 반환한다. 파일의 끝에 이르거나 읽기 오류가 나면 EOF를 반환한다(이 함수는 int 형식을 반환한다는 것을 기억하라).

```
int fgetpos (filePtr, fpos)
```

*filePtr*의 현재 위치를 (<stdio.h>에 저장된) fpos_t 포인터 형식의 fpos가 가리키는 위치에 저장한다. 만일 성공하면 fgetpos는 0을 반환하고 그렇지 않으면 0이 아닌 값을 반환하고 에러 번호 errno를 저장한다. fsetpos 함수를 참고하라.

```
char *fgets (buffer, i, filePtr)
```

지정된 FILE 스트림에서 문자를 받아서 *i*-1개의 문자를 입력받을 때까지, 또는 줄바꿈 문자가 나올 때까지 입력받아 문자배열 *buffer*에 저장한다. 줄바꿈 문자를 만나면 이 문자 역시 배열에 저장하게 된다. 파일의 끝에 도달했는데 아무런 문자도 읽어 들이지 않았거나 에러가 발생하게 되면, NULL 포인터가 반환된다. 그렇지 않으면 *buffer*의 내용을 반환한다.

```
FILE *fopen (fileName, accessMode)
```

접근 모드로 별도 지정한 파일을 연다. 설정 가능한 접근 모드는 "r"은 읽기, "w"는 쓰기, "a"는 파일의 끝에 덧붙이기, "r+"는 존재하는 파일을 읽기/쓰기 형식으로 열기, "w+"도 읽기/쓰기로 파일을 열고(만일 파일이 존재하고 있다면 그 파일의 내용은 모두 지워진다), "a+"는 파일을 읽기/덧붙이기 형식으로 여는데 모든 쓰기 작업은 파일의 끝에서 진행된다. *accessMode*가 쓰기 모드("w", "w+") 또는 덧붙이기 모드("a", "a+")일 때 열고자 하는 파일이 없다면 새로 만든다. 덧붙이기 모드("a" 또는 "a+")에서 파일이 열려 있으면 이 파일에 있는 데이터를 덮어쓸 수 없다.

텍스트 파일과 2진 파일을 구분하는 시스템에서는 문자 b가 붙어야("rb") 2진 파일을 열 수 있다.

fopen을 호출하여 열기가 성공하면 FILE 포인터가 반환되어 I/O 연산에서 파일을 식별하는 데 사용되고 그렇지 않으면 null 포인터를 반환한다.

```
int fprintf (filePtr, format, arg1, arg2, ..., argn)
```

*filePtr* 파일에 인수로 주어진 arg1부터 argn을 *format*으로 지정한 형식으로 출력한다. 포맷을 위한 문자들은 printf 함수의 경우와 동일하다(15장 "C 언어의 입·출력 연산"을 참고하자). 출력된 문자의 수를 반환한다. 음수가 반환되면 출력하는 동안 오류가 발생한 것이다.

```
int fputc (c, filePtr)
```

문자 c(unsigned char 형식으로 변환한)를 *filePtr* 파일에 출력한다. 만약 오류가 발생하면 EOF를 반환하고 그렇지 않으면 문자 c 가 반환된다.

```
int fputs (buffer, filePtr)
```

*filePtr* 파일에 문자열 *buffer*의 내용을 출력한다. 마지막 null 문자를 만나기 이전까지의 문자들이 출력되며 null 문자는 출력되지 않는다. 줄바꿈 문자가 자동으로 추가되어 출력되지 않는다. 오류가 발생하면 EOF를 반환한다.

```
size_t fread (buffer, size, n, filePtr)
```

*filePtr* 파일로부터 배열 *buffer*에 *size* 크기의 *n* 개 항목을 읽는다. 예를 들면

```
numread = fread (text, sizeof (char), 80, in_file);
```

은 in_file이 가리키는 파일에서 문자 80개를 읽어 text가 가리키는 배열에 저장한다. 이 함수는 완전히 읽혀진 것의 개수를 반환한다.

```
FILE *freopen (fileName, accessMode, filePtr)
```

*filePtr* 파일을 닫고 *accessMode*로 *fileName* 파일을 연다(fopen 함수 참조). 열려진 파일은 filePtr에 연결된다. 만약 freopen이 성공하면 *filePtr*이 반환되고 그렇지 않으면 null 포인터가 반환된다. freopen 함수는 stdin, stdout, 또는 stderr을 다른 파일로 재설정할 때 자주 사용된다. 예를 들면 다음 호출

```
if ( freopen ("inputData", "r", stdin) == NULL ) {
    ...
}
```

은 stdin을 읽기 모드로 파일 inputData로 다시 설정한 효과가 있다. 이후에 stdin에 실행되는 I/O 연산은 실제 inputData에서 실행되어 마치 stdin이 파일을 다시 가리키는 것과 같은 효과가 있다.

```
int fscanf (filePtr, format, arg1, arg2, ..., argn)
```

*filePtr* 파일에서 문자열 *format*에 지정된 형식으로 입력을 받은 후 입력된 값을 각각 arg1부터 차례로 인수에 저장한다. 각 인수 arg1부터 argn은 포인터이다. *format*에 있는 형식 문자는 scanf에 있는 것과 동일하다(15장 참조). fscanf 함수는 성공적으로 읽어서 저장한 것의 수(%n으로 저장한 것은 제외)를 반환하고 첫째 것을 읽기 전에 파일의 끝을 만나면 EOF를 반환한다.

int fseek (*filePtr, offset, mode*)

*filePtr* 파일의 읽거나 쓰는 위치를 변경하는 데 사용된다. *mode*는 SEEK_SET, SEEK_ CUR, 또는 SEEK_END 상수들 중 하나가 되어야 하는데, 이 상수값들은 offset과 연관시켜 서 파일의 위치를 변경하는 방법을 나타낸다. 즉, SEEK_SET은 파일의 시작점에서 OFFSET 만큼 이동해서, SEEK_CUR는 파일의 현재 위치로부터 OFFSET만큼 이동해서, SEEK_END 는 파일의 끝에서 OFFSET 만큼 이동해서 현재 위치를 설정한다. SEEK_SET, SEEK_CUR, SEEK_END, SEEK_SET은 <stdio.h>에 정의되어 있다.

텍스트 파일과 2진 파일을 구분하는 시스템에서는 SEEK_END를 지원하지 않는다. 텍스트 파일에서 offset은 0이거나 이전에 호출한 ftell이 반환한 값이어야 한다. 후자의 경우 에 *mode*는 항상 SEEK_SET이어야 한다.

함수는 성공하면 0을 반환하고 실패하면 0이 아닌 값을 반환한다.

int fsetpos (*filePtr, fpos*)

*filePtr* 파일의 현재 위치를 fpos_t형식(<stdio.h>에 정의됨)의 *fpos* 위치로 변경한다. 만 일 성공하면 fsetpos는 0을 반환한다. 그렇지 않으면 fsetpos는 0이 아닌 값을 반환한다.

long ftell (*filePtr*)

*filePtr* 파일의 현재 위치를 상대적인 바이트 크기로 반환한다. 만약 실패하면 −1L을 반환 한다.

size_t fwrite (*buffer, size, n, filePtr*)

*filePtr* 파일에 배열 *buffer*를 *size* 크기로 *n*개의 항목을 저장한다. 반환값은 호출이 성 공하면 파일에 써진 전체 원소의 개수이다.

int getc (*filePtr*)

*filePtr* 파일에서 다음 문자를 읽어서 반환한다. 만약 오류가 있거나 파일의 끝에 있으면 EOF를 반환한다.

int getchar (void)

stdin에서 다음 문자를 읽어서 반환한다. 만약 오류가 있거나 파일의 끝이면 EOF를 반환 한다.

char *gets (*buffer*)

stdin에서 줄바꿈 문자까지 읽어서 *buffer* 배열에 저장한다. 줄바꿈 문자는 *buffer*에 저장되지 않고 문자열의 마지막에 null 문자를 넣는다. 읽을 때 오류가 발생하거나 읽을 문자가 없으면 null 포인터가 반환되고, 그렇지 않으면 *buffer*가 반환된다. 이 함수는 ANSI C11 스펙에서 제거되었지만 오래된 코드에서는 여전히 보이므로 함수가 어떻게 동작하는지 알고 있는 것이 좋겠다.

```
void perror (message)
```

*message*에 있는 문자열을 먼저 stderr에 출력하고 최근 오류의 내용을 stderr에 연결해서 출력한다. 예를 들면, 다음 코드

```
#include <stdlib.h>
#include <stdio.h>

if ( (in = fopen ("data", "r")) == NULL ) {
    perror ("data file read");
    exit (EXIT_FAILURE);
}
```

는 fopen 호출이 실패하면 실패한 이유에 대해서 자세한 내용을 담은 오류 메시지를 출력해 준다.

```
int printf (format, arg1, arg2, ..., argn)
```

*format*에 지정된 출력 형식으로 arg1부터 argn까지의 인수를 stdout에 출력한다(15장 참고). 그리고 출력된 문자의 수를 반환한다.

```
int putc (c, filePtr)
```

*filePtr* 파일에 값 c를 unsigned char로 변환해서 출력한다. 성공하면 c를 반환하고 실패하면 EOF를 반환한다.

```
int putchar(c)
```

stdout에 값 c를 unsigned char로 변환하여 출력한다. 성공하면 c를 반환하고 실패하면 EOF를 반환한다.

```
int puts (buffer)
```

buffer 배열에 있는 내용을 null 문자까지 stdout에 출력한다. 줄바꿈 문자는 마지막에 자동으로 출력된다(fputs 함수와 다르게). 실패하면 EOF를 반환한다.

```
int remove (fileName)
```

파일 *fileName*을 삭제한다. 실패하면 0이 아닌 값을 반환한다.

```
int rename (fileName1, fileName2)
```

파일 *fileName1*을 *fileName2*로 이름을 변경한다. 실패하면 0이 아닌 값을 반환한다.

```
void rewind (filePtr)
```

*filePtr* 파일의 현재 위치를 처음으로 이동한다.

```
int scanf (format, arg1, arg2, ..., argn)
```

표준입력(stdin)에서 데이터를 읽어와 형식 문자열에 따라 나머지 arg1부터 argn까지의 인수에 저장한다(15장 참고). 입력 형식을 지정한 *format*은 문자열에 대한 포인터이어야 한다. 성공적으로 입력받아서 저장한 개수(%n은 제외)를 반환한다. 한 개도 읽기 전에 파일의 끝에 도달하면 EOF를 반환한다.

```
FILE *tmpfile (void)
```

임시 파일을 생성해서 쓰기 갱신 모드("r+b")로 연다; 오류가 있으면 null을 반환한다. 임시 파일은 프로그램이 종료되면 자동으로 삭제된다. (함수 tmpnam을 사용해서 호출하면 오직 하나뿐인 임시 파일의 이름을 만들 수 있다.)

```
int ungetc (c, filePtr)
```

*filePtr* 파일에 문자 c를 다시 집어넣는다. 문자는 실제로 파일에 쓰지는 않고 파일과 관련된 버퍼에 넣는다. 다음에 getc를 호출하면 이 문자를 반환한다. 한 개 문자를 다시 집어넣기 위해서 ungetc 함수는 한번만 호출되어야 한다. 이는 또 다른 ungetc 함수를 호출하기 전에 반드시 읽기 연산이 먼저 실행되어야 한다. 이 함수는 성공적으로 c를 다시 집어넣으면 c를 반환하고 실패하면 EOF를 반환한다.

## 메모리에서 형식을 변환하는 함수

메모리에 데이터의 형식을 변환하는 데 sprintf()와 sscanf()를 사용한다. 이 함수들은 첫째 인수로 FILE 포인터를 사용하는 대신에 문자열을 사용한다는 점을 제외하면 fprintf(), fscanf() 함수와 닮은꼴이다. 이 함수들을 사용하려면 헤더 파일 <stdio.h>를 프로그램에 포함시켜야 한다.

```c
int sprintf (buffer, format, arg1, arg2, ..., argn)
```

인수 *arg1*부터 *argn*에 있는 값들을 출력 형식 *format*에 따라 변환한 후 *buffer*에 저장한다(15장 참고). null 문자는 자동으로 문자열 *buffer*의 출력 마지막에 추가된다. 마지막 null 문자를 제외하고 *buffer*에 출력된 문자의 수가 반환된다. 예를 들면 다음 코드

```c
int version = 2;
char fname[125];
...
sprintf (fname, "/usr/data%i/2015", version);
```

은 fname 배열에 "/usr/data2/2015" 문자열을 저장한다.

```c
int sscanf ( buffer, format, arg1, arg2, ..., argn )
```

*format*에 지정된 입력 형식에 따라 *buffer*를 읽어서 *arg1*부터 *argn*까지의 인수에 저장한다 (15장 참고). 성공적으로 읽은 항목의 수가 반환된다. 예를 들면 다음 코드

```c
char buffer[] = "July 16, 2014", month[10];
int day, year;
...
sscanf (buffer, "%s %d, %d", month, &day, &year);
```

는 문자열 "July"를 month에, 정수 16을 day에, 그리고 정수 2014를 year에 저장한다. 다음 코드

```c
#include <stdio.h>
#include <stdlib.h>

if ( sscanf (argv[1], "%f", &fval) != 1 ) {
    fprintf (stderr, "Bad number: %s\n", argv[1]);
    exit (EXIT_FAILURE);
}
```

는 프로그램 실행 명령의 첫째 인수(argv[1]가 가리키는)를 실수로 변환하며, sscanf의 반환값을 조사하여 argv[1]이 실수로 성공적으로 변환됐는지 알아본다(문자열을 숫자로 변환하는 다른 방법을 위한 함수는 다음 절에서 설명된다).

## 문자열을 숫자로 변환

다음은 문자열을 숫자로 변환하는 함수들이다. 여기서 설명하는 함수들을 사용하기 위해서는 헤더 파일 <stdlib.h>를 프로그램에 포함해야 한다.

```
#include <stdlib.h>
```

이후의 설명에서 *s*는 null로 끝나는 문자열에 대한 포인터, *end*는 문자 포인터에 대한 포인터이고 *base*는 int 형식이다.

모든 함수는 앞에 있는 공백 문자를 모두 건너뛰고 변환할 문자로 적절하지 않은 문자를 처음 만나기 전까지만 변환에 사용한다.

```
double atof (s)
```

*s*가 가리키는 문자열을 실수로 변환하고 그 결과를 반환한다.

```
int atoi (s)
```

*s*가 가리키는 문자열을 int 형식 정수로 변환하고 그 결과를 반환한다.

```
int atol (s)
```

*s*가 가리키는 문자열을 long int 형식 정수로 변환하고 그 결과를 반환한다.

```
int atoll (s)
```

*s*가 가리키는 문자열을 long long int 형식 정수로 변환하고 그 결과를 반환한다.

```
double strtod (s, end)
```

*s*를 double로 변환하고 결과를 반환한다. 문자열 s에서 변환이 종료된 위치를 *end*가 가리키는 문자 포인터에 저장한다. *end*가 null 포인터가 아닌 경우에만 허용한다.

예를 들어 다음 코드

```
#include <stdlib.h>
...
char buffer[] = " 123.456xyz", *end;
double value;
...
value = strtod (buffer, &end);
```

는 123.456을 value에 저장한다. strtod에 의하여 buffer에서 변환을 종료한 x의 위치가 문자 포인터 end에 저장된다. 이 경우에 end가 가리키는 위치의 문자는 'x'이다.

```
float strtof (s, end)
```

float 형식 실수로 변환하는 것만 다르고 strtod와 같다.

```
long int strtol (s, end, base)
```

s를 long int로 변환하고 결과를 반환한다. base는 2와 16까지의 값으로 변환할 수의 진수를 나타낸다. 지정된 진수에 따라서 숫자 문자들을 해석한다. 만약 base가 0이면 숫자 문자열은 10진수로, 8진수(앞에 0), 또는 16진수(앞에 0x 또는 0X)로 해석된다. base가 16이면 숫자 문자열은 앞에 0x 또는 0X가 올 수도 있고 오지 않을 수도 있다.

end가 null 포인터가 아닌 경우에 변환을 마친 문자열의 위치는 문자 포인터에 대한 포인터 base가 가리키는 위치에 저장된다.

```
long double strtold (s, end)
```

long double 형식 정수로 변환하는 것만 다르고 strtold와 같다.

```
long long int strtoll (s, end, base)
```

long long int 형식 정수로 변환하는 것만 다르고 strtol과 같다.

```
unsigned long int strtoul (s, end, base)
```

s를 unsigned long int 형식 정수로 변환하고 결과를 반환한다. 나머지 인수는 strtol 경우와 같이 해석된다.

```
unsigned long long int strtoull (s, end, base)
```

s를 unsigned long long int 형식 정수로 변환하고 결과를 반환한다. 나머지 인수는 strtol의 경우와 같이 해석된다.


## 동적 메모리 할당 함수

다음은 동적으로 메모리를 할당받고 반환하는 함수들이다. 각 함수 설명에서 n과 size는 size_t형의 정수이고 pointer는 void에 대한 포인터이다. 이 함수들을 사용하려면 다음과 같은 줄을 프로그램에 포함시켜야 한다.

```
#include <stdlib.h>
```

void *calloc (*n*, *size*)

크기가 *size*인 항목 *n*개를 위한 연속적인 메모리를 할당받는다. 할당받은 메모리는 모두 0으로 초기화되어 있다. 성공적으로 할당받으면 할당된 메모리의 시작 주소가 반환되고 실패하면 null 포인터가 반환된다.

void free (*pointer*)

이전에 calloc(), malloc(), realloc()으로 할당받은 메모리의 시작 위치를 *pointer*가 가리키고 있을 때 이 메모리를 반환한다.

void *malloc (*size*)

*size* 크기만큼 연속된 메모리를 할당받는다. 성공적으로 할당받으면 할당된 메모리의 시작 위치가 반환되고 실패하면 null 포인터가 반환된다.

void *realloc (*pointer*, *size*)

이전에 할당받은 메모리의 크기를 *size* 바이트로 변경한다. 새로 할당된 메모리(다른 메모리로 이동될 수 있음)에 대한 주소를 반환하며 실패하면 null 포인터가 반환된다.


## 수학 함수

다음 목록은 수학 함수들이다. 이 함수들을 사용하려면 다음 줄을 프로그램에 포함시켜야 한다.

```
#include <math.h>
```

표준 헤더 파일 <tgmath.h>에서는 인수의 형태에 대한 걱정 없이 수학이나 복잡한 수학 라이브러리에서 함수를 호출하는 데 사용할 수 있는 형식 일반적인 매크로들을 정의하고 있다. 예를 들면 인수와 반환값의 자료형에 따라서 6개의 제곱근 함수를 선택해서 사용할 수 있다.

- double sqrt (double x)
- float sqrtf (float x)
- long double sqrtl (long double x)
- double complex csqrt (double complex x)
- float complex csqrtf (float complex f)
- long double complex csqrtl (long double complex)

<math.h>와 <complex.h>를 프로그램에 포함시켜서 까다롭게 6개 함수를 고려하는 대신 단지 sqrt라는 이름을 가진 "일반적인" 버전의 함수를 사용할 수 있다. 이러한 매크로는 <tgmath.h>에 적절한 함수가 호출되도록 정의되어 있다.

다시 <math.h>로 돌아가서 다음 매크로는 인수로 주어진 실수의 특정 속성을 조사하기 위해서 사용된다.

```
int fpclassify (x)
```

x를 다음과 같이 NaN(FP_NAN), 무한(FP_INFINITE), 보통(FP_NORMAL), 보통 이하(FP_SUBNORMAL), 값 0(FP_ZERO), 또는 각 구현에서 정의한 범주로 분류할 수 있다. 각 FP_... 값은 math.h에 정의되어 있다.

```
int isfin (x)
```

$x$가 유한수인가?

```
int isinf (x)
```

$x$가 무한수를 나타내는가?

```
int isgreater (x, y)
```

$x > y$인가?

```
int isgreaterequal (x, y)
```

Is $x \geq y$인가?

```
int islessequal (x, y)
```

$x \leq y$인가?

```
int islessgreater (x, y)
```

$x < y$ 또는 $x > y$인가?

```
int isnan (x)
```

$x$가 NaN (Not a Number; 숫자가 아님)인가?

```
int isnormal (x)
```

$x$가 일반 실수인가?

```
int isunordered (x, y)
```

$x$와 $y$가 순서가 없는가(예를 들면 하나 또는 둘 다 NaN)?

```
int signbit (x)
```

$x$의 부호가 음수인가?

다음에 설명되는 함수에서 $x$, $y$ 그리고 $z$는 double 형식이고, $r$은 라디안으로 표현된 각도로서 double 형식이며 $n$은 int 형식이다.

이 함수들로부터 발생되는 오류는 어떻게 표현되는지 알아보려면 다른 문서를 참조하기 바란다.

```
double acos (x)
```
[주 4]

각도를 라디안으로 표현하여 $[0, \pi]$ 사이의 값을 갖는 x의 역 cos 값을 $[-1, 1]$ 구간으로 반환한다.

```
double acosh (x)
```

x의 쌍곡선 역 cos 값, $x \geq 1$을 반환한다.

```
double asin (x)
```

각도를 라디안으로 표현하여 $[-\pi/2, \pi/2]$ 사이의 값을 갖는 x의 역 sin 값을 $[-1, 1]$ 구간으로 반환한다.

```
double asinh (x)
```

x의 쌍곡선 역 sin 값을 반환한다.

```
double atan (x)
```

$[-\pi/2, \pi/2]$의 구간값을 가지며 라디안으로 나타낸 x의 역 tan 값을 계산한다.

```
double atanh (x)
```

$|x| \leq 1$인 x의 쌍곡선 역 tan 값을 계산한다.

---

주 4. 수학 라이브러리에는 float, double, long double 값을 인수로 받고 같은 자료형으로 반환을 하는 float, double, long double 버전의 수학 함수들이 있다. double 버전만 여기서 요약해서 설명하고 있다. float 버전은 같은 이름의 뒤에 f를 붙이면 된다(예: acosf). long double 버전은 끝에 l을 붙인다(예: acosl).

```
double atan2 (y, x)
```

$[-\pi, \pi]$ 구간값을 가지며 라디안으로 나타낸 $y/x$의 역 tan 값을 계산한다.

```
double ceil (x)
```

$x$ 보다 같거나 큰 정수 중에서 가장 작은 정수를 반환한다. 결국 올림을 한 정수이다. 반환되는 값은 double 형식이다.

```
double copysign (x, y)
```

크기는 $x$와 같고 부호는 $y$와 같은 값을 반환한다.

```
double cos (r)
```

$r$의 cos 값을 반환한다.

```
double cosh (x)
```

$x$의 쌍곡선 cos 값을 반환한다.

```
double erf (x)
```

$x$의 오차함수를 계산해서 반환한다.

```
double erfc (x)
```

$x$의 상오차함수를 계산해서 반환한다.

```
double exp (x)
```

$e^x$를 반환한다.

```
double expm1 (x)
```

$e^x - 1$를 반환한다.

```
double fabs (x)
```

$x$의 절대값을 반환한다.

```
double fdim (x, y)
```

만약 $x > y$ 이면 $x - y$를 반환하고 그렇지 않으면 0을 반환한다.

```
double floor (x)
```

$x$와 같거나 작은 정수 중에서 가장 큰 정수를 반환한다. 반환되는 값은 `double` 형식임에 주의해야 한다.

```
double fma (x, y, z)
```

$(x \times y) + z$를 반환한다.

```
double fmax (x, y)
```

$x$와 $y$ 중 최댓값을 반환한다.

```
double fmin (x, y)
```

$x$와 $y$ 중 최솟값을 반환한다.

```
double fmod (x, y)
```

$x$를 $y$로 나눈 실수 나머지를 반환한다. 결과값의 부호는 $x$의 부호와 같다.

```
double frexp (x, exp)
```

숫자 $x$를 가수부와 지수부로 분리한다. 반환값은 가수부의 값이 반환되며 항상 [1/2, 1]의 범위 안에 있다. 지수부는 $exp$가 가리키는 위치에 저장된다. 반환값에 이 2의 지수승을 곱하면 원래의 숫자값과 같다.

```
int hypot (x, y)
```

$x^2 + y^2$의 제곱근을 계산한다.

```
int ilogb (x)
```

2를 밑으로 하는 $x$의 로그값($\log 2x$)에서 정수 부분을 int 형식으로 반환한다.[5]

```
double ldexp (x, n)
```

$x \times 2^n$을 계산한다.

```
double lgamma (x)
```

---

주 5. ilogb(2) = 1, ilogb(4) = 2, ilogb(10) = 3, ...

$x$의 gamma 절대값에 대한 자연 로그값을 계산한다.

```
double log (x)
```

$x$의 로그값을 계산한다(x ≥ 0).

```
double logb (x)
```

2를 밑으로 하는 $x$의 로그값에서 정수 부분을 double 형식으로 반환한다.

```
double log1p (x)
```

2를 밑으로 하는 (x + 1)의 로그값에서 정수 부분을 double 형식으로 반환한다(x ≥ -1).

```
double log2 (x)
```

log2x를 계산한다(x ≥ 0).

```
double log10 (x)
```

log10x를 계산한다(x ≥ 0).

```
long int lrint (x)
```

$x$에 가장 가까운 long 형식 정수를 계산한다.

```
long long int llrint (x)
```

$x$에 가장 가까운 long long 형식 정수를 계산한다.

```
long long int llround (x)
```

$x$에 가장 가까운 long long 형식 정수를 계산한다. 중간값은 항상 0에서 먼 값이 된다(그래서 0.5는 항상 1이 된다).

```
long int lround (x)
```

$x$에 가장 가까운 long int 형식 정수를 계산한다. 중간값은 항상 0에서 먼 값이 된다(그래서 0.5는 항상 1이 된다).

```
double modf (x, ipart)
```

인수 $x$를 정수 부분과 소수 부분으로 분해한다. 두 수의 합은 x와 같다. 정수 부분은 *ipart*가 가리키는 double 형식 자료에 저장되고 소수 부분은 반환한다.

```
double nan (s)
```

문자열 *s*가 가리키는 내용에 따라서 가능하다면 NaN을 반환한다.

```
double nearbyint (x)
```

실수로 *x*에 가장 가까운 정수를 반환한다.

```
double nextafter (x, y)
```

*y* 방향으로 표현이 가능한 다음 *x*값을 반환한다.

```
double nexttoward (x, ly)
```

*y* 방향으로 표현이 가능한 다음 *x*값을 반환한다. `nextafter`와 비슷하고 둘째 인수가 `long double` 형식인 것만 다르다.

```
double pow (x, y)
```

$x^y$를 반환한다. 만일 *x*가 0보다 작으면 *y*는 정수이어야 한다. 만일 *x*가 0이 아니면 *y*는 0보다 커야 한다.

```
double remainder (x, y)
```

*x*를 *y*로 나눈 나머지를 반환한다.

```
double remquo (x, y, quo)
```

*x*를 *y*로 나눈 나머지를 반환한다. 몫은 quo가 가리키는 정수에 저장된다.

```
double rint (x)
```

*x*에 가장 가까운 정수를 `double` 형식으로 반환한다. 결과가 x와 같지 않으면 실수 오류가 발생한다.

```
double round (x)
```

*x*에 가장 가까운 정수를 실수로 반환한다. 중간값은 항상 0부터 먼 값이다(그래서 0.5는 항상 1이 된다).

```
double scalbln (x, n)
```

$x \times FLT_RADIX^n$을 반환한다. *n*은 `long int`이다.

```
double scalbn (x, n)
```

$x \times$ `FLT_RADIX`$^n$을 반환한다. $n$은 int이다.

```
double sin (r)
```

$r$의 sin 값을 계산한다.

```
double sinh (x)
```

$x$의 쌍곡선 sin 값을 계산한다.

```
double sqrt (x)
```

$x$의 제곱근값을 계산한다($x \geq 0$).

```
double tan (r)
```

$r$의 tan 값을 계산한다.

```
double tanh (x)
```

$x$의 쌍곡선 tan 값을 계산한다.

```
double tgamma (x)
```

$x$의 감마 함수값을 계산한다.

```
double trunc (x)
```

$x$의 소수점 이하를 버린 정수를 double 실수형으로 반환한다.


## 복소수 계산

헤더 파일 <complex.h>는 복소수 계산을 위한 다양한 정의와 함수에 대한 정의를 담고 있다. 다음 목록에 있는 매크로들은 이 파일에 정의되어 있고 그 뒤에 복소수 계산을 위한 함수를 설명했다.

| 정의 | 의미 |
| --- | --- |
| complex | _Complex의 다른 이름 |
| _Complex_I | 복소수의 허수부를 나타내기 위한 매크로(예: `4 + 6.2 * _Complex_I`는 4 + 6.2i를 나타낸다) |

| imaginary | _Imaginary 형식에 대한 다른 이름. 허수형을 지원하는 경우에만 정의된다. |
| --- | --- |
| _Imaginary_I | 복소수의 허수 부분만 표현하기 위한 매크로 |

다음 함수 설명에서 $y$와 $z$는 double complex 형식이고 $x$는 double, $n$은 int이다.

double complex cabs (z)[주6]

$z$의 복소수 절대값을 반환한다.

double complex cacos (z)

$z$의 복소수 역 cos 값을 반환한다.

double complex cacosh (z)

$z$의 복소수 역 쌍곡선 cos 값을 반환한다.

double carg (z)

$z$의 위상각을 반환한다.

double complex casin (z)

$z$의 복소수 역 sin 값을 반환한다.

double complex casinh (z)

$z$의 복소수 역 쌍곡선 sin 값을 반환한다.

double complex catan (z)

$z$의 복소수 역 tan 값을 반환한다.

double complex catanh (z)

$z$의 복소수 역 쌍곡선 tan 값을 반환한다.

---

주 6. 복소수 수학 라이브러리는 인수와 반환값으로 각각 float complex, double complex, long double complex 형식을 갖는 float complex, double complex, long double complex 버전 함수들이 있다. 여기서는 double complex 버전만 요약해서 설명한다. float complex 버전은 같은 이름의 끝에 f를 붙이면 된다(예: cacosf). long double 버전은 l을 끝에 붙이면 된다(예: cacosl).

```
double complex ccos (z)
```

$z$의 복소수 cos 값을 반환한다.

```
double complex ccosh (z)
```

$z$의 복소수 쌍곡선 cos 값을 반환한다.

```
double complex cexp (z)
```

$z$의 복소수 자연 지수값을 반환한다.

```
double cimag (z)
```

$z$의 허수부를 반환한다.

```
double complex clog (z)
```

$z$의 복소수 자연 로그값을 반환한다.

```
double complex conj (z)
```

$z$의 복소수 켤레값(허수부의 부호만 바꾼 것)을 반환한다.

```
double complex cpow (y, z)
```

복소수 거듭제곱 $y^z$값을 반환한다.

```
double complex cproj (z)
```

$z$의 리만 구에 대한 사상을 계산한다.

```
double complex creal (z)
```

$z$의 실수부를 반환한다.

```
double complex csin (z)
```

$z$의 복소수 sin 값을 반환한다.

```
double complex csinh (z)
```

$z$의 복소수 쌍곡선 sin 값을 반환한다.

```
double complex csqrt (z)
```

$z$의 복소수 제곱근값을 반환한다.

```
double complex ctan (z)
```

$z$의 복소수 tan 값을 반환한다.

```
double complex ctanh (z)
```

$z$의 복소수 쌍곡선 tan 값을 반환한다.

## 범용 도구 함수들

라이브러리에 있는 어떤 함수들은 앞에서 분류한 어떤 범주에도 속하지 않는 것이 있다. 이 함수들을 사용하려면 <stdlib.h>를 포함시켜야 한다.

```
int abs (n)
```

정수 인수 $n$의 절대값을 반환한다.

```
void exit (n)
```

프로그램을 종료시키며 열어 놓은 모든 파일을 닫고 int 형식의 n이 프로그램의 종료값이 된다. EXIT_SUCCESS와 EXIT_FAILURE가 <stdlib.h>에 정의되어 있고, 각각 성공과 실패를 반환할 때 사용된다.

이 함수와 관련이 있고 참고할 만한 다른 함수들로는 abort와 atexit가 있다.

```
char *getenv (s)
```

$s$가 가리키는 환경변수에 대한 값이 저장된 위치를 반환한다. 만약 지정한 환경변수가 없으면 null이 반환된다. 이 함수는 시스템에 따라서 다를 수 있다.

Unix에서 예로, 다음 코드

```
char *homedir;
    ...
homedir = getenv ("HOME");
```

은 사용자의 홈 디렉터리를 나타내는 환경변수 HOME의 값을 가져오기 위해서 사용되며 homedir에 환경변수값의 주소가 저장된다.

```
long int labs (l)
```

long int 형식 인수 *l*의 절댓값을 반환한다.

long long int llabs (*ll*)

long long int 형식 인수 *ll*의 절댓값을 반환한다.

void qsort (*arr, n, size, comp_fn*)

void 포인터 *arr*이 가리키는 곳에 저장된 데이터를 정렬한다. 저장된 데이터는 길이가 *n*인 배열에 저장되어 있으며 원소의 크기는 size_t 형식의 *size*가 가지고 있다. 네 번째 인수는 "두 개의 void 포인터 인수를 받아서 정수를 반환하는 함수 포인터" 형식이다. qsort는 이 함수를 호출해서 배열에 있는 두 개 원소를 비교한다. 비교를 위해서 원소에 대한 2개 포인터를 인수로 넘긴다. 비교 함수는 사용자가 제공해야 하며 2개 포인터에 저장된 원소를 비교해서 첫째 원소와 둘째 원소가 같으면 0을, 첫째 원소보다 둘째 원소가 작으면 0보다 큰 값을, 둘째 원소가 크면 0보다 작은 값을 반환해야 한다.

data에 1,000개 정수가 저장되어 있을 경우에 이를 qsort를 사용해서 정렬하기 위한 예제는 다음과 같다.

```c
#include <stdlib.h>
    ...
int main (void)
{
    int data[1000], comp_ints (void *, void *);
    ...
    qsort (data, 1000, sizeof(int), comp_ints);
    ...
}

int comp_ints (void *p1, void *p2)
{
    int i1 = * (int *) p1;
    int i2 = * (int *) p2;
    return i1 - i2;
}
```

여기서 설명하지는 않지만 bsearch라는 함수는 qsort와 비슷한 인수를 받아서 정렬된 데이터에서 탐색을 수행한다.

```
int rand (void)
```

난수를 발생해서 반환한다. 난수는 [0, RAND_MAX] 사이의 값이고, RAND_MAX는 <stdlib.h>에 정의되어 있고 최솟값은 32767이다. 또한 srand를 참고하자.

```
void srand (seed)
```

난수 발생기에게 unsigned int 형식의 *seed*를 넣는다.

```
int system (s)
```

실행을 위한 명령이 저장된 문자열 *s*를 인수로 넘겨서 이 명령이 시스템에서 실행하게 만든다. 만약 *s*가 null 포인터이면 system은 0이 아닌 값을 반환하고 명령 실행이 가능하면 0을 반환한다.

Unix의 경우를 예로 들자면 다음 호출

```
system ("mkdir /usr/tmp/data");
```

는 /usr/tmp/data 디렉터리를 만든다(이 명령 실행을 위한 적절한 권한이 있어야 한다).

# gcc를 이용한 컴파일

이 부록에는 자주 사용되는 gcc의 옵션을 요약했다. Unix에서는 모든 명령에 대한 정보를 볼 때와 마찬가지로 man gcc를 사용해서 gcc 정보를 얻을 수 있으며, gcc의 웹 사이트인 http://gcc.gnu.org/onlinedocs를 방문하여 온라인 문서들을 얻을 수 있다. 이 부록은 gcc 릴리스 4.9에 대한 옵션을 요약 설명하며 다른 회사들이 확장한 내용에 대한 설명은 없다.

## 일반적인 명령 형식

gcc의 형식은 다음과 같다.

```
gcc [options] file [file ...]
```

위의 형식에서 대괄호에 포함된 부분은 선택사항이다. 각 리스트의 파일들은 gcc 컴파일러에 의해 컴파일된다. 일반적으로 컴파일 과정이라 함은 전처리, 컴파일, 결합(assembling), 연결 (linking)의 전 과정을 의미하며 옵션을 사용해서 이 과정을 변화시킬 수도 있다.

각 파일의 확장자는 파일의 의미를 나타내는데 -x 옵션을 사용하면 각 파일의 의미를 무시할 수 있다(gcc 온라인 문서 참고).

표 C.1은 많이 사용되는 확장자에 대한 목록이다.

**표 C.1** 많이 사용되는 확장자

| 확장자 | 의미 |
| --- | --- |
| .c | C 언어 소스 파일 |
| .cc, .cpp | C++ 언어 소스 파일 |
| .h | 헤더 파일 |
| .m | Objective-C 소스 파일 |
| .pl | Perl 소스 파일 |
| .o | Object (미리 컴파일된 파일) |

## 명령줄 선택사항

표 C.2는 C 프로그램을 컴파일할 때 사용하는 옵션에 대한 설명이다.

**표 C.2** 자주 사용하는 gcc 옵션

| 옵션 | 의미 | 예제 |
| --- | --- | --- |
| --help | gcc의 옵션에 대한 설명을 출력한다. | gcc --help |
| -c | 파일을 컴파일해서 .o 파일을 만든다. | gcc -c enumerator.c |

| -dumpversion | gcc의 현재 버전을 출력한다. | gcc -dumpversion |
| -g | gdb가 사용할 수 있는 디버깅 정보를 포함한다. | gcc -g testprog.c -o testprog |
| -D id<br>-D id=value | 첫 번째는 id를 정의하고 그 값을 1로 정한다. 두 번째는 id를 정의하고 그 값을 value로 정한다. | gcc -D DEBUG=3 test.c |
| -E | 파일을 전처리까지만 한 후 그 결과를 표준 출력으로 내보낸다. 전처리의 결과를 검사할 때 매우 편리하다. | gcc -E enumerator.c |
| -I dir | dir 폴더에서 헤더 파일을 찾도록 한다. 다른 표준 폴더의 위치에서 헤더 파일 검색이 일어나기 전에 dir 폴더에서 먼저 찾게 된다. | gcc -I /users/steve/include x.c |
| -llibrary | 라이브러리 함수 호출을 library 파일에서 찾게 한다. 이 옵션은 함수 호출을 사용하는 파일 다음에 사용한다. 링커는 liblibrary.a 파일을 표준 위치에서 찾는다. | gcc mathfuncs.c -lm |
| -L dir | dir 폴더를 라이브러리 파일을 찾는 위치에 포함하고 이 폴더가 표준 폴더보다 먼저 검색되도록 한다. | gcc -L /users/steve/lib x.c |
| -o execfile | 실행 파일을 execfile에 저장한다. | gcc dbtest.c -o dbtest |
| -Olevel | level에 지정된 실행 속도에 맞게 코드 최적화를 한다. level 값은 1,2,3이며, default 값은 1이다. 숫자값이 커지면 최적화가 많이 되며 컴파일 시간도 많이 걸리고 gdb 를 사용할 때 필요한 디버깅 정보도 줄어든다. | gcc -O3 m1.c m2.c -o mathfuncs |
| -std=standard | C 파일을 위한 표준을 지정한다[주1]. ANSI C11을 사용할 경우 GNU 확장자 없이 c11로 표시한다. | gcc -std=c99 mod1.c mod2.c |
| -warning | warning에 지정된 경고 메시지를 활성화한다. all은 대부분 프로그램에 편리하게 사용되며 error는 오류에 관련된 것을 활성화 시켜서 프로그램의 오류를 고치는 것을 도와준다. | gcc -Werror mod1.c mod2.c |

---

주 1. 현재 디폴트로는 ANSI C90에 GNU 확장자를 더한 gnu89이다. 모든 C99 기능이 구현되면(ANSI C99에 GNU 확장자를 더하여) gnu99로 변경될 것이다.

# D

# 자주 하는 프로그래밍 실수들

다음의 내용들은 C 프로그램을 작성할 때 자주 범하는 실수들을 요약한 것이다. 순서는 특별한 의미가 없다. 이 내용들을 프로그램을 작성할 때 잘 활용하여 실수하지 않기 바란다.

1. 잘못된 세미콜론의 위치.

   예: `if ( j == 100 );`
       `j = 0;`

   이 프로그램 괄호 다음의 세미콜론으로 인하여 j의 값은 항상 0이다. 위와 같이 괄호 다음의 세미콜론은 형식적으로는 전혀 문제가 없기에 컴파일러는 오류를 발생하지 않는다. 비슷한 종류의 실수는 while과 for 루프에서도 자주 일어난다.

2. 연산자 =와 ==의 혼동.

   if, while, do 문장에서 자주하는 실수이다.

   예: `if ( a = 2 )`
       `printf ("Your turn.\n");`

   앞의 프로그램은 형식적으로 전혀 문제가 없으며 변수 a에 값 2를 대입하고 printf 문장을 실행한다. 이때 if 구문의 조건이 0이 되지 않으므로 printf는 항상 실행된다.

3. 함수 원형의 생략.

   예: `result = squareRoot (2);`

   squareRoot가 프로그램에서 뒷부분 또는 다른 파일에 정의되어 있으며 특별히 다른 형식으로 선언되어 있지 않으면 컴파일러는 int값을 반환한다. 게다가 컴파일러는 float 형식의 인수를 double로, _Bool, char, short 형식의 인수를 int로 변환한다. 인수의 다른 변환은 없다. 비록 인수의 변환이 앞의 범주에 속하더라도 프로그램에서 사용하는 모든 함수는 함수 원형을 포함하는 것이 가장 안전한 방법이다.

4. 연산자의 우선순위에 대한 혼동.

   예: `while ( c = getchar() != EOF )`
       `    ...`
       `if ( x & 0xF == y )`
       `    ...`

   앞의 while 구문에서는 대입 연산자보다 '같지 않음' 연산자 (!=)의 우선순위가 높으므로 먼저 getchar 함수의 결과가 EOF와 비교된다. 따라서 c에 저장되는 값은 TRUE/FALSE 값으로, getchar 함수의 결과가 EOF가 아니면 1, 같으면 0을 저장하게 된다. 그 다음 if 구문에서는 등가 연산자가 비트 연산자보다 우선순위가 높으므로 0xF의 값과 y의 값이 먼저 비교된다. 이 비교의 결과가 (0 또는 1) x의 값과 AND 연산을 하게 된다.

5. 문자 상수와 문자열의 혼동.

   다음 문장

   `text = 'a';`

   는 1개의 문자를 text에 대입한다. 그러나 다음 문장

   `text = "a";`

는 문자열 "a"의 포인터가 text로 대입된다. 첫 번째 경우는 text가 문자 자료형을 가지며, 두 번째 경우는 "문자에 대한 포인터" 자료형을 가져야 한다.

6. 배열에서 잘못된 경계를 사용.

    예: 
```
int a[100], i, sum = 0;
    ...
for ( i = 1; i <= 100; ++i )
    sum += a[i];
```

배열의 인덱스 번호는 0부터 배열의 크기보다 1 작은 값이다. 따라서 앞의 루프에서 마지막 인덱스 번호는 100이 아니라 99이므로 앞의 루프는 잘못된 것이다. 배열의 첫 번째 원소부터 처리하고자 한다면, i는 0부터 시작되어야 한다.

7. 문자열 종료를 위한 null 문자를 배열에 추가하는 것을 잊음.

    문자열을 위한 배열을 만들 경우 null 문자를 위한 여분의 공간을 가지도록 해야 한다. 예를 들어 문자열 "hello"의 경우 마지막의 null 문자를 포함하면 6개의 공간이 필요하다.

8. 구조체 멤버를 참조할 때 -> 와 . 기호의 혼동.

    연산자 . 는 구조체 변수를 참조하는 데 사용되며 -> 기호는 구조체 포인터 변수를 참조하는 데 사용된다. 따라서 만약 x가 구조체 변수이면 x의 멤버 m을 참조하기 위해서 x.m을 사용해야 하며, x가 구조체의 포인터이면 x->m을 사용한다.

9. scanf()에서 포인터가 아닌 변수를 사용.

    예: 
```
int number;
    ...
scanf ("%i", number);
```

scanf()에서 형식 지정자 다음에 나오는 모든 인수는 전부 포인터어야 한다. 따라서 위의 문장에서는 &number를 사용해야 한다.

10. 포인터 변수를 초기화하기 전에 사용.

    예: 
```
char *char_pointer;
*char_pointer = 'X';
```

포인터 변수가 무엇을 가리키게 한 후에 포인터 변수에 간접 연산자를 적용할 수 있다. 따라서 위의 예제에서 char_pointer가 아무것도 가리키지 않으므로 대입 연산은 의미가 없다.

11. switch 문장의 case 구문 다음에 break 문장을 빠뜨림.

    case의 마지막에 break를 빠뜨리면 문장의 실행이 다음 case로 넘어가게 된다.

12. 전처리 정의 다음에 세미콜론의 사용.

    모든 문장의 끝에 세미콜론을 사용하는 습관 때문에 이런 일이 발생한다. 전처리의 정의에서 #define의 오른쪽에

있는 모든 것이 프로그램에서 바뀌므로 다음 문장

```
#define END_OF_DATA 999;
```

이 프로그램에서 다음과 같이 사용되면 오류가 발생한다.

```
if ( value == END_OF_DATA )
    ...
```

컴파일러는 전처리 과정에서 위의 문장을 다음과 같이 바꾼다.

```
if ( value == 999; )
    ...
```

13. 매크로 정의에서 인수에 괄호를 빠뜨리는 경우.
   예: `#define reciprocal(x) 1 / x`

```
    ...
    w = reciprocal (a + b);
```

앞 문장은 다음과 같이 잘못된 형태로 바뀐다.

```
w = 1 / a + b;
```

14. 문장에서 닫는 괄호 또는 인용부호를 생략.
   예: `total_earning = (cash + (investments * inv_interest) + (savings * sav_`
   `interest);`
   `printf("Your total money to date is %.2f, total_earning);`

첫 번째 줄에서 방정식의 가독성을 위해 각 부분에 괄호를 사용하여 구분할 수 있겠지만 그로 인해 (어떤 경우에는 너무 많이 사용함으로써) 닫는 괄호를 빠뜨릴 가능성이 항상 있다. 두 번째 줄도 `printf()` 함수에 문자열을 닫는 인용부호를 빠뜨린 채 전달된다. 위의 두 경우는 컴파일러에서 오류를 발생시킨다. 그러나 때로는 그 오류가 다른 문장에서 괄호나 인용부호가 이어서 올 경우 식을 완성한 것으로 인식해서 빠진 문자를 프로그램 뒤의 어떤 지점으로 옮긴다.

15. C 프로그래밍 라이브러리 함수를 정의하고 있는 헤더 파일을 포함하지 않음.
   예: `double answer = sqrt(value1);`

`#include`로 `<math.h>` 파일을 포함하지 않았다면, `sqrt()` 함수에서 오류가 발생한다.

16. `#define` 문장에서 매크로 이름과 인수 사이의 공간이 남아 있는 경우.
   예: `#define MIN (a,b) ( ( (a) < (b) ) ? (a) : (b) )`

앞의 정의는 매크로 이름 MIN 다음의 공백을 그 이름을 위한 정의의 시작으로 보기 때문에 정확하지 않은 정의가 된다. 따라서 다음 문장

```
minVal = MIN (val1, val2);
```

은 전처리기에 의해 확장되지만

```
minVal = (a,b) ( ( (a) < (b) ) ? (a) : (b) )(3,2);
```

와 같이 이상한 형태가 된다.

**17**. 매크로 호출에 부작용을 일으키는 식의 사용.

```
예: #define SQUARE(x) (x) * (x)
        ...
    w = SQUARE (++v);
```

앞의 매크로 호출은 전처리기에 의해 다음의 문장으로 확장되므로 v 값을 2번 증가시키게 된다.

```
w = (++v) * (++v);
```

# E

# 참고자료

이 부록에서는 더 많은 정보를 얻을 수 있는 참고자료들의 목록을 포함하고 있다. 일부 정보는 온라인 웹 사이트나 사용 가능한 책으로부터 얻을 수 있다.

# C 프로그래밍 언어

C 언어는 지금까지 약 40년 이상 동안 사용되어 왔기에 궁금한 정보는 언제든지 찾아볼 수 있다. 다음은 그러한 정보들에 대한 빙산의 일각일 뿐이다.

## 참고도서 추천

『C 언어 프로그래밍』(수정판), Brian W. kernighan, Dennis M. Ritchie 지음, 휴먼 사이언스, 2012년

이 책은 C 언어가 사라지지 않는 이상 성경과도 같은 참고 서적이다. C 언어를 만든 데니스 M. 리치가 공동 저자로 처음 쓴 책이기 때문이다. 25년 이상이나 훌쩍 지났지만 두 번째 버전이 가장 최근 판이며 여전히 중요한 필수 참고서로 이용되고 있다.

『C: A Reference Manual』(5th Edition), Samuel P. Harbison, Guy L. Steele jr 지음, Prentice Hall, 2002년

C 프로그래머들을 위한 또 다른 훌륭한 참고 서적이다.

『The Standard C library』, P.J.Plauger 지음, Prentice Hall, 1992년

이 책은 표준 C 라이브러리를 다루고 있지만 출판년도를 보면 알 수 있듯 ANSI C99에서 추가된 내용들(복소수 라이브러리와 같은)에 대해서는 다루지 않고 있다.

## 웹 사이트

www.ansi.org

ANSI의 웹 사이트 주소이다. 공식 ANSI C 스펙을 구매할 수 있다. ANSI C11 스펙을 찾으려면 검색창에 9899:2011을 입력해서 찾으면 된다.

www.opengroup.org/onlinepubs/007904975/idx/index.html

라이브러리 함수(비 ANSI C의 함수도 있는)에 대한 좋은 온라인 참조 소스이다.

## 뉴스그룹

comp.lang.c

C 프로그래밍 언어에 전념하는 뉴스그룹이다. 여기서 질문을 하고 다른 사람들을 돕기도 함으로써 더 많은 경험을 쌓게 된다. 또한 토론을 지켜보기만 해도 유용하다. 이 뉴스그룹에 쉽게 접근하는 방법은 http://groups.google.com을 통하는 것이다.

## C 컴파일러와 통합개발환경

다음의 웹 사이트에서는 C 컴파일러와 통합개발환경을 다운로드하거나 구매할 수 있을 뿐만 아니라 온라인 문서도 얻을 수 있다.

### gcc

http://gcc.gnu.org/

gcc는 자유 소프트웨어 재단(FSF, Free Software Foundation)에서 개발한 C 컴파일러다. 이 사이트에서 무료로 C 컴파일러를 다운로드할 수 있다.

### MinGW

http://www.mingw.org

Windows 환경에서 C 프로그램을 작성하려면 이 웹 사이트에서 GNU gcc 컴파일러를 받으면 된다. 또한 shell 환경에서 작업하기 쉽도록 MSYS[주 1]의 다운로드도 고려해보기 바란다.

### CygWin

http://www.cygwin.com

CygWin은 Windows에서 실행되는 Linux와 같은 환경을 제공한다. 이 개발환경은 무료로 사용할 수 있다.

---

주 1. (역자주) MSYS는 Windows에서 서버 관리할 때 편리하게 사용할 수 있는 툴이다. UNIX 커맨드 기반 유틸리티 중에 가장 많이 쓰는 GNU 유틸리티(예: bash, make, gawk, grep 등)의 집합을 Windows용으로 포팅했고, 3MB 정도의 설치파일만 다운받으면 사용 가능하다. 꼭 필요한 유틸리티만 탑재하여 CygWin보다 훨씬 가볍고 DOS 창에서 바로 사용 가능하다.

## Visual Studio

http://msdn.microsoft.com/vstudio

Visual Studio는 사용자가 서로 다른 다양한 프로그래밍 언어로 응용프로그램을 개발할 수 있도록 하는 Microsoft사의 통합개발환경(IDE)이다.

## CodeWarrior

http://www.freescale.com/webapp/sps/site/homepage.jsp?code=CW_HOME

원래는 Metrowerks에서 만들었으나, 현재는 Freescale라는 회사에서 제공하고 있다. CodeWarrior는 Linux, Mac OS X, Windows 등 다양한 운영체제에서 동작하는 전문가용 통합개발환경이다.

## Code::Blocks

http://www.codeblocks.org

Code::Blocks는 Windows, Linux, Mac과 같은 다양한 플랫폼에서 C, C++, Fortran으로 개발을 할 수 있는 무료 통합개발환경이다.


# 기타

다음 절은 더 많은 객체지향 프로그래밍과 개발 도구들에 대해 배울 수 있는 참고 자료들이다.

### 객체지향 프로그래밍

『An Introduction to Object-Oriented Programming』(3rd Edition), Timothy Budd 지음, Addison-Wesley, 2001년

이 책은 객체지향 프로그래밍을 소개하는 가장 권위 있는 교재이다.

### C++ 언어

『C++ 기초 플러스』(6판), Stephen Prata 지음, 성안당, 2013년

스티븐의 지침서는 C++ 언어를 다루는 분야에서 좋은 평가를 받고 있다.

『The C++ Programming Language』(4th Edition), Bjarne Stroustrup[주 2] 지음, Addison−Wesley Professional, 2013년

이 책은 최근에 개정되었는데 C++ 언어를 개발한 사람이 직접 쓴 권위 있는 책이다.

## C# 언어

『Programming in the Key of C#』, Charles Petzold 지음, Microsoft Press, 2003년

이 책은 C# 초보자를 위한 훌륭한 책으로 인정받고 있다.

『Programming C# 3.0』, Jess Liberty 지음, O'Reilly Media, 2008년

고급 프로그래머를 위한 좋은 C# 소개 서적이다.

『C# 5.0 in a Nutshell: The Definitive Reference』, Joseph Albahari 지음, O'Reilly Media, 2012년

특히 이 언어의 기본기를 강화하고자 할 때 훌륭한 참고서가 될 것이다.

## Objective−C 언어

『Programming in Objective−C』(6th Edition), Stephen G. Kochan 지음, Addison−Wesley Professional, 2013년

C나 객체지향 프로그래밍에 대해 경험이 없는 사용자라도 Objective−C에 대해 알기 쉽도록 썼다. 6판에는 OS X 매버릭스와 iOS 7 버전까지 다루고 있다. 2014년 말 또는 2015년 초에 출시될 새로운 책에서는 애플에서 개발한 Swift 프로그래밍 언어[주 3]를 다룰 것이다.

https://developer.apple.com/library/mac/documentation/Cocoa/Conceptual/ProgrammingWithObjectiveC/Introduction/Introduction.html

이 온라인 문서는 Objective−C 언어로 프로그래밍하는 방법에 대한 애플의 공식 소개 페이지이다. 언어에 대한 많은 기능과 사용 예제를 보여주고 있다.

---

주 2. (역자주) 18장 "객체지향 프로그래밍"에서 소개한 바 있다.

주 3. (역자주) 스위프트(Swift)는 애플의 iOS와 OS X를 위한 프로그래밍 언어이다. 2014년 6월 2일 애플 국제 개발자 회의 (WWDC 2014)에서 소개되었다. 기존의 C와 Objective−C의 장점을 기반으로 하면서 최근의 프로그래밍 언어가 갖고 있는 경향을 더 많이 반영시켰고, 빠르고 현대적이며 안전하고 상호반응성을 모토로 하고 있다.

## 개발 도구들

http://www.gnu.org/manual/manual.html

이 사이트에서, cvs, gdb, make 그리고 다른 Unix 명령줄 도구들에 대한 다양한 사용자 매뉴얼을 찾을 수 있다.